国家卫生健康委员会"十四五"规划教材

全国高等中医药教育教材

供中医学、中药学、针灸推拿学、中西医临床医学等专业用

药 理 学

第 4 版

主　编　胡　刚　周玖瑶

副主编　（按姓氏笔画排序）

　　　　卫　昊　许　钒　孟宪丽　黄丽萍　葛鹏玲

编　委　（按姓氏笔画排序）

卫　昊（陕西中医药大学）　　　　杨德森（湖北中医药大学）
马丽杰（内蒙古医科大学）　　　　吴家胜（上海中医药大学）
王　卉（辽宁中医药大学）　　　　张少卓（天津中医药大学）
王传功（济宁医学院）　　　　　　张跃文（河南中医药大学）
王冰微（南京中医药大学）　　　　范　益（南京医科大学）
王芙蓉（山东中医药大学）　　　　周　园（广州中医药大学）
王垣芳（滨州医学院）　　　　　　周玖瑶（广州中医药大学）
朱久新（哈尔滨医科大学）　　　　郑燕芳（福建中医药大学）
刘　明（贵州中医药大学）　　　　孟宪丽（成都中医药大学）
刘培庆（中山大学）　　　　　　　胡　刚（南京中医药大学）
许　钒（安徽中医药大学）　　　　姚　立（浙江中医药大学）
孙文燕（北京中医药大学）　　　　姚继红（大连医科大学）
李凤梅（宁夏医科大学）　　　　　黄丽萍（江西中医药大学）
李秀芳（云南中医药大学）　　　　葛鹏玲（黑龙江中医药大学）
杨　蓉（山西中医药大学）　　　　韩　冬（长春中医药大学）
杨秀芬（广西中医药大学）　　　　覃　丽（湖南中医药大学）

秘　书　（兼）王冰微　周　园

人民卫生出版社

·北　京·

图书在版编目（CIP）数据

药理学 / 胡刚，周玖瑶主编 . —4 版 . —北京：
人民卫生出版社，2021.8（2025.4 重印）
ISBN 978-7-117-31603-3

Ⅰ．①药…　Ⅱ．①胡…②周…　Ⅲ．①药理学 —高等
学校 —教材　Ⅳ．①R96

中国版本图书馆 CIP 数据核字（2021）第 164044 号

人卫智网	www.ipmph.com	医学教育、学术、考试、健康，购书智慧智能综合服务平台
人卫官网	www.pmph.com	人卫官方资讯发布平台

药　理　学
Yaolixue
第 4 版

主　　编：胡　刚　周玖瑶
出版发行：人民卫生出版社（中继线 010-59780011）
地　　址：北京市朝阳区潘家园南里 19 号
邮　　编：100021
E - mail：pmph @ pmph.com
购书热线：010-59787592　010-59787584　010-65264830
印　　刷：中农印务有限公司
经　　销：新华书店
开　　本：850×1168　1/16　印张：30
字　　数：786 千字
版　　次：2003 年 1 月第 1 版　　2021 年 8 月第 4 版
印　　次：2025 年 4 月第 8 次印刷
标准书号：ISBN 978-7-117-31603-3
定　　价：88.00 元

3

修 订 说 明

为了更好地贯彻落实《中医药发展战略规划纲要(2016—2030年)》《中共中央国务院关于促进中医药传承创新发展的意见》《教育部 国家卫生健康委 国家中医药管理局关于深化医教协同进一步推动中医药教育改革与高质量发展的实施意见》《关于加快中医药特色发展的若干政策措施》和新时代全国高等学校本科教育工作会议精神,做好第四轮全国高等中医药教育教材建设工作,人民卫生出版社在教育部、国家卫生健康委员会、国家中医药管理局的领导下,在上一轮教材建设的基础上,组织和规划了全国高等中医药教育本科国家卫生健康委员会"十四五"规划教材的编写和修订工作。

为做好新一轮教材的出版工作,人民卫生出版社在教育部高等学校中医学类专业教学指导委员会、中药学类专业教学指导委员会和第三届全国高等中医药教育教材建设指导委员会的大力支持下,先后成立了第四届全国高等中医药教育教材建设指导委员会和相应的教材评审委员会,以指导和组织教材的遴选、评审和修订工作,确保教材编写质量。

根据"十四五"期间高等中医药教育教学改革和高等中医药人才培养目标,在上述工作的基础上,人民卫生出版社规划、确定了第一批中医学、针灸推拿学、中医骨伤科学、中药学、护理学5个专业100种国家卫生健康委员会"十四五"规划教材。教材主编、副主编和编委的遴选按照公开、公平、公正的原则进行。在全国50余所高等院校2 400余位专家和学者申报的基础上,2 000余位申报者经教材建设指导委员会、教材评审委员会审定批准,聘任为主编、副主编、编委。

本套教材的主要特色如下:

1. **立德树人,思政教育** 坚持以文化人,以文载道,以德育人,以德为先。将立德树人深化到各学科、各领域,加强学生理想信念教育,厚植爱国主义情怀,把社会主义核心价值观融入教育教学全过程。根据不同专业人才培养特点和专业能力素质要求,科学合理地设计思政教育内容。教材中有机融入中医药文化元素和思想政治教育元素,形成专业课教学与思政理论教育、课程思政与专业思政紧密结合的教材建设格局。

2. **准确定位,联系实际** 教材的深度和广度符合各专业教学大纲的要求和特定学制、特定对象、特定层次的培养目标,紧扣教学活动和知识结构。以解决目前各院校教材使用中的突出问题为出发点和落脚点,对人才培养体系、课程体系、教材体系进行充分调研和论证,使之更加符合教改实际、适应中医药人才培养要求和社会需求。

3. **夯实基础,整体优化** 以科学严谨的治学态度,对教材体系进行科学设计、整体优化,体现中医药基本理论、基本知识、基本思维、基本技能;教材编写综合考虑学科的分化、交叉,既充分体现不同学科自身特点,又注意各学科之间有机衔接;确保理论体系完善,知识点结合完备,内容精练、完整,概念准确,切合教学实际。

4. **注重衔接,合理区分** 严格界定本科教材与职业教育教材、研究生教材、毕业后教育教材的知识范畴,认真总结、详细讨论现阶段中医药本科各课程的知识和理论框架,使其在教材中得以凸显,既要相互联系,又要在编写思路、框架设计、内容取舍等方面有一定的区分度。

5. 体现传承,突出特色　本套教材是培养复合型、创新型中医药人才的重要工具,是中医药文明传承的重要载体。传统的中医药文化是国家软实力的重要体现。因此,教材必须遵循中医药传承发展规律,既要反映原汁原味的中医药知识,培养学生的中医思维,又要使学生中西医学融会贯通,既要传承经典,又要创新发挥,体现新版教材"传承精华、守正创新"的特点。

6. 与时俱进,纸数融合　本套教材新增中医抗疫知识,培养学生的探索精神、创新精神,强化中医药防疫人才培养。同时,教材编写充分体现与时代融合、与现代科技融合、与现代医学融合的特色和理念,将移动互联、网络增值、慕课、翻转课堂等新的教学理念和教学技术、学习方式融入教材建设之中。书中设有随文二维码,通过扫码,学生可对教材的数字增值服务内容进行自主学习。

7. 创新形式,提高效用　教材在形式上仍将传承上版模块化编写的设计思路,图文并茂、版式精美;内容方面注重提高效用,同时应用问题导入、案例教学、探究教学等教材编写理念,以提高学生的学习兴趣和学习效果。

8. 突出实用,注重技能　增设技能教材、实验实训内容及相关栏目,适当增加实践教学学时数,增强学生综合运用所学知识的能力和动手能力,体现医学生早临床、多临床、反复临床的特点,使学生好学、临床好用、教师好教。

9. 立足精品,树立标准　始终坚持具有中国特色的教材建设机制和模式,编委会精心编写,出版社精心审校,全程全员坚持质量控制体系,把打造精品教材作为崇高的历史使命,严把各个环节质量关,力保教材的精品属性,使精品和金课互相促进,通过教材建设推动和深化高等中医药教育教学改革,力争打造国内外高等中医药教育标准化教材。

10. 三点兼顾,有机结合　以基本知识点作为主体内容,适度增加新进展、新技术、新方法,并与相关部门制订的职业技能鉴定规范和国家执业医师(药师)资格考试有效衔接,使知识点、创新点、执业点三点结合;紧密联系临床和科研实际情况,避免理论与实践脱节、教学与临床脱节。

本轮教材的修订编写,教育部、国家卫生健康委员会、国家中医药管理局有关领导和教育部高等学校中医学类专业教学指导委员会、中药学类专业教学指导委员会等相关专家给予了大力支持和指导,得到了全国各医药卫生院校和部分医院、科研机构领导、专家和教师的积极支持和参与,在此,对有关单位和个人表示衷心的感谢!希望各院校在教学使用中,以及在探索课程体系、课程标准和教材建设与改革的进程中,及时提出宝贵意见或建议,以便不断修订和完善,为下一轮教材的修订工作奠定坚实的基础。

人民卫生出版社

2021 年 3 月

❖❖❖ 前　言 ❖❖❖

　　为了更好地贯彻落实《关于加快中医药特色发展的若干政策措施》《中医药发展战略规划纲要(2016—2030年)》及《教育部等六部门关于医教协同深化临床医学人才培养改革的意见》精神,适应新形势下全国高等院校教育教学改革和发展的需要,人民卫生出版社组织全国30所院校的教授、专家编写了《药理学》(第4版)教材。

　　与第3版相比,本版继承了内容经典精简、适用和出新的特色,突出重点,言简意赅,注重启发和与临床实际的结合;针对高等院校中医药类及相关专业本科生教学,注重把握教材的深度和广度。教材强调基本知识、基本理论,强调科学性与系统性。在编写过程中主要做了以下修订:①新增中枢神经系统药理学概论一章;②重新调整组合了部分章节的内容;③增加了上版教材出版后的新理论及新知识,删除了一些临床不再使用的药物;④在知识链接模块,增加了药理学的一些重大事件、重要人物等背景知识;⑤增加了案例分析模块,培养学生的临床思维。

　　本教材主要供高等院校中医学、中药学、针灸推拿学、中西医临床医学等专业本科生使用。内容涵盖执业医师和执业药师资格考试大纲的要求。

　　全书共47章,具体分工如下:胡刚,第一、十一章,并负责把关教材整体科学性和图表的统一性;周玖瑶,第二、三章,并负责把关知识链接、思政元素与案例分析;卫昊,第十二、三十七章;马丽杰,第八章;王卉,第四、十八章;王传功,第十三章;王冰微,第十五章;王芙蓉,第十四章;王垣芳,第三十六、三十八章;朱久新,第二十二、四十二章;刘明,第七章;刘培庆,第二十五章;许钒,第五、六章;孙文燕,第十、四十三章;李凤梅,第四十五章;李秀芳,第二十七章;杨秀芬,第二十六章;杨蓉,第二十八、四十四章;杨德森,第三十二章;吴家胜,第九、四十七章;张少卓,第二十一章;张跃文,第二十九、三十五章;范益,第十六章;周园,第二、三章;郑燕芳,第二十四章;孟宪丽,第二十、三十九章;姚立,第十七章;姚继红,第三十三章;黄丽萍,第十九、二十六、四十一章;葛鹏玲,第三十四、四十章;韩冬,第三十、三十一章;覃丽,第二十三、四十六章。最后统稿工作由胡刚、周玖瑶完成。

　　本教材在编写过程中得到了各参编单位和人民卫生出版社的大力支持,南京中医药大学与广州中医药大学药理学教研室的老师做了大量工作,中山大学的李景艳、李卓明也参与了部分内容的编写,在此一并致以诚挚的谢意。限于我们的学识水平,加之时间仓促,不足之处在所难免,恳切希望读者给予批评指正。

编者

2021年3月

◇◇◇ 目　录 ◇◇◇

第一章

绪　言

📖 **学习目标**

1. 掌握　药理学、药物、药物效应动力学、药物代谢动力学概念。
2. 熟悉　药理学的学科任务、研究方法。
3. 了解　药理学发展史、新药研究与开发过程。

一、药理学的起源与发展

人类自诞生以来,便饱受各种疾病的困扰,也正是因为与疾病的抗争,使得药物应运而生。药物是人类文明中重要的组成部分,人类使用药物至少已有 5 000 年的历史。古人为了生存从生活经验中得知某些天然物质可以治疗疾病与伤痛,这是药物的源始。这些经验在实践中不断积累丰富,被人们用文字记录下来后便形成了早期的医药著作。比如,古埃及公元前 1500 年出现了《埃伯斯医药籍》,中国公元 1 世纪前后问世的《神农本草经》、唐代的《新修本草》以及明代李时珍所著的《本草纲目》。《神农本草经》是中国现存第一部本草学专著,记载药物 365 种。《新修本草》是中国第一部政府颁发的药典,记载药物 844 种。《本草纲目》是中国传统医学的经典著作,记载药物 1 892 种。这些药典流传至今,所载药物经验许多也沿用至今,如饮酒止痛、大黄导泻、麻黄治喘、常山截疟、楝实驱虫、柳皮退热、水银和硫黄治皮肤病等。

现代药理学起源于欧洲。西欧文艺复兴时期后,人们的思维开始摆脱宗教束缚,认为事各有因。16 世纪初期,瑞士医学家、化学家 Paracelsus 批判了古代关于疾病的"体液学说",主张医学科学必须建立在经验和观察的基础上。瑞士 Johann Jakob Wepfer 首次用动物实验研究药物的药理和毒理作用。19 世纪初期,德国药剂师 Fredrick Serturner 从罂粟中分离出吗啡,得到了人类第一个纯化学药物。此后,从植物药中不断提纯得到了纯度较高的药物如依米丁、奎宁、士的宁、咖啡因和阿托品等;纯化合物的出现使重复定量给药成为可能,为药理学研究奠定了物质基础。法国生理学家 Laude Bernard 证实箭毒作用于神经 - 肌肉接头,这是药物作用机制的最早研究。德国 Rudolf Buchheim 提出药物作用为细胞和药物相互作用所致,并建立了第一个药理学实验室,撰写出第一本药理学教科书,是德国第一位药理学教授。德国药理学家 Oswald Schmiedeberg 开始研究药物作用部位,开创了器官药理学。1878 年,英国生理学家 John Newport Langley 最早提出药物作用受体假说,并用存在"受体物质"来解释阿托品与毛果芸香碱对猫唾液腺分泌的拮抗作用。1933 年,英国药理学家 Alfred Joseph Clark 在研究药物对蛙心的剂量作用关系中,发现具有结构特异性的药物使用很小的剂量即可产生生物效应,进而根据剂量效应关系定量阐明了药物与受体的相互作用,为受体学说奠定了基础。

进入 20 世纪后,生物化学的发展为药理学的研究提供了可靠的科学方法。药学工作者利用人工合成的化合物及改造天然有效成分的分子结构作为新的药物来源,以开发更有效的药物。1909 年,德国医学家 Paul Ehrlich 发现砷凡纳明(606)能治疗锥虫病和梅毒,从而开始用合成药物治疗传染病。1928 年,英国细菌学家 Alexander Fleming 在研究葡萄球菌时发现一种能够杀死或抑制葡萄球菌生长的物质,并把这种化学物质叫作青霉素。1935 年,德国生化学家 Gerhard Johannes Paul Domagk 发现磺胺类药物能治疗链球菌感染。1940 年,澳大利亚药理学家 Howard Florey 和德国生化学家 Ernst Chain 深入研究青霉素,将其应用于临床,从此化学治疗进入了抗生素时代。20 世纪 30~50 年代是新药发展的黄金时代。现在临床上常用的药物,如抗生素、磺胺类药物、合成的抗疟药、抗组胺药、镇痛药、抗高血压药、抗精神失常药、抗肿瘤药、激素类药物以及维生素类中的许多药物,均是在这一时期研制开发的。

二、药理学的概念和主要研究内容

药物是能影响机体生理功能、生化和病理过程的物质,可以用于预防、诊断和治疗疾病以及计划生育。药理学(pharmacology)是研究药物的学科之一。药理学是研究药物与机体(含病原体)之间相互作用、作用规律以及作用机制的一门学科。药理学的研究内容主要包括以下两方面:一是研究药物对机体的作用、作用规律以及作用机制,即药物效应动力学(pharmacodynamics);二是研究机体对药物的作用,包括药物在机体内的吸收、分布、代谢及排泄的过程,特别是药物在机体内的动态变化规律,即药物代谢动力学(pharmacokinetics)。此外,研究药物对机体的有害作用及其机制,对药物毒性作用进行定性和定量的评价,预测其对机体的危害,即毒理学(toxicology),也属于药理学研究的范畴。

药理学的建立和发展与科学技术的进步密切相关。随着分子生物学、生物化学、免疫学、生物信息学等学科的发展,药理学研究不仅可从宏观向微观世界深入,可在分子水平上阐明药物作用的机制,而且也可在整体动物的水平上来开发研制具有特异分子机制的新型药物和探索药物的药理作用。药理学与时俱进,已由过去只与生理学有联系的单一学科发展成为与生物物理学、生物化学以及分子生物学等多学科密切联系的一门综合学科。药理学也出现了许多新的分支学科,如生化药理学、分子药理学、免疫药理学、遗传药理学、临床药理学、基因药理学等。

药理学研究必须遵循科学研究的一般规律,进行科学的实验设计(随机、对照、重复、均衡的原则)和严格的实验操作。药理学是一门实验性很强的学科,应用各种生物实验材料,包括整体动物、离体器官和组织、细胞、蛋白及基因等,从宏观到微观,在不同层次观察药物的作用及其机制。药理学研究越来越依赖于基础学科的前沿知识,如微电极测量、单克隆技术、蛋白组技术、高通量筛选技术、基因重组技术、基因敲除技术和纳米技术等手段的应用。常用的药理学实验方法有整体与离体功能检测法、行为学实验方法、形态学方法、生物检定法、电生理学方法、生物化学和分子生物学方法、免疫学方法及化学分析方法等。

根据研究对象不同,药理学的研究方法可分为基础药理学方法和临床药理学方法。

基础药理学方法以动物、微生物等为研究对象,包括:①实验药理学方法:以健康动物(包括清醒动物和麻醉动物)、正常器官、组织、细胞、亚细胞和分子为对象,研究药物效应动力学和药物代谢动力学。实验药理学方法对于分析药物作用、作用机制及药物代谢动力学的过程具有重要意义。②实验治疗学方法:以病理模型动物或组织器官等为对象,观察药物的治疗作用。实验治疗学方法既可在整体进行,也可在体外培养的细胞、细菌或微生物中进行。

临床药理学方法以健康志愿者或患者为研究对象,对药物的安全性和有效性进行评价,以便促进新药开发,推动药物治疗学发展,确保合理用药。

三、药理学的学科任务

指导临床合理用药是新时期药理学学科发展的重要任务,对提高现代医疗救治水平至关重要。只有对药物的效应动力学和代谢动力学进行充分的探究,并结合临床疾病诊断和治疗经验才能为药物的临床合理应用提供保障,从而使患者安全、合理用药。临床合理用药能够防治疾病,而使用不恰当的药物也会危及生命。在临床工作中必须根据药物的特性,遵循以下药物使用的基本原则:①明确诊断疾病,根据疾病制订合理的用药方案;②必须熟练掌握药物的药理学性质,这是科学用药的关键;③采取个体化治疗原则,根据患者的疾病情况不同,应灵活确定用药方案;④依据最佳药物原则,尽可能选择疗效好且副作用少的药物,并综合考虑经济费用等;⑤预防药物不良反应,密切监测、及时正确处理;⑥某些情况下,联合用药能够增强疗效并减少毒副作用,但需注意药物的相互作用。

药理学在新药开发和研究过程中占有非常重要的地位。新药研发的过程极其复杂、严格,通过药理学研究可为其指引方向,并提供新药的安全性和有效性证据,为其保驾护航。目前,药物研发一般分为临床前(preclinical)阶段和临床(clinical)阶段。临床前研究是指药物在临床研究前所进行的药物分析、药物效应动力学、药物代谢动力学和毒理学等研究。临床前研究过程主要包括以下几个部分:化学制造和控制、药物代谢动力学研究、安全性药理研究、毒理研究、制剂开发。临床前研究是新药研发的基础,但药物的安全有效性评价依据还须建立在以人为研究对象的临床研究。新药的临床研究依次分为4期:①Ⅰ期临床试验:是指将新药第一次用于人体(健康志愿者)以研究新药基本性质的试验,其目的在于观测人体对新药的耐受程度和药物代谢动力学,为制订给药方案和安全剂量提供依据;②Ⅱ期临床试验:在真正的患者身上进行,是治疗作用初步评价阶段,其目的是初步评价药物对目标适应证患者的治疗作用和安全性,也为Ⅲ期临床试验研究设计和给药剂量方案的确定提供依据,可采取随机盲法对照临床试验,病例数一般为100~300例;③Ⅲ期临床试验:是治疗作用确证阶段,其目的是进一步验证药物对目标适应证患者的治疗作用和安全性,也是为药品注册申请获得批准提供依据的关键阶段,为扩大的多中心临床试验,病例数一般为1 000~3 000例;④Ⅳ期临床试验(新药上市后监测):是上市后在社会人群大范围内进行后续疗效和不良反应的考察。

四、现代药理学与中医药

中医药是中国古代人民在古代朴素的唯物论和自发的辩证法思想指导下通过长期医疗实践逐步形成并发展成的医学理论体系。中医药是国之瑰宝,不仅在古代为中华民族的繁衍昌盛作了重大贡献,在现代医学的发展中,也以自己的独到之处而占据重要的位置。

中药治疗是中医防治疾病的主要手段。中药的应用以中医学理论为基础,有着独特的理论体系和应用形式。中药的"药理"一词,在古代中医药书籍中已出现,如宋代《圣济经》中就有"药理篇"。运用现代科学方法研究中药和机体相互作用及规律起始于20世纪20年代对麻黄、当归的研究,并在六七十年代得到了迅速发展,并运用现代药理研究手段揭示传统中医药理论的科学内涵。1972年,疟疾有效治疗药物青蒿素(中药黄花蒿中分离而来)的发现更加推动了中药药理研究的发展,其发现者屠呦呦因此获得2015年诺贝尔生理学或医学奖。20世纪90年代以后,中药药理的研究内容多以复方研究为主。步入21世纪,中

笔记栏

药药理研究进入了一个崭新的时期,在中西医理论研究的指导下成为医药领域中最活跃、发展最快和潜力最大的力量,同时也推动了整个中医药的发展。

（胡 刚）

复习思考题

药理学可以通过哪些研究手段和方法揭示传统中医药理论的科学内涵?

第二章

药物效应动力学

学习目标

1. 掌握 药物基本作用、量效关系、药物与受体作用基本概念与相关规律。
2. 熟悉 剂量、拮抗参数、构效关系的概念,药物作用机制常见类型。
3. 了解 受体分类、信号转导类型。

药物效应动力学(pharmacodynamics)又称药效动力学,简称药效学,主要研究药物对机体(含病原体)的作用及其作用机制,是以药物作用进行分类的基础,也为合理的药物治疗与新药设计提供依据。

第一节 药物基本作用

一、药物作用与药理效应

药物作用(drug action)是指药物分子对机体组织、细胞的初始作用,即药物分子与机体组织、细胞上某些靶部位结合,并影响靶部位的活性。药理效应(pharmacological effect)是指在药物作用的基础上,机体组织、器官原有生理、生化功能的改变或组织形态的改变。如去甲肾上腺素引起的血管收缩、血压上升为药理效应,而导致该药理效应的初始反应则是去甲肾上腺素与血管平滑肌的 α 受体结合并激动,为药物作用。

在药物引起的一系列反应中,药物作用处于上游,为始动因素,而药理效应处于下游,为药物作用的结果、机体反应的表现。对整个机体而言,药物作用与效应的意义相近,因而通常二者可相互通用,但是两者并用时,应该体现先后顺序。

药物不能使机体产生新的功能,只能使机体组织、器官在原有功能的基础上加以调节;药理效应即为药物对机体原有功能活动的影响,可能表现为功能活动的增强或减弱。药物使机体原有功能增强的作用称为兴奋(excitation),如咖啡因能提高中枢神经系统的功能活动,去甲肾上腺素可使血压升高。药物使机体原有功能减弱的作用称为抑制(inhibition),如镇静催眠药使中枢神经系统的功能活动降低,阿托品使胃肠平滑肌松弛等。注意,少数药物在使机体极度兴奋之后,可出现功能衰竭而转为抑制。也有一些药物并不影响机体的功能活动,只是用于诊断疾病,如各种造影剂、诊断剂。

笔记栏

二、药物作用的基本规律

(一)局部作用和吸收作用

局部作用(local action)是指药物被吸收入血之前,在用药部位发挥的作用,如普鲁卡因用于局部麻醉,麻黄碱滴鼻剂治疗鼻塞等。吸收作用(absorptive action)是指药物吸收入血或直接入血以后,随血液循环分布到全身多种组织、器官,而后在一定部位发挥的作用,如硝酸甘油的抗心绞痛作用,阿司匹林的解热、镇痛作用等。

(二)直接作用和间接作用

不论局部给药还是全身给药,某些药物引起生物学效应是药物分子对直接接触的组织、细胞产生的影响,而另一些生物学效应则可能是在直接作用的基础上由于机体反射或生理调节间接所致的结果。前者称为直接作用(direct action),如去甲肾上腺素直接作用于血管平滑肌的 α 受体,引起血管收缩、血压升高。后者称为间接作用(indirect action),是直接作用所导致的继发效果,如去甲肾上腺素引起血压升高后出现的反射性心率减慢。

(三)药物作用的特异性和选择性

多数药物是通过化学反应而产生药理效应的。这种化学反应的专一性使药物的作用具有特异性(specificity)。如阿托品特异性地阻断 M 受体,而对其他受体影响不大。药物作用特异性的物质基础是药物的化学结构。

药物的作用还有其选择性(selectivity)。治疗剂量时,药物只对少数器官或组织发生明显作用,而对其他器官或组织的作用较小或不发生作用的特性,即为药物作用的选择性。如强心苷主要兴奋心肌细胞,苯巴比妥抑制中枢神经系统活性等。药物作用选择性的基础可能与药物在体内的分布不均匀、机体组织细胞的结构、受体分布类型、生化功能不同等有关。

药物作用特异性强并不一定引起选择性高的药理效应,即二者不一定平行。例如,阿托品虽可特异性地阻断 M 受体,但其药理效应选择性并不高,对心、血管、平滑肌、腺体及中枢神经系统都有影响。作用特异性强和 / 或效应选择性高的药物,应用时针对性较好。反之,效应广泛的药物则副反应较多。但广谱药物在多种病因或诊断未明时也有其方便之处,如广谱抗生素、广谱抗心律失常药的应用等。

(四)药物作用的双重性

药物对机体既可呈现有利的防治作用,也可引起有害的不良反应,这表现了药物作用的双重性。

1. 防治作用 符合用药目的、有利于改善患者的生理、生化功能或病理过程,达到治疗或预防疾病的药物作用,可分为预防作用和治疗作用。

(1)预防作用(preventive effect):是指提前用药以防止疾病或症状发生的作用。如使用维生素 D 预防佝偻病、软骨症等。

(2)治疗作用(therapeutic effect):是指药物所产生的与用药目的相一致的、对机体有利的作用,包括对症治疗(symptomatic treatment)和对因治疗(etiological treatment)。

前者主要是减轻或消除疾病的症状,而不能去除病因,故又名治标,如失眠患者应用镇静催眠药,发热患者应用解热镇痛药等。后者主要是消除致病原因,治愈疾病,故又名治本,如应用抗菌药治疗细菌性感染。通常对因治疗比对症治疗更重要,但在某些情况下,如病因未明或对因治疗未能生效,而应立即控制症状以减轻病情时,则需应用对症治疗。例如,对休克、惊厥或急性脑水肿等急症,对症治疗比对因治疗更为迫切。因此,"急则治其标(对症),缓则治其本(对因)""标本兼治",是临床实践应遵循的原则。

此外,还有补充治疗(supplement therapy),即给机体某些营养物质或代谢必需物,如维生素、微量元素、激素等,以补充机体相应物质的不足,又名替代治疗(replacement therapy)。补充治疗可部分起到对因治疗的作用。

2. 不良反应　凡是用药后出现与用药目的无关,并为患者带来不适或痛苦的反应,统称药物不良反应(adverse drug reaction,ADR)。多数不良反应是药物固有的效应,在一般情况下可以预知,但不一定能够避免。少数较严重的不良反应引起人体器官、组织功能或结构损害而较难恢复,可发展成为药源性疾病(drug induced disease),如氨基糖苷类抗生素引起的耳聋、肼屈嗪引起的红斑狼疮样综合征等。不良反应的表现多种多样,其原因也各不相同。可将不良反应分为以下几种:

(1)副作用(side effect):亦称副反应(side reaction),指治疗剂量下发生的不符合用药目的的反应。副作用的产生往往与药物作用选择性低有关,药理效应涉及多个器官,当某一效应用作治疗目的时,其他效应就成为副作用。例如,阿托品用于解除胃肠痉挛时,可引起口干、心悸、便秘等副作用。副作用是药物本身固有的反应,它给患者带来不适,但一般都较轻微,多为可恢复的功能性变化。

(2)毒性反应(toxic reaction):指因剂量过大或用药过久致药物在体内蓄积过多时发生的危害性反应。少数患者对某些药物特别敏感时,治疗剂量亦可发生。毒性反应的危害性较大,可发生在中枢神经系统(头痛、头晕、精神失常等)、消化系统(恶心、呕吐、腹痛、腹泻等)、心血管系统(心律失常、血压降低等)、造血系统(粒细胞减少、贫血、紫癜),亦可引骨髓或肝、肾功能损伤。毒性反应一般是可预知的,通常与药物的剂量和用药时间有关,因此减少剂量或缩短用药时间可以避免发生。

短期内用药剂量过大引起的毒性反应称急性毒性(acute toxicity),以损害循环、呼吸及神经系统功能为主,可危及生命。长期用药导致药物在体内过量蓄积而逐渐发生的毒性反应称慢性毒性(chronic toxicity),多损害肝、肾、骨髓、血液及内分泌器官等的功能。

慢性毒性还可表现为致癌作用(carcinogenesis)、致畸作用(teratogenesis)和致突变作用(mutagenecity),是由于药物影响细胞的脱氧核糖核酸(DNA),从而在分裂过程中发生遗传异常,为药物的特殊毒性。

(3)后遗效应(residual effect):是指停药后,血浆中药物浓度虽已降至阈浓度以下,但仍残存的药理效应。后遗效应可能非常短暂,也可能比较持久。例如,服用巴比妥类催眠药后,次晨仍有困倦、乏力、头晕等宿醉现象。

(4)继发效应(secondary effect):指继发于药物治疗作用的不良反应,又名治疗矛盾。如长期应用四环素类等广谱抗生素引起肠道正常菌群平衡状态被打破,以致某些不敏感菌大量繁殖,引起继发性感染(二重感染)。

(5)变态反应(allergic reaction):亦称过敏反应(hypersensitive reaction),指少数患者由于体质特异,使某些药物自身或其代谢物、或是制剂中的杂质,都能作为致敏原,引起机体的特殊免疫反应。

变态反应的性质与药物原有效应无关,并与药物剂量关系甚小或无关,用药理性拮抗药解救无效。不同药物有时可出现相似类型的反应,轻者表现为药物热、皮疹、血管神经性水肿等,重者可能引起过敏性休克甚至造成死亡。对于易引起变态反应的药物,用药前应详细询问患者有无过敏史,或进行皮肤过敏试验(皮肤过敏试验阳性者禁用该药)。因皮肤过敏试验存在假阳性或假阴性可能,应用时仍应做好解救的准备。

(6)特异质反应(idiosyncratic reaction):是因遗传学异常对药物出现的特殊反应,其性质可能与正常个体不同,但与药物固有的药理作用基本一致,反应严重程度与剂量成比例。如葡萄糖-6-磷酸脱氢酶缺乏症(G-6-PD)患者服用伯氨喹、磺胺等氧化性药物时,可发生严重的溶血性贫血；先天性血浆胆碱酯酶缺乏者应用骨骼肌松弛药琥珀胆碱易致呼吸暂停等，这些都是遗传性生化机制异常所致，只发生于遗传性药物代谢或反应变异的个体。

(7)药物依赖性(drug dependence)：又名成瘾性，是指药物长期与机体相互作用，使机体在生理功能、生化过程和/或形态学方面发生特异性、代偿性和适应性改变的特性，停止用药可导致机体的不适和/或心理上的渴求。常见的容易成瘾的药物有2类：一类是麻醉性镇痛药，如吗啡、哌替啶等，常用剂量连续使用1~2周后即可成瘾；另一类是镇静催眠药，如司可巴比妥、异戊巴比妥。

(8)停药反应(withdrawal reaction)：长期用药后突然停药而出现的原有疾病加剧的现象，又名反跳现象(rebound action)。如长期应用β受体阻断药降压，突然停药，可使患者原有病情加重，出现血压上升、严重的心律失常，甚至诱发猝死。因此，长期用药停药时，可在病情控制后，逐渐减量、缓慢停药。

第二节 药物作用的量效关系与构效关系

一、量效关系

在一定范围内，药物效应与其靶部位浓度呈正相关关系，而后者决定于用药剂量或血中药物浓度。这种药物剂量-效应间的关系即为量效关系(dose-effect relationship)。通过量效关系的研究，可定量地分析药物剂量对效应及效应强度的影响。药物效应按其性质可分为量反应和质反应。

1. 量反应 某些药物效应的改变表现为连续性量的变化，可用数量的增减来表示，如心率、血压、血糖、尿量、呼吸频率等，这些效应被称为量反应(graded response)。以药物的剂量或浓度为横坐标，以效应强度为纵坐标作图可获得直方双曲线，如将药物浓度改用对数值作图则呈典型的对称S形曲线，这就是通常所称量反应的量效曲线(dose-effect curve)(图2-1)。

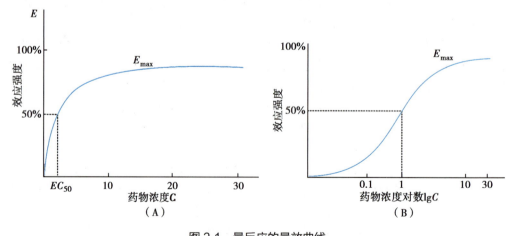

图2-1 量反应的量效曲线

量反应的量效曲线的主要特征性位点：

斜率(slope)：S形量效曲线图在大约20%~80%的最大效应部分呈直线状，此部分与横坐标夹角的正切值称量效曲线的斜率。斜率大的药物S形量效曲线陡峭，表明药物剂量的微小变化即可引起效应的明显改变。临床治疗用剂量及重点观察效应也常在此呈直线状的量效范围内。

最小有效剂量(minimal effective dose)或最小有效浓度(minimal effective concentration):即刚能引起效应的最小剂量或浓度,也称阈剂量(threshold dose)或阈浓度(threshold concentration)。

效能(efficacy)或最大效应(maximal effect,E_{max}):随着药物剂量或浓度的增加,效应也逐渐增强,当继续增加浓度或剂量而效应不再继续上升时,即为效能,反映药物的内在活性。能引起最大疗效而不引起中毒的剂量称极量(maximal effective dose)。药物使用剂量大于极量,则可能引起中毒,甚至死亡。药物效能对临床用药非常关键,可能由药物与受体的反应模式或受体 - 效应器体系的特性所决定。

效价(potency):指能引起等效反应的相对浓度或剂量,有时也称效价强度。一般以50% 最大效应时对应的剂量或浓度,即半数最大效应浓度(concentration for 50% of maximal effect,EC_{50})表示,其数值越小则药物强度越大。药物效价部分取决于药物与受体结合的亲和力,部分取决于药物与靶点相互作用的偶联效率。效价用于药物作用之间的比较时,引起等效反应时的药物剂量越小,表明这个药物效价更高。

效能和效价分别反映药物的不同性质,均可用于评价药物作用,但二者的含义完全不同,往往并不平行。效价主要反映用药量多少的差异,而效能则反映可以获得的效应强弱。例如,中效能利尿药环戊噻嗪应用 1mg 就能引起高效能利尿药呋塞米 100mg 时的排钠利尿效应,提示前者的效价比后者强约 100 倍,但其最大利尿效能远不如后者(图 2-2)。临床上用环戊噻嗪无效的患者改用呋塞米后常能继续排钠利尿,消退水肿,改善循环。由此可见,在安全剂量范围内,效能高比效价高的药物更具临床意义。

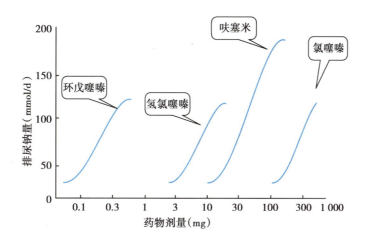

图 2-2 利尿药的效能(最大效应)和效价强度比较

2. 质反应 如果药理效应不是随着药物剂量或浓度的增减呈连续性量的变化,而表现为反应性质的变化,则称质反应(qualitative response)。质反应以阳性或阴性(全或无)来表示,如死亡与生存、惊厥与不惊厥等,其研究对象为一个群体。在实际工作中,将实验动物按剂量分组,以药物剂量或浓度的对数为横坐标,以某一反应在该小群体中出现的阳性率为纵坐标作图,可得呈正态分布的钟状曲线。如纵坐标换以阳性反应率的累加值表示,则量效曲线转为 S 形曲线(图 2-3)。

质反应量效曲线的分析如下：

在群体中,不同药物剂量或药理现象的差异也接近正态分布,在 S 形曲线中央部(50%反应处)接近一直线,斜率最大,其相应的剂量也就是能使群体中的半数个体可以出现某一效应的剂量,通常称半数效应量,如效应为疗效(治愈),则称半数有效量(50% effective dose, ED_{50})。

实际上,半数有效量常以效应指标命名,如效应以死亡为指标则称半数致死量(50% lethal dose, LD_{50})。在评价药物的安全性时,常以治疗指数(therapeutic index, TI)为指标,即 $TI=LD_{50}/ED_{50}$。一般治疗指数大的药物较治疗指数小的药物安全。但如药物的量效曲线(ED)与其剂量毒性曲线(LD)首尾有重叠,即有效剂量与其致死剂量之间有重叠,则以 TI 值来评价药物的安全性并不完全可靠(图 2-4)。为此,也可用 LD_1/ED_{99} 的比值或 $LD_5 \sim ED_{95}$ 之间的距离来衡量药物的安全性,称为安全范围(margin of safety, MOS)。需要指出的是,此类指标仅反映与剂量有关的急性毒性,无论此类指标提示安全性多大,与剂量无关的过敏性休克或特殊类型的慢性毒性仍可发生。如对妊娠呕吐有良好疗效的药物沙利度胺(反应停, thalidomide)大剂量也测不出 LD_{50},但临床使用的结果曾产生严重的药物致畸胎事件。绝大多数药物的安全性与药物剂量或浓度相关,因此将药物的 ED_{50} 与 LD_{50} 这两组实验数据同时分析并加以比较,则容易理解治疗指数和安全范围的关系及其意义(图 2-4)。

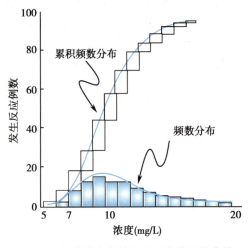

图 2-3　频数分布曲线和质反应的量效曲线

横坐标为对数尺度

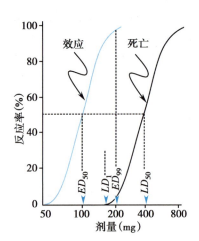

图 2-4　药物效应和毒性的量效曲线

横坐标为对数尺度

二、药物构效关系

药物作用的构效关系(structure-activity relationship, SAR)是指药物的化学结构与药理活性之间的关系。药物结构的改变,包括其基本骨架、侧链长短、立体异构(手性药物)、几何异构(顺式或反式)和光学异构(左旋或右旋)等,均可影响药物的理化性质,进而影响药物的体内过程、药效和毒性。

如异丙肾上腺素和普萘洛尔均具有 β- 苯乙胺结构,都能够特异性地与 β 受体结合,但因侧链不同导致前者为 β 受体激动药,后者则为 β 受体阻断药。化学结构完全相同的光学异构体,其作用也不一定相同。多数药物的左旋体具有药理作用,而右旋体则无作用(也有少数右旋药物具有较高药理活性)。例如,奎宁为左旋体,具有抗疟疾作用,而其右旋体奎尼丁,具有抗心律失常作用。

研究药物的构效关系不仅有利于认识药物的作用,而且大大促进了新药的发展和人们对药物作用靶部位的认识。一系列血管紧张素转换酶抑制药、二氢吡啶类钙通道阻滞药等的出现都是构效关系研究的成功范例(见抗高血压药一章)。目前,构效关系研究已发展到定量构效关系(quantitative structure-activity relationship,QSAR)研究,通过一系列已知化合物的药理活性与理化参数间的数学分析来推算未知化合物的生物活性,并借助计算机辅助设计或优化化合物的结构,是新药研究中最引人关注的热点之一。

第三节 药物的作用机制

药物的作用机制(mechanism of action)是药效学研究的重要内容,它回答药物为什么起作用和如何起作用的问题。药物引起生物效应是药物分子与机体生物靶分子之间相互作用,导致机体生理功能、生化反应改变的结果。

一、非特异性药物作用

有些作用与药物的化学结构特异性无关,只取决于其物理化学性质,称为非特异性药物作用(nonspecific drug action)。如硫酸镁口服可致肠道内渗透压增高,导致肠道内水分丢失,发挥导泻作用。抗酸药为一类弱碱性物质,口服后能中和胃酸而降低胃内酸度,用于消化性溃疡的治疗。

二、特异性药物作用

大多数药物的生物活性与其化学结构密切相关,作用于体内特定的生物大分子(靶点),被称为特异性药物作用(specific drug action)。这些生物大分子主要是蛋白质,有些是核酸或其他物质。药物作用的靶点涉及生命活动过程中相关的所有环节,大致可分为4类:酶、离子通道、转运体(载体蛋白)和受体。药物靶点的确认是药物发现过程中极为重要的环节,亦是创新药物研发的源头。

(一)影响酶的作用

机体的许多功能和代谢过程在酶的催化下发生,药物可通过抑制或增强体内某些酶的活性而发挥作用。如卡托普利抑制血管紧张素转换酶,减少血管紧张素 II(angiotensin II,Ang II)的生成,降低血压。

(二)对离子通道的调节

Na^+、K^+、Cl^- 和 Ca^{2+} 等离子的跨膜转运对维持细胞的兴奋性和功能起关键作用,而干扰某种离子通道功能可产生特定药理效应。如抗心律失常药主要通过影响 Na^+、Ca^{2+}、K^+ 等的跨膜转运而发挥作用;钙通道阻滞药阻滞细胞外 Ca^{2+} 内流而呈现多种生物活性。

(三)影响转运体

离子和部分小分子有机物脂溶性低,难以直接跨膜转运,往往需要转运体的参与。药物可通过影响转运体发挥作用,如丙磺舒可抑制肾小管有机酸转运体,妨碍原尿中尿酸的重吸收,用于防治痛风;袢利尿药呋塞米可抑制 $Na^+-K^+-2Cl^-$ 共转运体,发挥其利尿作用;达格列净可抑制钠 - 葡萄糖共转运蛋白 -2,减少葡萄糖在肾小管的重吸收,促进尿糖排泄,降低血糖水平。

(四)通过受体作用

详见本章第四节药物与受体。

第四节 药物与受体

一、受体的概念和特性

(一) 受体研究的由来

早在 1878 年,英国人 J.N.Langley 就根据阿托品与毛果芸香碱对腺体分泌的相互对抗现象,提出在神经末梢可能存在一种能与药物结合的物质。1905 年,他在观察烟碱与筒箭毒碱对骨骼肌的兴奋和阻断作用时,用存在"接受物质"(receptive substance),即神经与效应器之间的某种物质来解释二者的作用机制。1908 年,德国人 P.Ehrlich 在研究砷剂与寄生虫体结合的过程中,用"锁与钥"的比喻提出受体(receptor,R)的概念,指出药物必须与受体进行可逆性或非可逆性结合,方可产生作用。同时也提出了受体的 2 个基本特点:一是要能特异性识别配体或药物;二是药物受体复合物能够引起生物效应。药物通过受体来发挥作用,这一设想立即得到了学术界的重视,几种有关受体与药物相互作用的假说被相继提出,如占领学说(occupation theory)、速率学说(rate theory)、二态模型学说(two state theory)等。近些年来,随着受体的分离纯化及分子克隆技术的发展,大量受体结构被阐明,其结果不仅促进了药理作用机制的研究,推动了新药的研制,还推动了生命科学和医学的发展。

(二) 受体的概念

受体是细胞膜表面或亚细胞器结构中的蛋白质分子,它特异地识别和结合来自细胞外并具有生物活性的化学信号分子(配体),从而启动一系列生物化学反应,导致配体产生特定的生物效应。受体与相应的配体有极高的识别能力,其内源性配体包括神经递质、激素、自身活性物质等,而药物等外来物质则为外源性配体。

(三) 受体的功能

1. 识别配体 配体与受体的结合是一种分子识别过程。受体与药物作用时,受体构象(conformation)先发生改变,与药物的立体结构互补。两者结合成复合物后,将整个蛋白质或邻近蛋白质激活,产生生物功能改变。促成药物与受体结合的力多为分子间的吸引力,如范德瓦耳斯力(又称范德华力)以及离子键、氢键、疏水键等非共价键。随着 2 种分子空间结构互补程度增加,相互作用基团间距离缩短,作用力增强。同一配体可能有 2 种或 2 种以上的不同受体。

2. 转导信号 配体充当第一信使的角色,多数不进入细胞,其与细胞表面的特异性受体结合,通过改变受体的构型,激活细胞内信号转导过程;少数亲脂性配体可直接进入细胞内与胞内或核内的受体结合,发挥信号转导作用(图 2-5)。

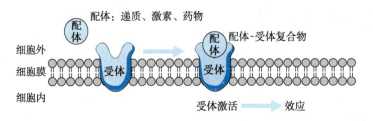

图 2-5 受体模型

（四）受体的特性

1. 特异性　指受体对配体具有高度的识别能力，只可与特定分子大小、形状、电荷的药物分子结合，不同空间构形、光学异构体的反应可以完全不同。受体对配体的高度选择，体现药物的特异性。

2. 多样性　指同一受体可分布到范围广泛的不同细胞而产生不同的效应，为受体亚型分类的基础。

3. 高敏性　指受体只需与很低浓度的配体结合就能产生显著的生理或生化效应。

4. 饱和性　受体数目是一定的，因此配体与受体结合的剂量反应曲线具有饱和性，作用于同一受体的配体存在互相竞争。

5. 可逆性　配体与受体的结合是可逆的，配体与受体复合物可以解离，解离后可得到原型配体而非代谢物。

二、药物与受体的相互作用

（一）占领学说

Hill（1909）、Clark（1926）和 Gaddum（1937）等提出占领学说。该学说认为，受体只有与药物结合才能被激活并产生效应，而效应的强度与被占领的受体数量成正比，全部受体被占领时出现最大效应（即效能）。但是，受体占领学说不能解释为什么同一类药物或活性物质具有相似的亲和力，但却产生不同的最大效应。于是 Ariens（1954）提出了"内在活性"（intrinsic activity）的概念，认为药物在占领受体后，其效应不仅取决于药物与受体的亲和力（affinity），还需要"内在活性"。只有亲和力而没有内在活性的药物，虽可与受体结合，但不能产生效应。Stephenson（1956）进一步提出药物只占领小部分受体即可产生最大效应，此时未被占领的受体称为储备受体（spare receptor）。储备受体的存在使机体在较低的药物浓度时能产生很高效应，因而提高了机体对药物的敏感性。而且，拮抗药必须完全占领储备受体才能发挥其最大拮抗作用。

（二）速率学说

Paton（1961）提出速率学说，认为药物的效应还决定于药物与受体的结合速率和解离速率。药物效应的强弱与其占有受体的速率成正比，效应的产生是药物分子和受体相碰撞时产生的定量刺激传递到效应器的结果，而与其占领受体的数量无关。激动药解离速度快，拮抗药解离速度慢，故拮抗药可阻止激动药与受体的结合，而部分激动药的解离速度介于两者之间。

（三）二态模型学说

Monod 的二态模型学说认为，受体存在 2 种构型，即激活态构型（active conformation，R_a）和失活态构型（inactive conformation，R_i），两者呈动态平衡，可相互转变。静息时（没有激动药存在时）平衡趋向 R_i。平衡趋向的改变，主要取决于药物对 R_a 及 R_i 亲和力的大小。

由以上学说可见，受体理论是以实验研究为基础提出并逐步完善的，各种学说从不同角度阐明药物与受体之间相互作用的规律。因此，在理解药物作用机制时，应尊重客观的实验依据以及充分考虑各种假说存在的可能性。

三、受体药物反应动力学

药物为受体的外源性配体，药物与受体的相互作用表现为药物与受体结合产生复合物和其解离之间的可逆性平衡。配体（包括药物）与受体结合的力主要有离子键、氢键、范德华力和共价键等；以离子键较常见，共价键极少。药物与受体之间可有多个结合部位，各结合部位可能存在不同的化学键结合方式。

按质量作用定律,药物作用的第一步是与受体结合:

$$D+R \underset{K_2}{\overset{K_1}{\rightleftharpoons}} DR \Rightarrow \cdots \cdots \Rightarrow E$$

上式中,D:药物;R:受体;DR:药物-受体复合物;E:初始效应与药理效应。

当反应达到平衡时:

$$K_D = \frac{K_2}{K_1} = \frac{[D][R]}{[DR]} \tag{式 2-1}$$

上式中,K_D 是解离常数。

设受体总数为 R_r,R_r 应为游离型受体(R)与结合型受体(DR)之和,即 $R_r = [R] + [DR]$,代入式 2-1:

$$K_D = \frac{[D]([R_r] - [DR])}{[DR]} \tag{式 2-2}$$

上式可推导得到:

$$\frac{[DR]}{[R_r]} = \frac{[D]}{K_D + [D]} \tag{式 2-3}$$

根据占领学说的观点,受体与药物结合后被激活并产生效应,其效应强度与被占领的受体数目成正比,全部受体被占领时出现最大效应。由式 2-3 可得:

$$\frac{E}{E_{max}} = \frac{[DR]}{[R_r]} = \frac{[D]}{K_D + [D]} \tag{式 2-4}$$

当 $[D] \gg K_D$ 时,$\frac{[DR]}{[R_r]} = 100\%$,达到最大效能,即 $[DR]_{max} = [R_r]$。

当 $\frac{[DR]}{[R_r]} = 50\%$ 时,即 50% 受体与药物结合时,$K_D = [D]$。

K_D 表示药物与受体的亲和力,以摩尔为单位;其意义是引起最大效应的一半时(即 50% 受体被占领)所需的药物浓度。K_D 越大,药物与受体的亲和力越小,即两者之间成反比。药物-受体复合物的解离常数 K_D 的负对数($-\lg K_D$)称亲和力指数(pD_2),其值与亲和力成正比。

药物与受体结合产生效应需要有亲和力和内在活性,后者是决定药物与受体结合时产生效应大小的性质,可用 α 表示,通常 $0 \leqslant \alpha \leqslant 1$。式 2-4 应加入这一参数:

$$\frac{E}{E_{max}} = \alpha \frac{[DR]}{[R_r]}$$

当两药亲和力相等时,其效应强度取决于内在活性强弱;当内在活性相等时,则取决于亲和力大小。

四、作用于受体的药物分类

根据药物与受体结合后产生效应的特征,可将作用于受体的药物分为激动药和拮抗药。

(一)激动药

激动药(agonist)为既有亲和力又有内在活性的药物。它们能与受体结合并激动受体,产生效应。应当注意的是,激动药产生的效应可能是兴奋性的,也可能是抑制性的。如激动药肾上腺素激动心脏 β 受体,产生心率加快、传导加快及心输出量增加等兴奋作用;而激动药乙酰胆碱激动心脏 M 受体,产生心率减慢、传导减慢及心输出量减少等抑制作用。

根据内在活性的大小,激动药又分完全激动药(full agonist)和部分激动药(partial agonist)。前者内在活性强(α 等于或近似于 1),产生的效应较强;后者内在活性弱($0<\alpha<1$),产生的效应较弱,在与激动药合用时还可拮抗完全激动药的部分效应。如吗啡为阿片受体

的完全激动药,可与阿片受体结合并激动,产生较强的镇痛效应。而喷他佐辛为阿片受体的部分激动药,可与阿片受体结合,但仅产生较弱的镇痛作用。

(二)拮抗药(阻断药)

拮抗药(antagonist)为可与受体结合,具有较强亲和力而无内在活性($\alpha=0$)的药物。拮抗药与受体结合后,不能激动受体,反而能拮抗激动药的作用。如纳洛酮作为阿片受体拮抗药,可用于吗啡过量中毒的解救。

根据拮抗药与受体结合是否具有可逆性可将其分为竞争性拮抗药(competitive antagonist)和非竞争性拮抗药(noncompetitive antagonist)。竞争性拮抗药能与激动药竞争受体,使激动药的量效曲线平行右移,但最大效应(E_{max})不变。即在竞争性拮抗药存在的情况下,可通过增加激动药浓度,使其效应恢复到原先单用时的水平,保持最大效应不变,这是竞争性拮抗的重要特征,也是区分竞争性与非竞争性拮抗的常用方法(图2-6)。

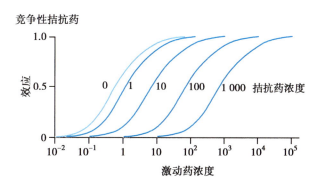

图2-6 竞争性拮抗药对激动药量效曲线的影响

竞争性拮抗药与受体的结合是可逆的,其对相应激动药的拮抗强度常用拮抗参数(pA_2)衡量。其含义为二者合用时,若使2倍浓度激动药所产生的效应恰好等于未加入拮抗药时激动药的效应,则所加入拮抗药的摩尔浓度的负对数值为pA_2。pA_2越大,拮抗作用越强。pA_2还可用于判断激动药的性质,当2种激动药被同一拮抗药拮抗,且两者pA_2相近时,说明此2种激动药作用于同一受体。

非竞争性拮抗药存在时,可使激动药与受体的亲和力与活性均降低,不仅使激动药的量效曲线右移,也使最大效应(E_{max})下降。由于非竞争性拮抗药与受体的结合比较牢固,多为难逆性的共价键结合或引起受体构型的改变,从而使激动药难以竞争或不能与受体正常结合,导致激动药与受体的亲和力下降,最大效应下降,即使增加激动药的浓度也不能使量效曲线的最大效应达到原先的水平(图2-7)。

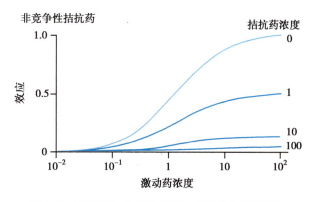

图2-7 非竞争性拮抗药对激动药量效曲线的影响

为什么化学结构类似的药物对于同一受体,有的是激动药,有的是拮抗药,还有的是部分激动药?这可用二态模型学说解释。按此学说,药物可与 R_a 和 R_i 两种状态受体结合,其效应取决于对激活态或静息态的亲和力。激动药对 R_a 的亲和力大于对 R_i 的亲和力,可使平衡趋向 R_a,并激动受体产生效应。完全激动药对 R_a 有充分的选择性,在有足够的药量时,可使受体构型完全转为 R_a。部分激动药对 R_a 的亲和力仅比对 R_i 的亲和力大 50% 左右,即便有足够的药量,也只能产生较小的效应。拮抗药对 R_a 与对 R_i 的亲和力相等,并不改变 2 种受体状态的平衡。近年来,还发现有些药物(如苯二氮䓬类)对 R_i 亲和力大于 R_a,药物与受体结合后引起与激动药相反的效应,被称为反向激动药(inverse agonist)(图 2-8)。

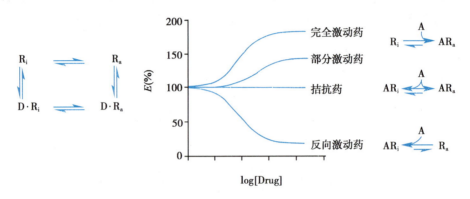

图 2-8　受体的二态模型示意图

五、受体类型

　　根据受体蛋白结构、信号转导过程、效应性质、受体位置等特点,受体大致可分为下列 5 类:

(一)G 蛋白偶联受体

　　G 蛋白偶联受体(G-protein coupled receptor)是一类由 GTP 结合蛋白(G-protein,简称 G 蛋白)组成的受体超家族,可将配体带来的信号转导至效应器蛋白,产生生物效应。这一类受体是目前发现的种类最多的受体,包括生物胺、激素、多肽激素及神经递质等的受体。G 蛋白的调节效应器包括酶类,如腺苷酸环化酶(adenylate cyclase,AC)、磷脂酶 C(phospholipase C,PLC),以及某些离子通道如 Ca^{2+} 通道、K^+ 通道。

　　G 蛋白偶联受体结构非常相似,均为单一肽链形成 7 个 α 螺旋(跨膜区段结构)往返穿透细胞膜,形成 3 个细胞外环和 3 个细胞内环。N 端在细胞外,C 端在细胞内,这两段肽链氨基酸组成在各种受体差异很大,与其识别配体及转导信息各不相同有关。胞内部分有 G 蛋白结合区。G 蛋白是由 α、β、γ 3 种亚单位组成的三聚体,静息状态时与鸟苷二磷酸(GDP)结合。当受体激活时,GDP-αβγ 复合物在 Mg^{2+} 参与下,结合的 GDP 与胞浆中鸟苷三磷酸(GTP)交换,GTP-α 与 β、γ 分离并激活效应器蛋白,同时配体与受体分离。α 亚单位本身具有 GTP 酶活性,促使 GTP 水解为 GDP,再与 β、γ 亚单体形成 G 蛋白二聚体恢复原来的静息状态(图 2-9)。

　　G 蛋白有多种类型,常见的有:①兴奋性 G 蛋白(stimulatory G protein,G_s),激活 AC 使环腺苷酸(cAMP)增加;②抑制性 G 蛋白(inhibitory G protein,G_i),抑制 AC 使 cAMP 减少;③磷脂酶 C 型 G 蛋白(PI-PLC G protein,G_p),激活磷脂酰肌醇特异的 PLC;④转导蛋白(transducin,G_t)及 G_0。一般认为,G 蛋白在脑内含量最丰富,参与 Ca^{2+} 及 K^+ 通道的调节。

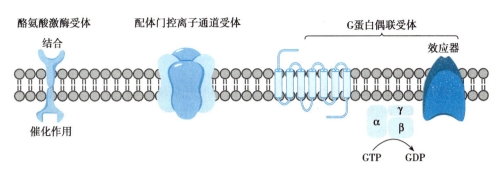

图 2-9　受体结构及相关的信号通路

一个细胞可表达 20 种以上的 G 蛋白偶联受体,每一种受体对 1 种或几种 G 蛋白具有不同的特异性。一个受体可激活多个 G 蛋白,一个 G 蛋白可以转导多个信号至效应器以调节细胞的功能。

(二) 配体门控离子通道型受体

配体门控离子通道型受体是位于细胞膜或内质网上的跨膜蛋白质,由配体结合部位与离子通道构成。与离子通道相偶联的受体的状态以及当相应配体(神经递质、激素、第二信使和外源性药物等)与其结合后,受体变构调控离子通道开放或关闭,改变细胞膜离子流动状态,从而传递信息(图 2-9)。如 N 型乙酰胆碱受体是由位于膜上的 5 个亚基组成的 Na^+ 通道,当与乙酰胆碱结合时,Na^+ 通道开放,胞外 Na^+ 内流,细胞膜去极化引起骨骼肌收缩。脑内 γ- 氨基丁酸(γ-aminobutyric acid,GABA)受体为 Cl^- 通道,受体被激活时,胞外 Cl^- 内流,使细胞膜超极化,产生中枢抑制作用。此外,脑内的甘氨酸、谷氨酸、天冬氨酸等受体亦属于本类。

(三) 酪氨酸激酶受体

酪氨酸激酶受体(tyrosine kinase receptor,TKR)由三部分组成(细胞外有一段与配体结合区,中段穿透细胞膜,胞内区段有酪氨酸激酶活性),可促其结构内酪氨酸残基的自我磷酸化而增强其酶活性,进一步促使其他底物酪氨酸磷酸化,激活胞内蛋白激酶,增加 DNA 及核糖核酸(RNA)合成,加速蛋白质合成,产生细胞生长分化等效应(图 2-9)。

(四) 细胞内受体

细胞内受体(intracellular receptor)也称细胞核激素受体(cell nuclear hormone receptor),是存在于细胞质和细胞核内的一类特异蛋白质,与激素形成激素受体复合物后,在胞内与靶基因结合产生作用,调控其表达。核内受体本质上为转录因子(transcription factor),多种激素则是这种转录因子的调控物,如肾上腺皮质激素、性激素、甲状腺素,调控相应基因转录和相关蛋白质的合成。至今已知的细胞内受体有 150 种以上,组成核内受体超家族,对机体的生长、发育和正常生理功能的维持起重要作用。

(五) 其他酶类

鸟苷酸环化酶(guanylate cyclase,GC)是一类具有酶活性的受体。细胞内有 2 种形式的鸟苷酸环化酶:与细胞膜结合的膜结合型 GC 和胞浆可溶性 GC。作为酶联受体信号途径的主要是膜结合型 GC(membrane-bound guanylyl cyclase,mGC)。心钠肽可兴奋 GC,使 GTP 转化为环鸟苷酸(cGMP)而产生生物效应。

六、细胞信号转导

从生物信息系统的组成和功能的角度看,信息传递是一个在信息分子启动下,通过一系列受体或酶蛋白的构型和活性改变,引发特定的级联反应(cascade reaction)过程。胞外信号经过胞质中的酶促反应产生的信使物质逐级放大,在细胞中快速扩增、引起特定的生理效应并被迅速灭活或终止。

(一)第一信使

第一信使(first messenger)指传递生物信息的细胞外信使物质,如多肽类激素、神经递质及细胞因子(包括白细胞介素和生长因子两大类)等。大多数第一信使通过与细胞膜表面的靶受体特异性结合,激活受体及改变受体的构象,将信息传递到其他信使物质或效应器,引起细胞某些生物学特性的改变。

(二)第二信使

第二信使(second messenger)是第一信使作用于靶细胞后在细胞质内产生的信息分子。第二信使将获得的信息增强、分化、整合并传递给效应器才能发挥其特定的生理功能或药理效应。目前发现的第二信使有环核苷酸类(cAMP、cGMP)、细胞膜肌醇磷脂代谢物[三磷酸肌醇(IP_3)、甘油二酯(DG)]以及 Ca^{2+} 等。以 cAMP 为例,许多配体与受体结合并激活受体,再通过活化腺苷酸环化酶(adenylate cyclase,AC)使腺苷一磷酸(AMP)环化为 cAMP。G 蛋白家族中的 G_s 与 G_i 蛋白对 AC 的活化过程分别起激活与抑制作用。cAMP 可激活 cAMP 依赖性蛋白激酶(cAMP-dependent protein kinase,PKA),后者进一步催化磷酸化作用而调节多种细胞内蛋白。Ca^{2+} 的释放被 IP_3 所介导;Ca^{2+} 对细胞活性的调节与许多蛋白介质有关,如蛋白激酶 C(protein kinase C,PKC)、钙调蛋白(calmodulin)等;甘油二酯(DG)可加强 Ca^{2+} 激活 PKC 的作用。

(三)第三信使

第三信使(third messenger)指将信息继续向细胞核内转导的物质,包括生长因子、转化因子等,转导细胞质中蛋白以及某些癌基因产物的信息进入细胞核,参与基因调控、细胞增殖和分化,以及肿瘤的形成等过程。

七、受体的调节

受体虽是遗传获得的固有蛋白,但并不是固定不变的,而是在代谢转换中处于动态平衡状态。其数量、亲和力及效应力经常受到各种生理及药理因素的影响。受体的调节是维持机体内环境稳定的一个重要因素,其调节方式有脱敏和增敏 2 种类型。

(一)受体脱敏

受体脱敏(receptor desensitization)是指在长期使用激动药后,组织或细胞对激动药的敏感性和反应性下降的现象。产生脱敏现象的机制可能有:①受体发生可逆性的修饰或构象变化:最常见的是受体被磷酸化,由此产生 G 蛋白脱偶联等现象;②受体数目下调:长期应用受体激动药使受体数目减少,可能与受体降解加速,或受体生成减少有关;③细胞膜受体内移,膜上受体数目减少;④G 蛋白偶联型受体还可出现 G 蛋白表达减少、降解增多现象;⑤受体亲和力的变化:如大量应用胰岛素后,可使胰岛素受体在结合后处于僵化状态,胰岛素疗效下降,产生胰岛素抵抗;⑥受体内在反应性的变化:如反复使用 β 激动药可使 β 受体反应钝化,以致腺苷酸环化酶的反应性降低。

(二)受体增敏

受体增敏(receptor hypersensitization)是因受体激动药水平降低或长期应用阻断药而造成,与受体脱敏相反。如长期应用 β 受体阻断药普萘洛尔时,突然停药可致"反跳"现象,临床上有诱发心动过速或心肌梗死的危险,是由于 β 受体的敏感性增高所致。长期应用多巴胺受体阻断药治疗精神分裂症诱发的迟发性运动障碍也与此有关。若受体增敏只涉及受体密度的增加,则称之为受体上调。

　　　　　　　　　　　　　　　　　　　　　　　　　（周　园　周玖瑶）

复习思考题

1. 药物的不良反应有哪些类型?请各举一例进行说明。

2. 什么是量效关系?评价药物效应的常用指标有哪些?

3. 试从药物与受体的相互作用论述激动药与拮抗药的特点。

第三章

药物代谢动力学

学习目标

1. 掌握 药物跨膜转运的方式,药物体内过程及其影响因素,药物体内动态变化的规律和药物代谢动力学的基本概念。
2. 熟悉 主要药物代谢动力学参数及其临床意义。
3. 了解 如何应用药物代谢动力学理论为制订临床合理用药方案提供依据。

药物代谢动力学(pharmacokinetics,PK)又称药代动力学,简称药动学,主要是研究药物的体内过程,即吸收(absorption)、分布(distribution)、代谢(metabolism)及排泄(excretion)过程(简称 ADME),并运用数学原理和方法阐释体内药物浓度随时间变化的动态规律。

药物通过各种给药途径被机体吸收进入血液循环后,一部分与血浆蛋白可逆性结合,暂时失去药理活性;而游离药物则经转运、分布于作用部位,引起生物效应以及进入组织后进行生物转化,最终排泄至体外,这就是药物的体内过程(图 3-1)。通过学习药动学,掌握其基本原理和方法,可以更好地了解药物在体内的变化规律,设计和优化给药方案,指导合理用药,为临床用药提供科学依据。

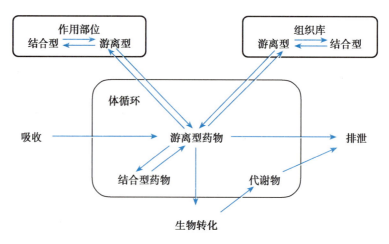

图 3-1 药物的体内过程与作用部位药物浓度的动态变化

第一节 药物的跨膜转运

药物在体内吸收、分布及排泄的过程中,必须跨越多层生物膜,多次进行转运,这种过程即药物跨膜转运。生物膜包括细胞膜和细胞器膜(如核膜、线粒体膜、内质网膜和溶酶体膜)。脂质双分子层为生物膜的基本结构,蛋白质镶嵌在其中,组成生物膜的受体、酶、离子通道和载体等。

药物跨膜转运的方式主要有被动转运和主动转运(图 3-2)。

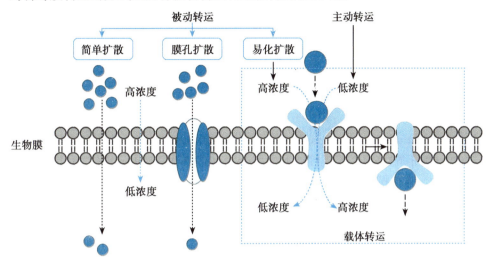

图 3-2 药物通过生物膜的方式

一、被动转运

被动转运(passive transport)指细胞膜两侧存在药物浓度差或电位差时,以电化学势能为驱动力,药物分子由高浓度的一侧向浓度低的一侧扩散,不需耗能、顺浓度差,当膜两侧的药物浓度达到平衡时,停止转运。被动转运包括简单扩散、膜孔扩散及易化扩散 3 种方式。

(一) 简单扩散

简单扩散(simple diffusion)又名脂溶扩散(lipid diffusion),指脂溶性药物可溶解于细胞脂质层而通过细胞膜,不需要载体、不受饱和限速及竞争抑制的影响,是药物转运中最常见、最重要的转运方式。影响药物简单扩散的因素有:①分子量的大小:转运速率与分子量成反比。②药物油/水分配系数(partition coefficient)愈大,即脂溶性越大,在脂质层的浓度愈高,跨膜转运速度愈快;但由于药物必须首先溶于体液才能抵达细胞膜,所以药物在具备脂溶性的同时,仍需具有一定的水溶性才能迅速通过脂质膜。③膜面积和膜两侧的浓度差:膜面积越大,扩散越快;膜两侧的浓度差越大,扩散速度也越快。④药物的解离度:这是最重要的影响因素。通常只有非解离型分子药物能以脂溶扩散方式通过脂质膜。非解离型药物的多少,取决于药物的解离常数(K_a)和体液的 pH,可用 Henderson-Hasselbalch 定量计算。

弱碱性药物

$$BH^+ = H^+ + B$$

$$K_a = \frac{[H^+][B]}{[BH^+]}$$

$$pK_a = pH - \log\frac{[B]}{[BH^+]}$$

$$pK_a - pH = \log\frac{[BH^+]}{[B]}$$

$$\therefore 10^{pK_a - pH} = \frac{[BH^+]}{[B]} = \frac{[离子型]}{[非离子型]}$$

弱酸性药物

$$HA = H^+ + A^-$$

$$K_a = \frac{[H^+][A^-]}{[HA]}$$

$$pK_a = pH - \log\frac{[A^-]}{[HA]}$$

$$pH - pK_a = \log\frac{[A^-]}{[HA]}$$

$$\therefore 10^{pH - pK_a} = \frac{[A^-]}{[HA]} = \frac{[离子型]}{[非离子型]}$$

笔记栏

当 pH=pK_a 时，[B]=[BH$^+$]　　　　　　当 pH=pK_a 时，[HA]=[A$^-$]

式中 pK_a 是解离常数的负对数值，是弱酸性或弱碱性药物在解离 50% 时溶液的 pH。

根据药物的 pK_a 和环境的 pH 之差，可算出简单扩散达到动态平衡时，解离型和非解离型药物的比值。在生理 pH 变化范围内，弱酸性或弱碱性药物大多数呈非解离型，被动扩散较快。一般来说，pK_a 3.0~7.5 的弱酸性药物及 pK_a 7~10 的弱碱性药物受 pH 的影响较大。弱酸性药物在酸性环境中，解离型少，则易透过生物膜；而在碱性环境中，解离型多，不易透过生物膜。相反，弱碱性药物在酸性环境中，解离型多，不易透过生物膜；但在碱性环境中，解离型少，容易透过生物膜。强酸、强碱，以及极性强的季铵盐因可全部解离，故不易通过简单扩散透过生物膜。

(二) 膜孔扩散

膜孔扩散(filtration through pores)又名水溶扩散(aqueous diffusion)或滤过(filtration)，是指直径小于膜孔的水溶性的极性或非极性药物，借助膜两侧的流体静压和渗透压差而进行的跨膜转运。膜孔扩散是化合物通过细胞膜上的亲水性孔道的过程，其扩散速率与药物在膜两侧的浓度差成正比。尿素、乙醇等的跨膜转运即为膜孔扩散。

(三) 易化扩散

易化扩散(facilitated diffusion)是通过细胞膜上的某些特异性蛋白质即转运体(transporter)协助进行的扩散，不需要消耗三磷酸腺苷(ATP)，但需要载体和通道介导，为载体转运(carrier transport)的一种。当药物浓度过高时，载体可被饱和，转运率达最大值；载体可被类似物占领，表现竞争性抑制作用。因此，易化扩散具有结构特异性、饱和性和竞争性。例如，在小肠上皮细胞中，葡萄糖、氨基酸等通过相应的转运蛋白的转运即为易化扩散。

二、主动转运

主动转运(active transport)又称逆流转运(countercurrent transport)，即分子或离子可由低浓度或低电位差的一侧转运到较高的一侧。主动转运具有以下特点：①需要转运载体，载体是膜中的某些蛋白、糖蛋白或脂蛋白，其对被转运药物具有结构选择性；②因逆浓度差、逆电位差转运，需要消耗能量；③载体有一定数量，转运能力具有一定限度，即饱和性；④被同一载体转运的不同药物在转运时有竞争性抑制现象；⑤缺氧或能量产生障碍可抑制主动转运。许多内源性物质如氨基酸和某些药物如青霉素、依他尼酸等以主动转运方式透过细胞膜。主动转运对体内代谢物质和神经递质的转运，以及通过干扰这些物质而产生药理作用的药物有重要意义。如丙磺舒竞争性抑制青霉素类药物在肾小管的分泌，可延长青霉素类药物的药理作用时间。

三、其他

少数药物可通过膜动转运(cytosis)方式转运，即通过膜的运动促使大分子物质转运的过程。包括：

(一) 胞饮作用

胞饮作用(pinocytosis)是细胞通过内吞从外界获取物质及液体的一种类型，是细胞外的微粒通过细胞膜的内陷包裹形成小囊泡(胞饮囊泡)，并最终和溶酶体相结合并将囊泡内部的物质水解或分解的过程。如维生素 B_{12} 就是通过这种方式而转运至细胞内。

(二) 胞吐作用

胞吐作用(exocytosis)又名胞裂外排或出胞，指大分子物质从细胞内转运到细胞外。如许多神经递质都被贮存在神经末梢内膜结合的囊泡内，当神经末梢兴奋时，囊泡膜破裂，将其内容物释放到细胞外间隙内。

笔记栏

知识链接

药物转运体

药物跨膜转运中的载体转运包括易化扩散和主动转运,均需要依赖生物膜上的载体介导,这些载体即药物转运体,也称药物转运蛋白,分摄取性转运体和外排性转运体。摄取性转运体属于可溶性载体,可将底物摄取至细胞内,如寡肽转运体促进寡肽类药物的吸收;外排性转运体属于 ATP 结合转运体,将细胞内的药物排出,为外排泵,如大脑与睾丸组织、一些耐药肿瘤细胞发现的 P 糖蛋白或多药耐药相关蛋白 1 型(MRP1),限制药物的吸收。越来越多的研究表明,药物转运体对药物的 ADME 影响与药物效应、毒副作用及药物相互作用密切相关;研究药物转运体对于新药研发和指导临床合理用药具有重要意义。

第二节　药物体内过程

药物体内过程也称药物处置(drug disposition)。药物在体内的吸收、分布及排泄过程称药物转运(transportation of drug),代谢过程也称生物转化(biotransformation)。药物的代谢和排泄合称消除(elimination)。

一、吸收

吸收(absorption)是指药物从用药部位经跨膜转运进入全身血液循环的过程。除静脉注射等血管内给药外,其他血管外给药途径均存在吸收过程。药物吸收的快慢和多少受多种因素影响,其中给药途径的影响最为重要。不同的给药途径,药物吸收的快慢依次为:气雾吸入 > 腹腔注射 > 舌下含服 > 肌内注射 > 皮下注射 > 口服给药 > 直肠给药 > 经皮给药。

(一)口服给药

口服给药(oral administration)是最常用的给药方式,给药方便,大多数药物能充分吸收。影响药物经胃肠道吸收的主要因素有:

1. 药物方面　药物的理化性质(脂溶性、解离度等)、剂型(包括药物粒径的大小、赋形剂种类等)等因素均能影响药物的吸收。

2. 机体方面

(1)胃肠内 pH:胃肠内 pH 决定胃肠道中非解离型药物的药量。改变胃肠道 pH 可以改变药物从胃肠道吸收的部位。如口服抗酸药可碱化胃内容物,使弱酸性药物在胃吸收减少。

(2)胃排空速度、胃肠内容物和肠蠕动:胃排空以及肠蠕动的快慢能显著影响药物在小肠的吸收。服药时饮水量、是否空腹以及胃肠中食物都会影响药物的吸收。

(3)首过消除(first pass elimination):也称首过效应(first pass effect),是指从胃肠道吸收入门静脉系统的药物在到达全身血液循环前必先通过肝,则进入全身血液循环内的有效药物量明显减少的一种现象。首过消除高时,机体可利用的有效药物量少,要达到治疗浓度,必须加大用药剂量。但因剂量加大,代谢物也会明显增多,可能出现代谢物的毒性反应。因此,在应用首过消除高的药物而决定采用大剂量口服时,应先了解其代谢物的毒性作用和消除过程。

(二) 舌下给药

口腔血流丰富,舌下给药(sublingual administration)吸收迅速,加之该处药物可经舌下静脉、不经肝而直接进入体循环,无首过消除,特别适合口服给药时易于被破坏或首过消除明显的药物,如硝酸甘油、异丙肾上腺素等。

(三) 注射给药

常用的注射给药(injection administration)途径为皮下注射(subcutaneous injection)和肌内注射(intramuscular injection)。还有静脉注射、鞘内注射、关节腔内注射等,除关节腔内注射及局部麻醉药外,注射给药一般产生全身作用。注射后药物吸收迅速、完全。肌肉内的血流量比皮下组织丰富,故肌内注射一般比皮下注射吸收迅速。

(四) 吸入给药

吸入给药(inhalation administration)是指一些气体及挥发性药物(如吸入麻醉药、亚硝酸异戊酯等)经过呼吸道直接进入肺泡。由于肺泡表面积很大,肺血流量丰富,药物能迅速吸收,直接进入血液循环,不经过肝的首过消除。

(五) 局部给药

局部给药的目的是在皮肤、眼、鼻、咽喉和阴道等部位产生局部作用,直肠给药也是其中一种。直肠中、下段的毛细血管血液流入下痔静脉和中痔静脉,然后进入下腔静脉,其间不经过肝,但在直肠上段药物被吸收后经上痔静脉进入门静脉系统,因此,直肠给药只能一定程度地避免首过消除。直肠给药还可以避免药物对上消化道的刺激。经皮给药(transdermal administration)是指将药物涂擦于皮肤表面,经完整皮肤吸收的给药方式,可发挥局部作用,亦可发挥全身作用。

二、分布

分布(distribution)指血液中的药物随血液循环、经跨膜转运到达组织脏器的过程。药物分布具有明显的规律性,大多数药物在体内的分布呈现不均匀性和动态性,即药物分布到各组织的速度快慢、各组织浓度高低不同,且同一组织的浓度随时间发生动态变化。影响药物分布的因素很多,主要有以下几方面:

(一) 药物 - 血浆蛋白结合

大多数药物可与血浆蛋白呈可逆性结合。血液中的药物包括游离型与结合型。仅游离型药物才能转运到作用部位产生药理效应,因此药物作用强度与游离型药物浓度密切相关。与药物结合的血浆蛋白以白蛋白为主,也有少量 α 球蛋白和 β 球蛋白。

各种药物与血浆蛋白的结合率不同。药物与血浆蛋白结合率的高低是影响药物在体内分布的重要因素。血浆蛋白结合率高的药物,向组织转运少,组织浓度较低。

(二) 体液 pH

在生理情况下,细胞内液 pH 约为 7.0,细胞外液 pH 约为 7.4。弱酸性药物在较酸的细胞内液中非解离多,易自细胞内向细胞外转运;弱碱性药物则相反,在细胞内浓度较高。例如,口服碳酸氢钠可使血浆及尿液碱化,既可促进巴比妥类弱酸性药物由脑组织向血浆转运,同时也使肾小管重吸收减少,加速药物随尿液排出,从而抢救巴比妥类药物中毒。

(三) 器官血流量

人体组织脏器中血流量丰富的有肝、肾、脑、心及肺。药物吸收后,往往在这些组织器官可迅速达到较高浓度,并建立动态平衡。

脂肪组织的血流量虽少,但其容量很大,是脂溶性药物的巨大储库。如静脉注射硫喷妥钠后,因脂溶性高,首先分布到血流丰富且富含类脂质的脑组织,迅速产生全身麻醉作用;又由于药物自脑组织向脂溶性更强的脂肪转移,麻醉作用很快消失,这种现象称药物在体内的重分布(redistribution)。

(四) 生理屏障

生理屏障影响药物在血液和器官组织之间的转运。

1. 血脑屏障 血脑屏障(blood-brain barrier,BBB)指选择性阻止药物由血入脑的屏障,是血液 - 脑组织、血液 - 脑脊液及脑脊液 - 脑组织 3 种屏障的总称。只有脂溶性强的药物或分子量较小的水溶性物质可以通过血脑屏障,因为脑组织毛细血管内皮细胞间连接紧密,间隙较小,且基底膜外有星形胶质细胞覆盖,大多数分子量大、极性高的药物较难通过。药物转运以主动转运与脂溶扩散为主,葡萄糖和某些氨基酸可易化扩散。脑膜炎症时,血脑屏障通透性增加,与血浆蛋白结合率低的磺胺嘧啶能进入脑脊液,而用于治疗脑脊髓膜炎。

2. 胎盘屏障 胎盘屏障(placental barrier)是胎盘绒毛与子宫血窦间的屏障,能将母体与胎儿的血液分开。脂溶性高的药物如全身麻醉药巴比妥类可进入胎儿血液。脂溶性低、解离型或大分子药物如右旋糖酐等,则不易通过胎盘。需要注意的是,几乎所有药物均能通过胎盘进入胎儿体内,仅是速度和程度的不同。因此,在妊娠期用药应特别谨慎。

3. 血眼屏障 血眼屏障(blood-eye barrier)是指血液与眼球内组织液之间的屏障,包括血液与房水、血液与视网膜、血液与玻璃体屏障等结构。脂溶性小分子药物比水溶性大分子药物容易通过血眼屏障。全身给药时,由于血眼屏障使药物在眼球内难以达到有效浓度,因此大部分眼病的治疗药物需局部给药。

三、代谢

药物代谢(metabolism)又称生物转化(biotransformation),是指药物在体内发生的化学变化或活性的改变。大多数药物主要在肝,部分药物也可在肝外其他组织,被相关酶催化而发生化学变化。

(一) 药物代谢的意义

药物代谢可使少数无活性或活性较低的药物变为有活性或活性强的药物,称活化(activation)。大多数药物由活性原型转化为无活性或活性降低的代谢物,称灭活(inactivation)。脂溶性药物在体内经生物转化变成极性大或解离型的代谢物,使其水溶性加大,不易被肾小管重吸收,以利于从肾排出。

(二) 药物代谢的时相

药物在体内代谢的步骤,包括 2 个时相反应。Ⅰ 相反应(phase Ⅰ reaction)是氧化(oxidation)、还原(reduction)、水解(hydrolysis)过程。主要由肝微粒体混合功能氧化酶(细胞色素 P_{450})以及存在于细胞质、线粒体、血浆、肠道菌丛中的非微粒体酶催化。Ⅱ 相反应(phase Ⅱ reaction)是结合反应,该过程可使药物分子结构中暴露出的极性基团与体内的化学成分如葡糖醛酸、硫酸、甘氨酸、谷胱甘肽等以共价键结合,使药物分子生成易溶于水且极性高的代谢物,有利于迅速排出体外。

(三) 药物代谢酶

代谢的主要部位是肝,而肝外组织如胃肠、肾、肺等也能代谢某些药物。药物在体内的代谢必须在酶的催化下进行。

专一性酶：只能催化一些特定的药物或物质的代谢,如单胺氧化酶代谢单胺类、胆碱酯酶代谢乙酰胆碱。

非专一性酶：可以催化多种药物代谢的酶系统,称药物代谢酶(简称肝药酶),包括Ⅰ期药物代谢酶(如细胞色素 P_{450}、环氧化物水合酶、水解酶、黄素单加氧酶、醇脱氢酶和醛脱氢酶)和Ⅱ期药物代谢酶(如葡糖醛酸转移酶、谷胱甘肽转移酶、硫酸转移酶、乙酰转移酶和甲基转移酶)。根据这些酶在细胞内的部位分为微粒体酶和非微粒体酶,前者更为重要,而在肝中参与药物代谢的微粒体酶多为细胞色素 P_{450}(cytochrome P_{450},CYP)。

1. 细胞色素 P_{450} 细胞色素 P_{450} 为肝混合功能氧化酶系中最主要的酶,其结构与血红蛋白相似,有以 Fe^{2+} 为中心的血红素,由于与 CO 结合后的吸收主峰在 450nm 处,故名 P_{450} 酶。此酶系存在于肝细胞内质网上,微粒体是肝细胞匀浆超速离心内质网碎片形成的微粒,常称肝微粒体酶。CYP 可以催化 60 种以上的代谢反应,促进数百种药物的代谢,故常又名"肝药酶"。CYP 除了作用于外源性亲脂性化合物外,还涉及内源性亲脂性物质的代谢,如甾体羟化、维生素 D_3 的 25- 羟化、胆固醇的合成等。在肝外的小肠黏膜、肾、肾上腺、肺、皮肤等组织中也有 CYP 存在。

2. 细胞色素 P_{450} 氧化药物的过程 CYP 氧化药物的总反应式可表示为：

$$RH_2+NADPH+H^++O_2 \rightarrow ROH+H_2O+NADP^+$$

式中 RH_2 代表催化底物(药物),需要 NADPH 供 H^+ 和 O_2 参与,反应后一个氧原子加入底物分子使其羟化,另一个氧原子接受电子被还原为水(图3-3)。

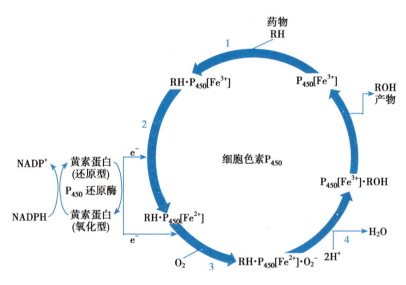

图 3-3 肝药酶细胞色素 P_{450} 在药物氧化中的循环

3. 细胞色素 P_{450} 的分类 CYP 是个基因超家族。根据这些基因所编码蛋白质的相似程度,将 CYP 划分为基因家族和基因亚家族。同一家族的氨基酸顺序有 40% 以上的同一性,同一亚家族的氨基酸顺序有 55% 以上的同一性。以"CYP"为词首来命名细胞色素 P_{450} 同工酶,其后的阿拉伯数字表示家族,其后的大写字母表示亚家族,最后阿拉伯数字表示不同的酶,如 CYP2D6。在肝中,CYP1、CYP2、CYP3 家族约占总肝 CYP 含量的 70%,并负责大多数药物的代谢。在人类肝中,与药物代谢密切相关的 CYP 主要是 CYP1A2、CYP2A6、CYP2B6、CYP2C9、CYP2C19、CYP2D6、CYP2E1 和 CYP3A4 等。

4. 细胞色素 P_{450} 的特性 CYP 为多功能酶系,可作为单加氧酶、脱氢酶、还原酶、过氧化酶、酯酶等而催化代谢反应,因此 CYP 可以催化一种底物同时产生几种不同的代谢物;CYP 催化脂溶性高的药物,虽然有一定的底物特异性,但选择性低,能催化许多结构不同的药物代谢,不同的 CYP 能催化同一种底物,而同一种底物又可被不同的 CYP 代谢;变异性大,可受多种因素影响。

5. 影响药物代谢酶的因素

(1)遗传因素:由于肝药酶系特别是 CYP 的基因多态性,造成人体对某些药物代谢强弱与速度不同,可将人群分为强(快)代谢者和弱(慢)代谢者。遗传因素所致的代谢差异,会影响药物的药理作用、不良反应和致癌的易感性等,在临床用药时需考虑药物代谢酶的基因多态性。

(2)外源性化学异物:CYP 的一个重要特性就是可以被诱导或抑制。外源性化学异物(包括药物和环境中的化学物质)可使肝药酶发生变化,改变药物代谢的速度,进而影响药物作用的强弱与持续时间(表 3-1)。

表 3-1　常用的肝药酶抑制药、诱导药及受影响的药物

肝药酶同工酶	肝药酶抑制药	肝药酶诱导药	受影响的药物
CYP1A2	西咪替丁	苯巴比妥、利福平	对乙酰氨基酚、地西泮、普萘洛尔
CYP2C9	胺碘酮、保泰松	苯妥英钠	氟西汀、甲苯磺丁脲
CYP2C19	西咪替丁、奥美拉唑	利福平	地西泮、美芬妥英、甲苯磺丁脲
CYP2E1	利托那韦	异烟肼	异烟肼、奥丹司琼
CYP3A4	酮康唑	苯巴比妥、利福平	氯丙嗪、可待因、咪达唑仑

肝药酶的诱导:药物等外源性化学异物使肝药酶的合成增加或活性增强,从而使药酶代谢能力增强的现象,称肝药酶的诱导。具有肝药酶诱导作用的化学物质称肝药酶诱导药。常见的肝药酶诱导药有苯巴比妥、苯妥英钠、利福平、灰黄霉素等。肝药酶诱导药可使药物代谢加快,受影响的药物血药浓度降低,药物疗效降低。如苯巴比妥是典型的肝药酶诱导药,可加快华法林的代谢,产生的抗凝作用降低;苯巴比妥还可加快自身代谢,导致自身耐受。

肝药酶的抑制:药物等外源性物质使肝药酶的合成减少或活性降低,从而使肝药酶代谢能力减弱的现象,称肝药酶的抑制。具有肝药酶抑制作用的化学物质称肝药酶抑制药。常见的肝药酶抑制药有酮康唑、氯霉素、嘌呤醇、去甲替林等。肝药酶抑制药可使药物代谢减慢,受影响的药物血药浓度升高,药物的作用加强或延长,甚至可能引起毒性反应。如酮康唑是 CYP3A4 竞争性抑制药,与经此酶代谢的特非那定合用时,导致特非那定代谢明显减慢,血药浓度明显增加,可诱发心律失常。

肝药酶的诱导和抑制,可影响该药本身及其他药物的代谢,进而影响药物的作用,在临床合并用药时应充分注意。

(3)生理因素:生理因素如年龄、性别、昼夜节律、营养状态、饥饿、妊娠、内分泌等均影响药物代谢酶。儿童(尤其新生儿、早产儿)肝药酶的含量和活性较低,使药物在体内的代谢消除受到影响,以致出现毒副作用;老年人肝中药物代谢酶的数量和活性均有不同程度的降低,对药物的代谢能力降低而出现不良反应甚至毒性。

(4)疾病状态:当肝功能严重低下时,会对主要经肝生物转化的药物代谢产生非常显著影响。

四、排泄

排泄（excretion）是指血液中的药物及其代谢物被排出体外的过程,也是药物最后彻底消除的过程。排泄是药物自体内消除的主要方式之一。挥发性药物及气体可由肺经呼吸道排出,非挥发性药物主要由肾排泄,也有部分药物可随胆汁经肠道排泄。另外,极少部分药物随乳汁、汗液、唾液及泪液等排出体外。

（一）肾排泄

肾的滤过、分泌和重吸收功能均参与药物的排泄（图 3-4）。

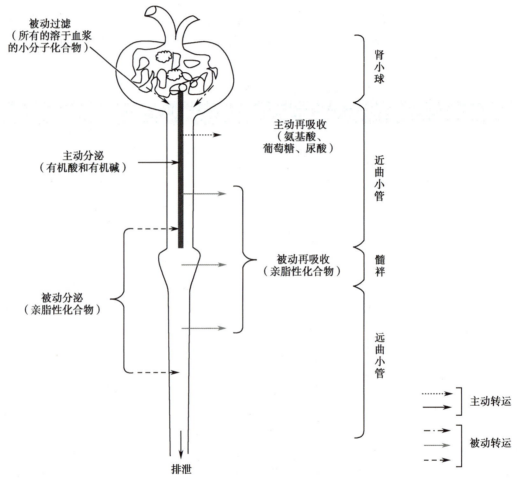

图 3-4　药物经肾排泄过程示意图

1. 肾小球滤过　肾小球毛细血管的膜孔较大,滤过压也较高,故通透性大。除了与血浆蛋白结合的药物外,游离型药物及其代谢物均可滤过,其过滤速度受肾小球滤过率及药物分子大小的影响。

2. 肾小管分泌　只有少数药物可经肾小管主动分泌排泄。在肾小管上皮细胞内,存在有机酸类药物与有机碱类药物的主动分泌转运系统。前者主要转运弱酸性药物,如丙磺舒、青霉素、氢氯噻嗪等;后者主要转运弱碱性药物,如普鲁卡因胺、奎宁等。这些载体的选择性不高,当 2 个弱酸性药物合用时,可发生竞争性抑制。如丙磺舒与青霉素合用时,两者均可由有机阴离子转运体 3（organic anion transporter 3,OAT3）介导分泌;丙磺舒的转运较慢,可抑制青霉素的分泌,提高青霉素的血浓度。

3. 肾小管重吸收　进入肾小管管腔内的药物中,脂溶性高、非解离型的弱酸性药和弱碱性药及其代谢物又可经肾小管上皮细胞以脂溶性扩散的方式被动重吸收进入血液。若改变尿液 pH,则可因影响药物的解离度,从而改变药物的重吸收程度。弱酸性药在碱性尿中的解离型增加,脂溶性减小,不易被肾小管重吸收,排泄加快。如苯巴比妥、水杨酸等弱酸性药物中毒时,碱化尿液可使药物的重吸收减少而增加排泄以解毒。在近曲小管内已滤过的葡萄糖和氨基酸可分别与 Na^+ 同向转运,也可易化扩散而重吸收。

(二) 胆汁排泄

药物在肝内代谢后,生成的极性大、水溶性高的代谢物可经胆道随胆汁转运至十二指肠,然后随粪便排出体外。有些药物在肠腔内又被重吸收,可形成肝肠循环(hepato-enteral circulation,HEC)(图 3-5)。如洋地黄毒苷在体内可进行肝肠循环,使药物持续作用时间延长。肝胆系统感染时可应用从胆道排泄的药物如红霉素、利福平,以在胆道内形成较高的药物浓度,从而有利于治疗。

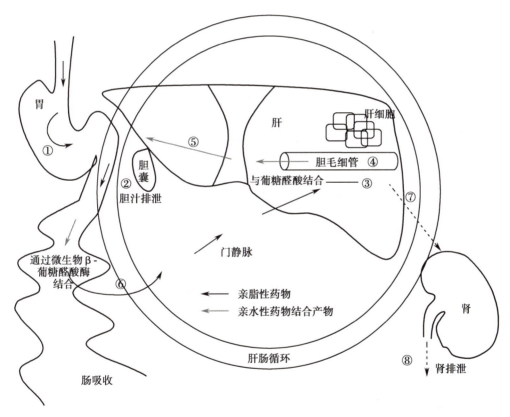

图 3-5　药物肝肠循环示意图

(三) 乳腺排泄

药物从乳腺排出属被动转运。乳汁偏酸性,一些弱碱性药物(如吗啡、阿托品等)易随乳汁排出。哺乳期妇女用药应慎用通过乳汁排泄的药物,以免对婴儿引起不良反应。

(四) 其他

药物可随唾液、泪液或汗液排泄。而且,某些药物在唾液中的浓度与血药浓度有一定相关性,如茶碱、卡马西林等。当确定这种相关性后,则可通过测定唾液中药物浓度代替检测血药浓度。脂溶性、挥发性药物可通过肺,经呼气排出体外,如一些全身麻醉药及乙醇等。

第三节 药物代谢动力学基本概念

药物在人体中,随着时间变化不断地进行着吸收、分布、代谢和排泄,而且始终都处在一种动态变化的过程中。血液把体内过程的 4 个环节连接起来,并与药效部位相联结(图 3-6)。血液中药物浓度变化反映了吸收、分布、代谢和排泄的动态变化过程,这种动态过程称动力学过程。在药物代谢动力学研究中,常测定血药浓度动态变化,并选定速率方程进行分析,计算药物代谢动力学参数,从而定量描述药物在体内动态变化的规律,为临床制订用药方案提供依据。

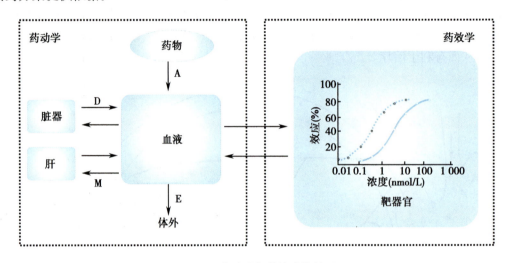

图 3-6 药动学与药效学的关系

一、血药浓度 - 时间曲线

在给药后不同时间采血,测定血药浓度,以时间为横坐标,以血药浓度为纵坐标,绘出血药浓度 - 时间曲线(concentration-time curve,C-T 曲线,简称药 - 时曲线)(图 3-7)。

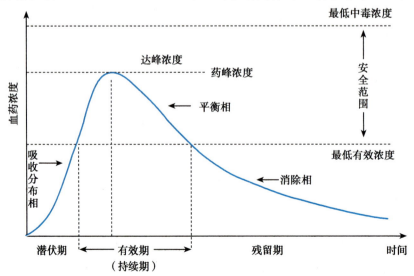

图 3-7 血药浓度 - 时间曲线

根据药效的变化,血药浓度 - 时间曲线一般可分为 3 期:潜伏期(latent period)、持续期(persistent period)及残留期(residual period)。潜伏期是指用药后到开始出现疗效的一段时间,静脉注射给药一般无潜伏期。血药浓度 - 时间曲线的变化反映了药物体内过程的动态变化。

(一) 房室模型

在药代动力学研究中,为了便于进行动力学分析,通常假设人体为一个系统,内部分成为若干房室(即房室模型,compartment model),药物进出各房室的速率相等。常用的为开放性一室模型和开放性二室模型。

1. 开放性一室模型(open one compartment model,简称一室模型)　将机体看作一个均匀的整体,用药后药物进入血液循环瞬间分布到全身体液和各组织器官中,而迅速达到动态平衡,此系统称开放性一室模型(图 3-8)。一室模型在药物代谢动力学研究中最常用。

2. 开放性二室模型(open two compartment model,简称二室模型)　将机体分成中央室(包括全血和血流丰富的组织如肾、脑、心、肝等)和周边室(血管供应较少,血流缓慢的组织如肌肉、皮肤、脂肪等),见图 3-8。药物首先进入中央室,并在中央室瞬间达到平衡,然后向周边室转运,此时血药浓度快速下降,转运达到平衡后血药浓度缓慢下降,其下降速率由消除决定。血药浓度快速下降段称分布相(α 相),缓慢下降段称消除相(β 相)。中央室及周边室之间的转运是可逆的,但药物只能从中央室消除。大多数药物在体内的动力学过程符合二室模型。

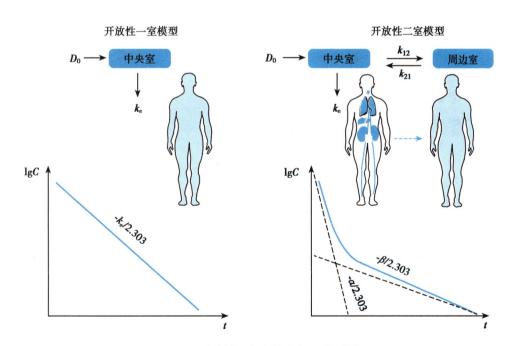

图 3-8　房室模型与血药浓度 - 时间曲线

D_0:用药剂量;k_e:消除速率常数;k_{12}:药物由中央室转至周边室的一级速率常数;
k_{21}:药物由周边室转运至中央室的一级速率常数

(二) 药物消除与浓度 - 时间曲线

浓度 - 时间曲线的下降段,反映药物从体内的消除速率。消除快的药物,下降坡度大;消除慢的药物,则下降较平坦,如图 3-9 中的消除速率 A>B。

药物的吸收、分布和消除过程的动态规律,均可用速率方程表达。药物消除的速率过程分为一级、零级和非线性速率过程。

1. 一级动力学　一级动力学(first-order kinetics)又名恒比消除,是指药物消除速率与血药浓度成正比,动力学方程见式3-1,即单位时间内消除恒定比例的药量。血药浓度与时间呈指数曲线,血药浓度的对数与时间为一直线(图3-10)。大多数药物在体内的消除属一级动力学类型。

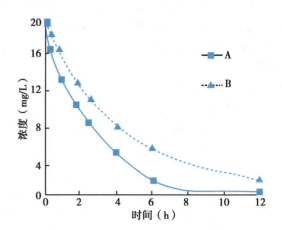

图 3-9　消除速率与血药浓度 - 时间曲线

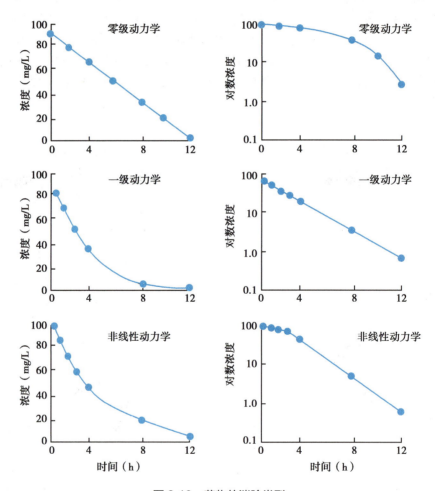

图 3-10　药物的消除类型

一级动力学的数学方程:

$$\frac{\mathrm{d}C}{\mathrm{d}t} = -k_\mathrm{e}C \qquad\qquad (式3-1)$$

式中 C 为药物浓度,$\mathrm{d}C/\mathrm{d}t$ 表示药物消除速率,k_e 为消除速率常数。

积分后得血药浓度 - 时间方程:

$$C_t=C_0\mathrm{e}^{-k_\mathrm{e}t}$$

若以 C_0 为起始血药浓度，C_t 为经 t 时间后的血药浓度，则：

$$\ln C_t=\ln C_0-k_\mathrm{e}t$$

2. 零级动力学　零级动力学（zero-order kinetics）也称恒量消除，是指药物消除速率为恒定的常数，动力学方程见式 3-2，即单位时间内消除恒定的药量。血药浓度与时间呈直线（图 3-10）。

零级动力学的数学方程：

$$\frac{\mathrm{d}C}{\mathrm{d}t}=-k_0C^0=-k_0 \tag{式 3-2}$$

k_0 是零级动力学消除速率常数。

3. 非线性动力学　此类动力学过程较为复杂，高浓度时是零级动力学，而低浓度时是一级动力学，符合酶动力学的米氏动力学（Michaelis-Menten kinetics）方程见式 3-3。符合此类消除的药物常以主动转运或易化扩散方式转运或代谢受酶活力限制，当药物达到一定浓度后，会出现饱和现象，此时消除速率恒定，再增加药量仍以最大消除速率消除。非线性消除动力学的血药浓度 C 的对数与时间 t 作图，为一折线（图 3-10）。

$$\frac{\mathrm{d}C}{\mathrm{d}t}=\frac{V_\mathrm{m}C}{K_\mathrm{m}+C} \tag{式 3-3}$$

V_m 是最大速率常数，K_m 表示消除速率达到 V_m 一半时的药物浓度。

在临床常用的药物中，如阿司匹林、茶碱、苯妥英钠等在治疗剂量时，血药浓度按一级动力学消除；在血药浓度过高时，以零级动力学消除。认识和理解非线性动力学对于指导临床用药具有重要的意义，如阿司匹林的剂量由 0.3g 增加到 3g 时，其 $t_{1/2}$ 由 0.25 小时增加到 20 小时。

二、药物代谢动力学参数

1. 生物利用度　生物利用度（bioavailability，F）是指血管外给药时药物被机体吸收利用的程度，即吸收进入体循环的药量与给药量的比值。但是在药物代谢动力学研究中进入体循环的药量常常难以直接测定，通常用曲线下面积（area under the curve，AUC）反映体内药物的相对量。AUC 是指由坐标轴与浓度 - 时间曲线围成的面积（图 3-11）。血管内给药如静脉给药的 AUC 最大。生物利用度分为绝对生物利用度和相对生物利用度。为保证用药的有效性和安全性，在药物质量标准中，有不少药物制剂已将生物利用度列为质量控制标准。

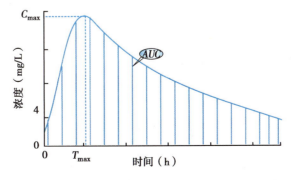

图 3-11　药物坐标轴与浓度 - 时间曲线围成的面积
（AUC）与最大血药浓度（$C_{\max}$）

$$绝对生物利用度 = \frac{AUC_{血管外}}{AUC_{血管内}} \times 100\% \qquad (式3-4)$$

绝对生物利用度反映药物的吸收率。静脉给药生物利用度为 100%；血管外给药时，受到一些因素的影响,生物利用度 <100%。

$$相对生物利用度 = \frac{AUC_{供试药}}{AUC_{参比药}} \times 100\% \qquad (式3-5)$$

相对生物利用度反映药物制剂的质量,受制剂因素包括药物的理化性质(如粒径大小、表面积、溶解度、溶解速度、药物晶型等)、处方中赋形剂的性质与种类、制剂工艺、药物剂型以及处方中其他相关物质、首过效应等影响。

评价药物的吸收特性,除了用生物利用度反映吸收程度外,吸收速度也很重要。药峰浓度(peak concentration, C_{max})的高低可反映药物吸收程度的大小；药峰时间(peak time, T_{max})的长短,可反映吸收速度的快慢。

2. 表观分布容积　表观分布容积(apparent volume of distribution, V_d 或 V)指体内药量按血药浓度计算所需的体液量,为体内药量与血药浓度的比值,单位为 L 或 L/kg。

$$V_d = \frac{D_0}{C_0}$$

D_0 为静脉注射剂量,C_0 为零时血药浓度。

表观分布容积并不代表某特定生理空间的大小,因此称表观分布容积。表观分布容积反映药物在体内的分布特点,V_d 在 0.14~0.29L/kg,表明药物主要在细胞外分布,如磺胺类药物；V_d 在 0.3~0.4L/kg,表明药物主要在细胞内分布；V_d 接近 0.6L/kg,则为细胞内外分布,如苯妥英钠及安替比林等。许多弱酸性药物与血浆蛋白结合率高,分布到组织间液及细胞内液较少,其 V_d 小。弱碱性药物因易被组织摄取,血浆中药物浓度低,故 V_d 大。

3. 半衰期　半衰期(half life, $t_{1/2}$)指血药浓度降低一半所需要的时间,也称血浆半衰期。

绝大多数药物的消除过程属于一级动力学,所以其半衰期总是一个固定值,不受血药浓度高低影响,取决于药物消除速率常数(k_e),$t_{1/2}$ 可从消除速率常数 k_e 计算。

$$t_{1/2} = \frac{0.693}{k_e}$$

药物的半衰期反映了药物在体内消除(排泄、生物转化及储存等)的速度,表示了药物在体内的时间与血药浓度间的关系,是决定给药剂量、次数的主要依据。半衰期长的药物说明它在体内消除慢,给药的间隔时间就长；反之亦然。单次给药时,按一级动力学消除的药物经过 1 个 $t_{1/2}$ 后,消除 50%,经过 2 个 $t_{1/2}$ 后,消除 75%,经过 5 个 $t_{1/2}$,体内药物消除 97%,即经过 5 个 $t_{1/2}$ 后,药物可从体内基本消除。故根据 $t_{1/2}$ 可估算出停药后药物从体内消除所需要的时间。

4. 清除率　清除率(clearance, CL)是指单位时间中有多少毫升液体中的药量被清除,即在单位时间内,从体内清除表观分布容积的部分,单位为 ml/(min·kg)。按清除途径不同,有肾清除率(CL_r)、肝清除率(CL_h)等之分。血浆总清除率则是肾清除率、肝清除率等的总和。

清除率与表观分布容积和消除速率常数的关系：

$$CL = V_d k_e$$

在以一级动力学方式消除时,单位时间内消除恒定百分率的药物,因此清除率也是一个恒定量,但当体内药物消除能力达到饱和而按照零级动力学方式消除时,每单位时间内清除的药物量恒定不变,因而清除率可变。

案例分析

　　一位女患者,体重 55kg,诊断为心房颤动(血清肌酐 1.8mg/dl),拟用地高辛控制过快心率。地高辛治疗心房颤动的目标浓度为 2ng/ml,地高辛片的含量规格为 62.5μg 和 250μg,请推荐临床维持剂量。[地高辛药动学参数:口服生物利用度 70%;尿液排泄 67%,清除率 9L/(h·70kg),表观分布容积 500L/70kg,半衰期 39 小时,靶浓度 1ng/ml,中毒浓度 >2ng/ml]

　　分析与计算:标准地高辛总清除率的 67% 是在肾内完成的,所以,用 100ml/min 肌酐清除率计算,其标准肾清除率为 0.67×9L/(h·70kg)=6L/(h·70kg),非肾清除率为 (1-0.67)×9L/(h·70kg)=3L/(h·70kg),预测肌酐清除率 22ml/min,其对地高辛的肾清除率是 (6×22/100)×60/70=1.1(L/h),非肾清除率为 3×60/70=2.6(L/h),总清除率为 3.7L/h,非胃肠道维持剂量率为 2μg/L×3.7L/h=7.4μg/h,需要日维持剂量 7.4/0.7×24=254(μg/d),实际剂量可为每日一片 250μg 的片剂。

三、多次用药浓度 - 时间曲线

　　在临床治疗中,大多数药物是通过重复给药达到有效治疗浓度,并维持在一定水平,此时的血药浓度称稳态血药浓度(steady state concentration,C_{ss})。

(一) 等量等间隔给药浓度 - 时间曲线

　　多次用药采用等量等间隔给药方案时,血药浓度波动性上升,浓度 - 时间曲线为一锯齿形曲线。4~5 个 $t_{1/2}$ 后锯齿形曲线在某一水平范围内波动,即到稳态血药浓度。稳态时,药物进入体内的药量与消除量达到动态平衡;血药浓度在稳态高限和低限之间水平波动;水平波动的平均值称坪值(图 3-12),稳态血药浓度又名坪值浓度(plateau concentration)。

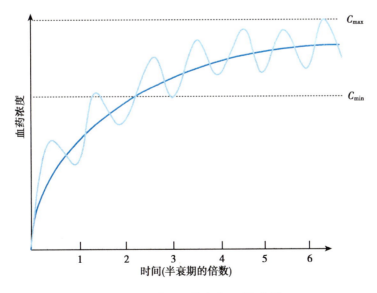

图 3-12　多次用药浓度 - 时间曲线

　　从上述给药方案的浓度 - 时间曲线,可知坪值浓度的特点:①坪值浓度的高低与剂量成正比;②在每日用药总量不变的情况下,坪值浓度上下限的波动幅度与每次用药总量成正比,对于有效浓度与中毒浓度接近的药物,分服次数多些更妥当;③趋坪时间:指血药浓度接近 95% 坪值浓度的时间。多次给药时,若按照固定的剂量、时间间隔给药,或恒速静脉滴注,经过 4~5 个 $t_{1/2}$ 可基本达到坪值浓度,故根据 $t_{1/2}$ 即可估算出连续给药后达到稳态血药浓度的时间。

(二)负荷剂量与维持剂量给药方案浓度 - 时间曲线

临床上为了更快产生药效,可在开始时使用较大剂量,即负荷剂量(loading dose),使血药浓度迅速达到坪值浓度,以后改用维持剂量(maintenance dose)以补充药物从体内的消除。例如,可在第 1 次用药时,给予维持剂量的 2 倍(即首量加倍),则在第一个半衰期即达到坪值浓度。

（周玖瑶　周　园）

复习思考题

1. 什么是药物代谢动力学?
2. 影响药物体内过程的主要因素有哪些?
3. 药物主动转运的特点有哪些?
4. 请说明药物蛋白结合率的意义。
5. 如何理解肝药酶对药物代谢的作用规律?
6. 简述药物代谢动力学参数在指导临床用药中的意义。

第四章

影响药物作用的因素

PPT 课件

📖 学习目标

1. 掌握　耐受性、耐药性、依赖性、协同作用、拮抗作用等概念。
2. 熟悉　机体因素、药物因素对药物作用的影响。
3. 了解　环境因素等对药物作用的影响。

　　药物在机体内产生的效应是药物与机体相互作用的结果,受到药物、机体和环境多种因素影响。药物因素主要有药物剂型、剂量、给药途径及合并用药时药物的相互作用。机体因素主要有年龄、性别、种族、遗传变异、心理、生理和病理因素。这些因素会引起不同个体对药物吸收、分布、代谢和排泄产生差异,导致药物在作用部位的浓度不同,表现为药物代谢动力学差异;或者药物代谢动力学参数相同,但个体对药物的反应性不同,从而表现为药物效应动力学差异。这两方面的不同均能引起因人而异的药物反应,即个体差异。药物反应的个体差异在绝大多数情况下只是"量"的不同,表现为药物作用的强弱或作用时间长短不同,药物作用性质没有改变,仍是同一种反应。但有时药物作用也可出现"质"的变化,如氯霉素导致的再生障碍性贫血。临床用药时应熟悉药物、机体、环境等多方面因素对药物效应的影响,根据个体情况,选择合适的药物、剂量、给药方法、疗程等,做到用药的个体化,以期达到既有效又安全地防治疾病。

第一节　机体方面的因素

一、年龄

　　多数药物的开发和研究是在青、中年人群中完成的。儿童和老年人的药动学和药效学与上述人群存在差异,为获得同样的治疗效果,需对儿童和老年人的药物剂量做适当的调整。

　　1. 儿童　儿童全身各器官尚在发育期间,如肝、肾、中枢神经系统尚未发育完全。个体差异较大,对药物常比较敏感。肝代谢和肾排泄能力弱会影响药物的消除,从而导致药物蓄积,产生不良反应。新生儿的特殊生理在药物治疗史上曾导致灾难性事件,如灰婴综合征(新生儿和早产儿肝内缺乏葡糖醛酸转移酶,肾排泄功能不完善,药物剂量过大,造成氯霉素蓄积而发生毒性反应)。

　　经体表面积标准化后,新生儿肾小球滤过率和肾小管最大分泌率均为成人的20%,故主要经肾清除的药物在新生儿中的 $t_{1/2}$ 比成人长。足月新生儿的肾功能在1周岁才能达到成年人水平,早产儿的肾发育更不完全,如庆大霉素在早产新生儿体内 $t_{1/2}$ 长达 18 小时或更久,足月新生儿约为 6 小时,成人仅为 1~4 小时。

在儿童和成人之间,由于药效学的差别,可能出现一些意想不到的治疗结果和不良反应。例如,抗组胺药和巴比妥类对成人有镇静作用,但对儿童就可致"高度兴奋"。长期应用苯巴比妥对儿童的学习和行为有严重影响;四环素可使儿童牙齿呈永久性黄色;成人长期应用糖皮质激素类药治疗产生的所有不良反应均可发生于儿童,且可阻碍儿童线性生长。但是儿童并非对所有药物都要冒比成人更大的不良反应的风险。例如,丙戊酸对儿童的肝毒性大于成人,但异烟肼对儿童的肝毒性则远小于成人。

2. 老年人　肾小球滤过能力的衰退可引起药物经肾清除速率的降低;肝微粒体酶活性随着年龄的增长而缓慢降低,脂肪在机体中所占比例增大,脂溶性药物的分布容积会增加,导致一些药物的半衰期随着年龄的增长而延长,如抗焦虑药地西泮。因此,老年人用药量一般低于青壮年人群。

老年人治疗时,也要考虑药效学变化。老年人神经系统结构、功能发生改变,抑制中枢神经系统的药物作用往往加强。并且,老年人生理变化和内环境调节能力的下降,使药物对机体产生非治疗作用的可能性增加。例如,即使考虑到与年龄相关的药动学变化已经调整了剂量,抗凝血药仍可引起出血。

老年人药物作用靶点的敏感性升高或降低导致药物反应性发生相应改变,如老年人服用降压药因特殊的生理因素(心血管反射减弱),常引起直立性低血压;苯二氮䓬类药物在老年人中更易引起精神错乱。

老年人药动学和药效学的变化使得用药物治疗时,往往容易产生严重的不良反应。因此,应遵照"在绝对需要药物治疗时用药,且应给予最小有效剂量"的准则。明确的治疗效果,适当的治疗监测手段和参考用药史,将有利于老年人的治疗效果。另一方面,对某些慢性病,持续的药物防治也非常必要。如骨质疏松和前列腺增生的发病进程可被持续的药物治疗延缓或逆转。此外,老年人因记忆力减退,用药的依从性较差。在联合用药时,应详细讲解服药方法或进行监护,防止错误使用造成药物无效或产生毒性。

二、性别

性别差异可导致某些药物的药动学和药效学方面的差异。女性体重一般比男性轻,在使用治疗指数低的药物时,为维持相同效应,女性可能需要剂量较小。女性脂肪和水的比例比男性高,可影响药物分布和作用。男性对对乙酰氨基酚及阿司匹林的清除率分别高于女性 40% 及 60%。妇女月经期不宜服用抗凝血药以免子宫出血过多。妊娠妇女除了维持妊娠的药物以外,应用其他药物均应慎重,因为进入母体内的药物也可通过胎盘屏障进入胎儿体内,即使对母体没有明显不良反应的药物也可能影响胚胎和胎儿的发育。20 世纪 50 年代末,在西欧曾出现因孕妇服用反应停(沙利度胺,thalidomide)制止妊娠呕吐而导致 1 万余例海豹畸形婴儿的震惊世界的不良反应事件,故对孕妇用药应警惕有致畸胎的可能性。在妊娠早期严禁使用如锂盐、乙醇、华法林、苯妥英钠及性激素等药物。新生儿对药物的代谢和排泄功能不全,在分娩过程中对母体使用的药物也可对新生儿产生持久的作用。哺乳期也应考虑药物通过乳汁对婴儿发育的影响。如哺乳期禁用苯二氮䓬类药物,因为哺乳母亲若大量长期应用这类药物可使乳儿畏寒、嗜睡、生长缓慢。

三、遗传因素

药物作用的差异有些是由遗传因素引起的。研究遗传因素对药物反应影响的学科称药物遗传学(pharmacogenetics),是药理学与遗传学相结合发展起来的边缘学科,又称遗传药理学。遗传因素对药物反应的影响比较复杂,遗传物质的多态性是主要因素,因为酶和蛋白质是在特定基因的指导下合成的,基因的多态性决定酶和蛋白质呈多态性,其性质和活性不同,影响了相关药物的反应。所以,遗传基因的差异是构成个体对药物反应差异的决定因素。

1. 遗传因素对药动学的影响　基因是决定药物代谢酶、药物转运蛋白活性和功能表达的基础,是药物代谢与反应的决定因素。基因的突变可引起所编码的药物代谢酶、转运蛋白氨基酸序列和功能异常,成为产生药物效应个体差异和种族差异的主要原因。遗传在药物代谢中的决定性作用因发现同卵双生子和异卵双生子对药物代谢的显著差异而被证实,如异卵双生子中安替比林和香豆素半衰期的变异程度比同卵双生子高6~22倍。

对于遗传多态性(genetic polymorphism)对药物效应的影响,已有比较深入的研究。药物代谢酶、转运蛋白和受体的遗传多态性是导致药物反应个体和群体差异的重要原因。具有遗传多态性的常见药物代谢酶有 NAT2、CYP2D6、CYP2C19 等。如 N- 乙酰转移酶(N-acetyltransferase,NAT)是参与 II 相乙酰化反应的代谢酶。人体内 NAT 具有 NAT1 和 NAT2 两种亚型。NAT2 在体内参与了 20 多种肼类化合物和具有致癌性的芳香胺或杂环胺类化合物的活化或灭活,与一些药物的疗效和毒副作用密切相关,同时也与某些癌症的遗传易感性相关。NAT 活性在人群中呈多态分布,被分为慢型乙酰化代谢者、快型乙酰化代谢者和中间型乙酰化代谢者。亚洲人慢型乙酰化代谢者发生率为 10%~30%。由于异烟肼、肼屈嗪、柳氮磺吡啶、氨苯砜和普鲁卡因胺等多种药物在体内经乙酰化代谢,因此,NAT 遗传多态性可通过影响这些药物的血药浓度而影响其疗效和不良反应。

不同种族具有不同的遗传背景(如不同的基因型或相同基因型的不同分布频率)。而且不同种族长期生活的地理环境也不同,具有不同的文化背景、饮食习惯和食物来源,都可能对药物代谢酶的活性和作用靶点的敏感性产生影响,导致一些药物的代谢和反应存在种族差异。如亚洲人中慢型乙酰化代谢者的发生率为 10%~30% 而白种人达 40%~70%。服用普萘洛尔后心血管反应黄种人比白种人敏感,黑种人敏感性最差。同一种药物,白种人的治疗量在黄种人中可能引起更多的不良反应,如抗肿瘤药因不良反应多且严重,在选择药物的剂量时应考虑种族差异。药物作用的种族差异已经成为临床用药、新药研发中需要重视的重要因素之一。2005 年,美国食品药品监督管理局(FDA)批准了首个根据种族差异开发的新药,专门用于黑种人的心力衰竭的治疗。

2. 遗传因素对药效学的影响　有些编码药物受体的基因也存在遗传多态性,可导致药物疗效发生改变。如 β 受体的遗传多态性改变 β 受体对激动药的敏感性,从而影响这类药在哮喘中的治疗作用;Ang II 的 1 型受体基因多态性引起血管对收缩血管的药物去氧肾上腺素的反应性不同,也影响血管紧张素转换酶抑制药,如培哚普利。

遗传因素在不影响血药浓度的条件下也可因受体部位异常、组织细胞代谢障碍、解剖学异常而影响机体对药物反应导致差异。如华法林耐受者肝中维生素 K 环氧化物还原酶的受体与华法林亲和力降低而使药效减弱。

现已发现 100 余种与药物效应有关的遗传异常基因。特异质反应已从遗传异常表型获得解释。如葡萄糖 -6- 磷酸脱氢酶缺乏症(glucose-6-phosphate dehydrogenase deficiency,G-6-PD)患者服用伯氨喹、氨苯砜、多柔比星和一些磺胺类药物后易发生溶血反应,甚至新鲜蚕豆在极少数患者中也引起溶血并导致严重贫血。其原因是葡萄糖 -6- 磷酸脱氢酶缺乏是一种性连锁隐性遗传,这种酶对于维持红细胞内谷胱甘肽的含量是必不可少的,而红细胞内谷胱甘肽又是防止溶血所必需的。

四、病理状态

疾病本身能导致药物代谢动力学和药物效应动力学的改变。肝、肾功能损伤易引起药物体内蓄积、血药浓度增加和半衰期延长,产生过强或过久药物作用,甚至发生毒性反应。回肠或胰腺疾病、心力衰竭、肾病综合征均可引起回肠黏膜水肿,导致吸收障碍而使药物吸收不完全。肾病综合征时有蛋白尿、水肿和血浆白蛋白降低,不仅会因为肠道黏膜水肿而影响药物吸收,也会因为药物与血浆白蛋白结合率降低而影响药物的分布,而且还会使作用于肾小管上皮细胞的离子转运机制的利尿药(如呋塞米)与肾小管液中的蛋白结合而导致其利尿作用降低。在神经系统抑制的病理状态下能耐受较大剂量中枢兴奋药而不发生惊厥,而在神经系统兴奋时需要应用较大剂量中枢抑制药才能产生效应。此外,抗菌药物治疗时,白细胞缺乏、脓肿未切开引流和患有糖尿病都会影响药物疗效。甲状腺功能低下时,对哌替啶的敏感性增高。体温过低(特别是老年人更容易发生)可显著降低许多药物的消除。另外,一些药物的应用可加重或诱发疾病,如糖皮质激素类药可诱发或加重溃疡病和糖尿病等,若患者原来并发这些疾病则应慎用或禁用。

五、心理因素与安慰剂效应

患者的心理因素与药物疗效关系密切。安慰剂是不具有药理活性,但和临床试验药物具有相同形状的制剂(如含乳糖或淀粉的片剂或生理盐水注射剂)。但从广义上,安慰剂还包括那些本身没有特殊作用的医疗措施如假手术。安慰剂产生的效应称安慰剂效应。

药物治疗的效应并非完全由药物本身单一因素决定。患者用药后的效应实际上是由多种因素引起的,包括药理学效应、非特异性药物效应、非特异性医疗效应和疾病的自然恢复。其中,非特异性药物效应和非特异性医疗效应是安慰剂的绝对效应。因此,安慰剂效应是影响药物治疗效果的重要因素之一。

安慰剂效应主要由心理因素引起,它来自患者对药物和医师的信赖。对有心理因素参与控制的自主神经系统功能(如血压、心率、胃分泌、呕吐、性功能等)的影响较大。当医师对疾病的解释及预后的推测给患者带来乐观的消息时,患者的紧张情绪可大大缓解,安慰剂作用会比较明显。由于安慰剂效应的广泛存在,在评价药物的临床疗效时,应充分考虑这一因素对药效评价的影响。实际上,在临床有不少药物或其他手段的治疗效果往往不是药物本身的作用,只是安慰剂效应。临床实验设计方案应排除这些主观因素对药效评价的影响。

六、时间因素

机体的某些生理活动呈现生物节律的特点,即随一定的时间交替呈有规律的周期性变化。如肾上腺分泌糖皮质激素的高峰在上午8时左右;胃酸分泌从中午开始增高,夜间20时急剧升高,22时可达峰值。因此,给药时需要根据人体正常生理性波动的特点,选择最佳用药时间,避免因给药而打乱生理节律,可减少药物的不良反应和耐受性的产生。例如,肾上腺糖皮质激素类药物中短效类的可的松或氢化可的松宜每日清晨7—8时一次服用;中效类的泼尼松或泼尼松龙宜采用隔日清晨给药法,可使外源性糖皮质激素血浆浓度与内源性皮质激素分泌昼夜节律重合,可减少药物对内源性肾上腺皮质激素分泌的抑制作用;抑制胃酸分泌的药物,如雷尼替丁、奥美拉唑等,在疾病的急性期可早晚各服药1次,待缓解后,宜改为每晚服药1次。

七、长期用药引起的机体反应性变化

长期反复用药可引起机体(包括病原体)对药物反应发生变化,主要表现为耐受性、耐药性和依赖性。还可因长期用药后突然停药而发生停药综合征。

1. 耐受性和耐药性　耐受性是指连续用药后机体对药物的反应性降低。易引起耐受性的药物有巴比妥类、硝酸酯类、麻黄碱等。通常增加剂量可恢复反应,停药后耐受性可消失。药物在短期内反复应用数次后药效减弱甚至无效称快速耐受性。如麻黄碱及垂体后叶素等连续应用数次后,可迅速发生耐受性,停药后可以恢复。交叉耐受性是对一种药物产生耐受性后,再应用同一类药物时(即使第一次使用)产生的耐受性。耐药性是指长期应用化学治疗药物后,病原体或恶性肿瘤细胞对药物的敏感性降低,也称抗药性。长期反复应用抗菌药,特别是药物剂量不足时,病原体可产生耐药性。滥用抗菌药是病原体产生耐药性的重要原因,应加以重视。

2. 依赖性和药物滥用　依赖性指长期应用某种药物后,机体对这种药物产生生理性或精神性的依赖和需求,如阿片类镇痛药和镇静催眠药等。生理依赖性也称躯体依赖性,是指停药后患者出现严重生理功能紊乱(即戒断症状)。精神依赖性也称习惯性,是指应用药物一段时间后停药,患者精神上发生主观的不适感觉而没有客观症状和体征。药物滥用是指无病情依据的长期大量应用药物,尤其是自我应用麻醉药品,这是造成药物依赖性的主要原因。如对吗啡产生依赖性的患者在停药后会发生精神和躯体一系列特有的症状,因此药物滥用尤其是兴奋药和麻醉药的滥用是导致药物依赖性并具有社会意义的重要问题。

3. 停药症状或停药综合征　某些药物长期用药后,如β肾上腺素受体阻断药普萘洛尔治疗高血压,如突然停药,就可发生停药症状(如血压上升、心绞痛发作,甚至导致急性心肌梗死或猝死)。目前认为,这是β受体上调引起机体对内源性递质敏感性增高所致,因此应采用逐渐减量停药,可避免停药综合征的发生。

第二节　药物方面的因素

一、药物剂型和给药途径

药物可制成多种剂型并采用不同的给药途径,如口服给药的片剂、胶囊、口服液、颗粒剂,注射使用的水剂、乳剂、油剂,还有控制释放速度的控释剂。控释剂可以控制药物按零级动力学恒速释放,恒速吸收,其作用更为持久和温和,同时减少服药次数、提高患者服药的依从性。如硝苯地平控释片治疗高血压,30mg 片剂,每日 1 次。随着药物代谢动力学的发展,生物药剂学为临床用药提供了许多新的制剂和剂型。缓释制剂是利用无药理活性的基质或包衣阻止药物迅速溶出以达到比较稳定而持久的疗效。口服缓释片剂或胶囊每日 1 次可维持有效血药浓度,如二甲双胍缓释片,禁止嚼碎口服,应整片吞服,治疗 2 型糖尿病每日用药1 次,减少口服引起的胃肠道不良反应。

同一药物不同的剂型、采用不同的给药途径,其发生药物效应的速率将不同。起效速率一般规律为:静脉注射＞吸入＞肌内注射＞皮下注射＞口服＞皮肤贴剂。注射剂中水溶性制剂比油剂和混悬剂吸收快,起效时间短。口服液比片剂和胶囊更容易吸收。有些药物可因给药途径的不同而产生不同的药理作用,如硫酸镁口服可以产生泻下和利胆作用,静脉注射则产生抗惊厥、镇静和降血压的作用;利多卡因涂于黏膜表面或皮下注射用于局部麻醉,

静脉注射或静脉滴注治疗心律失常。选择同一药物不同的剂型时,应注意区分其给药途径、用药剂量及临床应用的不同。例如,硝酸甘油片 0.25~0.5mg 舌下含服用于心绞痛急性发作;硝酸甘油贴片 25mg 贴敷于左前胸皮肤每日 1 次,用于预防心绞痛发作。

不同的药物制剂所含的药量相等,即药剂当量相同,药效强度不一定相同。应该用更为客观实用的生物当量作为比较标准,即药物不同制剂能达到相同血药浓度的剂量比值。

药物的制备工艺和原辅料的不同也可能显著影响药物的吸收和生物利用度。如不同药厂生产的相同剂量的地高辛片,口服后血浆药物浓度可相差 7 倍;20mg 的微晶螺内酯胶囊的疗效相当于 100mg 普通晶型螺内酯。

二、联合用药及药物相互作用

2 种或 2 种以上药物同时或先后应用,有时会产生一定的相互影响,使药物的效应或毒性发生变化。如使药效增强或减弱,或使毒副作用减少或者出现新的毒副作用。若联合用药的结果使药物效应增强,为协同作用;若使药物效应减弱,则为拮抗作用。

临床联合用药时,应利用协同作用增强疗效,或利用拮抗作用减少不良反应。治疗中、重度高血压时,往往采用联合用药,如钙通道阻滞药与 β 受体阻断药的联合,既能增强降压作用,又可减少不良反应;又如治疗心绞痛时,硝酸酯类药物与 β 受体阻断药的联合;在肿瘤化疗和某些传染性疾病(如结核病)治疗中,联合用药亦是一条原则,可以提高疗效,抑制恶性肿瘤细胞的产生或延缓病原微生物耐药性的产生。但是不合理的多药联用也会导致药物间不良的相互作用而降低疗效、加重不良反应,甚至导致药源性疾病。

药物在体外配伍时直接发生物理、化学性的相互作用而产生毒性、降低药效甚至影响药物的使用,称配伍禁忌。在静脉滴注时,尤应注意配伍禁忌。

药物间相互作用可能是由药物代谢动力学(一种药物对另一药物的吸收、分布和消除产生影响)引起的,也可能是由药物效应动力学(如激动药和拮抗药间的相互作用)引起的。最严重的基于药物 - 药物间相互作用而发生的不良反应往往发生在那些有严重毒性和治疗指数低的药物。这种情况下,只要这类药物的剂量微小改变就可导致严重的毒性反应。

(一)影响药物代谢动力学的相互作用

药物之间相互作用可发生在吸收、分布、代谢或排泄的任何时相,导致作用部位药物浓度的变化,从而影响药物的作用,表现为药物代谢动力学的改变。

1. 吸收　药物主要在小肠吸收,受胃排空速度的影响。抑制胃排空药物如阿托品或阿片类镇痛药可延缓药物的吸收。药物在吸收前因理化性质而发生的相互作用可影响药物吸收进入血液循环。如抗贫血药硫酸亚铁能与四环素络合影响其吸收,酸性药物如维生素 C 则促进其吸收;药用树脂考来烯胺可吸附左甲状腺素、强心苷、华法林、皮质激素和其他一些药物,从而抑制这些药物的吸收。

2. 分布　在体内很多药物都和血浆白蛋白(酸性药物)或 α-1 酸性糖蛋白(碱性药物)广泛结合。血浆蛋白结合率高的药物可被同时应用的另一血浆蛋白结合率高的药物置换,导致被置换药物的分布加快,作用部位的药物浓度增高,从而使药效增强或不良反应增多,如香豆素类抗凝药血浆蛋白结合率高,若同时服用阿司匹林产生竞争导致香豆素类抗凝作用增强,引起机体出血。

3. 代谢　肝药酶抑制药或诱导药通过改变肝药酶活性,使被肝药酶代谢的药物血药浓度升高或降低而影响其效应。当口服给药时,因被吸收的药物在进入全身循环前必须经门静脉进入肝,部分药物发生明显首过消除,其酶诱导或抑制效应将更为显著。受酶诱导药影响的药物有口服抗凝血药、奎尼丁、皮质激素、雌激素避孕药、茶碱、美西律、美沙酮和 β 受体阻断药等。

4. 排泄　通过和主动转运位点的相互作用,一种药物可以抑制另一药物的肾排泄。据报道,许多的相互作用均发生于阴离子位点,例如,经肾小管分泌的药物丙磺舒可竞争性抑制青霉素分泌而延长其半衰期,也抑制其他药物如抗病毒药齐多夫定等的分泌。另外,丙磺舒、水杨酸类、保泰松抑制肾消除甲氨蝶呤,而导致毒性作用。在碱性药物转运点的相互作用包括被西咪替丁、胺碘酮抑制普鲁卡因胺的分泌。

（二）影响药物效应动力学的相互作用

联合用药时,药物在不同的药效学作用机制上产生相同或相反的生理功能调节作用,综合表现为药物效应增强(协同作用)或药物效应减弱(拮抗作用)。主要表现有:

1. 生理性协同或拮抗　药物作用于不同的靶点或系统而产生的协同作用或拮抗作用。如服用镇静催眠药后饮酒可加重其中枢抑制作用,喝浓茶或咖啡可减轻其中枢抑制;抗凝血药华法林和抗血小板药阿司匹林合用可导致出血;排钾利尿药可增大地高辛的毒性;胰岛素与糖皮质激素类药在维持血糖方面起相互拮抗作用。

2. 受体水平协同或拮抗　药物作用于相同或不同的受体而产生的协同或拮抗作用。如抗组胺药、吩噻嗪类、三环类抗抑郁药都有抗 M 胆碱作用,当与阿托品同用可引起精神错乱、记忆紊乱等不良反应;静脉滴注去甲肾上腺素外漏时,可用 α 受体阻断药酚妥拉明拮抗其强烈的收缩血管作用,防止局部组织缺血坏死;阿片受体激动药吗啡与 M 受体阻断药阿托品合用治疗胆绞痛时,起到镇痛和缓解胆道奥迪括约肌痉挛性收缩的作用。

3. 干扰神经递质转运　在神经递质代谢中,三环类抗抑郁药抑制儿茶酚胺再摄取,可增加肾上腺素及其拟似药如酪胺等的升压作用,而减弱可乐定及甲基多巴的中枢性降压作用。

第三节　环境方面的因素

环境因素(如温度、湿度、噪声、光照、通气等物理条件)的变化,既可造成机体产生非特异性适应反应,也能使能量代谢、血液流变、氧化应激等多项生理、生化指标发生改变,从而影响药物作用。例如,高温可致机体因汗液蒸发而丢失大量体液,导致水电解质代谢紊乱,同时高温环境下体内氧运输障碍,机体耗氧量增加,机体内环境调节紊乱,出现氧化应激反应,继而导致病理生理改变。研究证实,当暴露于湿热环境下,小鼠氰化钠中毒的 LD_{50} 可随环境温度的升高而降低。再如,在高原低氧环境下,肺泡氧分压降低,机体各组织器官的细胞因为缺氧,其功能受到影响。其中,肝的血流丰富,更是参与药物代谢过程的重要脏器。研究提示,慢性缺氧可造成肝细胞微粒体、线粒体密度增加,细胞色素 P_{450} 氧化酶活性增强,对药物代谢起促进作用。对高原地区健康受试者氨茶碱的药动学研究表明,高原缺氧地区的居住环境,可能加速氨茶碱在体内的代谢。

（王　卉）

复习思考题

1. 解释下列名词。
耐受性　耐药性　依赖性　协同作用　拮抗作用　配伍禁忌
2. 影响药物作用的主要因素有哪些?
3. 影响药物作用的机体方面的因素有哪些?

PPT 课件

第五章

传出神经系统药理概论

学习目标

1. 掌握　传出神经系统递质,受体的分类、分布及效应。
2. 熟悉　传出神经系统药物的作用方式。
3. 了解　传出神经系统药物的分类。

第一节　概　　述

神经系统由中枢神经系统和外周神经系统组成,而外周神经系统又分为传入神经系统和传出神经系统,其中传出神经系统包括自主神经系统和运动神经系统。自主神经系统又名植物神经系统,包括交感神经和副交感神经,主要支配内脏器官、平滑肌和腺体等效应器。交感神经和副交感神经虽在解剖形态和生理功能上有所不同,但自中枢神经系统发出后均经过外周神经节更换神经元,然后到达所支配的效应器,故有节前纤维和节后纤维之分,其活动一般不受人的意识控制,称非随意活动。运动神经无节前和节后纤维之分,自中枢神经系统发出后,中途不更换神经元而直接抵达所支配的骨骼肌,通常为随意活动。

传出神经系统通过神经末梢释放的化学物质(神经递质),在神经细胞与神经细胞之间、神经细胞与其支配的效应器细胞之间进行化学传递(信息传递)。这种信息传递将神经末梢的递质释放进入突触间隙,并特异性地与受体分子结合,产生兴奋或抑制突触后细胞的功能。传出神经系统根据神经末梢释放的递质不同,分为胆碱能神经和去甲肾上腺素能神经。

除交感神经和副交感神经系统外,近年来肠神经系统日益受到人们的重视。该系统由位于肠壁内的多种神经元组成,是调节胃肠道功能的独立整合系统。肠神经系统在结构和功能上不同于交感和副交感神经系统,而与中枢神经系统相类似,但仍属于自主神经系统的一个组成部分。

一、传出神经系统的解剖学分类

交感神经和副交感神经共同构成内脏器官、腺体和平滑肌的神经支配,且大部分内脏器官及其组织接受交感和副交感神经纤维的双重支配。交感神经和副交感神经的作用往往呈现生理性拮抗效应,两者的作用既对立又统一,通过中枢神经系统的调节,它们可从正反两方面调节内脏器官的活动而表现为协调一致。

交感神经起源于脊髓胸、腰段灰质侧角,其神经节多数远离效应器,节前纤维短,节后纤维长。交感神经在全身分布广泛,兴奋时反应较弥散,其功能在于能促使机体适应环境的急骤变化,以保持内环境相对稳定。

副交感神经起源于脑干内第Ⅲ、Ⅶ、Ⅸ、Ⅹ对脑神经的神经核以及脊髓骶段,其神经节多位于效应器官附近或在其内,因此节前纤维长。副交感神经分布相对较为局限,兴奋时反应局限,其功能在于保护机体,积蓄能量,以利于休整。

运动神经自脊髓前角发出,不更换神经元直接到达所支配的骨骼肌,无节前和节后纤维之分,在中枢神经系统的调控下,完成机体从简单到复杂的随意运动。

二、传出神经系统按递质分类

传出神经末梢释放的递质主要有乙酰胆碱(acetylcholine,ACh)和去甲肾上腺素(noradrenaline,NA)。根据释放递质的不同,可将传出神经分为以 ACh 为递质的胆碱能神经(cholinergic nerve)和主要以 NA 为递质的去甲肾上腺素能神经(noradrenergic nerve)。

胆碱能神经主要包括全部交感神经和副交感神经的节前纤维、运动神经、全部副交感神经的节后纤维和极少数交感神经节后纤维(支配汗腺分泌和骨骼肌血管舒张的神经)。

去甲肾上腺素能神经则包括几乎全部交感神经节后纤维(图 5-1)。

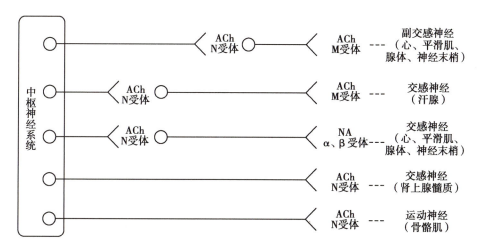

图 5-1　传出神经系统分类模式示意图

第二节　传出神经系统的递质与受体

一、传出神经突触的超微结构

传出神经之间或神经与肌肉之间冲动的传递依赖于突触的解剖结构和神经递质的生理功能。突触是指神经元与神经元之间,或神经元与某些非神经元细胞之间的一种特殊的细胞连接,通过它的传递作用可以实现细胞间的信息传递。

突触由突触前膜、突触间隙和突触后膜三部分组成。突触间隙是指神经末梢与次一级神经元或效应器细胞之间的间隙;突触前膜是指构成间隙的传出神经末梢细胞膜;突触后膜是指构成间隙的次一级神经元或效应器的细胞膜。

交感神经末梢分为许多细微的神经分支,分布于平滑肌细胞之间,其分支都有连续的膨胀部分呈稀疏串珠状,称为膨体。每个神经元约有 3 万个膨体,每个膨体内约含 1 000 个囊泡,囊泡内含大量 NA(胆碱能神经末梢囊泡内含有大量 ACh)。运动神经末梢内靠近突触前膜处有很多囊泡,每个运动神经末梢约 30 万个囊泡,每个囊泡内含大量 ACh,在其突触后膜的皱褶内还有许多可迅速水解 ACh 的胆碱酯酶。

二、传出神经递质乙酰胆碱与去甲肾上腺素

(一)乙酰胆碱

1. 生物合成　ACh 主要在胆碱能神经末梢的胞质中由胆碱和乙酰辅酶 A 为原料,在胆碱乙酰化酶(又名胆碱乙酰转移酶)的催化下合成。因为胆碱乙酰化酶位于胞质内,故在胞质内合成的 ACh 依靠囊泡乙酰胆碱转运体转运到囊泡中与 ATP、蛋白多糖结合而贮备,部分则以游离形式存在于胞浆中。

2. 释放　当神经冲动到达神经末梢时,神经末梢去极化,突触前膜对 Ca^{2+} 通透性增高, Ca^{2+} 内流,胞质内 Ca^{2+} 浓度升高,使囊泡膜与突触前膜相融合并形成裂孔,囊泡中的递质及其他内容物通过裂孔排入突触间隙,此过程称胞裂外排。每个囊泡中一次释放的 ACh 量(约 5 000 个 ACh 分子)为一个量子,每一神经冲动所致的胞裂外排可促使几百个囊泡(量子)同时排空,此称为量子化释放。ACh 释放到突触间隙,与突触后膜上的胆碱受体结合,并使效应器产生生理效应。

3. 消除　释放入突触间隙的 ACh,一方面作用于相应的胆碱受体产生效应;另一方面在释放后数毫秒内被神经末梢部位的乙酰胆碱酯酶(acetylcholinesterase,AChE)水解为胆碱和乙酸。部分水解生成的胆碱(约 1/3~1/2)又被神经末梢重摄取入胞质,再合成 ACh (图 5-2)。胆碱的摄入是合成 ACh 的限速步骤。

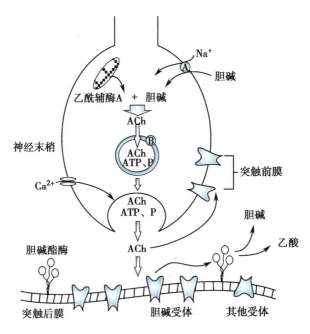

图 5-2　ACh 的生物合成与释放示意图

(二)去甲肾上腺素

1. 生物合成　NA 主要在去甲肾上腺素能神经末梢的膨体内合成。酪氨酸(tyrosine,Tyr)是合成 NA 的基本原料。Tyr 在酪氨酸羟化酶催化下生成多巴,再经多巴脱羧酶作用形成多巴胺(dopamine,DA),然后进入囊泡内,经多巴胺 β- 羟化酶的催化转变为 NA,与 ATP

和嗜铬蛋白结合贮存于囊泡中。酪氨酸羟化酶是调节 NA 生物合成的限速酶。NA 在苯基乙醇胺 -N- 甲基转移酶的作用下进一步甲基化生成肾上腺素。

2. 释放　NA 合成后贮备于囊泡中,当神经冲动到达末梢时,Ca^{2+} 进入神经末梢,囊泡与突触前膜融合,NA 与其他囊泡内容物(ATP、DA、多巴胺 β- 羟化酶)一并排出至突触间隙。有 2 种方式释放,一种是胞裂外排,另一种是 NA 先从囊泡释放入胞浆,再通过突触前膜以弥散方式释放入突触间隙中。

3. 消除　释放到突触间隙中的 NA 通过摄取和降解 2 种方式失活。约 75%~90% 的 NA 迅速通过突触前膜摄取进入神经末梢内,并再摄取进入囊泡中贮存(摄取 1),这是一种主动转运过程,依赖于胺泵提供能量,是 NA 作用终止的主要方式。非神经组织,如心肌、平滑肌等也能通过顺浓度差的被动转运再摄取 NA(摄取 2)。神经末梢内囊泡外的 NA 也可被线粒体膜所含单胺氧化酶(monoamine oxidase,MAO)所灭活,非神经组织中的 NA 摄取后即被细胞内儿茶酚 -O- 甲基转移酶(catechol-O-methyltransferase,COMT)和 MAO 所灭活,代谢物最终大部分形成香草扁桃酸(VMA,4- 羟基 -3- 甲氧基扁桃酸)随尿排出(图 5-3)。

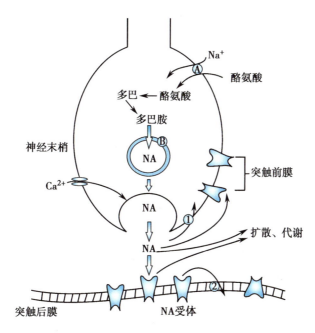

图 5-3　NA 的生物合成与释放示意图

三、传出神经系统的受体

(一)传出神经系统受体的命名

传出神经系统受体的命名常按照神经递质的选择性不同而定。能与 ACh 结合的受体称乙酰胆碱受体,又因副交感神经节后纤维所支配的效应器细胞膜的胆碱受体对毒蕈碱(muscarine)敏感,故称之为毒蕈碱型受体(M 受体);位于神经节和神经肌肉接头的胆碱受体对烟碱(nicotine)敏感,故称之为烟碱型受体(N 受体)。能与去甲肾上腺素或肾上腺素结合的受体称肾上腺素受体(adrenoreceptor);根据对拟肾上腺素类药物和阻断剂的敏感性不同,又可分为 α 肾上腺素受体(α 受体)和 β 肾上腺素受体(β 受体)。

(二)传出神经受体亚型及效应

1. M 受体　属于 G 蛋白偶联的家族受体,目前发现了 5 种不同亚型,即 M_1、M_2、M_3、M_4

和 M_5。M 受体广泛分布于全身器官组织,不同组织中存在不同的受体亚型,但同时也可有几种亚型存在于同一组织。其中较为明确的是 M_1、M_2 和 M_3 3 种亚型,而 M_4 和 M_5 主要位于中枢神经系统、且具体作用尚不明确(表 5-1)。

2. N 受体　根据分布不同,可分为神经节 N 受体(即 N_n 受体)和神经肌肉接头 N 受体(即 N_m 受体)。N_n 受体主要分布于神经节,激动时使节后神经元去极化及肾上腺髓质释放儿茶酚胺。N_m 受体主要分布于神经肌肉接头,激动时表现为骨骼肌细胞外钙内流和细胞内钙释放,肌肉收缩(表 5-1)。

表 5-1　胆碱受体亚型、分布及效应

分型	组织分布	效应
M_1	自主神经节、胃壁细胞、CNS	去极化(延迟兴奋性突触后电位)、胃分泌
M_2	窦房结、心房、房室结、心室、神经末梢、突触前膜、CNS	窦房结缓慢自动去极化、心房短动作电位时程缩短、心房收缩力减弱、房室结传导速度减慢、心室收缩力轻度减弱、突触前抑制
M_3	腺体、平滑肌、血管内皮、CNS	增加分泌、平滑肌收缩、血管扩张
M_4	CNS	运动增强
M_5	CNS	
N_n	自主神经节、肾上腺髓质	节后神经元去极化、髓质细胞去极化、儿茶酚胺释放
N_m	神经肌肉接头	终板去极化、骨骼肌收缩

注:CNS(central nervous system),中枢神经系统。

3. α 受体　属于 G 蛋白偶联的家族受体,可分为 α_1 和 α_2 两种亚型,其中 α_1 和 α_2 受体已克隆出 6 种亚型基因(表 5-2)。α_1 受体主要分布在血管平滑肌、瞳孔开大肌、胃肠道括约肌、肾和脑。α_2 受体主要分布在去甲肾上腺素能及胆碱能神经末梢的突触前膜,负反馈调节 NA 等递质的释放;也存在于肝细胞、血小板、脂肪细胞、血管平滑肌和脑。

4. β 受体　可分为 β_1、β_2 和 β_3 3 种亚型(表 5-2)。β_1 受体主要分布在心和肾小球旁器细胞,约占心 β 受体总数的 80%。β_2 受体主要分布在平滑肌、骨骼肌和肝,同时还分布于突触前膜通过正反馈促进递质的释放。β_3 受体主要分布于脂肪细胞和心。

表 5-2　肾上腺素受体亚型、分布及效应

分型		组织分布	效应
α_1	α_{1A}	心、肝、小脑、大脑皮质、前列腺、肺、输精管	血管平滑肌收缩、增加腺体分泌、促肝糖原分解、糖原异生、心肌收缩、心率加快
	α_{1B}	脾、主动脉、肺、肾皮质	
	α_{1D}	主动脉、大脑皮质、前列腺、海马	
α_2	α_{2A}	大脑皮质、脊髓、蓝斑	血管平滑肌收缩、减少 NA 释放
	α_{2B}	肝、肾	
	α_{2C}	大脑皮质	
β_1		心肌、肾小球旁细胞	增加心肌收缩和房室传导、心率加快、肾素释放
β_2		平滑肌	松弛平滑肌
β_3		脂肪细胞	脂肪动员增加

（三）传出神经系统受体功能及其分子机制

1. M 受体　作为鸟苷酸结合蛋白（G 蛋白）偶联受体，偶联后的受体激活磷脂酶 C （PLC），增加第二信使，即三磷酸肌醇（inositol triphosphate，IP_3）和甘油二酯［diglyceride， DG；又称二酰甘油（diacylglycerol，DAG）］的形成，进而产生一系列效应。同时，M 受体激动可抑制腺苷酸环化酶（AC）活性，并可激活 K^+ 通道或抑制 Ca^{2+} 通道。

2. N 受体　N 受体属于配体门控离子通道型受体。每个 N 受体由 2 个 α 亚基和 β、γ、δ 亚基组成五聚体结构，中间形成跨细胞膜通道。2 个 α 亚基上有 ACh 作用位点，当 ACh 与 α 亚基结合后，可使离子通道开放，从而调节 Na^+、K^+、Ca^{2+} 跨膜流动。当动作电位到达运动神经末梢，突触前膜释放 ACh 与 N 受体结合，促使配体门控离子通道开放，Na^+、Ca^{2+} 进入胞内，产生局部去极化电位，即终板电位。当终板电位超过肌纤维扩布性去极化阈值时，即可打开膜上电压门控离子通道，大量 Na^+、Ca^{2+} 进入细胞，产生动作电位，导致肌肉收缩 （图 5-4）。

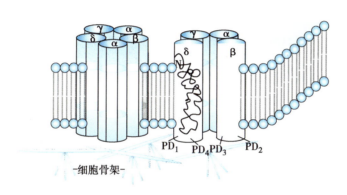

图 5-4　N_m 受体分子机制示意图

3. 肾上腺素受体　α 受体、β 受体与 M 受体结构相似，同属于 G 蛋白偶联受体。当相应的配体与受体结合后，可与 G 蛋白偶联，其中 $α_1$ 受体的配体激动磷脂酶 C、磷脂酶 D、磷脂酶 A_2，增加第二信使 IP_3 和 DG 形成而产生效应；$α_2$ 受体激动则可抑制腺苷酸环化酶，并由此使 cAMP 减少。所有 β 受体亚型激动后均能兴奋腺苷酸环化酶，使 cAMP 增加，产生不同效应（图 5-5）。

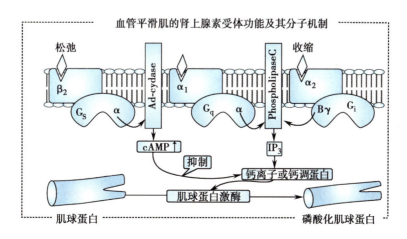

图 5-5　肾上腺素受体分子机制示意图

第三节　传出神经系统的生理功能

传出神经系统药物的药理作用共性为拟似或拮抗传出神经系统的功能,因此熟悉传出神经系统的生理功能是进一步掌握各药药理作用的重要基础。机体多数器官都受去甲肾上腺素能神经和胆碱能神经的双重支配,而这两类神经兴奋所产生的效应又往往相互拮抗,当两类神经同时兴奋时,则占优势的神经效应通常会显现出来。去甲肾上腺素能神经兴奋时,产生肾上腺素受体兴奋的效应,表现为心脏兴奋、皮肤黏膜和内脏血管收缩、血压升高、支气管和胃肠平滑肌舒张、瞳孔扩大、血糖增加等。胆碱能神经兴奋时,节前与节后纤维的功能有所不同,当节后纤维兴奋时引起的 M 受体兴奋效应大致与上述作用相反;当节前纤维兴奋时,可引起 N_n 受体兴奋和肾上腺髓质分泌的增加;运动神经兴奋时,引起 N_m 受体兴奋,表现为骨骼肌收缩等。传出神经系统主要受体作用部位及效应见表5-3。

表 5-3　传出神经系统主要受体及效应

器官		交感神经		副交感神经	
		效应	受体类型	效应	受体类型
心	窦房结	心率↑	β_1	心率↓	M_2
	房室结	自律性↑,传导速度↑	β_1	传导速度↓	M_2
	传导系统	自律性↑,传导速度↑	β_1		M_2
	心房	收缩力↑,传导速度↑	β_1	收缩力↓	M_2
	心室	收缩力↑,传导速度↑ 自律性↑	β_1	收缩力↓	M_2
血管	冠状血管	收缩;舒张	α_1、α_2;β_2		
	皮肤、黏膜	收缩	α_1、α_2		
	骨骼肌	收缩;舒张	α_1;β_2		
	脑	收缩	α_1		
	肺	收缩;舒张	α_1;β_2		
	肾	收缩;舒张	α_1、α_2;β_1、β_2		
	腹腔内脏	收缩;舒张	α_1;β_2		
	静脉	收缩;舒张	α_1、α_2;β_2		
支气管	平滑肌	舒张	β_2	收缩	M_3
	腺体	分泌↓;分泌↑	α_1;β_2	分泌↑	M_2、M_3
胃	运动和张力	减弱	α_1、α_2、β_1、β_2	增强	M_3
	括约肌	收缩	α_1	松弛	M_3、M_2
	分泌	抑制	α_2	兴奋	M_3、M_2
肠	运动和张力	减弱	α_1、α_2、β_1、β_2	增强	M_3、M_2
	括约肌	收缩	α_1	松弛	M_3、M_2
	分泌	抑制	α_2	兴奋	M_3、M_2

续表

器官		交感神经		副交感神经	
		效应	受体类型	效应	受体类型
胆囊与胆道		舒张	β_2	收缩	M
膀胱	逼尿肌	舒张	β_2	收缩	M_3
	括约肌	收缩	α_1	松弛	M_3
子宫		收缩(妊娠)	α_1		
		松弛	β_2	未明确	M
		松弛(未妊娠)	β_2		
眼	瞳孔开大肌	收缩(扩瞳)	α_1		
	瞳孔括约肌			收缩(缩瞳)	M_3、M_2
	睫状肌	松弛(远视)	β_2	收缩(近视)	M_3、M_2
	泪腺	分泌	α	分泌	M_3、M_2
皮肤	汗腺	局部分泌	α_1	分泌	M_3、M_2
	竖毛肌	收缩	α_1		
代谢	肝	糖异生、糖原分解	β_2、α		
	脂肪细胞	增强	β_3		
	肾	肾素释放	β_1		
自主神经末梢	交感			减少 NA 释放	M
	副交感	减少 ACh 释放	α		

第四节 传出神经系统药物的基本作用方式与分类

一、传出神经系统药物的基本作用

传出神经系统药物通过选择性干预神经冲动传递过程的不同环节以及相应受体,发挥拟似或阻断传出神经效应的作用。

(一)直接作用于受体

传出神经系统药物可直接与胆碱受体或肾上腺素受体结合而发挥作用。药物与受体结合后,产生的作用与神经末梢释放的 ACh 或 NA 效应相似,称为激动药;如结合后不产生或较少产生拟似递质作用,妨碍递质与受体的结合,进而产生与递质相反的作用,称为阻断药或拮抗药。

(二)影响递质

1. 影响递质的生物合成 如抑制 ACh 生物合成的密胆碱,抑制 NA 生物合成的 α- 甲基酪氨酸,此类药目前尚无临床应用价值,仅作为实验研究的工具药使用。

2. 影响递质的生物转化 AChE 是 ACh 的水解酶,药物可通过抑制 AChE 活性,影响 ACh 水解,使突触间隙 ACh 浓度增加,从而间接产生拟胆碱样作用,如新斯的明可抑制 AChE 活性,激活胆碱受体,发挥兴奋骨骼肌作用。

3. **影响递质的释放** 如麻黄碱、间羟胺等药物,可促进 NA 的释放;可乐定等药物可抑制外周和中枢 NA 释放;卡巴胆碱可促进 ACh 释放,并通过影响递质释放从而产生效应。

4. **影响递质的再摄取和贮存** 如利血平可抑制去甲肾上腺素能神经末梢中囊泡对 NA 的再摄取,使囊泡内贮存的 NA 逐渐减少以至耗竭,而产生抗去甲肾上腺素能神经作用。

二、传出神经系统药物的分类

常用的传出神经系统药物,按其作用性质及作用的受体类型进行分类(表5-4)。

表 5-4 常用传出神经系统药物的分类

拟似药	拮抗药
拟胆碱药	抗胆碱药
1. 胆碱受体激动药	1. M 受体阻断药(阿托品)
M、N 受体激动药(卡巴胆碱)	M₁ 受体阻断药(哌仑西平)
M 受体激动药(毛果芸香碱)	M₂ 受体阻断药(戈拉碘铵)
N 受体激动药(烟碱)	M₃ 受体阻断药(hexahydrosiladifenidol)
2. 胆碱酯酶抑制药(新斯的明)	2. N 受体阻断药
	Nₙ 受体阻断药(美卡拉明)
	Nₘ 受体阻断药(筒箭毒碱)
	3. 胆碱酯酶复活药(氯解磷定)
拟肾上腺素药	抗肾上腺素药
1. α 受体激动药	1. α 受体阻断药
α₁、α₂ 受体激动药(去甲肾上腺素)	α₁、α₂ 受体阻断药(酚妥拉明)
α₁ 受体激动药(去氧肾上腺素)	α₁ 受体阻断药(哌唑嗪)
α₂ 受体激动药(可乐定)	α₂ 受体阻断药(育亨宾)
2. β 受体激动药	2. β 受体阻断药
β₁、β₂ 受体激动药(异丙肾上腺素)	β₁、β₂ 受体阻断药(普萘洛尔)
β₁ 受体激动药(多巴酚丁胺)	β₁ 受体阻断药(阿替洛尔)
β₂ 受体激动药(沙丁胺醇)	β₂ 受体阻断药(布他沙明)
3. α、β 受体激动药(肾上腺素)	3. α、β 受体阻断药(拉贝洛尔)

(许 钒)

复习思考题

1. 何为胆碱能神经? 哪些神经属于胆碱能神经?

2. 传出神经系统药物的基本作用方式有哪些?

3. 简述 M 受体的组织器官分布及其激动时的主要效应?

第六章

胆碱受体激动药

PPT 课件

胆碱受体激动药(cholinoceptor agonists)也称直接拟胆碱药(direct-acting cholinomimetic drug),可直接兴奋胆碱受体,产生与胆碱能神经递质 ACh 相似的效应。根据作用受体选择性不同,胆碱受体激动药可分为 M 受体激动药和 N 受体激动药。其中,M 受体激动药主要激动副交感神经(包括支配汗腺的交感神经)节后纤维支配的效应器官的 M 受体,产生 M 样作用;N 受体激动药主要激动分布于神经肌肉接头的 N_m 受体和自主神经节的 N_n 受体,产生 N 样作用。

第一节　M 受体激动药

M 受体激动药根据其化学结构可分为 2 类,即胆碱酯类和天然形成的拟胆碱生物碱类。其中,胆碱酯类多数药物对 M、N 受体均有兴奋作用,但对 M 受体作用较强,包括乙酰胆碱和人工合成的胆碱酯类化合物醋甲胆碱、卡巴胆碱和氯贝胆碱等;天然形成的拟胆碱生物碱类药物则以兴奋 M 受体为主,包括毛果芸香碱、毒蕈碱等。

一、胆碱酯类

乙 酰 胆 碱

乙酰胆碱(acetylcholine,ACh)作为胆碱能神经递质,具有非常重要的生理功能,现已能人工合成。ACh 性质不稳定,极易被体内乙酰胆碱酯酶(AChE)水解,作用广泛,不良反应多,无临床使用价值,可作为药理学研究的工具药使用。

【体内过程】ACh 为季铵类胆碱酯类化合物,脂溶性低,口服较难吸收,也不易透过血脑屏障。ACh 性质不稳定,遇水易分解,在体内迅速被 AChE 水解,从而失去活性。口服无效,外周给药很少产生中枢作用。

【药理作用】

1. 心血管系统

(1)舒张血管:静脉注射小剂量 ACh 可舒张全身血管,如肺血管和冠状血管。ACh 激动血管内皮细胞 M_3 胆碱受体,刺激内皮依赖性舒张因子即一氧化氮(NO)释放,引起邻近平滑肌细胞松弛;也可通过压力感受器或化学感受器反射引起舒张血管作用;还可激动去甲肾上腺素能神经末梢突触前膜 M_1 受体,抑制 NA 释放,间接产生舒张血管作用。ACh 对抗 NA 引起的血管收缩作用依赖于血管内皮的完整性,当血管内皮受损时,舒张血管作用消失,反而可导致血管收缩。

(2)减弱心肌收缩力:胆碱能神经主要分布于心的窦房结、房室结、浦肯野纤维和心房,而心室较少。因此,ACh 对心的直接作用主要在心房,对心室的作用主要通过影响去甲肾上腺素能神经活性间接产生。当去甲肾上腺素能神经兴奋时,一方面通过自身负反馈作用抑制 NA 的释放;另一方面胆碱能神经末梢释放的 ACh 可激活交感神经末梢突触前膜 M_1 受体,反馈性抑制交感神经末梢 NA 的释放,此时,ACh 抑制心室肌收缩力作用才会显现出来。

(3)减慢心率:ACh 能延缓窦房结舒张期自动去极化,使动作电位到达阈电位的时间延长,从而减慢心率。

(4)减慢房室结和浦肯野纤维传导:ACh 可通过延长房室结和浦肯野纤维的不应期,减慢传导。

(5)缩短心房不应期:ACh 不影响心房肌的传导速度,但可缩短心房不应期和动作电位时程。

2. 胃肠道　ACh 可兴奋胃肠道平滑肌,增加其收缩幅度、张力,促进胃肠蠕动和分泌,引起恶心、嗳气、呕吐、腹痛和排便等症状。

3. 泌尿道　ACh 可促进泌尿道平滑肌蠕动、膀胱逼尿肌收缩,增加膀胱最大自主排空压力,降低膀胱容积,同时舒张膀胱三角区和外括约肌,促进膀胱排空。

4. 腺体　ACh 可使泪腺、气管和支气管腺体、唾液腺、消化道腺体和汗腺分泌增加。

5. 眼　ACh 可使瞳孔括约肌收缩、瞳孔缩小、睫状肌收缩,调节痉挛。

6. 神经节和骨骼肌　ACh 作用于 N_n 受体和 N_m 受体,引起交感神经、副交感神经兴奋和骨骼肌收缩。同时,因肾上腺髓质受交感神经节前纤维支配,故 ACh 激活 N_n 受体还可引起肾上腺素释放。

7. 支气管　ACh 可兴奋颈动脉体和主动脉体化学受体,收缩支气管。

8. 中枢神经系统　因为 ACh 不易通过血脑屏障,故外周用药较少产生中枢作用。

【药物相互作用】AChE 抑制药可显著增强 ACh 的作用。ACh 激活 M 受体的作用可被阿托品选择性阻断;兴奋 N_n 受体的作用可被六甲双铵(hexamethonium)等神经节阻断药对抗;兴奋 N_m 受体的作用可被筒箭毒碱(tubocurarine)等肌松药对抗。

卡巴胆碱

卡巴胆碱(carbachol)又名氨甲酰胆碱,系 ACh 的衍生物,属于胆碱酯类,对胆碱受体的作用与 ACh 相似,对 M、N 受体均有激动作用。由于其化学性质较 ACh 稳定,不易被 AChE 水解,故作用维持时间较长,对 M、N 受体的选择性与 ACh 相似,均有激动作用。该药不良反应较多,且阿托品对它的解毒效果差,目前主要用于眼科局部用药。一般用 0.5%~1.5% 溶液(或眼膏)滴眼,可缩小瞳孔,降低眼内压,用于治疗青光眼。禁用于支气管哮喘、心力衰竭、动脉硬化、消化性溃疡患者。

醋甲胆碱

醋甲胆碱(methacholine)又名乙酰甲胆碱,可被 AChE 水解,但由于其水解速度较慢,故作用时间较 ACh 长。对 M 受体具有相对选择性,尤其对心血管系统作用明显。临床主要用于口腔黏膜干燥症的治疗。禁用于支气管哮喘、冠状动脉缺血和溃疡病患者。

氨甲酰甲胆碱

氨甲酰甲胆碱(bethanechol)化学性质稳定,不易被 AChE 水解,口服和注射均有效。对

M 受体具有相对选择性,可兴奋胃肠道和泌尿道平滑肌,对心血管作用弱。临床上可用于治疗术后腹气胀、胃张力缺乏症及胃滞留等。禁忌证同醋甲胆碱。

氯贝胆碱

氯贝胆碱(bethanechol chloride)化学性质稳定,能耐受 AChE 及丁酰胆碱酯酶,口服有效。对胃肠道及膀胱平滑肌作用明显,对心血管几乎无作用。可用于术后腹气胀、胃张力缺乏症和胃潴留等,也可用于口腔黏膜干燥症。禁用于支气管哮喘、甲状腺功能亢进症、冠状动脉缺血和消化性溃疡病等患者。

胆碱酯类药物的药理作用比较见表 6-1。

表 6-1　胆碱酯类药物的药理作用比较

胆碱酯类药物	对胆碱酯酶的敏感性	阿托品拮抗作用	毒蕈碱样作用				烟碱样作用
			心血管	胃肠道	膀胱	眼(局部)	
乙酰胆碱	+++	+++	++	++	++	+	++
醋甲胆碱	+	+++	+++	++	++	+	+
卡巴胆碱	–	+	+	+++	+++	++	+++
氨甲酰甲胆碱	–	+++	+/–	+++	+++	++	–
氯贝胆碱	–	+++	+/–	+++	+++	++	–

二、生物碱类

生物碱类主要包括毛果芸香碱、毒蕈碱和槟榔碱等天然生物碱,以及合成同类物震颤素(oxotremorine)。其中,震颤素可激动基底神经节的 M 受体,产生肌震颤、共济失调和肌强直等帕金森病样症状,常作为工具药使用。

毛果芸香碱

毛果芸香碱(pilocarpine)又名匹鲁卡品,是从毛果芸香属植物 Pilocarpus Jaborand 和 Pilocarpus Microphyllus 中提取的生物碱,为叔胺类化合物,其水溶液稳定,现已能人工合成。

【体内过程】毛果芸香碱具有水溶和脂溶双相溶解性。1% 毛果芸香碱滴眼液滴眼后易穿透角膜,10~30 分钟开始缩瞳,作用可维持 4~8 小时,调节痉挛作用约维持 2 小时;降眼压作用的药峰时间约 75 分钟,作用可维持 4~14 小时。毛果芸香碱及其代谢物随尿排出,母体化合物的清除半衰期约为 45~80 分钟。

【药理作用】直接激动副交感神经(包括支配汗腺的交感神经)节后纤维支配的效应器官的 M 受体,产生 M 样作用,尤其对眼和腺体的作用最为明显。

1. 眼　缩瞳、降低眼内压和调节痉挛。

(1)缩瞳:瞳孔大小的变化与虹膜内瞳孔括约肌和瞳孔开大肌的舒缩有关。瞳孔括约肌受动眼神经的副交感纤维(胆碱能神经)支配,突触后膜为 M 受体,该受体激动时瞳孔括约肌收缩,瞳孔缩小;瞳孔开大肌受去甲肾上腺素能神经支配,突触后膜为 α_1 受体,该受体激动时瞳孔开大肌向外周收缩,瞳孔扩大(图 6-1)。

毛果芸香碱通过激动瞳孔括约肌上的 M 受体,使瞳孔括约肌收缩,表现为瞳孔缩小,局部用药后作用可持续数小时至 1 天。

(2)降低眼内压:眼内压的维持依赖于房水的正常循环。房水是由睫状体上皮细胞分泌及毛细血管渗出生成,从后房经瞳孔到达前房角间隙,经小梁网(滤帘)回流入巩膜静脉窦,进入血液循环。如果房水产生过多或回流障碍,则使眼内压升高,而眼内压持续升高可致青光眼。

　　毛果芸香碱通过缩瞳作用使虹膜向瞳孔中心方向拉紧,虹膜根部变薄,前房角间隙扩大,房水易于通过小梁网进入巩膜静脉窦,结果使眼内压下降。

　　(3)调节痉挛:眼睛通过改变晶状体的屈光度,使其聚焦适合视近物的过程称视力调节。晶状体自身弹性趋向略呈球状,但由于晶状体周围的悬韧带牵拉,通常使晶状体维持于比较扁平的状态。悬韧带受睫状肌控制,而睫状肌由环状及辐射状 2 种平滑肌组成,以动眼神经(胆碱能神经)支配的环状肌纤维为主,突触后膜为 M 受体。

　　毛果芸香碱激动 M 受体,使睫状肌的环状纤维向眼中心方向收缩,导致悬韧带松弛,晶状体靠自身弹性变凸,屈光度增加,从而使远距离物体不能成像在视网膜上,故视近物时清楚、视远物时模糊,这一作用称调节痉挛(图 6-1)。

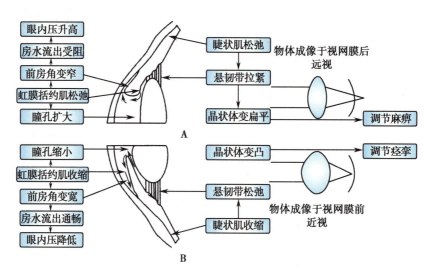

图 6-1　拟胆碱药和抗胆碱药对眼的作用示意图
A:抗胆碱药　B:拟胆碱药

　　2. 腺体　较大剂量可激动腺体的 M 受体使腺体分泌增加,以汗腺和唾液腺分泌增加最为明显;对泪腺、胃腺、胰腺、小肠腺和呼吸道腺体分泌也有增加作用。

　　3. 平滑肌　毛果芸香碱还可兴奋肠道平滑肌,使肠道平滑肌的张力和蠕动增加;兴奋支气管平滑肌,可诱发哮喘;此外,也可兴奋子宫、膀胱、胆囊与胆道平滑肌。

　　【临床应用】

　　1. 青光眼　青光眼为常见的眼科疾病,患者以进行性视神经乳头凹陷及视力减退为主要特征,并伴有眼内压升高、头痛等症状,严重者可致失明。青光眼可分为闭角型青光眼和开角型青光眼。前者为急性或慢性充血性青光眼,患者前房角间隙狭窄,房水回流受阻,使眼内压升高;低浓度的毛果芸香碱(1%~2%)可使患者的瞳孔缩小、前房角间隙扩大、眼内压降低,从而缓解青光眼症状。后者为慢性单纯性青光眼,主要因小梁网及巩膜静脉窦发生变性或硬化,导致房水循环不畅,引起眼内压升高。毛果芸香碱对早期开角型青光眼也有一定疗效,用药后通过缩瞳作用牵拉、扩张巩膜静脉窦周围的小血管,并通过收缩睫状肌使小梁网结构发生改变,有利于房水回流,导致眼内压降低,缓解或消除青光眼症状。

　　2. 虹膜睫状体炎　毛果芸香碱与扩瞳药(如阿托品)交替使用,防止虹膜炎造成的虹膜与晶状体粘连。

3. 口腔黏膜干燥症　长期应用 M 受体阻断药、抗精神病药、抗肿瘤药、抗抑郁药或进行鼻咽部和喉部肿瘤的放射治疗,可引起口腔黏膜干燥症,而用毛果芸香碱可以缓解症状。但在增加唾液分泌的同时汗腺分泌也增加。

4. 其他　毛果芸香碱还可用于抗胆碱药阿托品中毒的解救。

【不良反应】毛果芸香碱过量中毒可出现 M 受体过度兴奋的症状,可用阿托品解救,并采用对症治疗和支持治疗,如维持血压和人工呼吸等措施。

【注意事项】用毛果芸香碱滴眼时应压迫内眦的鼻泪管开口部位,以防药液流入鼻腔经鼻黏膜吸收引起全身不良反应。

毒 蕈 碱

毒蕈碱(muscarine)是从捕蝇蕈(amanita muscaria)中分离提取的生物碱,为经典 M 受体激动药,其效应与节后胆碱能神经兴奋症状相似。毒蕈碱的作用强度远大于 ACh,因毒性大,不作为治疗性药物。我国民间因食用野生蕈而中毒的病例时有发生,表现为流涎、流泪、恶心、呕吐、头痛、视觉障碍、腹部绞痛、腹泻、支气管痉挛、心动过缓、血压下降和休克等。可用阿托品治疗(每隔 30 分钟肌内注射 1~2mg)。

槟 榔 碱

槟榔碱(arecoline)除由槟榔提取外,也可由人工合成。槟榔碱能作用于 M 受体,使瞳孔缩小、眼内压下降。滴眼用于青光眼治疗,2 分钟出现缩瞳,持续约 20 分钟,故适用于解除急性青光眼症状。也可激动 N 受体,产生烟碱样作用。

第二节　N 受体激动药

N 受体有 N_n 和 N_m 2 种亚型。N_n 受体分布于交感神经节、副交感神经节和肾上腺髓质;N_m 受体分布于骨骼肌。N 受体激动药有烟碱(nicotine,尼古丁)、洛贝林(lobeline,山梗菜碱)、合成化合物四甲铵(tetra-methylamrnonium,TMA)和二甲基苯哌嗪(1,1-dimethyl-4-phenylpiperazinium,DMPP)等。

烟碱是从烟草中提取的一种液态生物碱,脂溶性极强,可经皮肤吸收。烟碱对 N_n 受体的作用呈双相性,小剂量可对 N_n 受体产生激动作用,大剂量则在激动之后迅速产生阻断作用;其对 N_m 受体的作用与此相似,刚开始使用可短暂兴奋 N_m 受体,随后可持续抑制 N_m 受体。由于烟碱作用广泛、复杂,故无临床使用价值,仅具有毒理学意义。烟草中含有烟碱成分,长期吸烟与许多疾病如癌症、冠心病、溃疡病、中枢神经系统疾病和呼吸系统疾病的发生关系密切。此外,吸烟者的烟雾中也含有烟碱和其他致病物质,易被他人吸入,危害他人健康。

●(许 钒)

复习思考题

1. 简述毛果芸香碱的药理作用与临床应用。

2. 简述乙酰胆碱对心血管系统的药理作用。

3. 乙酰胆碱为何无临床应用价值?

第七章

抗胆碱酯酶药

学习目标

1. **掌握** 新斯的明的药理作用和临床应用;有机磷酸酯类中毒的机制和解救原则。

2. **熟悉** 新斯的明的不良反应;有机磷酸酯类急性中毒的症状。

3. **了解** 胆碱酯酶复活药的作用机制及临床应用。

抗胆碱酯酶药(anticholinesterase agents)又名胆碱酯酶抑制药,是间接作用的拟胆碱药,其化学结构与 ACh 相似,能与胆碱酯酶(choline esterase,ChE)牢固结合,形成的复合物水解较慢,使胆碱能神经末梢释放的 ACh 水解减少而大量堆积,激动 M 受体和 N 受体,产生拟胆碱作用。

抗胆碱酯酶药根据其与 ChE 结合形成复合物后水解的难易程度可分为 2 类:

(1)易逆性抗胆碱酯酶药:如新斯的明、毒扁豆碱等。

(2)难逆性抗胆碱酯酶药:主要为有机磷酸酯类。

胆碱酯酶可分为真性胆碱酯酶和假性胆碱酯酶 2 类。真性胆碱酯酶也称乙酰胆碱酯酶(acetylcholinesterase,AChE),是体内迅速水解 ACh 的专一性酶,其活性极高,一个酶分子在 1 分钟内可水解约 10^5 分子 ACh,主要分布于胆碱能神经元、神经肌肉接头、红细胞以及其他组织中。假性胆碱酯酶为丁酰胆碱酯酶(butyrylcholine esterase,BChE),对 ACh 的作用较弱,但可水解其他胆碱酯类,如去极化型肌松药琥珀胆碱、局麻药普鲁卡因等。本章所提及的 ChE 是指 AChE。

AChE 蛋白分子表面活性中心有 2 个部位,即带负电荷的阴离子部位和酯解部位,均能与 ACh 结合。阴离子部位含有 1 个谷氨酸残基,酯解部位含有 1 个由丝氨酸羟基构成的酸性作用点和 1 个组氨酸咪唑环构成的碱性作用点,2 个作用点以通过氢键结合的方式结合后,增强了丝氨酸羟基的亲核性而易于与 ACh 结合。AChE 通过下列 3 个步骤水解 ACh:① ACh 分子中带正电荷的季铵阳离子头,以静电引力与 AChE 的阴离子部位结合,同时 ACh 分子中的羰基碳与 AChE 酯解部位的丝氨酸羟基以共价键结合,形成 ACh-AChE 复合物;② ACh-AChE 复合物裂解为胆碱和乙酰化 AChE;③乙酰化 AChE 迅速水解,分离出乙酸,使 AChE 活性恢复(图 7-1)。

正常状态下,AChE 水解 ACh 的速度非常快,1 分子 ACh 完全水解仅需 80 微秒。抗胆碱酯酶药与 AChE 形成的复合物水解较慢,抑制了 AChE 的活性,从而导致胆碱能神经末梢释放的 ACh 免遭水解而大量堆积,表现出 M 样和 N 样作用。

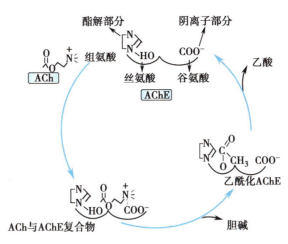

图 7-1 胆碱酯酶水解乙酰胆碱示意图

第一节 易逆性抗胆碱酯酶药

新 斯 的 明

新斯的明（neostigmine）又名普洛斯的明（prostigmine），是人工合成的含有季铵基团结构的二甲氨基甲酸酯类药物。

【体内过程】脂溶性低，口服吸收少且不规则，一般口服剂量为皮下注射量的 10 倍以上。新斯的明为季铵类化合物，不易透过血脑屏障，无明显的中枢作用。滴眼时不易透过角膜进入前房，对眼的作用较弱，一般不作为缩瞳药使用。皮下或肌内注射给药后，经 10~30 分钟出现显著疗效，可维持 2~4 小时；静脉注射给药有一定危险性，除紧急情况需注射给药外，一般多采用口服给药。其溴化物口服吸收少而不规则，个体差异大，故临床用药剂量必须个体化。

【药理作用】新斯的明发挥间接的拟胆碱作用，也能发挥直接的拟胆碱作用。

1. 兴奋骨骼肌 新斯的明对骨骼肌的收缩作用强大，是因为其除抑制 AChE 外，还能直接激动骨骼肌运动终板上的 N_m 受体和促进运动神经末梢释放 ACh。

2. 收缩平滑肌 新斯的明对胃肠道和膀胱平滑肌有较强的兴奋作用，能促进胃肠蠕动。

3. 其他作用 新斯的明对心血管、腺体、眼和支气管平滑肌的作用较弱。

【作用机制】新斯的明竞争性与 AChE 结合，抑制 AChE 活性，使 ACh 在体内堆积，表现出 M 样和 N 样作用。新斯的明与 AChE 结合后形成的 AChE 复合物可以进一步裂解为二甲氨基甲酰化 AChE，其水解速度较慢，使 AChE 暂时失去活性，呈现可逆性抑制作用。

新斯的明与 AChE 结合的步骤与 ACh 相似：①新斯的明以季铵阳离子与 AChE 的阴离子部位结合，形成新斯的明与 AChE 复合物；②新斯的明与 AChE 复合物进一步反应，生成二甲氨基甲酰化 AChE，其水解速度缓慢（>2 小时）；③最后二甲氨基甲酰化 AChE 被水解，分离出二甲氨基甲酸和 AChE，AChE 的活性得以恢复（图 7-2）。

【临床应用】新斯的明临床主要用于以下几种情况。

1. 重症肌无力 本病是一种神经肌肉接头传递功能障碍的自身免疫病。患者血清中存在抗 N_m 受体的抗体，可抑制 ACh 与受体结合，还能诱导受体解体，使运动终板上 N_m 受

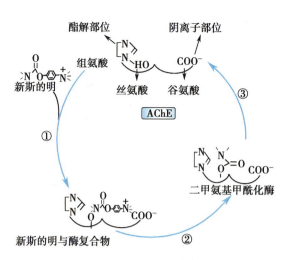

图 7-2 易逆性抗胆碱酯酶药的作用机制示意图

体数目减少,而出现神经肌肉传递功能障碍,表现为骨骼肌短暂重复活动后呈现进行性肌无力,眼睑下垂,咀嚼和吞咽困难,严重者可出现呼吸困难。由于新斯的明对骨骼肌具有选择性作用,皮下或肌内注射给药后可迅速改善肌无力症状。新斯的明过量中毒可致胆碱能危象。胆碱能危象由抗胆碱酯酶药使用过量引起,即临床同时出现 M 样和 N 样作用,并使肌无力症状加重。此时应停用抗胆碱酯酶药;立即使用呼吸机辅助通气;立即静脉注射阿托品,严密观察患者生命体征,如果症状未见完全恢复,可间隔 1 小时再次追加阿托品。

2. 手术后腹气胀及尿潴留 新斯的明能兴奋胃肠道和膀胱平滑肌,增加胃肠蠕动和膀胱张力,从而促进排气、排尿,因此常用于减轻手术后或由其他原因引起的腹气胀及尿潴留。

3. 阵发性室上性心动过速 在压迫眼球或颈动脉窦等兴奋迷走神经措施无效时,临床应用新斯的明,通过其拟胆碱作用使心率减慢。新斯的明与 β 受体阻断药合用可使患者心率减慢及血压下降。

4. 肌松药过量中毒的解救 用于非去极化型肌松药如筒箭毒碱过量中毒时的解救。

【不良反应】治疗量时副作用较小,过量时可引起流涎、出汗、恶心、呕吐、腹痛、腹泻、心动过缓和肌束颤动等,甚至出现胆碱能危象,而阿托品可对抗其 M 样症状。

【禁忌证】本品禁用于支气管哮喘、机械性肠梗阻、尿路梗阻及肌麻痹患者。

毒扁豆碱

毒扁豆碱(physostigmine)又名依色林(eserine),是从非洲出产的毒扁豆种子中提取的一种生物碱,现已能人工合成。其结构为叔胺类化合物,脂溶性较高,口服、注射和黏膜给药均易吸收,也易透过血脑屏障进入中枢神经系统。

毒扁豆碱是最早应用于临床的可逆性抗胆碱酯酶药,具有与新斯的明相似的可逆性抑制胆碱酯酶的作用,吸收后在外周可出现拟胆碱作用,即 M 样和 N 样作用。对中枢神经系统,小剂量兴奋,大剂量抑制,中毒时可引起呼吸麻痹。具有缩小瞳孔,降低眼内压,收缩睫状肌而调节痉挛等作用,现主要局部用药用于治疗青光眼。常用 0.005% 溶液滴眼,作用较毛果芸香碱强而持久,但刺激性较大。又由于收缩睫状肌的作用较强,可引起头痛、眼痛和视物模糊等副作用,长期给药时患者不易耐受,可先用毒扁豆碱滴眼数次,后改用毛果芸香碱维持疗效。滴眼后 5 分钟即出现缩瞳,眼内压下降作用可维持 1~2 天,调节痉挛现象消失较快。

毒扁豆碱全身中毒反应较新斯的明严重,且可进入血脑屏障,药液眼内使用时可经角膜吸收而出现全身作用,故滴眼时应压迫眼内眦,避免药液流入鼻腔后经鼻黏膜大量吸收入血而产生中枢神经系统作用。

毒扁豆碱吸收入血发挥全身作用，可用于解救抗胆碱药如阿托品、东莨菪碱过量中毒，以及用于中药麻醉催醒等。

本类药物还有吡斯的明（pyridostigmine）、加兰他敏（galanthamine）、依酚氯铵（edrophonium）、安贝氯铵（ambenonium）、二氢加兰他敏（dihydrogalanthamine）、溴地斯的明（distigmine bromide）、依斯的明（eptastigmine）、依舍立定（eseridine）等，其药理作用及临床应用均相似（表 7-1）。

表 7-1　其他易逆性抗胆碱酯酶药

药名	药理作用和体内过程	临床应用	不良反应
吡斯的明	作用与新斯的明相似，起效缓慢，作用时间较长	重症肌无力，术后腹气胀和尿潴留	副作用较少，很少引起胆碱能危象
加兰他敏	作用较弱，易透过血脑屏障，可直接激动骨骼肌运动终板上的 N_m 受体	重症肌无力，脊髓灰质炎（小儿麻痹症）后遗症	同新斯的明
依酚氯铵	作用弱，快而短暂。对骨骼肌 N_m 受体的选择性高	重症肌无力的诊断，非去极化型肌松药过量的解救，阵发性室上性心动过速	副作用少，过量也会出现严重毒性
安贝氯铵	作用较新斯的明强，持续时间亦长	重症肌无力，尤其是不能耐受新斯的明或吡斯的明的患者	副作用较少
二氢加兰他敏	与加兰他敏相似，但作用较弱	脊髓灰质炎后遗症，坐骨神经痛	同新斯的明，但较轻
溴地斯的明	与新斯的明相似，但作用时间较长	防治术后小肠弛缓、尿潴留、神经源性膀胱弛缓症	同新斯的明
依斯的明	与新斯的明相似，但作用时间较长	阿尔茨海默病	同新斯的明
依舍立定	与新斯的明相似	消化不良、阿尔茨海默病	同新斯的明

📖 **知识链接**

抗胆碱酯酶药研究简史

在非洲尼日利亚的旧加拉巴地区生长着一种多年生木本攀援植物毒扁豆（calabar bean）。18 世纪，西非民间流行着用"裁判豆（毒扁豆）"审判犯人，即西非民间团体在执行犯人审判和定罪的时候通过强迫犯人喝毒扁豆的水提取液，根据其是否中毒来宣判其有罪无罪。英国军医 W. Daniell 了解到这一情况后，用毒扁豆进行了动物试验，观察到毒扁豆提取物能使实验动物的心脏停止跳动而引起死亡；他还在自己的身上做了试验并记录了中毒症状。1863 年，W. Daniell 的学生从毒扁豆中分离得到一种无定形粉末，称依色林。1864 年，化学家 Jost 和 Hansteen 制备得到结晶的纯品，并命名为毒扁豆碱。Fraser 和 D. Roberson 研究发现，毒扁豆碱能对抗阿托品的扩瞳作用。1875 年，L. Laqueur 开始将毒扁豆碱用于青光眼的治疗。1925 年，药物化学家 E. Stedman 和 G. Barger 阐明了毒扁豆碱的化学结构。1931 年，J. Aoschlimann 根据毒扁豆碱的结构母核合成了一种新的生物碱，命名为新斯的明，其缩瞳作用比毒扁豆碱强。在之后的几十年中，化学家们又合成了作用与新斯的明相似的许多药物，如吡斯的明、安贝氯铵、加兰他敏等。这些药物至今在临床上仍用于青光眼、重症肌无力、术后腹气胀及尿潴留等的治疗。

笔记栏

第二节　难逆性抗胆碱酯酶药

难逆性抗胆碱酯酶药主要为有机磷酸酯类（organophosphates），是一类脂溶性高、挥发性强的化合物，可经呼吸道、消化道黏膜、皮肤吸收进入体内，并通过血脑屏障呈现强大的中枢作用，主要用作农业及环境杀虫剂，包括甲拌磷（phorate,3911）、对硫磷（parathion,1605）、内硫磷（systox,1059）、马拉硫磷（malathion,4049）、乐果（rogor）、敌敌畏（dichlorvos）、敌百虫（dispterex）和化学毒气如沙林（sarin）、塔朋（tabun）、梭曼（soman）等，还可被用作神经毒剂。有机磷酸酯类中仅少数外用作为缩瞳药治疗青光眼，如二乙氧磷酰硫胆碱（echothiophate）和异氟磷（isoflurophate）。本类药物对人畜均有毒性，临床治疗价值不大，主要为毒理学意义。中毒最常见途径为经皮肤或呼吸道吸入，非职业性中毒则大多由口摄入。因此，掌握其中毒机制、中毒症状和解救原则是非常有必要的。

【中毒机制】有机磷酸酯类亲电子性的磷原子与 AChE 的酯解部位丝氨酸上的羟基以共价键结合，生成难以水解的磷酰化 AChE 复合物，失去水解 ACh 的能力，造成 ACh 在体内大量堆积，引起中毒症状（图 7-3）。如中毒时间过久，则磷酰化 AChE 复合物的磷酰化基团上的 1 个烷氧基断裂，生成更稳定的单烷氧基磷酰化 AChE，使酶的活性更难以恢复，这种现象称"老化"，此时即使用 AChE 复活药也难以恢复 AChE 的活性，必须等待新生的 AChE 出现才具有水解 ACh 的能力。一般需要 15~30 天才能恢复。因此，有机磷酸酯类中毒必须及时抢救。

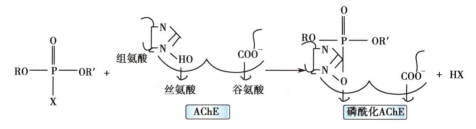

图 7-3　有机磷酸酯类抗胆碱酯酶作用示意图

【中毒症状】有机磷酸酯类中毒症状表现广泛而多样，可分为急性中毒和慢性中毒。

1. 急性中毒　主要表现在对胆碱能神经突触、胆碱能神经肌肉接头和中枢神经系统的毒性。轻度中毒以 M 样症状为主，中度中毒者同时有 M 样和 N 样症状，严重中毒者除 M 样、N 样症状加重外，还出现中枢神经系统症状（表 7-2）。呼吸中枢麻痹是死亡的主要原因。

表 7-2　有机磷酸酯类急性中毒症状

分类	中毒部位	中毒症状
M 样症状	呼吸、循环、消化系统	呼吸困难、气管分泌物增多；血压下降，心率减慢；腹痛、呕吐、腹泻、流涎
	膀胱	尿失禁
	眼、汗腺	瞳孔缩小，视力模糊，流泪；多汗
N 样症状	骨骼肌	全身肌束颤动、痉挛
中枢症状	交感神经节	血压升高、心率加快，不安、谵语、昏迷、呼吸中枢麻痹

笔记栏

(1)M 样症状:由于兴奋虹膜环状肌上的 M 受体,使瞳孔缩小,视力模糊;增加腺体分泌,特别是汗腺和唾液腺分泌增加,出现流涎、出汗;支气管平滑肌收缩和腺体分泌增加而引起呼吸困难;兴奋胃肠道平滑肌,引起恶心、呕吐、腹痛、腹泻及小便失禁;抑制心脏,致心动过缓、血压下降等。

(2)N 样症状:兴奋 N_n 受体,使心动过速,血压先升高后下降;兴奋 N_m 受体,出现全身肌束颤动,严重者可导致肌无力甚至呼吸肌麻痹而死亡。

(3)中枢症状:有机磷酸酯类可抑制脑内 AChE,使脑内 ACh 的含量升高,兴奋脑内的胆碱受体,先出现兴奋、不安、谵语、幻觉以及全身肌肉抽搐,进而由过度兴奋转入抑制,出现昏迷、血压下降以及呼吸中枢麻痹。

2. 慢性中毒 多见于长期接触有机磷酸酯类的人员,因体内 AChE 活性长期受到抑制,而出现慢性中毒症状,如头痛、头晕、视力模糊、记忆力减退、思想不集中、腹胀、多汗、失眠、乏力等,类似于神经衰弱综合征。偶见肌束颤动和瞳孔缩小等。部分有机磷酸酯类严重中毒患者,经治疗恢复后数周至月余,可出现进行性上肢或下肢麻痹,然其产生机制不明。

【解救原则】有机磷酸酯类中毒的防治以预防为主,要严格执行有机磷酸酯类生产和管理制度,加强相关人员劳动保护措施和安全性教育,预防有机磷酸酯类中毒。

1. 急性中毒 按一般的急性中毒解救原则处理,同时要及早、足量、反复使用阿托品及胆碱酯酶复活药。

(1)消除毒物:一旦发现中毒,立即将患者移离中毒现场。经皮肤中毒者,用温水、肥皂水清洗皮肤。经口中毒者,用 1% 盐水、1:5 000 高锰酸钾溶液或 2%~5% 碳酸氢钠溶液洗胃至无有机磷酸酯类气味,之后再用硫酸镁导泻。敌百虫中毒时禁用肥皂水及其他碱性溶液,因敌百虫在碱性溶液中可生成毒性更强的敌敌畏。对硫磷中毒时忌用高锰酸钾溶液,否则氧化生成毒性更强的对氧磷。眼部染毒患者,可以使用 0.9% 盐水或 2% 碳酸氢钠溶液冲洗数分钟。

(2)应用解毒药:①阿托品:及早、足量、反复使用阿托品,以解除体内 ACh 产生的 M 样症状。阿托品的用量视中毒轻重而定。轻度中毒,肌内注射阿托品 0.5~1mg,每日 2~3 次;中度中毒,肌内注射或静脉注射阿托品 1~2mg,0.5~1 小时 1 次,待病情好转后酌情减量;重度中毒,静脉注射阿托品 1~3mg,15~30 分钟 1 次,直到 M 样症状缓解出现阿托品化(如口干、皮肤干燥、颜面潮红、散瞳、心率加快等)。阿托品为解救急性有机磷酸酯类中毒的特效药物,能迅速解除有机磷酸酯类中毒 M 样症状,也能部分解除中枢神经系统中毒症状,使患者清醒。②胆碱酯酶复活药:是一类可使被有机磷酸酯类抑制的 AChE 恢复活性的药物,不但能使单用阿托品所不能控制的严重中毒患者得到解救,而且可显著缩短一般中毒患者的病程。常选用氯解磷定、碘解磷定和双复磷。

当发生有机磷酸酯类急性中毒时,除一般对症治疗如吸氧、人工呼吸、补液等处理外,须及早、足量、反复注射阿托品以缓解中毒症状和体征。对有机磷酸酯类中度中毒和重度中毒患者,必须采用阿托品与胆碱酯酶复活药合并应用的治疗措施。当 AChE 恢复活性后,阿托品易出现过量中毒,故两类药合并使用时,阿托品的剂量要控制好。

2. 慢性中毒 阿托品及胆碱酯酶复活药治疗效果都不满意,可通过定期测定血中 AChE 活性,如下降达 50% 以下时,应暂时避免与有机磷酸酯类再接触,加强防护,对症治疗。

第三节　胆碱酯酶复活药

胆碱酯酶复活药属于肟类化合物,常用的药物有氯解磷定和碘解磷定。该类药的药理作用、作用机制、临床应用均相似。

氯 解 磷 定

氯解磷定(pralidoxime chloride,PAM-Cl)水溶性高,水溶液稳定,无刺激性,可以制成注射剂供肌内注射或静脉注射。肌内注射易吸收,迅速分布至全身。在肝内代谢,肾排泄较快,体内无蓄积作用。半衰期小于 1 小时,临床需多次重复给药。

【药理作用与作用机制】氯解磷定可使被有机磷酸酯类抑制的 AChE 恢复活性,解除有机磷酸酯类中毒症状。

氯解磷定分子中带正电荷的季铵氮与磷酰化 AChE 的阴离子以静电引力结合,使氯解磷定的肟基(≡N—OH)与中毒酶的磷酰基呈共价键结合形成复合物,然后裂解产生无毒的磷酰化氯解磷定随尿排出,同时使 AChE 游离而恢复其活性。氯解磷定还能与体内游离的有机磷酸酯类直接结合,形成无毒的磷酰化氯解磷定随尿排出,阻断游离的有机磷酸酯类再与 AChE 结合,从而阻断中毒的继续发展(图 7-4)。

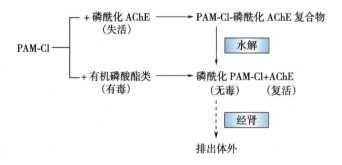

图 7-4　氯解磷定复活胆碱酯酶的作用机制示意图

【临床应用】氯解磷定主要用于中度和重度有机磷酸酯类中毒的解救。其对 AChE 的复活效果随不同有机磷酸酯类而异,对内吸磷、马拉硫磷和对硫磷中毒的疗效较好;对敌百虫、敌敌畏中毒的疗效稍差;对乐果中毒则无效,因乐果中毒时所形成的磷酰化 AChE 比较稳定,AChE 活性不易恢复,加之乐果乳剂还含有苯,可能同时还有苯中毒。

氯解磷定对骨骼肌作用明显,可使中毒引起的肌束颤动明显减轻或消失。不易透过血脑屏障,对中枢中毒症状疗效不佳;不能直接对抗体内已积聚的 ACh,故必须与阿托品合用。由于对"老化"酶解毒效果差,故应及早使用。其生物半衰期约 1.5 小时,抢救时需要反复用药。

【不良反应】较少,偶见轻度头痛、头晕、恶心、呕吐等。注射速度过快可出现眩晕、视力模糊、动作不协调等。剂量过大,可引起神经肌肉接头阻滞,甚至导致呼吸抑制。

碘 解 磷 定

碘解磷定(pralidoxime iodide)为最早临床应用的 AChE 复活药,水溶性较低,不稳定,久置可释放出碘,引起注射部位刺激并可引起口苦、咽痛等。本药由于不良反应较多,作用较弱,又只能静脉注射给药,目前已逐渐被氯解磷定取代。

双 复 磷

双复磷（obidoxime chloride）的作用与氯解磷定相似。其化学结构有 2 个肟基,作用较强而持久,且较易进入血脑屏障,故能缓解 M 样、N 样以及中枢神经系统症状,对大多数有机磷酸酯类中毒均有较好疗效。主要不良反应有口唇周围和四肢麻木感、颜面潮红、发热、心率加快等,数小时后可自行消失。过量可出现神经肌肉传导阻滞,偶见中毒性黄疸。

案例分析

患者,女,56 岁,因与他人口角吞服敌敌畏约 150ml 后,被家人发现神志恍惚、冷汗淋漓,送来就诊。体格检查发现患者双上肢肌肉震颤,双侧瞳孔缩小,口腔有黏液分泌物,心率 105 次 /min,大蒜样臭味明显。

诊断:有机磷酸酯类中毒。

治疗:给予洗胃,彻底清除胃内容物,同时进行静脉穿刺,液体中加入氯解磷定注射液,并间断静脉注射硫酸阿托品注射液,保持肺部干燥。同时观察患者生命体征变化。行初步急救处理后,送重症监护病房继续治疗。

分析:①患者因口服大量敌敌畏,大蒜样臭味明显,在很短的时间内即出现中毒反应。表明该患者属于有机磷酸酯类急性中毒。②有机磷酸酯类中毒症状包括 M 样、N 样、中枢神经系统症状。患者出现"双侧瞳孔缩小,口腔有黏液分泌物,心率 105 次 /min"属于 M 样症状,"双上肢肌肉震颤"属于 N 样症状,"神志恍惚"属于中枢神经系统症状。表明该患者属于有机磷酸酯类重度中毒。③有机磷酸酯类急性中毒的解救原则。首先,按一般急性中毒解救原则处理。清除毒物,如洗胃、催吐等;对于出现呼吸节律明显不规律、窒息或严重缺氧的患者,应立即进行气管插管,辅助呼吸;心跳呼吸骤停者,立即给予心肺复苏等。其次,必须使用特效解毒药物治疗,及早、足量、反复使用阿托品(可消除 M 样症状)及胆碱酯酶复活药(可恢复被抑制的胆碱酯酶活性),直至患者症状得到有效控制。

(刘 明)

复习思考题

1. 简述新斯的明的药理作用、临床应用。
2. 试述有机磷酸酯类中毒的机制、解救原则。
3. 什么是胆碱能危象? 设计一个解救胆碱能危象的治疗方案。

笔记栏

PPT 课件

第八章

胆碱受体阻断药

学习目标

1. **掌握** 阿托品的药理作用、临床应用及不良反应;琥珀胆碱和筒箭毒碱的作用特点、临床应用及不良反应。
2. **熟悉** 东莨菪碱、山莨菪碱的作用特点。
3. **了解** 人工合成扩瞳药和解痉药的药物种类和主要特点。

胆碱受体阻断药(muscarinic receptor antagonists)对胆碱受体亲和力强而无内在活性,阻碍了 ACh 或胆碱受体激动药与受体的结合,阻断了 ACh 的作用,表现出与 ACh 作用相反的效应,故又名抗胆碱药(anticholinergics)。根据胆碱受体阻断药对 M 受体和 N 受体选择性的不同,可分为 M 受体阻断药和 N 受体阻断药。

第一节 M 受体阻断药

M 受体阻断药能选择性地与 M 受体结合,主要表现为副交感神经阻断的效应,也可阻断支配汗腺和骨骼肌血管的交感神经末梢的 M 受体。M 受体阻断药对 N 受体的影响较小,但有些阿托品的半合成或合成季胺类衍生物也有神经节阻滞或神经肌肉阻断的作用。

M 受体阻断药包括天然生物碱类和半合成及合成衍生物。天然生物碱为叔胺类生物碱,脂溶性高。半合成或合成季胺类衍生物极性增大。

一、阿托品类生物碱

阿托品类生物碱主要包括阿托品、东莨菪碱和山莨菪碱,多从茄科植物颠茄、曼陀罗、洋金花以及唐古特莨菪等植物中提取。

阿 托 品

阿托品(atropine)是托品酸和莨菪碱所构成的酯。天然存在的是不稳定的左旋莨菪碱,在提取过程中易转变为稳定的消旋莨菪碱(*dl*-hyoscyamine),即为阿托品。

【体内过程】阿托品口服吸收迅速,1 小时后血药浓度达峰值,在体内迅速消除,$t_{1/2}$ 为 2~4 小时,作用维持 3~4 小时。阿托品也可经黏膜吸收,但皮肤吸收较差。吸收后分布于全身组织,可透过血脑屏障和胎盘屏障。阿托品通过房水循环排出较慢,故滴眼后其作用可持续 72 小时或更久。肌内注射约 80% 的药物在 12 小时内经肾排泄。

【药理作用】阿托品对 M 受体具有较高的选择性,但对 M 受体的亚型选择性较低,故作用广泛;不同效应器上的 M 受体对阿托品的敏感性不同。位于腺体或眼的 M 受体更容易被阿托品阻断,随着剂量增加,可依次出现腺体分泌减少,瞳孔扩大和调节麻痹,心率加快,胃肠道及膀胱平滑肌抑制等效应,大剂量对 N_n 受体也有阻断作用,之后可出现中枢症状(表 8-1)。

表 8-1　不同剂量阿托品的作用

剂量	作用
0.5mg	轻度口干、汗腺分泌减少、轻度心率减慢
1.0mg	口干、心率加快(有时心率可先减慢)和轻度扩瞳
2.0mg	明显口干、心率明显加快、心悸、扩瞳和调节麻痹
5.0mg	上述症状加重,吞咽困难、不安、疲劳、头痛、皮肤干燥、发热、排尿困难、肠蠕动减少
10.0mg	上述症状加重,瞳孔极度扩大、视力极度模糊,皮肤红、热、干,运动失调、不安、激动、幻觉、谵妄和昏迷

1. M 受体阻断作用

(1)腺体:阿托品阻断 M 受体而使腺体分泌减少。其对不同腺体分泌的抑制作用强度不同,依次为唾液腺、汗腺、泪腺、支气管腺体等。应用小剂量即可引起口干、皮肤干燥、眼干涩和呼吸道分泌减少;随剂量增大,抑制作用增强,大剂量时可因为汗腺分泌的抑制使体温升高。较大剂量也可减少胃液分泌,但胃液的分泌不完全受迷走神经活性的调节。阿托品并不能阻断促胃液素、组胺等对胃酸分泌的调节作用,故对胃酸分泌的影响较小。

(2)眼:一般剂量(0.6mg)全身应用阿托品对眼睛的影响很小。局部应用阿托品可对眼产生持续影响。阿托品对眼的作用与毛果芸香碱相反,见图 6-1。

1)扩瞳:阿托品可阻断瞳孔括约肌上的 M 受体,使去甲肾上腺素能神经支配的瞳孔开大肌功能占优势,使瞳孔扩大。

2)升高眼内压:由于瞳孔扩大,瞳孔括约肌收缩后虹膜退向边缘,其根部变厚,前房角间隙变窄,妨碍房水回流入巩膜静脉窦,眼内压升高,故禁用于青光眼患者。

3)调节麻痹:阿托品还可阻断睫状肌上的 M 受体,使睫状肌松弛,悬韧带拉紧,晶状体处于扁平状态,屈光度降低,使眼调节于视远物状态,而不能将近物清晰地成像于视网膜上,造成看近物模糊不清,称调节麻痹。

(3)平滑肌:阿托品通过阻断内脏平滑肌上的 M 受体,对多种内脏平滑肌均有松弛作用,尤其对过度活动或痉挛状态的平滑肌作用更为显著。抑制胃肠道平滑肌痉挛,降低蠕动的幅度和频率,缓解胃肠绞痛。也可降低尿道和膀胱逼尿肌的张力和收缩幅度,常可解除由药物引起的输尿管张力增高。阿托品对胆管和支气管平滑肌的作用较弱。对子宫平滑肌影响较小,因子宫平滑肌还受性激素分泌的影响。

(4)心脏:小剂量(0.4~0.6mg)阿托品可使部分患者心率短时轻度减慢,但不伴有血压和心输出量的变化。目前认为,阿托品的减慢心率作用是由于其阻断了位于副交感神经节后纤维上的 M_1 受体(即突触前膜 M_1 受体),从而减弱了突触中 ACh 对递质释放的负反馈抑制作用,ACh 释放增加所致。较大剂量阿托品(1~2mg)可阻断心内的 M 受体,解除迷走神经对心的抑制作用,使心率加快。心率加快的程度取决于迷走神经对心抑制的程度。对于迷走神经张力高的青壮年,心率加快作用明显,如肌内注射阿托品 2mg,静息心率可增加 35~40 次/min;而阿托品对运动状态的心率,以及婴幼儿、老年人和心力衰竭患者的心率影响小。

阿托品可拮抗迷走神经过度兴奋造成的房室传导阻滞,可缩短房室结有效不应期,并可提高心房颤动或心房扑动患者的心室率。

2. 血管 大多数血管缺乏胆碱能神经支配,故阿托品在治疗量时对血管和血压无明显影响。但治疗量阿托品可以完全抵消胆碱酯类引起的外周血管扩张和血压急剧下降。大剂量阿托品能扩张外周及内脏血管,解除小血管痉挛,特别是对处于痉挛状态的皮肤血管有明显解痉作用,表现为皮肤潮红、温热,尤以面颈部更为显著。因此,在微循环小血管痉挛时,大剂量阿托品可明显改善微循环,增加重要脏器的血液灌流,迅速缓解组织缺氧状态。阿托品的血管扩张作用机制尚未阐明,但与阻断 M 受体无关,可能是机体对阿托品引起的体温升高后的代偿性散热反应,也可能是大剂量阿托品对血管的直接舒张作用。

3. 中枢神经系统 阿托品可通过血脑屏障,引起中枢兴奋。治疗量(0.5~1.0mg)时可轻度兴奋迷走神经中枢,使呼吸频率加快;较大剂量(1~2mg)可兴奋延髓和大脑;阿托品2~5mg 时,中枢兴奋作用明显加强,可出现烦躁不安、多言、谵妄;中毒剂量(10mg 以上)时中枢兴奋症状更加严重,出现幻觉、定向障碍、运动失调和惊厥等;继续增加剂量则由兴奋转为抑制,发生昏迷、呼吸麻痹,甚至死于循环与呼吸衰竭。

【临床应用】

1. 缓解各种内脏绞痛 可解除平滑肌痉挛,适用于各种内脏绞痛。作用特点:①抑制胃肠道平滑肌痉挛的作用最强,可降低平滑肌蠕动的幅度和频率,缓解胃肠绞痛。②缓解尿道和膀胱逼尿肌的痉挛,改善膀胱刺激状(如尿频、尿急);也可用于儿童遗尿症,增加膀胱容量,减少小便次数。③对胆囊和胆管、输尿管的解痉作用较弱,故对胆绞痛和肾绞痛效果较弱,常需与阿片类镇痛药合用以增强疗效。④阿托品可引起支气管扩张和分泌减少,对有气道疾病的患者更明显,然而因其抑制呼吸道腺体分泌,使痰液变稠不易排出,故不能用作平喘药。季胺类合成衍生物异丙托溴铵对黏液纤毛清除的抑制作用小,常与吸入型长效 β_2 肾上腺素受体激动药一起用于慢性阻塞性肺疾病。

2. 眼科应用 用于检查眼底、验光、虹膜睫状体炎和角膜炎。但由于阿托品作用持续时间较长,其调节麻痹作用可维持 2~3 天,视力恢复较慢,现已少用。儿童验光时仍需使用阿托品,因为儿童的睫状肌调节功能较强,需用阿托品发挥其充分的调节麻痹作用以检验屈光异常情况。阿托品可松弛虹膜括约肌和睫状肌,使之充分休息,有助于炎症消退;预防虹膜与晶状体的粘连,常与缩瞳药交替使用。

3. 抑制腺体分泌 用于麻醉前给药,可以减少呼吸道腺体及唾液腺分泌,防止分泌物阻塞呼吸道及吸入性肺炎的发生。防止手术过程中迷走神经对心、胃、呼吸的反射性影响,防止出现恶心、呕吐及呼吸抑制。也可用于严重的盗汗、帕金森病的流涎症及食管机械性阻塞(肿瘤或狭窄)所造成的吞咽困难等。

4. 缓慢性心律失常 用于治疗迷走神经过度兴奋所致的窦性心动过缓、房室传导阻滞等缓慢性心律失常。窦性心动过缓是急性心肌梗死早期和下壁或后壁急性心肌梗死时最常见的心律失常。应用阿托品治疗是由于其可以通过恢复心率以维持血流动力学稳定,消除迷走神经张力过高引起的房室传导阻滞。剂量必须适当,过低可引起心动过缓加重,而过大则会引起心动过速,心肌对氧的需求增加导致心肌梗死范围扩大。

5. 抗休克 用于暴发性流行性脑脊髓膜炎、中毒性菌痢、中毒性肺炎等所致感染中毒性休克的治疗。大剂量阿托品能解除血管痉挛,舒张外周血管,改善微循环。但对休克伴有高热或心率过快者不宜应用。由于阿托品副作用较多,目前多用山莨菪碱取代之。

笔记栏

6. 其他 阿托品还用于解救有机磷酸酯类中毒(见第七章抗胆碱酯酶药)。

【不良反应】常见口干、视力模糊、心率加快、瞳孔扩大及皮肤潮红等。解救有机磷酸酯类农药中毒时需要达到轻度"阿托品化",可见上述表现。

随剂量增大,不良反应加重,甚至出现明显中枢中毒症状。中毒症状表现为口干、瞳孔散大、心动过速、皮肤发热发红、躁动和可能长达 1 周的谵妄等。儿童尤其敏感,儿童中毒可能发生在眼科应用时,药物经过鼻泪管由鼻黏膜吸收或者误食过量含有颠茄生物碱的果实时。对口服中毒者应立即洗胃、导泻,以促进毒物排出。中毒的解救主要为对症治疗。如有必要可以缓慢静脉注射毒扁豆碱迅速对抗阿托品的中毒症状,由于毒扁豆碱体内代谢迅速,需反复给药。如患者有明显中枢兴奋症状,可用地西泮对抗。不可使用吩噻嗪类药物,因这类药物具有 M 受体阻断作用而加重阿托品中毒。此外,呼吸抑制可采用人工呼吸及吸氧。还可采用物理降温(冰袋或乙醇溶液擦浴),对儿童患者更为重要。

【禁忌证】青光眼、反流性食管炎、幽门梗阻及前列腺肥大患者禁用,阿托品可能加重排尿困难。

东 莨 菪 碱

东莨菪碱(scopolamine)是从茄科植物洋金花、颠茄和莨菪等中提取得到的一种左旋生物碱。与阿托品相比,东莨菪碱在低剂量时即具有显著的中枢抑制作用。治疗剂量的东莨菪碱可引起抑郁、嗜睡、遗忘、疲劳和少梦睡眠、快速眼动睡眠时相缩短等。东莨菪碱可产生欣快感,因此易造成药物滥用。

东莨菪碱用于麻醉前给药,除具有镇静和遗忘等中枢抑制作用外,还可兴奋呼吸中枢、减少唾液和支气管腺体分泌,疗效优于阿托品。然而需要注意,在机体剧烈疼痛的情况下,同样剂量的东莨菪碱偶尔会引起兴奋、不安、幻觉或谵妄。这些兴奋作用类似于中毒剂量的阿托品。东莨菪碱也能有效预防晕动病,与 H_1 受体阻断药苯海拉明合用可增强其作用。预防晕车可用其经皮吸收制剂。此外,东莨菪碱也可用于抗帕金森病(震颤麻痹),对早期或年轻患者疗效好,能改善患者的流涎、震颤和肌强直等症状,可能与其中枢抗胆碱作用有关。

不良反应与阿托品相似,主要有口干、腹胀、瞳孔扩大、眼内压升高、尿潴留及心动过速等。禁用于青光眼患者。可能引起中毒性精神病,儿童或老人更敏感。

山 莨 菪 碱

山莨菪碱(anisodamine)是我国学者从茄科植物山莨菪中提取的生物碱,为左旋体,其天然品为 654-1,人工合成品(为消旋体)称 654-2。

山莨菪碱能阻断 M 受体,对抗 ACh 所致平滑肌痉挛及心血管系统抑制作用与阿托品相似而稍弱。大剂量可用于解除小血管痉挛,增加组织血液灌流量,改善微循环。抑制腺体分泌或扩瞳作用较弱,仅为阿托品的 1/20~1/10。因不易通过血脑屏障,故极少引起中枢兴奋症状。由于山莨菪碱解除平滑肌痉挛作用和改善微循环作用显著,目前临床上主要替代阿托品用于胃肠痉挛和感染中毒性休克的治疗。

樟 柳 碱

樟柳碱(anisodine)是从茄科植物山莨菪中提取的一种新生物碱,具有对抗震颤、解痉、平喘、抑制唾液分泌、散瞳等作用,而且作用较阿托品弱,毒性较其他阿托品类抗胆碱药小。用于治疗血管性头痛、视网膜血管痉挛、中心性视网膜病变、缺血性视神经病变、急性瘫痪、帕金森病。也可用于支气管哮喘、晕动病等。禁用于出血性疾病及青光眼患者。

> **知识链接**
>
> **神秘致命的美丽植物——颠茄**
>
> 　　颠茄在古印度有悠久的应用历史,后来被传到欧洲。在中世纪,颠茄以及它的近亲曼陀罗都是女巫的毒药花园的宝贝。林奈将其命名为 *Atropa belladonna*。*Atropa* 取名来自于希腊神话命运三女神之一的长姐阿特洛波斯。阿特洛波斯掌管着生命之线,可以切断命运之线决定生死。颠茄的种名 *belladonna* 是美女的意思,来源于文艺复兴时期意大利美女用颠茄的汁液当作化妆品滴眼,显得双眼盈盈秋水、顾盼生辉。阿托品、山莨菪碱或东莨菪碱等生物碱来自于茄科植物颠茄、曼陀罗、莨菪等天然植物。这类生物碱大量摄入会使人陷入不安、幻觉或谵妄,随即昏睡甚至致死。英国殖民者见到印度人点燃曼陀罗的根和叶吸入烟雾来治疗哮喘,将其引入西药。1831 年,德国药剂师曼恩(Mein)从颠茄的根中分离得到纯净晶体,之后阿托品成为重要的药物。近年也尝试用低浓度(0.01%)阿托品滴眼来控制青少年近视增长。

二、阿托品的合成代用品

　　由于阿托品作用广泛、不良反应多,用于眼部作用持续时间过久,用于内科疾病时副作用广泛。通过改变其化学结构合成的代用品主要有合成扩瞳药和合成解痉药 2 类。

(一)合成扩瞳药

　　目前临床常用合成扩瞳药有后马托品、托吡卡胺(tropicamide)、环喷托酯(cyclopentolate)和尤卡托品(eucatropine)等,均为短效 M 受体阻断药,与阿托品相比,扩瞳作用维持时间明显缩短,适用于一般眼科检查。

后 马 托 品

　　后马托品(homatropine)的特点是散瞳和调节麻痹作用较阿托品出现快,作用持续时间较短,用于成人或青少年的眼底检查与验光。后马托品调节麻痹作用较阿托品弱,故儿童验光仍需用阿托品。阿托品与几种合成扩瞳药滴眼作用的比较见表 8-2。

表 8-2　阿托品与几种合成扩瞳药滴眼作用的比较

药物	浓度 /%	扩瞳作用		调节麻痹作用	
		高峰 /min	消退 /d	高峰 /h	消退 /d
硫酸阿托品	1.0	30~40	7~10	1~3	7~12
氢溴酸后马托品	1.0	40~60	1~3	0.5~1	1~3
托吡卡胺	1.0	20~40	0.25	0.5	<0.25
环喷托酯	0.5	30~50	1	1	0.25~1
尤卡托品	2.0~5.0	30	1/12~1/14	无作用	

(二)合成解痉药

1. 季铵类解痉药

溴丙胺太林

　　溴丙胺太林(propantheline bromide)又名普鲁本辛,非选择性 M 受体阻断药,治疗剂量可明显抑制胃肠道平滑肌,不同程度地减少胃液分泌。主要用于胃及十二指肠溃疡的辅助治疗,还可用于胃肠痉挛、妊娠呕吐、多汗症及遗尿症等。口服吸收不完全,食物可妨碍其吸收,宜在饭前 0.5~1 小时服用。不良反应与阿托品相似,中毒剂量也可阻断神经肌肉接头而引起呼吸麻痹。青光眼患者禁用。

异丙托溴铵

异丙托溴铵(ipratropium bromide)对支气管平滑肌的选择性松弛作用强,对呼吸道腺体和心血管系统的影响较小。通常应用气雾剂吸入给药,用于慢性阻塞性肺疾病(如慢性支气管炎、肺气肿)引起的支气管痉挛的维持治疗,还可与吸入性 β 肾上腺素受体激动药合用缓解急性支气管痉挛。肠道吸收较少,不良反应较阿托品少,可引起口干、药物刺激性咳嗽,对已有尿道梗阻的患者其尿潴留危险性增高。幽门梗阻者禁用。

噻托溴铵(tiotropium bromide)属于长效季胺类人工合成品,作用和应用与异丙托溴铵类似。其他季铵类解痉药尚有甲溴东莨菪碱(scopolamine methobromide)、格隆溴铵(glycopyrronium bromide)、奥芬溴铵(oxyphenonium bromide)、奥替溴铵(otilonium bromide)等,均可用于缓解内脏平滑肌痉挛,作为消化道溃疡的辅助用药。依美溴铵(emepronium bromide)主要用于尿频、尿失禁。

2. 叔铵类解痉药

贝那替嗪

贝那替嗪(benactyzine)又名胃复康,口服易吸收,易透过血脑屏障,有镇静作用。有较强的胃肠道平滑肌解痉作用,还可抑制胃酸分泌,减轻胃及十二指肠溃疡患者胃痛、恶心、呕吐及消化不良等症状。抑制胃液分泌过多和胃蠕动过度,使胃肠功能趋于正常。适用于伴有焦虑症的溃疡病患者,也可用于治疗胃酸过多、肠蠕动亢进或膀胱刺激症状。不良反应有口干、头晕及嗜睡等。青光眼患者禁用。

其他叔铵类解痉药尚有双环维林(dicyclomine)、羟苄利明(oxyphencyclimine)、阿地芬宁(adiphenine)和甲卡拉芬(metcaraphen)等,均有非特异性内脏平滑肌解痉作用。

3. 选择性 M 受体阻断药　选择性 M 受体阻断药对 M 受体的主要亚型有一定选择性,使其起效时不良反应相对较少。不同亚型的 M 受体主要分布部位不同,M_1 受体主要分布在神经节、胃壁细胞、唾液腺和中枢神经系统等部位;M_2 受体主要分布于心和中枢等;M_3 受体主要分布在腺体、胃壁细胞、平滑肌、血管内皮等部位。M_4 受体和 M_5 受体主要分布在中枢。

哌仑西平

哌仑西平(pirenzepine)是一个结构类似于丙米嗪的三环类药物,对 M_1 受体有一定选择性阻断作用。在治疗剂量时能抑制胃酸分泌,但较少出现口干和视力模糊等反应,且无阿托品样中枢兴奋作用。其对十二指肠和胃溃疡的愈合率与 H_2 受体拮抗剂西咪替丁或雷尼替丁相当,预防溃疡复发也有效。不良反应多见,目前消化性溃疡已少用。

替仑西平(telenzepine)为哌仑西平同类物,对 M_1 受体的选择性阻断作用更强。

苯环喹溴铵(bencycloquidium bromide)是 2020 年获批的我国自主研发的新药,为选择性 M_1 和 M_3 受体阻断药,用于改善变态反应性鼻炎引起的流涕、鼻塞、鼻痒和喷嚏症状。该药也试用于缓解慢性阻塞性肺疾病的症状。

此外,达非那新(darifenacin)选择性阻断 M_2 和 M_3 受体,可用于对抗胆碱能性的心动过缓和平滑肌活性过高或上皮细胞分泌增加。达非那新缓释片已被美国 FDA 批准用于治疗尿失禁、尿频、尿急等膀胱活动过度症。

第二节　N 受体阻断药

N 受体阻断药根据其作用部位不同,可分为 N_n 受体阻断药和 N_m 受体阻断药两大类。

一、N_n 受体阻断药(神经节阻断药)

N_n 受体阻断药也称神经节阻断药,能与神经节中的 N_n 受体结合,竞争性地阻断 ACh 与受体结合,使 ACh 不能引起神经节细胞去极化,从而阻断了神经冲动在神经节中的传递。神经节阻断药能同时阻断交感神经节和副交感神经节,大多数效应器的功能同时受到不同神经的作用相反的调节,药物的作用取决于 2 种神经阻滞后引起的综合效应,哪种神经的调节作用占优势往往阻滞后的效应越明显。通常血管、汗腺等交感神经的调节占优势;眼、胃肠道、膀胱平滑肌等副交感神经的调节占优势,所以该类药物作用广泛,不良作用多且严重。

美卡拉明(mecamylamine)和樟磺咪芬(trimetaphan camsilate)可用于外科手术麻醉时控制性低血压。此类药物易引起嗜睡、口干、便秘、排尿困难及视力模糊等不良反应,目前已少用。

二、N_m 受体阻断药(骨骼肌松弛药)

N_m 受体阻断药也称骨骼肌松弛药,作用于神经肌肉接头后膜的 N_m 受体,产生神经肌肉阻滞作用,故亦称神经肌肉阻滞药,为全麻中的重要辅助用药。按其作用机制不同,分为去极化型肌松药和非去极化型肌松药。肌松药只能使骨骼肌麻痹,而不产生麻醉作用,不能使患者的神志和感觉消失,也不产生遗忘作用。

(一) 去极化型肌松药

去极化型肌松药又名非竞争性肌松药,目前临床应用的只有琥珀胆碱。该类药物的分子结构与 ACh 相似,与神经肌肉接头后膜的 N_m 受体有较强亲和力,且在神经肌肉接头处不易被胆碱酯酶分解,产生与 ACh 相似但较持久的去极化作用,使 N_m 受体不能对 ACh 起作用,从而使骨骼肌松弛。其作用特点为:①肌松前出现短时肌束颤动,与药物对不同部位的骨骼肌去极化出现的时间先后不同有关;②连续用药产生快速耐受性;③抗胆碱酯酶药不仅不能拮抗其肌松作用,反能加强之,因此过量时不能用新斯的明解救;④治疗剂量无神经节阻断作用。

琥 珀 胆 碱

琥珀胆碱(succinylcholine)又名司可林(scoline),由琥珀酸和 2 个分子的胆碱组成。

【体内过程】琥珀胆碱进入体内后即可被血液和肝中的假性胆碱酯酶迅速水解为琥珀酰单胆碱,肌松作用明显减弱;进一步水解为琥珀酸和胆碱,肌松作用消失。约 2% 以原药形式经肾排泄,其余以代谢物形式随尿排出。

【药理作用】琥珀胆碱的肌松作用快而短暂。肌松作用从颈部肌肉开始逐渐波及肩胛、腹部和四肢。静脉注射 10~30mg 琥珀胆碱后 1~1.5 分钟即起效,可见短暂的肌束颤动,尤以胸腹部肌肉明显。约 2 分钟肌松作用达到高峰,持续时间为 5~8 分钟。肌松部位以颈部和四肢肌肉最明显,面、舌、咽喉和咀嚼肌次之,最后导致呼吸肌麻痹。

【临床应用】

1. 气管内插管、气管镜、食管镜检查等短时操作　对喉肌松弛作用较强,故静脉注射给药适用于气管内插管、气管镜及食管镜检查等短时操作。

2. 辅助麻醉　静脉滴注可维持较长时间的肌松作用,便于在浅麻醉下进行外科手术,减少麻醉药用量。但其可能引起强烈的窒息感,故对清醒患者禁用,可先用硫喷妥钠行静脉麻醉后再给琥珀胆碱。

【不良反应】

1. 窒息　过量可致呼吸肌麻痹。遗传性胆碱酯酶活性低下者可能严重窒息,用时需备有人工呼吸机。

2. 肌束颤动　琥珀胆碱产生肌松作用前有短暂肌束颤动,部分患者(约 25%~50%)出现术后肩胛部、胸腹部肌肉疼痛,3~5 天可自愈。

3. 血钾升高　由于肌肉持久性去极化而释放钾离子,使血钾升高。同时伴有大面积软组织损伤如烧伤、恶性肿瘤、肾功能损害及脑血管意外等的患者,则血钾可升高 20%~30%,应禁用琥珀胆碱。

4. 心血管反应　其胆碱样作用可引起心动过缓和各种心律失常。

5. 眼内压升高　能使眼外骨骼肌短暂收缩,引起眼内压升高。禁用于青光眼、白内障晶状体摘除术。

6. 恶性高热　特异质反应尚可表现为恶性高热,为常染色体异常的遗传性疾病,为麻醉的主要死因之一。特异性解救药物为丹曲林(dantrolene)。

7. 其他　尚有增加腺体分泌、促进组胺释放等作用。

【药物相互作用】琥珀胆碱在碱性溶液中可分解,不宜与硫喷妥钠混合使用;胆碱酯酶抑制药、环磷酰胺和氮芥等抗肿瘤药,普鲁卡因和可卡因等局麻药,其他降低假性胆碱酯酶活性的药物都可使其作用增加;与具有肌肉松弛作用的药物,如卡那霉素等氨基糖苷类抗生素、多黏菌素 B 等多肽类抗生素合用时易致呼吸麻痹,应注意。

(二)非去极化型肌松药

非去极化型肌松药又名竞争性肌松药(competitive muscular relaxant),能与 ACh 竞争神经肌肉接头的 N_m 受体,但不激动受体,竞争性阻断 ACh 的去极化作用,使骨骼肌松弛。抗胆碱酯酶药可拮抗其肌松作用,故过量可用适量的新斯的明解救。

本类药物中,筒箭毒碱为经典药物,但作用时间较长,用药后作用不易逆转,副作用多,现已少用。

筒 箭 毒 碱

筒箭毒碱(tubocurarine)是从南美印第安人用数种植物制成的植物浸膏箭毒(curare)中提出的生物碱,1942 年首次应用于临床,是临床应用最早的典型非去极化型肌松药。

【药理作用】

1. 肌松作用　静脉注射筒箭毒碱后,快速运动肌如眼部肌肉首先松弛,然后四肢、颈部和躯干肌肉松弛,继之肋间肌松弛,出现腹式呼吸,最终可致膈肌麻痹,呼吸停止。肌肉松弛恢复时的次序与肌松时相反,即膈肌麻痹恢复最快。

2. 组胺释放作用　可促进体内组胺的释放,表现为组胺样皮疹、支气管痉挛、低血压和唾液分泌等症状。

3. 神经节阻滞作用　常用量既有自主神经节阻滞作用,并可部分抑制肾上腺髓质的分泌,故可造成血压下降。

【临床应用】为麻醉辅助药,适用于胸腹部手术及气管插管等。

【禁忌证】重症肌无力、支气管哮喘和严重休克者禁用。

其他非去极化型肌松药尚有米库氯铵(mivacurium chloride)、维库溴铵(vecuronium bromide)、哌库溴铵(pipecurium bromide)、罗库溴铵(rocuronium bromide)、阿曲库铵

笔记栏

（atracurium）和泮库溴铵（pancuronium bromide）等。它们在起效时间和维持时间上存在差异，目前已基本上取代了筒箭毒碱，用作麻醉辅助药，见表 8-3。

表 8-3　几种神经肌肉阻滞药的特点

药物	起效时间 /min	作用持续时间 /min	主要不良反应
琥珀胆碱	1~1.5	10	高血钾、术后肌痛、心动过缓、心律失常、眼内压升高、恶性高热
筒箭毒碱	>5	60~120	组胺样、低血压、支气管痉挛
米库氯胺	~2	约 15	一过性低血压
阿曲库铵	4~5	<30	一过性低血压
维库溴铵	4~6	30~40	头晕、头痛
泮库溴铵	2~3	约 80	心率略加快

（马丽杰）

复习思考题

1. 试述阿托品的药理作用和临床应用。
2. 简述阿托品的主要不良反应。
3. 简述琥珀胆碱的主要不良反应。

第九章

肾上腺素受体激动药

09章PPT

PPT 课件

学习目标

1. 掌握　去甲肾上腺素、肾上腺素、异丙肾上腺素及多巴胺对心脏、血压、血管等的作用、临床用途和不良反应。

2. 熟悉　间羟胺、麻黄碱、多巴酚丁胺的作用特点与临床用途。

3. 了解　肾上腺素受体激动药的构效关系。

肾上腺素受体激动药(adrenoreceptor agonists)是一类能与肾上腺素受体结合并激动受体,产生与肾上腺素相似作用的药物,又名拟肾上腺素药(adrenergics)。因本类药物在化学结构上为胺类,且作用与交感神经兴奋的效应相似,故又名拟交感胺类药(sympathomimetic amines)。

肾上腺素受体激动药的基本化学结构是 β- 苯乙胺(β-phenylethylamine),由苯环、碳链和氨基三部分组成;这三部分的氢可被不同基团取代,从而产生多种衍生物。根据结构中是否具有儿茶酚胺环(即苯环的 3、4 位均被羟基取代),肾上腺素受体激动药可分为儿茶酚胺类和非儿茶酚胺类。β- 苯乙胺、儿茶酚和儿茶酚胺类的化学结构见图 9-1。儿茶酚胺类肾上腺素受体激动药包括肾上腺素、去甲肾上腺素、异丙肾上腺素、多巴胺、多巴酚丁胺,非儿茶酚胺类则包括麻黄碱、甲氧明、间羟胺、去氧肾上腺素、沙丁胺醇。

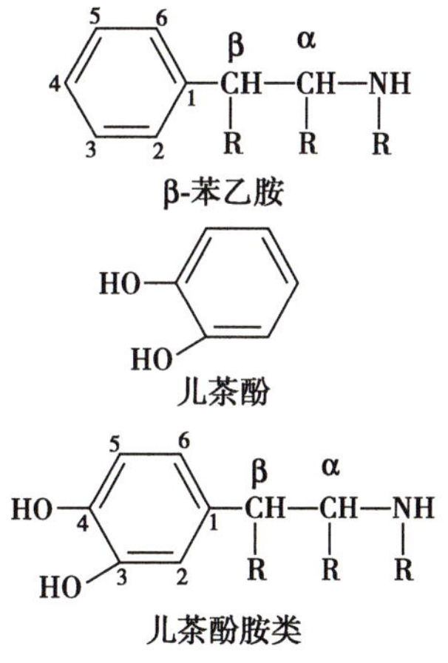

根据药物对不同肾上腺素受体亚型的选择性而分为三大类:

1. α 肾上腺素受体激动药

(1) α_1、α_2 受体激动药:如去甲肾上腺素、间羟胺。

(2) α_1 受体激动药:如去氧肾上腺素、甲氧明。

(3) α_2 受体激动药:如可乐定、甲基多巴、羟甲唑啉。

2. α、β 肾上腺素受体激动药　如肾上腺素、多巴胺和麻黄碱。

3. β 肾上腺素受体激动药

(1) β_1、β_2 受体激动药:如异丙肾上腺素。

(2) β_1 受体激动药:如多巴酚丁胺。

(3) β_2 受体激动药:如沙丁胺醇、特布他林。

(4) β_3 受体激动药:如米拉贝隆。

图 9-1　β- 苯乙胺、儿茶酚和儿茶酚胺类的化学结构

第一节　α肾上腺素受体激动药

一、α₁、α₂肾上腺素受体激动药

去甲肾上腺素

去甲肾上腺素(noradrenaline,NA;norepinephrine,NE)是去甲肾上腺素能神经末梢释放的主要递质,肾上腺髓质亦少量分泌。药用去甲肾上腺素是人工合成的左旋体,化学性质不稳定,见光、遇热易分解,在中性尤其在碱性溶液中迅速氧化变色而失效。在酸性溶液中较稳定,常用其重酒石酸盐。

【体内过程】口服因局部作用使胃黏膜血管剧烈收缩而影响吸收,在肠内易被碱性肠液破坏,还可被肠黏膜及肝代谢,故口服无效。皮下或肌内注射时,因血管强烈收缩,吸收很少,且易发生局部组织坏死,故一般采用静脉滴注给药。进入体内后可被去甲肾上腺素能神经末梢和非神经组织所摄取,大多被 COMT 和 MAO 代谢而失活。

【药理作用】对 α 受体具有强大激动作用,且对 α₁ 和 α₂ 受体无选择性,对心脏 β₁ 受体作用较弱,对 β₂ 受体几乎无作用。

1. 血管　激动血管 α₁ 受体,除冠状动脉以外,几乎所有小动脉和小静脉均强烈收缩。对全身各部位血管收缩作用的程度与其所含 α 受体的密度有关,皮肤黏膜血管收缩最明显,其次是肾血管,脑、肝、肠系膜及骨骼肌血管也呈收缩反应。冠状动脉血管呈舒张反应,主要是因心脏兴奋,心肌的代谢物(如腺苷)增加,致使血管舒张;血压升高提高了冠状动脉的灌注压力,使其被动舒张。

2. 心脏　较弱激动心脏 β₁ 受体,使心肌收缩性加强,心率加快,传导加速,心输出量增加。在整体情况下,由于血压升高反射性兴奋迷走神经的作用超过其直接加快心率的作用,故心率减慢。同时由于血管强烈收缩,外周阻力增高,增加了心脏的射血阻力,故心输出量不变或稍降。剂量过大或静脉注射过快时,可能诱发心律失常,但较肾上腺素少见。

3. 血压　小剂量静脉滴注时,由于兴奋心脏 β₁ 受体,心输出量增加,收缩压升高,此时,血管收缩作用尚不十分剧烈,故舒张压升高不多,因而脉压稍加大。较大剂量时,因兴奋 α₁ 受体,皮肤、黏膜和内脏血管强烈收缩,外周阻力明显增加,在收缩压升高的同时舒张压也明显升高,故脉压减小。

4. 其他　对血管以外的平滑肌作用较弱,对代谢影响小,仅在较大剂量时可增加孕妇子宫收缩频率,升高血糖。

【临床应用】

1. 休克　去甲肾上腺素能使休克患者血管收缩,心脏兴奋,血压升高,脑及冠状动脉血流量增加,在短时间内可保证重要脏器的血液供应。但若长期大量应用,血管强烈收缩,外周阻力显著增高,心脏负担加重,心肌耗氧量增加,反而使组织缺血缺氧加重,故去甲肾上腺素在休克治疗中已不占重要地位。但在各种休克(出血性休克禁用)早期血压骤降时,仍可小剂量短时间静脉滴注以保证心、脑等重要器官的血液供应。

2. 低血压　用于药物中毒性低血压、嗜铬细胞瘤切除术后的低血压。去甲肾上腺素静脉滴注可收缩血管,使血压回升。

3. 上消化道出血　稀释后口服,可收缩食管或胃黏膜血管,有局部止血效果。

【不良反应】

1. 局部组织缺血坏死　静脉滴注时间过长、浓度过高或药液外漏,可引起局部组织缺血坏死。如发现外漏或注射部位皮肤苍白,应停止给药或更换注射部位,进行热敷,并用普鲁卡因或 α 受体阻断药(如酚妥拉明)做局部浸润注射。

2. 急性肾衰竭　剂量过大或滴注时间过长可使肾血管剧烈收缩,引起少尿、无尿和肾实质损伤而致急性肾衰竭,故用药期间应监测尿量。

3. 停药后血压骤降　长期静脉滴注后突然停药可使血压骤然下降。

【禁忌证】 禁用于高血压、动脉硬化症、器质性心脏病、少尿、无尿、严重微循环障碍者,以及孕妇。

间 羟 胺

间羟胺(metaraminol)又名阿拉明(aramine),可直接兴奋 α_1、α_2 受体,对 β_1 受体作用较弱。除直接对受体的激动作用外,也可被去甲肾上腺素能神经末梢摄取进入囊泡,通过置换作用促进神经末梢释放去甲肾上腺素而间接发挥作用。性质较稳定,不易被 MAO 破坏。

间羟胺收缩血管、升高血压作用较去甲肾上腺素弱、缓慢而持久。可反射性使心率减慢,心肌收缩力略增加,对正常人心输出量的影响不明显,对休克患者可增加心输出量,较少引起心悸和心律失常。对肾血管的收缩作用较去甲肾上腺素弱。短时间内连续使用,可使囊泡内去甲肾上腺素递质减少而出现快速耐受性。此时若适当加用小剂量去甲肾上腺素,可恢复或增强间羟胺的升压作用。间羟胺代替去甲肾上腺素治疗早期休克和其他低血压状态。升压作用维持时间较长,不易引起肾衰竭和心律失常。可根据病情需要,选择静脉滴注、肌内注射或皮下注射,应用方便。也可用于阵发性室上性心动过速。

二、α_1 肾上腺素受体激动药

去氧肾上腺素

去氧肾上腺素(phenylephrine)又名苯肾上腺素、新福林(neo-synephrine),为人工合成的肾上腺素受体激动药,主要激动 α_1 受体,作用比去甲肾上腺素弱而持久,主要收缩血管,升高血压,使皮肤黏膜、内脏(肾和肺)以及四肢血流量均减少。由于血压升高,反射性使心率减慢,故可用于阵发性室上性心动过速。也可用于麻醉及药物(如吩噻嗪类)所致的低血压。去氧肾上腺素能激动瞳孔开大肌 α_1 受体,产生扩瞳作用。与阿托品比较,去氧肾上腺素扩瞳作用弱,起效快,维持时间短,故可作为快速短效的扩瞳药应用于眼底检查。严重动脉粥样硬化、严重高血压、甲状腺功能亢进症、心肌病、闭角型青光眼者禁用。

甲 氧 明

甲氧明(methoxamine)又名甲氧胺(methoxamedrine),为人工合成的 α_1 肾上腺素受体激动药,高浓度时可阻断 β 受体。其作用与去氧肾上腺素相似,主要收缩血管而升高血压。除冠状血管外的其他血管(包括肾血管)几乎都呈收缩反应。由于血压升高,可反射性减慢心率。尚可延长心肌不应期和减慢房室传导。临床主要用于麻醉所造成的低血压,也可用于其他药物治疗无效的阵发性室上性心动过速。

三、α_2 肾上腺素受体激动药

外周性 α_2 受体激动药主要有羟甲唑啉(oxymetazoline)、阿可乐定(apraclonidine)、美托咪定(medetomidine)等。羟甲唑啉为外周突触后膜 α_2 受体激动药,可收缩局部血管;常用于滴鼻治疗鼻黏膜充血和鼻炎,作用在几分钟内发生,可持续数小时;偶见局部刺激症状,小儿用后可致中枢神经系统症状,2 岁以下儿童禁用。阿可乐定具有降低眼压的作用,可用于

青光眼的短期辅助治疗,特别是在激光疗法之后,能预防眼压的回升。美托咪定是新型高选择性 α_2 受体激动药,右旋体有效,具有抗交感、镇静和镇痛作用。临床常用右美托咪定术前给药,以减轻氯胺酮、异氟烷、地氟烷等引起的血流动力学紊乱。

中枢性 α_2 受体激动药主要包括可乐定(clonidine)及甲基多巴(methyldopa),详见第二十一章抗高血压药。

第二节 α、β 肾上腺素受体激动药

肾 上 腺 素

肾上腺素(adrenaline,epinephrine)是肾上腺髓质的主要激素,其生物合成主要是在髓质嗜铬细胞中先形成去甲肾上腺素,然后经甲基化形成肾上腺素。药用肾上腺素可从家畜肾上腺提取或人工合成。其化学结构与去甲肾上腺素的不同之处在于氨基氮位上一氢原子被甲基取代。肾上腺素的理化性质与去甲肾上腺素相似,但极不稳定,见光易分解,在碱性溶液中易氧化失效,临床使用盐酸肾上腺素。

【体内过程】口服可被碱性肠液破坏、部分在肠黏膜和肝中迅速灭活,不能达到有效血药浓度。皮下注射因局部血管收缩而延缓吸收,6~15 分钟起效,作用可维持 1 小时。肌内注射因对骨骼肌血管不产生收缩作用,故吸收远较皮下注射快,但维持时间较短(仅 10~30分钟)。静脉注射显效快,但作用时间极短。外源性和肾上腺髓质分泌的肾上腺素进入血液循环后,立即被降解失活。灭活肾上腺素的酶 COMT 和 MAO 广泛存在于多种组织内,特别是肝、肾、肠和血管壁细胞中。肾上腺素主要以代谢物和少量原药形式经肾排泄。

【药理作用】肾上腺素主要激动 α、β 受体,作用广泛而复杂,与机体的生理病理状态、靶器官中肾上腺素受体亚型的分布、整体的反射作用和神经末梢突触间隙的反馈调节等因素有关。

1. 血管 肾上腺素能同时激动血管上的 α 和 β_2 受体,激动血管上的 α 受体产生缩血管作用,激动 β_2 受体产生扩血管作用。由于体内各部位血管的肾上腺素受体种类、密度不同,故对肾上腺素的反应也不同。小动脉和毛细血管前括约肌的肾上腺素受体密度高,静脉和大动脉的肾上腺素受体密度低,因此肾上腺素主要收缩小动脉和毛细血管前括约肌,对大动脉和静脉作用较弱。

皮肤血管、黏膜(支气管、胃肠道)血管 α 受体占优势,β_2 受体相对较少,肾上腺素对其呈显著的收缩作用。肾上腺素可收缩支气管黏膜血管,有利于消除支气管黏膜水肿。肾血管 α 受体占优势,肾上腺素在对血压无明显作用的剂量下即可增加肾血管阻力,减少肾血流量,并可激动肾小球球旁细胞上的 β_1 受体而增加肾素的分泌。骨骼肌和肝血管以 β_2 受体占优势,小剂量肾上腺素对其具有舒张作用。如事先给予 α 受体阻断药,则肾上腺素对骨骼肌血管的舒张作用更为显著持久。

肾上腺素可使冠状动脉舒张,除因激动冠状动脉 β_2 受体外,还与心肌代谢物(如腺苷)增加、冠状动脉灌注压提高有关。肾上腺素对脑血流量的作用与全身血压有关。肾上腺素对肺血管具有双相作用,小剂量舒张而大剂量收缩。

2. 心脏 肾上腺素能激动心肌、窦房结和传导系统的 β_1 受体,增加心肌收缩力、加快心率和加速传导,增加心输出量。肾上腺素对心脏的兴奋作用迅速而强大,并能舒张冠状动脉,改善心肌血液供应,是其作为强效心脏兴奋药的有利之处。不利的方面是提高心肌代谢和兴奋性,增加心肌耗氧量,同时提高自律性,剂量过大或静脉注射过快时,易引起心律失

常。当患者处于心肌缺氧及心力衰竭时，肾上腺素可能使病情加重或引起快速性心律失常，如期前收缩、心动过速，甚至心室颤动。

3. 血压　肾上腺素对血压的影响因剂量和给药途径而异。治疗量或慢速滴注（10μg/min）时，心脏兴奋，心肌收缩力增强，心输出量增加，收缩压升高。同时，由于 β_2 受体比 α 受体对低浓度肾上腺素更敏感，使舒张骨骼肌血管的作用抵消或超过对皮肤黏膜血管的收缩作用，舒张压不变或下降，故脉压增大，有利于血液对各组织器官的灌注和紧急状态下机体能量供应的需要。大剂量或快速静脉滴注肾上腺素时，除强烈兴奋心脏外，因 α 受体的作用占优势（α 受体对高浓度肾上腺素更敏感），皮肤、黏膜、肾和肠系膜血管强烈收缩，超过了对骨骼肌血管的扩张作用，使外周阻力显著增高，收缩压和舒张压均升高。

肾上腺素的典型血压改变多为双相反应，即给药后迅速出现明显的升压作用，继之出现微弱的降压反应，后者持续作用时间较长（图 9-2）。如预先给予 α 受体阻断药，则 α 受体的作用被阻断，β_2 受体作用占优势，肾上腺素的升压作用可被翻转，呈现明显降压效应。故在氯丙嗪（具有 α 受体阻断作用）因过量中毒引起血压下降抢救时，不应使用肾上腺素升压，而应选择去甲肾上腺素。

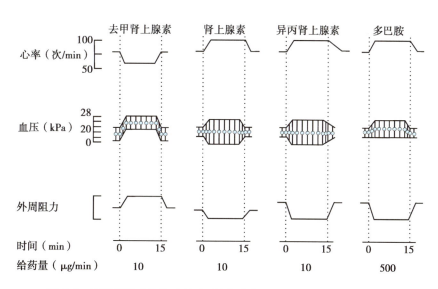

图 9-2　静脉滴注去甲肾上腺素、肾上腺素、异丙肾上腺素及多巴胺对心率、血压和外周阻力影响的示意图

4. 平滑肌　肾上腺素对平滑肌的作用主要取决于器官组织的肾上腺素受体类型和分布密度。肾上腺素可激动支气管平滑肌的 β_2 受体，舒张支气管平滑肌，当支气管平滑肌处于痉挛状态时效果更佳；也可激动支气管黏膜层和黏膜下层肥大细胞的 β_2 受体，抑制抗原引起的肥大细胞释放组胺和其他过敏介质；还可激动支气管黏膜血管平滑肌的 α_1 受体，使之收缩，毛细血管的通透性降低，有利于消除支气管黏膜水肿。肾上腺素能抑制胃肠道平滑肌，表现为胃肠张力下降，蠕动频率及幅度降低。肾上腺素对肠平滑肌的抑制作用可能是由于激动肠神经丛胆碱能神经末梢的 α_2 受体，抑制 ACh 释放所致。肾上腺素激动 β 受体能松弛膀胱逼尿肌，减缓排尿感，激动 α 受体可收缩三角肌和括约肌，易引起尿潴留。

5. 代谢　治疗量的肾上腺素能促进机体代谢，可使耗氧量升高 20%~30%。肾上腺素既可激动肝的 β_2 和 α 受体，促进肝糖原分解和糖原异生，也可降低组织对葡萄糖的摄取，故其升高血糖作用较去甲肾上腺素显著，但极少出现尿糖。还可促进脂肪分解，使血中游离脂肪酸增加。这可能由于激动脂肪细胞的 β 受体,激活甘油三酯酶,使甘油三酯分解为游离脂肪酸和甘油。

【临床应用】

1. 心脏骤停　因溺水、药物中毒、麻醉和手术意外、急性传染病和心脏传导高度阻滞引起的心脏骤停,在进行心脏按压、人工呼吸等措施的同时,可用肾上腺素进行静脉注射、心室内注射或气管给药,使心脏重新起搏。但应注意,在治疗电击或卤素类全身麻醉药意外引起心脏骤停时常伴有心室颤动,应用肾上腺素的同时应配合使用除颤器及抗心律失常药物。

2. 过敏性休克　过敏性休克时心收缩力减弱,由于组胺和白三烯等过敏物质的释放,使大量小血管扩张和毛细血管通透性增高,引起循环血量降低,血压下降,同时伴有支气管痉挛及黏膜水肿,出现呼吸困难等症状。肾上腺素激动 α 受体,收缩小动脉和毛细血管,可消除黏膜水肿;同时激动 $β_1$ 受体,改善心功能,升高血压;另外,激动 $β_2$ 受体,缓解支气管痉挛和减少过敏介质释放。故可迅速缓解过敏性休克症状,是治疗过敏性休克的首选药。抢救时应迅速皮下注射或肌内注射给药,危急病例亦可用生理盐水稀释 10 倍后缓慢静脉注射,但应避免因注射过量或注射速度过快而引起血压剧升及心律失常等不良反应。同时,配合糖皮质激素、抗组胺药等其他抢救措施。

3. 支气管哮喘　肾上腺素可解除哮喘时的支气管平滑肌痉挛,抑制组织和肥大细胞释放过敏介质(如组胺和白三烯类等),减轻呼吸道水肿和渗出,从而使支气管哮喘急性发作得到迅速控制(皮下或肌内注射后数分钟内即可生效)。此外,肾上腺素对血管神经性水肿亦能迅速缓解症状。

4. 与局麻药配伍　肾上腺素加入普鲁卡因或利多卡因等局麻药中配伍使用,可使注射部位血管收缩,延缓局麻药的吸收,延长其作用时间,并减少局麻药吸收中毒的可能性。但应注意用量,过量时仍可产生心悸和血压剧升等全身性不良反应;一般局麻药中加入肾上腺素的浓度为 1/250 000,一次用量不宜超过 0.3mg。但肢体远端部位如手指、足趾、耳部、阴茎等处手术时,局部药中禁止加入肾上腺素,以免引起局部组织缺血坏死。

5. 局部止血　当鼻黏膜和牙龈出血时,可将浸有 0.1% 肾上腺素的纱布或棉球填塞出血处,以达到收缩血管而止血的目的。

【不良反应】一般不良反应有心悸、出汗、烦躁、头痛和血压升高等,停药后症状消失。如剂量过大,或静脉注射过快,可致搏动性头痛、心律失常或血压骤升,有发生脑出血的危险,故应严格控制剂量和给药速度。

【禁忌证】禁用于器质性心脏病、高血压、冠状动脉病变、缺血性心脏病、脑动脉硬化、糖尿病、甲状腺功能亢进症及 α 受体阻断药所致低血压的抢救。因其兴奋心脏,易引起心悸和心律失常,不能用于心源性哮喘。老年人慎用。

多 巴 胺

多巴胺(dopamine,DA)是去甲肾上腺素生物合成的前体,作为药物使用的是人工合成品。

【体内过程】口服无效,主要通过静脉滴注给药。静脉注射 5 分钟内起效,持续 5~10 分钟。$t_{1/2}$ 约为 2 分钟。此药在体内有 75% 迅速被 COMT 与 MAO 代谢失效,其余则作为前体合成去甲肾上腺素,以代谢物或原药形式经肾排出。不易透过血脑屏障,外周给药对中枢无明显影响。

【药理作用】在外周除激动 DA 受体外,也激动 α 和 β 受体。作用与剂量或浓度有关,且取决于靶器官中各受体亚型的分布和对其选择性的高低。

1. 心脏　浓度稍高的多巴胺能兴奋心脏 $β_1$ 受体,还能促进去甲肾上腺素能神经末梢释放去甲肾上腺素,间接激动心脏 β_1 受体,使心肌收缩力加强,心输出量增加。一般剂量对心率影响不大,大剂量加快心率而诱发心律失常。

2. 血压　高浓度的多巴胺能激动皮肤、黏膜血管 α 受体,使皮肤黏膜血管收缩、血压升高,但对 β_2 受体作用较弱。由于在低浓度时多巴胺即可与肾、肠系膜、冠状血管的 DA 受体结合,促进血管舒张,血管阻力降低,故总外周阻力变化不大。大剂量多巴胺可显著收缩血管和兴奋心,并促进去甲肾上腺素释放,使外周阻力升高,收缩压升高,但舒张压略增或无明显变化,故脉压增大。

3. 肾　低浓度多巴胺可激动肾血管的 D_1 受体,使肾血管扩张,肾血流量、肾小球滤过率均增加;此外,多巴胺尚能直接抑制肾小管重吸收 Na^+,排钠利尿,故适用于低心输出量伴肾功能损害性休克。大剂量多巴胺可兴奋肾血管的 α_1 受体而致肾血管明显收缩,使肾血流量和尿量减少。

【临床应用】用于各种休克,如心源性休克、感染中毒性休克和出血性休克等,尤其适用于伴有心肌收缩力减弱及尿量减少者而血容量已补足的休克。多巴胺亦可与利尿药合用治疗急性肾衰竭。对急性心功能不全具有改善血流动力学作用。

【不良反应】偶见恶心、呕吐。如剂量过大或滴注过快可出现呼吸困难、心动过速、心律失常和肾血管收缩引起的肾功能损害等。一旦发生,应减慢滴注速度或停药。也可用酚妥拉明拮抗。滴注给药时必须补充血容量,纠正酸中毒。长时间滴注可出现手足疼痛或发冷,甚至局部坏死。

【禁忌证】嗜铬细胞瘤患者禁用。室性心律失常、闭塞性血管病、心肌梗死、动脉硬化和高血压患者慎用。

麻　黄　碱

麻黄碱(ephedrine)是从草麻黄、中麻黄或木贼麻黄的干燥草质茎中提取的生物碱,药用其左旋体或消旋体。现已人工合成。

【体内过程】性质稳定,在胃肠中不易被破坏,口服易吸收,可通过血脑屏障。消除缓慢,药理作用持久,一次给药作用可维持 3~6 小时。

【药理作用】麻黄碱直接激动 α (α_1 和 α_2)、β (β_1 和 β_2) 肾上腺素受体,并可促进肾上腺素能神经末梢释放去甲肾上腺素而间接激动 α、β 受体。

1. 中枢神经　麻黄碱能通过血脑屏障,对中枢作用较肾上腺素强。较大剂量能兴奋大脑皮质和皮质下中枢,引起中枢兴奋、失眠、不安和肌肉震颤等症状。对血管运动中枢和呼吸中枢也有兴奋作用。

2. 心血管　激动心的 β_1 受体,使心肌收缩力增强,心输出量增加,但较肾上腺素弱。在整体情况下,由于血压升高,反射性兴奋迷走神经,抵消了其直接加快心率的作用,故心率变化不大。一般剂量下内脏血流量减少,但冠状动脉、脑血管和骨骼肌血流量增加。激动 α_1 受体,使皮肤、黏膜和内脏血管收缩,升压作用较肾上腺素缓慢、温和而持久,可维持数小时。收缩压升高比舒张压显著,脉压增加。

3. 平滑肌　松弛支气管平滑肌的作用比肾上腺素弱而持久,也能抑制胃肠道平滑肌和扩瞳。此外,尚有松弛膀胱逼尿肌以及收缩其括约肌的作用。

4. 骨骼肌　可增强重症肌无力患者的骨骼肌张力。对代谢的影响微弱。连续使用可产生快速耐受性,可能与递质消耗和受体脱敏有关。停药数小时后,可以恢复。每日用药如不超过 3 次,则快速耐受性一般不明显。

【临床应用】

1. 麻醉所致低血压　肌内注射或皮下注射作为蛛网膜下腔麻醉(腰麻)和硬膜外麻醉

的辅助用药以预防低血压;亦可用麻黄碱10~30mg静脉注射,治疗局麻药中毒出现的低血压。

2. 鼻塞 可用0.5%~1%麻黄碱溶液滴鼻以消除鼻黏膜充血和肿胀。

3. 支气管哮喘 用于防治轻度支气管哮喘,对重症、急性支气管哮喘效果较差。也常与止咳祛痰药组成复方用于痉挛性咳嗽。

4. 缓解皮肤黏膜症状 缓解荨麻疹和血管神经性水肿等过敏反应的皮肤黏膜症状等。

【不良反应】剂量过大或敏感者可引起震颤、焦虑、失眠、心悸、血压升高等;为防止失眠,避免在晚饭后使用,不宜与咖啡因等中枢兴奋药合用。连续滴鼻治疗过久,可产生反跳性鼻黏膜充血或萎缩。前列腺肥大患者服用麻黄碱加重排尿困难。

【禁忌证】禁用于高血压、动脉粥样硬化、冠心病和甲状腺功能亢进症患者。可随乳汁分泌,故哺乳期妇女禁用。

伪 麻 黄 碱

伪麻黄碱(pseudoephedrine)为麻黄碱的立体异构体,口服易吸收,对MAO耐受,大部分以原药形式随尿排泄。作用与麻黄碱相似,但升压和中枢作用较弱。临床主要用于鼻黏膜充血。不良反应及注意事项与麻黄碱相似。麻黄碱、伪麻黄碱均可被不法分子用于制毒,属特殊管理药品。

美 芬 丁 胺

美芬丁胺(mephentermine)为α、β肾上腺素受体激动药,药理作用与麻黄碱相似,通过直接兴奋肾上腺素受体和间接促进递质释放2种机制发挥作用。本药能加强心肌收缩力,增加心输出量,收缩血管而增加外周阻力,使收缩压和舒张压均升高。其兴奋心脏的作用比异丙肾上腺素弱而持久。加快心率的作用不明显,较少引起心律失常。与麻黄碱相似,也有中枢兴奋作用。

主要用于预防腰麻引起的血压下降,也可用于心源性休克或其他低血压。0.5%制剂滴鼻可治疗鼻炎。过量可出现焦虑、精神兴奋。甲状腺功能亢进症患者禁用,失血性休克者慎用。

第三节 β肾上腺素受体激动药

一、β₁、β₂肾上腺素受体激动药

异丙肾上腺素

异丙肾上腺素(isoprenaline,isoproterenol)为人工合成品,药用其盐酸盐,是经典的β_1、β_2受体激动剂。化学结构是肾上腺素氨基上氢原子被异丙基所取代。

【体内过程】口服易在肠黏膜与硫酸基结合而失效。气雾吸入、舌下给药或注射给药均可吸收。在体内不被去甲肾上腺素能神经摄取,可被肝、肺等组织的COMT代谢失效,而MAO对其作用较弱,故作用持续时间较去甲肾上腺素、肾上腺素长。最后与硫酸结合的甲基代谢物经肾排泄。

【药理作用】对β受体具有很强的激动作用,对β_1、β_2受体选择性低,而对α受体几乎无作用。

1. 心脏 对心脏β_1受体具有强大的激动作用,表现为正性肌力、正性频率和加速传导作用,可增加心输出量,缩短收缩期和舒张期。与肾上腺素比较,异丙肾上腺素加速心率和

加速传导的作用较强,对正位起搏点(窦房结)的兴奋作用比异位起搏点强,而肾上腺素对正位起搏点和异位起搏点的作用均强,故较肾上腺素不易引起心律失常。

2. 血管和血压　可激动血管平滑肌 β_2 受体而舒张血管,其中骨骼肌血管明显扩张,对肾、肠系膜和冠状血管也呈现不同程度的舒张作用。由于心脏兴奋和血管舒张,导致收缩压升高或不变而舒张压略下降,脉压差增大(图 9-2)。大剂量静脉注射可使静脉强烈扩张,回心血量减少,有效血容量下降,心输出量减少,引起血压明显降低,此时收缩压与舒张压均降低。

3. 平滑肌　激动支气管平滑肌的 β_2 受体,产生强大的舒张作用,而且支气管平滑肌处于痉挛状态时尤为显著。此作用强于肾上腺素。尚具有抑制组胺等过敏性介质释放作用。因对支气管黏膜血管无收缩作用,故消除黏膜水肿作用不及肾上腺素。久用可产生耐受性。此外,对处于紧张状态的胃肠道等多种平滑肌具有舒张作用。

4. 其他　激动 β 受体,可促进糖原和脂肪的分解,使血糖和游离脂肪酸水平升高,同时增加组织耗氧量。升高血糖作用弱于肾上腺素。

【临床应用】
1. 心脏骤停　适用于心室自身节律缓慢,高度房室传导阻滞或窦房结功能衰竭而并发的心脏骤停。可与肾上腺素、去甲肾上腺素联合应用。

2. 房室传导阻滞　具有强大的加速传导作用,舌下或静脉滴注可使房室传导阻滞明显改善。用于治疗Ⅱ度、Ⅲ度房室传导阻滞。

3. 支气管哮喘　舌下或喷雾给药,治疗支气管哮喘急性发作,起效快、作用强。

4. 感染性休克　适用于中心静脉压高、心输出量低的感染性休克,注意补液及心毒性,临床已少用。

【不良反应】常见心悸、头痛、皮肤潮红等;少有心绞痛、恶心、震颤、头晕、出汗等。用量过大容易产生心律失常,严重者可引起室性心动过速甚至心室颤动而死亡,故用药过程中应注意控制心率。心绞痛、心肌梗死、心肌炎、甲状腺功能亢进症及嗜铬细胞瘤患者禁用。

二、β_1 肾上腺素受体激动药

多巴酚丁胺

多巴酚丁胺(dobutamine)为人工合成品,其化学结构和体内过程与多巴胺相似。口服无效,一般静脉滴注给药。

【药理作用】多巴酚丁胺是左旋多巴酚丁胺和右旋多巴酚丁胺的消旋体。左旋多巴酚丁胺可激活 α_1 受体,引起明显的升压效应,而右旋多巴酚丁胺则拮抗 α_1 受体,阻断左旋体的效应。但两者均为 β 受体激动药,并且右旋体激动 β 受体的强度是左旋体的 10 倍。消旋多巴酚丁胺的作用是两者的综合效应。由于其对 β_1 受体的激动作用强于 β_2 受体,故多巴酚丁胺属 β_1 受体激动药。与异丙肾上腺素比较,多巴酚丁胺的正性变力作用比正性变时作用显著,故对心率影响较小。

【临床应用】主要用于治疗心肌梗死并发心力衰竭及心脏术后心输出量低的休克。多巴酚丁胺可增强心肌收缩力,增加心输出量,明显降低左室充盈压,减少心肌耗氧量,使心功能改善,继发促进排钠排水、增加尿量,有利于消除水肿。

【不良反应】一般反应与多巴胺类似,心律失常较异丙肾上腺素和多巴胺少。剂量过大或静脉滴注速度过快可出现血压升高、心悸、头痛等,一般减慢滴速或停药后,反应可消失。连用 3 天后可因 β 受体下调而失效。

【禁忌证】心房颤动、室性心律失常、心肌梗死和高血压等慎用。梗阻性肥厚型心肌病

禁用。

其他 β_1 受体激动药有普瑞特罗（prenalterol）、扎莫特罗（xamoterol）等，主要用于慢性充血性心力衰竭。

三、β_2 肾上腺素受体激动药

选择性激动 β_2 受体，松弛支气管、子宫、骨骼肌和血管平滑肌。对心脏 β_1 受体作用较弱。与异丙肾上腺素比较，本类药物具有强大的解除支气管平滑肌痉挛作用，而无明显的心脏兴奋作用。常用药物有沙丁胺醇（salbutamol，羟甲叔丁肾上腺素）、特布他林（terbutaline，间羟叔丁肾上腺素）、沙美特罗（salmeterol）、福莫特罗（formoterol）、克仑特罗（clenbuterol，双氯醇胺）、维兰特罗（vilanterol）、奥西那林（orciprenaline，间羟异丙肾上腺素）等，主要用于防治哮喘（详见第二十七章第一节平喘药）。

四、β_3 肾上腺素受体激动药

米拉贝隆（mirabegron）是一种 β_3 肾上腺素受体激动药，目前上市药品为缓释片剂，用于治疗成年膀胱过度活动症患者尿急、尿频和 / 或急迫性尿失禁。高血压患者禁用。近年来，选择性激动 β_3 肾上腺素受体的药物开发主要集中于减肥、抗糖尿病、解除胃肠道平滑肌痉挛及抗炎等方面。

知识链接

β_3 肾上腺素受体研究进展

肥胖症已成为一种全球性流行病，严重威胁着人类健康。β_3 肾上腺素受体属于广泛分布于人体各处的 β 肾上腺素受体家族之一，已受到广泛研究。与心功能、肺功能和血管收缩中起重要作用的 β_1、β_2 肾上腺素受体不同，β_3 肾上腺素受体目前被认为是治疗肥胖症等代谢紊乱疾病的潜在靶标。研究发现，长期使用 β_3 肾上腺素受体激动药能够诱导机体棕色脂肪组织的产热功能，提高基础代谢率，改善机体胰岛素抵抗。此外，激动 β_3 肾上腺素受体在妊娠机体中的研究效果可能对肥胖孕妇的妊娠期管理具有积极意义。

（吴家胜）

复习思考题

1. 简述去甲肾上腺素作用的受体及作用特点。
2. 试述肾上腺素治疗过敏性休克的药理学基础。
3. 试述肾上腺素、麻黄碱、异丙肾上腺素平喘机制的异同点。

第十章

肾上腺素受体阻断药

PPT 课件

> ### ◤ 学习目标
>
> 　　1. 掌握　酚妥拉明的药理作用、临床应用,β肾上腺素受体阻断药的药理作用、临床应用和不良反应。
>
> 　　2. 熟悉　肾上腺素受体阻断药的分类,酚苄明、普萘洛尔、拉贝洛尔的药理作用及临床应用。
>
> 　　3. 了解　其他肾上腺素受体阻断药的作用特点及主要临床用途。

　　肾上腺素受体阻断药(adrenoreceptor blocker)又名肾上腺素受体拮抗药(adrenoreceptor antagonists)、抗肾上腺素药(antiadrenergic drug)。本类药物与肾上腺素受体有较强的亲和力,但本身无内在活性或仅有微弱的内在活性,与肾上腺素受体结合后能妨碍神经递质或肾上腺素受体激动药与受体结合,从而产生拮抗去甲肾上腺素能神经递质或肾上腺素受体激动药的作用。

　　肾上腺素受体阻断药根据对 α 和 β 肾上腺素受体阻断的选择性不同,分为 α 肾上腺素受体阻断药,β 肾上腺素受体阻断药,以及 α、β 肾上腺素受体阻断药三大类。

第一节　α 肾上腺素受体阻断药

　　α 肾上腺素受体阻断药(α-adrenoceptor blocker)又名 α 受体阻断药,能选择性地与 α 受体结合,其本身不激动受体,却妨碍去甲肾上腺素能神经递质或肾上腺素受体激动药与 α 受体结合,从而产生抗肾上腺素作用。能阻断肾上腺素的升压作用,并使升压作用翻转为降压,该现象称肾上腺素作用翻转(adrenaline reversal)(图 10-1)。这是由于 α 受体阻断药选择性地阻断了与血管收缩有关的 α 受体,但不影响与血管舒张有关的 β_2 受体,所以使肾上腺素激动 β_2 受体产生的血管舒张作用充分表现出来。但对主要作用于 α 受体的去甲肾上腺素,α 肾上腺素受体阻断药仅能消除或减弱其升压作用,而无翻转作用;对主要作用于 β 受体的异丙肾上腺素的降压效应无影响。

　　根据对 α 受体亚型阻断作用的选择性不同和作用时间的长短,可将 α 受体阻断药分为 3 类:

　　1. α_1、α_2 受体阻断药　为非选择性 α 受体阻断药。短效类如酚妥拉明、妥拉唑林,长效类如酚苄明。

　　2. α_1 受体阻断药　如哌唑嗪。

　　3. α_2 受体阻断药　如育亨宾。

85

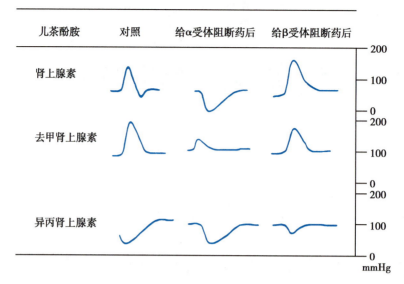

图 10-1　肾上腺素受体阻断药给药前后,肾上腺素、去甲肾上腺素及
异丙肾上腺素对血压的影响示意图

一、α_1、α_2 肾上腺素受体阻断药

(一) 短效类

本类药物与 α_1、α_2 受体有相似的亲和力,但结合力较弱,容易解离,作用维持时间短,同时可被大剂量儿茶酚胺竞争性拮抗,故属短效竞争性 α 受体阻断药。阻断突触前膜 α_2 受体,可促进神经末梢释放去甲肾上腺素,但作用较弱。

酚 妥 拉 明

酚妥拉明(phentolamine)又名甲苄胺唑啉、立其丁,为咪唑啉类人工合成品,药用其磺酸盐。对 α_1、α_2 受体具有相似的亲和力,故称为非选择性 α 受体阻断药。

【体内过程】口服后生物利用度低,30 分钟血药浓度达峰值,作用维持 1.5 小时,效果仅为注射给药的 20%,故主要采用注射给药。肌内注射易吸收,作用维持 30~45 分钟。静脉注射后 2~5 分钟起效,$t_{1/2}$ 约 19 分钟,作用维持 10~15 分钟。大多数以无活性代谢物从肾排泄。

【药理作用】既能阻断 α_1 受体,又能阻断 α_2 受体,对 α_1、α_2 受体具有相似的亲和力。

1. 舒张血管　通过阻断突触后膜 α_1 受体和直接舒张血管作用,使动、静脉明显舒张,血压下降。小动脉扩张,外周阻力降低,心脏的后负荷减轻;小静脉扩张,回心血量减少,心的前负荷减轻。血压降低程度与机体交感张力有关,直立时较卧位时降低明显。可翻转肾上腺素的升压作用。

2. 兴奋心脏　使心脏收缩力加强,心率加快,输出量增加。兴奋心脏的原因是:①阻断 α_1 受体,使血管舒张血压下降,反射性地引起交感神经兴奋;②阻断去甲肾上腺素能神经末梢突触前膜的 α_2 受体,促进去甲肾上腺素释放。

3. 其他作用　拟胆碱作用,可兴奋胃肠平滑肌上的 M 受体,使胃肠平滑肌兴奋,蠕动加强;组胺样作用,可使胃酸分泌增加,皮肤潮红等。

【临床应用】

1. 外周血管痉挛性疾病　用于治疗肢端动脉痉挛性疾病(如雷诺综合征)及血栓闭塞

性脉管炎等。

2. 静脉滴注去甲肾上腺素药液外漏　静脉滴注去甲肾上腺素不慎外漏时,可用酚妥拉明 5~10mg 溶于 10~20ml 生理盐水中,局部浸润注射,阻断去甲肾上腺素的 α_1 效应,以防组织坏死。也用于肾上腺素等拟交感胺类药过量所致高血压。

3. 休克　阻断 α_1 受体,使皮肤、黏膜及内脏血管舒张,外周阻力降低,心输出量增加,故可改善休克时的内脏血液灌注,解除微循环障碍,并能降低肺循环阻力,防止肺水肿的发生。同时,因血压降低反射性兴奋交感神经,使心肌收缩力加强,心输出量增加,从而共同发挥抗休克作用。临床可用于外周血管阻力高、心输出量低的感染性、心源性及神经源性休克患者的治疗,但给药前必须补足血容量。现主张将其与去甲肾上腺素合用,对抗去甲肾上腺素收缩血管的 α 作用,而保留激动 β_1 受体兴奋心脏、增加心输出量的作用;同时去甲肾上腺素也可防止酚妥拉明扩张血管过度所致的血压过低。

4. 急性心肌梗死和顽固性充血性心力衰竭　能解除心力衰竭时小动脉和小静脉的反射性收缩,降低外周阻力,减轻心脏前后负荷和左心室充盈压,增加心输出量,使心功能不全、肺水肿和全身性水肿得以改善,从而治疗其他药物无效的急性心肌梗死及顽固性充血性心力衰竭。

5. 肾上腺嗜铬细胞瘤　该病由于瘤细胞分泌大量肾上腺素及去甲肾上腺素而引起血压急剧升高及高血压危象。酚妥拉明能阻断 α_1 受体,产生迅速强大的降压作用,故可用于肾上腺嗜铬细胞瘤的诊断和此病骤发高血压危象以及手术前的准备。做诊断试验时曾有致死的报道,应慎重使用。

6. 男性勃起功能障碍　口服或阴茎海绵体内注射用于男性勃起功能障碍的诊断及治疗。

【不良反应】常见胃肠道反应,如腹痛、腹泻、恶心、呕吐和诱发溃疡病,这与其拟胆碱和组胺样作用有关。静脉给药剂量过大或滴速过快,偶可引起心动过速、心绞痛、低血压,故应控制剂量和滴速。

【禁忌证】严重动脉硬化和肾功能不全者禁用,冠心病、胃炎、溃疡病患者慎用。

妥 拉 唑 林

妥拉唑林(tolazoline)又名苄唑啉,与酚妥拉明相似,对 α_1、α_2 受体均有阻断作用,但较弱。组胺样作用和拟胆碱作用较强,尚有阻断 5- 羟色胺(5-HT)受体作用。因能有效降低肺动脉压,临床可用于治疗新生儿持续性肺动脉高压。此外,还用于血管痉挛性疾病的治疗,局部浸润注射用于去甲肾上腺素静脉滴注时药液外漏。不良反应与酚妥拉明相同,但发生率较高。

(二) 长效类

本类药物能与 α 受体以共价键结合,不易解离,作用时间持久,为长效非竞争性 α 受体阻断药,以酚苄明为代表。

酚 苄 明

酚苄明(phenoxybenzamine)又名苯苄胺(dibenzyline)。

【体内过程】口服吸收不完全,生物利用度仅为 20%~30%,起效慢。局部刺激性大,不宜肌内或皮下注射,仅作静脉给药,静脉注射后 1 小时血药浓度达峰值,$t_{1/2}$ 约 12 小时。进入体内后,其分子中的氯乙胺基环化,形成乙撑亚胺基,后者能与 α 受体牢固结合,产生强大的 α 受体阻断作用。经肝代谢,由肾或随胆汁排出。因可储存在脂肪组织中,故排泄缓慢。一次给药,作用时间可持续 3~4 天。

【药理作用】为长效的非竞争性 α 受体阻断药,具有起效慢、作用强而持久的特点。通

过阻断 α_1 受体,使血管扩张,外周阻力降低,血压下降,作用强度与血管受去甲肾上腺素能神经控制的程度有关。对平卧和休息的正常人,作用往往表现不明显或表现为舒张压略下降。当交感神经张力高、血容量低或直立时,则可以引起明显的降压作用。血压下降所引起的反射作用和阻断突触前膜 α_2 受体的作用可使心率加快。有较弱的抗组胺、抗 5-HT 作用。

【临床应用】用于外周血管痉挛性疾病及血栓闭塞性脉管炎;出血性、创伤性和感染性休克;嗜铬细胞瘤;良性前列腺增生引起的阻塞性排尿困难等。

【不良反应】常见直立性低血压、心悸和鼻塞;口服可出现恶心、呕吐、嗜睡及疲乏等症状。静脉注射速度过快可引起心悸或心律失常,故必须缓慢注射并密切监护。慎用于肾功能不全、冠状动脉功能不全及脑血管病患者。

二、α_1 肾上腺素受体阻断药

本类药物对动脉和静脉的 α_1 受体有较高的选择性阻断作用,对去甲肾上腺素能神经末梢突触前膜上的 α_2 受体无明显作用,故在拮抗去甲肾上腺素和肾上腺素升压作用的同时,无促进神经末梢释放去甲肾上腺素的作用,无明显加快心率作用,也不增加肾素的分泌。代表药为哌唑嗪(prazosin),主要用于治疗高血压(详见第二十一章抗高血压药)。同类药还有多沙唑嗪(doxazosin)、布那唑嗪(bunazosin)、乌拉地尔(urapidil)等。

特 拉 唑 嗪

特拉唑嗪(terazosin)又名高特灵、降压宁,化学结构与哌唑嗪相似,降压作用较后者稍弱,但持续时间较长。还可降低血浆总胆固醇、低密度脂蛋白、极低密度脂蛋白,提高高密度脂蛋白水平。临床用于治疗高血压、心功能不全,可改善前列腺肥大患者的临床症状。不良反应与哌唑嗪相似,但无明显首剂效应。

坦 索 罗 辛

坦索罗辛(tamsulosin)又名坦洛新,口服生物利用度高,$t_{1/2}$ 为 9~15 小时。对 α_{1A} 受体(主要存在于前列腺)的阻断作用远强于 α_{1B} 受体(主要存在于血管)。用于治疗前列腺增生所致尿频、夜尿增多、排尿困难等,但适用于轻、中度患者及未导致严重排尿障碍者,而已发生严重尿潴留者不应单独服用。

三、α_2 肾上腺素受体阻断药

育 亨 宾

育亨宾(yohimbine)能选择性地阻断外周突触前膜的 α_2 受体、中枢的 α_2 受体以及 5-HT 受体。进入中枢神经系统,阻断 α_2 受体可促进去甲肾上腺素从神经末梢释放,引起血压升高、心率加快。主要作为药理实验研究中的工具药使用,亦可用于治疗男性性功能障碍及糖尿病患者的神经病变。不良反应有恶心、呕吐、皮肤潮红等。

第二节　β 肾上腺素受体阻断药

β 肾上腺素受体阻断药(β-adrenoceptor blocker,β-adrenoceptor antagonists)又名 β 受体阻断药,能选择性地与 β 受体结合,竞争性阻断去甲肾上腺素能神经递质和拟肾上腺素药对 β 受体的激动作用。

根据对 β_1 和 β_2 受体选择性的不同,可分为非选择性和选择性 2 类,前者有 β_1、β_2 受体

阻断药(如普萘洛尔),后者有 β_1 受体阻断药(如美托洛尔、阿替洛尔)。

【体内过程】β 受体阻断药口服后自小肠吸收,因受脂溶性高低及首过效应影响,其生物利用度差异较大。脂溶性高的药物主要经肝代谢,少量以原药形式随尿排泄;脂溶性低的药物主要以原药形式从肾排泄。

【药理作用】

1. β 受体阻断作用　该类药物可通过竞争性阻断 β 受体,对心脏、支气管平滑肌等产生效应。

(1)抑制心脏、收缩血管:阻断心脏 β_1 受体,明显降低心脏兴奋性,使心肌收缩力减弱、心率减慢、心输出量减少、心肌耗氧量降低、心房和房室结传导减慢、血压稍降低。因阻断血管 β_2 受体,使 α 受体作用占优势,加之心脏抑制后反射性兴奋交感神经,从而使血管收缩,外周阻力增强,肝、肾和骨骼肌等血流量减少。

(2)降低血压:对正常人血压没有影响,对高血压患者具有降压作用,其机制尚未完全阐明。可能是药物对多系统 β 受体阻断作用的结果,而阻断心脏 β_1 受体,使心肌收缩力减弱、心输出量减少是血压下降的部分原因。

(3)收缩支气管:阻断支气管平滑肌上的 β_2 受体而使支气管平滑肌收缩,呼吸道阻力增强。此作用对正常人影响较小,但对支气管哮喘患者,可诱发或加重哮喘的急性发作。

(4)减少肾素释放:阻断肾小球旁器细胞的 β_1 受体,可抑制肾素释放,这可能是其降血压作用的原因之一。

(5)影响代谢:一般认为,人类脂肪的分解主要与激动 α_2、β_1、β_3 受体有关,而肝糖原的分解与激动 α_1 和 β_2 受体有关。β 受体阻断药通过阻断 β 受体可抑制交感神经兴奋所引起的脂肪分解,使血中游离脂肪酸减少,但该类药物不能降低饮食所致的高脂血症。当与 α 受体阻断药合用时可拮抗肾上腺素升高血糖的作用。本类药物(如普萘洛尔)不影响正常人的血糖水平,也不影响胰岛素降低血糖的作用,但能延缓使用胰岛素后血糖水平的恢复,可能是其抑制了低血糖引起儿茶酚胺释放所致的糖原分解。应用胰岛素的糖尿病患者在加用 β 受体阻断药时,其 β 受体阻断作用往往会掩盖低血糖症状(如心悸),从而延误低血糖的及时发现,应特别注意。尚可降低组织耗氧量。

(6)对眼部的影响:有个别 β 受体阻断药可降低眼内压,临床可用于治疗青光眼。其作用机制可能是通过阻断睫状体的 β 受体,减少 cAMP 生成,进而减少房水产生。

2. 内在拟交感活性　有些 β 受体阻断药与 β 受体结合后,除能阻断受体外,尚对 β 受体具有部分激动作用,称内在拟交感活性(intrinsic sympathomimetic activity,ISA)。具有 ISA 的药物对心脏的抑制作用和对支气管平滑肌的收缩作用较弱,当增加剂量或体内儿茶酚胺处于低水平时,可产生心率加快和心输出量增加等作用。由于该作用较弱,一般被其 β 受体阻断作用所掩盖。如预先给予利血平以耗竭体内儿茶酚胺,再用 β 受体阻断药,其激动受体的作用便可表现出来。

3. 膜稳定作用　有些 β 受体阻断药(如普萘洛尔、醋丁洛尔、氧烯洛尔)具有局部麻醉作用和奎尼丁样作用,而这 2 种作用都与其降低细胞膜对离子的通透性有关,称为膜稳定作用。该作用与阻断 β 受体无关。由于产生膜稳定作用的血药浓度比临床有效浓度高出几十倍,且无膜稳定作用的 β 受体阻断药也有抗心律失常作用,故认为在常用量时,膜稳定作用与治疗作用基本无关。

【临床应用】

1. 心律失常　对多种原因引起的快速性心律失常有效,如窦性心动过速、全身麻醉药或拟肾上腺素药引起的心律失常等。

2. 心绞痛或心肌梗死 对心绞痛有良好的疗效。心肌梗死患者长期服用可降低复发率与猝死率。

3. 高血压 可降低血压,减慢心率,是治疗高血压的基础药物,且不易发生直立性低血压。也可与利尿药、钙通道阻滞药、血管紧张素转换酶抑制药联合应用,提高降压疗效。

4. 充血性心力衰竭 可缓解充血性心力衰竭症状,改善心功能和心脏重构,降低病死率(详见第二十五章治疗充血性心力衰竭药)。

5. 其他 可用于偏头痛、嗜铬细胞瘤和肥厚型心肌病等的治疗。用于甲状腺功能亢进症及甲状腺危象(又称甲亢危象)的辅助治疗,可改善激动不安、心动过速和心律失常等症状。噻吗洛尔可用于青光眼,降低眼内压。

【不良反应】一般不良反应有恶心、呕吐、轻度腹泻、厌食等消化道症状,停药后可迅速消失。偶见过敏性皮疹、血小板减少等。应用不当,可引起严重不良反应。

1. 抑制心脏功能 阻断 β_1 受体,使心功能全面抑制,可使窦性心动过缓、房室传导阻滞、心功能不全患者病情加剧,出现重度心功能不全、肺水肿、完全性房室传导阻滞。

2. 诱发或加重支气管哮喘 非选择性的 β 受体阻断药可阻断支气管平滑肌上的 β_2 受体,使支气管收缩,呼吸道阻力增强,从而诱发或加重支气管哮喘。

3. 外周血管收缩和痉挛 阻断血管平滑肌的 β_2 受体,使外周血管收缩或痉挛,引起四肢发冷,皮肤苍白或发绀,两足剧痛,间歇性跛行,甚至发生足趾溃烂和坏死。

4. 反跳现象 长期用 β 受体阻断药者如突然停药,可出现高血压、快速性心律失常、心绞痛加剧、急性心力衰竭等。主要是由于长期使用阻断药可使 β 受体数量上调或增强了受体对内源性儿茶酚胺的敏感性。

5. 其他 可引起疲劳、睡眠障碍、精神抑郁等症状。某些 β 受体阻断药(如普萘洛尔)长期应用可产生自身免疫反应,如重症多形红斑(皮肤黏膜眼综合征)。

【禁忌证】禁用于严重左室功能不全、窦性心动过缓、重度房室传导阻滞和支气管哮喘的患者。低血压、肝功能不良及心肌梗死患者慎用。

一、β_1、β_2 肾上腺素受体阻断药

根据有无内在拟交感活性,可分为无内在拟交感活性的 β_1、β_2 受体阻断药(如普萘洛尔、噻吗洛尔、纳多洛尔)和有内在拟交感活性的 β_1、β_2 受体阻断药(如吲哚洛尔、氧烯洛尔、醋丁洛尔)2 类。

(一)无内在拟交感活性的 β_1、β_2 受体阻断药

普 萘 洛 尔

普萘洛尔(propranolol)又名心得安,为等量的左旋和右旋异构体的消旋品,仅左旋体有阻断 β 受体作用,是最早应用于临床的 β 受体阻断药。

【体内过程】口服易吸收,首过消除 60%~70%。口服后药峰时间为 1~3 小时,$t_{1/2}$ 为 2~5 小时。血浆蛋白结合率大于 90%。肝功能减退者,$t_{1/2}$ 可延长。易通过血脑屏障,也可进入胎盘和分泌到乳汁中。主要在肝内代谢,代谢物 90% 以上经肾排泄。不同个体口服相同剂量的普萘洛尔,血药浓度相差可达 20 倍,这可能是由于肝的消除功能不同所致,故临床用药剂量必须个体化,并从小剂量开始,逐渐增加到适当剂量。

【药理作用】普萘洛尔对 β_1 和 β_2 受体均有较强的阻断作用,有膜稳定作用,无内在拟交感活性。

1. 抑制心脏 阻断 β_1 受体使心肌收缩力减弱,心率减慢,心输出量减少,冠状动脉血流量下降,心肌耗氧量明显减少。使窦房结自律性降低,心肌的传导速度减慢。

2. 降低血压　对高血压患者可使其血压降低(具体机制详见第二十一章抗高血压药)。

3. 抗甲状腺　甲状腺功能亢进时,不仅体内 β 受体数目明显增加,而且对儿茶酚胺的敏感性亦增高。普萘洛尔通过阻断 β_1 受体,可使心率和房室传导减慢,同时因抑制 5′- 脱碘酶,抑制外周组织中的甲状腺素(T_4)转变为三碘甲腺原氨酸(T_3),从而改善甲状腺功能亢进症患者的临床症状。

【临床应用】用于治疗心律失常、心绞痛、高血压、甲状腺功能亢进症等。

【禁忌证】可诱发或加重支气管哮喘患者哮喘的急性发作。

噻 吗 洛 尔

噻吗洛尔(timolol)又名噻吗心安,对 β_1 和 β_2 受体均有很强的阻断作用,作用强度为普萘洛尔的 6 倍,$t_{1/2}$ 约 5 小时,无内在拟交感活性及膜稳定作用。能减少房水的生成,是一种新型的降眼内压药。适用于治疗青光眼及眼压高的患者,也可用于治疗对其他药物或手术无效的青光眼。滴眼 4 小时开始降眼压,可维持 12~24 小时。滴眼无缩瞳及调节痉挛作用,对心率及血压无明显影响。

纳 多 洛 尔

纳多洛尔(nadolol)又名萘羟心安,对 β_1 和 β_2 受体均有阻断作用,作用强度为普萘洛尔的 2~4 倍,$t_{1/2}$ 为 10~12 小时,无内在拟交感活性及膜稳定作用。主要以原药形式由肾排出。用于治疗高血压、心绞痛、甲状腺功能亢进症及预防室上性心动过速。不良反应与普萘洛尔相似。

索 他 洛 尔

索他洛尔(sotalol)又名甲磺胺心定,阻断 β_1 和 β_2 受体的强度仅为普萘洛尔的 1/3,$t_{1/2}$ 约 12 小时,无内在拟交感活性和膜稳定作用。兼有 β 受体阻断和延长心肌动作电位时程作用。小剂量时表现为 β 受体阻断作用,可延长窦房结周期和房室结不应期,减慢房室传导;较大剂量则可延长心房、心室动作电位时程和有效不应期。临床用于各种心律失常以及高血压、心绞痛。

(二) 有内在拟交感活性的 β_1、β_2 受体阻断药

吲 哚 洛 尔

吲哚洛尔(pindolol)又名心得静,对 β_1 和 β_2 受体阻断作用强度为普萘洛尔的 6~15 倍,$t_{1/2}$ 为 2~5 小时。有较强的内在拟交感活性。对心脏的抑制作用比普萘洛尔弱,故降低心率及心输出量作用较弱。主要用于治疗高血压,也用于心绞痛、快速性心律失常、心肌梗死、甲状腺功能亢进症及焦虑症的治疗。心功能不全、心动过缓、支气管哮喘、糖尿病患者应慎用。

氧 烯 洛 尔

氧烯洛尔(oxprenolol)又名心得平,为非选择性 β 受体阻断药。口服后药峰时间为 1~2 小时,$t_{1/2}$ 为 1~3 小时。作用与普萘洛尔类似,但具有较强的内在拟交感活性和膜稳定作用。临床主要用于治疗高血压、心绞痛和心律失常。

二、β_1 肾上腺素受体阻断药

可分为无内在拟交感活性的 β_1 受体阻断药(如阿替洛尔、美托洛尔)和有内在拟交感活性的 β_1 受体阻断药(如醋丁洛尔)2 类。

(一) 无内在拟交感活性的 β_1 受体阻断药

阿 替 洛 尔

阿替洛尔(atenolol)又名氨酰心安,选择性阻断 β_1 受体,无内在拟交感活性和膜稳定作用。口服仅吸收 50%,1~3 小时达峰浓度,$t_{1/2}$ 为 6~9 小时,作用维持时间较长。主要以原药

笔记栏

形式随尿排泄。临床主要用于治疗窦性心动过速及期前收缩、高血压、心绞痛等。滴眼可降低眼内压,治疗青光眼。对 β_2 受体的阻断作用较弱,故对支气管和血管的影响较小,但对哮喘患者仍需慎用。禁用于严重窦性心动过缓、房室传导阻滞、心力衰竭及孕妇。

美托洛尔

美托洛尔(metoprolol)又名倍他乐克,口服生物利用度约 40%,1.5 小时达峰浓度, $t_{1/2}$ 为 3~4 小时。作用特点与阿替洛尔相似,主要用于治疗高血压、心绞痛、心律失常、肥厚型心肌病、甲状腺功能亢进症等。可通过血脑屏障,故中枢神经系统不良反应多,如疲乏、眩晕、抑郁、多梦等。对 β_2 受体的阻断作用比阿替洛尔强,较大剂量可收缩支气管平滑肌,故对哮喘患者更应慎用。

艾司洛尔

艾司洛尔(esmolol)为超短效 β_1 受体阻断药,对心的 β_1 受体有选择性阻断作用,无内在拟交感活性和膜稳定作用。静脉滴注起效迅速,6~10 分钟达到最大效应, $t_{1/2}$ 约 8 分钟,停药后 20 分钟大部分作用消失。主要用于快速室上性心律失常的紧急状态,也用于急性不稳定型心绞痛。低血压状态为最常见不良反应。

(二) 有内在拟交感活性的 β_1 受体阻断药

醋丁洛尔

醋丁洛尔(acebutolol)又名醋丁酰心安。选择性阻断 β_1 受体,有内在拟交感活性和膜稳定作用。口服可吸收 70%,2 小时达峰浓度, $t_{1/2}$ 为 3~4 小时。在肝内转化为仍有 β 受体阻断作用的代谢物二醋洛尔。主要用于治疗高血压,也用于心绞痛、心律失常和甲状腺功能亢进症等的治疗。由于其有内在拟交感活性,故减慢心率的不良反应比普萘洛尔、阿替洛尔等为轻,诱发哮喘的不良反应相对较少。

第三节　α、β 肾上腺素受体阻断药

本类药物对肾上腺素受体的阻断作用选择性不高,即对 α 和 β 受体均有阻断作用,但对 β 受体的阻断作用较强。代表性药物为拉贝洛尔,还有卡维地洛、塞利洛尔、地来洛尔(dilevalol)、布新洛尔(bucindolol)、阿罗洛尔(arotinolol)等。

拉贝洛尔

拉贝洛尔(labetalol)又名柳胺苄心定。

【体内过程】口服可吸收,但个体差异大,易受胃肠道内容物的影响,生物利用度 20%~40%,血浆蛋白结合率为 50%, $t_{1/2}$ 为 4~6 小时,约 99% 在肝内迅速代谢,只有少量以原药形式从肾排泄。

【药理作用】能阻断 α_1、β_1、β_2 受体,对 β 受体的阻断作用是 α 受体阻断作用的 5~10 倍。β 受体阻断作用约为普萘洛尔的 1/2.5,α 受体阻断作用为酚妥拉明的 1/10~1/6。阻断心的 β_1 受体,可使心肌收缩力减弱,耗氧量降低。对 β_2 受体有弱的内在拟交感活性。能选择性阻断 α_1 受体,使外周血管扩张,血压降低。对突触前膜的 α_2 受体无阻断作用。

【临床应用】中度和重度高血压,妊娠高血压综合征,静脉注射可治疗高血压危象。还可用于治疗心绞痛、嗜铬细胞瘤等。

【不良反应】由于阻断 α_1 受体,可出现直立性低血压,表现为眩晕、乏力、恶心等。

【禁忌证】心功能不全及支气管哮喘患者禁用。儿童、孕妇及脑出血患者忌静脉注射。

卡 维 地 洛

卡维地洛（carvedilol）又名卡维洛尔，具有 α_1、β_1、β_2 受体阻断作用，对 β 受体阻断作用较强，无内在拟交感活性，有膜稳定作用。口服吸收迅速，首过效应显著，生物利用度仅为 25%，$t_{1/2}$ 为 6~10 小时。其血管扩张作用主要与阻断 α_1 受体有关。临床用于原发性高血压、稳定型心绞痛及慢性心功能不全。常见不良反应有头晕、头痛、嗜睡、乏力、恶心及直立性低血压等。肾功能障碍者慎用。

塞 利 洛 尔

塞利洛尔（celiprolol）又名西利洛尔，可选择性阻断 β_1 受体和部分激动 β_2 受体，对 α_2 受体有微弱阻断作用，有内在拟交感活性，无膜稳定作用。口服后 2~4 小时达峰浓度，$t_{1/2}$ 为 2~3 小时。可直接扩张血管，尚可降低血浆甘油三酯和低密度脂蛋白。主要用于高血压及稳定型心绞痛。不良反应较少。

📋 案例分析

患者，女，48 岁，因喘息、气促，伴胸闷、烦躁 1 小时就诊。自述患支气管哮喘 6 年，平素用二丙酸倍氯米松、福莫特罗治疗，病情基本控制。今日早饭后出现头晕头胀，测血压 150/95mmHg，遂自行服用倍他乐克 25mg，用药约 20 分钟后出现以上症状。查体：体温 36.7℃，呼吸 26 次 /min，血压 135/90mmHg。神志清楚，呼吸急促，讲话费力，四肢关节活动无异常，生理反射正常，病理征未引出。心脏听诊无杂音，双肺可闻及呼气末哮鸣音。心电图示窦性心律，118 次 /min，律齐。胸部 X 线检查未见明显异常。

诊断：支气管哮喘急性发作，高血压。

治疗：采取硫酸沙丁胺醇气雾剂雾化吸入、吸氧等措施后，上述症状缓解。

分析：倍他乐克（美托洛尔）为 β 受体阻断药，除主要阻断 β_1 受体外，对 β_2 受体也有一定阻断作用。由于其阻断支气管平滑肌 β_2 受体使支气管平滑肌收缩，呼吸道阻力增强，同时又无内在拟交感活性，可诱发或加重支气管哮喘，哮喘患者应慎用。本例患者因自行服用本药致哮喘急性发作，经应用 β_2 受体激动药沙丁胺醇而缓解。

● （孙文燕）

复习思考题

1. 何为肾上腺素作用翻转？试解释其原因。
2. 简述酚妥拉明抗休克的药理学基础，并说明需注意的事项。
3. 长期应用 β 受体阻断药为何需缓慢减量停药而不能骤停？

◇◇◇ 第十一章 ◇◇◇
中枢神经系统药理学概论

学习目标

1. 掌握 中枢神经递质及其受体功能。
2. 熟悉 中枢神经系统药理学特点。
3. 了解 中枢神经系统的细胞学基础。

人体生命活动过程中复杂而精细的生理功能主要依赖神经和内分泌(体液)两大系统进行调节,其中中枢神经系统(central nervous system,CNS)起主导和协调作用,维持内环境的稳定和对外环境变化做出即时反应。中枢神经系统的结构和功能精密复杂,由多种相互作用的细胞组成,通过化学神经传递,以动态的方式调节生命的许多基本活动。中枢神经系统能够驱动如此众多的生理反应,因此作用于中枢神经系统的药物具有极高的价值,如能改善思维、情感、认知和行为等精神活动,不仅可用于治疗各种精神疾病如焦虑症、抑郁症、躁狂症、双相障碍和精神分裂症,还能用于治疗各种病理生理状况,如疼痛、发热、运动障碍、失眠、饮食障碍、恶心、呕吐和偏头痛等。中枢神经系统含有大量神经细胞,如神经元、神经胶质细胞等;神经元间通过多种形式的突触联系,并由多种神经递质传递信息。作用于中枢神经系统的药物主要通过影响中枢突触传递的不同环节(如递质、受体、受体后的信号转导等),从而改变人体的生理功能。

第一节 中枢神经系统的细胞学基础

一、神经元

神经元又名神经细胞,是大脑中高度极化的信号细胞,是中枢神经系统的基本结构和功能单位。典型的神经元由胞体、树突和轴突3个部分组成。胞体内含有超大的细胞核和各种合成细胞生命活动物质所需要的细胞器,如粗面内质网、高尔基器、线粒体、溶酶体等。树突是从胞体发出的1至多个放射状突起,从胞体发出的部分较粗,多次分支后逐渐变细,形如树枝,能够接受刺激并将兴奋传入胞体。轴突是从神经元发出的细长的突起,每个神经元只有1根;轴突在末端分支,负责将胞体产生的兴奋冲动传导到其他神经元或肌肉、腺细胞的效应器上。中枢神经系统中,神经元间相互接触的部位称突触。突触是神经元功能间发生联系的部位,也是实现信息传递的关键结构。

二、神经胶质细胞

神经胶质细胞是神经组织中除神经元以外的另一大类细胞。神经胶质细胞填充了中枢神经系统内神经元间几乎所有的空隙,发挥着保持神经元的位置、提供氧气和营养、隔绝神经元之间的信号和摧毁潜在病原体的功能。此外,神经胶质细胞还有在中枢神经系统发育过程中引导神经元走向的作用,并能够通过摄取递质而参与递质的灭活过程,还有防止递质弥散和维持神经组织的内环境稳定的作用。神经胶质细胞按形态可分为星形胶质细胞、少突胶质细胞和小胶质细胞。星形胶质细胞是最丰富的一类胶质细胞,发挥营养支持作用,如固定神经元位置、提供能量以及调节神经元的外部环境。少突胶质细胞通过包裹轴突形成绝缘的髓鞘,使动作电位进行不衰减的长距离传播。小胶质细胞是驻留在中枢神经系统中的特殊免疫细胞,作为巨噬细胞保护神经元,是中枢神经系统免疫反应的介质。小胶质细胞实时监测着脑内的微环境,一旦发现病原体入侵或者组织损伤,会迁移至相应部位,清除病原体或参与组织修复和重构。在病理条件下,小胶质细胞过度活化,释放出大量的细胞因子,对神经元产生毒性作用。神经胶质细胞与中枢神经系统生理功能的调节、神经精神疾病(如帕金森病、脑卒中、精神分裂症、药物成瘾等)的发生发展密切相关,是研发神经精神系统疾病药物的重要靶标。

三、神经环路

神经环路是脑内不同性质和功能的神经元通过各种形式的复杂连接。神经元通过神经环路对大量繁杂的信息进行处理和整合,进而调节神经活动。一个神经元的树突或胞体能够接受许多轴突末梢的突触联系,这些轴突可以来自一个神经元,也可以来自多个神经元,这种多信息影响同一个神经元的调节方式称为聚合。一个神经元也可同时与多个神经元建立突触联系,使信息放大,这种方式称为辐散。中枢神经系统中各种不同的神经环路均包含着多次的辐散、聚合形式,使信息处理出现扩散或聚合、时空模式的叠加,构成复杂的神经网络,使信息加工、整合更加精细,调节活动更加准确、协调。神经元的树突、轴突与其他神经元各个部分均可建立突触联系,构成具有各种特殊功能的微环路。中枢神经系统活动的复杂性主要是由神经环路的多样性决定的。中间神经元是脑内各核团间或核团内局部神经环路的重要组成部分,起联络整合的作用。中间神经元轴突短、胞体较小,占人脑内神经元总数的99%。同样的传入信息可经不同途径传递到脑内各级中枢,也可通过不同的途径传至效应器。许多中间神经元又与各种长投射系统的神经元建立联系组成复杂的多形式的局部神经环路,对信息进行深加工并不断对传递的信息进行调控。不同水平的神经环路的基本处理形式也许很相似,但在某一具体行为的调节时,不同等级或水平上信息处理的相对重要性及各环路之间的相互作用会产生多种变化,使神经活动调节更加复杂。

四、突触与信息传递

突触是神经元之间或神经元与效应细胞之间的接触部位。突触是中枢神经系统中最重要的信息传递结构。突触前膜是轴突末梢分支膨大的突触小体的膜。突触小体中高浓度的化学递质包含在大量的突触小泡内。突触后膜上有特殊的递质受体。根据传递的方式及结构特点,突触分为电突触、化学突触和混合性突触。在哺乳动物脑内,除少部分脑区存在一些电突触外,几乎所有的突触都是化学突触。神经递质把信息从突触前神经元传递到突触后神经元。突触传递的过程主要包括神经递质的合成和贮存、突触前膜去极化和胞外钙内流触发神经递质的释放、神经递质与突触后受体结合引起突触后生物学效应、释放后的递质消除及囊泡的再循环。神经递质的释放受到突触前膜受体的反馈调控,改变进入末梢的钙离子量及其对钙离子的敏感性等均能调节递质的释放。通过研发突触信号传递的抑制剂或激动剂,调节神经递质的释放能够达到控制或治疗多种疾病的目的。

笔记栏

五、离子通道

离子通道是细胞膜上的一类跨膜糖蛋白,它们的中心形成亲水性孔道,选择性地允许某些带电荷的离子进行跨膜转运,由此产生和传导电信号。神经细胞膜电位差的快速变化是神经元信号传导的先决条件。动作电位产生过程中膜电位在离子通道介导下快速变化,实现信息的快速传递。神经系统细胞的膜上主要存在 2 种类型的通道,根据调控其开放的机制不同分为电压门控性和配体门控性通道。离子通道通常是药物、毒物或毒素作用的场所,离子通道功能障碍能够引起多种疾病,因此,离子通道在神经系统的生理和病理方面都起着至关重要的作用。

第二节　中枢神经递质及其受体

近年来,不断发现有神经活性物质随突触前膜去极化从末梢释放,其中既包括经典的小分子神经递质如乙酰胆碱、去甲肾上腺素、多巴胺等,也包括日益增多的神经肽类物质如 P 物质、阿片肽类等。这些神经活性物质根据其功能可分为神经递质、神经调质和神经激素。神经递质是指神经末梢释放的、作用于突触后膜受体、导致离子通道开放并形成兴奋性突触后电位或抑制性突触后电位的化学物质,其特点是传递信息快,作用强,选择性高。而神经调质也是由神经元释放,其本身不具递质活性,大多与 G 蛋白偶联受体结合后诱发缓慢的突触前或突触后电位,并不直接引起突触后生物学效应,但能调制神经递质在突触前的释放及突触后细胞的兴奋性,影响突触后细胞对递质的反应。神经调质的作用开始慢而持久,但范围较广。近年来,日益受到重视的一氧化氮、花生四烯酸也是重要的神经调质,可由神经组织或非神经组织生成。神经激素也是神经末梢释放的化学物质,主要是神经肽类。神经激素释放后,进入血液循环,到达远隔的靶器官发挥作用。例如,下丘脑释放一系列调节激素,这些激素进入垂体门脉系统,在垂体前叶发挥其调节分泌的作用。一般来说,氨基酸类是递质;乙酰胆碱和单胺类既是递质又是调质,由作用位置的受体而定;肽类少数是递质,多数是调质或神经激素。多种神经递质及调质共存于同一神经末梢,使神经传递和调节的形式更加精细和多样化。另外,一些由非神经元细胞释放的神经营养因子主要通过作用于酪氨酸激酶偶联受体而调节基因表达、控制神经元的生长和表型特征;一些细胞因子、化学因子、生长因子、类固醇激素等主要通过影响基因转录而调控脑内一些长时程的变化,如突触可塑性和重构等。

一、乙酰胆碱

乙酰胆碱(acetylcholine,ACh)是第一个被发现的神经递质,在中枢神经系统、神经节传递的自主神经系统和周围神经系统中起主要作用。乙酰胆碱也在脊椎动物的神经肌肉接头处作为神经递质控制着肌肉的收缩。它由胆碱和来自线粒体的乙酰辅酶 A 通过胆碱乙酰转移酶的作用合成,储存在神经末梢中,在释放和受体激活之后,被乙酰胆碱酯酶降解。

(一)中枢乙酰胆碱能通路

脑内乙酰胆碱的合成、贮存、释放、与受体相互作用及其灭活等突触传递过程与外周胆碱能神经元相同。脑内的胆碱能神经元在分布上存在 2 种类型:①局部分布的中间神经元参与局部神经环路的组成,纹状体、隔核、伏隔核、嗅结节等神经核团均存有较多的胆碱能中间神经元,纹状体内最多;②胆碱能投射神经元,这些神经元在脑内分布较集中,分别组成胆碱能基底前脑复合体和胆碱能脑桥 - 中脑 - 被盖复合体。阿尔茨海默病的病理改变中,基底前脑复合体胆碱能神经元明显丢失是突出的病理特征之一。

(二) 脑内乙酰胆碱受体

绝大多数脑内胆碱能受体是 M 受体,N 受体仅占不到 10%。脑内的 M 或 N 受体的药理特性与外周相似。M 受体属 G 蛋白偶联受体,由单一肽链组成,含有 7 个跨膜区段。目前,已经发现 5 种不同亚型的 M 受体($M_1 \sim M_5$),其中 M_1、M_3 和 M_5 通过 G 蛋白和磷脂酶 C 与膜磷脂酰肌醇水解偶联,IP_3 和 DG 是它们的第二信使分子,M_2 和 M_4 亚型受体亦通过 G 蛋白抑制腺苷酸环化酶而降低胞内 cAMP,或作用于离子通道。在不同组织细胞,M_2 和 M_4 受体与 G 蛋白可偶联不同的第二信使系统,引起生物学效应。阿托品、东莨菪碱等目前常用的 M 受体阻断药与上述亚型受体均有相似的亲和力。M 受体在脑内分布广泛,密度较高的脑区包括大脑皮质、海马、纹状体、伏隔核、隔核、缰核、脚间核、上丘、下丘和顶盖前区等。脑内以 M_1 受体为主,占 M 受体总数的 50%~80%。

中枢 N 受体属于配体门控受体离子通道的大家族。受体被激动后可开放受体离子通道,增加 Na^+、K^+ 和 Ca^{2+} 的通透性,引起膜去极化,产生突触后兴奋效应。

(三) 中枢乙酰胆碱的功能

乙酰胆碱在中枢神经系统主要涉及觉醒、学习、记忆和运动调节。脑干的上行激动系统包含胆碱能纤维,该系统的激活对于维持觉醒状态有重要作用。学习、记忆功能障碍是阿尔茨海默病的突出症状,而病理研究显示,迈纳特(Meynert)基底核胆碱能神经元明显减少、神经元丢失的程度与学习记忆障碍的程度密切相关。目前,临床使用的治疗阿尔茨海默病的药物大多是中枢拟胆碱药。

纹状体是人类调节锥体外系运动的最高级中枢。乙酰胆碱与多巴胺 2 个系统之间功能的平衡失调则会导致严重的神经系统疾患,如多巴胺系统功能低下使乙酰胆碱系统功能相对亢进,会出现帕金森病的症状,相反则出现亨廷顿舞蹈病的症状,治疗前者可使用 M 受体阻断药,治疗后者则使用 M 受体激动药。

二、γ - 氨基丁酸

γ- 氨基丁酸(γ-aminobutyric acid,GABA)是脑内最重要的抑制性神经递质,脑内 30% 左右的突触以 GABA 为神经递质,外周组织仅含微量。脑内 GABA 是以谷氨酸为底物,经谷氨酸脱羧酶脱羧而成。脑内广泛存在 GABA 能神经元,主要分布在大脑皮质、海马和小脑。目前仅发现 2 条长轴突投射的 GABA 能通路:①小脑 - 前庭外侧核通路,从小脑浦肯野细胞投射到小脑深部核团及脑干的前庭核;②从纹状体投射到中脑黑质。黑质是脑内 GABA 浓度最高的脑区。GABA 能神经元兴奋时,GABA 被神经末梢释放到突触间隙后,而终止递质的作用主要依赖突触前膜和胶质细胞摄取 GABA。

GABA 受体被分为 $GABA_A$、$GABA_B$ 和 $GABA_C$ 3 型。脑内 GABA 受体主要是 $GABA_A$ 受体,$GABA_B$ 受体较少,$GABA_C$ 受体目前仅在视网膜发现。$GABA_A$ 受体与烟碱受体相同是化学门控离子通道受体家族的成员,是镇静催眠药和一些抗癫痫药的作用靶点;$GABA_B$ 受体则属 G 蛋白偶联受体家族。

三、兴奋性氨基酸

谷氨酸(glutamate,Glu)是中枢神经系统内主要的兴奋性递质。脑内 50% 以上的突触是以谷氨酸为递质的兴奋性突触。除谷氨酸外,天冬氨酸也发挥相似的作用。谷氨酸是哺乳动物脑内含量最高的氨基酸,也是合成 GABA 的前体物质。一般认为,谷氨酰胺酶水解谷氨酰胺生成的谷氨酸可能是合成谷氨酸递质的途径。作为递质的谷氨酸贮存在突触囊泡内，也存在于神经末梢的胞质中。

谷氨酸或天冬氨酸被释放后，与不同的兴奋性氨基酸受体结合，诱发突触后神经元兴奋，产生兴奋性突触后电位（excitatory postsynaptic potential，EPSP）。谷氨酸受体可因它们对不同激动药的选择性分为 3 类：①N- 甲基 -D- 天冬氨酸（N-methyl-D-aspartate，NMDA）能选择性激活的受体，称 NMDA 受体；②对 α- 氨基羧甲基噁唑丙酸（α-amino-3-hydroxy-5-methylisoxazole-4-propionie acid，AMPA）有较高敏感性的受体，称 AMPA 受体；③对海人藻酸（kainic acid，KA）敏感的受体，称 KA 受体。这 3 类受体均属配体门控离子通道受体。20世纪 80 年代中期发现一类与 G 蛋白偶联的谷氨酸受体，被激活后影响磷脂酰肌醇代谢或腺苷酸环化酶的活性，导致突触后第二信使如 IP_3、DG、cAMP 浓度的变化，故称代谢型谷氨酸受体。

（一）NMDA 受体

NMDA 受体在脑内广泛分布，但在海马及大脑皮质分布最密集。NMDA 受体已经成为多种神经精神疾病治疗药物研制的重要靶标。NMDA 受体激动时，其偶联的阳离子通道开放，除 Na^+、K^+ 通过外，还允许 Ca^{2+} 通过。高钙电导是 NMDA 受体的特点之一，也是 NMDA 受体与谷氨酸兴奋性神经毒性、长时程增强（long-term potentiation，LTP）及记忆学习密切相关的原因。

（二）非 NMDA 受体

非 NMDA 受体包括 AMPA 受体、KA 受体，也是化学门控离子通道受体。受体兴奋时，离子通道开启仅允许 Na^+、K^+ 单价阳离子进出，胞外 Na^+ 内流引起突触后膜去极化，诱发快速的 EPSP，参与兴奋性突触的传递。非 NMDA 受体与 NMDA 受体在突触传递及谷氨酸的兴奋神经毒性作用中有协同作用。AMPA 受体在脑内的分布与 NMDA 受体几乎平行，提示这两种受体在突触传递过程中的协同关系。

（三）代谢型谷氨酸受体

代谢型谷氨酸受体（metabotropic glutamate receptor，mGluR）通过 G 蛋白与不同的第二信使系统偶联，改变第二信使的胞内浓度，触发较缓慢的生物学效应。目前，已克隆出 8 种不同亚型的 mGluR。mGluR 自身受体的作用可拮抗谷氨酸的兴奋性神经毒性，产生保护神经元的作用。在海马 CA3 区，LTP 的形成依赖 mGluR 功能的表达。

兴奋性氨基酸通过上述受体的介导，不但参与快速的兴奋性突触传导，而且在学习、记忆、神经元的可塑性、神经系统发育及一些疾病（如缺血性脑病、低血糖脑损害、癫痫、脑外伤和老年性中枢退行性疾病等）发病过程中发挥重要作用。有关谷氨酸受体的研究已经成为当今神经科学研究的前沿领域，多亚型的谷氨酸受体为寻找高效、安全的新药提供了有益的靶标。

四、去甲肾上腺素

脑内去甲肾上腺素（noradrenaline，NA）能突触传递的基本过程包括递质合成、贮存、释放、与受体相互作用和递质的灭活，与外周神经系统相似。NA 是中枢神经系统中存在的 α 和 β 肾上腺素受体亚型的内源性神经递质，均为 G 蛋白偶联受体。脑内 NA 能神经元胞体分布相对集中在脑桥及延髓，但 NA 能神经元胞体集中在蓝斑核，从蓝斑核向前脑方向发出 3 束投射纤维，分别是中央被盖束、中央灰质背纵束和腹侧被盖 - 内侧前脑束。除蓝斑核外，在脑桥延髓外侧大脑脚被盖网状结构中较松散聚集着一些 NA 能神经元核团，它们发出的投射纤维混合在蓝斑核的上述投射束投射到不同脑区。基底前脑和隔区的 NA 能纤维主要来源于这些非蓝斑核 NA 能神经元。

五、多巴胺

多巴胺（dopamine,DA）是脑内十分重要的一种神经递质。DA 由乙胺与儿茶酚相连组成,因此被归类为儿茶酚胺。DA 是极性分子,不容易通过血脑屏障。它与黑色素密切相关。黑色素是一种由 DA、酪氨酸或 L-DA 氧化形成的色素。除了皮肤和角质层中,黑质大脑区域的细胞也富含黑色素。DA 和 L-DA 都很容易被非酶途径氧化,形成细胞毒性的活性氧和醌类物质。DA 和多巴醌与 α- 突触核蛋白形成复合物。突触核蛋白是帕金森病路易体（Lewy body）的主要成分。

DA 能神经元在中枢神经系统的分布相对集中,投射通路清晰,支配范围局限,在大脑的运动控制、情感思维和神经内分泌方面发挥重要的生理作用,与帕金森病、精神分裂症、药物依赖与成瘾的发生、发展密切相关。

（一）中枢 DA 能神经系统及其生理功能

哺乳动物脑内 DA 能神经元主要从中脑和下丘脑投射到其支配区域,调节其生理功能。脑内 DA 能神经纤维主要投射至纹状体、边缘系统和新皮质。人类中枢主要存在 4 条 DA 神经通路:①黑质 - 纹状体通路:其胞体位于黑质致密区,主要支配纹状体。该通路所含的 DA 含量占全脑的 70% 以上,是锥体外系运动功能的高级中枢。各种原因减弱该通路的 DA 功能均可导致帕金森病。反之,该通路的功能亢进时,则出现多动症。②中脑 - 边缘系统通路:其胞体位于顶盖腹侧区,主要支配伏隔核和嗅结节。③中脑 - 皮质通路:其胞体主要位于顶盖腹侧区,支配大脑皮质的一些区域,如前额叶、扣带回、内嗅脑和梨状回的皮质。中脑 - 边缘系统通路和中脑 - 皮质通路主要调控人类的精神活动,前者主要调控情绪反应,后者则主要参与认知、思想、感觉、理解和推理能力的调控。目前认为,Ⅰ 型精神分裂症主要与这 2 个 DA 通路功能亢进密切相关。④结节 - 漏斗通路:其胞体主要位于弓状核和室周核,DA 能神经末梢终止在漏斗核和正中隆起,主要调控垂体激素的分泌,如抑制催乳素（PRL）的分泌、促进促肾上腺皮质激素（ACTH）和生长激素（GH）的分泌等。

（二）DA 受体及其亚型

脑内存在 5 种 DA 受体亚型（D_1、D_2、D_3、D_4 和 D_5）,其中 D_1 和 D_5 受体在药理学特征上符合上述的 D_1 受体,而 D_2、D_3、D_4 受体则与上述的 D_2 受体相符合,因此分别被称为 D_1 样受体和 D_2 样受体。黑质 - 纹状体通路主要存在 D_1 样受体（D_1 和 D_5 亚型）和 D_2 样受体（D_2 和 D_3 亚型）,其中 D_3 亚型主要为突触前 DA 受体,即 DA 自身受体,主要参与 DA 神经元自身功能（放电、递质的合成和释放）的负反馈调控;中脑 - 边缘系统通路和中脑 - 皮质通路主要存在 D_2 样受体（D_2、D_3 和 D_4 亚型）。值得注意的是,D_4 受体特异存在于这 2 个多巴胺通路。已经证实,D_4 受体与精神分裂症的发生和发展密切相关,目前仅发现氯氮平对其具有高亲和力。结节 - 漏斗系统主要存在 D_2 样受体中的 D_2 亚型。所有 DA 受体都是代谢型受体。

（三）DA 受体与神经精神疾病

各种病理因素导致黑质 - 纹状体通路的 DA 功能减弱均可导致帕金森病。目前,临床使用的抗帕金森病药主要是根据此学说研发的,药理作用机制是补充 DA 的绝对不足或应用 DA 受体激动药。精神分裂症（尤其是 Ⅰ 型）则是由于中脑 - 边缘系统通路和中脑 - 皮质通路的 D_2 样受体功能亢进所致,因此,目前临床治疗精神分裂症的药物大多是 DA 受体拮抗药。

（四）DA 转运体

释放于突触间隙 DA 的灭活主要依赖于突触前膜的 DA 转运体的再摄取而实现。DA

转运体与许多神经精神疾病的发生发展相关,如可卡因成瘾的主要机制在于对 DA 转运体的抑制,DA 转运体功能的减退是帕金森病早期的重要病理机制之一。因此,DA 转运体已经成为研发神经精神疾病治疗药物的重要靶标。

六、5- 羟色胺

5- 羟色胺(5-hydroxytryptamine,5-HT)能神经元与 NA 能神经元的分布相似,主要集中在脑桥、延髓中线旁的中缝核群,共组成 9 个 5-HT 能神经核团($B_1 \sim B_9$),以中脑核群含量最高,其次为黑质、红核、丘脑及丘脑下部、杏仁核、壳核、尾核和海马。

脑内 5-HT 具有广泛的功能,参与心血管活动、觉醒 - 睡眠周期、痛觉、精神情感活动和下丘脑 - 垂体的神经内分泌活动的调节。脑内存在众多 5-HT 受体亚型,与不同的信号传导系统偶联,而且受体亚型分布也存在不同的模式,使单一的一种物质 5-HT 能同时在不同的脑区产生不同的效应,体现了脑对信息处理的多样性和灵活性。

脑内 5-HT 神经元主要在末梢合成 5-HT。色氨酸在色氨酸羟化酶的催化下生成 5- 羟色氨酸,再经脱羧酶的作用成为 5-HT。5-HT 的贮存、释放和灭活均与 NA、多巴胺等儿茶酚胺递质相似。突触前膜 5-HT 摄取转运体与 NA、DA、GABA 和甘氨酸的转运体属同一家族。5-HT 转运体是抗抑郁药的主要作用靶标。目前临床使用的抗抑郁药的主要治疗机制就是抑制 5-HT、DA 和 NA 的再摄取。

现已克隆出 14 种不同亚型的 5-HT 受体。根据受体偶联的信号转导系统及其氨基酸顺序的同源性,把 5-HT 受体分成 7 种亚型($5\text{-}HT_1$、$5\text{-}HT_2$、$5\text{-}HT_3$、$5\text{-}HT_4$、$5\text{-}HT_5$、$5\text{-}HT_6$、$5\text{-}HT_7$),每种亚型受体又存在不同的亚亚型。

(一) $5\text{-}HT_1$ 受体

$5\text{-}HT_1$ 受体尽管亚型不同,但均通过 Gi/Go 蛋白抑制腺苷酸环化酶(AC)而使 cAMP 下降引起生物学效应。$5\text{-}HT_1$ 受体可分为 5 种亚亚型($5\text{-}HT_{1A}$、$5\text{-}HT_{1B}$、$5\text{-}HT_{1D}$、$5\text{-}HT_{1E}$、$5\text{-}HT_{1F}$)。$5\text{-}HT_{1A}$ 受体主要分布在边缘系统和 5-HT 神经元。$5\text{-}HT_{1B}$ 和 $5\text{-}HT_{1D}$ 受体主要分布在基底神经节和黑质,可作为突触前自身受体,负反馈调节递质释放。

(二) $5\text{-}HT_2$ 受体

这类受体均通过 Gq 蛋白激活磷脂酶 C,促进磷脂酰肌醇代谢。根据对不同阻断药的亲和力差异,$5\text{-}HT_2$ 受体可分为 $5\text{-}HT_{2A}$、$5\text{-}HT_{2B}$、$5\text{-}HT_{2C}$ 3 种亚型。$5HT_{2A}$ 受体广泛分布在中枢神经系统,主要分布在 5- 羟色胺能神经终末区,在大脑前额叶、顶叶和躯体感觉皮质以及血液中的血小板和平滑肌细胞表达较高。许多抗精神病药通过抑制 $5HT_{2A}$ 受体发挥作用。$5HT_{2C}$ 受体是唯一受 DNA 编辑调控的 G 蛋白偶联受体(GPCR)。$5\text{-}HT_{2C}$ 的分子结构和药理特性均与 $5\text{-}HT_{2A}$ 相似,分布在边缘系统、基底节和黑质等脑区及脑脉络丛。$5\text{-}HT_{2C}$ 受体与控制脑脊液(CSF)的产生、摄食行为和情绪有关。$5\text{-}HT_{2B}$ 受体相关的研究较少,该受体障碍可能与一些精神系统疾病相关。

(三) $5\text{-}HT_3$ 受体

$5\text{-}HT_3$ 受体是 5-HT 受体中唯一的配体门控离子通道受体。$5\text{-}HT_3$ 受体集中在延髓极后区和孤束核,而大脑皮质、海马和内侧缰核也有分布。激活 $5\text{-}HT_3$ 受体可引起快速的 EPSP,易出现受体脱敏,但易恢复。$5\text{-}HT_3$ 受体通道可通过 Na^+ 和 K^+ 的跨膜转运引起膜去极化。中枢 $5\text{-}HT_3$ 受体与痛觉传递、焦虑、认知、药物依赖等有关。$5\text{-}HT_3$ 受体阻断药有很强的镇吐作用,可用于肿瘤化疗的辅助治疗。

(四) $5\text{-}HT_{4 \sim 7}$ 受体

除 $5\text{-}HT_5$ 受体外,$5\text{-}HT_4$、$5\text{-}HT_6$ 和 $5\text{-}HT_7$ 受体的信号转导系统均与 Gs 蛋白 /AC 偶联,

增加胞内的 cAMP。5-HT$_4$ 受体主要分布于海马、嗅结节、四叠体、伏隔核、黑质、苍白球和大脑皮质,可能参与情感、精神运动、觉醒、视觉和学习记忆等活动。5-HT$_5$ 受体已克隆出 2 种受体基因 5-HT$_{5A}$ 和 5-HT$_{5B}$,前者分布在大脑皮质、海马、缰核、嗅结节等脑区,后者仅局限于缰核和海马 CA1 区,功能及信号转导系统还不清楚。5-HT$_6$ 主要位于纹状体、嗅结节、大脑皮质和海马等脑区。5-HT$_7$ 受体主要位于丘脑和海马 CA3 区,功能还不清楚。

七、组胺

组胺(histamine)在中枢神经系统属于单胺类神经递质,在外周和胃肠道可以引起许多反应,包括过敏、炎症和胃酸分泌等。组胺能神经元在下丘脑腹侧后部形成长的上升束和下降束,与其他单胺能系统的典型模式相似。含组胺的神经元主要位于下丘脑结节乳头核和中脑的网状结构,发出上、下行纤维。上行纤维经内侧前脑束弥散投射到端脑,下行纤维可投射到低位脑干及脊髓。脑内组胺的生理作用目前还不清楚,可能参与饮水、摄食、体温调节、觉醒和激素分泌的调节。临床上,影响脑内组胺作用的药物用途有限,其中枢作用往往是药物副作用的基础。

组胺受体被分为 H$_1$、H$_2$ 和 H$_3$ 受体。H$_1$ 和 H$_2$ 受体是 G 蛋白偶联受体,前者通过 Gq 蛋白偶联磷脂酶 C 促进磷脂酰肌醇代谢,增加 IP$_3$ 和 DG,后者与 Gs 蛋白结合偶联 AC,升高 cAMP。H$_3$ 受体的信号转导途径目前仍不清楚。H$_1$ 受体广泛分布于大脑中,在神经内分泌、行为和营养状态控制相关的区域密度较高。脑内存在组胺能网状结构上行投射纤维,两者结合提示 H$_1$ 受体可能与觉醒有关;脂溶性好的 H$_1$ 受体阻断药在临床上常产生镇静作用。H$_2$ 受体激活腺苷酸环化酶,主要参与胃酸分泌和平滑肌松弛;H$_2$ 选择性阻断药西咪替丁能够治疗溃疡病。H$_2$ 受体在大脑中也高度表达,调节神经元的生理和可塑性。H$_3$ 受体是位于突触前膜的受体,激活 H$_3$ 受体可减少组胺及其他单胺递质和神经肽的合成与释放。

八、神经肽

20 世纪 50 年代中期从下丘脑分离纯化出升压素和催产素,是最早确定的神经肽(neuropeptide)。随后相继在脑内发现几十种神经肽。目前所知作为激素发挥作用的神经肽仅占少部分,大多数神经肽参与突触信息传递,发挥神经递质或调质的作用,许多神经肽的确切功能仍不清楚。

(一)神经肽的代谢

具有合成、释放神经肽功能的神经元称肽能神经元。神经肽通常作为中枢神经系统的调节器,并不直接引起兴奋或抑制。神经肽是多肽,与其他蛋白、多肽合成一样,受基因 DNA 控制,经转录成 mRNA 后在核糖体翻译成蛋白质,再输送到神经末梢。经典的神经递质通常通过去极化或超极化向神经元发出信号;神经肽有更多不同的作用机制,也可以影响基因表达。它们的作用不会因为迅速重新吸收到突触前细胞而终止,而是被细胞外肽酶失活,因此神经肽对神经元信号的影响更加持久。

作为神经递质的多肽如初级痛觉传入纤维中的 P 物质,可释放到突触间隙,与突触后受体作用发挥递质功能。目前,已知多数神经肽常与经典递质共存,在突触传递过程中扮演神经调质的角色。装有神经肽的大囊泡往往从突触外区释放,以非突触传递形式弥散到附近细胞,即以旁分泌的形式起作用,影响范围比神经递质大,反应潜伏期较长。神经肽还可作为神经激素从神经元释放出来后作用于远处细胞发挥激素作用,如神经垂体释放的升压素、催产素等。

（二）神经肽受体

与经典递质相似，各种神经肽都有各自的受体及不同的受体亚型。几乎所有的神经肽受体都属 G 蛋白偶联受体家族，具有这个家族分子生物学的共同特点。阿片受体 μ、δ、κ 受体通过 Gi/Go 蛋白与腺苷酸环化酶或钙通道、钾通道偶联，引起 cAMP 含量下降或膜对 Ca^{2+}、K^+ 的通透性改变。

神经肽合成复杂，更新慢，释放量一般较少，失活较缓慢，效应潜伏期与作用时间较长，效应较弥散、影响范围广，适合于调节缓慢而持久的神经活动。经典小分子神经递质因其较易合成，更新率快，释放后迅速灭活及重新利用，效应潜伏期及持续时间较短，适合于完成快速而精确的神经活动。经典递质与神经肽的作用是相辅相成的，二者共同作用使信息加工更精细，神经调节更精确、协调。

第三节　中枢神经系统药理学特点

中枢神经系统尽管功能复杂，但基本效应主要表现为兴奋或抑制。因此，可以将作用于中枢神经系统的药物分为中枢兴奋药和中枢抑制药两大类。从整体水平来看，中枢神经兴奋时，其兴奋性自弱到强表现为欣快、失眠、不安、幻觉、妄想、躁狂、惊厥等；中枢神经抑制则表现为镇静、抑郁、睡眠、昏迷等。进化程度高的脑组织对药物的敏感性高，大脑皮质的抑制功能比兴奋功能敏感，易受药物影响。作为生命中枢的延髓较稳定，在极度抑制状态时才出现血压下降、呼吸停止。药物对中枢某种特殊功能产生选择性作用，如镇痛、抗精神病、解热等。

绝大多数中枢药物的作用方式是影响突触化学传递的某一环节，引起相应的功能变化，如影响递质的生成、储存、释放和灭活过程、激动或阻断受体等。使抑制性递质释放增多或激动抑制性受体，均可引起抑制性效应，反之，则引起兴奋；使兴奋性递质释放增多或激动兴奋性受体，引起兴奋效应，反之，则导致抑制。因此，研究药物对递质和受体的影响是阐明中枢药物作用复杂性的关键环节，而对细胞内信号传递和离子通道及相应基因调控的研究则可更进一步探索药物作用的本质。

有少数药物只一般性地影响神经细胞的能量代谢或膜稳定性。药物的效应除随剂量增加外，还表现为作用范围的扩大。这类药物无竞争性拮抗药或特效解毒药。此类药物亦称非特异性作用的药物，如全身麻醉药等。

作用于中枢神经系统药物作用的方式与作用于传出神经系统的药物相似，也可按其对递质和受体的作用进行分类，见表 11-1。表 11-1 基本概括了本教材涉及的所有作用于中枢神经系统药物的主要药理作用、作用靶点和机制。

表 11-1　作用于中枢神经系统的药物按作用机制分类

作用靶点	作用机制	代表性药物	主要药理作用或应用
乙酰胆碱受体	激动 M_1 受体	毛果芸香碱	觉醒
	阻断 M_1 受体	哌仑西平、东莨菪碱	中枢抑制、抗帕金森病
	激动 M_2 受体	6-β-乙酰氧基去甲托烷	中枢抑制
	阻断 M_2 受体	阿托品	中枢兴奋
	激动 N 受体	烟碱	惊厥
	抑制胆碱酯酶	毒扁豆碱、他克林	催醒、抗阿尔茨海默病

续表

作用靶点	作用机制	代表性药物	主要药理作用或应用
肾上腺素受体	促进 NA 释放	麻黄碱、苯丙胺	中枢兴奋
	抑制 NA 释放	锂盐	抗躁狂
	抑制 NA 摄取	可卡因、丙米嗪	欣快、抗抑郁
	抑制 NA 灭活	单胺氧化酶抑制药	抗抑郁
	耗竭 NA 贮存	利血平	安定、抑郁
	激动 α 受体	去甲肾上腺素	兴奋
	激动 α₂ 受体	可乐定	降血压、镇静
	阻断 α₂ 受体	育亨宾	升血压、兴奋
	阻断 β 受体	普萘洛尔	降血压、噩梦,幻觉
多巴胺受体	激动 DA 受体	阿扑吗啡	催吐
	阻断 DA 受体	氯丙嗪、氯氮平、舒必利	安定、抗精神病、镇吐
	合成 DA	左旋多巴	抗帕金森病
5-羟色胺受体	激动 5-HT 受体	麦角酰二乙胺	精神紊乱、幻觉、欣快
	阻断 5-HT 受体	二甲麦角新碱	中枢抑制
γ-氨基丁酸受体	激动 GABA 受体	蝇蕈醇	抑制兴奋、精神紊乱、阵挛抽
	阻断 GABA 受体	荷包牡丹碱	搐、抗焦虑
	增强 GABA 作用	苯二氮䓬类	抗镇静、催眠、抗惊厥
甘氨酸受体	阻断 Gly 受体	士的宁	兴奋、强直惊厥
组胺受体	阻断 H₁ 受体	苯海拉明	抑制、抗晕动、抗过敏
	阻断 H₂ 受体	西咪替丁	精神紊乱
阿片受体	激动阿片受体	阿片类(吗啡、度冷丁)	镇痛、镇静、呼吸抑制
	阻断阿片受体	纳洛酮	吗啡中毒
细胞膜	稳定	乙醚等	全身麻醉

●————————————————————→ ● (胡 刚)

复习思考题

1. 神经胶质细胞有哪些重要功能?
2. 简述人类中枢神经系统的 4 条多巴胺通路及其生理功能。
3. 神经递质和神经调质有什么相同之处,又有何不同?

PPT 课件

◆◆◆ **第十二章** ◆◆◆

麻 醉 药

麻醉（anesthesia）表示知觉和感觉丧失。感觉的丧失可以是局部性的，也可以是全身性的。麻醉药根据作用和给药方式不同，可分为局部麻醉药和全身麻醉药。局部麻醉药作用于局部，麻醉范围小，在局部发生感觉和痛觉缺失的效果，多适用于小型手术和插管，其无菌制剂不良反应也少，较安全。全身麻醉药被吸收后，作用于中枢神经系统，使机体的功能受到广泛抑制，引起意识、感觉、反射消失，骨骼肌松弛，麻醉范围广，多适用于大型手术，不良反应和危险性相对较大。在应用麻醉药物时，为了取得满意的麻醉效果，经常采用一些麻醉辅助药物，如骨骼肌松弛药、镇静催眠药及氯丙嗪等。

第一节 局部麻醉药

一、概述

局部麻醉药（local anesthetics）简称局麻药，是一类应用于局部神经末梢或神经干周围，能可逆性地阻断神经冲动的产生和传导，使神经支配的部位出现暂时、可逆性痛觉等感觉丧失的药物。局麻作用消失后，神经功能可完全恢复，对各类组织无损伤作用。局麻药被吸收或被直接注入血管时，可产生全身作用。

【药理作用】

1. 局部麻醉作用 局麻药对所有神经冲动的产生和传导都有阻滞作用。阻滞的程度与局麻药的剂量、神经纤维的类型和直径、神经电活动发生频率和膜电位大小、局部体液 pH 和 Na^+、Ca^{2+} 浓度等相关。无髓鞘的神经和直径较细的神经最先受到阻滞，出现痛觉、温觉、触觉、深部感觉以及运动功能的依次迟钝和消失。频率发放高、膜电位水平越大的神经纤维对局麻药越敏感；细胞外 Na^+、Ca^{2+} 浓度增高，药物麻醉作用降低。

2. 吸收后的全身作用 局麻药吸收入血并达到足够浓度即可产生全身作用，多为局麻药的毒性反应。

此外，部分局麻药还有不同程度的抗心律失常作用。

【作用机制】局麻药通过阻断神经细胞膜上电压门控 Na^+ 通道,抑制 Na^+ 内流,阻断动作电位产生和神经冲动的传导,从而产生局部麻醉作用。局麻药对 Na^+ 通道的阻滞作用具有频率和电压依赖性。频率依赖性即使用依赖性,即神经组织受到的刺激频率越高,Na^+ 通道开放的数目越多,其阻滞作用越明显,局部麻醉作用越强。因此,处于兴奋状态的神经较静息状态的神经对局麻药敏感。除阻滞 Na^+ 通道外,局麻药还能与细胞膜蛋白结合阻滞 K^+ 通道,产生这种作用通常需要高浓度,对静息膜电位无明显和持续性的影响。

【临床应用】常用局麻药比较,见图 12-1、表 12-1。

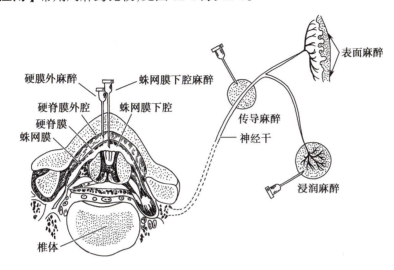

图 12-1 常用局麻药给药方法示意图

表 12-1 常用局麻药比较

分类		解离常数 (pK_a)	起效快慢	作用持续时间	组织穿透力	主要麻醉用途
酯类	普鲁卡因	8.90	中等	短效	差	浸润麻醉、脊髓麻醉
	丁卡因	8.45	极慢	长效	中等	脊髓麻醉、神经阻滞、硬膜外麻醉
酰胺类	利多卡因	7.90	快	中效	好	浸润麻醉、神经阻滞、硬膜外麻醉、脊髓麻醉、表面麻醉
	布比卡因	8.20	较慢	长效	中等	浸润麻醉、神经阻滞、硬膜外麻醉、脊髓麻醉
	罗哌卡因	8.10	较慢	长效	中等	神经阻滞、硬膜外麻醉

1. 表面麻醉 将穿透性强的局麻药用于黏膜表面,借助药物的穿透力,使黏膜下神经末梢麻醉。适用于鼻、口腔、咽喉、气管、食管和泌尿生殖道等黏膜部位的浅表手术。常用药物如利多卡因、丁卡因等。

2. 浸润麻醉 将药物注射于手术部位的皮内、皮下、黏膜下或深部组织中,使局部神经末梢麻醉。适用于浅表小手术。常用药物如利多卡因、普鲁卡因、布比卡因等。

3. 神经阻滞麻醉 将局麻药注射到外周神经干附近,阻断神经冲动传导,使该神经分布的区域麻醉。适用于口腔科和四肢手术。常用药物如普鲁卡因、利多卡因、布比卡因等。

4. 蛛网膜下腔麻醉 又名脊髓麻醉或腰麻。将麻醉药注入腰椎蛛网膜下腔,麻醉该部位的脊神经根。首先被阻断的是交感神经纤维,其次是感觉纤维,最后是运动纤维。适用于下腹部和下肢手术。常用药物如布比卡因、罗哌卡因、丁卡因、普鲁卡因等。脊髓麻醉的主

笔记栏

要危险是呼吸麻痹和血压下降,可通过增加血容量或预先应用麻黄碱预防。

5. 硬膜外麻醉　将局麻药注入硬膜外腔,让药液沿着神经鞘扩散,穿过椎间孔而阻断神经根部的传导。硬膜外腔终止于枕骨大孔,不与颅腔相通,药液不会扩散至脑组织,没有腰麻时头痛或脑脊膜刺激现象。但硬膜外麻醉用药剂量较腰麻大 5~10 倍,如误入蛛网膜下腔可引起全脊髓麻醉。适用于颈部到下肢的各种手术,尤其是上腹部手术。常用药物如利多卡因、丁卡因、布比卡因等。

【不良反应】

1. 毒性反应　当局麻药使用过量或从给药部位吸收入血并达到足够的浓度时,就会产生中毒反应,主要表现为中枢神经系统和心血管系统毒性反应。

(1) 中枢神经系统:局麻药对中枢神经系统的作用通常是抑制作用,但中毒时多表现为先兴奋后抑制。初期表现为眩晕、烦躁不安、肌肉震颤,进一步发展为神志错乱及全身性强直 - 阵挛性惊厥,最后转入昏迷,呼吸麻痹。这是由于中枢抑制性神经元对局麻药较中枢性兴奋性神经元更敏感,首先被局麻药所抑制,因此引起脱抑制而出现兴奋现象。局麻药引起的惊厥是边缘系统兴奋灶扩大所致,静脉注射地西泮可增强边缘系统 GABA 能神经元的抑制作用,可防止中毒性惊厥发作。局麻药对中枢神经系统的作用取决于血内药物浓度,低浓度有抑制、镇痛、抗惊厥作用,高浓度则诱发惊厥。普鲁卡因易引起中枢神经系统毒性,因此常被利多卡因取代。

(2) 心血管系统:一般在大剂量、高浓度时出现。心脏被直接抑制,表现为心肌收缩力减弱,不应期延长、传导减慢及血管平滑肌松弛、血压下降等。对心房、房室结、心室内传导和心肌收缩力均呈现剂量依赖性抑制。随着血中局麻药浓度的升高,心脏各部位的传导都延缓,在心电图上则呈 PR 和 QRS 复合波时间的延迟。当达极高的浓度时,则抑制窦房结自然起搏的活动,引起心动过缓乃至窦性停搏。布比卡因较易发生室性心动过速或心室颤动,而利多卡因则具有抗室性心律失常的作用。为预防不良反应的发生,临床应掌握药物浓度和一次允许的极量,采用分次小剂量注射的方法。小儿、孕妇、肾功能不全患者应适当减量。

2. 变态反应　较为少见,在少量用药后立即发生类似过量中毒的症状,出现荨麻疹、支气管痉挛、低血压及血管性水肿等症状。酯类比酰胺类的变态反应发生率高,对酯类过敏者可改用酰胺类。

二、常用局麻药

根据化学结构,局麻药可分为酯类和酰胺类。酯类代表药包括普鲁卡因、丁卡因等,酰胺类代表药包括利多卡因、布比卡因等。

普 鲁 卡 因

普鲁卡因(procaine)又名奴佛卡因(novocaine),毒性较小,属短效酯类局麻药。局麻作用弱,起效快,维持时间约 30~45 分钟。脂溶性低,对黏膜穿透力弱,因此不适用于表面麻醉,而主要用于浸润麻醉、神经阻滞麻醉、蛛网膜下腔麻醉和硬膜外麻醉。普鲁卡因常用剂量下毒性小,但可诱发过敏性休克,用药前应做皮肤过敏试验,过敏者可用利多卡因代替。其在体内很快由血浆假性胆碱酯酶水解生成对氨苯甲酸(para-aminobenzoic acid,PABA)及二乙氨基乙醇,前者能对抗磺胺类药物的药理作用,故应避免与磺胺类药物同时应用。普鲁卡因对外周血管有扩张作用,因此可加入适量肾上腺素以收缩血管,不仅延长局麻作用时间(约延长 20%),且降低毒性反应发生率。

丁 卡 因

丁卡因(tetracaine)又名地卡因(dicaine),属长效酯类局麻药。作用较持久,约 2~3 小时。脂溶性好,穿透力强,易被吸收入血,也易进入神经,因此作用及毒性均比普鲁卡因强约10倍,临床上应严格控制其剂量。常用作表面麻醉、腰麻及硬膜外麻醉。因毒性大,一般不用于浸润麻醉。

利 多 卡 因

利多卡因(lidocaine)又名赛罗卡因(xylocaine),属中效酰胺类局麻药,应用较广。比普鲁卡因起效快、作用强而持久,一般维持约 1.5 小时。能穿透黏膜且无明显血管扩张作用,可用于多种形式的局部麻醉,有全能局麻药之称。主要用于神经阻滞麻醉和硬膜外麻醉。过敏反应少见。但利多卡因用于蛛网膜下腔麻醉时比其他药物更容易引起轻度、暂时性神经损害,故蛛网膜下腔麻醉应慎用。此外,本药也可用于心律失常的治疗。

布 比 卡 因

布比卡因(bupivacaine)又名麻卡因(marcaine),属长效酰胺类局麻药,是目前常用局麻药中作用维持时间最长的药物,约 5~10 小时。其局麻作用较利多卡因强 4~5 倍,其代谢物也具有一定的麻醉作用。无血管扩张作用,适用于浸润麻醉、神经阻滞麻醉和硬膜外麻醉。剂量较大时可产生严重的心毒性。

罗 哌 卡 因

罗哌卡因(ropivacaine)属新型长效酰胺类局麻药,结构类似布比卡因。脂溶性大于利多卡因,但小于布比卡因,麻醉强度是普鲁卡因的 8 倍。有明显收缩血管作用。罗哌卡因的心毒性较低。适用于硬膜外、臂丛阻滞和局部浸润麻醉。对子宫和胎盘血流量无明显影响,故适用于产科手术麻醉。

第二节　全身麻醉药

全身麻醉药(general anesthetics)简称全麻药,是一类能可逆地引起中枢神经系统广泛抑制,使感觉特别是痛觉、意识和反射暂时消失,骨骼肌松弛的药物,主要用于外科手术麻醉。根据给药途径的不同,可分为吸入麻醉药(inhalation anesthetics)和静脉麻醉药(intravenous anesthetics)。

一、吸入麻醉药

(一)概述

吸入麻醉药为挥发性液体或气体,前者如乙醚、氟烷、异氟烷、恩氟烷、七氟烷等,后者如氧化亚氮。其中,乙醚是现代麻醉的标志,但血/气分配系数高,麻醉诱导期和苏醒期长,易发生意外,已在临床麻醉中基本停用。吸入麻醉药经肺吸入后,透过肺泡膜弥散入血,再随血液循环进入脑组织,发挥全身麻醉作用;随后主要经肺以原药形式排出,少数在体内发生代谢后消除,麻醉作用消失。

【药理作用】吸入麻醉药对中枢神经系统有广泛的抑制作用,先抑制大脑皮质,最后是延髓。麻醉逐渐加深时,依次出现各神经功能受抑制的症状。除对中枢神经系统有麻醉作用外,对全身各系统也均有一定的影响。对骨骼肌的松弛作用,有利于外科手术的开展。临床上主要依据患者的血压、呼吸、对疼痛刺激的反应以及反射的情况、瞳孔的变化、肌肉张力等来判断麻醉深度。

【作用机制】吸入麻醉药的作用机制至今尚未完全阐明。现在主流的学说有疏水区作用学说(脂质学说)、容积膨胀学说、亲水区作用学说和蛋白质作用学说。其中,蛋白质作用学说认为麻醉药不是与膜脂质结合,而是直接与神经元膜上的蛋白质囊或裂隙结合,引起蛋白质构象的轻度改变,从而影响膜蛋白的活性,且主要影响离子通道蛋白。

(二)常用药物

恩氟烷及异氟烷

恩氟烷(enflurane)与异氟烷(isoflurane)为同分异构体。麻醉诱导平稳、迅速和舒适,苏醒也快,肌肉松弛良好,不增加心肌对儿茶酚胺的敏感性,且反复使用无明显副作用(偶有恶心、呕吐),是目前广泛使用的吸入麻醉药。用于麻醉诱导和维持。

地 氟 烷

地氟烷(desflurane)的结构类似于异氟烷。诱导期短,易苏醒,麻醉作用为异氟烷的1/5。用于成年人全麻的诱导和维持,也可用于儿童的麻醉维持,但因有呼吸道刺激作用,不宜用于儿童的麻醉诱导。

七 氟 烷

七氟烷(sevoflurane)麻醉诱导期短,麻醉强度高于地氟烷,深度易于控制,患者苏醒快,对心脏功能影响小,不刺激呼吸道。能增强和延长非去极化型肌松药的作用。目前,广泛用于麻醉诱导和维持。

氧 化 亚 氮

氧化亚氮(nitrous oxide)又名笑气,为无色、味甜、无刺激性的气体吸入麻醉药。性质稳定,不燃不爆。诱导期短,患者感觉舒适愉快,镇痛作用强,停药后苏醒较快,对呼吸和肝肾功能无不良影响,仅对心肌略有抑制作用。但麻醉效能很低,需与其他麻醉药合用方可达满意的麻醉效果。临床主要用于诱导麻醉,或与其他全身麻醉药配伍使用。

二、静脉麻醉药

(一)概述

静脉麻醉药是指以静脉给药的方式作用于中枢神经系统而产生全身麻醉作用的药物。与吸入麻醉药相比,静脉麻醉药无诱导期的不适,起效快,作用消失也快,对呼吸道无刺激性,术后并发症较少,麻醉方法简便易行。但多数镇痛作用不强,肌松作用不完全,也不如吸入麻醉药易于掌握麻醉深度。静脉麻醉药一般需在体内代谢后消除。

(二)常用药物

硫 喷 妥 钠

硫喷妥钠(thiopental sodium)属超短效巴比妥类药物。脂溶性高,麻醉作用迅速,维持时间短,镇痛作用弱,肌肉松弛不完全,对呼吸、循环系统抑制作用强。临床上主要用于诱导麻醉和基础麻醉。新生儿、婴幼儿、支气管哮喘等禁用。

丙 泊 酚

丙泊酚(propofol)属短效静脉麻醉药。脂溶性大,起效快,维持时间短;无蓄积作用,可连续静脉输注维持麻醉;可降低脑代谢率和颅内压,因此手术后恶心、呕吐少见。主要不良反应为心血管、呼吸系统的抑制作用,注射部位易引起疼痛。临床广泛用于麻醉诱导和维持。

氯 胺 酮

氯胺酮(ketamine)可阻断痛觉冲动向丘脑和新皮质的传导,具有镇痛作用;又可兴奋网状结构及大脑边缘系统。因此,患者痛觉消失而意识可部分存在,所以又名分离麻醉(dissociation anesthesia)。脂溶性较硫喷妥钠大,麻醉作用迅速、短暂;其代谢物也具有一定麻醉作用,苏醒后仍具有一定的镇痛作用。麻醉时对体表镇痛作用明显,对内脏镇痛作用差,对心血管具有明显兴奋作用。临床主要用于短时的体表小手术。

依 托 咪 酯

依托咪酯(etomidate)属强效、超短时、非巴比妥类催眠性静脉麻醉药。对心血管和呼吸系统影响小,尤其适合心功能较差的患者;无明显镇痛作用,因此做诱导麻醉时常加镇痛药。可诱发阵挛性肌收缩,恢复期出现恶心、呕吐症状。临床一般用于全麻诱导。

三、复合麻醉

复合麻醉是指同时或先后应用 2 种以上的麻醉药物或其他辅助药物,以满足手术条件和术后镇痛效果,同时减少麻醉药的用量而减少不良反应。复合麻醉中常用的辅助药包括麻醉性镇痛药和肌肉松弛药。

1. 麻醉前给药 为消除患者紧张情绪、增强麻醉效果,手术前使用镇静、镇痛类药物。如用苯巴比妥或地西泮消除紧张情绪;注射阿片类镇痛药,以增强麻醉效果;注射阿托品以防止吸入性肺炎和反射性心律失常等。

2. 基础麻醉 对于不合作的小儿或极度紧张不能自控者,在麻醉前使用使患者意识消失的药物。如手术前给予大剂量催眠药使患者达深睡状态,在此基础上进行麻醉,可使药量减少,麻醉平稳。

3. 诱导麻醉 应用诱导期短的丙泊酚、咪达唑仑、硫喷妥钠或氧化亚氮,以迅速进入外科麻醉期并避免诱导期的不良反应,然后改用他药维持麻醉。

4. 合用肌松药 在麻醉的同时注射肌松药,如去极化的琥珀胆碱或非去极化的筒箭毒碱类,以满足手术时对肌肉松弛的要求。

5. 神经安定麻醉 常用安定药氟哌利多及镇痛药芬太尼按 50∶1 制成的氟芬合剂静脉注射,使患者达到意识朦胧,痛觉消失,再加用氧化亚氮及肌松药以达满意的外科麻醉。若不使用氧化亚氮及肌松药,则称神经安定镇痛术。适用于外科小手术。

6. 低温麻醉 采用物理降温及合用氯丙嗪,使患者体温下降至较低水平(28~30℃),以降低心、脑等生命器官耗氧量,提高组织对缺氧及阻断血流情况下的耐受能力,便于进行心、脑血管手术。

●(卫 昊)

复习思考题

简述局部麻醉药的药理作用和作用机制。

PPT 课件

◇◇◇ **第十三章** ◇◇◇

镇静催眠药

📑 **学习目标**

1. 掌握　苯二氮䓬类药物的药理作用、作用机制、临床应用和主要不良反应。
2. 熟悉　巴比妥类药物的药理作用、临床应用和主要不良反应。
3. 了解　其他镇静催眠药的作用特点及临床应用。

　　镇静催眠药(sedative-hypnotics)是一类选择性中枢神经系统抑制药。能引起中枢神经系统轻度抑制,使患者由激动、兴奋和躁动转为安静的药物称镇静药(sedative);能促进和维持近似生理睡眠的药物称催眠药(hypnotics)。镇静药和催眠药之间并无明显界限,不同剂量时作用不同。同一种药物小剂量时表现为镇静作用,随着剂量加大出现催眠作用。

　　觉醒与睡眠是人类依赖于中枢神经而维持正常功能的一种生理现象。正常生理睡眠分为非快速眼动睡眠(non-rapid eye movement sleep,NREMS)和快速眼动睡眠(rapid eye movement sleep,REMS)2个时相。NREMS时相可分为入睡期(Ⅰ)、浅睡期(Ⅱ)、中度睡眠期(Ⅲ)和深度睡眠期(Ⅳ),其中Ⅲ期和Ⅳ期又合称慢波睡眠(slow wave sleep,SWS)。NREMS时相腺垂体分泌生长激素明显增多,因而此期对促进机体生长发育和体力恢复非常重要。在REMS时相,眼球呈现阵发性快速运动,各种感觉功能进一步减退,肌肉几乎完全松弛,并伴有躯体抽动、血压增高、呼吸和心率加快等间断的阵发性表现,脑电波呈现快波,故又名快波睡眠(fast wave sleep,FWS)。REMS对脑和智力的发育和维持有着重要作用,且与梦境有关。REMS和NREMS是2个交替进行的睡眠时相。入睡后首先进入NREMS,持续80~120分钟后进入REMS;REMS平均持续20~30分钟,再次进入NREMS。成人一夜睡眠2个时相交替4~5次。不同的镇静催眠药对睡眠时相的影响有所不同,巴比妥类明显缩短REMS和SWS,长期用药可引起REMS反跳性延长,出现多梦和噩梦增加,导致停药困难。苯二氮䓬类则延长NREMS第Ⅱ期,缩短SWS,对REMS影响小,停药反跳轻。

　　镇静催眠药按化学结构分为苯二氮䓬类、巴比妥类、新型非苯二氮䓬类和其他镇静催眠药。苯二氮䓬类因安全范围大,且有明显的抗焦虑作用,目前临床上几乎取代了巴比妥类等传统的镇静催眠药。镇静催眠药长期使用可产生耐受性和依赖性,停药过快可出现戒断症状,故属于精神药品管理范围。

第一节　苯二氮䓬类

　　苯二氮䓬类(benzodiazepine,BZ)药物多为1,4-苯并二氮䓬的衍生物(图13-1),种类很

110

多,目前已在临床应用的有 20 多种。根据半衰期长短可分为:①短效类:三唑仑(triazolam,甲基三唑氯安定)、奥沙西泮(oxazepam,去甲羟基安定)等;②中效类:艾司唑仑(estazolam,舒乐安定)、硝西泮(nitrazepam,硝基安定)、劳拉西泮(lorazepam)等;③长效类:地西泮(diazepam,安定)、氟西泮(flurazepam,氟安定)、氯氮䓬(chlordiazepoxide,利眠宁)等。其中,地西泮为苯二氮䓬类的代表药,广泛用于临床。常用苯二氮䓬类药物特点见表 13-1。

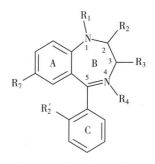

图 13-1　苯二氮䓬类药物基本结构示意图

表 13-1　常用苯二氮䓬类药物的分类、作用时间及主要特点

分类	药物	药峰时间 /h	$t_{1/2}$/h	主要特点
短效类	三唑仑	1	2~3	可迅速诱导入睡、催眠作用强而短,宿醉反应轻,依赖性较强
	奥沙西泮	2~4	10~20	抗焦虑、抗惊厥作用较强
中效类	艾司唑仑	2	10~24	催眠、抗惊厥、抗癫痫作用强,起效快,抗焦虑作用较强,用于焦虑、失眠
	氯硝西泮	1	24~48	抗惊厥、抗癫痫作用较强
	劳拉西泮	2	10~20	作用为地西泮的 5~10 倍,抗焦虑作用较强
长效类	地西泮	1~2	20~80	抗焦虑、催眠作用强而持久,不易产生耐受性
	氟西泮	1~2	40~100	催眠作用强

【体内过程】苯二氮䓬类药物脂溶性高,口服吸收迅速而完全,0.5~1 小时达峰浓度。肌内注射吸收慢而不规则,且峰浓度低于同剂量口服时。临床上急需发挥疗效时应静脉注射给药。地西泮与血浆蛋白结合率高达 95% 以上,但与其他药物竞争性结合血浆蛋白的作用并不显著;易透过血脑屏障,脑脊液浓度接近于血中游离药物浓度,可迅速发挥作用;连续用药可蓄积于脂肪和肌肉组织中。地西泮在肝内代谢,代谢物仍有活性,主要活性代谢物为去甲西泮、奥沙西泮和替马西泮。地西泮在体内的代谢与年龄和肝功能状态有关。新生儿肝功能发育不完善,$t_{1/2}$ 为 40~100 小时。老年人、饮酒及肝功能不全时,可使 $t_{1/2}$ 显著延长。该药最终与葡糖醛酸结合由肾排出。也易通过胎盘,并可随乳汁排泄,可导致胎儿出现倦怠和体重减轻,新生儿出现体温下降、低血压、肌无力和轻度呼吸抑制。

【药理作用与临床应用】

1. 抗焦虑作用　焦虑症又名焦虑性神经症,是多种精神疾病的常见症状,患者多有恐惧、紧张、忧虑、失眠并伴有心悸、出汗、震颤等症状。苯二氮䓬类在低于镇静剂量时就可以改善上述症状。其机制可能与选择性作用于与情绪活动有关的边缘系统苯二氮䓬受体有关。临床主要用于各种原因引起的焦虑症。持续性焦虑状态宜选用长效类药物,间断性严重焦虑症患者则选用中、短效类药物。

2. 镇静催眠作用　随着剂量增大,出现镇静及催眠作用。能明显缩短入睡时间,显著延长睡眠持续时间,减少觉醒次数。主要延长 NREMS 的第 Ⅱ 期,缩短 NREMS 的第 Ⅲ、Ⅳ期,减少发生于此期的夜惊和梦游症,对 REMS 时相的影响较小。苯二氮䓬类的催眠作用优于巴比妥类,有以下特点:①治疗指数高,安全范围大;②对 REMS 时相影响小,停药后出现 REMS 时相反跳性延长作用轻;③依赖性、戒断症状较轻;④对肝药酶几无诱导作用。基于以上特点,本类药物现已基本取代了巴比妥类药,成为临床上最常用的镇静催眠药。

3. 抗惊厥、抗癫痫作用 苯二氮䓬类均有抗惊厥作用,在较小剂量即可明显对抗戊四氮等药物引起的惊厥,其中地西泮和三唑仑的作用尤为明显。临床上可辅助用于破伤风、子痫、小儿高热引起的惊厥及药物中毒性惊厥。地西泮不能阻止癫痫病灶的异常放电,但可抑制其异常放电的扩散,表现出明显的抗癫痫作用。地西泮静脉注射是目前治疗癫痫持续状态的首选药物。对于其他类型的癫痫发作,则以硝西泮和氯硝西泮的疗效较好。

4. 中枢性肌肉松弛作用 动物实验证明,本类药物对去大脑强直有明显肌肉松弛作用。对人类大脑损伤所致肌肉僵直也有缓解作用,产生较强的肌肉松弛和降低肌张力作用,但不影响正常活动。该作用与药物抑制脊髓多突触反射有关。临床上主要用于治疗脑血管意外、脊髓损伤等中枢神经病变所引起的肌僵直,也可缓解腰肌劳损等局部病变引起的肌肉痉挛。

5. 其他 大剂量可产生暂时性记忆缺失,临床用于麻醉前给药、心脏电击复律或内镜检查前给药,可缓解患者对手术的恐惧情绪,减少麻醉药的用量,增加其安全性,并使者忘却术中的不良刺激。较大剂量轻度抑制肺换气功能,有时可致呼吸性酸中毒。小剂量对心血管系统影响小,加大剂量可降低血压、减慢心率。

【作用机制】目前认为,苯二氮䓬类的中枢作用主要与药物增强中枢抑制性神经递质γ-氨基丁酸(GABA)功能有关。在大脑皮质、边缘系统、中脑、脑干和脊髓等中枢部位均分布苯二氮䓬类结合位点,尤以大脑皮质中密度最高。其分布与GABA_A受体亚型分布基本一致。GABA_A受体是一个大分子复合体,为神经元膜上的配体门控性Cl⁻通道。在Cl⁻通道周围含有5个结合位点,分别结合GABA、苯二氮䓬类、巴比妥类、印防己毒素和乙醇。GABA_A受体含有14个不同的亚单位,按其氨基酸排列顺序可分为α、β、γ、δ亚单位。苯二氮䓬类与GABA_A受体复合物上的BZ结合位点结合,诱导受体构象发生变化,促进GABA与GABA_A受体结合,增加Cl⁻通道开放的频率而增加Cl⁻内流,使神经细胞超极化,产生中枢抑制效应。因此,苯二氮䓬类的中枢抑制作用是通过增强GABA的作用而间接产生的(图13-2)。

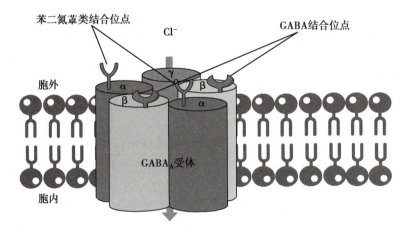

图 13-2 苯二氮䓬类药物作用机制示意图

【不良反应】苯二氮䓬类药物毒性较小,安全范围大。

1. 一般不良反应 患者表现为头晕、困倦、乏力、嗜睡、记忆力下降等,对从事技巧动作、高空作业者及驾驶员等慎用。较大剂量可引起共济失调、顺行性健忘、视物模糊、构思障碍、精神错乱等。

2. 长期使用的不良反应 长期用药可出现耐受性,亦可出现依赖性和成瘾性,突然停药后会出现戒断症状,表现为兴奋、焦虑、失眠、心动过速、呕吐、出汗、震颤、惊厥等,故使用时间较长时不宜突然停药,可逐渐减量,以避免出现戒断症状。

3. 严重不良反应　静脉注射速度过快,对呼吸和心血管系统均有抑制作用,严重者可引起呼吸及心跳停止。与其他中枢抑制药、乙醇等合用时,中枢抑制作用增强,显著增强毒性;老年人对地西泮较敏感,应注意使用剂量。过量急性中毒可致昏迷、呼吸和循环的抑制。急性中毒时,除加速药物排出及对症治疗外,可给予特异性 BZ 受体阻断药氟马西尼(flumazenil,安易醒)治疗。

4. 其他　个别患者可发生过敏性荨麻疹、白细胞减少等。苯二氮䓬类可通过胎盘屏障和乳汁分泌,使新生儿肌张力降低、低体温及呼吸轻度抑制,因此孕妇和哺乳期女性禁用。肝肾功能不全、青光眼、重症肌无力患者禁用。

第二节　巴比妥类

巴比妥类(barbiturate)是巴比妥酸的衍生物。巴比妥类的母核——巴比妥酸本身并没有中枢抑制作用,只有当 C_2 上为 O 或 S(如硫喷妥钠,thiopental sodium),以及 C_5 上 2 个 H 被不同基团取代后,才具有中枢抑制作用,且取代基团越长(7 个 C 以内),有分支(如异戊巴比妥,amobarbital)或有双键(如司可巴比妥,secobarbital)则脂溶性更高,作用更强、更快,作用时间更短;如被苯环取代(如苯巴比妥,phenobarbital)则具有抗惊厥、抗癫痫作用(图 13-3)。根据其脂溶性高低、起效快慢和作用时间长短分为长效、中效、短效和超短效 4 类,见表 13-2。

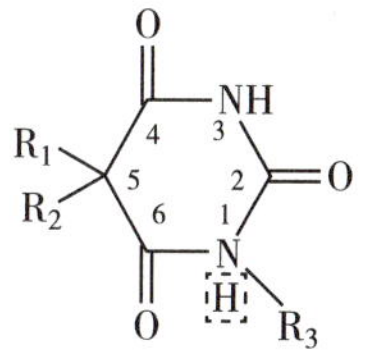

图 13-3　巴比妥类药物基本结构示意图

表 13-2　巴比妥类药物的分类、作用时间与临床应用

类别	药物	起效时间 /h	作用维持时间 /h	临床应用
长效	苯巴比妥	0.5~1	6~8	抗惊厥
	巴比妥	0.5~1	6~8	镇静催眠
中效	戊巴比妥	0.25~0.5	3~6	抗惊厥
	异戊巴比妥	0.25~0.5	3~6	镇静催眠
短效	司可巴比妥	0.25	2~3	抗惊厥、镇静催眠
超短效	硫喷妥钠	静脉注射,立即	0.25	静脉麻醉

【体内过程】巴比妥类是一类弱酸性药物,口服或注射均易吸收,并迅速分布于全身组织和体液中,易进入胎盘分布于胎儿体内。其主要影响因素是药物的脂溶性和体液 pH。脂溶性高的药物如硫喷妥钠,极易透过血脑屏障,故静脉注射后立即起效,并迅速由脑转移至肌肉与脂肪组织,作用仅能维持 15 分钟左右。在肝内全部代谢,经肾排出。脂溶性低的苯巴比妥,静脉注射需 30 分钟才显效,部分经肝代谢,部分以原药形式经肾排泄。尿液 pH 对苯巴比妥的排出影响较大,故苯巴比妥中毒时,可用碳酸氢钠碱化尿液,减少重吸收,以促进排出。

【作用机制】巴比妥类药物在非麻醉剂量时主要抑制多突触反应,减弱易化,增强抑制,与其激活 $GABA_A$ 受体有关。在无 GABA 时,巴比妥类能模拟 GABA 的作用,增加 Cl^- 内流。与苯二氮䓬类药物增加 Cl^- 通道的开放频率不同,巴比妥类通过延长 Cl^- 通道的开放时间,增加 Cl⁻ 内流,使细胞膜超极化。麻醉剂量巴比妥类可抑制电压依赖性的 Na⁺ 通道和 K⁺ 通道,抑制神经元高频放电。此外,巴比妥类还可减弱或阻断谷氨酸作用于相应受体后导致的兴奋反应,引起中枢抑制作用。

【药理作用与临床应用】巴比妥类药物对中枢表现出普遍性抑制作用,随着剂量的增加,依次可出现镇静、催眠、抗惊厥和麻醉作用。另外,苯巴比妥还具有抗癫痫作用。中毒剂量可抑制心血管运动中枢和呼吸中枢,安全性差,易产生依赖性。巴比妥类现已少用于镇静和催眠。目前,一般只将长效类用于抗惊厥、抗癫痫,短效及超短效类作为静脉麻醉药使用。

1. 镇静催眠作用　催眠量的 1/4~1/3 能产生镇静作用,剂量加大出现催眠作用。作为传统的镇静催眠药,巴比妥类药物有许多缺点:①易产生耐受性和依赖性,可明显缩短 REMS 时相;②久用后突然停药可导致 REMS 时相反跳性延长,并伴有多梦,引起睡眠障碍,造成戒断症状和停药困难。

2. 抗惊厥作用　苯巴比妥具有较强的抗惊厥、抗癫痫作用。临床可用于小儿高热、破伤风、子痫、脑炎、脑膜炎及中枢神经兴奋药中毒引起的惊厥。一般肌内注射苯巴比妥,危重患者可用起效快的异戊巴比妥钠。苯巴比妥也用于癫痫大发作或癫痫持续状态的治疗。

3. 麻醉作用　超短效的硫喷妥钠静脉注射可用于短暂的麻醉或诱导麻醉。

【不良反应】

1. 后遗效应　服用催眠剂量的巴比妥类药物后,次晨患者出现眩晕、困倦、精细运动不协调等后遗效应,可能与巴比妥类消除缓慢、作用持续时间长有关。

2. 耐受性及依赖性　反复使用巴比妥类药物特别是苯巴比妥,可使肝药酶活性增高,导致自身代谢加快,而出现耐受性,同时也可加速其他药物的代谢。长期连续服用巴比妥类药物可产生依赖性。一旦停药,出现戒断症状,表现为激动、失眠、焦虑,甚至惊厥。

3. 对呼吸系统的影响　催眠量的巴比妥类药物对正常人呼吸影响不明显,大剂量可明显抑制呼吸中枢,而且抑制程度与剂量成正比。服用 10 倍催眠剂量的巴比妥类药物可引起中毒,15~20 倍出现严重中毒,表现为深度昏迷、瞳孔扩大、呼吸抑制、血压下降,甚至呼吸循环衰竭。呼吸衰竭是巴比妥类药物中毒致死的主要原因。对急性中毒应积极采取抢救措施,维持呼吸和循环功能,并应用呼吸兴奋药;为加速巴比妥类药物排泄,用碳酸氢钠碱化血液和尿液;严重病例采用透析疗法。

4. 其他　少数患者可出现荨麻疹、血管神经性水肿及哮喘等过敏反应,偶可引起剥脱性皮炎等。苯巴比妥可致肝小叶中心坏死及肝功能损害。临产妇女可使新生儿发生低凝血酶原血症及出血。

【禁忌证】严重肝肾功能不全、妊娠和哺乳期女性、支气管哮喘、颅脑损伤致呼吸抑制、未控制的糖尿病患者等禁用。

第三节　新型非苯二氮䓬类镇静催眠药

佐 匹 克 隆

佐匹克隆(zopiclone)是第三代镇静催眠药的代表,化学结构为非苯二氮䓬类,但具有和苯二氮䓬类相似的抗焦虑、镇静催眠、肌松和抗惊厥作用。该药口服吸收迅速,作用可持续 6 小时,血浆蛋白结合率为 45% 左右,体内分布广泛,主要在肝内代谢,经肾排泄。佐匹克隆具有使患者入睡快、延长睡眠时间、对 REMS 时相影响较小等特点,故催眠效果较好,临床主要用于失眠的治疗,尤其适用于不能耐受次晨残存作用的患者。不良反应较少,和苯二氮䓖类相比,该药具有更轻的后遗效应和宿醉现象,长期使用无明显耐受性和停药反跳现象。哺乳期妇女禁用,老年人和肝功能不良者慎用或减量。右佐匹克隆是佐匹克隆的右旋异构体,药效是母体的 2 倍,毒性小于母体的一半。

唑 吡 坦

唑吡坦(zolpidem)是新一代催眠药,化学结构属咪唑吡啶类,口服吸收迅速,存在首过效应,生物利用度约 70%,血浆蛋白结合率约 92%,消除 $t_{1/2}$ 约 2 小时。唑吡坦能选择性激动 $GABA_A$ 受体上的 BZ_1 受点,调节 Cl^- 通道。该药抗焦虑、抗惊厥和中枢性骨骼肌松弛作用很弱,仅用于镇静催眠。可缩短入睡时间,减少夜醒次数,改善睡眠质量。唑吡坦不影响 REMS 时相,无反跳性失眠,亦无宿醉和精神运动障碍。临床主要用于短暂性、偶发性失眠及长期失眠患者。该药安全范围大,常见不良反应主要有片断的意识障碍、记忆减退、睡前幻觉、眩晕、步履不稳、夜间躁动、兴奋、头痛等。唑吡坦中毒可用氟马西尼解救。15 岁以下的儿童、孕妇及哺乳期妇女禁用。

扎 来 普 隆

扎来普隆(zaleplon)属于新型非苯二氮䓖类,具有镇静催眠、抗焦虑、抗惊厥和肌肉松弛作用。临床研究结果显示,扎来普隆能缩短入睡时间,主要适用于入睡困难的失眠症的短期治疗;具有良好的耐受性,长期使用几无依赖性且后遗效应轻。

📎 案例分析

患者,女,38 岁,公司职员。失眠半年,加重半个月。半年前因工作任务繁重,经常加班,压力比较大,晚上难以入睡,一旦入睡,稍有响动就会惊醒。近半个月症状加重,睡眠时间明显缩短,夜间觉醒次数明显增多,严重影响正常工作。临床诊断:失眠症。给予地西泮,5mg/次,睡前服用。服药后,患者容易入睡且睡眠持续时间延长,但次晨出现头晕、嗜睡、乏力、记忆力减退等不适症状。将地西泮换成佐匹克隆,7.5mg/次,睡前服用。用药后不适症状减轻。

分析:地西泮属于苯二氮䓖类镇静催眠药,催眠剂量时能明显缩短患者入睡时间,显著延长睡眠持续时间,减少觉醒次数。主要延长 NREMS 的第 Ⅱ 期,缩短第 Ⅲ、Ⅳ 期,减少发生于此期的夜惊和梦游症,对 REMS 时相的影响较小,停药后出现 REMS 时相反跳性延长作用轻,且治疗指数高,安全范围大。但地西泮 $t_{1/2}$ 为 20~80 小时,作用持续时间长,故次晨可出现头晕、困倦、乏力、嗜睡、记忆力下降等宿醉现象。佐匹克隆属于新型非苯二氮䓖类药物,能使患者入睡快,并保持充分的睡眠深度,与苯二氮䓖类相比,半衰期相对较短,其后遗效应和宿醉现象轻,一般不产生日间困倦,可减少患者服药后的不良反应。

第四节 其他镇静催眠药

水 合 氯 醛

水合氯醛(chloral hydrate)是历史悠久的镇静催眠药。该药口服易吸收,约 15 分钟生效,持续 6~8 小时。一般认为不明显缩短 REMS 时相,醒后无不适感,大剂量还有抗惊厥作用。主要用于顽固性失眠,以及子痫、破伤风、小儿高热等引起的惊厥。该药主要不良反应为:对黏膜有较强刺激性,口服可引起恶心、呕吐、上腹部不适,常采用稀释后口服或灌肠给药。大剂量对心、肝、肾均有损害,故严重心、肝、肾疾病患者禁用。长期服用也可产生耐受

笔记栏

性和依赖性。

雷 美 替 胺

雷美替胺(ramelteon)是褪黑素受体激动药,对褪黑素 MT_1 和 MT_2 受体呈特异性完全激动作用。此外,它不与 GABA 受体等神经递质受体结合,故能减少与 GABA 相关的药物成瘾和依赖性。口服后有较强的首过效应,空腹给药吸收迅速,达峰浓度约为 0.75 小时,血浆蛋白结合率 70%~82%,主要经肝代谢,经肾排泄。雷美替胺可缩短睡眠潜伏期、提高睡眠效率、增加总睡眠时间,临床用于治疗以入睡困难为主的失眠以及昼夜节律失调性睡眠障碍。

苏 沃 雷 生

苏沃雷生(suvorexant)是食欲素受体拮抗剂。食欲素又名下丘脑分泌素,于 1998 年在下丘脑侧部和后部发现的多肽,具有促醒作用。苏沃雷生对人食欲肽 -1(OX1)受体和食欲肽 -2(OX2)受体具有强大的可逆性抑制作用,产生催眠作用,治疗入睡困难和睡眠维持障碍的失眠症,具有较好的临床疗效和耐受性。

●(王传功)

复习思考题

1. 从作用机制、药理作用、临床应用三方面比较苯二氮䓬类和巴比妥类药物的异同点。
2. 与巴比妥类药物相比,苯二氮䓬类药物在镇静催眠方面有哪些优点?

第十四章

抗癫痫药与抗惊厥药

PPT 课件

📝 **学习目标**

1. 掌握 苯妥英钠、卡马西平、苯二氮䓬类和硫酸镁的药理作用、临床应用及不良反应。
2. 熟悉 其他抗癫痫药的药理作用、临床应用及不良反应；治疗癫痫的首选药物。
3. 了解 癫痫的发作类型和临床选药。

第一节　抗 癫 痫 药

一、概述

癫痫（epilepsy）是由多种病因引起的慢性脑功能障碍综合征，具有突发突止、复发性和自限性的特点。因脑神经异常高频放电并向周围组织扩散引发短暂的运动、感觉、意识行为、自主神经系统等不同障碍，或兼而有之。癫痫临床发作常见类型见表14-1。

表 14-1　癫痫临床发作常见类型

临床分型	临床表现	首选药物	可选药物
全身强直-阵挛性发作（大发作）	意识突然丧失，发出尖叫声，跌倒在地，全身抽搐（惊厥），口吐白沫，瞳孔扩大，面色苍白后转为青紫，因呼吸肌痉挛而致呼吸暂停等	苯妥英钠	卡马西平、苯巴比妥、丙戊酸钠、扑米酮、地西泮
肌阵挛性发作	依年龄分为婴儿、儿童和青春期肌阵挛，部分肌群发生短暂的（约1秒）休克样抽动，意识丧失	糖皮质激素	氯硝西泮、丙戊酸钠
癫痫持续状态	大发作连续出现，患者持续昏迷，易危及生命	地西泮	苯妥英钠、苯巴比妥钠
失神性小发作（小发作）	意识短时丧失，进行中的活动停止，但不跌倒，双目凝视，失神，无抽搐，历时数秒，以儿童多见	乙琥胺	丙戊酸钠、氯硝西泮、拉莫三嗪、苯丙氨酯
复杂性部分性发作（精神运动性发作）	阵发性精神失常，出现不同程度的意识障碍，伴无意识动作，持续0.5~2分钟	卡马西平	苯妥英钠、苯巴比妥、拉莫三嗪、加巴喷丁、苯丙氨酯
单纯性部分性发作（局限发作）	一侧面部或肢体的感觉异常或肌肉抽搐，持续时间不超过1分钟。如抽搐发展至对侧，则伴有意识丧失，如同大发作	卡马西平	苯妥英钠、拉莫三嗪、加巴喷丁、苯丙氨酯、托吡酯

癫痫的病因复杂,发病机制尚未完全阐明,目前仍以药物对症治疗为主,以减少或防止发作。抗癫痫药(antiepileptic drug)可作用于病灶神经元,减少其过度放电,也可作用于病灶周围正常组织,防止异常放电的扩散。抗癫痫药的作用机制与增强脑内 γ- 氨基丁酸(GABA)介导的抑制性神经元活动和 / 或拮抗兴奋性神经元活动有关,也与干扰 Na^+、Ca^{2+}、K^+ 等通道降低细胞膜兴奋性有关。目前,临床常用的抗癫痫药苯妥英钠、卡马西平、苯巴比妥、扑米酮、丙戊酸钠和乙琥胺等,大多通过这两种机制发挥作用。

二、常用抗癫痫药

苯 妥 英 钠

苯妥英钠(phenytoin sodium)又名大仑丁(dilantin),于 1908 年合成,1938 年用于临床,抗癫痫作用强。

【体内过程】苯妥英钠口服吸收慢而不规则,60%~70% 在肝中代谢为无活性的对羟基苯基衍生物,以原药形式随尿排出者不足 5%。消除速率与血浆浓度有密切关系,低于 10μg/ml 时,按一级动力学消除;高于此浓度时,则按零级动力学消除,半衰期显著延长,容易出现毒性反应。由于本药呈强碱性(pH 10.4),刺激性大,故不宜肌内注射。癫痫持续状态时可静脉注射。

【药理作用】苯妥英钠对皮质运动区有高度选择性抑制作用,能作用于癫痫放电灶周围的正常脑细胞,但并不影响运动功能,亦无嗜睡作用。苯妥英钠抑制突触传递的强直后增强(post-tetanic potentiation,PTP)。PTP 在癫痫的发作及维持中起着重要的作用,它的抑制减弱了突触反应,从而防止或抑制神经细胞异常放电(癫痫放电)的传播。苯妥英钠也能降低细胞膜对 Na^+ 和 Ca^{2+} 的通透性,抑制 Na^+ 和 Ca^{2+} 的内流,增加细胞膜电位稳定性,导致动作电位不易产生,抑制病灶放电的扩散。高浓度苯妥英钠能抑制神经末梢对 GABA 的摄取,诱导 GABA 受体增生,由此间接增强 GABA 的作用,使 Cl^- 内流增加而出现超极化,也可抑制异常高频放电的发生和扩散。

【临床应用】

1. 癫痫　苯妥英钠是治疗癫痫大发作的首选药物,对局限性发作和精神运动性发作也有效,对肌阵挛发作效果较差,对小发作无效,有时还可使小发作频率增加。1 岁以下的婴儿不宜使用,静脉注射可治疗癫痫持续状态。

2. 中枢疼痛综合征　中枢性疼痛综合征包括三叉神经痛和舌咽神经痛等,其神经元放电与癫痫有相似的发作机制。感觉通路神经元在轻微刺激下即产生强烈放电,引起剧烈疼痛。苯妥英钠能使疼痛减轻,发作次数减少。

3. 心律失常　苯妥英钠可用于强心苷中毒所致的室性及室上性心律失常和对利多卡因无效的心律失常(对室性期前收缩、室性心动过速的疗效较室上性心动过速、心房颤动及心房扑动好)、手术麻醉引起的室性心律失常。

【不良反应】除胃肠道刺激性外,苯妥英钠的其他不良反应都与血药浓度大致平行。一般血药浓度 10μg/ml 时可有效地控制大发作,而 20μg/ml 左右则可出现毒性反应。

1. 常见的副反应　如恶心、呕吐、食欲缺乏、牙龈增生(可能是药物自唾液排出影响了胶原代谢)、多毛等,与长期服药用量过大有关,停药后多可恢复。

2. 急性中毒症状　如眼球震颤、共济失调、眩晕、复视、语言含糊、意识障碍,偶见皮疹、剥脱性皮炎、神经过敏、焦虑、巨幼细胞性贫血(与叶酸缺乏有关)、白细胞减少、周围神经病变和精神异常。

3. 过敏反应　常见皮疹、粒细胞缺乏、血小板减少、再生障碍性贫血。偶见肝损害。

4. 妊娠期服用偶致畸胎 可致小头症、智能障碍、斜视、眼距过宽、光头等异常,称胎儿苯妥英钠综合征。

【注意事项】妊娠、肝或肾疾病、严重心肌供血不足、低血压、窦性心动过缓、传导阻滞者慎用。静脉滴注过快可出现心室颤动、心脏停搏;肌内注射偶尔引起软组织坏死。本药不能与异烟肼合用,10% 合用者可出现苯妥英钠中毒。长期服用该药者如突然停药可使发作加剧,甚可导致癫痫持续状态,故更换药物时应先递减。严重肝肾功能损害患者禁用。心律失常者不能静脉注射。

卡马西平

卡马西平(carbamazepine)又名酰胺咪嗪。

【体内过程】口服吸收慢且不规则,约 2~4 小时达血药峰浓度,血浆蛋白结合率为 80%。在肝中代谢为有活性的环氧化物。由于对肝药酶的诱导作用可加快自身代谢,连续用药 3~4 周后,半衰期可缩短 50%。

【药理作用】卡马西平抗癫痫的作用机制与苯妥英钠相似。治疗浓度时能降低神经细胞膜对 Na^+ 和 Ca^{2+} 的通透性,从而降低细胞的兴奋性,延长不应期,抑制癫痫灶及其周围神经元放电;也能增强 GABA 的突触传递功能。

抗精神病和抗躁狂作用机制是抑制了边缘系统和颞叶的点燃作用。

【临床应用】

1. 癫痫 卡马西平为广谱抗癫痫药物,是治疗大发作和单纯性局限性发作的首选药物之一,对复杂性部分性发作疗效良好,至少 2/3 病例可得到控制和改善。对癫痫并发的精神症状也有效。

2. 中枢疼痛综合征 卡马西平对三叉神经痛和舌咽神经痛有效,疗效优于苯妥英钠(机制不明,可能减低中枢神经的突触传递)。

3. 躁狂症 卡马西平可用于锂盐无效的躁狂症患者,副作用比锂盐少而疗效好。

【不良反应】用药早期可出现多种不良反应,如头昏、眩晕、恶心、呕吐和共济失调等,亦可有皮疹和心血管反应。严重的反应有骨髓抑制(粒细胞减少、再生障碍性贫血和血小板减少)、肝损害和心血管损害。

苯巴比妥

苯巴比妥(phenobarbital,PB)又名鲁米那(luminal),1921 年开始用于癫痫治疗,目前仍广泛用于临床。

【体内过程】口服或肌内注射均易吸收,并迅速分布于全身组织和体液中,可通过胎盘。基本上在肝内全部代谢,经肾排出,部分以原药形式从肾排出。尿液 pH 对其排出影响较大。苯巴比妥中毒时,可用碳酸氢钠碱化尿液以促进排出。

【药理作用】苯巴比妥能提高电刺激大脑皮质运动区及间脑的最低有效阈值,不仅能降低病灶细胞的兴奋性,抑制病灶异常放电,也能升高病灶周围正常细胞的兴奋阈值,限制癫痫病灶异常放电的扩散。还具有能降低兴奋的突触后电位而不改变膜电位的作用,此作用主要见于 GABA 能神经传递的突触。它增强 GABA 介导的 Cl^- 内流,减弱谷氨酸介导的去极化。但与苯二氮䓬类不同,巴比妥类是通过延长 Cl^- 通道开放时间而增加 Cl^- 内流,引起超极化。较高浓度时,则阻断突触前膜 Ca^{2+} 的摄取,抑制 Ca^{2+} 依赖性神经递质释放,并且呈现拟 GABA 作用,即在无 GABA 时也能直接增加 Cl^- 内流。

【临床应用】适用于各型癫痫。能预防和治疗癫痫大发作、单纯性部分性发作、小发作、癫痫持续状态、发热惊厥等。与苯妥英钠、舒噻美、抑痫丸合用治疗精神运动性发作疗效更佳。但因大剂量时中枢抑制作用明显,均不作为首选。

【不良反应】见第十三章镇静催眠药。

【注意事项】用药过程中不可突然停药,若换药应逐渐减量。肌内注射苯巴比妥钠用于癫痫持续状态。重症肌无力患者、妊娠、哺乳、黏液性水肿者慎用,肝、肾及呼吸功能低下者禁用,不宜与扑米酮同用。

苯二氮䓬类药物

临床应用于癫痫的药物有地西泮、硝西泮、氯硝西泮。

【药理作用】苯二氮䓬类药物具有中枢抑制性递质甘氨酸样活性,通过 GABA 能机制而起到抗癫痫作用,即增强 GABA 能神经的传递。苯二氮䓬类药能改变 GABA 的释放或增加其与受体部位的亲和力。这类药能继发性改变 5- 羟色胺、多巴胺及儿茶酚胺的周转,作用于脑的胆碱能系。对癫痫发作的放电起传播作用的皮质下脑结构有抑制作用,可能与其能纠正患者大脑低水平的 5- 羟色胺有关。小剂量地西泮能抑制中脑网状结构中的多突触通路,中等剂量或大剂量能提高惊厥阈值,可能通过抑制 PTP 以及突触的传递而发挥作用。

【临床应用】地西泮控制癫痫持续状态疗效最佳,为首选药物,在急性期与劳拉西泮合用效果更好。对肌阵挛性小发作有很好效果。对局限性发作及精神运动性发作疗效较差。

硝西泮主要用于小发作,对肌阵挛性发作和婴儿阵挛性发作效果尤为显著。

氯硝西泮对小发作较地西泮为佳,亦可用于肌阵挛发作、失神发作、伦诺克斯 - 加斯托综合征(Lennox-Gastaut 综合征)、婴儿痉挛症。对精神运动性发作、局限性发作及难治性癫痫亦有一定效果。静脉注射还可治疗癫痫持续状态。

【不良反应】常见不良反应有嗜睡、乏力、头昏、食欲缺乏、共济失调,可出现粒细胞减少、肝功能改变、黄疸、皮疹等。静脉注射过快可致呼吸抑制,偶可引起血压下降。肝肾疾患、心功能异常者及婴儿慎用,老年体弱者需减少药量,青光眼、重症肌无力患者禁用。

托 吡 酯

托吡酯(topiramate)是新型广谱抗癫痫药,于 1995 年上市。

【体内过程】口服易吸收,生物利用度 80%,半衰期平均 20~30 小时,血浆蛋白结合率 15%,易通过血脑屏障。20% 在肝内代谢,80% 以原药形式自肾排出。

【药理作用】托吡酯通过多种机制发挥抗癫痫作用:①阻断电压敏感性 Na^+ 通道;②增加 GABA 激活 GABA 受体的频率,增加 Cl^- 内流,增强抑制性中枢神经递质的作用;③降低谷氨酸 AMPA 亚型受体的活性,拮抗兴奋性中枢神经递质谷氨酸的作用。

【临床应用】最初用于局限性发作和大发作,现已发展到各种类型癫痫的单药治疗,2003 年上升为一线药物,目前认为是新发或新诊断癫痫的首选药之一,也可用于难治性大发作和难治性局限性发作。用于预防偏头痛亦有效。

【不良反应】耐受性良好,常见的不良反应有头痛、头晕、肢体麻木、行动迟缓、烦躁易怒、心境抑郁、嗜睡、倦怠、记忆力下降、思维缓慢、注意力不集中等中枢神经系统症状,一般服药 1~3 个月后逐渐消退。患者发生肾结石的风险增加,与药物抑制碳酸酐酶活性有关,用药期间保持足够的饮水量可减少风险。

拉 莫 三 嗪

拉莫三嗪(lamotrigine)为苯三嗪类衍生物,是较新的抗癫痫药。

【体内过程】拉莫三嗪口服吸收快而完全,生物利用度达 98%。药峰时间为 0.5~50 小时,半衰期为 24~30 小时,主要由肝代谢,并经肾排泄,代谢物无生物活性。

【药理作用】拉莫三嗪可阻滞癫痫病灶快速异常放电和神经元去极化,但不影响正常神经兴奋。目前认为,拉莫三嗪的主要作用机制在于该药为电压敏感性 Na^+ 通道阻滞剂,通

过减少 Na^+ 内流而增加神经元的稳定性。拉莫三嗪也可抑制兴奋性神经递质谷氨酸释放，抑制其诱发的动作电位暴发。也可能对钙通道产生作用。

【临床应用】本药可单独用于 12 岁以上儿童和成人癫痫的治疗，对单纯性部分性发作、复杂性部分性发作、全身性强直-阵挛发作都有较好的疗效；与其他抗癫痫药合用于难治疗性癫痫。也可用于双相障碍的治疗。

【不良反应】最常见的不良反应包括皮疹、头晕、共济失调、视物模糊等，其中普通皮疹的发生率为 10%，停药后消失。罕见的不良反应包括重症多形红斑（Stevens-Johnson 综合征）和中毒性表皮坏死松解症 2 种严重皮疹，在儿童发生率（~0.8%）高于成人（~0.3%）。

其他抗癫痫药见表 14-2。

表 14-2 其他抗癫痫药

药物	抗癫痫作用机制	临床应用	不良反应
丙戊酸钠	抑制电压敏感性 Na^+ 通道，影响脑内 γ-氨基丁酸的代谢，抑制癫痫灶异常放电和扩散，减少癫痫发作	对各种类型的癫痫发作都有一定疗效。对顽固性癫痫亦有效，对小发作优于乙琥胺，但由于肝毒性不作首选。尤其对大发作合并小发作的疗效最佳	常见胃肠道反应，如厌食、恶心、呕吐等，也可见脱发、嗜睡、乏力及共济失调等。少数出现肝毒性、血碱性磷酸酶升高、氨基转移酶升高及黄疸，多数为可逆性的
奥卡西平	阻滞电压敏感性钠通道阻断病灶放电、抑制兴奋性谷氨酸	全身性强直-阵挛发作和部分性发作，顽固性三叉神经痛，以及防治躁狂抑郁	嗜睡、头痛、头晕、复视、恶心、呕吐和疲劳，超过 10% 的患者会出现上述反应
乙琥胺	增强抑制性递质（如 GABA）的作用，直接或间接增加氯化物电导	小发作的优选药物，对肌阵挛性癫痫和婴儿痉挛亦有效。对大发作无效，并可致大发作加重	较安全，有的完全无副反应。少数可有乏力、嗜睡、眩晕、头痛、恶心、呕吐、皮疹
扑米酮	在人体内经肝代谢为苯巴比妥发挥抗癫痫作用	对大发作、精神运动性发作及局限性发作均有效，以对精神运动性发作疗效更好。用于难治的不全性癫痫	头晕、恶心、嗜睡、共济失调等，少数可见复视、眼震；偶见巨细胞性贫血，极少数过敏者可见皮疹。可致胎儿畸形及新生儿凝血障碍，有肝肾毒性
苯丙氨酯	对抗发作的扩散和提高发作阈值来减少发作频率；降低病灶性放电的传播发作阈值而减少癫痫发作次数	广谱抗癫痫药物。对部分性发作、失神性发作、婴幼儿肌阵挛发作、Lennox-Gastaut 综合征均有效	复视，与其他抗癫痫药合用时可引起视力模糊。皮炎、皮疹、瘙痒；消化道不良反应和中枢神经系统症状
加巴喷丁	减少脑内兴奋性氨基酸（谷氨酸和天冬氨酸）的生成	用于常规抗癫痫药治疗无效的癫痫患者的附加治疗	嗜睡，头昏，共济失调，眼球震颤，头痛；药疹，白细胞减少，血尿素氮增加
氨己烯酸	阻断了 GABA 的分解途径，导致脑内 GABA 浓度显著升高	主要是对于复杂部分性发作的添加治疗，可作为婴儿痉挛症一线抗癫痫药物	头昏、共济失调、复视、记忆障碍、行为异常，偶见意识改变
左乙拉西坦	作用于中枢神经的突触囊泡蛋白，调节突触囊泡的胞外分泌功能和突触前神经递质的释放	除用于难治性癫痫的辅助治疗之外，左乙拉西坦适应证也逐渐扩展到新诊断癫痫的单药治疗	嗜睡、头晕、无力及血小板减少，精神和行为不良反应如抑郁、神经质敌意、情绪不稳定或焦虑等

三、抗癫痫药的应用原则

癫痫是一种慢性病,目前主要治疗手段仍是长期甚至终生使用抗癫痫药物以防止发作。但大多数抗癫痫药物存在较多不良反应,因而药物应用过程中需遵循相关原则。

1. 合理选择药物　根据患者症状及辅助检查结果,明确诊断,并确定临床分型,根据发作类型合理选择药物(表 14-1),同时考虑共患病、共用药、患者年龄等进行个体化治疗。

2. 制订治疗方案　尽可能单药治疗,从小剂量开始逐渐增加剂量,获得理想效果后进行维持治疗。仅在单药治疗未达到无发作时或混合型癫痫患者才推荐联合治疗,且一般不宜超过 3 种药物。

3. 换药、停药原则　如选用的抗癫痫药因疗效不佳或难以耐受其不良反应,应在原药基础上加用新的药物,待其发挥疗效后,逐渐减少原药用量直至停用,不可突然停药或换药速度过快,以避免出现药物反跳。症状完全控制后应至少维持治疗 2~3 年后,在 1~2 年内逐渐停药;部分患者需终生用药。

4. 重视药物不良反应　长期用药过程中尤其应当注意,可定期检查肝肾功能和血常规等。部分药物可引起畸胎及死胎,孕妇应慎用。

第二节　抗惊厥药

惊厥(convulsion)是由疾病或药物等多种原因引起的中枢神经过度兴奋的症状,表现为全身骨骼肌不自主地强直性收缩。多见于高热、子痫、破伤风、癫痫强直 - 阵挛发作和中枢兴奋药中毒等。强烈持续的惊厥多伴有意识障碍,可致呼吸及循环衰竭,应及时救治。

常用抗惊厥药有苯二氮䓬类、巴比妥类和水合氯醛等(见第十三章镇静催眠药)。此类药物的抗惊厥作用机制主要有:①抑制神经元对抑制性神经递质 GABA 的重吸收,提高 GABA 的含量,并提高脊髓神经元对 GABA 的反应;②拮抗兴奋性氨基酸;③抑制离子的跨膜转运。由于影响钠离子的跨膜转运,因此具有一定的镇痛作用,尤其对神经痛具有一定疗效。此外,硫酸镁注射给药也有抗惊厥作用。

硫 酸 镁

硫酸镁(magnesium sulfate)因给药途径不同而呈现出不同的药理作用,如静脉注射或肌内注射,可发挥抗惊厥(中枢抑制、骨骼肌松弛)和降血压作用;口服给药具有泻下和利胆作用;外用热敷具有消炎去肿作用。

【药理作用】硫酸镁注射给药产生抗惊厥和降血压作用:神经化学传递和骨骼肌收缩均需 Ca^{2+} 参与,Mg^{2+} 与 Ca^{2+} 化学性质相似,可以特异性地竞争 Ca^{2+} 结合位点,拮抗 Ca^{2+} 的作用,使运动神经末梢乙酰胆碱释放减少,导致骨骼肌松弛。Mg^{2+} 也可抑制中枢及外周神经系统,使心肌和血管平滑肌松弛,引起感觉和意识暂时消失,以及血压下降。

【临床应用】

1. 惊厥　注射给药可用于各种惊厥,尤其对子痫有较好的抗惊厥作用。子痫是指妊娠高血压综合征患者产前出现惊厥,因其兼有惊厥和高血压,故可首选硫酸镁治疗。

2. 高血压危象　较高浓度 Mg^{2+} 可直接扩张血管平滑肌,抑制心肌而引起血压下降,也可用于高血压危象的治疗。

【不良反应】血液中 Mg^{2+} 浓度过高可抑制延髓的呼吸中枢和血管运动中枢,引起呼吸抑制、血压剧降、心跳停止而导致死亡。其中,腱反射消失常为呼吸停止的先兆。如用药

不当引起急性 Mg^{2+} 中毒应立即进行人工呼吸,缓慢静脉注射钙剂(氯化钙或葡萄糖酸钙)对抗。

●(王芙蓉)

复习思考题

1. 试述临床常见的癫痫发作类型及临床首选药物和可选药物。
2. 简述抗癫痫药苯妥英钠的主要作用机制、临床应用以及不良反应。

PPT 课件

第十五章

治疗中枢神经系统退行性疾病药

中枢神经系统退行性疾病是一组由慢性进行性中枢神经组织退行性变而产生的疾病的总称,主要包括帕金森病、阿尔茨海默病、亨廷顿病和肌萎缩侧索硬化等。这些疾病的病因及病变的部位各不相同,共同的特征是神经细胞发生退行性改变,且确切病因和发病机制尚不清楚。

帕金森病和阿尔茨海默病主要发生于中老年人。随着社会发展,人口老龄化问题日益突出,神经退行性疾病已成为仅次于心血管疾病和癌症的第三大类严重影响人类健康和生活质量的疾病。目前,除帕金森病患者通过合理用药可缓解其症状、提高生活质量外,其余神经退行性疾病的治疗效果还难以令人满意。随着分子生物学、神经科学及行为科学等学科的快速发展,有关神经退行性疾病的发病原因、机制及相应的药物和其他治疗手段有望取得新的进展。

本章重点介绍治疗帕金森病和阿尔茨海默病的药物。

第一节　治疗帕金森病药

一、帕金森病发病机制

帕金森病又名震颤麻痹,是一种主要表现为进行性锥体外系功能障碍的中枢神经系统退行性疾病。其典型症状为静止震颤,肌肉强直,运动迟缓和共济失调。临床上按不同病因分为原发性、动脉硬化性、脑炎后遗症和化学药物中毒等4类,这些出现相同主要症状的疾病,总称帕金森综合征。

帕金森病的发病原因及机制尚不清楚,目前存在多种假说。帕金森病的药物治疗主要基于"多巴胺学说"。该学说认为,帕金森病是因纹状体内多巴胺(dopamine,DA)减少或缺乏所致,其原发性因素是黑质内多巴胺能神经元退行性病变。黑质中多巴胺能神经元发出上行纤维到达纹状体,其末梢与尾-壳核神经元形成突触,以多巴胺为递质对脊髓前角运动神经元起抑制作用;另一方面,尾核中的胆碱能神经元与尾-壳核神经元形成突触,以乙酰胆碱为递质,对脊髓前角运动神经元起兴奋作用(图 15-1)。正常时这两条通路功能处于平衡状态,共同调节运动功能。帕金森病患者因黑质病变,多巴胺合成减少,造成黑质 - 纹状体通路多巴胺能神经功能减弱,胆碱能神经功能相对占优势,因而出现肌张力增高等症状。多巴胺在体内会被 2 种酶降解,即单胺氧化酶(monoamine oxidase,MAO)和 / 或儿茶酚 -O- 甲基转移酶(catechol-O-methyltransferase,COMT)。

经典的抗帕金森病药主要包括拟多巴胺类药和抗胆碱药 2 类。前者通过直接补充多巴胺前体物或抑制多巴胺降解而产生作用;后者通过拮抗相对占优势的胆碱能神经功能而缓解症状。2 类药的总体目标是恢复多巴胺能和胆碱能神经系统的平衡状态,合用可增加疗效。

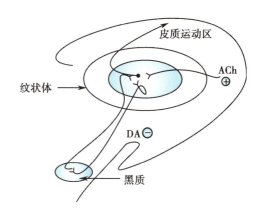

图 15-1 黑质 - 纹状体多巴胺能神经通路示意图

多巴胺受体及其亚型选择性激动药也是帕金森病治疗的亮点。其他治疗手段,如脑深部电刺激疗法已经成为治疗中晚期帕金森病的有效疗法。一些新的治疗手段如多功能干细胞移植、基因干预治疗等正在探索之中。

二、拟多巴胺类药

(一)多巴胺前体药

左 旋 多 巴

左旋多巴(L-DOPA,levodopa)是由酪氨酸形成儿茶酚胺的中间产物,即多巴胺的前体,可人工合成。

【体内过程】口服后经小肠芳香族氨基酸转运体迅速吸收,0.5~2 小时达峰值。血浆 $t_{1/2}$ 较短,约 1~3 小时。胃排空延缓、胃酸 pH 偏低或高蛋白饮食等,均可降低其生物利用度。口服后极大部分在肠黏膜、肝和其他外周组织被 L- 芳香族氨基酸脱羧酶(L-amino acid decarboxylase,AADC)脱羧成为多巴胺,仅 1% 左右的左旋多巴能进入中枢神经系统发挥疗效。左旋多巴在外周脱羧形成多巴胺,易引起不良反应,主要有恶心、呕吐、直立性低血压等。若同时合用 AADC 抑制药,可减少外周多巴胺生成引起的不良反应,同时增加左旋多巴进入脑内并转化为多巴胺。左旋多巴生成的多巴胺一部分通过突触前的摄取机制返回多巴胺能神经末梢,另一部分被 MAO 或 COMT 代谢,经肾排泄。

【药理作用】多巴胺本身因不易通过血脑屏障,不能用于治疗帕金森病。左旋多巴是多巴胺的前体,容易通过血脑屏障进入脑组织,在脱羧酶的作用下生成多巴胺,补充纹状体中多巴胺的不足而发挥治疗作用。但左旋多巴究竟是被残存神经元利用而增加多巴胺的合成和释放,还是在细胞外被转化成多巴胺后直接"溢流"到突触间隙而激活突触后膜受体,这一点尚不清楚。动物实验显示,即使没有多巴胺能神经末梢存在,左旋多巴仍有作用;但另一方面,临床上左旋多巴疗效随病情发展而降低又提示其作用可能依赖于残存的神经元。

【临床应用】适用于各种类型的帕金森病患者,但对吩噻嗪类等抗精神病药所引起的帕金森综合征无效。其作用特点为:①疗效与黑质 - 纹状体病损程度相关,轻症或较年轻患者疗效好,重症或年老体弱者疗效较差;②对肌肉僵直和运动困难的疗效好,对肌肉震颤的疗效差;③起效慢,用药 2~3 周出现体征改善,用药 1~6 个月后疗效最强。

【不良反应】不良反应分为早期和长期两大类。

1. 早期反应

(1)胃肠道反应：治疗早期约 80% 患者出现厌食、恶心、呕吐，数周后能耐受，应用 AADC 抑制药后可明显减少。左旋多巴在外周和中枢脱羧成多巴胺，分别直接刺激胃肠道和兴奋延髓催吐化学感受区 D_2 受体。还可引起腹胀、腹痛和腹泻等。饭后服药或剂量递增速度减慢，可减轻上述症状。偶见溃疡出血或穿孔。

(2)心血管反应：治疗初期 30% 患者出现直立性低血压，其原因可能是外周形成的多巴胺一方面作用于交感神经末梢，反馈性抑制交感神经末梢释放 NA，另一方面作用于血管壁的多巴胺受体，舒张血管。还有些患者出现心律不齐，主要是由于新产生的多巴胺作用于心脏 β 受体，故可用 β 受体阻断药加以治疗。

2. 长期反应

(1)运动过多症：异常动作舞蹈症的总称，也称运动障碍。由于服用大量左旋多巴，多巴胺受体过度兴奋，出现手足、躯体和舌的不自主运动，服用 2 年以上者发生率达 90%。

(2)症状波动：服药 3~5 年后，有 40%~80% 患者会出现症状快速波动，重则出现"开-关反应"。"开"时活动正常或几近正常，而"关"时突然出现严重的帕金森病症状。症状波动的发生与帕金森病的发展导致多巴胺的储存能力下降有关，此时患者更依赖于左旋多巴转运入脑的速率以满足多巴胺的生成。

(3)精神症状：出现精神症状的病例约占 10%~15%，患者会出现幻想、幻视、焦虑、情感淡漠和心境障碍等精神病症状，可能与多巴胺作用于皮质下边缘系统有关。

【药物相互作用】维生素 B_6 是多巴脱羧酶的辅酶，能加速左旋多巴在外周组织转化成多巴胺，会增强左旋多巴外周副作用；利血平能够耗竭黑质-纹状体中的多巴胺，能引起锥体外系运动失调，拮抗左旋多巴的疗效；抗精神病药物，如吩噻嗪类和丁酰苯类均能阻滞黑质-纹状体多巴胺通路功能，出现药源性帕金森综合征；抗抑郁药能引起直立性低血压，加重左旋多巴的副作用。以上各类药物均不能与左旋多巴合用。

(二) 左旋多巴增效药

1. AADC 抑制药

卡 比 多 巴

卡比多巴(carbidopa)又名 α-甲基多巴肼、洛得新。卡比多巴不能通过血脑屏障，与左旋多巴合用时，仅抑制外周氨基酸脱羧酶，外周左旋多巴脱羧作用被抑制，进入中枢神经系统的则增加，使用量可减少 75%，不良反应也明显减少，症状波动减轻，作用不受维生素 B_6 的干扰。卡比多巴单用无效，需与左旋多巴组成复方制剂使用，混合比例为 1:4 或 1:10。

苄 丝 肼

苄丝肼(benserazide)又名羟苄丝肼、色丝肼。苄丝肼的作用机制、用途与卡比多巴相似，临床上常与左旋多巴以 1:4 的比例组成复方制剂使用。

2. MAO-B 抑制药

司 来 吉 兰

司来吉兰(selegiline)又名丙炔苯丙胺(deprenyl)。低剂量(<10mg/d)司来吉兰能迅速通过血脑屏障，选择性抑制中枢神经系统 MAO-B，使脑内多巴胺降解减少，进而增加多巴胺浓度。司来吉兰与左旋多巴合用后，能增加疗效，降低左旋多巴用量，减少外周副反应，并能消除长期单独使用左旋多巴出现的"开-关反应"。临床长期试验表明，两者合用更有利于缓解症状，延长患者寿命。近年来发现，司来吉兰作为神经保护剂能优先抑制黑质-纹

状体的超氧阴离子和羟自由基形成,延迟神经元变性和帕金森病发展。临床上将司来吉兰与抗氧化剂维生素 E 联合应用治疗帕金森病,称 DATATOP 方案(deprenyl and tocopherol antioxidative therapy of Parkinsonism),但确切效果尚不肯定,有待大范围临床观察。司来吉兰低剂量对外周 MAO-A 无作用,肠道和血液中多巴胺和酪胺代谢不受影响,不会产生 MAO 非选择性抑制剂所引起的高血压危象,但大剂量(>10mg/d)亦可抑制 MAO-A,应避免使用。

司来吉兰的代谢物为苯丙胺和甲基苯丙胺,可引起焦虑、失眠、幻觉等精神症状。慎与哌替啶、三环类抗抑郁药或其他 MAO 抑制药合用。

3. COMT 抑制药　左旋多巴由 AADC 脱羧转化为多巴胺,经 COMT 代谢转化成 3-O-甲基多巴(3-O-methyldopa,3-OMD),后者又可与左旋多巴竞争转运载体而影响左旋多巴的吸收和进入脑组织。因此,抑制 COMT 既可抑制左旋多巴的降解,又可减少 3-OMD 对其转运入脑的竞争性抑制作用,提高左旋多巴的生物利用度和在纹状体中的浓度。有 3 种 COMT 抑制药——硝替卡朋、托卡朋、恩他卡朋,它们的抑制作用强,毒性低。

硝 替 卡 朋

硝替卡朋(nitecapone)能够增加纹状体中的左旋多巴和多巴胺。因不易通过血脑屏障,当与卡比多巴合用时,它只抑制外周的 COMT,而不影响脑内 COMT,从而增加纹状体中左旋多巴的生物利用度。

托卡朋和恩他卡朋

托卡朋(tocapone)和恩他卡朋(entacapone)为新型 COMT 抑制药,能延长左旋多巴半衰期,稳定血浆浓度,使更多的左旋多巴进入脑组织,安全而有效地延长症状波动患者"开"的时间。托卡朋是唯一能同时抑制外周和中枢 COMT 的药物,比恩他卡朋生物利用度高,半衰期长,COMT 抑制作用也更强;恩他卡朋仅抑制外周 COMT。两者均可明显改善病情稳定的帕金森病患者日常生活能力和运动功能,尤其适用于伴有症状波动的患者。

主要不良反应为肝损害,甚至出现暴发性肝衰竭,因此仅适用于其他抗帕金森病药物无效时,且应用时需严密监测肝功能。

(三)多巴胺受体激动药

溴 隐 亭

溴隐亭(bromocriptine)又名溴麦角隐亭、溴麦亭,为 D_2 类受体强激动药,对 D_1 类受体有部分拮抗作用,对外周多巴胺受体、α 受体有较弱的激动作用。小剂量溴隐亭激动结节 - 漏斗通路 D_2 受体,抑制催乳素和生长激素分泌,可用于治疗泌乳闭经综合征和肢端肥大症;增大剂量可激动黑质 - 纹状体多巴胺通路的 D_2 受体,与左旋多巴合用治疗帕金森病取得较好疗效,能减少症状波动。

消化系统不良反应常见食欲减退、恶心、呕吐、便秘,对消化性溃疡患者可诱发出血。用药初期,心血管系统常见直立性低血压。长期用药可出现无痛性手指血管痉挛,减少药量可缓解;也可诱发心律失常,一旦出现应立即停药。运动功能障碍方面的不良反应类似于左旋多巴。精神系统症状比左旋多巴更常见且严重,如幻觉、错觉和思维混乱等,停药后可消失。其他不良反应包括头痛、鼻塞、腹膜和胸膜纤维化、红斑性肢痛。

利 修 来 得

利修来得(lisuride)为 D_2 类受体激动药、D_1 类受体弱拮抗药,激动作用比溴隐亭强 1 000 倍,用于治疗帕金森病的优点有改善运动功能障碍、减少严重的"开 - 关反应"和左旋多巴引起的运动过多症(即异常动作舞蹈症)。

罗匹尼罗和普拉克索

罗匹尼罗（ropinirole）和普拉克索（pramipexole）均为非麦角生物碱类新型多巴胺受体激动药,能选择性激动 D_2 类受体(特别是 D_2、D_3 受体),而对 D_1 类受体几乎没有作用。相对溴隐亭和培高利特而言,本类药物患者耐受性好,用药剂量可很快增加,1 周以内即可达治疗浓度,虽也可引起恶心和乏力,但胃肠道反应较轻。患者对其耐受性较好,临床上作为帕金森病的早期治疗药物,主要原因是:①其作用持续时间相对较长,较左旋多巴更不易引起"开 - 关反应"和运动障碍;②左旋多巴可引起氧化应激损伤,加快多巴胺能神经元的脱失,而本类药物则无此效应。

罗匹尼罗和普拉克索具有拟多巴胺类药共有的不良反应,如恶心、直立性低血压和运动功能障碍等。作为辅助用药可引起幻觉和精神错乱。

阿 扑 吗 啡

阿扑吗啡（apomorphine）又名去水吗啡,为多巴胺受体激动药,可用于治疗帕金森病,改善严重的"开 - 关反应",但长期用药会引起 QT 间期延长,肾功能损害和精神症状。仅在其他药物如多巴胺激动药或 COMT 抑制药对"开 - 关反应"无效时使用。

(四) 促多巴胺释放药

金 刚 烷 胺

金刚烷胺（amantadine）又名金刚烷,可通过多种方式加强多巴胺的功能,如促进左旋多巴进入脑循环,增加多巴胺合成、释放和减少多巴胺重摄取等,表现出多巴胺受体激动药的作用,其作用机制与拮抗 NMDA 受体有关。其抗帕金森病的特点为:用药后显效快,作用持续时间短,应用数天即可获得最大疗效,但连用 6~8 周后疗效逐渐减弱,对帕金森病的肌肉强直、震颤和运动障碍的缓解作用较强,优于抗胆碱药物,但不及左旋多巴。

长期用药时常见下肢皮肤出现网状青斑,此外,可引起精神不安、失眠和运动失调等。偶致惊厥,癫痫患者禁用。

三、抗胆碱药

M 受体阻断药对早期帕金森病患者有较好的治疗效果,对晚期严重帕金森病患者的疗效差,可与左旋多巴合用。阿托品、东莨菪碱是最早用于治疗帕金森病的 M 受体阻断药,但因外周抗胆碱作用引起的副作用大,现主要使用合成的中枢性 M 受体阻断药。

苯 海 索

苯海索（benzhexol）又名安坦,口服易吸收,通过拮抗胆碱受体而减弱黑质 - 纹状体通路中 ACh 的作用,抗震颤效果好,也能改善运动障碍和肌肉强直;外周抗胆碱作用为阿托品的 1/10~1/3,少数不能耐受左旋多巴或多巴胺受体激动药的帕金森病患者,可用本药治疗。副作用与阿托品相同,但症状较轻。禁用于青光眼和前列腺肥大患者。对帕金森病疗效有限,副作用较多,现已少用。

本类药物可阻断中枢 M 受体,抑制黑质 - 纹状体通路中 ACh 的作用,对帕金森病的震颤和僵直有效,但对动作迟缓无效。其疗效不如左旋多巴,临床上主要用于早期轻症患者、不能耐受左旋多巴或禁用左旋多巴的患者、抗精神病药所致的帕金森综合征。此外,有报道认为本类药物可能加重帕金森病患者伴有的痴呆症状。

苯 扎 托 品

苯扎托品（benzatropine）又名苄托品,作用似阿托品,具有抗胆碱作用,同时还有抗组胺、局部麻醉和大脑皮质抑制作用。临床应用、不良反应同苯海索。

第二节　治疗阿尔茨海默病药

一、阿尔茨海默病发病机制简介

阿尔茨海默病是一种与年龄高度相关的、以进行性认知障碍和记忆力损害为主的中枢神经系统退行性疾病,表现为记忆力、判断力、抽象思维等一般智力的丧失,视力、运动能力等则不受影响。阿尔茨海默病是一类综合征,患者除了存在上述认知障碍外,还会表现出精神行为的改变。

阿尔茨海默病的发病机制目前尚未完全明确,学术界提出的假说有 10 余种,目前研究较多、比较被认可的主要有胆碱能学说、神经兴奋毒性、β- 淀粉样蛋白毒性学说和 tau 蛋白过度磷酸化学说等。在阿尔茨海默病患者的大脑中发现胆碱能神经元明显减少,胆碱能活性和乙酰胆碱含量降低,这些被认为与阿尔茨海默病的认知症状有关。神经兴奋性毒性假说则认为某些原因引起的兴奋性递质谷氨酸的大量释放,激活一系列胞内机制,选择性损伤神经元。阿尔茨海默病患者最具特征的两大病理学变化为 β- 淀粉样蛋白(amyloid β-protein,Aβ)沉积形成的老年斑和异常磷酸化的 tau 蛋白聚集形成的神经纤维缠结。Tau 蛋白过度磷酸化,失去与微管结合的能力,聚集形成的神经元纤维缠结沉积于脑中则导致神经元变性,引起神经元细胞的凋亡。尽管有关阿尔茨海默病的研究进展很快,但迄今尚无十分有效的治疗方法。

二、胆碱酯酶抑制药

他克林(tacrine)是美国 FDA 批准的第一个治疗阿尔茨海默病的药物,为第一代可逆性中枢 AChE 抑制药,因有严重不良反应,特别是肝毒性,现已撤市。

多奈哌齐

【体内过程】多奈哌齐(donepezil)口服后吸收良好,进食和服药时间对药物吸收无影响,生物利用度为 100%,药峰时间约 3~4 小时,半衰期长,$t_{1/2}$ 约为 70 小时,可每天服用 1 次。主要由肝药酶代谢,代谢物中 6-O- 脱甲基衍生物的体外抗 AChE 活性与母体药物相同,主要经肾排泄,少量以原药形式随尿排出。

【药理作用】多奈哌齐为第二代可逆性中枢 AChE 抑制药。通过抑制 AChE 来增加中枢 ACh 的含量,对丁酰胆碱酯酶无作用,能够改善脑血流,防止海马神经元损伤。与他克林相比,多奈哌齐对中枢 AChE 有更高的选择性和专属性,半衰期较长,能改善轻度至中度阿尔茨海默病患者的认知能力和综合功能。

【临床应用】用于改善患者的认知功能,延缓病情发展。用于轻度至中度阿尔茨海默病患者。具有剂量小、毒性低和价格相对较低等优点。

【不良反应】肝毒性及外周抗胆碱副作用,较同类药物他克林轻。不良反应有:①全身反应,较常见的有流感样胸痛、牙痛等;②心血管系统反应,如高血压,血管扩张、低血压,心房颤动等;③大便失禁、胃肠道出血、腹部胀痛等;④神经系统反应,如谵妄、震颤、眩晕、易怒、感觉异常等;⑤其他,如失水、尿失禁、呼吸困难、视物模糊等。

【药物相互作用】当蛋白结合浓度小于 300ng/ml 时,与洋地黄、华法林联用会影响后两者的蛋白结合率和疗效。

利 斯 的 明

利斯的明（rivastigmine）又名卡巴拉汀，属于第二代 AChE 抑制药，能选择性抑制大鼠大脑皮质和海马中的 AChE 活性，而对纹状体、脑桥以及心脏的 AChE 活性抑制力很小。利斯的明可改善阿尔茨海默病患者胆碱能神经介导的认知功能障碍，提高认知能力，如记忆力、注意力和方位感，可减慢淀粉样蛋白前体的形成。利斯的明口服迅速吸收，约 1 小时达到 C_{max}，血浆蛋白结合率约为 40%，易透过血脑屏障。临床试验表明，利斯的明具有安全、耐受性好、不良反应轻等优点，且无外周活性，尤其适用于伴有心、肝、肾等疾病的阿尔茨海默病患者，是极有前途的阿尔茨海默病治疗药。

【不良反应】主要有恶心、呕吐、乏力、眩晕、精神混乱、嗜睡、腹痛和腹泻等，继续服用一段时间或减量一般可消失。除消化道不良反应发生率略高于多奈哌齐外，其他不良反应与多奈哌齐相似。禁用于严重肝、肾损害患者及哺乳期妇女。病态窦房结综合征、房室传导阻滞、消化性溃疡、哮喘、癫痫、肝或肾功能中度受损患者慎用。

加 兰 他 敏

加兰他敏（galantamine）属于第二代 AChE 抑制药，对神经元中的 AChE 有高度选择性，抑制神经元中 AChE 的能力比抑制血液中丁酰胆碱酯酶的能力强 50 倍，是 AChE 竞争性抑制药。在胆碱能高度不足的区域（如突触后区域）活性最大。用于治疗轻、中度阿尔茨海默病，临床有效率为 50%~60%，疗效与他克林相当，但无肝毒性。用药后 6~8 周治疗效果开始明显。加兰他敏可能成为阿尔茨海默病治疗的首选药。

治疗早期（2~3 周）患者可有恶心、呕吐及腹泻等胃肠道反应，稍后消失。

石 杉 碱 甲

石杉碱甲（huperzine A）又名哈伯因，是我国学者于 1982 年从石杉科植物千层塔中分离得到的一种生物碱。口服吸收迅速、完全，生物利用度为 96.9%，易通过血脑屏障。原药及代谢物经肾排出。

石杉碱甲是强效、可逆性的胆碱酯酶抑制药，有很强的拟胆碱活性，能易化神经肌肉接头递质传递。石杉碱甲对改善衰老性记忆障碍及老年痴呆患者的记忆功能有良好作用；在改善认知功能方面，与高压氧治疗效果相比效果显著。用于老年性记忆功能减退及阿尔茨海默病患者，改善其记忆和认知能力。

常见不良反应有恶心、头晕、多汗、腹痛、视物模糊等，一般可自行消失，严重者可用阿托品拮抗。严重心动过缓、低血压及心绞痛、哮喘、肠梗阻患者慎用。

三、NMDA 受体非竞争性拮抗药

美 金 刚

美金刚（memantine）又名美金刚胺，是使用依赖性的 NMDA 受体非竞争性拮抗药，可与 NMDA 受体上的环苯己哌啶（phencyclidine）结合位点结合。当谷氨酸以病理量释放时，美金刚可减少谷氨酸的神经毒性作用；当谷氨酸释放过少时，美金刚可改善记忆过程所需谷氨酸的传递。临床研究表明，该药能显著改善轻度至中度血管性痴呆症患者的认知能力，而且对较严重的患者效果更好；对中度至重度老年痴呆症患者，还可显著改善其动作能力、认知障碍和社会行为。美金刚是第一个用于治疗晚期阿尔茨海默病的 NMDA 受体非竞争性拮抗药，而且将美金刚与 AChE 抑制药同时使用效果更好。

服后有轻微眩晕、不安、头重、口干等。饮酒可能加重不良反应。肝功能不良、意识紊乱患者以及孕妇、哺乳期妇女禁用。肾功能不良时减量。

笔记栏

四、神经生长因子和神经保护药

（一）神经生长因子

神经生长因子是一类能促进神经系统发育和维持神经系统功能的蛋白质。具有促进神经元生长、分化、存活和修复损伤，纠正钙稳态失调，增强中枢胆碱系统功能等作用，主要用于治疗轻、中度阿尔茨海默病。AIT-082（neotrofin）和成纤维细胞生长因子、神经生长因子、脑源性神经营养因子等神经营养因子，有望成为新的抗老年痴呆药。

（二）神经保护药

丙 戊 茶 碱

丙戊茶碱（propentofylline）为血管和神经保护药。临床试验显示，它能抑制神经元腺苷重摄取和磷酸二酯酶活性，对神经起保护作用。此外，它还通过抑制小神经胶质细胞过度活跃和降低氧自由基水平产生神经保护作用，从而改善和延缓阿尔茨海默病患者的病程进展。Ⅲ期临床试验中显示了它具有确切的痴呆症状改善作用，且有良好的安全性。

【不良反应】头痛、恶心、腹泻，但持续时间短。

尼莫地平和氟桂利嗪

尼莫地平（nimodipine）和氟桂利嗪（flunarizine）等常用的 Ca^{2+} 通道阻滞药，可通过抑制 Ca^{2+} 内流，防止 Ca^{2+} 超载和抑制神经细胞的凋亡，发挥神经保护药的作用，并可改善脑供血。

（王冰微）

复习思考题

1. 左旋多巴是通过何种机制治疗帕金森病的？有何特点？临床如何应用？
2. 用左旋多巴治疗帕金森病时，如何提高疗效、减轻不良反应？
3. 试述多奈哌齐的药理作用特点、应用及其主要不良反应。

◆◆◆ 第十六章 ◆◆◆

抗精神失常药

　　精神失常是由多种病理因素导致的精神活动障碍的一大类疾病,包括精神分裂症、躁狂症、抑郁症和焦虑症。治疗这些疾病的药物统称抗精神失常药。根据其临床用途分为抗精神分裂症药、抗躁狂药、抗抑郁药和抗焦虑药。常用的抗焦虑药苯二氮䓬类已在镇静催眠药章节述及。

第一节　抗精神分裂症药

　　精神分裂症是一组以思维、情感、行为之间不协调,精神活动与现实脱离为主要特征的最常见的一类精神病,好发于青壮年期,在世界范围内的患病率约为 1%。根据临床症状,可将精神分裂症分为 Ⅰ 型和 Ⅱ 型:Ⅰ 型精神分裂症患者脑内多巴胺(dopamine,DA)D_2 样受体亢进,以阳性症状(幻觉和妄想)为主;Ⅱ 型精神分裂症则以阴性症状(思维贫乏和动机缺乏)为主,伴有脑室扩大、白质减少。此外,认知功能障碍也是精神分裂症的常见症状之一。

　　精神分裂症的确切病因及病理机制至今未明,可能与遗传因素、单胺类神经递质紊乱、脑结构改变及神经发育障碍等因素密切相关。其中,氯丙嗪和其他一些治疗精神分裂症的药物可通过阻断多巴胺 D_2 样受体发挥抗精神病作用,为精神分裂症多巴胺假说提供了直接证据。该假说认为,精神分裂症是由于中枢中脑 - 边缘系统通路和中脑 - 皮质通路 DA 系统功能亢进所致。但这一假说尚不能很好地解释精神分裂症阴性症状的出现,对此人们还提出了 5- 羟色胺(serotonin,5-HT)假说、去甲肾上腺素(noradrenaline,NA)神经通路障碍、兴奋性氨基酸假说及神经肽假说等多种神经生化假说。

　　抗精神分裂症药也称神经安定药,主要用于治疗精神分裂症,对其他精神病的躁狂症状也有效。本类药物可分为经典抗精神分裂症药和非经典抗精神分裂症药两大类。经典抗精神分裂症药根据化学结构又分为 4 类——吩噻嗪类、硫杂蒽类、丁酰苯类及其他。这类药物大多是强效 DA 受体拮抗剂,主要通过阻断中脑 - 边缘系统通路和中脑 - 皮质通路的 D_2 样受体而发挥疗效。值得指出的是,这些抗精神分裂症药物并不是选择性 D_2 样受体拮抗剂,在发挥治疗作用的同时均会引起不同程度的锥体外系症状(extrapyramidal symptom,EPS)和迟发性运动障碍(tardive dyskinesia,TD),这是由于这些药物非特异性拮抗黑质 - 纹状体通路的 DA 受体所致。此外,多数药物还可引起情绪冷漠、精神运动迟缓和运动障碍等不良反应。而非经典抗精神分裂症药物,通常指新出现的、非典型的 5-HT-DA 受体拮抗剂或第二、三代抗精神分裂症药物,如氯氮平(clozapine)、利培酮(risperidone)和奥氮平(olanzapine)等。这些非经典抗精神分裂症药物的特点是不会或很少会引起锥体外系症状和迟发性运动障碍的发生,对难治性精神分裂症和阴性症状更有效。由于这些抗精神分裂症药大多具有相似的药理作用机制,故在此一并阐述。

一、经典抗精神分裂症药

(一)吩噻嗪类

吩噻嗪类药物均为吩噻嗪的衍生物,具有硫氮杂蒽母核,根据其碳 10 位侧链基团不同,又可分为 3 类:二甲胺类(如氯丙嗪)、哌嗪类(如奋乃静、氟奋乃静和三氟拉嗪)和哌啶类(如硫利达嗪)。

氯丙嗪是吩噻嗪类药物的典型代表,也是应用最广泛的抗精神分裂症药物。氯丙嗪始于 1952 年在法国治疗兴奋性躁动患者,它不仅控制了患者的兴奋,而且对其他精神症状也有效。其后,又相继发现了对精神分裂症具有治疗作用的多个衍生物。因此,主要以氯丙嗪为代表介绍该类药物。

氯 丙 嗪

氯丙嗪(chlorpromazine)又名冬眠灵(wintermin),为 DA 受体拮抗剂,主要通过拮抗脑内边缘系统的 DA 受体产生抗精神分裂症作用。然而,DA 能神经元并不只存在于边缘系统,如 D_2 样受体也分布在黑质 - 纹状体通路(锥体外系)以及其他区域(如下丘脑控制激素释放因子处)。因此,氯丙嗪在改善精神分裂症症状的同时,长期应用可导致锥体外系运动障碍和内分泌异常。此外,氯丙嗪也能拮抗 α 肾上腺素受体和 M 受体,因此其药理作用相当广泛,这是长期应用产生严重不良反应的另一个原因。尽管氯丙嗪选择性较低,但作为第一个精神安定药及抗精神失常药,目前仍在临床治疗中发挥着巨大的作用。

【体内过程】氯丙嗪口服后吸收慢而不规则,到达血药浓度峰值的时间为 1~3 小时,单次口服药效持续时间约为 6 小时。肌内注射吸收迅速,其血药浓度为口服给药后的 4~10 倍,到达血药浓度峰值的时间为 1~4 小时。氯丙嗪的口服生物利用度为 32%,到达血液后 90% 以上与血浆蛋白结合,分布于全身各个组织器官,脑、肺、肝、脾和肾中较多,其中脑内浓度可达血浆浓度的 10 倍。因其脂溶性高,可通过胎盘屏障,易蓄积于脂肪组织。氯丙嗪口服后具有首过效应,而后大部分主要经肝代谢为多种产物,小肠壁亦有不同程度的代谢。其代谢物主要经肾排泄,停药后数周乃至半年后,尿中仍可检出其代谢物;还可随粪便或乳汁排泄。值得注意的是,氯丙嗪的血药浓度和临床效应在不同患者之间存在着较大个体差异,不同个体口服相同剂量的氯丙嗪后血药浓度可差 10 倍以上,故给药剂量应个体化。氯丙嗪在体内的消除和代谢随年龄而递减,故老年患者须减量。

【药理作用】主要包括对中枢神经系统、内分泌系统和自主神经系统三方面。

1. 对中枢神经系统的作用

(1)抗精神分裂症作用:氯丙嗪对中枢神经系统有较强的抑制作用,也称神经安定作用。氯丙嗪能显著控制活动状态和躁狂状态而又不损伤感觉能力;能显著减少动物自发活动,易诱导入睡,但动物对刺激有良好的觉醒反应;与巴比妥类催眠药不同,加大剂量也不引起麻醉。正常人口服治疗量氯丙嗪后,表现为安静、活动减少、感情淡漠和注意力下降、对周围事物不感兴趣、答话缓滞,而理智正常;在安静环境下易入睡但易唤醒,醒后神态清楚,随后又易入睡。精神分裂症患者服用氯丙嗪后则显现良好的抗精神分裂症作用,能迅速控制兴奋躁动状态;大剂量连续用药能消除患者的幻觉和妄想等症状,减轻思维障碍,使患者恢复理智,情绪安定,生活自理。对抑郁症无效,甚至可使之加剧。

　　氯丙嗪的抗精神分裂症作用主要是通过拮抗中脑-边缘系统通路和中脑-皮质通路功能亢进的D_2样受体而发挥疗效。但是,由于氯丙嗪对黑质-纹状体通路的D_2样受体同样具有相似的亲和力,因此,在长期应用氯丙嗪的患者中,锥体外系反应的发生率较高(图16-1)。

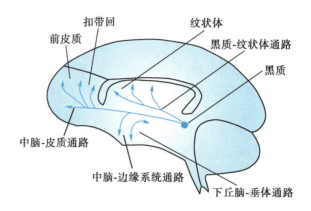

图 16-1　脑内 DA 神经通路示意图

　　(2)镇吐作用:氯丙嗪小剂量时即可对抗 DA 受体激动药阿扑吗啡(apomorphine)引起的呕吐反应,这是其拮抗了延髓第四脑室底部的催吐化学感受区(chemoreceptor trigger zone)D_2受体的结果。大剂量氯丙嗪直接抑制呕吐中枢。氯丙嗪对顽固性呃逆也有效,其机制是抑制了位于延髓与催吐化学感受区旁的呃逆中枢调节部位。但是,氯丙嗪不能对抗前庭刺激引起的呕吐。

　　(3)对体温调节的作用:氯丙嗪对下丘脑体温调节中枢有很强的抑制作用,从而破坏机体保持体温恒定的能力,干扰正常的散热机制。在氯丙嗪的作用下,机体体温调节能力丧失,在低温环境中体温下降,环境温度愈低其降温作用愈显著,与物理降温同时应用,则有协同降温作用;在高温环境中,如炎热天气,体温反而上升。因此,氯丙嗪与解热镇痛抗炎药不同,不但降低发热机体的体温,也能降低正常体温。

　　2. 对内分泌系统的影响　中枢结节-漏斗系统中的D_2样受体可促使下丘脑分泌多种激素,如催乳素释放抑制因子、卵泡刺激素释放因子、黄体生成素释放因子和促肾上腺皮质激素等。氯丙嗪通过拮抗D_2样受体,增加催乳素分泌,出现乳房肿大、溢乳;抑制促性腺激素、糖皮质激素的分泌,延迟排卵。氯丙嗪也可抑制垂体生长激素的分泌,可试用于巨人症的治疗。

　　3. 对自主神经系统的作用

　　(1)拮抗α肾上腺素受体作用:拮抗α受体可致血管扩张、血压下降,大剂量时可引起直立性低血压。但因连续用药可产生耐受性,且有较多副作用,故不能用于高血压的治疗。氯丙嗪还可解除小动脉、小静脉痉挛,改善微循环,有一定的抗休克作用。此外,氯丙嗪对静脉的扩张作用大于动脉,故可降低心的前负荷,改善心功能;但该作用会引起反射性心率增快,增强收缩力,增加心输出量。

　　(2)拮抗 M 受体作用:拮抗 M 受体作用较弱,引起口干、便秘、视力模糊。

　　【临床应用】氯丙嗪除了用于治疗精神分裂症外,也可用于治疗呕吐或顽固性呃逆以及低温麻醉等。

1. 精神分裂症　氯丙嗪能够显著缓解阳性症状,如进攻、亢进、妄想和幻觉等。但对冷漠等阴性症状效果不显著。急性期时药物起效较快。氯丙嗪主要用于Ⅰ型精神分裂症(以精神运动性兴奋、幻觉妄想为主)的治疗,尤其对急性患者效果显著,但不能根治,需长期用药,甚至终身治疗;对慢性精神分裂症患者疗效较差。对Ⅱ型精神分裂症患者无效甚至加重病情。氯丙嗪对其他精神病伴有的兴奋、躁动、紧张、幻觉和妄想等症状也有显著疗效。对各种器质性精神病(如脑动脉硬化性精神病、感染中毒性精神病等)和症状性精神病的兴奋、幻觉和妄想症状也有效,但剂量要小,症状控制后须立即停药。

氯丙嗪已在临床使用50多年,证明其治疗精神病安全有效,至今国内许多精神科医师仍将其列为治疗精神分裂症的首选药。主要用于治疗具有精神病性症状如幻觉、妄想、思维、行为障碍(如紧张症、刻板症等)的各种精神病,特别是急性发作和具有明显阳性症状的精神分裂症患者。由于氯丙嗪具有较强的神经安定作用,对兴奋、激越、焦虑、攻击、躁狂等症状均有良好疗效。用于临床急诊或急性期治疗,可首先采用25~50mg氯丙嗪与等量异丙嗪混合深部肌内注射或静脉滴注,快速有效地控制兴奋和急性精神病性症状,然后视病情制订进一步治疗方案。

2. 呕吐和顽固性呃逆　氯丙嗪对多种药物(如洋地黄、吗啡、四环素等)和疾病(如尿毒症、恶性肿瘤)引起的呕吐具有显著的镇吐作用。对顽固性呃逆具有显著疗效。对晕动症无效。

3. 低温麻醉与人工冬眠　物理降温(冰袋、冰浴)配合氯丙嗪应用可降低患者体温,因而可用于低温麻醉。氯丙嗪与其他中枢抑制药(哌替啶、异丙嗪)合用,则可使患者深睡,体温、基础代谢及组织耗氧量均降低,增强患者对缺氧的耐受力,减轻机体对伤害性刺激的反应,并可使自主神经传导阻滞及中枢神经系统反应性降低,机体处于这种状态,称"人工冬眠",有利于机体度过危险的缺氧缺能阶段,为进行其他有效的对因治疗争得时间。人工冬眠多用于严重创伤、感染性休克、高热惊厥、中枢性高热及甲状腺危象等的辅助治疗。

4. 与镇痛药和催眠药合用　治疗晚期癌痛,增强催眠药作用。

【不良反应】由于氯丙嗪的药理作用广泛,所以不良反应也较多。

1. 常见不良反应　中枢抑制症状(嗜睡、淡漠、无力等)、M受体拮抗症状(视力模糊、口干、无汗、便秘、眼压升高等)和α受体拮抗症状(鼻塞、血压下降、直立性低血压及反射性心悸等)。由于局部刺激性较强,可用深部肌内注射。静脉注射可致血栓性静脉炎,应以生理盐水或葡萄糖注射液稀释后缓慢注射。为防止直立性低血压,注射给药后立即卧床休息2小时左右,然后缓慢起立。

2. 锥体外系反应　长期大量服用氯丙嗪可出现3种反应:①帕金森综合征(Parkinsonism):表现为肌张力增高、面容呆板(面具脸)、动作迟缓、肌肉震颤、流涎等;②静坐不能(akathisia):患者表现坐立不安、反复徘徊;③急性肌张力障碍(acute dystonia):多出现在用药后第1至第5天。由于舌、面、颈及背部肌肉痉挛,患者可出现强迫性张口、伸舌、斜颈、呼吸运动障碍及吞咽困难等症状。以上3种反应的出现是由于氯丙嗪拮抗了黑质-纹状体通路的D_2样受体,使纹状体中的DA功能减弱、乙酰胆碱的功能相对增强;该反应可通过减量、停药来减轻或消除,也可用抗胆碱药以缓解。

此外,长期服用氯丙嗪后,部分患者还可引起迟发性运动障碍(TD),表现为口-面部不自主的刻板运动、广泛性舞蹈样手足徐动症,停药后仍长期不消失。其机制可能是DA受体长期被拮抗、受体敏感性增加或反馈性促进突触前膜DA释放增加。此反应难以治疗,用抗胆碱药反使症状加重,抗DA药使此反应减轻。TD尤易侵袭那些器质性脑病患者。因此,老年患者应尽量避免使用这类药物。约有20%的患者服用氯丙嗪后出现TD,病程长的可高达40%。

尽管 TD 症状通常较轻,但一旦发展为严重病例,会进一步恶化患者的生活质量。

3. 药源性精神异常　氯丙嗪本身可以引起精神异常,如意识障碍、萎靡、淡漠、兴奋、躁动、消极、抑郁、幻觉、妄想等,应与原有疾病加以鉴别,一旦发生应立即减量或停药。

4. 惊厥与癫痫　少数患者用药过程中出现局部或全身抽搐,脑电有癫痫样放电,有惊厥或癫痫史者更易发生,应慎用,必要时加用抗癫痫药物。

5. 心血管反应　除直立性低血压外,可出现持续性低血压休克(多见于年老伴动脉硬化、高血压患者);亦可见心悸、心电图改变、QT 间期延长、心动过速。

6. 内分泌异常　长期用药还会引起内分泌系统紊乱,如乳腺增大、泌乳、月经停止、抑制儿童生长等。主要是由于氯丙嗪拮抗了 DA 介导的下丘脑催乳素释放抑制途径,引起高催乳素血症,导致乳漏、闭经及妊娠试验假阳性;正常的男性激素向雌激素转变受到影响时会导致性欲的增强。性功能障碍(阳痿、闭经)的出现可能会使得患者依从性较差。

7. 过敏反应　常见症状有皮疹、接触性皮炎,也可出现粒细胞减少、溶血性贫血和再生障碍性贫血等。

8. 肝功能损伤　对肝功能有一定影响,偶可引起阻塞性黄疸、肝肿大,停药后可恢复。

9. 神经阻滞剂恶性综合征　少见却可能致命的并发症,病因未明,一般在使用某些抗精神病药或止吐药时发生,主要表现为意识模糊或无反应、肌肉僵硬、体温高和自主神经功能障碍。一旦发生,应立即停药,并予以对症治疗,也可用骨骼肌肌松剂(丹曲林)或 DA 受体激动药(如溴隐亭)治疗。

10. 急性中毒　一次吞服大剂量氯丙嗪后,可致急性中毒,患者出现昏睡、血压下降至休克水平,并出现心肌损害,如心动过速、心电图异常(PR 间期或 QT 间期延长,T 波低平或倒置),此时应立即对症治疗。

【禁忌证】氯丙嗪能降低惊厥阈,诱发癫痫,故有癫痫及惊厥史者禁用;氯丙嗪能升高眼压,青光眼患者禁用;乳腺增生症和乳腺癌患者禁用;对冠心病患者易致猝死,应慎用。

【药物相互作用】氯丙嗪能增强其他一些药物的中枢抑制作用,如乙醇、镇静催眠药、抗组胺药、镇痛药等,联合使用时注意调整剂量。特别是当与吗啡、哌替啶等合用时要注意呼吸抑制和降低血压的问题。此类药物抑制 DA 受体激动药、左旋多巴的作用。氯丙嗪的去甲基代谢物可以拮抗胍乙啶的降压作用,可能是阻止后者被摄入神经末梢。某些肝药酶诱导剂如苯妥英钠、卡马西平等可加速氯丙嗪的代谢,应注意适当调节剂量。

奋乃静

奋乃静(perphenazine)较氯丙嗪缓和,对心血管系统、肝及造血系统的副作用较氯丙嗪轻。除镇静作用、控制精神运动兴奋作用次于氯丙嗪外,其他同氯丙嗪。奋乃静对慢性精神分裂症的疗效则高于氯丙嗪。

氟奋乃静和三氟拉嗪

氟奋乃静(fluphenazine)和三氟拉嗪(trifluoperazine)的中枢镇静作用较弱,且具有兴奋和激活作用。除有明显的抗幻觉妄想作用外,这两种药物对行为退缩、情感淡漠等症状有较好疗效,适用于精神分裂症偏执型和慢性精神分裂症。

硫利达嗪

硫利达嗪(thioridazine)又名甲硫达嗪,抗精神病作用与氯丙嗪相似,作用缓和为其优点。镇静、嗜睡作用较弱,其锥体外系反应和心动过速等不良反应比氯丙嗪少见,较适合应用于老年患者。常用于精神分裂症、躁狂症,也可用于癫痫性精神病、老年性精神病等。

(二) 硫杂蒽类

硫杂蒽类(thioxanthene)又名噻吨类,是基本结构与吩噻嗪类相似,但在吩噻嗪环上第

10 位的氮原子被碳原子取代,并通过双键与侧链相连而得到的一类抗精神病药物,包括氯普噻吨、氟哌噻吨等。所以此类药物的基本药理作用与吩噻嗪类极为相似,抗精神分裂症的作用机制也与阻断 D_2 样受体有关,与吩噻嗪类相比,镇静作用较弱,但有一定的抗焦虑和抗抑郁作用。该类药物能增加乙醇、巴比妥类及其他中枢抑制药的作用;能阻断胍乙啶、左旋多巴和肾上腺素类药物的作用;与甲氧氯普胺和哌嗪合用可增加锥体外系反应的发生。

氯普噻吨

氯普噻吨(chlorprothixene)又名泰尔登(tardan)、氯丙硫蒽,是该类药的代表,其结构与三环类抗抑郁药相似,故有较弱的抗抑郁作用。氯普噻吨口服易吸收,药峰时间为 1~3 小时;主要经肝代谢,经肾排泄,半衰期约为 30 小时。氯普噻吨调整情绪、控制焦虑抑郁的作用较氯丙嗪强,但抗幻觉妄想作用不及氯丙嗪,故适用于带有强迫状态或焦虑抑郁情绪的精神分裂症、焦虑性神经症以及围绝经期抑郁症患者。由于其抗肾上腺素与抗胆碱作用较弱,故不良反应较轻,锥体外系症状也较少。

氟哌噻吨

氟哌噻吨(flupenthixol)又名三氟噻吨,口服易吸收,药峰时间为 4~5 小时,血浆蛋白结合率 >95%;主要经肝代谢,经肾排泄,半衰期约为 35 小时。其抗精神分裂症作用与氯丙嗪相似,但具有特殊的激动效应,故禁用于躁狂症患者。治疗精神分裂症的剂量为口服其盐酸盐,每次 3~9mg,一日 2 次,最大剂量每日 18mg。长效制剂氟哌噻吨癸酸酯,可深部肌内注射,第一次 20mg,隔 2~4 周根据患者的反应给予 20~40mg。氟哌噻吨也用于治疗抑郁症或伴焦虑的抑郁症,口服 0.5~3mg,每天最后一次用药不得迟于午后 4 点,用药 1 周无效应停药。氟哌噻吨镇静作用弱,但锥体外系反应常见。偶有猝死报道。

(三)丁酰苯类

丁酰苯类(butyrophenone)的化学结构与吩噻嗪类完全不同,是在中枢镇痛药哌替啶的哌啶环上的 N- 甲基为某一类特定基团取代之后意外发现的,但同样能选择性阻断 D_2 样受体,药理作用和临床应用与吩噻嗪类相似,包括氟哌啶醇、氟哌利多、匹莫齐特等。该类药物能产生较强的抗精神分裂作用,而镇痛作用下降;对外周自主神经系统无明显作用,无抗组胺作用,抗肾上腺作用较弱,有良好的抗兴奋躁动、敌对情绪和攻击行为作用,有较强的安定作用及镇吐作用,起效迅速,锥体外系反应较多见。此类药物与麻醉药、镇静催眠药合用时,可相互增加中枢抑制作用,合并使用时应减量;与氟西汀合用时,可加重锥体外系反应;与甲基多巴合用时,能加重精神症状,应注意避免;与抗高血压药合用时,易致直立性低血压;与苯妥英钠及苯巴比妥合用能降低本药的血药浓度。

氟哌啶醇

氟哌啶醇(haloperidol)是第一个合成的丁酰苯类药物,是这类药物的典型代表。其化学结构与氯丙嗪完全不同,却能选择性拮抗 D_2 样受体,有很强的抗精神分裂症作用。氟哌啶醇口服吸收快,血浆浓度药峰时间为 3~6 小时;在肝内代谢,经肾排泄,少量可随胆汁排出,半衰期为 13~35 小时,作用可持续 3 天。氟哌啶醇不仅可显著控制各种精神运动兴奋的作用,同时对慢性症状有较好疗效。其锥体外系副作用发生率高、程度严重,降低剂量可减轻或消失;长期应用可引起迟发性运动障碍,也可引起失眠、头痛、口干及消化道症状。但由于其对心血管系统的副作用较轻、对肝功能影响小而保留其临床应用价值。

氟哌利多

氟哌利多(droperidol)又名氟哌啶。氟哌利多在体内代谢快,肌内注射后起效时间几乎与静脉注射相同,在体内广泛代谢,75% 随尿排出,其余随粪便排泄。血浆半衰期分两部分,开始为 10 分钟,最终为 2.2 小时。因此,氟哌利多作用维持时间仅为 6 小时左右,作用与氟哌啶醇相似。临床上主要用于增强镇痛药的作用,如与芬太尼配合使用,使患者处于一种特殊的麻醉状态——痛觉消失、精神恍惚、对环境淡漠,被称为神经安定镇痛术(neuroleptanalgesia);作为一种外科麻醉,可以进行小的手术如烧伤清创、窥镜检查、造影等,其特点是集镇痛、安定、镇吐、抗休克作用于一体。因为其作用时间比芬太尼长,故第二次重复给药一般只给芬太尼,避免其蓄积。氟哌利多也用于麻醉前给药、镇吐、控制精神患者的攻击行为。氟哌利多可引起血浆中泌乳素浓度增加,引起少数患者的抑郁反应,同时可引起注射局部红肿、疼痛、硬结。

匹 莫 齐 特

匹莫齐特(pimozide)为氟哌利多的双氟苯衍生物,半衰期明显延长,可达 55 小时以上,但有首过效应现象。临床上用于治疗精神分裂症、躁狂症和抽动秽语综合征。此药有较好的抗幻觉、妄想作用,并使慢性退缩被动的患者活跃起来。与氯丙嗪相比,其镇静、降压、抗胆碱等副作用较弱,而锥体外系反应则较强。匹莫齐特易引起室性心律失常和心电图异常(如 QT 间期延长、T 波改变),故对伴有心脏病的患者禁用。

(四)其他抗精神分裂症药物

五 氟 利 多

五氟利多(penfluridol)属二苯丁基哌啶类(diphenylbutylpiperidine),是口服长效抗精神分裂症药,一次用药疗效可维持 1 周。其长效的原因可能与贮存于脂肪组织,从而缓慢释放入血有关。五氟利多能阻断 D_2 样受体,有较强的抗精神分裂症作用,亦可镇吐。对精神分裂症的疗效与氟哌啶醇相似,镇静作用较弱,适用于急慢性精神分裂症,尤其适用于慢性患者,而且对幻觉、妄想、退缩均有较好疗效。五氟利多的副作用以锥体外系反应最常见。

舒 必 利

舒必利(sulpiride)属苯甲酰胺类,选择性地拮抗中脑-边缘系统 D_2 样受体。对紧张型精神分裂症疗效高,奏效也较快,有药物电休克之称。此药有改善患者与周围的接触、活跃情绪、减轻幻觉和妄想的作用,对情绪低落、忧郁等症状也有治疗作用,对长期用其他药物无效的难治性病例也有一定疗效。舒必利对中脑-边缘系统的 D_2 样受体有高度亲和力,对纹状体的亲和力较低,因此其锥体外系不良反应较少。躁狂症、高血压、嗜铬细胞瘤患者禁用。

二、非经典抗精神分裂症药

非经典抗精神分裂症药(non-classical antipsychotics)与经典抗精神分裂症药相比,其优势在于:①耐受性好,因此有较好的依从性,很少发生锥体外系反应和高催乳素血症等不良反应;②在改善精神病患者症状,尤其在改善阴性症状方面,几乎所有的非经典抗精神分裂症药均优于经典抗精神分裂症药;③副作用包括引起代谢性疾病如高脂血症、体重增加等。一般认为,5-HT 受体在非典型治疗精神分裂症药物作用机制中扮演了重要角色。与经典抗精神分裂症药相比,5-HT 受体作用机制能使非经典抗精神分裂症药在保持相同疗效时更少导致锥体外系反应。目前认为,有效的 $5-HT_{2A}$ 受体拮抗作用和较弱的 D_2 样受体拮抗作用是区别氯氮平和其他非经典抗精神分裂症药与经典抗精神分裂症药的主要药理特征。其中,5-HT-DA 受体拮抗剂或第二代治疗精神分裂症药物,包括氯氮平、利培酮、奥氮平和喹硫平(quetiapine)等;在拮抗 $5-HT_{2A}$ 和 D_2 样受体的同时,部分激动某些 5-HT 受体的第三代治疗精神分裂症药物包括齐拉西酮、阿立哌唑和鲁拉西酮(lurasidone)。但目前还没有被广泛认可的"非经典"治疗精神分裂症药物的定义。此外,该类药物未被批准用于治疗与痴呆相关的精神病,因为与痴呆相关的老年精神病患者使用非经典抗精神病药可增加死亡的发生风险。

氯 氮 平

氯氮平（clozapine）属于苯二氮䓬类，为非经典抗精神分裂症药。20世纪70年代初，氯氮平在北欧开始用于临床，取得抗精神分裂症的良好效果，我国不少地区曾经将其作为治疗精神分裂症的首选药。但因其能引起潜在致命的粒细胞缺乏症，还可能导致患有痴呆相关精神障碍的老年患者的死亡率升高，因此，最新的临床指南不再将氯氮平作为精神分裂症的一线用药，而主要用于治疗难治性精神分裂症，或在确认其他抗精神分裂症药物治疗失败时考虑使用。

氯氮平能特异性阻断中脑-边缘系统通路和中脑-皮质通路的 D_4 亚型受体，对黑质-纹状体通路的 D_2 和 D_3 亚型受体几乎无亲和力。研究已经证实，氯氮平抗精神病的治疗机制涉及阻断 $5-HT_{2A}$ 和 DA 受体，协调 5-HT 与 DA 系统的相互作用和平衡。因此，氯氮平也被称为 5-HT-DA 受体阻断药（serotonin-dopamine antagonists，SDA），并由此提出了精神分裂症的 DA 与 5-HT 平衡障碍的病因学说。

氯氮平口服易吸收，吸收后迅速广泛分布到各组织，有首过效应；服药后 1~4 小时达血浆峰浓度，可通过血脑屏障，可随乳汁分泌；主要经肝代谢，80% 以代谢物形式出现在尿和粪便中，半衰期为 3.6~14.3 小时。吸烟可加速氯氮平的代谢，其肾清除率及代谢在老年人中明显降低。

氯氮平为广谱神经安定药，对精神分裂症的疗效与氯丙嗪相当，但起效迅速，多在1周内见效；抗精神分裂症作用强，也适用于慢性患者；氯氮平对其他抗精神分裂症药无效的精神分裂症的阴性和阳性症状都有治疗作用。因此，氯氮平主要用于其他抗精神分裂症药无效或锥体外系反应过强的患者，也可用于改善长期给予氯丙嗪等抗精神分裂症药引起的迟发运动障碍，原有精神疾病也得到控制。氯氮平对情感淡漠和逻辑思维障碍的改善较差。

氯氮平具有抗胆碱作用、抗组胺作用和抗肾上腺素能作用，几乎无锥体外系反应和内分泌紊乱等不良反应，但可引起粒细胞减少，严重者可致粒细胞缺乏（女性多于男性），可能由于免疫反应引起，因此用药前及用药期间须做白细胞计数检查。亦有引起染色体畸变的报道。

利 培 酮

利培酮（risperidone）是第二代非经典抗精神分裂症药，对 5-HT 受体和 D_2 样受体均有拮抗作用，但对前者的作用显著强于后者。利培酮对精神分裂症阳性症状如幻觉、妄想、思维障碍等以及阴性症状均有疗效。适用于治疗首发急性和慢性患者。不同于其他药物的是，该药对精神分裂症患者的认知功能障碍和继发性抑郁亦具治疗作用。由于利培酮有效剂量小，用药方便、见效快，锥体外系反应轻，且抗胆碱样作用及镇静作用弱，易被患者耐受，治疗依从性优于其他抗精神分裂症药，自20世纪90年代推广应用于临床以来，已成为治疗精神分裂症的一线药物。

奥 氮 平

奥氮平（olanzapine）是第二代非经典抗精神分裂症药物，在氯氮平的基础上经结构改造研发而成，对 DA、5-HT、NA 等的多重受体具有拮抗作用，对胆碱受体也具有拮抗作用。奥氮平对 $5-HT_2$ 受体亲和力大于其与多巴胺 D_2 样受体的亲和力，故较少发生锥体外系反应。奥氮平对精神分裂症和其他有严重阳性症状和/或阴性症状的精神病具有较好的疗效，也可用于治疗中、重度躁狂发作和预防双相障碍复发。常见的不良反应有嗜睡和体重增加，少见头晕、口干、直立性低血压、急性或迟发性锥体外系运动障碍等，迄今未见粒细胞缺乏的报道。但与痴呆相关的老年精神病患者、孕妇和哺乳期妇女不宜使用。此外，有报道称奥氮平可能会引起一种嗜酸性粒细胞增多相关的严重药物反应以及全身症状，如发热、淋巴结肿大、面部浮肿等,死亡率高达 10%。

齐拉西酮

齐拉西酮(ziprasidone)是继氯氮平、利培酮、奥氮平和喹硫平之后,全球上市的第 5 个非经典抗精神分裂症药物。对 D_2、D_3、$5HT_{2A}$、$5HT_{2C}$、$5HT_{1A}$、$5HT_{1D}$、α 肾上腺素受体具有较高的亲和力,对 H_1 受体具有中等亲和力,对包括 M 受体在内的其他受体无亲和力。该药还能抑制突触对 5-HT 和 NA 的再摄取。齐拉西酮对急性或慢性、初发或复发精神分裂症均有很好疗效;对精神分裂症阳性症状、阴性症状有效。常见不良反应有头痛、嗜睡、异常活动、恶心、便秘、消化不良和心血管反应。

阿立哌唑

阿立哌唑(aripiprazole)是一种新型的非经典抗精神分裂症药物,对 DA 能神经系统具有双向调节作用,是 DA 递质的稳定剂。与 D_2、D_3、$5-HT_{1A}$ 和 $5-HT_{2A}$ 受体有很高的亲和力。通过对 D_2 和 $5-HT_{1A}$ 受体的部分激动作用及对 $5-HT_{2A}$ 受体的拮抗作用来产生抗精神分裂症作用。口服阿立哌唑后血药浓度药峰时间为 3~5 小时,半衰期为 48~68 小时。临床用于治疗各类型的精神分裂症,对精神分裂症的阳性和阴性症状均有明显疗效。

第二节　抗躁狂药

躁狂症的特征是情绪高涨、烦躁不安、活动过度和思维、言语不能自制。抗躁狂药(antimaniacs)主要用于治疗躁狂症,上述抗精神分裂症药物也常用于治疗躁狂症,此外,一些抗癫痫药如卡马西平、丙戊酸钠抗躁狂也有效。目前,临床最常用的是碳酸锂,也有枸橼酸盐,在此仅以碳酸锂为代表进行介绍。

碳酸锂

碳酸锂(lithium carbonate)于 1949 年开始用于治疗躁狂症。本药主要通过锂离子发挥药理作用,治疗剂量对正常人的精神行为没有明显影响。尽管研究已经发现锂离子在细胞水平具有多方面作用,但其情绪安定作用的确切机制仍不清楚。目前认为其治疗机制主要在于:①在治疗浓度抑制去极化和 Ca^{2+} 依赖的 NA 和 DA 从神经末梢释放,而不影响或促进 5-HT 的释放;②摄取突触间隙中儿茶酚胺,并增加其灭活;③抑制腺苷酸环化酶和磷脂酶 C 所介导的反应;④影响 Na^+、Ca^{2+}、Mg^{2+} 的分布,影响葡萄糖的代谢。

锂盐对躁狂症患者有显著疗效,特别是对急性躁狂症和轻度躁狂症疗效显著,有效率为80%。碳酸锂主要用于躁狂症,但有时对抑郁症也有效,故有情绪稳定药(mood-stabilizing)之称。碳酸锂还可用于治疗双相障碍,该病的特点是躁狂和抑郁的双向循环发生。长期重复使用碳酸锂不仅可以减少躁狂复发,对预防抑郁复发也有效,但对抑郁的作用不如躁狂显著。

碳酸锂口服吸收快,血药浓度高峰出现于服药后 2~4 小时。锂离子先分布于细胞外液,然后逐渐蓄积于细胞内。不与血浆蛋白结合,半衰期为 18~36 小时。锂虽吸收快,但通过血脑屏障进入脑组织和神经细胞需要一定时间,因此,锂盐显效较慢。碳酸锂主要自肾排泄,约 80% 由肾小球滤过的锂在近曲小管与 Na^+ 竞争重吸收,故增加钠摄入可促进其排泄,而缺钠或肾小球滤出减少时,可导致体内锂潴留,引起中毒。

碳酸锂不良反应较多,安全范围窄。急性治疗的血锂浓度为 0.6~1.2mmol/L,维持治疗的血锂浓度为 0.4~0.8mmol/L,超过有效浓度的上限 1.4mmol/L 容易出现锂中毒。当血锂浓度 >1.5mmol/L,会出现不同程度的中毒症状;血锂浓度 1.5~2.0mmol/L 以上危及生命。轻度的毒性症状包括恶心、呕吐、腹痛、腹泻和细微震颤；较严重的毒性反应涉及神经系统，包括精神紊乱、反射亢进、明显震颤、发音困难、惊厥，直至昏迷与死亡。因此，用药时应对血锂浓度进行监测；一旦发现中毒征象，应立即停药，并依病情给予对症治疗及支持疗法。

第三节　抗　抑　郁　药

抑郁症是一种以心境低落为主要特征的情感性精神障碍综合征，主要临床表现为情绪低落、精力不足、思维迟钝、意志行为减退、主观能动性降低甚至丧失，常有自杀倾向。抑郁症已经成为最常见的一类精神疾病，人群发病率为 2%~3%，在青少年人群中发病率更高。尽管抑郁症严重影响人类的健康水平，但通过合理的药物治疗，可使 80% 左右的抑郁患者病情显著改善，维持治疗可使反复发作的抑郁患者减少复发。

目前被广泛公认的抑郁症发病机制是单胺类神经递质学说。该学说认为，当多种原因导致脑内单胺类递质如 NA、5-HT 或 DA 的功能相对或绝对不足时，容易诱发抑郁症等单向或双相障碍的发生。研究表明，当脑内 5-HT 功能低下时，若 NA 水平也低下则表现为抑郁相，而 NA 水平较高则表现为躁狂相。

抗抑郁药（antidepressant）是主要用于治疗情绪低落、抑郁消极的一类药物。各种抗抑郁药均可显著改善抑郁症状，长期治疗可使反复发作的抑郁减少复发。抗抑郁药对焦虑性障碍、惊恐发作、强迫性障碍及恐惧症也有效。临床目前使用的抗抑郁药大多基于单胺类神经递质学说研发获得的，其机制为：①非选择性抑制 NA 和 5-HT 再摄取，如丙米嗪；②选择性抑制 NA 再摄取，如地昔帕明；③选择性抑制 5-HT 再摄取，如氟西汀；④抑制单胺氧化酶，如吗氯贝胺；⑤阻断突触前 α_2 肾上腺素受体而增加 NA 的释放，如米氮平。通过这些机制最终使突触间隙中 NA 和 / 或 5-HT 含量增加，改善抑郁症状。所以，抗抑郁药在药理作用、临床应用和不良反应等方面具有许多相似之处。就不良反应而论，因增加 5-HT 和阻断 α 肾上腺素受体而影响睡眠和血压，因阻断 M 受体引起口干、便秘、视力模糊，NA 增加和 M 受体的阻断可致心律失常，中枢和外周自主神经功能的失衡也会诱发惊厥、性功能障碍和摄食、体重的改变等。药物分类包括三环类抗抑郁药、选择性 NA 再摄取抑制药、选择性 5-羟色胺再摄取抑制药（selective serotonin reuptake inhibitor，SSRI）及其他抗抑郁药。其中，三环类抗抑郁药和单胺氧化酶抑制药属于第一代抗抑郁药；选择性 5-羟色胺再摄取抑制药为第二代抗抑郁药，以其良好的安全性能已取代三环类抗抑郁药而成为目前临床最常用的治疗抑郁症药物。选择性 5-羟色胺和去甲肾上腺素再摄取抑制药（serotonin-norepinephrine reuptake inhibitor，SNRI）目前在临床的应用也逐渐增多。值得注意的是，有研究发现，抗抑郁药用于患严重抑郁症或其他精神障碍的儿童、青少年和青年时，可增加其自杀倾向及自杀行为的风险，故此类患者用药时需权衡利弊。

一、三环类抗抑郁药

三环类抗抑郁药（tricyclic antidepressant，TCA）因其药物结构中都有 2 个苯环和 1 个杂环而得名，常用的有丙米嗪、阿米替林、氯米帕明、多塞平等。

在作用机制上，TCA 属于非选择性单胺摄取抑制剂，主要抑制 NA 和 5-HT 的再摄取，增加突触间隙这两种递质的浓度，从而发挥抗抑郁作用。大多数 TCA 具有抗胆碱作用，引起口干、便秘、排尿困难等副作用。此外，TCA 还阻断 α_1 肾上腺素受体和 H_1 受体而引起过度镇静。

丙 米 嗪

丙米嗪(imipramine)又名米帕明,是第一个 TCA,由于其通过氯丙嗪结构改造而来,故具有类似吩噻嗪类的三环结构。但丙米嗪并不像氯丙嗪那样具有镇静作用,反而有一定的兴奋作用。1958 年开始用于抑郁症的治疗。丙米嗪通过阻断中枢神经系统对 NA、5-HT 的再摄取,升高突触间隙的递质浓度,发挥抗抑郁作用。此外,该药还有抗 M 受体、抗 α_1 肾上腺素受体及抗 H_1 受体作用,对 DA 受体影响极小。

【体内过程】丙米嗪口服吸收良好,2~8 小时血药浓度达高峰,血浆半衰期为 10~20 小时。在体内丙米嗪广泛分布于各组织,以脑、肝、肾及心分布较多。丙米嗪主要在肝内经药酶代谢,活性代谢物为去甲丙米嗪,经肾排泄,亦可随乳汁排泄。

【药理作用】主要是对中枢神经系统、自主神经系统和心血管系统的作用。

1. 对中枢神经系统的作用　正常人服用后出现安静、嗜睡、血压稍降、头晕、目眩,并常出现口干、视力模糊等抗胆碱反应,连用数天后这些症状可能加重,甚至出现注意力不集中和思维能力下降。但抑郁症患者连续服药后,出现精神振奋现象,连续 2~3 周后疗效才显著,使情绪高涨,症状减轻。

目前认为,丙米嗪抗抑郁作用的主要机制是阻断 NA、5-HT 在神经末梢的再摄取,从而使突触间隙的递质浓度增高,促进突触传递功能。

2. 对自主神经系统的作用　治疗量丙米嗪有显著阻断 M 受体的作用,表现为视力模糊、口干、便秘和尿潴留等。

3. 对心血管系统的作用　治疗量丙米嗪可降低血压,致心律失常,其中心动过速较常见。心电图可出现 T 波倒置或低平。这些不良反应可能与该药阻断单胺类再摄取从而引起心肌中 NA 浓度增高有关。另外,丙米嗪对心肌有奎尼丁样直接抑制效应,故心血管病患者慎用。

【临床应用】丙米嗪除了治疗抑郁症外,对遗尿症和焦虑、恐惧也有一定的疗效。

1. 抑郁症　用于各种原因引起的抑郁症,对内源性抑郁症、围绝经期抑郁症效果较好。对反应性抑郁症次之,对精神分裂症患者的抑郁症状效果较差。此外,抗抑郁药也可用于强迫症的治疗。治疗剂量:开始时每次 25mg,一日 3 次,逐渐增加到每次 50mg,每日 3~4 次,严重病例最高可用到每日 300mg。

2. 遗尿症　对于儿童遗尿可试用丙米嗪治疗,剂量依年龄而定,睡前口服,疗程以 3 个月为限。

3. 焦虑症和恐惧症　对伴有焦虑的抑郁症患者疗效显著,对恐惧症也有效。

【不良反应】常见的不良反应有口干、扩瞳、视力模糊、便秘、排尿困难和心动过速等抗胆碱作用,还出现多汗、无力、头晕、失眠、皮疹、直立性低血压、反射亢进、共济失调、肝功能异常、粒细胞缺乏症等。因抗抑郁药易致尿潴留和升高眼内压,故前列腺肥大、青光眼患者禁用。此外,三环类抗抑郁药可引起体重增加或减轻,血糖升高或降低,抗利尿激素分泌失调综合征,男子乳腺发育,女性乳房增大、乳溢。大剂量用药可引起焦虑,甚至引起意识模糊、幻觉、躁动、失眠、轻躁狂、精神病恶化。偶有皮疹、荨麻疹、瘙痒、光敏反应等过敏症状。

【药物相互作用】TCA 与血浆蛋白的结合能被苯妥英钠、保泰松、阿司匹林、东莨菪碱和吩噻嗪竞争结合而减少。如与单胺氧化酶抑制药(monoamine oxidase inhibitor,MAOI)合用,可引起血压明显升高、高热和惊厥。这是由于 TCA 抑制 NA 再摄取,MAOI 减少 NA 灭活,使 NA 浓度增高所致。TCA 还能增强中枢抑制药的作用,如与抗精神分裂症药、抗帕金森病药合用时,其抗胆碱作用可相互增强。此外,抗抑郁药还能对抗胍乙啶及可乐定的降压作用。

阿 米 替 林

阿米替林(amitriptyline)又名依拉维,是临床上常用的三环类抗抑郁药,其药理学特性及临床应用与丙米嗪极为相似。与丙米嗪相比,阿米替林对 5-HT 再摄取的抑制作用明显强于对 NA 再摄取的抑制。其镇静作用和抗胆碱作用也较强。阿米替林口服吸收完全,血药峰浓度为 8~12 小时,但剂量过大可延缓吸收;吸收后可透过胎盘屏障;主要经肝代谢,生成活性代谢物去甲替林;代谢物以游离型或结合型经肾排泄,排泄较慢,也可随乳汁排泄。血浆半衰期为 31~46 小时。鉴于阿米替林有较强的镇静催眠作用,主张每天口服 1 次,从25mg 开始逐渐增加剂量,甚至用到 150mg,睡前口服。阿米替林的不良反应与丙米嗪相似,但比丙米嗪严重,偶有加重糖尿病症状的报道。本药可导致精神分裂症患者的精神症状加重、偏执狂患者的症状恶化、抑郁(尤其是双相障碍)患者出现躁狂和轻躁狂。如出现上述情况,应减少本药剂量或同时服用心境稳定剂(如碳酸锂)、镇静药(如奋乃静或氯丙嗪等)。患者有转向躁狂倾向时应立即停药。

氯 米 帕 明

氯米帕明(clomipramine)又名氯丙米嗪,药理作用和应用类似于丙米嗪,但对 5-HT 再摄取有较强的抑制作用,而其体内活性代谢物去甲氯丙米嗪则对 NA 再摄取有相对强的抑制作用。临床上用于抑郁症、强迫症、恐惧症和发作性睡眠引起的肌肉松弛。不良反应及注意事项与丙米嗪相同。

多 塞 平

多塞平(doxepin)又名多虑平,作用与丙米嗪类似,抗抑郁作用比后者弱,抗焦虑作用强,镇静作用和对血压影响也比丙米嗪强,但对心影响较小。对伴有焦虑症状的抑郁症疗效最佳,焦虑、紧张、情绪低落、行动迟缓等症状数日后即可缓解,达显效需 2~3 周。也可用于治疗消化性溃疡。本药口服易吸收,2~4 小时达血药峰浓度;局部外用后,也可在血中检测到药物;在体内分布较广,可透过血脑脊液屏障和胎盘屏障;主要经肝代谢,生成活性代谢物去甲基多塞平;代谢物主要以游离和结合的方式从肾排泄,也可随乳汁排泄,半衰期为 8~25 小时。不良反应和注意事项与丙米嗪类似。慎用于儿童和孕妇,老年患者应适当减量。

二、选择性去甲肾上腺素再摄取抑制药

选择性去甲肾上腺素再摄取抑制药(noradrenaline reuptake inhibitor,NARI)可选择性抑制 NA 的再摄取,主要用于以脑内 NA 缺乏为主的抑郁症,尤其适用于尿液中 NA 代谢物3- 甲氧基 -4- 羟基 - 苯乙二醇(3-methoxy-4-hydroxy phenylglycol,MHPG)显著减少的患者。这类药物的特点是奏效快,而镇静作用、抗胆碱作用和降压作用均比 TCA 弱。常用药物包括地昔帕明、马普替林、去甲替林、瑞波西汀等。

地 昔 帕 明

地昔帕明(desipramine)又名去甲丙米嗪,结构上属于三环类抗抑郁药,是丙米嗪的代谢物,具有较强的抗抑郁,但镇静作用与抗胆碱作用弱。

【体内过程】口服快速吸收,2~6 小时达药峰浓度,血浆蛋白结合率为 90%;经肝代谢生成具有活性的去甲丙米嗪,有明显的首过效应;主要经肾排泄,少量随胆汁排泄,其中原药形式占 5%。

【药理作用】地昔帕明是强 NA 摄取抑制剂,其效率为抑制 5-HT 摄取的 100 倍以上。对 DA 的摄取亦有一定的抑制作用。对 H_1 受体有强拮抗作用。对 α 肾上腺素受体和 M 受体拮抗作用较弱。

对轻、中度的抑郁症疗效好。有轻度镇静作用,缩短快速眼动睡眠时相,但延长了深睡

眠。血压和心率轻度增加,有时也会出现直立性低血压,可能是由于抑制 NA 再摄取、阻断α肾上腺素受体作用所致。

【临床应用】治疗抑郁症开始口服剂量每次 25mg,每日 3 次,逐渐增加到每次 50mg,每日 3~4 次,需要时最大可用到每日 300mg。老年人应适当减量。

【不良反应】与丙米嗪相比,不良反应较少,但对心脏的影响与丙米嗪相似。过量则导致血压降低、心律失常、震颤、惊厥、口干、便秘等。

【药物相互作用】不能与拟交感胺类药物合用,因会明显增强后者的作用;同样,与 MAOI 合用也要慎重;与胍乙啶及作用于肾上腺素能神经末梢的降压药合用会明显降低降压效果,因为抑制了药物经胺泵摄取进入末梢。

马普替林

马普替林(maprotiline)为选择性去甲肾上腺素再摄取抑制药,对 5-HT 摄取几无影响。抗胆碱作用与丙米嗪类似,远比阿米替林弱。其镇静作用和对血压的影响与丙米嗪类似。与其他三环类抗抑郁药一样,用药 2~3 周后才充分发挥疗效。对睡眠的影响与丙米嗪不同,延长快速眼动睡眠时相。对心脏的影响也与三环类抗抑郁药一样,延长 QT 间期,增加心率。本药口服吸收缓慢但能完全吸收,9~16 小时达血浆药物峰浓度,广泛分布于全身组织,肺、肾、心、脑和肾上腺的药物浓度均高于血液,血浆蛋白结合率约 90%。治疗抑郁症与丙米嗪相似,开始口服剂量每日 25~75mg,分 3 次服用;逐渐增加到每日 150mg,对于严重病例最大可用到每日 225mg。因为半衰期较长,也可晚间一次服用。常见不良反应包括口干、便秘、眩晕、头痛、心悸等。也有用药后出现皮炎和皮疹的报道。能增强拟交感胺药物作用,减弱降压药物反应等。

去甲替林

去甲替林(nortriptyline)的药理作用与阿米替林相似,但抑制 NA 摄取远强于对 5-HT 的摄取。与母药阿米替林相比,其镇静、抗胆碱、降低血压作用及对心脏的影响和诱发惊厥作用均较弱。有助于抑郁症患者入睡,但缩短快速眼动睡眠时相。此外,该药由于阻断 α_1 肾上腺素受体可致直立性低血压,由于抗胆碱作用可致心率加快。该药口服后完全从胃肠道吸收,血浆蛋白结合率为 90%~95%,血浆分布容积为 14~40L/kg,62% 以代谢物形式随尿排泄,血浆半衰期为 18~60 小时。去甲替林治疗内源性抑郁症效果优于反应性抑郁症,比其他三环类抗抑郁药治疗显效。去甲替林的镇静作用、抗胆碱作用、降压作用、对心的影响等虽均比丙米嗪弱,但仍要注意过量引起的心律失常,尤其是心肌梗死的恢复期、传导阻滞或原有心律失常的患者,用药不慎会加重病情。双相抑郁症患者可引起躁狂症发作,应注意。本药与三环类抗抑郁药一样,可降低惊厥发作阈,癫痫患者应慎用。

瑞波西汀

瑞波西汀(reboxetine)为选择性去甲肾上腺素再摄取抑制药,提高中枢内 NA 的活性,从而改善患者的情绪。对 5-HT 亦有较弱的抑制作用,对 M 受体无明显亲和力。瑞波西汀口服易吸收,2 小时可达血药峰值。蛋白结合率约为 97%。本药通过脱甲基化、羟基化和氧化作用经肝代谢,继而与葡糖醛酸和硫酸结合,经肾排泄。血浆半衰期为 13 小时。临床主要用于成人抑郁症。常见不良反应为失眠、口干、便秘、头晕、心率加快等。服用本药可能出现自残或自杀想法,尤其是低于 18 岁的患者。禁忌证:妊娠、分娩、哺乳期妇女;有惊厥史者;严重心血管病患者。

三、选择性 5-羟色胺再摄取抑制药

虽然 TCA 疗效确切,但仍有 20%~30% 的患者治疗无效。此外,这一类药物副作用较

多,患者对药物的耐受性差,过量易引起中毒甚至死亡。从 20 世纪 70 年代起开始研制的选择性 5- 羟色胺再摄取抑制药(selective serotonin reuptake inhibitor,SSRI)与 TCA 的结构迥然不同,对 5-HT 再摄取的抑制作用选择性更强,对其他递质和受体作用甚微,既保留了 TCA 相似的疗效,也克服了 TCA 的诸多不良反应。此类药物发展较快,已开发了 30 多个系列品种,适用于各类抑郁症的治疗,是当前抗抑郁药中最重要的一类,其中氟西汀、帕罗西汀、西酞普兰、氟伏沙明、舍曲林 5 种药在欧美被称为 "五朵金花"。该类药物很少引起镇静作用,也不损害精神运动功能,对心血管和自主神经系统功能影响很小。此类药物还具有抗抑郁和抗焦虑双重作用,其抗抑郁效果需要 2~3 周才显现出来。这类药物多用于脑内 5-HT 减少所致的抑郁症,也可用于病因不清但其他药物疗效不佳或不能耐受其他药物的抑郁症患者。

氟 西 汀

氟西汀(fluoxetine)是第一个成功上市的 SSRI,也是世界卫生组织所列出的基本药物之一。

【体内过程】本药口服吸收良好,有首过效应现象,生物利用度不受食物影响,可达 70%。药峰时间为 6~8 小时。蛋白结合率可高达 95%,体内分布广泛,可透过血脑屏障。用药后 1~2 周起效。治疗抑郁症时,4 周可达最大效应;而治疗强迫症时,需 5 周或更长时间才能达最大效应。在肝内经 CYP2D6 代谢,主要生成具有活性的去甲氟西汀。半衰期为 1~3 天,长期给药后半衰期为 4~6 天;去甲氟西汀的半衰期为 4~16 天。药物主要经肾排泄,少量随粪便排出,亦可随乳汁排出。

【药理作用】氟西汀是一种强效 SSRI,抑制 5-HT 再摄取的作用比抑制 NA 摄取的作用强 200 倍。氟西汀对肾上腺素受体、组胺受体、$GABA_B$ 受体、M 受体、5-HT 受体几乎没有亲和力。对抑郁症的疗效与 TCA 相当,耐受性与安全性优于 TCA。此外,该药对强迫症、贪食症亦有效。

【临床应用】除了抑郁症,对其他精神障碍类疾病也有一定的疗效。

1. 抑郁症 最初治疗建议每日 20mg,一般 4 周后才能显效,如未能控制症状,可考虑增加剂量,每日可增加 20mg,最大推荐剂量每日 80mg。由于其半衰期长,每天只需服药 1 次。

2. 强迫症 推荐的起始剂量为每日 20mg,维持剂量每日 20~60mg。

3. 惊恐障碍和焦虑症 一般起始剂量低,加药需缓慢,初期可能会感到更加焦虑或紧张。

4. 神经性贪食症 常用剂量每日 60mg,作为心理治疗的辅助用药,可有效减少贪食和导泻行为。

【不良反应】偶有恶心呕吐、头痛头晕、乏力失眠、厌食、体重下降、震颤、惊厥、性欲降低等。肝病者服用后半衰期延长,须慎用。肾功能不全者,长期用药须减量,延长服药间隔时间。氟西汀与 MAOI 合用时须警惕 5- 羟色胺综合征(serotonin syndrome)的发生,初期主要表现为不安、激越、恶心、呕吐或腹泻,随后高热、强直、肌阵挛或震颤、自主神经功能紊乱、心动过速、高血压、意识障碍,最后可引起痉挛和昏迷,严重者可致死,应引起临床重视。心血管疾病、糖尿病者应慎用。

帕 罗 西 汀

帕罗西汀(paroxetine)是一种强效 SSRI,通过增高突触间隙递质浓度而发挥治疗抑郁症的作用。本药口服吸收良好,半衰期为 21 小时。抗抑郁疗效与 TCA 相当,而抗胆碱、体重增加、对心脏的影响及镇静等副作用均较 TCA 弱。常见不良反应为口干、便秘、视力模

笔记栏

糊、震颤、头痛、恶心等。禁与 MAOI 联用,避免显著升高脑内 5-HT 水平而致 5- 羟色胺综合征。

西 酞 普 兰

西酞普兰(citalopram)是一种强效 SSRI,药理作用和机制类似于氟西汀。西酞普兰对 NA 和 DA 的再摄取影响较小。本药对 α 肾上腺素受体、β 肾上腺素受体、M 受体和 H 受体几乎无亲和力,主要用于治疗抑郁症及惊恐障碍。本药口服吸收迅速完全,1~2 小时后达血药峰浓度,生物利用度与用药剂量和重复用药呈正相关,体内分布较广,主要经肝代谢,其代谢物及 1% 原药经肾排出,亦可以原药形式随乳汁分泌。半衰期为 1~3 小时,肝硬化患者半衰期延长。常见不良反应有恶心、口干、食欲缺乏、多汗、头痛、失眠和性功能障碍等。少数患者出现癫痫发作、低钠血症等。对本药过敏者、躁狂症、嗜铬细胞瘤患者以及意识障碍者禁用。抑郁症患者病情有转向躁狂的倾向时应立即停药。

氟 伏 沙 明

氟伏沙明(fluvoxamine)是唯一一种单环类 SSRI,其阻断效应在 SSRI 中相对较弱,但选择性较高。该药还具有 Sigma-1 受体效应,可发挥抗强迫作用。该药与 M 受体、H_1 受体、α 肾上腺素受体等的亲和力较低,也不影响单胺氧化酶的活性,对心血管系统影响小,较少引起直立性低血压。本药口服吸收完全,用药后 3~8 小时达血药峰浓度,10~14 天达稳态血药浓度,主要经肝代谢,经肾排泄,可少量随乳汁分泌。半衰期为 13~15 小时。氟伏沙明主要用于治疗抑郁症和强迫症。常见的不良反应为胃肠道不适,主要是恶心、呕吐、消化不良、腹泻及稀便;也可出现紧张、头痛、焦躁不安及睡眠症状等。

舍 曲 林

舍曲林(sertraline)可用于各类抑郁症的治疗,并对强迫症有效。本药口服易吸收,6~8 小时血药浓度达峰值,在体内分布广泛,主要经肝代谢,形成活性较弱的代谢物 N- 去甲基舍曲林,代谢物随粪便和尿液等量排泄,只有少量原药随尿液排出。本药的平均半衰期为 22~36 小时,每日服药 1 次,1 周后达稳态浓度。常见不良反应有恶心、腹泻、便秘、畏食、消化不良、心悸、震颤、头晕、失眠、嗜睡、多汗、口干和性功能障碍等。

四、其他抗抑郁药

文拉法辛和度洛西汀

文拉法辛(venlafaxine)和度洛西汀(duloxetine)为 SNRI。文拉法辛为前药,其活性代谢物能有效拮抗 5-HT 和 NA 的再摄取,对 DA 的再摄取也有一定的作用,发挥抗抑郁作用。文拉法辛可用于各种抑郁症和广泛性焦虑症。度洛西汀主要用于重症抑郁或伴有糖尿病周围神经炎的抑郁患者。不良反应与 TCA 相似。

曲 唑 酮

曲唑酮(trazodone)的抗抑郁作用机制可能与抑制 5-HT 的再摄取有关,但目前还不完全清楚。其具有 α_2 肾上腺素受体阻断药的特点,可翻转可乐定的中枢性心血管效应;具有一些抗精神失常药物的特点,但又与之不完全相同。曲唑酮不增强左旋多巴的行为效应,不具有抑制单胺氧化酶的活性和抗胆碱效应,也不增强 5-HT 前体物质 5- 羟色氨酸(5-hydroxytryptophan,5-HTP)的行为效应,但在不影响非条件反应的剂量时就减少了小鼠的条件性回避反应,保护小鼠减轻苯丙胺基团毒性等。曲唑酮具有镇静作用,但缩短快速眼动睡眠时相。该药口服后吸收快速、完全,2 小时血药浓度达高峰,血浆蛋白结合率为 89%~95%。在肝内代谢,其中间代谢物氯苯哌嗪在动物实验中仍显示抗抑郁活性,主要以代谢物形式经肾排泄。曲唑酮用于治疗抑郁症,具有镇静作用,适合夜间给药。无 M 受体阻断作用,也不影响 NA 的再摄取,故对心血管系统无显著影响。少见口干、便秘等不良反应,是一个较安全的抗抑郁药。不良反应较少,偶有恶心、呕吐、体重下降、心悸、直立性低血压等,过量中毒会出现惊厥、呼吸停止等。

米 安 舍 林

米安舍林(mianserin)为一种四环类抗抑郁药,对突触前 α_2 肾上腺素受体有阻断作用。其治疗抑郁症的作用机制是通过抑制负反馈而使突触前 NA 释放增多。疗效与 TCA 相当,而较少有抗胆碱能样副作用。常见头晕、嗜睡等。

米 氮 平

米氮平(mirtazapine)通过阻断突触前 α_2 肾上腺素受体而增加 NA 的释放,间接提高 5-HT 的更新率而发挥抗抑郁作用,抗抑郁效果与阿米替林相当,其抗胆碱样不良反应及 5-HT 样不良反应(恶心、头痛、性功能障碍等)较轻。主要不良反应为食欲增加、嗜睡。

吗 氯 贝 胺

吗氯贝胺(moclobemide)属于 MAOI,通过可逆性抑制脑内 A 型单胺氧化酶,抑制突触前膜囊泡内或突触间隙中儿茶酚胺降解,从而提高脑内 NA、DA 和 5-HT 的水平,起到抗抑郁作用,具有作用快、停药后单胺氧化酶活性恢复快的特点。常见不良反应包括头痛、头晕、出汗、心悸、失眠、直立性低血压和体重增加等。MAOI 禁止与其他抗抑郁药合用,以免引起 5- 羟色胺综合征。

————●(范 益)

复习思考题

1. 抗精神失常药分哪几类? 每类各举一代表药。
2. 氯丙嗪的不良反应主要有哪些?
3. 冬眠合剂的组成有哪些? 主要用途是什么?

第十七章

镇 痛 药

学习目标

1. 掌握　吗啡的药理作用、作用机制、临床应用、不良反应。
2. 熟悉　哌替啶、美沙酮、可待因的药理作用特点、临床应用、不良反应。
3. 了解　喷他佐辛、罗通定、纳洛酮的药理作用。

　　疼痛是临床许多疾病和损伤的常见症状之一,是机体感受器受到伤害性刺激后发出的一种保护性反应,常伴有不愉快的情绪或心血管和呼吸方面的变化。剧烈疼痛不仅使患者感到痛苦,还可引起机体生理功能紊乱,甚至休克。

　　疼痛可以广泛地归类为由损伤和炎症引起的继发性事件,并由感觉、传入或神经系统的损伤所介导。伤害性感觉传入神经末梢释放的主要递质是谷氨酸和神经肽类,它们同时释放,对突触后神经元产生不同的生理作用。谷氨酸释放后仅作用于该神经元突触后膜,激活 NMDA 受体和 AMPA 受体,将痛觉信号传递给下一级神经元。因其作用发生和消除均很快,故称快递质。P 物质等神经肽被释放后则扩散到一定范围且同时持续影响多个后续神经元的兴奋性而使疼痛信号扩散。因其作用缓慢而持久,故称慢递质。急性损伤可激活小而高阈值的感觉传入神经(A、δ 和 C 纤维)产生瞬时的、刺激依赖性的冲动进入脊髓,继而导致背角神经元的激活,背角神经元投射到对侧丘脑,然后投射到躯体感觉皮质。平行的棘神经纤维投射穿过丘脑内侧,然后到达边缘皮质的一部分,如前扣带回。在组织损伤或局部炎症(如局部皮肤灼伤、牙痛、类风湿关节炎)后,会出现持续的疼痛状态,其特征是灼热、搏动或疼痛,以及称为痛觉过敏的异常疼痛反应,这种疼痛反应可由其他无害或轻度不适的刺激(晒伤时用温水洗澡;受伤关节适度伸展)引起。这种疼痛通常反映了许多介质的影响,如前列腺素、缓激肽、细胞因子、丝氨酸蛋白酶和 H^+。这些介质被局部释放到损伤部位,并通过 A、δ 和 C 纤维末端上的同名受体,激活这些感觉传入并降低其激活所需的刺激强度。这种组织损伤/炎症引起的疼痛通常被称为伤害性疼痛。

　　根据痛觉冲动发生部位的不同,可以将疼痛分为躯体痛、内脏痛和神经痛 3 种类型。由身体表面或深层组织的痛觉感受器接受到各类伤害性刺激所引起的痛为躯体痛,可分为急性痛(亦称锐痛)和慢性痛(亦称钝痛)2 种。急性痛是尖锐且定位清楚的刺痛,伤害性刺激达到阈值后即刻发生,刺激撤除后很快消失;慢性痛是由久远的软组织、关节劳损或退变引起的疼痛,发生较慢,持续时间较长。由内脏器官、体腔壁浆膜及盆腔器官组织的痛觉感受器受到炎症、压力、摩擦或牵拉等刺激所引起的痛觉即为内脏痛,定位模糊是其主要特点。由神经系统损伤、或受到肿瘤压迫、浸润所引起的痛为神经痛,临床上往往表现为持续性灼痛、间歇性刺痛、电击样锐痛、跳动样疼痛等。

　　本章的镇痛药(analgesics)是一类主要作用于中枢神经系统特定部位的阿片受体,选择性消除或缓解疼痛,并可减轻因疼痛所引起的紧张、焦虑、恐惧等情绪反应,但不影响意识及其他感觉的药物。镇痛药包括麻醉性镇痛药和非麻醉性镇痛药。麻醉性镇痛药(narcotic analgesics)通过激动中枢神经系统特定部位的阿片受体发挥镇痛作用,易产生药物依赖性(drug dependence)或成瘾性(addiction),易导致药物滥用(drug abuse)及戒断综合征(withdrawal syndrome),又名阿片类镇痛药(opioid analgesics)或成瘾性镇痛药(addictive analgesics)。此类药物按照来源不同分为:①阿片生物碱类镇痛药,如吗啡、可待因;②人工合成镇痛药,如哌替啶、美沙酮、芬太尼等。本类药中的绝大多数被归入管制药品之列,其生产、运输、销售和使用必须严格遵守"国际禁毒公约"和我国的有关法规如《中华人民共和国药品管理法》(2019 年)、《麻醉药品和精神药品管理条例(2016 修订)》等。非麻醉性镇痛药是指成瘾性或依赖性较小,未被列入麻醉药品品种目录的药物,主要包括喷他佐辛、曲马多、罗通定等。

合理应用镇痛药可有效缓解疼痛,减轻患者痛苦并预防休克。但疼痛的性质、部位、特征等是诊断疾病的重要依据,在疾病尚未确诊之前,不宜随意使用镇痛药,以免掩盖病情,贻误诊治。

第一节 阿片生物碱类镇痛药

一、阿片的应用历史

公元前 3 世纪,古希腊学者 Theophrastus 在其著作中第一次提及阿片(opium)。阿片来源于罂粟科植物罂粟未成熟蒴果浆汁的干燥物,含有 20 多种生物碱。1806 年,Frederich Sertürner 从中分离出一种菲类生物碱,以希腊梦神 Morpheus 的名字将其命名为吗啡(morphine)。阿片类药物因其成瘾性而使用受限。2000 年,国际药理学联合会受体命名和药物分类委员会通过了 μ 阿片肽受体(μ opioid peptide receptor,MOP)、δ 阿片肽受体(δ opioid peptide receptor,DOP)和 κ 阿片肽受体(κ opioid peptide receptor,KOP)这三个术语,也可分别用 MOR、DOR 和 KOR 表示。

二、内源性阿片肽

阿片类生物碱(如吗啡)通过对中枢神经系统受体的作用产生镇痛效应,而中枢神经系统受体也对某些具有阿片样药理特性的内源性物质作出反应。这些内源性物质即内源性阿片肽。目前,已知内源性阿片肽有 3 个家族:内啡肽、五肽脑啡肽(甲硫氨酸脑啡肽、亮氨酸脑啡肽)和强啡肽。

内源性阿片肽来源于 3 种前体蛋白:阿黑皮素原(proopiomelanocortin,POMC)、前脑啡肽(前脑啡肽 A)和前强啡肽(前脑啡肽 B)。POMC 含有甲 - 脑啡肽序列、β- 内啡肽和几种非阿片肽,包括促肾上腺皮质激素、β- 促脂素和黑素细胞刺激素。前脑啡肽含有 6 份甲 - 脑啡肽和 1 份亮 - 脑啡肽。亮氨酸和甲硫氨酸脑啡肽对 δ 的亲和力略高于对 μ 的亲和力。前强啡肽产生几种含有亮氨酸脑啡肽序列的活性阿片肽。它们是强啡肽 A、强啡肽 B、α 和 β 新内啡肽。疼痛刺激可以在与疼痛相关的压力或对疼痛的预期下引起内源性阿片肽的释放,从而减少对疼痛的感知。

与亮氨酸和甲硫氨酸脑啡肽的镇痛作用相反,强啡肽 A 通过与 κ 阿片受体结合而发挥的镇痛作用仍然存在争议。强啡肽 A 也存在于脊髓的背角。在组织损伤和炎症后,背角中强啡肽水平升高。强啡肽水平的升高被认为会增加疼痛,并导致持久的敏感化和痛敏状态。强啡肽在脊髓的致痛作用似乎不依赖于阿片受体系统。除了在疼痛中的作用,κ 阿片受体激动药也可作为止痒剂发挥作用。

这个新系统的主要受体是 G 蛋白偶联的孤儿阿片受体样亚型 1(ORL$_1$)。它的内源性配体分别被命名为痛敏肽和孤儿 FQ。这种配体受体系统目前被称为 N/OFQ 系统。痛敏肽在结构上与强啡肽相似,只是没有 N 端酪氨酸;它只作用于 ORL$_1$ 受体,现在被称为 NOP。N/OFQ 系统在中枢神经系统和外周广泛表达,在对抗疼痛反应、调节奖赏作用、学习、情绪、焦虑和咳嗽过程以及帕金森病等方面都有一定的作用。

三、阿片类药物

阿片类药物指的是作用于阿片受体的所有化合物。阿片制剂特指自然产生的生物碱——吗啡、可待因、茶碱和罂粟碱。

阿片类药物包括完全激动剂、部分激动剂和拮抗剂。吗啡是镇痛性阿片受体 μ 受体的完全激动剂。不同阿片类药物与受体在亲和力方面也可能不同。例如,吗啡在 μ 受体上表现出比可待因更强的结合亲和力。纳洛酮结构与吗啡相似,是强 μ 受体拮抗剂。一些阿片类药物,如纳布啡(一种混合激动 - 拮抗剂),能够在一种阿片受体亚型上产生激动(或部分激动)效应,而在另一种阿片受体亚型上产生拮抗效应。阿片类镇痛药的受体激活特性和亲和力可以通过药物化学来控制。此外,某些阿片类镇痛剂在肝中会被修饰为具有更强镇痛作用的化合物。从阿片中提取的阿片类物质是菲衍生物,包括 4 个或更多稠环,而大多数合成阿片类是更简单的分子。

吗　啡

吗啡(morphine)的化学结构于 1902 年确定,系氢化吡啶菲的稠环母核,其基本骨架是以 A、B、C、D 环构成的氢化菲核,菲核环 A 与环 C 间有氧桥,环 B 与环 D 相稠合(图 17-1)。当环 A$_3$- 位上酚羟基的氢原子被甲基取代,则镇痛作用减弱,如可待因;环 A 和环 C 上的羟基均被甲氧基取代,即成为蒂巴因(thebaine),无镇痛作用,但可作为具有强大镇痛作用的药物如埃托啡(etorphine)的前体;17 位叔胺氮上的甲基被烯丙基取代,不仅镇痛作用减弱,而且成为吗啡的拮抗药,如烯丙吗啡和纳洛酮;破坏氧桥,且 17 位无侧链,则成为阿扑吗啡(apomorphine),无镇痛作用而有很强的催吐作用(表 17-1)。

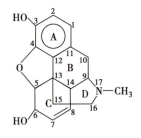

图 17-1　吗啡的化学结构示意图

表 17-1　吗啡及其衍生物的构效关系

药名	取代部位和取代基				作用特点
	3	6	14	17	
吗啡	—OH	—OH	—H	—CH$_3$	镇痛,易成瘾(激动药)
可待因	—OCH$_3$	—OH	—H	—CH$_3$	镇痛、成瘾性减弱,镇咳(激动药)
海洛因	—OCOCH$_3$	—OCOCH$_3$	—H	—CH$_3$	镇痛,成瘾性增强(激动药)
烯丙吗啡	—OH	—OH	—H	—CH$_2$CH=CH$_2$	部分激动药
纳洛酮	—OH	= O	—OH(C$_7$—C$_8$ 为单键)	—CH$_2$CH=CH$_2$	阻断药

【体内过程】吗啡口服易吸收,首过效应明显,生物利用度低(仅 25%),故常注射给药。皮下注射 30 分钟后吸收 60%。吸收后约 1/3 与血浆蛋白结合,游离型药物迅速分布至全身。在组织滞留时间短,脂溶性较低,仅有少量通过血脑屏障,但足以发挥中枢性药理作用。在肝内与葡糖醛酸结合,代谢物吗啡 -6- 葡糖醛酸的药理活性比吗啡强,镇痛强度是吗啡的 2 倍。主要以吗啡 -6- 葡糖醛酸的形式经肾排泄,少量经乳腺排泄,可通过胎盘屏障。吗啡血浆 $t_{1/2}$ 为 2~3 小时,而吗啡 -6- 葡糖醛酸血浆 $t_{1/2}$ 稍长。肾功能减退者和老年患者对吗啡 -6- 葡糖醛酸的排泄缓慢,易致蓄积效应。

【药理作用】

1. 中枢神经系统

(1)镇痛作用:吗啡镇痛作用强大,对绝大多数疼痛均有效。对持续性慢性钝痛作用优于间断性锐痛,对组织损伤、炎症和肿瘤等所致疼痛效果优于神经性疼痛。成人皮下注射 5~10mg 能明显减轻和消除疼痛。一次给药,镇痛作用持续 4~6 小时。吗啡通过激动分布在丘脑内侧、脑室、导水管周围灰质和脊髓胶质区的阿片受体发挥镇痛作用。

(2)镇静、致欣快作用:吗啡有明显的镇静作用,可改善由疼痛所引起的焦虑、紧张、恐惧等情绪反应,提高对疼痛的耐受力。吗啡还可引起欣快感,产生飘飘欲仙的满足感,使疼痛更易耐受。这是吗啡镇痛效果良好的重要因素,也是造成患者强迫性用药形成依赖性的主要原因。给正常的、没有疼痛的人注射一定剂量的吗啡时,他们可能会感到昏昏欲睡、神志不清、冷漠、体力活动减少。低剂量的吗啡可以降低情感反应,但不会降低疼痛感。更高的临床有效剂量可减少对疼痛的感知强度和情感反应。吗啡改变情绪的作用机制尚未明了,可能与激活边缘系统和蓝斑核的阿片受体,以及中脑 - 边缘叶的中脑腹侧背盖区 - 伏隔核多巴胺能神经通路与阿片受体 / 肽系统的相互作用有关。

(3)抑制呼吸:治疗量吗啡可明显降低呼吸中枢对 CO_2 的敏感性,使呼吸频率减慢,潮气量降低。呼吸抑制程度与剂量相关,剂量越大,抑制作用越显著。静脉注射吗啡 5~10 分钟或肌内注射 30~90 分钟时呼吸抑制作用最明显。与麻醉药、镇静催眠药等中枢抑制药或与乙醇合用,可加重其呼吸抑制。呼吸抑制是吗啡急性中毒致死的主要原因。

吗啡的呼吸抑制作用涉及以下机制:①直接抑制呼吸节律的产生:呼吸频率和潮气量取决于位于延髓腹外侧的内在节律发生器。该系统产生呼吸节律,此节律由反映动脉 O_2 分压(由颈动脉体和主动脉体中的化学感受器测量)和 CO_2 分压(由脑干中的化学感受器测量)的传入输入驱动。吗啡通过 MOR 抑制呼吸,部分是通过对节律产生的直接抑制作用。②降低因 CO_2 升高引起的通气反应:该效应是通过抑制脑干化学感觉神经元的兴奋性介导的。③降低因缺 O_2 引起的通气反应:此作用借助于对颈动脉和主动脉体化学感受器的影响。

(4)镇咳:吗啡通过激动延髓孤束核阿片受体,抑制咳嗽中枢,产生镇咳作用。这种镇咳作用可以在不改变声门保护功能的情况下实现,但会导致呼吸道分泌物积累,引起呼吸道阻塞和肺不张。该作用与其镇痛和呼吸抑制作用无关。由于吗啡易成瘾,故临床上用成瘾性较轻的可待因替代。

(5)缩瞳:吗啡兴奋支配瞳孔的副交感神经,引起瞳孔括约肌收缩,瞳孔缩小。针尖样瞳孔为吗啡中毒特征之一。治疗剂量吗啡可增加正常人和青光眼患者的眼调节能力并降低眼内压。

(6)催吐:吗啡兴奋延髓催吐化学感受区,引起恶心、呕吐。

(7)调节体温:体温的动态平衡调节在一定程度上是由大脑中内源性阿片肽的作用介导的。吗啡作用于下丘脑体温调节中枢,改变体温调定点,使体温略有降低,向下丘脑前部注射吗啡则会引起体温升高。长期大剂量应用,体温也会升高。

(8)调节内分泌:垂体激素和因子的释放受下丘脑 - 垂体 - 肾上腺轴上阿片受体的调控。吗啡抑制下丘脑释放促性腺激素释放激素和促肾上腺皮质激素释放激素,从而降低血浆促肾上腺皮质激素、黄体生成素、卵泡刺激素等的浓度。垂体前叶催乳素的释放受到弓状核神经元释放的 DA 的抑制。吗啡可抑制 DA 释放,从而升高血浆催乳素水平。

2. 平滑肌

(1)食管平滑肌:食管括约肌受到脑干反射的控制。该反射激活起源于食管肌间神经丛的胆碱能运动神经元。吗啡可抑制吞咽和食管扩张引起的食管下括约肌松弛。

(2)胃肠道平滑肌:治疗量吗啡可提高胃肠平滑肌张力(持续收缩),降低胃动力(有节奏的收缩和舒张),减慢胃排空速度,使肠道推进性蠕动减慢,胃内容物通过十二指肠的时间可能延迟长达 12 小时;胃酸分泌减少。吗啡抑制小肠和大肠的推进活动,减少胆汁、胰液和肠液分泌;提高回盲瓣及肛门括约肌张力,而吗啡抑制中枢作用也会减弱便意,因此易引起便秘。

(3)胆道:吗啡还能引起胆道奥迪括约肌痉挛收缩,使胆道和胆囊内压增加,诱发或加重胆绞痛。阿托品可部分缓解。

(4)支气管平滑肌:治疗量对支气管平滑肌作用不明显,大剂量可收缩支气管,诱发或加重哮喘。

(5)输尿管和膀胱:吗啡抑制了排尿反射,提高输尿管和膀胱外括约肌张力,增加膀胱容积,引起尿潴留。

(6)子宫平滑肌:吗啡降低子宫平滑肌张力、收缩频率和收缩幅度,可对抗催产素的作用,延缓产程。

3. 心脑血管系统

(1)扩张血管:治疗剂量的吗啡可扩张外周血管,降低外周阻力,抑制压力感受器,引起直立性低血压。吗啡引起的外周小动脉和小静脉扩张涉及以下机制:①吗啡诱导肥大细胞释放组胺,导致血管扩张;纳洛酮可以逆转这一作用,但 H_1 拮抗剂只能部分阻断这一作用。②吗啡可以减弱 CO_2 浓度升高引起的反射性血管收缩。

(2)保护心肌缺血损伤:吗啡能模拟缺血性预适应对心肌缺血损伤的保护作用,缩小梗死病灶,减少心肌细胞死亡。这一效应可能通过心肌细胞线粒体 ATP 敏感 K^+ 通道上的受体传递信号来实现。对于血容量减少的患者,应慎用吗啡。

(3)升高颅内压:治疗剂量的吗啡对脑循环影响很小,但因其呼吸抑制作用可引起 CO_2 积聚,致使脑血管扩张,阻力降低,脑血流量增加,颅内压升高。

4. 抑制免疫 阿片类药物通过对免疫细胞的直接作用和中枢神经机制间接调节免疫功能。阿片类药物的急性中枢免疫调节作用可能是通过激活交感神经系统介导的,慢性作用可能涉及下丘脑 - 垂体 - 肾上腺轴(HPA)的调节。吗啡抑制淋巴细胞增殖,减少细胞因子分泌,减弱自然杀伤细胞的细胞毒作用,抑制人类免疫缺陷病毒(HIV)蛋白诱导的免疫反应等。对免疫系统的抑制作用可能是吗啡吸食者易感 HIV 及其他感染性疾病的主要原因。吗啡对中性粒细胞的免疫抑制作用可能是通过抑制 NO 依赖的 NF-κB 的激活,或通过激活 MAP 激酶实现的。

【作用机制】机体镇痛系统由内源性阿片肽和阿片受体组成。伤害性刺激使痛觉传入神经末梢,释放 P 物质、谷氨酸等递质,与接受神经元上的受体结合,通过脊髓丘脑束将痛觉冲动传入中枢。内源性阿片肽由特定的神经元释放后可激动感觉神经突触前、后膜的阿片受体,通过 G 蛋白偶联受体,抑制腺苷酸环化酶,抑制突触前膜的钙通道,减少 Ca^{2+} 内流,使突触前膜神经递质释放减少;开放钾通道,促进 K^+ 外流,使突触后膜超极化,最终减弱或阻滞痛觉信号的传递,产生镇痛作用(图 17-2)。同时,内源性阿片肽还可通过增加中枢下行抑制系统对脊髓背角感觉神经元的抑制作用而产生镇痛作用。吗啡等阿片类镇痛药通过激动脊髓胶质区、丘脑内侧、脑室及导水管周围灰质等部位的阿片受体(主要是 μ 受体),模拟内源性阿片肽对痛觉的调制功能而产生镇痛作用。吗啡的镇静、致欣快作用可能与激动边缘系统及蓝斑核阿片受体,以及中脑边缘叶的中脑腹侧背盖区 - 伏隔核多巴胺能神经与阿片受体 / 阿片肽系统的相互作用有关。

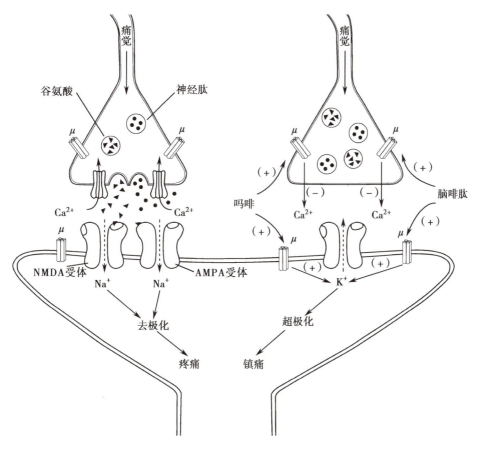

图 17-2　吗啡的镇痛作用机制示意图

痛觉神经末梢受伤害性感觉传入的刺激,促进 Ca^{2+} 内流,释放谷氨酸、神经肽等递质,激活突触后膜的 NMDA 受体和 AMPA 受体,将痛觉信号传入中枢。内源性脑啡肽或外源性吗啡作用于突触前、后膜上的阿片受体,减少突触前膜 Ca^{2+} 内流,抑制了谷氨酸、神经肽等递质的释放,并促进 K^+ 外流,使突触后膜超极化,从而抑制痛觉传入中枢。

📖 知识链接

吗啡镇痛作用部位的发现

20 世纪 60 年代,邹冈及其导师张昌绍提出了吗啡镇痛的作用部位在第三脑室和大脑导水管周围中央灰质的新观点。他们利用家兔脑室内注射和脑内微量注射方法,在保持中枢神经系统完整的条件下,研究吗啡镇痛作用部位。脑室内注射 20μg(相当于静脉剂量的 1/1 000~1/500 左右)1~4 分钟即可产生明显而持久的镇痛作用。根据药液分布的范围等推测其作用部位在第四脑室以上水平。脑室内注射吗啡对光热刺激鼻部或后肢的痛反应都有效,对电刺激牙髓的痛反应也有效。脑室内注射多种其他药物不产生镇痛作用。因此,镇痛是全身性的,而且是吗啡特异作用的表现。脑内微量注射吗啡以第三脑室周围灰质作用最明显,10μg 剂量即有镇痛作用。侧脑室壁的尾状核、透明隔以及皮质下其他部位,注射较大剂量仍无镇痛作用。据此提出"第三脑室壁灰质是吗啡发挥镇痛的作用部位"的新见解。此发现引起了国内外学术界的高度重视,后被德国药理学会副会长、生理学家赫尔茨和美国等国的科学家誉为吗啡作用原理研究的"里程碑"。

【临床应用】

1. **镇痛** 吗啡对各种疼痛均有效,可消除或缓解严重创伤、烧伤和晚期恶性肿瘤疼痛等。对心肌梗死引起的剧痛,除能缓解疼痛和减轻焦虑外,其扩血管作用还可减轻患者心脏的负担;对内脏平滑肌痉挛引起的胆绞痛、肾绞痛需加用 M 受体阻断药如阿托品等可有效缓解;但对神经压迫性疼痛疗效较差。由于吗啡易成瘾,除癌症剧痛外,仅用于其他镇痛药无效时短期止痛。吗啡镇痛效果与个体对药物的敏感性以及疼痛程度有关,应根据不同患者对药物的反应性来调整用量。诊断未明前慎用,以免掩盖病情而延误诊断。

2. **心源性哮喘** 心源性哮喘是因左心衰竭,引起突发性急性肺水肿而导致的呼吸困难、气促和窒息感。除应用强心苷、呋塞米、氨茶碱和吸氧外,静脉注射吗啡也是治疗的主要措施。其机制为:①扩张外周血管,降低外周血管阻力,减轻心脏的前后负荷,有利于缓解左心衰竭和消除肺水肿;②抑制呼吸中枢对 CO_2 的敏感性,使急促浅表的呼吸得以缓解;③镇静作用有利于缓解患者的紧张、恐惧和窒息感。对其他原因引起的肺水肿,如尿毒症所致肺水肿,也可应用吗啡。但若患者伴有休克、昏迷、严重肺部疾患或痰液过多,应禁用。

3. **腹泻** 用于缓解急、慢性消耗性腹泻的症状。可选含少量吗啡的阿片酊或复方樟脑酊,如伴有细菌感染,需同时服用抗菌药。

4. **麻醉中的应用** 阿片类药物由于具有镇静、抗焦虑和止痛的特性,在麻醉和手术前经常被用作前药。它们也可作为术中诱导、维持和术后镇痛准备的一部分。

【不良反应】

1. **副作用** 治疗量的吗啡可引起眩晕、恶心、呕吐、便秘、呼吸抑制、尿少、排尿困难(老年多见)、胆道压力升高,甚至胆绞痛、直立性低血压(低血容量者易发生)和免疫抑制等。偶见烦躁不安等情绪改变。

2. **耐受性及成瘾性** 连续多次应用易产生耐受性和成瘾性。产生耐受性后药效减弱,需增大剂量才能达到原来的药效。产生成瘾性后一旦停药会出现戒断症状,表现为烦躁、失眠、震颤、呕吐、腹泻、流泪、流涕、出汗、散瞳,甚至虚脱等。吗啡按常规剂量连用 2~3 周即可产生耐受性。剂量越大,给药间隔越短,耐受发生越快越强,且与其他阿片类药物有交叉耐受性。

3. **急性中毒** 吗啡过量应用可引起急性中毒,表现为昏迷、针尖样瞳孔(严重缺氧时则瞳孔散大)、呼吸高度抑制、血压降低,甚至休克。呼吸麻痹是中毒致死的主要原因,需进行人工呼吸、吸氧和静脉注射阿片受体阻断药纳洛酮等进行抢救。

【禁忌证】吗啡禁用于分娩止痛、哺乳期妇女止痛;支气管哮喘及肺心病患者禁用;颅脑损伤所致颅内压升高患者、肝功能严重减退患者、新生儿和婴儿禁用。

思政元素

毒品与禁毒

当前,新精神活性物质已成为继传统毒品、合成毒品之后全球流行的第三代毒品。截至 2019 年 12 月,在累计报告的 950 种新精神活性物质中,阿片类占 8%,曲马多、芬太尼类似物滥用威胁日益凸显。2018 年 6 月,联合国毒品和犯罪问题办公室启动了一项新的综合战略,以支持各国应对持续的合成阿片类药物危机。

中国毒品来源于境外输入和国内制造,"金三角"毒品仍是主流,"金新月"和南美毒品渗透风险依然存在,北美大麻入境案件增多。国内毒品规模性制毒活动减少,制毒活动向境外转移趋势明显,制毒物品流入制毒渠道问题受到遏制。2019 年,经过持续深入推进青少年毒品预防教育工程、社区戒毒社区康复工程以及吸毒人员"清零""清隐""清库"行动等专项工作,国内毒品滥用增长势头进一步减缓。

近年来,青壮年已成为吸毒主要人群,并向低龄化蔓延,禁毒教育工作刻不容缓。高校大学生是社会的主力军,是未来社会的建设者,尤其是医药及相关专业的学生,对于禁毒工作肩负着义不容辞的责任。一方面要从自身做起,拒绝毒品,珍爱生命。另一方面,也要发挥好先锋作用,凭借专业优势,从毒品的特征、种类、成瘾、危害等方面做好科普宣传工作,号召周围人群一起参与到"禁毒"这场没有硝烟的战争中来。

可 待 因

可待因(codeine)又名甲基吗啡,口服易吸收,生物利用度为 60%,血浆 $t_{1/2}$ 为 2~4 小时。大约 10% 的可待因被 CYP2D6 催化脱甲基后转变为吗啡。可待因的代谢物主要以非活性形式在尿液中排泄。

可待因与 μ 受体有适度的亲和力,镇痛作用仅为吗啡的 1/12~1/10,作用持续时间与吗啡相似;镇咳作用是吗啡的 1/4;镇静作用不明显。用于中等程度疼痛和剧烈干咳。在一般剂量时,呼吸抑制作用较轻,无明显的便秘、尿潴留及直立性低血压等不良反应。欣快感及成瘾性弱于吗啡。但仍归为限制性应用的精神药品。

第二节 人工合成镇痛药

哌 替 啶

哌替啶(pethidine)又名度冷丁(dolantin)、麦啶(meperidine),属于苯基哌啶衍生物,是目前临床常用的人工合成镇痛药,于 1937 年在人工合成阿托品类似物时发现具有吗啡样作用。

【体内过程】口服易吸收,口服生物利用度为 40%~60%,但皮下或肌内注射吸收更迅速,起效快,故临床常注射给药。血浆蛋白结合率为 60%,可通过胎盘屏障,血浆 $t_{1/2}$ 为 3 小时。主要在肝内代谢为哌替啶酸和去甲哌替啶,后者有明显中枢兴奋作用。主要经肾排泄,也有少量经乳腺排出。

【药理作用】哌替啶是中枢神经系统 MOR 的一种强有力的激动剂,具有很强的镇痛作用。作用与吗啡基本相似,镇痛作用强度约为吗啡的 1/10~1/7。哌替啶在硬膜外给药后有局部麻醉作用。镇静、欣快、呼吸抑制和扩张血管作用与吗啡相当。无明显镇咳作用。也能兴奋平滑肌,提高平滑肌和括约肌张力,但作用时间短,较少引起便秘和尿潴留,但仍可引起胆绞痛。大剂量可收缩支气管平滑肌,无明显中枢性镇咳作用。有轻微的收缩子宫作用,但对妊娠末期子宫收缩无明显影响,不对抗催产素的作用,故不延缓产程。

【临床应用】

1. 镇痛　镇痛作用在口服后约 15 分钟即可检测到,1~2 小时达高峰,随后逐渐消退。皮下或肌内注射后镇痛起效较快(10 分钟内),1 小时左右达到高峰,与血药浓度峰值相近。临床应用中,口服的镇痛效果约为静脉注射的 1/3,有效镇痛持续时间约为 1.5~3 小时,呼吸抑制高峰出现在肌内注射后 1 小时内,约 2 小时后恢复正常。因成瘾性比吗啡轻,产生较慢,临床上常替代吗啡用于外伤、手术后及晚期癌症等引起的剧痛。用于胆绞痛等内脏绞痛时须合用阿托品。因不延缓产程,故可用于分娩止痛,但产前 2~4 小时不宜使用,以免抑制新生儿呼吸。

2. 心源性哮喘　代替吗啡用于心源性哮喘的辅助治疗。其机制同吗啡。

3. 麻醉前给药和人工冬眠　麻醉前给药使患者镇静,缓解术前紧张、恐惧情绪反应,减少麻醉药用量,缩短诱导期。哌替啶与氯丙嗪、异丙嗪组成冬眠合剂用于人工冬眠疗法。

【不良反应】治疗量可引起眩晕、恶心、呕吐、口干、心悸、直立性低血压,但很少引起便秘和尿潴留。久用也会产生耐受性和成瘾性,过量可明显抑制呼吸。偶可致中枢兴奋,如震颤、肌肉疼挛和惊厥。禁忌证同吗啡。

【药物相互作用】与单胺氧化酶抑制药合用会导致 5- 羟色胺综合征,表现为神志不清、体温过高、头痛、高血压或低血压、僵硬、抽搐、昏迷和死亡。这可能是由于哌替啶阻止了 5- 羟色胺的再摄取,导致 5- 羟色胺能过度活跃所致。氯丙嗪、异丙嗪和三环类抗抑郁药可加重哌替啶的呼吸抑制作用;可加强双香豆素等抗凝血药的作用,合用时应酌情减量;与氨茶碱、肝素钠、磺胺嘧啶、呋塞米、头孢哌酮等药配伍,易产生混浊或沉淀。

美　沙　酮

美沙酮(methadone)为 μ 受体激动药,是左、右旋异构体各半的消旋体。

【体内过程】可以通过口服、静脉、皮下、脊髓(硬膜外或脊髓腔)和直肠途径给药。口服吸收良好,约 30 分钟起效,其浓度在 4 小时左右达到峰值。皮下或肌内注射血药浓度峰值出现在 1~2 小时内。生物利用度远超吗啡(达 92%),血浆蛋白结合率 90%,$t_{1/2}$ 为 15~40 小时。主要经肝中的 CYP2B6 和 CYP3A4 亚型代谢为去甲美沙酮,随尿、胆汁或粪便排泄,反复应用可在组织中蓄积。尿液酸化时,尿中的美沙酮排泄量增加。

【药理作用】

1. 镇痛　镇痛起效时间为静脉给药后 10~20 分钟,口服给药后 30~60 分钟。镇痛效价强度与吗啡相当,但持续时间较长。镇痛作用主要为左旋美沙酮,作用强度为右旋美沙酮的 50 倍。该药的欣快作用弱于吗啡,耐受性和成瘾性产生较慢,程度较轻。口服美沙酮后再注射吗啡不能引起原有的欣快感,亦不出现戒断症状,因而使吗啡等的成瘾性减弱。

2. 其他作用　单次给药后可检测到明显的镇静和呼吸抑制作用,持续 24 小时以上;重复给药,部分患者出现明显的镇静作用。对咳嗽、肠蠕动、胆道张力和脑下垂体激素分泌的影响与吗啡相似。

【临床应用】主要用于创伤、手术后或晚期癌症引起的剧痛;作为替代疗法被广泛用于吗啡和海洛因等成瘾的脱毒治疗,可减少吗啡或海洛因成瘾者自我注射带来的血液传播性疾病的风险。

【不良反应】一般为眩晕、嗜睡、恶心、呕吐、出汗、便秘及直立性低血压等。长期用药易致多汗、淋巴细胞增多、血浆白蛋白和糖蛋白以及催乳素含量升高。用于阿片类药物成瘾的替代治疗时,肺水肿是过量中毒的主要死因。禁用于分娩止痛。

芬 太 尼

芬太尼(fentanyl)主要激动 μ 受体,属短效镇痛药;是合成阿片类药物中使用最广泛的药物之一。

【体内过程】芬太尼具有高度脂溶性,能迅速通过血脑屏障。在胃肠道的吸收较差,口腔给药吸收最佳。在血浆和脑脊液之间平衡的 $t_{1/2}$ 约 5 分钟。血浆蛋白结合率为 84%,经肝代谢而失活,血浆 $t_{1/2}$ 为 3~4 小时。经肾排泄。

【药理作用】

1. 中枢神经系统镇痛作用 其效价强度约为吗啡的 100 倍,作用迅速,静脉注射后 1~2 分钟达高峰,维持约 10 分钟;肌内注射 15 分钟起效,维持 1~2 小时。也会产生明显欣快感、呼吸抑制和依赖性,小剂量呼吸抑制的持续时间比吗啡短,大剂量产生肌肉僵直(与抑制纹状体多巴胺能神经功能有关,可用纳洛酮拮抗)。

2. 心血管系统 芬太尼通过兴奋迷走神经降低心率,并可适度降低血压。不引起组胺释放,对心肌的直接抑制作用微弱。

【临床应用】

1. 麻醉 用于麻醉辅助用药和静脉复合麻醉,或与氟哌利多(droperidol)合用于外科小手术或医疗检查,如烧伤换药、内镜检查等。硬膜外给药适用于术后或分娩镇痛。

2. 慢性疼痛 临床上有芬太尼缓释 48~72 小时的透皮贴剂可供使用。

【不良反应】有眩晕、恶心、呕吐及胆道括约肌痉挛。静脉注射过快可致呼吸抑制。反复用药能产生依赖性,不宜与单胺氧化酶抑制药合用。禁用于支气管哮喘、重症肌无力、颅脑肿瘤或外伤引起昏迷的患者以及 2 岁以下儿童。

芬太尼同系物

芬太尼同系物包括舒芬太尼(sufentanil)、阿芬太尼(alfentanil)和瑞芬太尼(remifentanil),主要作用于 μ 受体,对 δ 和 κ 受体作用较弱。舒芬太尼的药效是芬太尼的 5~7 倍。阿芬太尼的效力比芬太尼小得多,但起效更快,作用时间也更短。瑞芬太尼适用于强烈镇痛和应激反应引起的短痛,由于作用时间短,需持续静脉输注给药。因瑞芬太尼含有甘氨酸,对脊髓背角有抑制作用,故不用于椎管内(硬膜外或鞘内)给药。

二氢埃托啡

二氢埃托啡(dihydroetorphine)于 20 世纪 70 年代末由中国军事医学科学院首先合成成功,并于 1981 年开始用于临床,主要激动 μ 受体,对 δ 和 κ 受体作用较弱。本药是迄今临床应用中镇痛效应最强的药物,镇痛强度为吗啡的 6 000~10 000 倍。起效快,维持时间短,用于各种急性重度疼痛的镇痛,如重度创伤性疼痛和哌替啶、吗啡等无效的顽固性疼痛与晚期癌症疼痛。1991 年,卫生部批准试用于阿片戒毒,疗效确切。因其依赖性强,目前临床已很少使用。

喷 他 佐 辛

喷他佐辛(pentazocine)又名镇痛新,为阿片受体部分激动药,激动 κ 受体而拮抗 μ 受体。

【体内过程】口服和注射给药均吸收良好,首过效应明显,仅 20% 药物进入体循环。肌内注射 15~60 分钟、口服后 1~3 小时镇痛作用最明显。血浆蛋白结合率为 60%,血浆 $t_{1/2}$ 为 4~5 小时。主要经肝代谢,60%~70% 以代谢物形式和少量以原药形式经肾排泄。

【药理作用】喷他佐辛的中枢神经系统作用与吗啡样阿片类药物相似,包括镇痛、镇静和呼吸抑制。镇痛作用为吗啡的 1/3,呼吸抑制作用为吗啡的 1/2。大剂量(60~90mg)致烦躁、焦虑、幻觉等精神症状,这些效应可被纳洛酮逆转。大剂量时引起的心血管反应与吗啡不同,可致血压升高,心率加快,这与其升高血中儿茶酚胺浓度有关。

【临床应用】临床主要用于慢性剧痛和术后疼痛。该药成瘾性小,未列入麻醉药品管理范围。由于仍有产生依赖性的倾向,不能作为理想的吗啡替代品。

【不良反应】常见镇静、嗜睡、眩晕、出汗、轻微头痛,偶见恶心、呕吐。剂量过大时抑制呼吸、血压升高、心率加快。

布 托 啡 诺

布托啡诺(butorphanol)是一种吗啡同系物,主要激动 κ 受体,对 μ 受体有弱的竞争性拮抗作用。术后静脉注射 2~3mg 布托啡诺的镇痛和呼吸抑制作用与 10mg 吗啡或 80~100mg 哌替啶相当。在镇痛剂量下会升高肺动脉压,增加心脏做功。用于缓解中、重度的急性疼痛,也可用于麻醉前给药。可引起嗜睡、虚弱、出汗、漂浮感和恶心等。

丁 丙 诺 啡

丁丙诺啡(buprenorphine)来源于茶碱,是一种高度亲脂性的 μ 受体部分激动剂、δ 和 κ 受体的拮抗剂,因此被称为混合激动 - 拮抗剂。镇痛效力是吗啡的 25~50 倍。作用时间长,但因存在封顶效应(ceiling effect),其呼吸抑制作用较轻。与喷他佐辛相比,较少引起烦躁等精神症状。与吗啡相比,一些主观和呼吸抑制作用的起效更慢,持续时间更长。成瘾性比吗啡小,海洛因成瘾者服用后,能较好地控制毒瘾。注射液和透皮贴膜可用作止痛剂,适用于各种术后疼痛、癌性疼痛等中重度疼痛。

纳 布 啡

纳布啡(nalbuphine)是一种 κ 受体激动剂、μ 受体拮抗剂,其作用在性质上与喷他佐辛相似。镇痛作用、呼吸抑制作用与吗啡相似。由于存在封顶效应,超过 30mg 的剂量并不会进一步加重呼吸抑制或加强镇痛作用。常规使用不增加心脏指数、肺动脉压或心脏做功,全身血压也没有明显改变。镇静、出汗和头痛是最常见的不良反应。大剂量(70mg)会产生类似精神分裂的副作用。临床应用与布托啡诺相似。

第三节　其他镇痛药

曲 马 多

曲马多(tramadol)是一种合成的可待因类似物,有较弱的 μ 受体激动作用,镇痛强度与喷他佐辛相似,镇咳效力为可待因的 1/2,对呼吸抑制作用弱,无明显扩张血管和降压作用,耐受性和依赖性不明显。其作用机制尚未完全阐明,部分镇痛作用是通过抑制 NA 和 5-HT 的再摄取而产生的。适用于中、重度急、慢性疼痛及外科手术等。在治疗轻到中度疼痛时,曲马多与吗啡或哌替啶一样有效。对于严重或慢性疼痛,曲马多的疗效较差。长期应用也可产生成瘾性。不良反应有多汗、头晕、恶心、呕吐、口干、疲劳等。可诱发癫痫,静脉注射过快可致颜面潮红、一过性心动过速。

布 桂 嗪

布桂嗪(bucinnazine)又名强痛定(fortanodyn),其镇痛作用约为吗啡的 1/3。对皮肤、黏膜及运动器官的疼痛有显著的镇痛作用。临床用于偏头痛、三叉神经痛、关节痛、痛经、炎症性及外伤性疼痛和晚期癌痛。偶见恶心、头晕、困倦等不良反应,停药后消失。有一定成瘾性。

罗 通 定

罗通定(rotundine)又名左旋延胡索乙素,是消旋四氢巴马汀的左旋体,是中药延胡索中所含的生物碱。口服后 10~30 分钟起效,作用持续时间 2~5 小时。罗通定有镇痛、镇静、安定和中枢性肌肉松弛作用。其作用机制与阿片受体无关,而是通过阻断脑内多巴胺受体,也可增加与痛觉有关的特定脑区脑啡肽原和内啡肽原的 mRNA 表达,促进脑啡肽和内啡肽的释放,从而发挥镇痛作用。对慢性持续性钝痛效果较好,对创伤、手术后疼痛或晚期癌痛效果较差。无明显成瘾性。主要用于治疗一般性头痛、胃肠道和肝胆系统疾病引起的钝痛以及脑震荡后头痛,也用于痛经及分娩止痛等。

第四节　阿片受体阻断药

纳 洛 酮

纳洛酮(naloxone)是吗啡的衍生物。口服易吸收,首过效应明显,常静脉给药,2 分钟见效,持续 30~60 分钟。血浆 $t_{1/2}$ 为 40~55 分钟。在肝内与葡糖醛酸结合失活。巴比妥类药物或长期饮酒诱导肝药酶,可缩短其血浆 $t_{1/2}$。纳洛酮对各型阿片受体均有竞争性拮抗作用,作用强度依次为 μ 受体 >κ 受体 >δ 受体。临床主要用于吗啡等阿片类镇痛药急性中毒所致的呼吸抑制、休克、循环衰竭等症状的解救。对长期应用阿片类药物者有催瘾作用,可用于对阿片类药物成瘾患者的鉴别诊断。也用于急性乙醇中毒、休克、脊髓损伤、脑卒中、脑外伤、心肺复苏等救治。纳洛酮也是研究疼痛与镇痛的重要工具药。不良反应少,大剂量偶见轻度烦躁不安。

纳 曲 酮

纳曲酮(naltrexone)与纳洛酮相似,对 κ 受体的拮抗作用强于纳洛酮,口服生物利用度较高(30%),作用时间更长。临床应用同纳洛酮。

(姚 立)

复习思考题

1. 简述吗啡镇痛的作用机制。
2. 吗啡治疗心源性哮喘的作用机制是什么?
3. 用阿片类镇痛药治疗胆绞痛、肾绞痛时需与哪种药物合用? 为什么?

第十八章

中枢兴奋药

学习目标

1. 掌握　咖啡因、尼可刹米、洛贝林的药理作用、临床应用及主要不良反应。
2. 熟悉　中枢兴奋药的分类。
3. 了解　常用中枢兴奋药的临床应用原则,指导临床合理用药。

中枢兴奋药(central nervous system stimulants)是选择性兴奋中枢神经系统,提高其功能活动的药物。各种中枢兴奋药对整个中枢神经系统都能兴奋,但对不同部位有一定选择性。根据其作用部位不同,可分为以下几类:①主要兴奋大脑皮质药:能提高大脑皮质高级神经活动,如咖啡因、胞磷胆碱、甲氯芬酯等;②主要兴奋延髓呼吸中枢药:用于解救呼吸衰竭,如尼可刹米、洛贝林等;③主要兴奋脊髓药:作用于脊髓运动神经元,提高反射功能,如士的宁、一叶萩碱等。中枢兴奋药作用时间短,需反复用药,一旦过量,易引起惊厥,继而引发中枢抑制。因此,应用时须严格掌握适应证和剂量。目前,中枢兴奋药的临床应用已逐步减少。另外,安非他明类、可卡因类、小剂量尼古丁、致幻药等也有中枢兴奋作用,但多为涉及药品滥用的中枢兴奋药。从药物依赖角度而言,本类药物和中枢抑制药及中枢麻醉药等均具有重要的临床意义。

第一节　主要兴奋大脑皮质药

咖　啡　因

咖啡因(caffeine)又名咖啡碱,为甲基黄嘌呤衍生物,是咖啡豆、可可和茶叶中的主要生物碱,在咖啡豆中含量最高(图 18-1)。咖啡因属于一类精神药品管理范畴,是国际奥林匹克委员会规定禁止使用的兴奋剂,尿检浓度超过 $12\mu g/ml$ 即视为阳性。

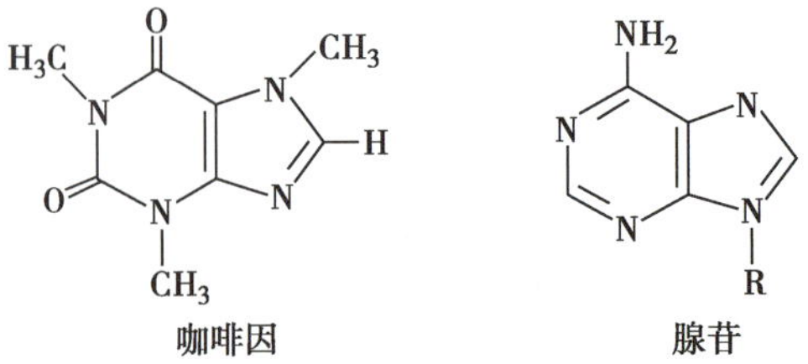

图 18-1　咖啡因和腺苷的化学结构示意图

【体内过程】咖啡因口服、肌内注射均易吸收，也常采用静脉滴注。体内分布广泛，$t_{1/2}$ 为 2.5~4.5 小时。脂溶性高，主要以简单扩散方式透过血脑屏障，口服后 5 分钟脑内浓度即升高，30 分钟达高峰。可通过胎盘屏障，也可随乳汁分泌。在肝中，84% 去甲基化成为副黄嘌呤仍具有与咖啡因相同的药理活性，最终转化形成 1,7-二甲基尿酸、1-甲基尿酸等随尿液排出体外。1%~5% 以原药形式经肾排泄。

【药理作用】

1. 中枢神经系统　咖啡因对大脑皮质有兴奋作用，口服小剂量（50~200mg）可使睡意消失，疲劳减轻，精神振奋，思维敏捷，工作效率提高。咖啡和茶叶已成为世界性的兴奋性饮料。较大剂量（250~500mg）直接兴奋延髓呼吸中枢和血管运动中枢，使呼吸中枢对 CO_2 的敏感性增加，呼吸加深加快，血压升高；在呼吸中枢抑制时作用尤为明显。中毒剂量（>800mg/次或 >3g/d）则兴奋脊髓，引起惊厥甚至死亡。

2. 心血管系统　小剂量咖啡因可减慢心率，可能是兴奋迷走神经中枢的结果；较大剂量能直接兴奋心脏，表现为正性变力作用和正性变时作用，该作用不利于心绞痛患者及室性快速性心律失常患者。咖啡因还能扩张冠状动脉和肾动脉；但对脑血管具有收缩作用，可缓解脑血管过度扩张引起的搏动性头痛。

3. 舒张平滑肌　咖啡因有较弱的舒张支气管平滑肌和胆道平滑肌作用。其化学结构与腺苷类似（图 18-1），可竞争性拮抗腺苷受体。其舒张支气管平滑肌的作用可能与其抑制磷酸二酯酶（PDE）使 cAMP 增加有关。

4. 其他作用　咖啡因促进胃酸分泌，可诱发或加重消化性溃疡。机制可能与甲基黄嘌呤类直接刺激胃壁细胞分泌胃酸以及直接兴奋心脏后反射性兴奋迷走神经有关。另外，咖啡因还有利尿和增加基础代谢的作用。

【临床应用】

1. 解救中枢抑制　治疗严重传染病或中枢抑制药过量等导致的中枢抑制状态。如镇静催眠药过量引起的昏睡和呼吸抑制；急性感染及麻醉药、镇痛药中毒引发的呼吸、循环衰竭，但这方面临床应用越来越少。

2. 头痛　配伍麦角胺治疗偏头痛，两者均可收缩脑血管，减少脑血管搏动的幅度；配伍阿司匹林或对乙酰氨基酚治疗一般性头痛。

3. 神经症　与溴化物合用调节大脑皮质的兴奋与抑制过程。

4. 早产儿原发性呼吸暂停　早产儿原发性呼吸暂停常见于胎龄小于 34 周、体重小于 1 800g 的早产儿。

【不良反应】口服中等剂量咖啡因可引发激动、失眠、焦虑、烦躁不安、心悸、呼吸加快、肌肉抽搐等症状；可诱发心律失常，但罕见；中毒量可引发呕吐、惊厥。儿童高热时易发生惊厥，不宜用含咖啡因的复方解热药。消化性溃疡患者不宜久用。另外，饮用咖啡因每日 >600mg 可产生类似焦虑状态综合征或慢性中毒，包括焦虑、烦躁不安、失眠和自发性流产、死胎、活性溃疡等。长期饮用含咖啡因的饮料，可产生习惯性甚至依赖性，突然停用，20 小时后可出现沮丧、情绪不稳定、头痛等戒断症状。

此外，临床还有部分药物能兴奋大脑皮质，改善脑细胞代谢，用于脑功能失调、脑血管疾病及其他因素导致的功能障碍，见表 18-1。

表 18-1　兴奋大脑皮质、促进脑细胞代谢药物

药物	药理作用	临床应用	不良反应及使用注意
胞磷胆碱（citicoline）	改善大脑循环，增加大脑血流而促进大脑物质代谢，促进脑功能恢复与苏醒	急性颅脑外伤和脑手术后意识障碍	对伴有脑出血、脑水肿和颅压增高的严重急性颅脑损伤患者慎用。对本药过敏者禁用
甲氯芬酯（meclofenoxate）	促进脑细胞代谢；兴奋大脑皮质	外伤性昏迷、意识障碍、乙醇或一氧化碳中毒、新生儿缺氧、小儿遗尿症	高血压患者慎用。精神过度兴奋者或锥体外系症状患者禁用
吡拉西坦（piracetam）	促进乙酰胆碱合成，增强神经兴奋的传导，促进脑内代谢	急慢性脑血管病、脑外伤、各种中毒性脑病等多种原因所致记忆减退及轻中度脑功能障碍。也可用于儿童智能发育迟缓	兴奋、易激动、头晕、头痛和失眠等；偶见轻度肝功能损害，表现为轻度转氨酶水平升高
哌甲酯（methylphenidate）	兴奋大脑皮质、呼吸中枢；促进多巴胺和去甲肾上腺素的释放，抑制神经末梢对儿茶酚胺的再摄取，提高中枢神经系统的觉醒水平	①轻度的脑功能失调：抑郁症、智力障碍、神经症、记忆力减退、精力不集中、协调和联想能力降低以及小儿多动症等；②发作性睡病；③中枢抑制药中毒解救	失眠、头晕、头痛、焦虑、心悸、血清转氨酶及碱性磷酸酶水平升高等；注射给药可致血压升高。高血压患者和孕妇慎用

第二节　主要兴奋延髓呼吸中枢药

该类药主要有尼可刹米、洛贝林等，能直接或间接兴奋延髓呼吸中枢，使呼吸加深，改善通气量，升高血中氧分压和降低二氧化碳分压，参与临床呼吸衰竭急救。

本类药主要用于对抗中枢抑制药中毒或某些严重疾病引起的中枢昏迷和呼吸抑制，如慢性阻塞性肺疾病引起的慢性呼吸衰竭以及缺氧、二氧化碳潴留引起的肺性脑病等。应注意呼吸兴奋药对急性中枢性呼吸衰竭的治疗作用是有限的，仅适合抢救短时间内能纠正呼吸衰竭的患者。临床呼吸衰竭需配合原发病治疗、防治疾病诱因、物理通气（如较为安全有效的人工呼吸机维持）、吸氧、抗感染等进行综合救治，不可过分依赖呼吸兴奋药。对心跳暂停、循环衰竭引起的呼吸停止应少用或不用，因其能增强脑细胞代谢，增加耗氧而加重脑细胞缺氧。对呼吸肌麻痹等引起的外周呼吸抑制宜选用新斯的明解救，用呼吸兴奋药抢救无效。

多数呼吸兴奋药选择性低，兴奋呼吸中枢的剂量与致惊厥剂量之间的距离短，安全范围小，随着剂量的增加或静脉滴注过快易引起烦躁不安、肌肉抽搐、惊厥甚至导致中枢抑制（此类中枢抑制不能用兴奋延髓呼吸中枢药进行解救）。临床应用时须严格控制给药剂量及给药间隔时间，密切观测患者呼吸功能恢复情况及肌肉紧张度，亦可采用几种药物交替使用以降低不良反应的发生。

尼可刹米

尼可刹米（nikethamide）又名可拉明（coramine）。

【体内过程】临床主要采用静脉注射给药，也可肌内注射。吸收好，起效快，作用时间短暂，一次静脉注射只能维持作用 5~10 分钟。进入体内后迅速分布至全身，体内代谢为烟

酰胺,然后再被甲基化成 N- 甲基烟酰胺随尿排出。

【药理作用】

1. 直接兴奋延髓呼吸中枢,增加通气量;也可刺激颈动脉体和主动脉窦化学感受器,反射性兴奋呼吸中枢;并能提高呼吸中枢对二氧化碳的敏感性,使呼吸加深加快。

2. 对血管运动中枢、大脑皮质、脊髓也有一定兴奋作用,且此作用能改善注意力和催醒,但持续时间短。剂量过大可引起惊厥。

【临床应用】

1. 解救各种原因引发的呼吸抑制　作用温和,安全范围较大,对肺心病引起的呼吸抑制效果较好。

2. 对抗中枢抑制药中毒　解除吗啡中毒引起的呼吸抑制疗效好,对巴比妥类引起的呼吸抑制效果差。巴比妥类中毒时抢救应以改善通气(如吸氧、人工呼吸、呼吸机)为主,中枢兴奋药只作为辅助用药或抢救时送往医院途中使用。

【不良反应】治疗量可见出汗、皮肤瘙痒等;大剂量可引起血压升高、心悸、心律失常、咳嗽、呕吐、肌肉震颤和僵直等(应及时停药,以免出现惊厥);严重者出现癫痫样惊厥大发作,随后中枢抑制。

洛 贝 林

洛贝林(lobeline)又名山梗菜碱,是从山梗菜中提取的生物碱,现已人工合成。通过刺激颈动脉体和主动脉窦化学感受器反射性兴奋呼吸中枢,作用较尼可刹米弱。临床用于各种原因引起的呼吸抑制,如新生儿窒息、小儿感染性疾病(肺炎、白喉)、吸入麻醉药及一氧化碳中毒引起的呼吸抑制。可采用肌内、皮下、静脉注射或静脉滴注给药,作用持续时间短,安全范围大,较少引起惊厥。但大剂量可兴奋迷走中枢,导致心动过缓、房室传导阻滞;更大剂量可激动交感神经节及肾上腺髓质,释放大量儿茶酚胺类物质引发心动过速;严重者引起惊厥,中枢抑制。

多 沙 普 仑

多沙普仑(doxapram)为短效呼吸兴奋药。通过外周颈动脉窦化学感受器兴奋呼吸中枢,增大剂量可直接作用于延髓呼吸中枢。亦可增加儿茶酚胺的释放,有升压作用。主要用于急性呼吸衰竭和术后呼吸抑制。常见不良反应为皮肤瘙痒、恶心、呕吐,严重出血、心律失常、呼吸困难和血栓性静脉炎等。卟啉病患者慎用;吸入性全麻药需停用10分钟后才能用本药,以免引起心律失常。

第三节　主要兴奋脊髓药

主要兴奋脊髓的药物有士的宁和一叶萩碱,由于极易引起惊厥,临床已少用,主要作为实验工具药。

士 的 宁

士的宁(strychnine)是从马钱子中提取的一种生物碱,亦是中枢主要抑制性递质甘氨酸的拮抗药。口服吸收迅速,选择性兴奋脊髓,使神经冲动在脊髓中容易传导,反射增强,反射时间缩短,骨骼肌紧张度提高;对延髓呼吸中枢和心血管中枢,大脑皮质及视、听分析器也有一定的兴奋作用。

临床可用于巴比妥类药物中毒解救;也用于偏瘫、瘫痪、因注射链霉素引发的骨骼肌松弛及弱视等。因本药毒性较大,治疗安全范围小,临床上已很少使用。

一 叶 萩 碱

　　一叶萩碱(securinine)是从大戟科植物一叶萩叶中提取的一种生物碱,现已人工合成。作用与士的宁相似,对脊髓有选择性兴奋作用,增强反射及肌肉紧张度。且能兴奋脑干增强呼吸。此外,有增强心肌收缩力、升高血压和抑制胆碱能神经的作用。

　　可用于治疗脊髓灰质炎后遗症、面神经麻痹等。不良反应较士的宁少,偶有心悸、头痛、肌肉震颤、手足麻木、肝损害等,停药后可恢复;过量可致惊厥。

●（王 卉）

复习思考题

1. 试述中枢兴奋药的分类,并各举 1 例。
2. 尼可刹米与洛贝林用于呼吸衰竭抢救的机制有何异同?
3. 如何看待中枢兴奋药目前在临床急救中的应用?

第十九章

解热镇痛抗炎药与抗痛风药

笔记栏

PPT 课件

学习目标

1. 掌握　解热镇痛抗炎药共同的药理作用和特点；阿司匹林的药理作用、临床应用与不良反应。

2. 熟悉　对乙酰氨基酚、布洛芬、吲哚美辛、吡罗昔康的药理作用与临床应用。

3. 了解　选择性 COX-2 抑制药塞来昔布、尼美舒利的作用特点和抗痛风药的分类、作用特点与应用。

第一节　解热镇痛抗炎药

一、概述

解热镇痛抗炎药（antipyretic-analgesic and anti-inflammatory drug）是一类具有解热、镇痛作用的药物，大多数还有抗炎、抗风湿作用。其化学结构与甾体抗炎药不同，因此又名非甾体抗炎药（nonsteroidal anti-inflammatory drug，NSAID）。本类药物的化学结构虽属不同类别，但它们都有共同的作用机制——通过抑制花生四烯酸（arachidonic acid，AA）代谢过程中的 PG 合成酶（环氧合酶，cyclooxygenase，COX），使前列腺素（prostaglandin，PG）合成减少（图 19-1），发挥解热、镇痛、抗炎抗风湿等共同的药理作用。

1. 解热作用　人体正常体温在 36~37℃之间，通过下丘脑体温调节中枢对产热和散热过程的精细调节，使体温维持在相对恒定的水平。在某些病理状态下，外源性致热原，如病原微生物（细菌、病毒、真菌等）、非微生物抗原、炎症渗出物、内毒素等，刺激机体单核细胞和中性粒细胞产生和释放内热原，如白细胞介素 -1β（IL-1β）、肿瘤坏死因子（TNF-α）、白细胞介素 -6（IL-6）。内热原通过血脑屏障，作用于下丘脑体温调节中枢，使 PGE_2 合成与释放增多，体温调节中枢调定点上调，引起产热增加，散热减少，体温上升而发热。

解热镇痛抗炎药对内热原引起的发热有解热作用，但对脑室内直接注射 PGE_2 引起的发热无效，说明药物是通过抑制下丘脑体温调节中枢的 COX，减少 PGE_2 的合成，使体温调节中枢的体温调节点恢复正常，皮肤血管扩张、血流量增加、出汗增多而增加散热过程，从而发挥解热作用。

解热镇痛抗炎药只降低发热患者的体温，对正常体温几乎没有影响，也不能将体温降低至正常以下，与氯丙嗪的降温作用有区别。其解热作用的强弱与其抑制 COX 活性程度相一致。

165

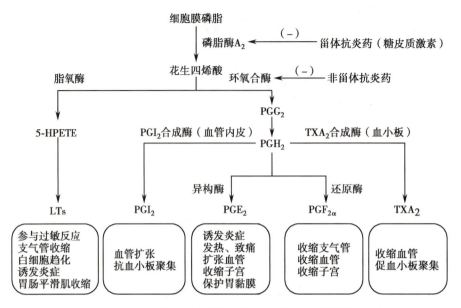

图 19-1　花生四烯酸的代谢过程及 NSAID 作用环节示意图

5-HPETE:5- 过氧化氢廿碳四烯酸;LTs:白三烯类;PGG_2:前列腺素 G_2;

PGI_2:前列环素;PGE_2:前列腺素 E_2;$PGF_{2\alpha}$:前列腺素 $F_{2\alpha}$;TXA_2:血栓素 A_2

发热是机体的一种防御反应,热型是诊断疾病的重要依据之一。因此,不宜见热就解热。但高热或发热时间过久则消耗体力,引起头痛、失眠、肌肉关节酸痛,甚至惊厥、抽搐、昏迷,严重者可危及生命,此时应合理使用解热镇痛抗炎药以缓解症状。但对幼儿、老年和体弱的患者用量不宜过大,以免因解热镇痛抗炎药引起出汗过多而导致虚脱。解热镇痛抗炎药的解热作用只是对症治疗,对引起发热的原因无作用,体内药物消除后体温将继续上升,故应配合对因治疗。

2. 镇痛作用　当组织损伤或发生炎症时,局部产生并释放一系列致痛的化学物质如 H^+、K^+、5-HT、缓激肽、PG 等,这些致痛物质作用于痛觉感受器引起疼痛。PGE_1、PGE_2、$PGF_{2\alpha}$ 有直接而持久的致痛作用,并可增敏痛觉感受器。解热镇痛抗炎药通过抑制外周病变部位的 COX,减少 PG 合成而发挥镇痛作用。这可以解释本类药物为何对尖锐的一过性疼痛(直接刺激感觉神经末梢引起)无效,而对持续性疼痛(多为炎症反应)有效。解热镇痛抗炎药也能通过部分影响脊髓和皮质下中枢发挥镇痛作用。

与吗啡类镇痛作用不同的是,解热镇痛抗炎药仅有中等程度的镇痛作用,对创伤性剧痛及内脏平滑肌绞痛无效,对头痛、牙痛、肌肉痛、关节痛、痛经等慢性钝痛有良好效果,对一些小手术后的疼痛也有镇痛作用,对轻度癌症疼痛有较好的镇痛作用,是 WHO 和我国国家卫生健康委员会推荐的"癌症三梯度治疗方案"轻度疼痛的主要药物。解热镇痛抗炎药在镇痛剂量时不抑制呼吸、不产生欣快感和成瘾性。

3. 抗炎抗风湿作用　在炎症反应早期,炎症局部在致炎介质的作用下表现为血管扩张,毛细血管通透性增加,白细胞和巨噬细胞游走至炎性区域;在炎症反应晚期则表现为成纤维细胞增生和肉芽组织的形成。PGE_1、PGE_2 具有强致炎作用,不仅能使血管扩张、血管通透性增加,引起局部充血、水肿和疼痛,还与缓激肽、组胺、5-HT 等的炎症介质产生协同效应。

除苯胺类药物外,其他解热镇痛抗炎药均有抗炎作用,但抗炎作用程度相差较大。解热镇痛抗炎药通过抑制炎症局部 COX,使 PG 合成减少,减轻炎症反应早期症状,但对炎症后期的增生过程影响不明显。故临床上常用于风湿性关节炎、类风湿关节炎的对症治疗,能明显缓解关节的红、热、肿、痛等症状,但不能根除病因,也不能阻止病程的发展或并发症的出现。

本类药物的抗炎作用还可能与抑制多种细胞黏附分子的表达及白细胞与血小板的黏附有关。

COX 分为 COX-1 和 COX-2 两种同工酶,各自具有不同的特征。COX-1 为固有型,属正常组织成分,广泛存在于血管、胃、肾和血小板等大多数组织器官中,催化产生 PG 等,参与维持正常生理功能,如调节血管的舒缩,维持胃血流量和胃黏液正常的分泌、血小板的聚集与黏附等,有助于维持内环境的稳定。COX-2 为诱生型,在炎症组织中由多种细胞因子如 IL-1、TNF-α、IL-6 和炎症介质诱导产生。化学、物理、生物性的损伤因子可通过激活磷脂酶 A_2(phospholipase,PLA_2)使细胞膜磷脂水解成 AA,AA 经 COX-2 催化生成 PG(图 19-1)。解热镇痛抗炎药的解热、镇痛、抗炎作用与抑制 COX-2 有关,而抗血栓作用和胃出血等不良反应则与抑制 COX-1 有关(表 19-1)。最近在人和犬的脑组织中发现一种新的同工酶 COX-3,其特征尚在研究中。

表 19-1　COX-1 和 COX-2 特征的比较

分类	COX-1	COX-2
亚型	固有型	诱生型
来源	绝大多数组织	炎症反应细胞为主
生成条件	自然存在	刺激后诱导产生
主要生理学功能	保护胃黏膜	肾发育
	调节血小板功能	调节肾血流、肾排钠和肾素分泌
	调节外周血管阻力	神经功能
	调节肾血流量和肾功能	生殖功能
病理学	损伤早期的疼痛、风湿病	炎症反应、促进癌变和转移

二、常用解热镇痛抗炎药

按其化学结构不同,解热镇痛抗炎药可分为水杨酸类、苯胺类、吡唑酮类及其他有机酸类等。根据其对 COX 的选择性,解热镇痛抗炎药可分为非选择性 COX 抑制药和选择性 COX-2 抑制药。

(一)水杨酸类

水杨酸类(salicylates)药物包括阿司匹林、水杨酸钠(sodium salicylate)和二氟尼柳(diflunisal)等,其中以阿司匹林(图 19-2)最为常用。水杨酸刺激性大,仅外用作为抗真菌药和角质溶解药。

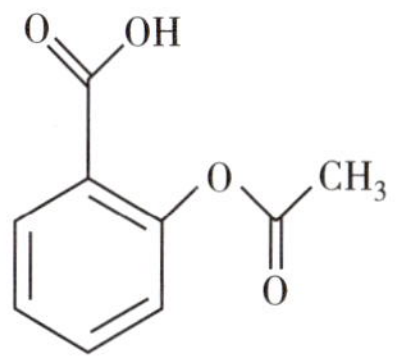

图 19-2　阿司匹林的化学结构示意图

笔记栏

知识链接

阿司匹林的前世和今生

人类在公元前两千多年以前已经用柳树叶治疗关节炎、止痛和解热。1828 年,法国药学家 Leroux 和意大利化学家 Piria 从柳树皮中分离提纯出活性成分水杨苷,因其味酸,又名水杨酸。水杨酸极难吃,且对胃刺激大,作为药物并不成功。尽管 1853 年法国化学家 Gerhardt 合成了乙酰水杨酸,但没有发现它的医学价值。1897 年,德国化学家 Hoffmann 合成了乙酰水杨酸,用于治疗风湿病、降温和止痛,并确定其商品名为阿司匹林。很快,阿司匹林就成了世界上最畅销的药物。

1971 年,英国 Venn 发现,阿司匹林能抑制 COX 使 PG 的生成减少而产生止痛和降温作用。该研究发表在《自然》杂志,Venn 因此而荣获 1982 年诺贝尔生理学或医学奖。这一机制的阐明为抗炎药物的研发提供了新途径,目前这类药的研发仍方兴未艾。

在临床应用中发现,小剂量阿司匹林能预防血小板聚集,减轻血栓带来的危险,故阿司匹林可用于预防血栓性疾病。也有研究发现,长期服用阿司匹林可预防和降低癌症危险、防治阿尔茨海默病、妊娠毒血症等。另外,阿司匹林还有增强机体免疫力、抗衰老作用等。至今,阿司匹林还在不断地被人们发现它的新作用。

阿 司 匹 林

阿司匹林(aspirin)又名乙酰水杨酸(acetylsalicylic acid),临床应用历史悠久,至今仍是最常用的药物之一。

【体内过程】

1. 吸收 阿司匹林口服吸收快而完全,主要在小肠上段吸收,其吸收速率和吸收程度与药物崩解度、溶出速率、颗粒大小、胃肠内 pH、胃排空速率等有关。食物可降低吸收速度,但不影响吸收量。口服 1~2 小时左右血药浓度达峰值。

2. 分布 阿司匹林本身与血浆蛋白结合较少,可被胃肠黏膜、肝和红细胞中的酯酶迅速水解成水杨酸,V_d 为 0.17L/kg,与血浆蛋白结合率可达 80%~90%。游离型的水杨酸盐在体内迅速分布到各组织器官,也能进入关节腔、脑脊液和乳汁中,并通过胎盘进入胎儿体内。甲状腺激素、苯妥英钠及其他有机酸类 NSAID 同阿司匹林竞争与血浆蛋白的结合,使游离型药物增多。

3. 消除 阿司匹林主要在肝内氧化代谢,其代谢物与甘氨酸、葡糖醛酸结合后经肾排泄。阿司匹林的排泄速度及量与给药剂量有关。当口服阿司匹林小剂量(<1.0g)时,水解生成的水杨酸的量较少,按一级动力学消除,$t_{1/2}$ 为 2~3 小时。当口服较大剂量(≥ 1.0g)时,由于水杨酸生成量大,肝代谢水杨酸的能力已达饱和,则按零级动力学消除,$t_{1/2}$ 可达 15~30 小时,而发生水杨酸盐急性中毒。尿液 pH 可影响水杨酸的排泄速度,在碱性和酸性尿液中水杨酸盐的排泄量分别为 85% 和 5%。故当水杨酸盐急性中毒时,可用碳酸氢钠碱化尿液,使解离型的水杨酸盐增多,肾小管对其再吸收减少,以加速其排出,降低其血药浓度,是解救中毒的有效方法之一。

【药理作用】

1. 解热镇痛 有较强的解热镇痛作用。

2. 抗炎抗风湿 亦有较强的抗炎抗风湿作用,且其作用随剂量增加而增强。

3. 影响血栓形成　血栓的形成与血小板的聚集有关。血栓素 A_2（thromboxane A_2，TXA_2）能诱导血小板释放 ADP 和促进血小板聚集。前列环素（prostacyclin，PGI_2）是 TXA_2 的生理对抗剂，可抑制血小板聚集。血小板内花生四烯酸在 COX-1 和 TXA_2 合成酶催化下生成 PGH_2，进而生成 TXA_2。在血管内膜中，花生四烯酸在 COX-1 及 PGI_2 合成酶催化下生成 PGH_2，进而形成 PGI_2。低浓度的阿司匹林能抑制血小板中 TXA_2 合成酶，使 TXA_2 生成减少，而对血管内皮中 PGI_2 合成无影响，从而抑制血小板聚集，防止血栓形成。过量则可引起凝血障碍，延长出血时间。

【临床应用】

1. 发热　可用于感冒发热，能有效降低发热患者的体温。

2. 疼痛　可用于头痛、牙痛、肌肉痛、神经痛、关节痛、月经痛、术后创口痛和癌症患者的轻、中度疼痛。

3. 风湿性关节炎及类风湿关节炎　大剂量每日 3~5g 有明显抗炎抗风湿作用，用药后 24~48 小时可使急性风湿热患者退热，关节红、肿、痛明显缓解，故可作风湿热的鉴别诊断。也可迅速缓解类风湿关节炎疼痛症状，消退关节炎症，减轻及延缓关节损伤的发展，最好用至最大耐受量。

4. 防治血栓形成　每日给予小剂量（50~100mg）阿司匹林可防治血栓性疾病，如冠状动脉硬化性疾病、心肌梗死、脑血栓形成及手术后有静脉血栓形成倾向的患者，能减少缺血性心脏病发作和复发的危险，也可使一过性脑缺血发作患者的脑卒中发生率降低。

5. 川崎病　又名皮肤黏膜淋巴结综合征，是一种病因未明的全身性血管炎综合征，主要表现为发热、皮疹、眼球结合膜充血、口腔黏膜充血、手足红斑、指（趾）端硬性水肿及颈淋巴结肿大，最严重的后果是中、后期发生的冠状动脉损伤。对于急性川崎病患者，应在发病后尽早应用静脉免疫球蛋白和大剂量阿司匹林治疗。

6. 其他　流行病学研究结果表明，阿司匹林可预防阿尔茨海默病的发生，并与其用药量有关；5 年规律性服用小剂量阿司匹林可降低结肠癌风险。阿司匹林还有驱除胆道蛔虫的作用，口服可治疗胆道蛔虫病。另外，阿司匹林粉末外用可治足癣。

【不良反应】短期应用于解热镇痛不良反应少，长期大量用于抗风湿则不良反应多。

1. 胃肠道反应　最为常见。阿司匹林为酸性较强的有机酸，口服对胃黏膜有直接刺激作用，引起恶心、呕吐、上腹部不适等；大剂量阿司匹林可刺激延髓催吐化学感受区。内源性 PG 有抑制胃酸分泌及增强胃黏膜屏障保护作用，而阿司匹林因抑制 COX-1，使胃黏膜 PG 的合成减少，以致胃酸分泌增加，胃黏膜保护作用降低，故长期服用阿司匹林可致胃黏膜不同程度损伤（如糜烂性胃炎、出血），诱发或加重溃疡病，严重者致溃疡出血或穿孔（故胃溃疡患者禁用）。饭后服用、服用阿司匹林肠溶制剂、与抗酸药或与胃黏膜保护药（如硫糖铝、米索前列醇等）合用可减轻胃黏膜损伤，减少胃溃疡的发生率。

2. 凝血障碍　阿司匹林小剂量长期应用，因抑制 COX 和 TXA_2 合成酶，使 TXA_2 减少，血小板聚集抑制，出血时间延长。阿司匹林大剂量可抑制肝合成凝血酶原，引起凝血障碍而致出血，可用维生素 K 预防或对抗。严重肝损害、低凝血酶原血症、维生素 K 缺乏和血友病患者，以及产妇、月经过多者应禁用。手术前 1 周的患者应停用，以防出血过多。

3. 过敏反应　偶见皮疹、荨麻疹、血管神经性水肿和过敏性休克。部分哮喘患者服用阿司匹林后可诱发支气管哮喘，称阿司匹林哮喘。其发病机制可能与阿司匹林抑制 COX，使 PG 合成受阻，而脂氧合酶（lipoxygenase，LOX）活性相对增高（图 19-1），白三烯类（LTs）合成增加致支气管强烈痉挛，因而诱发哮喘。阿司匹林哮喘用肾上腺素治疗仅部分有效，可用糖皮质激素和抗组胺药治疗。哮喘和慢性荨麻疹患者禁用阿司匹林，过敏体质患者应慎用。

4. 水杨酸反应　阿司匹林敏感者或是阿司匹林使用剂量过大(5g/d)表现为头痛、眩晕、恶心、呕吐、耳鸣以及视力和听力下降，严重者出现高热、脱水、惊厥、精神错乱、昏迷等反应，称水杨酸反应，是水杨酸中毒的表现。应立即停药，静脉滴注碳酸氢钠以碱化尿液，加速水杨酸盐随尿排出，并进行对症治疗。

5. 脑病合并内脏脂肪变性综合征　病毒感染伴有发热的儿童和青少年服用阿司匹林后，表现为脑病合并内脏脂肪变性综合征(又称瑞氏综合征)，以肝衰竭合并脑病为突出表现。患者有急性感染症状，继而惊厥、频繁呕吐、颅内压增高与昏迷等。病理检查发现有肝组织脂肪变性、急性脑水肿等。虽少见，但预后恶劣，可致死。故 10 岁以下儿童，病毒感染后，不宜用阿司匹林，可用对乙酰氨基酚代替。

(二) 苯胺类

苯胺类衍生物中，以非那西汀最早使用，但因毒性大，除用于复方制剂外，均被其活性代谢物对乙酰氨基酚所取代。

对乙酰氨基酚

对乙酰氨基酚(acetaminophen)又名醋氨酚、扑热息痛(paracetamol)。

【体内过程】口服易吸收，0.5~2 小时血药浓度达峰值，血浆蛋白结合率为 25%~50%，90% 以上在肝内代谢，中间代谢物对肝有毒性，主要以与葡糖醛酸结合的形式从肾排泄，$t_{1/2}$ 为 2~3 小时。

【药理作用】解热镇痛作用强度与阿司匹林相似，抗炎作用弱。对乙酰氨基酚可选择性抑制中枢神经系统 COX，减少中枢 PG 的合成而产生解热镇痛作用，但乙酰氨基酚对外周组织的 COX 几乎没有作用，因此无明显抗炎作用。对血小板和凝血时间无明显影响。

【临床应用】用于感冒发热、头痛、关节痛、神经痛、肌肉痛、牙痛等，尤其适用于对阿司匹林不能耐受或过敏的患者。儿童因病毒感染引起发热头痛需用 NSAID 时，可首选对乙酰氨基酚。

【不良反应】治疗量不良反应较少，常见恶心、呕吐，偶见皮疹、荨麻疹、药物热及粒细胞减少等过敏反应。过量(成人 10~15g)引起急性中毒性肝坏死，表现为恶心、呕吐、发热、黄疸等，可能是对乙酰氨基酚在体内代谢产生过多的毒性代谢物(N- 乙酰对位苯醌亚胺)，超过了谷胱甘肽的解毒能力，导致肝细胞坏死。还可致高铁血红蛋白血症和溶血。长期用药可致肾毒性，如肾乳头坏死、慢性间质性肾炎等。对乙酰氨基酚不宜大剂量或长期服用，乙醇中毒、肝病或病毒性肝炎、肾功能不全患者慎用。

(三) 吡唑酮类

保泰松(phenylbutazone)、羟基保泰松(oxyphenbutazone)和氨基比林(amidopyrine)均属吡唑酮类解热镇痛抗炎药。保泰松和羟基保泰松的抗炎抗风湿作用强，但解热作用较弱。临床主要用于风湿性关节炎、类风湿关节炎、强直性脊柱炎。因能促进尿酸排泄，也可用于急性痛风。由于此类药物不良反应多且严重，现已较少用，仅作为某些解热镇痛药复方制剂的成分使用。

(四) 吲哚乙酸类

吲哚美辛

【体内过程】吲哚美辛(indomethacin)又名消炎痛，口服吸收快而完全，1~4 小时血药浓度达峰值，血浆蛋白结合率达 90%，主要经肝代谢，约 60% 经肾排泄，30% 随胆汁排泄。直肠给药也易吸收。

【药理作用】吲哚美辛是最强的 COX 抑制剂之一，对 COX-1 和 COX-2 都有强大的抑制作用,亦有 PLA$_2$ 抑制作用。具有强大的抗炎抗风湿和解热镇痛作用。抗炎作用为阿司匹林的 10~40 倍。

【临床应用】主要用于急性风湿性关节炎、类风湿关节炎、强直性关节炎、骨关节炎、急性痛风性关节炎、癌性疼痛、癌性发热及其他顽固性发热。由于该药不良反应多且严重,不宜作为治疗关节炎的首选药,仅用于其他 NSAID 无效或不耐受的病例。

【不良反应】不良反应发生率高(30%~50%),约有 20% 患者必须停药。

1. 消化道反应　常见,有恶心、呕吐、腹痛、腹泻等,甚至胃溃疡、出血、穿孔,与水杨酸类药物合用时尤其增强,故消化性溃疡患者忌用。饭后服用可减少胃肠道反应。

2. 中枢神经反应　发生率较高,约 20%~50% 患者有头痛、眩晕等,偶有精神失常,故癫痫、精神失常患者禁用。

3. 肝肾功能及造血功能损害　可表现为黄疸、转氨酶水平升高、粒细胞及血小板减少、再生障碍性贫血等,与氨苯蝶啶合用可引起肾功能损害。故肝肾功能不全者、出血性疾病患者禁用。

4. 其他　常见皮疹、哮喘等过敏反应,也可发生阿司匹林哮喘,故过敏性体质患者慎用,阿司匹林过敏者不宜使用;儿童对吲哚美辛较敏感,有用药后因激发潜在性感染而死亡者,故儿童慎用;可引起胎儿动脉导管早闭,故孕妇禁用,尤其是妊娠后 3 个月禁用;长期应用可致角膜沉着及视网膜改变,引起视物模糊,应立即做眼科检查。

(五) 邻氨基苯甲酸类

该类药物均能抑制 COX,具有解热、镇痛和抗炎作用。临床常用药物有双氯芬酸(diclofenac)、醋氯芬酸(acecfenac)等。

双 氯 芬 酸

【体内过程】口服吸收迅速但有首过效应,口服生物利用度约为 50%,与血浆蛋白的结合率可高达 99%,口服 1~2 小时血药浓度达峰值。其 $t_{1/2}$ 短,约为 1.1~1.8 小时,但由于药物可在关节滑液中积聚,临床有效时间明显长于其半衰期。主要在肝内代谢,代谢物随尿液和胆汁排泄,长期应用无蓄积。

【药理作用】为新型强效解热镇痛抗炎药,镇痛、抗炎及解热作用比吲哚美辛、萘普生强,是阿司匹林的 26~50 倍。主要作用机制是抑制 COX,使 PG 合成受阻,还可以降低中性粒细胞游离的花生四烯酸水平。

【临床应用】主要用于类风湿关节炎、骨关节炎、强直性脊柱炎、痛风性关节炎;非关节性的软组织风湿痛,如肩痛、腱鞘痛、滑囊炎、肌痛等。对于急性轻中度疼痛,如术后疼痛、扭伤、劳损、原发性痛经、头痛、牙痛也有效。还可用于各种炎症所致发热。

【不良反应】因其对 COX-2 的抑制强于对 COX-1 的抑制,因此引起胃肠道的不良反应较阿司匹林、吲哚美辛等低。主要有胃肠道刺激,如恶心、呕吐、腹痛、腹泻、胃不适、胃纳差,少数出现胃溃疡、十二指肠溃疡、胃黏膜出血、穿孔等;中枢神经系统反应如头痛、眩晕、嗜睡、失眠及视、听障碍等;偶见肝功能异常、白细胞减少等。故活动性消化性溃疡、过敏性鼻炎或荨麻疹患者不宜使用。哺乳妇女慎用。

(六) 芳基烷酸类

常用药物包括布洛芬、萘普生(naproxen)、氟比洛芬(flurbiprofen)、酮洛芬(ketoprofen)、阿明洛芬(alminoprofen)、奥沙普秦(oxaprozin)等。

布 洛 芬

布洛芬(ibuprofen)又名异丁苯丙酸,口服吸收快而完全,1~2 小时血药浓度达峰值,血浆蛋白结合率达 99%,5 小时后在关节液中浓度与血药浓度相等,之后的 12 小时内关节液浓度高于血药浓度。其解热作用强于阿司匹林和对乙酰氨基酚,抗炎镇痛作用比阿司匹林强 16~32 倍。主要用于风湿性关节炎、类风湿关节炎和骨关节炎,也可用于一般发热疼痛。胃肠道不良反应较阿司匹林轻,患者较易耐受,但长期服用应注意胃肠溃疡和出血。偶见头痛、眩晕和视物模糊,其他不良反应较少见。孕妇、哺乳期妇女及哮喘患者禁用。

(七) 烯醇酸类(昔康类)

常用药物包括吡罗昔康、美洛昔康(meloxicam)、氯诺昔康(lornoxicam)、替诺昔康(tenoxicam)、伊索昔康(isoxicam)等。

吡 罗 昔 康

吡罗昔康(piroxicam)又名炎痛喜康,为速效、长效、强效的抗炎镇痛药。其作用强度略强于吲哚美辛。除可通过抑制 COX 使局部组织的 PG 合成减少外,还可抑制白细胞趋化和溶酶的释放。抑制软骨中的糖胺聚糖酶和胶原酶活性,减轻软骨的破坏,也是其抗炎镇痛机制之一。适用于治疗风湿性关节炎、类风湿关节炎、强直性脊柱炎、急性痛风、原发性痛经、肩周炎、腰肌劳损等。对 COX-2 具有一定的选择性抑制作用,因而其抗炎作用强而不良反应较轻,患者易耐受。但每日剂量超过 30mg 时或长期服用,胃肠道溃疡发生率明显上升。

(八) 选择性 COX-2 抑制药

传统的解热镇痛抗炎药多为非选择性 COX 抑制药,其治疗作用主要与 COX-2 抑制有关,其 COX-1 抑制作用会引起胃黏膜损害等不良反应。近年来已合成系列选择性 COX-2 抑制药,如塞来昔布、罗非昔布(rofecoxib)、帕瑞昔布(parecoxib)和尼美舒利等。

塞 来 昔 布

塞来昔布(celecoxib)为选择性 COX-2 抑制药,对 COX-2 的选择性比 COX-1 高约 375 倍,在治疗剂量下对 COX-1 无明显影响,具有抗炎、镇痛和解热作用,持续时间约 6~8 小时。口服易吸收,血浆蛋白结合率高,主要在肝内代谢。临床用于风湿性关节炎、类风湿关节炎、骨关节炎的治疗,也可用于手术后疼痛、痛经、牙痛及发热等。不良反应较非选择性 NSAID 少,胃肠道不良反应发生率比传统 NSAID 低 8 倍。但可抑制肾内 PG 合成,可能引起水肿、多尿、高血压和肾损害。塞来昔布不影响血小板 TXA_2 的合成,但可影响 PGI_2,有增加心血管不良事件的可能性,故心肌梗死、脑梗死、血黏度高的患者应尽量避免使用。磺胺类过敏者应禁用。

尼 美 舒 利

尼美舒利(nimesulide)为选择性 COX-2 抑制药,使 PG 合成减少,亦可抑制炎症过程中其他炎症介质的生成,具有很强的解热、镇痛和抗炎作用。口服解热作用比对乙酰氨基酚强 200 倍,镇痛作用比阿司匹林强 24 倍。口服吸收快而完全,1~2 小时血药浓度达峰值,血浆蛋白结合率达 99%,作用持续时间 6~8 小时。适用于风湿性关节炎、类风湿关节炎、骨关节炎、痛经、手术后疼痛或上呼吸道感染引起的发热等。阿司匹林哮喘患者可用本药。胃肠道和肾功能不良反应发生率低且轻微,但可对肝造成损伤。尼美舒利口服制剂禁用于 12 岁以下儿童。

(九) 5-LOX/COX-2 双重抑制药

花生四烯酸的 2 条代谢途径存在着一定的平衡关系,单纯抑制一条代谢途径将会使大量的花生四烯酸进入另一条代谢途径,当选择性抑制了 COX 的活性时,5- 脂氧合酶(5-LOX)代谢物增加,而这些代谢物可促进炎症的发展。5-LOX/COX-2 双重抑制药可能达到协同抗炎的目的,代表性药物有利克非隆(licofelone)。

其他解热镇痛抗炎药见表 19-2。

表 19-2　其他解热镇痛抗炎药

	药物	作用特点	临床应用	不良反应
水杨酸类	双水杨酯（salsalate，水杨酰水杨酸）	抗炎镇痛作用似阿司匹林	①慢性钝痛；②感冒发热；③急慢性风湿性关节炎；④痛风	少见。对胃几乎无刺激性，肾功能不全者慎用
	水杨酸镁（magnesium salicylate）	与阿司匹林相似，对血小板聚集则无显著影响	风湿性关节炎、类风湿关节炎、关节痛	胃肠道刺激小，长期服用不影响消化功能，偶见眩晕、耳鸣
	阿司匹林赖氨酸（aspirin-dl-lysine）	起效快，作用强，静脉注射同等剂量比阿司匹林的镇痛效果强4~5倍	用于缓解轻度或中度疼痛；多种原因引起的发热；抑制血小板聚集	与阿司匹林相似
	二氟尼柳（diflunisal，二氟苯水杨酸，双氟尼酸，dolobid）	镇痛抗炎作用比阿司匹林强，且维持时间长	轻中度疼痛的镇痛，如关节炎、腕踝关节扭伤及小手术、肿瘤等疼痛，也可用于骨关节炎、类风湿关节炎	胃肠道刺激较阿司匹林小，但对肾功能有较明显损伤
芳基烷酸类	芬布芬（fenbufen）	抗炎、镇痛作用比阿司匹林强，长效	①风湿性关节炎、类风湿关节炎、强直性脊柱炎；②其他疼痛；③痛风	少见
	萘普生（naproxen）	有较强的抗炎抗风湿和解热镇痛作用	风湿性关节炎、类风湿关节炎、骨关节炎及急性痛风等。对三叉神经痛、头痛也有较好疗效	胃肠道不良反应较阿司匹林或保泰松轻
	氟比洛芬（flurbiprofen）	抗炎作用和镇痛作用分别为阿司匹林的250倍和50倍，比布洛芬强，且毒性更低，对血小板的黏着和聚集反应也有轻度抑制作用	同布洛芬，还可用于预防眼科手术摘除晶状体后发生无晶状体囊样斑点状水肿、白内障及小梁成形氩气激光手术后眼前段炎症、内眼手术时瞳孔缩小及术后抗炎	与布洛芬相似，滴眼时可有轻度刺激、烧灼感和/或视觉紊乱
	阿明洛芬（alminoprofen）	作用类似布洛芬	慢性腰椎风湿性关节炎、神经根炎、肌腱炎、牙科手术、外伤（骨折、挫伤、扭伤）、产后子宫绞痛等的短期对症治疗	与布洛芬相似
	非诺洛芬	作用类似布洛芬，抗炎作用较突出，抗血小板聚集	同布洛芬	与布洛芬相似
	奥沙普秦（oxaprozin）	解热作用与阿司匹林相近，镇痛、抗炎作用比阿司匹林和布洛芬强	同布洛芬，外伤和手术后的消炎、镇痛可用	发生率低且症状轻微
	酮洛芬（ketoprofen）	抗炎较布洛芬强	同布洛芬	比布洛芬、消炎痛少而轻

续表

	药物	作用特点	临床应用	不良反应
吲哚乙酸类	舒林酸（sulindac,硫茚酸）	似吲哚美辛,作用强度为其 1/2	风湿病、滑囊炎;急性痛风性关节炎	少而轻,多见胃肠道反应
邻苯氨基甲酸类	甲灭酸（mefenamic acid）	抗炎镇痛作用较阿司匹林强	风湿性关节炎、类风湿关节炎	较多,嗜睡、眩晕、头痛、恶心、腹泻
	氯灭酸（chlofenamic acid）	抗炎镇痛作用较强	同上	较少
烯醇酸类	美洛昔康（meloxicam）	选择性 COX-2 抑制药,对 COX-1 抑制作用弱	类风湿关节炎、疼痛性骨关节炎	胃肠道反应、贫血、血细胞减少和血小板减少等
	氯诺昔康（lornoxicam）	选择性抑制 COX-2,强度比吡罗昔康稍弱。激活阿片神经肽系统而发挥中枢性镇痛作用,解热作用较弱,所需剂量为抗炎剂量的 10 倍	妇产科和矫形手术后的急性疼痛、急性坐骨神经痛或腰痛;亦可用于慢性腰痛,关节炎、类风湿关节炎和强直性脊柱炎	胃肠道反应、肝肾功能损伤
其他	金诺芬（auranofin）	抗炎及抗免疫作用	活动性类风湿关节炎	腹泻或稀便

三、解热镇痛药的复方制剂

解热镇痛药常配成复方制剂以增强疗效和减少不良反应。复方中常配伍的药物类别有:①中枢兴奋药:加用小剂量中枢兴奋药如咖啡因,可对抗中枢抑制作用,消除疲倦、嗜睡等症状;②中枢抑制药:如苯巴比妥;③解热镇痛药:2 种或 2 种以上的解热镇痛药合用,可产生协同作用,且剂量减小;④抗过敏药及黏膜血管收缩药:合用抗组胺药如苯海拉明或氯苯那敏等,黏膜血管收缩药如麻黄碱,可减轻头痛、鼻塞等症状;⑤合用镇咳、祛痰药,可减轻咳嗽、痰多等症状(表 19-3)。

有些解热镇痛药复方中常含有非那西汀和氨基比林(或氨替比林),久用前者可形成依赖性并损伤肾,后者可致粒细胞减少,这 3 种药已不再单用,仅作为复方的一种成分。

表 19-3　常用解热镇痛药复方制剂

药名	对乙酰氨基酚	伪麻黄碱	氯苯那敏	右美沙芬	其他成分
小儿速效伤风干糖浆	+		+		咖啡因、人工牛黄
银得菲片	+	+	+		
酚麻美敏片(泰诺)	+	+	+	+	
日夜百服宁(夜片)	+	+	+	+	
白加黑(日片)	+			+	
白加黑(夜片)	+	+		+	苯海拉明
复方氨酚烷胺胶囊(快克)	+				咖啡因、人工牛黄、金刚烷胺
康必得胶囊	+				葡萄糖酸锌、板蓝根、异丙嗪

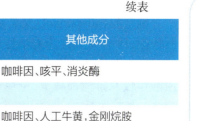

续表

药名	对乙酰氨基酚	伪麻黄碱	氯苯那敏	右美沙芬	其他成分
力克舒胶囊	+		+		咖啡因、咳平、消炎酶
新康泰克胶囊		+	+		
可立克胶囊	+		+		咖啡因、人工牛黄，金刚烷胺
感冒灵片	+				水杨酰胺、去甲肾上腺素、咖啡因
百服宁	+	+	+	+	

注：表中"+"者为该药所含组方成分。

第二节　抗痛风药

痛风是体内嘌呤代谢紊乱所引起的一种疾病，主要表现为高尿酸血症，尿酸盐在关节、肾及结缔组织中析出结晶，临床表现为痛风性关节炎、痛风肾和痛风石等，确切病因不清。急性发作时可引起关节局部炎症反应和局部粒细胞浸润，最常见的是第 1 跖趾关节局部红、肿、热及剧烈痛，未及时治疗则可发展成慢性痛风或肾病变。慢性痛风的治疗可通过抑制尿酸的合成或促进尿酸的排泄，降低血液中尿酸的水平，减少尿酸在关节或肾的沉着而实现。抑制尿酸合成药有别嘌醇，促进尿酸排泄药有丙磺舒、磺吡酮及苯溴马隆。急性痛风发作可用秋水仙碱、非甾体抗炎药、糖皮质激素等迅速缓解症状。

秋水仙碱

【体内过程】秋水仙碱（colchicine）口服吸收快，0.5~2 小时血药浓度达高峰，与血浆蛋白结合率为 10%~34%。主要在肝内代谢，从肾及随胆汁排泄。

【药理作用】对急性痛风性关节炎有选择性抗炎作用，用药后数小时关节红、肿、热、痛即行消退，对一般性疼痛及其他类型关节炎并无作用。其作用机制可能是：①和中性微管蛋白的亚单位结合，改变细胞膜功能，包括抑制中性粒细胞的趋化、黏附和吞噬作用；②抑制磷脂酶 A_2，减少单核细胞和中性粒细胞产生前列腺素和白三烯；③抑制局部细胞产生 IL-6。秋水仙碱还有抑制细胞分裂的作用。

【临床应用】用于痛风性关节炎的急性发作，预防复发性痛风关节炎的急性发作、家族性地中海热。秋水仙碱也属于抗肿瘤药，可用于治疗白血病、乳腺癌等。对肝硬化、顽固性椎间盘病变所致慢性疼痛，秋水仙碱也有治疗作用。

【不良反应】不良反应较多。常见消化道反应。中毒时出现水样腹泻及血便，脱水，休克；对肾及骨髓也有损害作用。禁用于骨髓增殖低下、肝肾功能不全者及孕妇。

丙磺舒

丙磺舒（probenecid）又名羧苯磺胺，口服吸收完全，大部分通过肾近曲小管主动转运而排泄，因脂溶性大，易被重吸收，可竞争性抑制肾小管对尿酸的重吸收，增加尿酸排泄，降低血中尿酸盐的浓度，防止尿酸盐结节的形成，减少关节损伤，亦可促进已形成的尿酸盐溶解。可用于治疗慢性痛风。因无镇痛及消炎作用，故不适用于急性痛风。

丙磺舒可竞争性抑制有机酸如青霉素、头孢菌素在肾小管的分泌，故可以增加这些药物的血药浓度，延长其作用时间。

别　嘌　醇

别嘌醇（allopurinol）又名别嘌呤醇，为次黄嘌呤的异构体。口服由胃肠道吸收完全，经肝代谢，约 70% 代谢为有活性的氧嘌呤醇。次黄嘌呤及黄嘌呤可被黄嘌呤氧化酶催化而生成尿酸。别嘌醇及其代谢物可抑制黄嘌呤氧化酶，使次黄嘌呤及黄嘌呤不能转化成尿酸，则尿酸生成及排泄都减少，避免尿酸盐微结晶的沉积，防止发展为慢性痛风性关节炎或肾病变。一般口服后 24 小时尿酸浓度开始下降，2~4 周下降最为明显。临床用于痛风和痛风性肾病。

别嘌醇的不良反应少，偶见皮疹、胃肠道反应及转氨酶水平升高、白细胞减少等。服用初期可诱发痛风，故于开始 4~8 周内可与小剂量秋水仙碱合用；服药期间应多饮水，并使尿液呈中性或碱性以促进尿酸排泄。

苯　溴　马　隆

苯溴马隆（benzbromarone）为苯骈呋喃衍生物，口服易吸收，其代谢物为有效型。本品能抑制肾小管对尿酸重吸收，降低血中尿酸浓度，系一强力促尿酸排泄药，服药后 24 小时血中尿酸为服药前的 66.5%。用药后可缓解关节红、肿、热、痛等症状，并能使痛风结节消散。临床用于反复发作的痛风性关节炎伴有高尿酸血症及痛风石患者。不良反应较少，但可有胃肠道反应、肾绞痛及激发急性关节炎发作，少数患者可出现粒细胞减少。

案例分析

患者，女，54 岁，10 年前劳累后出现双侧手指肿痛，未予重视，病情逐步进展，出现双手腕、肘关节肿痛，医院检查类风湿因子明显升高，诊断为类风湿关节炎，给予阿司匹林等药物治疗，症状缓解。4 年前开始双手指间关节变形，双侧腕关节肿胀疼痛，时轻时重，反复发作。近 1 周关节肿胀疼痛加重，明显影响到日常生活。查体：体温 36.8℃，血压 100/65mmHg，脉搏 86 次/min，呼吸 18 次/min。双手近端指间关节梭形肿胀，远端指间关节鹅颈样变形，皮肤粗糙。双侧腕关节肿胀，压痛（+），活动受限。实验室检查：血沉加快，类风湿因子（+），免疫复合物升高、补体升高。X 线检查：双手近端、远端关节间隙明显变窄，骨密度减低。

诊断：类风湿关节炎。

治疗：塞来昔布，200mg，每日 2 次；甲氨蝶呤，10mg，每周 2 次。

分析：塞来昔布为选择性 COX-2 抑制药，对 COX-2 的选择性高，在治疗剂量下对 COX-1 无明显影响，具有抗炎、镇痛和解热作用，临床可用于类风湿关节炎的治疗，且其不良反应较少，尤其是胃肠道不良反应发生率比传统 NSAID 低。甲氨蝶呤具有免疫抑制作用，可以有效缓解类风湿关节炎患者的临床症状，减缓关节损伤的进展。故选用此两药进行治疗。

（黄丽萍）

复习思考题

1. 简述解热镇痛抗炎药共同的药理作用特点及作用机制。

2. 不同剂量的阿司匹林对血栓形成有什么不同的影响？为什么？

第二十章

利尿药与脱水药

第一节　利　尿　药

利尿药（diuretics）是一类直接作用于肾,能增加电解质和水排泄,使尿量增多的药物。临床上主要用于治疗各种原因（心性、肾性、肝性等）引起的水肿,也可用于某些非水肿性疾病,如高血压、肾结石、慢性心功能不全、高钙血症等的治疗。

利尿药按其效能及作用部位,一般分为3类:

1. 高效利尿药（high efficacy diuretics）　又名袢利尿药,主要作用于髓袢升支粗段,抑制 Na^+-K^+-$2Cl^-$ 共转运子。常用药物有呋塞米、依他尼酸、布美他尼、托拉塞米等。

2. 中效利尿药（moderate efficacy diuretics）　主要作用于远曲小管近端,抑制 Na^+-Cl^- 共转运子。常用药物有噻嗪类、氯噻酮等。

3. 低效利尿药（low efficacy diuretics）　包括作用于近曲小管的碳酸酐酶抑制药（如乙酰唑胺）和作用于远曲小管远端和集合管的 Na^+-K^+ 交换抑制药（如螺内酯、氨苯蝶啶、阿米洛利等）。

为了更好地理解各类利尿药的作用和利尿机制,必须先了解利尿作用有关肾尿液形成的生理学基础。

一、利尿药的生理学基础及作用机制

尿液的生成是通过肾小球滤过、肾小管和集合管的重吸收和分泌3个环节而实现的。利尿药主要影响了尿液的生成,特别是抑制肾小管和集合管的重吸收和分泌功能而发挥利尿作用（图20-1）。

(一)肾小球的滤过

血液中的成分,除蛋白质和血细胞外,其他成分均可经肾小球滤过而形成原尿。正常成年人每日形成原尿量约180L,但排出的终尿每日仅1~2L,说明约99%的原尿在肾小管被重吸收,仅有1%成为终尿排出体外。有些药物如强心苷、氨茶碱、多巴胺等,可以通过加强心肌收缩力、扩张肾血管、增加肾血流量及肾小球滤过率,使原尿生成增加,肾小管的重吸收也

相应增加,由于这种球-管平衡的调节机制,故终尿量并不能明显增多,利尿作用很弱,故目前没有作用在肾小球环节的利尿药。

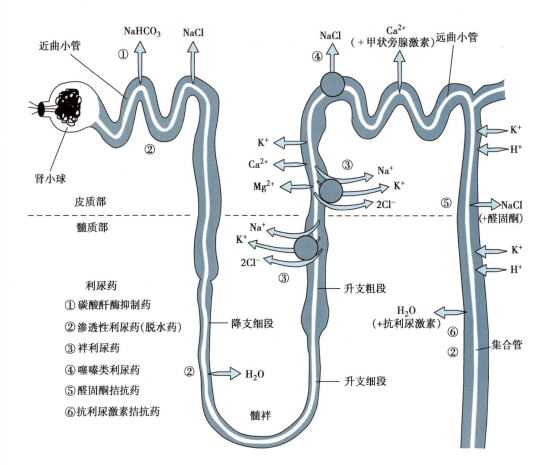

图 20-1　利尿药作用部位

（二）肾小管的重吸收及分泌

肾小管由近曲小管、髓袢、远曲小管组成,是影响终尿生成的主要因素。由于 99% 的原尿在肾小管重吸收,所以药物只要减少肾小管重吸收率 1%,就意味着可使终尿增加 1 倍。Na^+ 是重吸收的主要电解质,水是伴随 Na^+ 而重吸收的。因此,凡能抑制肾小管对 Na^+ 重吸收的药物,均可产生利尿作用。由于各段肾小管对 Na^+、Cl^- 等离子和水的重吸收方式和程度不同,故各类利尿药的作用机制和强度有明显差别。

1. 近曲小管　原尿中近 65%~70% 的 Na^+ 和水在此段被重吸收,主要通过 2 个环节:①钠泵（Na^+-K^+-ATP 酶）主动转运:基侧质膜的 Na^+-K^+-ATP 酶将吸收进入细胞内的 Na^+ 泵出细胞,进入间质,使细胞内 Na^+ 保持一个较低水平;② Na^+-H^+ 交换:肾小管上皮细胞内的 H^+ 来源于 CO_2 和 H_2O 生成的 H_2CO_3,这一生成过程又依赖于肾小管上皮细胞内碳酸酐酶（carbonic anhydrase,CA）的催化,然后 H_2CO_3 再解离成 H^+ 和 HCO_3^-,H^+ 将小管液中的 Na^+ 换入细胞内,然后由 Na^+ 泵将 Na^+ 送至组织间液。

抑制碳酸酐酶的利尿药乙酰唑胺,可使 H^+ 生成减少,从而抑制 Na^+-H^+ 交换,使近曲小管对 Na^+ 的重吸收减少,而产生利尿作用。但因近曲小管对 Na^+ 的重吸收减少时,可代偿性地激活近曲小管及其下各段肾小管对 Na^+ 的重吸收功能而抵消其利尿作用,故该药利尿作用弱,且因排出 HCO_3^- 而易导致代谢性酸中毒,现已少作利尿药使用。目前,尚无作用于近曲小管的高效利尿药。

2. 髓袢降支细段　降支细段只吸收水。由于此段髓质高渗,水被渗透压驱动而重吸收。

3. 髓袢升支粗段髓质部和皮质部　原尿中 30%~35% 的 Na^+ 在此段被重吸收。该段只对 Na^+ 和 Cl^- 重吸收,而不伴水的重吸收,产生对尿液的稀释作用。此段管腔膜上存在 Na^+-K^+-$2Cl^-$ 共转运子,基侧膜存在 Na^+-K^+-ATP 酶。Na^+-K^+-ATP 酶首先将肾小管上皮细胞内的 Na^+ 泵出到组织间液,在细胞内与管腔液间形成 Na^+ 浓度差,然后启动管腔膜上的 Na^+-K^+-$2Cl^-$ 共转运子,将 1 个 Na^+、1 个 K^+ 和 2 个 Cl^- 转运到细胞内,进入细胞的 K^+ 可经管腔膜上的 K^+ 通道返回管腔,形成 K^+ 的再循环。细胞内的 Cl^- 可通过基侧膜进入组织间液。最终结果是 Na^+ 和 Cl^- 被重吸收至组织间液中,K^+ 又返回管腔液中,造成管腔内正电位,进而驱动 Mg^{2+} 和 Ca^{2+} 的重吸收(图 20-2)。

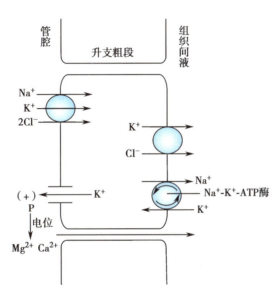

图 20-2　髓袢升支粗段的 Na^+-K^+-$2Cl^-$ 共同转运系统示意图

由于此段几乎不伴水的重吸收,原尿流经该段的过程中随着 Na^+、Cl^- 的重吸收而被逐渐稀释,渗透压也逐渐由高渗变为低渗,这就是肾对尿液的稀释功能。同时 Na^+、Cl^- 被转运到髓质间液,与尿素一起形成髓质高渗区。当低渗尿液流经髓质高渗区的集合管时,在抗利尿激素(antidiuretic hormone,ADH)影响下,大量的水被重吸收,这就是肾对尿液的浓缩功能。

高效利尿药,如呋塞米等,能选择性抑制髓袢升支粗段髓质部和皮质部的 Na^+-K^+-$2Cl^-$ 共转运子,既降低肾对尿液的稀释功能,又由于无法维持髓质的高渗而降低肾对尿液的浓缩功能,从而产生强大的利尿作用。

4. 远曲小管及集合管　此段重吸收原尿 Na^+ 5%~10%。Na^+ 重吸收的方式主要通过:①远曲小管近端的 Na^+-Cl^- 共转运子:该转运子可将 Na^+、Cl^- 转运入细胞内,再由钠泵将 Na^+ 泵出到组织间液,Cl^- 则被动重吸收。此段中的 Na^+、Cl^- 同向转运不受 K^+ 的影响,转运速率较髓袢升支粗段为慢。中效利尿药,如噻嗪类,可抑制该段 Na^+-Cl^- 共转运子,而抑制小管液中的 Na^+、Cl^- 重吸收。但此段与肾髓质间液高渗的形成无关,故不影响肾对尿液的浓缩过程,仅影响尿液的稀释过程,利尿作用呈中等强度。②远曲小管远端及集合管存

在 Na^+-H^+ 交换和 Na^+-K^+ 交换,药物主要影响 Na^+-K^+ 交换,该段管腔膜侧存在 Na^+ 和 K^+ 通道,管腔液中的 Na^+ 与细胞内的 K^+ 形成 Na^+-K^+ 交换。此过程主要受醛固酮的调节,低效利尿药中,螺内酯是醛固酮受体阻断药,通过抑制醛固酮与醛固酮受体的结合,间接抑制 Na^+-K^+ 交换,增加 Na^+ 和水的排出,产生利尿作用;而氨苯蝶啶则可直接抑制 Na^+ 通道,抑制 Na^+-K^+ 交换,减少 Na^+ 和水的重吸收,而产生利尿作用。两药利尿作用均较弱,且可造成 K^+ 排泄减少,故又名留钾利尿药。

除留钾利尿药外,其他利尿药都能促进钾排泄,故这些利尿药又名排钾利尿药。原因为:它们抑制了远曲小管远端以上各段的 Na^+ 再吸收,到达远曲小管远端的尿液中含 Na^+ 较多,促进了远曲小管远端和集合管的 Na^+-K^+ 交换。利尿作用使血容量降低而增加肾素释放,醛固酮分泌增多,从而也会促进 Na^+-K^+ 交换。故应用利尿药的时候应注意 K^+ 的电解质紊乱。

二、常用利尿药

(一)高效利尿药

常用药物有呋塞米、依他尼酸、布美他尼、托拉塞米。其中,呋塞米为代表药,托拉塞米为其他三药的活性代谢物。本类药物的主要作用部位在髓袢升支粗段皮质部和髓质部,选择性抑制 NaCl 的重吸收。

呋 塞 米

【体内过程】呋塞米(furosemide)又名呋喃苯胺酸、速尿,口服吸收迅速,生物利用度约为 60%,约 30 分钟起效,1~2 小时达高峰,持续 6~8 小时。静脉注射 5~10 分钟起效,30 分钟达高峰,$t_{1/2}$ 约 1 小时,维持 4~6 小时。血浆蛋白结合率 95% 以上。大部分以原药形式经近曲小管有机酸分泌系统随尿排出。反复给药不易蓄积。

【药理作用】

1. 利尿作用强大、迅速而短暂 利尿作用不受酸碱平衡失调及电解质紊乱的影响。其作用机制为特异性抑制髓袢升支粗段皮质部和髓质部 $Na^+-K^+-2Cl^-$ 共转运子,干扰了肾对尿液的稀释与浓缩功能,排出大量接近于等渗的尿液。

由于排 Na^+ 较多,促进了 K^+-Na^+ 交换和 H^+-Na^+ 交换,尿中 H^+ 和 K^+ 排出也增多,易引起低血钾。由于 Cl^- 的排出大于 Na^+ 的排出,易出现低氯性碱中毒。同时减小了 Ca^{2+}、Mg^{2+} 重吸收的驱动力,使它们的排泄也增加。长期应用可使某些患者产生明显的低镁血症。而由于 Ca^{2+} 在远曲小管可被主动重吸收,故一般不引起低钙血症。综上所述,呋塞米可以使尿中 Na^+、K^+、Cl^-、Mg^{2+}、Ca^{2+} 排出增多。

2. 扩张血管 该药能扩张肾血管,降低肾血管阻力,改变肾皮质内血流分布,增加肾血流量;还能扩张全身小静脉,降低左室充盈压,减轻肺淤血。扩血管机制可能与药物促进前列腺素合成,抑制其分解有关。

【临床应用】

1. 严重水肿 对心、肝、肾等各类水肿均有效,主要用于其他利尿药无效的严重水肿,但应注意电解质紊乱。

2. 急性肺水肿和脑水肿 静脉注射治疗急性肺水肿的主要机制为:①扩张静脉血管,回心血量减少,减轻心的前负荷;②强大的利尿作用使血容量减少,左室舒张末期压力降低,减轻左心负担,从而消除左心衰竭引起的急性肺水肿。治疗脑水肿主要则由于利尿后血液浓缩,血浆渗透压增高,而利于脑水肿的消除,对脑水肿合并心力衰竭尤为适用。

3. 急、慢性肾衰竭 急性肾衰竭时,呋塞米通过扩张肾血管,增加肾血流量,可改善急性肾衰竭早期的少尿及肾缺血;通过强大的利尿作用,冲洗肾小管,防止肾小管的萎缩和坏死;但不能延缓肾衰竭的进程。大剂量呋塞米可治疗慢性肾衰竭,可使尿量增加,以纠正慢性肾衰竭的尿量减少。

4. 加快某些毒物的排泄　应用呋塞米结合输液使尿量在一日内达到 5L 以上,可加速某些药物或毒物的排泄。主要用于经肾排泄的药物中毒的抢救,如巴比妥类、水杨酸类、溴剂、氟化物、碘化物等。

5. 高钾血症和高钙血症　可增加 K^+ 排出,用于高钾血症的辅助治疗。抑制 Ca^{2+} 的重吸收,通过应用呋塞米和静脉输入生理盐水而增加 Ca^{2+} 的排泄,这对迅速控制高钙血症有一定的临床意义。

【不良反应】

1. 水与电解质紊乱　常为利尿过度引起,表现为低血容量、低血钠、低血钾、低血镁及低氯性碱中毒,长期使用还可以引起低血镁。以低血钾最为常见,由于低血钾,可增强强心苷对心的毒性及诱发肝性脑病,故应注意及时补充钾盐或加服留钾利尿药。由于 Na^+-K^+-ATP 酶的激活需要 Mg^{2+},当低血钾和低血镁同时存在时,如不纠正低血镁,即使补 K^+ 也不易纠正低钾血症。

2. 耳毒性　表现为眩晕、耳鸣、听力减退或暂时性耳聋,呈剂量依赖性。耳毒性的发生机制可能与药物引起内耳淋巴液电解质成分改变和耳蜗管基底膜毛细胞损伤有关。故肾功能不全者慎用,同时避免与氨基糖苷类抗生素等具有耳毒性的药物合用,以免产生永久性耳聋。

3. 高尿酸血症　长期用药时可减少尿酸排泄,原因是利尿后血容量减少,该药和尿酸均通过肾的有机酸分泌系统排泄,产生竞争性抑制,从而加重痛风,故对痛风患者禁用。

4. 其他　可引起血糖升高(但很少引起糖尿病),升高低密度脂蛋白和甘油三酯,降低高密度脂蛋白水平;引起恶心、呕吐、腹泻,大剂量时尚可出现胃肠出血。亦可致过敏反应,如皮疹、嗜酸性粒细胞增多、间质性肾炎等,呋塞米为磺胺类衍生物,与磺胺药可有交叉过敏反应;偶致骨髓抑制,可发生白细胞、血小板减少。

该药还应注意避免与非甾体抗炎药如吲哚美辛等同用,以免减弱其排 Na^+ 作用,而影响利尿等作用。

布美他尼、依他尼酸、托拉塞米

布美他尼(bumetanide)的作用机制同呋塞米,但作用较呋塞米强 50 倍,耳毒性最小,为呋塞米的 1/6。其特点为起效快、作用强、毒性低、用量小。依他尼酸(ethacrynic acid)又名利尿酸,作用也同呋塞米,但最易引起永久性耳聋,现已少用,但不是磺胺类衍生物,故对磺胺类过敏者可选用。托拉塞米(torasemide)的利尿强度比呋塞米高,起效时间略慢于呋塞米,对电解质排泄、尿酸、血脂、血糖代谢影响均较轻。

(二) 中效利尿药

噻嗪类(thiazides)是临床广泛应用的一类口服中效利尿药,效能基本一致,但因化学结构上的微小差异,使药物在效价强度和作用时间长短等方面产生了明显差异。由于本类药物毒性小,治疗剂量范围较宽,其效价强度的大小在实际应用中并无重要意义。代表药物是氢氯噻嗪。其他类似噻嗪类的利尿药有吲达帕胺、氯噻酮、美托拉宗等,它们虽无噻嗪环但有磺胺结构,利尿作用与噻嗪类相似。

氢 氯 噻 嗪

【体内过程】 氢氯噻嗪(hydrochlorothiazide)又名双氢克尿塞,脂溶性较高,口服吸收迅速而完全。口服后 1~2 小时起效,4~6 小时达高峰,可持续 6~12 小时。主要以原药形式从肾小管分泌排出。肾功能不良者半衰期明显延长。

【药理作用】

1. 利尿　该药利尿作用温和持久。其作用机制是：①抑制远曲小管近端 Na^+-Cl^- 共转运子，抑制 Na^+ 和水的再吸收，使肾的尿液稀释功能降低。但因与髓质间隙高渗的形成无关，不影响肾的浓缩功能，故只产生中等强度利尿作用。②该药还可轻度抑制髓袢升支粗段皮质部碳酸酐酶，减少 Na^+-H^+ 交换，使 Na^+ 再吸收减少，参与利尿作用。尿中除排出 Na^+、Cl^- 外，K^+ 的排泄也增多，长期服用可引起低血钾。因对碳酸酐酶有一定抑制作用，故略增加 HCO_3^- 的排泄。此外，能增强远曲小管对钙的重吸收，可使 Ca^{2+} 从肾排出减少，这与药物促进远曲小管由甲状旁腺激素（PTH）调节的 Ca^{2+} 重吸收有关。

2. 抗利尿　该药可减少尿崩症患者的尿量和减轻烦渴的症状。其作用机制可能为：抑制磷酸二酯酶，增加远曲小管及集合管细胞内 cAMP 的含量，从而提高远曲小管对水的通透性，使水的重吸收增加，从而减少尿崩症患者的尿量；由于增加 NaCl 的排出，导致血浆渗透压降低而减轻口渴感，饮水量减少，尿量减少。

3. 降血压　是常用的降压药之一，用药早期通过利尿、血容量减少而降压，长期用药则通过扩张外周血管而产生降压作用（详见第二十一章抗高血压药）。

【临床应用】

1. 各类轻、中度水肿　对心源性水肿疗效较好，对肾性水肿的疗效与肾功能损害程度有关，肾功能受损较轻者疗效较好。对肝性水肿，与螺内酯合用以增加疗效，可避免血钾过低，诱发肝性脑病。

2. 尿崩症　对肾性尿崩症及升压素无效的垂体性尿崩症患者，可明显减少尿量。对轻症效果较好，重症疗效差。

3. 高血压　可单用治疗轻度高血压，与其他降压药合用治疗中、重度高血压。

4. 特发性高钙尿症和肾结石　主要用于预防含钙盐成分形成的结石。

【不良反应】

1. 电解质紊乱　长期应用可致低血钾、低血钠、低血镁、低氯性碱血症等，合用留钾利尿药可减少低血钾的发生。

2. 代谢异常　①血糖升高，与剂量有关，可能与其抑制胰岛素的分泌，减少组织利用葡萄糖有关，停药后能自行恢复；②高脂血症，可升高胆固醇和低密度脂蛋白，降低高密度脂蛋白水平。糖尿病和高脂血症患者慎用。

3. 高尿酸血症　氢氯噻嗪的利尿作用减少了细胞外液容量，从而增加近曲小管对尿酸的重吸收，并竞争性抑制尿酸从肾小管分泌。痛风患者慎用。

4. 其他　可使肾小球滤过率下降，加重肾功能不良，故肾功能不全者慎用。本类药物为磺胺类药物，与磺胺类有交叉过敏反应，可见皮疹、皮炎等，偶见严重的过敏反应如溶血性贫血、血小板减少、坏死性胰腺炎等。

（三）低效利尿药

本类药物利尿作用弱，较少单用，主要与其他利尿药合用，按其作用方式的不同包括 2 类——保钾利尿药和碳酸酐酶抑制药。保钾利尿药包括螺内酯、氨苯蝶啶、阿米洛利，碳酸酐酶抑制药的代表药为乙酰唑胺。

螺 内 酯

【药理作用】螺内酯（spironolactone）又名安体舒通，为醛固酮受体阻断药，其化学结构与醛固酮相似，可与醛固酮竞争醛固酮受体，间接抑制远曲小管远端和集合管 Na^+-K^+ 交换，表现出排钠利尿和留钾的作用。其作用特点为：①利尿作用弱，起效慢，作用持久。口服后

1 天起效,2~3 天达高峰,停药后可持续 2~3 天。②利尿作用与体内醛固酮的浓度有关,对切除肾上腺的动物无利尿作用。

【临床应用】

1. 醛固酮升高有关的顽固性水肿　如肝硬化、肾病综合征等引起的水肿。因利尿作用弱,较少单用,常与中效或高效利尿药合用,除了可以增强利尿作用外还可以减少 K^+ 电解质紊乱。

2. 慢性充血性心力衰竭　近年来认识到醛固酮在心力衰竭的发生发展中起重要作用,因而螺内酯用于心力衰竭的治疗已经不仅仅限于通过排 Na^+、利尿消除水肿,而是通过抑制心肌纤维化等多方面的作用而改善患者的状况。

3. 原发性醛固酮增多症　对于不能手术的患者可用本药治疗。

【不良反应】不良反应较轻,少数患者可引起头痛、困倦与精神异常等。久用可引起高血钾,尤其当肾功能不良时,故肾功能不全者禁用。还有性激素样副作用,可引起男子乳房女性化和性功能障碍,妇女可出现多毛症等,停药可消失。

氨苯蝶啶、阿米洛利

【药理作用】氨苯蝶啶(triamterene)、阿米洛利(amiloride)的化学结构虽然不同,却有相似的药理作用。其作用机制是阻断远曲小管末端和集合管腔膜上 Na^+ 通道而减少 Na^+ 的重吸收,抑制 K^+ 分泌,从而产生排 Na^+、利尿、保 K^+ 的作用。作用起效较快,服药后 2 小时即出现利尿作用。氨苯蝶啶的利尿作用可维持 16 小时;阿米洛利的利尿作用可维持 22~24 小时。由于直接抑制 Na^+-K^+ 交换,与醛固酮无关,因而对肾上腺切除的动物仍有利尿作用。

【临床应用】临床上常与排钾利尿药合用治疗因心力衰竭、肝硬化和肾炎等引起的水肿。

【不良反应】不良反应较少。长期服用可致高钾血症,严重肝肾功能不全者、有高钾血症倾向者禁用。偶见嗜睡、恶心、呕吐、腹泻等消化道症状。氨苯蝶啶还能抑制二氢叶酸还原酶,故可引起叶酸缺乏。肝硬化患者服用此药可发生巨幼红细胞贫血。对于阿米洛利,无尿、肾功能损害、糖尿病、酸中毒和低血钠患者慎用。

依 普 利 酮

依普利酮(eplerenone)是一种新型选择性醛固酮受体阻断药,其抗醛固酮受体的活性约为螺内酯的 2 倍。它只作用于醛固酮受体,而不作用于雄激素和孕酮受体,具有副作用较小,对高血压、心力衰竭等的疗效较好的特点,可减轻高血压患者的蛋白尿,对于合并糖尿病的高血压患者,肾保护作用更为明显。

乙 酰 唑 胺

乙酰唑胺(acetazolamide)又名醋唑磺胺,可抑制近曲小管上皮细胞中的碳酸酐酶,使近曲小管上皮细胞中的 H_2CO_3 生成减少,进而使 Na^+-H^+ 交换减少,增加 Na^+ 和水的排出。由于利尿作用弱,目前很少用于利尿。因该药还可抑制眼睫状体上皮细胞和中枢神经细胞中的碳酸酐酶,减少房水和脑脊液的产生,故可用于治疗青光眼和预防高山病引起的脑水肿。该药长期使用可致代谢性酸中毒及尿结石等。

第二节　脱　水　药

脱水药(dehydrant agents)又名渗透性利尿药(osmotic diuretics),是指能使组织脱水的药物。它们的共同特点是:不易透出血管而渗入组织液中,因此静脉给药后,可迅速提高血浆渗透压；在体内不被代谢；容易经肾小球滤过，但不易被肾小管重吸收，有助于维持肾小管中的尿液渗透压；对机体无毒性作用和过敏反应。该类药物主要有甘露醇、山梨醇、高渗葡萄糖等。

甘 露 醇

甘露醇(mannitol)可溶于水，一般配成 20% 高渗水溶液，供静脉注射或静脉滴注。

【药理作用】

1. 脱水　甘露醇静脉注射后不易渗入组织，在体内不被代谢，因此可迅速提高血浆渗透压，促使组织间液水分向血液内转移而引起组织脱水。静脉注射后 20 分钟，颅内压及眼内压显著下降，作用维持 6 小时。

2. 利尿　静脉注射后产生的脱水作用，可使循环血量增加，并提高肾小球滤过率。甘露醇在肾小管内几乎不被吸收，使原尿渗透压升高，而增加尿量。

3. 导泻　口服用药可引起渗透性腹泻。

【临床应用】

1. 脑水肿　甘露醇是目前治疗脑水肿、降低颅内压安全有效的首选药。适用于多种原因如肿瘤、颅脑外伤或组织缺氧等引起的脑水肿。

2. 青光眼　可治疗青光眼急性发作及术前应用，降低眼内压。

3. 预防急性肾衰竭　在急性肾衰竭时，及时用甘露醇，使肾小管液发生渗透效应，阻止水分重吸收，维持足够尿量，使肾小管内的有害物质稀释，防止肾小管萎缩坏死；同时由于使血浆高渗，通过脱水作用，可减轻肾间质水肿，另外，血容量增加，可改善急性肾衰竭早期的血流动力学变化，对肾衰竭伴有低血压者效果较好。

4. 术前肠道准备　术前 4~8 小时，10% 溶液 1 000ml 于 30 分钟内口服完毕。

【不良反应】可出现水和电解质紊乱，静脉注射过快可产生一过性头痛、视力模糊、眩晕、畏寒及注射部位疼痛等。慢性心功能不全及活动性颅内出血者禁用。

山 梨 醇

山梨醇(sorbitol)是甘露醇的同分异构体，作用与临床应用同甘露醇，进入人体内大部分在肝内转化为果糖，故作用较弱。易溶于水、价廉，一般可配成 25% 的高渗水溶液使用。

高渗葡萄糖

50% 高渗葡萄糖(hypertonic glucose)有脱水和渗透性利尿作用，因易被代谢，加之部分葡萄糖能扩散到组织中，故作用不持久，停药后可出现颅内压回升而引起反跳现象。临床上常与甘露醇或山梨醇合用，治疗脑水肿和急性肺水肿。

案例分析

患者，女，48 岁。主诉：感冒输液后呼吸困难 2 小时。病史：患者 20 年前因心悸在当地医院诊断为"风湿性心脏病，二尖瓣狭窄"，13 年前开始出现劳累后气促，反复发作，并相继发生尿少、夜间不能平卧等症状，多次住院治疗。近 2 个月来在家口服地高辛 0.25mg/d，2 小时前因"感冒"在某卫生院静脉滴注林可霉素(洁霉素)，输入 500ml 液体后(输入速度较快)，突然出现呼吸困难、咳粉红色泡沫痰，遂急转入院。以"急性肺水肿、风湿性心脏病、二尖瓣狭窄"收入院。患者入院后精神、食欲欠佳，二便正常，睡眠差，体重无明显改变。既往无高血压病史。体格检查：体温 36.5℃，脉搏 140 次/min，呼吸 40 次/min，血压 160/80mmHg。半坐位，呼吸急促，鼻孔扩张，口唇发绀，烦躁不安，大汗淋漓，皮肤湿冷。双侧颈静脉怒张。两肺满布湿啰音，心率 140 次/min，房颤律,心尖部闻及舒张期杂音。肝于肋弓下 3cm 处可触及。两下肢凹陷性水肿。辅助检查:心电图示房颤律。胸透示右侧胸腔少量积液,两中下肺肺纹理模糊,肺门阴影呈蝴蝶状。

诊断:急性肺水肿,风湿性心脏病,二尖瓣狭窄。心功能Ⅳ级。

治疗及疗效:应用呋塞米、依拉普利、地高辛、螺内酯治疗后,心慌气短症状明显减轻,下肢水肿减轻,两肺满布湿啰音基本消失。

分析:本例治疗以强心、利尿、扩张血管药物为主,利尿药使用了 2 种,其中呋塞米主要作用于肾小管髓袢升支粗段而利尿,螺内酯主要阻断醛固酮受体而作用于远曲小管远端和集合管而利尿,二者合用既可以增强利尿效果,还可以减少 K^+ 电解质紊乱。螺内酯还有一定抑制心肌纤维化,改善预后的作用。

(孟宪丽)

复习思考题

1. 试述噻嗪类中效利尿药和高效利尿药利尿作用机制的差别。
2. 试述利尿药的分类、各类的代表药、药物作用部位及机制。

PPT 课件

◆◆◆ 第二十一章 ◆◆◆

抗高血压药

📝 学习目标

1. 掌握　抗高血压药的分类,一线降压药的降压作用及特点、作用机制、临床应用及主要不良反应。

2. 熟悉　α_1 受体阻断药、血管扩张药、中枢性降压药的降压作用及特点、作用机制、临床应用及主要不良反应。

3. 了解　其他抗高血压药及抗高血压药的合理使用原则。

高血压(hypertension)是一种以体循环动脉血压升高为主要表现的临床综合征。持续的动脉血压升高可引起靶器官如心、脑、肾和血管的损伤,导致这些重要器官发生严重的病变,其主要并发症如脑卒中、心肌梗死、心力衰竭、主动脉夹层及肾功能不全等的致残致死率高,是我国患病率较高及疾病负担较重的一种慢性疾病。

目前,我国高血压的诊断标准沿用《中国高血压防治指南(2018 年修订版)》中的规定:成人在未服抗高血压药情况下,非同日 3 次测量诊室血压,收缩压 ≥ 140mmHg 和 / 或舒张压 ≥ 90mmHg 即可诊断为高血压。

高血压按发病的原因分为 2 类,即原发性高血压(essential hypertension)和继发性高血压(secondary hypertension)或症状性高血压(symptomatic hypertension)。前者找不到特异性发病原因,又称高血压病,患病率占高血压人群的 90%~95%;后者是指由某些确定的疾病或病因所引起的血压升高,只要治愈原发疾病或消除病因,血压就会降低,患病率占高血压人群的 5%~10% 左右。引起继发性高血压的主要疾病和病因有原发性肾病、肾血管疾病、原发性醛固酮增多症、嗜铬细胞瘤及皮质醇增多症等。

高血压起病隐匿,一般情况下病情发展缓慢,病程较长。根据舒张压程度和血管病变引起心、脑、肾等重要器官的损害程度,高血压可分为轻、中、重度或 1、2、3 级高血压(表 21-1)。

表 21-1　血压水平的定义和分类

分类	收缩压 /mmHg		舒张压 /mmHg
正常血压	<120	和	<80
正常高值	120~139	和 / 或	80~89
高血压	≥ 140	和 / 或	≥ 90
1 级高血压(轻度)	140~159	和 / 或	90~99
2 级高血压(中度)	160~179	和 / 或	100~109
3 级高血压(重度)	≥ 180	和 / 或	≥ 110
单纯收缩期高血压	≥ 140	和	<90

抗高血压药(antihypertensive drug)又称降压药(hypotensive drug),是一类能降低血压而用于高血压治疗的药物。循证医学研究证实,合理选用抗高血压药,使血压持续地维持于正常水平,不仅可改善高血压患者的症状,还能延缓因高血压所引发的重要脏器的病理变化进程,降低发生心、脑、肾及血管并发症和死亡的风险,提高患者的生活质量,延长寿命。

第一节 抗高血压药的分类

从血流动力学角度而言,血压是由心输出量和全身血管阻力产生的,而心输出量由心率和每搏输出量决定。交感神经系统(sympathetic nervous system,SNS)和儿茶酚胺类可使心率增快,副交感神经系统可以使心率减慢。在一定范围内,心率加快可使心输出量增加。每搏输出量随前负荷和收缩性而增加,随后负荷而减少。前负荷随静脉张力和血管容积的增加而增大。交感神经系统和激素[主要包括醛固酮、抗利尿激素(antidiuretic hormone,ADH)和心房利钠肽]是影响血管容积的主要因素。全身血管阻力又取决于直接神经支配、循环调节因素和局部调节因素。交感神经及 α_1 肾上腺素受体(α_1-adrenergic receptor,α_1-AR)激动可以增加全身血管阻力。循环调节因素包括儿茶酚胺类和血管紧张素 II 都可以增加全身血管阻力。大量的局部调节因素可以改变全身血管阻力,包括内皮来源的信号分子如一氧化氮(NO)、前列环素、血管紧张素 II 和内皮素,以及局部的代谢调节因素如腺苷、H^+ 和 O_2。高血压发生发展的病理生理过程涉及了上述诸多因素的变化,可以归纳为神经功能紊乱,机体自身调节功能减弱,激素或局部活性物质异常等。抗高血压药主要通过干预决定血压的关键因素来调节血压(图 21-1)。

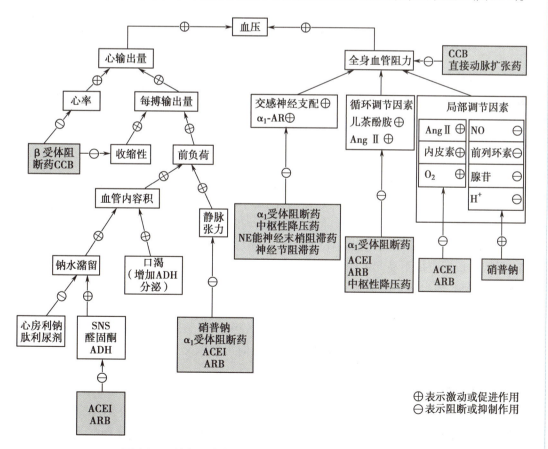

图 21-1 体循环血压的决定因素及抗高血压药的药理作用

根据抗高血压药主要作用部位和作用机制的不同,可将其分为以下几类:

1. 利尿药　如氢氯噻嗪等。

2. 肾素 - 血管紧张素 - 醛固酮系统抑制药　包括:①血管紧张素转换酶抑制药(angiotensin converting enzyme inhibitor,ACEI),如卡托普利、依那普利、雷米普利、福辛普利等;②血管紧张素受体阻滞药(angiotensin receptor blocker,ARB),如氯沙坦、缬沙坦、厄贝沙坦、坎地沙坦、替米沙坦等;③肾素抑制药,如雷米克林、阿利吉仑等。

3. 钙通道阻滞药　如硝苯地平、尼群地平、氨氯地平、维拉帕米、左氨氯地平、拉西地平等。

4. 交感神经抑制药　包括:①中枢性降压药,如可乐定、甲基多巴等。②神经节阻滞药,如咪噻吩、美卡拉明等。③去甲肾上腺素能神经末梢阻滞药,如利血平、胍乙啶、复方利血平氨苯蝶啶等。④肾上腺素受体阻断药,又分为 α_1 受体阻断药,如哌唑嗪、特拉唑嗪等;β 受体阻断药,如普萘洛尔、美托洛尔、阿替洛尔;α 和 β 受体阻断药,如拉贝洛尔等。

5. 血管扩张药　包括:①直接舒张血管平滑肌药,如硝普钠、肼屈嗪等;②钾通道开放药,如二氮嗪、米诺地尔等;③其他舒张血管药,如吲达帕胺、西氯他宁等。

目前,我国临床上常用的一线抗高血压药包括利尿药、钙通道阻滞药、ACEI、ARB 和 β 受体阻断药 5 类。中枢性降压药和血管扩张药已较少单独使用,但在联合用药和复方制剂中仍经常使用。

第二节　常用抗高血压药

一、利尿药

利尿药是常用的一线抗高血压药,包括高效、中效和低效利尿药。可单独使用,也常与其他降压药合用以增强疗效,减轻其他药物引起的钠水潴留。长期应用能降低心力衰竭和脑卒中的发病率和死亡率。临床治疗高血压以噻嗪类利尿药为主,其中以氢氯噻嗪(hydrochlorothiazide)最常用。

氢 氯 噻 嗪

【体内过程】口服吸收迅速但不完全,进入体内后分布于各组织,肾组织含量最高,肝组织次之,一般口服后 1 小时产生降压效应,约 2 小时血药浓度达峰值,维持 12~18 小时,$t_{1/2}$ 约 12 小时,随尿排出。可通过胎盘屏障,并随乳汁排泄。

【药理作用】降压作用特点是作用温和、可靠、持久,降压过程平稳,对卧位和立位血压均能降低。长期应用不易产生耐受性。其降压作用机制:早期通过增加肾的钠水排泄来减少血容量,使心输出量下降而达到降压效果;长期是由于排 Na^+,使小动脉平滑肌细胞内低钠,通过 Na^+-Ca^{2+} 交换机制,减少 Ca^{2+} 内流,降低细胞内 Ca^{2+} 浓度,使血管平滑肌对去甲肾上腺素等缩血管物质的反应性减弱,并能诱导血管壁产生激肽、前列腺素(PGE_2)等扩血管物质,降低全身血管阻力,达到降压的效果。降压时可导致交感神经系统和肾素 - 血管紧张素 - 醛固酮系统的激活。

【临床应用】单用可适用于轻、中度高血压,与其他降压药联合应用可用于治疗中、重度高血压。临床研究表明,联合应用小剂量利尿药与其他降压药物(如 ACEI、ARB 或钙通道阻滞药)较足量单药治疗降压效果更明显,且不良反应小。噻嗪类利尿药尤其适用于单纯收缩期高血压、老年高血压或伴心力衰竭患者,也是难治性高血压的基础药物之一。

【不良反应】小剂量无明显不良反应,但长期大剂量应用可导致电解质紊乱,特别注意的是对糖代谢、脂代谢及血尿酸代谢有不良影响,可出现高尿酸、高血糖及高血脂,故高血压患者合并有糖尿病、高尿酸血症、高脂血症以及明显肾功能不全者慎用。痛风患者禁用。

二、肾素 - 血管紧张素 - 醛固酮系统抑制药

肾素 - 血管紧张素 - 醛固酮系统(renin-angiotensin-aldosterone system,RAAS)是由肾素 - 血管紧张素系统(renin-angiotensin system,RAS)和醛固酮及其受体构成的体液系统,在血压调节及体液平衡中起到十分重要的作用,对高血压发病有重大影响。肾素 - 血管紧张素系统主要由血管紧张素原、肾素、血管紧张素转换酶、血管紧张素及其受体构成。RAS可分为2类:一类存在于循环系统中,称为循环RAS;另一类存在于心、肾上腺、血管、肾及脑等局部组织中,称为组织RAS。肾素是一种蛋白水解酶,主要由肾小球旁器细胞在血容量降低或β受体激动时分泌;它催化血管紧张素原转变为血管紧张素 I(angiotensin I,Ang I),后者在ACE的作用下转变为Ang II,Ang II与效应器细胞膜上的血管紧张素受体(angiotensin receptor,AT)结合而产生生物学效应。根据受体蛋白结构、药理特性和信号转导过程的不同,现已确定AT有AT_1、AT_2、AT_4、Mas、MrgD和PRR亚型,而Ang II主要与AT_1和AT_2结合。AT_1主要分布在血管平滑肌、心肌组织、肾上腺、脑、肾、肺及神经,对心血管功能的稳态具有调节作用。Ang II的绝大多数作用是由AT_1介导的。AT_2广泛分布在胎儿发育过程中的所有组织中,而在成人,它们的分布受到较大的限制,仅在肾上腺髓质、生殖组织、血管内皮细胞和部分脑组织中高度表达。但在心血管疾病(包括心力衰竭、心肌纤维化和缺血性心脏病)中,AT_2的表达上调,具有抗增殖、抗炎等作用,并拮抗AT_1的部分作用。AT_2的生物学作用尚未完全阐明。ACE是一种非特异性的酶,还催化缓激肽等肽类扩血管物质的降解。

作用于该系统的抗高血压药有ACEI、ARB、肾素抑制药。肾素 - 血管紧张素 - 醛固酮系统抑制药的作用环节见图21-2。

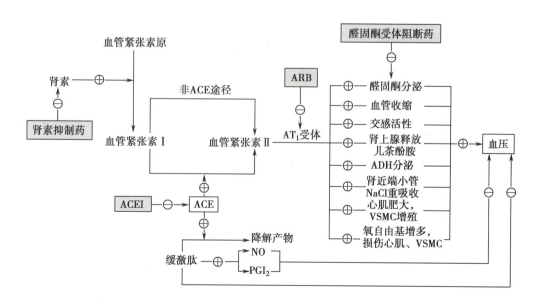

图 21-2　肾素 - 血管紧张素 - 醛固酮系统及其抑制药的作用环节

（一）血管紧张素转换酶抑制药（ACEI）

卡托普利是第一个口服的 ACEI。目前有 20 余种高效、长效且不良反应较少的 ACEI。根据 ACEI 与 ACE 分子表面锌原子相结合的活性基团将其分为 3 类：含巯基（—SH）的如卡托普利、阿拉普利等；含羧基（—COOH）的如依那普利、赖诺普利、雷米普利、贝那普利、培哚普利等；含次磷酸基（—POOR）的如福辛普利等。其中，含羧基的 ACEI 的组织亲和力较高。

卡 托 普 利

【体内过程】卡托普利（captopril）口服吸收快，给药后 1 小时血中药物浓度达峰值，生物利用度为 75%；食物能影响其吸收，因此宜在进餐前 1 小时服用。体内消除较快，$t_{1/2}$ 为 2 小时，主要从肾排泄，肾功能不全者应减少用量。

【药理作用】卡托普利通过抑制血管紧张素转换酶，降低外周阻力而产生中等强度的降压作用，对正常肾素型及高肾素型高血压患者疗效更佳。其降压作用具有以下优点：①降压效果确切，对绝大多数高血压均有效，久用无耐受性；②降压时，不引起反射性心率增快，对心输出量亦无明显影响；③降压的同时，能防止和逆转高血压患者血管重构和左心室肥厚，改善血管和心肌的顺应性，提高患者生活质量和降低死亡率；④能增加肾血流量，改善充血性心力衰竭患者心脏的收缩与舒张功能；⑤增敏胰岛素受体，不易引起脂质代谢紊乱和电解质紊乱；⑥久用停药，亦无反跳现象。

作用机制：

1. 抑制 ACE，减少 Ang Ⅱ 形成，从而产生下列作用　①抑制血管收缩，降低外周阻力，降低血压；②抑制交感神经系统的活性，减弱 Ang Ⅱ 对交感神经末梢突触前膜 AT_1 受体的作用，减少 NA 释放，同时抑制中枢 RAS，降低中枢交感神经活性，降低外周交感神经兴奋性；③抑制肾上腺髓质释放儿茶酚胺；④减少依赖 Ang Ⅱ 的醛固酮的分泌，增加远端肾小管钠离子的排泄；⑤减少 ADH 的释放，抑制水的重吸收；⑥抑制肾近端小管 NaCl 的重吸收，增加了尿钠的排泄；⑦抑制 Ang Ⅱ 诱导心肌细胞肥大和血管平滑肌细胞（vascular smooth muscle cell，VSMC）迁移、增殖及肥大，减少血管平滑肌细胞和心脏的成纤维细胞产生的细胞外基质，减轻或逆转心肌肥厚及血管壁增厚，抑制心肌和血管重构；⑧抑制 Ang Ⅱ 激活的产生 ROS 的 NADH/NADPH 氧化酶，从而使氧自由基产生减少，并能抑制 NO 失活，拮抗氧自由基对心肌和血管内皮细胞的损伤作用，对心肌和血管内皮细胞起保护作用。

2. 抑制缓激肽的灭活，从而保存缓激肽的作用　缓激肽能激活激肽 B_2 受体，进而激活磷脂酶 C（PLC），产生 IP_3，释放细胞内 Ca^{2+}，激活 NO 合酶，产生 NO。细胞内 Ca^{2+} 增加，也激活细胞膜上的磷脂酶 A_2（PLA_2），生成前列环素（PGI_2）。NO 与 PGI_2 都有舒张血管、降低血压的作用。

【临床应用】

1. 高血压　适用于各型高血压，为抗高血压治疗的一线药物。治疗轻、中度原发性和肾性高血压。与利尿药、二氢吡啶类钙通道阻滞药及 β 受体阻断药合用治疗重度或难治性高血压。

在降压的同时，还能逆转高血压左心室肥厚和抑制血管平滑肌细胞肥大、增生与血管重构，对心、肾有一定的保护作用，能增敏胰岛素受体，临床上尤其适用于高血压合并心肌梗死后心功能不全、慢性心力衰竭、代谢综合征、糖尿病肾病、非糖尿病肾病、微量白蛋白尿或蛋白尿患者，并可预防心房颤动。

2. 慢性心功能不全　卡托普利能舒张阻力血管和容量血管，降低醛固酮水平，减轻心脏前后负荷，改善心功能，故可用于治疗顽固性慢性心功能不全，对强心苷、利尿剂和血管扩张药无效的慢性心功能不全患者也有效。

3. 心肌梗死 对缺血心肌有保护作用,能减轻缺血再灌注损伤以及引起的心律失常。心肌梗死患者早期使用卡托普利可改善心功能和降低死亡率。

【不良反应】卡托普利的毒性小,耐受性良好,每日剂量在 150mg 以下时不良反应少。

1. 首剂低血压 很常见,在治疗开始几天或增加剂量时易发生,尤其在使用利尿药、限钠或经胃肠道体液丢失所引起的低血容量患者,都有可能出现严重的低血压,因此首次宜从小剂量开始用药。

2. 干咳 为最常见的不良反应,多见于用药初期,其机制可能与卡托普利使缓激肽及前列腺素等在肺组织内聚积有关。一般停药后可自行消失。

3. 血管神经性水肿 表现为咽喉、唇、口腔等部位急性水肿,常发生于用药后最初几小时,停药后症状常会迅速减轻或消失,必要时用肾上腺素、抗组胺药及肾上腺皮质激素类药物做对症治疗。

4. 高血钾 由于卡托普利减少 Ang Ⅱ 的生成,依赖于 Ang Ⅱ 的醛固酮排钾减少,长期应用有可能导致血钾升高。肾功能不全、联用保钾利尿剂、补钾或合并糖尿病患者易发生高钾血症。

5. 长期用药可致血锌降低,引起味觉改变、脱发、嗜酸性粒细胞增多、皮疹等。长期用药宜补锌克服。

6. 肾功能恶化 见于肾功能不全、双侧肾动脉狭窄、重度心力衰竭和低钠血症患者。当肾血流灌注相对不足时,Ang Ⅱ 介导的出球小动脉收缩是维持肾小球滤过率的生理机制之一,而使用卡托普利等 ACEI 后,出球小动脉明显舒张,可引起肾灌注压下降,使肾功能恶化。

7. 其他 可引起中性粒细胞减少。持续应用卡托普利,可引起胎儿肾损伤,颅盖骨发育不全,生长迟缓,甚至胎儿死亡,妊娠前 3 个月会增加致畸的风险,故禁用于妊娠、伴有双侧肾动脉狭窄、高钾血症及发生血管神经性水肿的患者。

依 那 普 利

依那普利(enalapril)的降压作用机制与卡托普利相似,为前体药物,口服后在体内水解成依那普利拉,起效慢,作用强,其抑制 ACE 的作用较卡托普利强 10 倍,能降低外周阻力,增加肾血流量。降压作用持久,主要用于高血压,对心功能的影响优于卡托普利。因其不含—SH 基团,无青霉胺样反应(皮疹、嗜酸性粒细胞增多)。其他不良反应与卡托普利相似。

(二)血管紧张素受体阻滞药(ARB)

循环中 Ang Ⅱ 的生成以 ACE 催化作用为主,而组织中 Ang Ⅱ 的生成则以糜酶(chymase)催化作用为主。由于 ACEI 不能抑制 Ang Ⅱ 生成的非 ACE 途径,所以不能完全阻止组织中 Ang Ⅱ 的生成。并且 ACEI 抑制激肽酶,使缓激肽及前列腺素等堆积,而引起咳嗽和血管神经性水肿等不良反应。而 ARB 可直接阻断 Ang Ⅱ 的心血管作用,与 ACEI 相比,选择性更强,不影响缓激肽的降解,对 Ang Ⅱ 的拮抗作用更完全,不良反应较 ACEI 少,是继 ACEI 后的新一代 RAAS 抑制药。

该类降压药主要阻断 AT_1 受体,因此又称 AT_1 受体阻断药。常用药有氯沙坦、缬沙坦(valsartan)、厄贝沙坦(irbesartan)、坎地沙坦(candesartan)、替米沙坦(telmisartan)、奥美沙坦(olmesartan)等。

氯 沙 坦

【体内过程】氯沙坦(losartan)口服吸收迅速,首过效应明显,生物利用度约为 33%,药峰时间约为 1 小时,$t_{1/2}$ 为 2 小时。部分在体内转变为作用更强、$t_{1/2}$ 更长的活性代谢物,大部分随胆汁排出,部分随尿排出。每日服药 1 次,作用可维持 24 小时。

【药理作用】氯沙坦为第 1 个用于临床的 AT_1 受体阻断药,可选择性地与 AT_1 受体结合,对 AT_1 受体有选择性阻断作用,对 AT_1 受体的亲和力比对 AT_2 受体的亲和力高约 25 000~30 000 倍。能竞争性阻断 Ang Ⅱ 与 AT_1 受体结合,从而拮抗 Ang Ⅱ 的缩血管作用,以及增强中枢、外周交感神经系统活性的作用,降低全身血管阻力,使血压下降;减少醛固酮的分泌,增加肾中钠和水的排出,使血容量减少;还能阻止 Ang Ⅱ 促进心肌肥大和血管平滑肌细胞的增殖、肥大,从而抑制心肌重构和血管重构等作用。同时,还能增加肾血流量,有一定的肾保护作用。ARB 可以激活 AT_2 受体而产生抗增殖作用。

【临床应用】

1. 高血压 治疗各型高血压,尤其适用于伴左心室肥厚、冠心病、心力衰竭、代谢综合征、糖尿病肾病、微量白蛋白尿或蛋白尿的患者,以及不能耐受 ACEI 的患者,并可预防心房颤动。

其效能与依那普利相似,对多数患者每日服用 1 次,每次 50mg,即可有效控制血压,用药 3~6 天可达最大降压效果。该药长期应用还有促进尿酸排泄作用。

2. 慢性心功能不全 阻断或改善心力衰竭时,AT_1 过度激动导致诸多不良作用。可以降低平均肺动脉压及肺毛细血管楔压,降低全身血管阻力,减轻前负荷,增加心输出量。用于不能耐受 ACEI 的慢性射血分数降低的心力衰竭患者,常用药物还有缬沙坦、厄贝沙坦和坎地沙坦。

【不良反应】较 ACEI 少,可见肾功能障碍和与剂量相关的直立性低血压,偶有腹泻,长期应用可升高血钾,因此肝功能不全或循环血量不足时,应减少初始剂量。禁用于伴有双侧肾动脉狭窄、高钾血症、非糖尿病肾病及妊娠患者。

(三)肾素抑制药

阿 利 吉 仑

阿利吉仑(aliskiren)为第二代肾素抑制药,作用于 RAAS 的第一限速步骤。可选择性直接抑制人的肾素而降低肾素活性、血管紧张素 Ⅰ 和 Ⅱ 水平。但对血管紧张素转换酶几无亲和力,同时也不增加缓激肽和前列腺素水平。具有抗交感作用,可避免血压下降后产生的反射性心动过速,对肾的保护作用强于 ACEI 和 ARB,不影响心功能。长期用药时,患者会出现严重低血压、皮疹、高钾血症、高尿酸血症等,偶见颈部血管神经性水肿、面部和四肢水肿。对本药过敏者、肾病综合征患者和严重肝、肾功能不全者禁用。

三、钙通道阻滞药

钙通道阻滞药(calcium channel blocker,CCB)又称钙拮抗剂,是治疗高血压的一类重要药物,能选择性阻滞 L-型电压门控性 Ca^{2+} 通道,使进入血管平滑肌细胞内的钙离子减少,减弱肌球蛋白轻链激酶的活化,抑制肌球蛋白轻链磷酸化,从而抑制肌动蛋白-肌球蛋白横桥的形成,使血管平滑肌细胞舒张,导致血管扩张(图 21-3)。CCB 扩张小动脉的作用强于扩张静脉,以降低后负荷为主,使外周阻力降低,血压下降。钙通道阻滞药还能减轻 AT_1 受体和 α_1 受体介导的缩血管效应(图 21-3)。该类药物对心脏还具有负性变力作用和负性变时作用。该类药物在降压的同时不减少心、脑、肾等重要器官的血流量;还能抑制血小板聚集,增加红细胞变形能力,降低血液的黏稠度,长期应用可逆转或改善高血压引起的血管重构和左心室肥厚,增加血管的顺应性,对缺血心肌有保护作用,排钠利尿,不明显影响糖类、脂质代谢,抗动脉粥样硬化,对高血压患者预后有利。该类药物在降压的同时还可激活 RAAS 和压力感受器介导的交感神经兴奋。

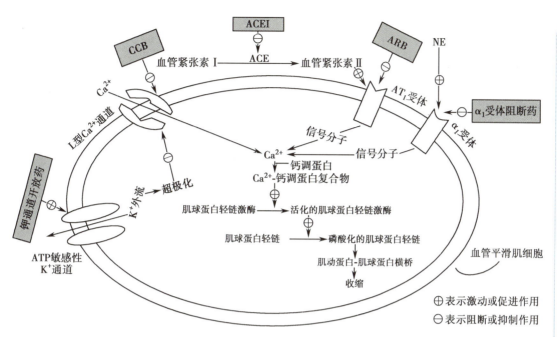

⊕ 表示激动或促进作用
⊖ 表示阻断或抑制作用

图 21-3 CCB、ACEI、ARB 等血管扩张药的作用部位

钙通道阻滞药的品种繁多,按结构不同可分为二氢吡啶类和非二氢吡啶类。各类钙通道阻滞药对心和血管的选择性不同。①二氢吡啶类 CCB 对血管平滑肌选择性强,血管扩张明显,且较少影响心。常用药物有硝苯地平、尼群地平、尼卡地平、非洛地平、氨氯地平、拉西地平等。对血管的作用最强的是氨氯地平和尼莫地平,尤其对冠状动脉选择性更高。尼莫地平对脑血管的选择性特别强。②非二氢吡啶类 CCB 选择性较差,对心脏和血管均有作用,常用药物有维拉帕米、地尔硫草等。该类药物主要起负性变力作用和负性变时作用,降低心肌的收缩性、心率,抑制心脏的传导功能。

对心脏作用最强的是维拉帕米,其次是地尔硫草,而硝苯地平较弱。

硝 苯 地 平

【体内过程】硝苯地平(nifedipine)口服易吸收,20~30 分钟起效,1~2 小时达到最大效应,作用持续 6~7 小时,舌下含服 5~15 分钟起效。与血浆蛋白结合率高达 98%,主要经肾排泄。

【药理作用】硝苯地平阻滞细胞膜 L- 型钙通道,抑制细胞外 Ca^{2+} 内流,减弱兴奋 - 收缩偶联,导致小动脉扩张,使总外周血管阻力下降,血压下降,而且血压越高越明显,对正常血压无明显降压作用。降压快、作用强,在降压的同时不影响糖代谢,而且因压力感受器反射使交感神经活性增高,伴有轻度心率加快、心输出量增加和血浆肾素活性增高等不良反应,但较直接扩血管药作用弱,与 β 受体阻断药合用可防止该反应的出现。

【临床应用】对各型高血压均有作用,尤其适用于单纯收缩期高血压、老年高血压,以及伴稳定型心绞痛、颈动脉或冠状动脉粥样硬化及周围血管病的患者。

因降压时反射性引起心率增快、心输出量增加、血浆肾素活性增高,故常与利尿药、β 受体阻断药、ACEI 合用,以增强疗效,减少不良反应。目前,多用其控释与缓释制剂。该药的短效制剂有可能加重心肌缺血,故伴有心肌缺血的高血压患者慎用。急性冠状动脉综合征患者一般不推荐使用短效硝苯地平。

【不良反应】常见的不良反应包括反射性交感神经激活和血管扩张所导致的心率增快、头痛、眩晕、面部潮红、脚踝部水肿等,如水肿严重,可利用利尿药以减轻症状,但不能根治。硝苯地平没有绝对禁忌证,但心动过速与心力衰竭患者应慎用。

尼 群 地 平

尼群地平(nitrendipine)口服易吸收,30 分钟后血浆浓度达高峰,血浆蛋白结合率达 98%,$t_{1/2}$ 约为 2~4 小时。尼群地平的药理作用与硝苯地平相似,降压作用温和持久,适用于各型高血压长期治疗,也可用于缺血性心脏病或慢性心功能不全,对高血压伴有心、脑供血不足疗效较好。还可用于血管性痴呆的延缓或预防。其不良反应较少,少数患者可产生头痛、面部潮红、眩晕、疲倦等不良反应。

氨 氯 地 平

氨氯地平(amlodipine)属第三代钙通道阻滞药。该药起效缓和,维持时间长,降压平稳,口服吸收好,生物利用度高,每日只需服药 1 次,降压作用可维持 24 小时,血药浓度较稳定,可减少血压波动造成的器官损伤,为目前治疗原发性高血压的常用药,也可用于稳定型与变异型心绞痛。不良反应与硝苯地平相似,但发生率低,由血管扩张引起的头痛、面红、心率加快等症状不明显。

四、肾上腺素受体阻断药

肾上腺素受体(α 和 β 受体)广泛分布于中枢神经和心血管组织,在血压调节中起重要作用。用于治疗高血压的肾上腺素受体阻断药有 β 受体阻断药、α 受体阻断药,以及兼有 α 和 β 受体阻断作用的药物。

(一) β 受体阻断药

β 受体阻断药治疗高血压疗效确切、安全可靠,降压强度与利尿药相似,能降低心血管并发症如脑卒中和心肌梗死的发生率和死亡率,为抗高血压治疗的一线药物。主要有普萘洛尔、美托洛尔、比索洛尔、阿替洛尔、纳多洛尔、倍他洛尔、吲哚洛尔等。

普 萘 洛 尔

【体内过程】普萘洛尔(propranolol)又称心得安,口服首过效应明显,生物利用度为 25%,个体差异大,$t_{1/2}$ 约为 4 小时。起效慢,连用 2 周以上才产生降压作用。

【药理作用】该药为非选择性 β 受体阻断药,对 β_1、β_2 受体都有作用。降压机制主要包括:①降低心输出量:阻断心肌 β_1 受体,使心肌收缩力减弱,心率减慢,心输出量减少而发挥作用;②抑制肾素分泌:阻断肾小球旁器细胞的 β_1 受体,减少肾素分泌,从而抑制肾素 - 血管紧张素 - 醛固酮系统;③抑制外周交感神经活性:阻断去甲肾上腺素能神经突触前膜 β_2 受体,消除正反馈作用,减少 NA 的释放;④抑制中枢交感活性:阻断血管运动中枢的 β 受体,从而抑制外周交感神经张力而降压;⑤促进前列环素生成,扩张血管。

【临床应用】适用于轻、中度高血压,尤其适用于伴有快速性心律失常、冠心病、心输出量偏高或血浆肾素活性增高、交感神经活性增高以及慢性心力衰竭的高血压患者。

【不良反应】常见的有疲乏无力、肢体冷感、心动过缓、房室传导阻滞、胃肠不适等,长期应用使血浆甘油三酯水平升高,高密度脂蛋白胆固醇减少。还可能影响糖代谢。

长期使用该类药物者,突然停药可发生反跳现象,较常见的有血压反跳性升高,可见焦虑、头痛等,称之为停药综合征;也可诱发或加重心绞痛。支气管哮喘、Ⅱ/Ⅲ度房室传导阻滞、严重左心功能不全患者禁用。慢性阻塞性肺疾病、周围血管病患者,以及运动员或糖耐量异常者慎用。

美托洛尔和阿替洛尔

美托洛尔(metoprolol)和阿替洛尔(atenolol)属于选择性 β_1 受体阻断药,降压机制与普萘洛尔相同,但对心脏 β_1 受体有较强的选择性,对支气管平滑肌上的 β_2 受体影响较小。口服吸收完全,用于各种程度的高血压,降压作用持续时间较长,每日服用 1~2 次,作用优于普萘洛尔。美托洛尔的控释片一次给药后作用维持 24 小时,不良反应较少。

(二) α、β 受体阻断药

拉 贝 洛 尔

拉贝洛尔(labetalol)对 $α_1$、β 受体均有竞争性阻断作用,其降压作用出现较快,但作用较温和,对心率影响不明显。临床可用于各型高血压,尤其是伴有心绞痛的高血压患者,静脉注射可用于高血压急症。该药可诱发支气管哮喘,头皮刺麻感是其特殊反应,其他尚有胃肠道反应、头痛、乏力和过敏现象。

卡 维 地 洛

卡维地洛(carvedilol)为选择性阻断 $α_1$ 受体和非选择性阻断 β 受体及无内在拟交感活性的药物,对 $α_1$ 受体的阻断作用明显低于 $β_1$ 和 $β_2$ 受体,具有舒张血管作用。口服首过效应明显,生物利用度约为 22%,药效可维持 24 小时。不良反应与普萘洛尔相似,但不影响血脂代谢。可用于治疗轻度及中度高血压,或伴有肾功能不全、糖尿病的高血压患者。可降低心力衰竭患者的死亡率,因此对高血压伴有心力衰竭的患者很有用。

(三) α 受体阻断药

用于抗高血压治疗的 α 受体阻断药是一类选择性阻断血管平滑肌突触后膜 $α_1$ 受体,使血管扩张,血压下降,但对突触前膜的 $α_2$ 受体无明显作用的药物(图 21-3)。该类药物以哌唑嗪为代表,还包括特拉唑嗪、多沙唑嗪、布那唑嗪、曲马唑嗪及乌拉地尔,其中乌拉地尔虽同时有阻滞 $α_2$ 受体的作用,但作用较弱,主要以阻滞 $α_1$ 受体为主。

哌 唑 嗪

【体内过程】哌唑嗪(prazosin)口服易吸收,2 小时血药浓度达峰值,生物利用度为 60%,个体差异大,$t_{1/2}$ 约为 3 小时。但降压作用可持续 10 小时,主要在肝内代谢,10% 的原药经肾排出。

【药理作用】选择性阻断血管平滑肌突触后膜 $α_1$ 受体使血管扩张,产生中等偏强的降压作用,对突触前膜的 $α_2$ 受体无阻断作用,故不会引起反射性心率增快,长期应用能改善脂质代谢,降低血浆甘油三酯、总胆固醇、低密度脂蛋白胆固醇、极低密度脂蛋白胆固醇的浓度,升高高密度脂蛋白胆固醇的浓度。对糖代谢无影响。此外,哌唑嗪还能阻断膀胱颈、尿道、前列腺包膜和腺体的 α 受体,使膀胱及尿道平滑肌松弛,从而改善前列腺增生患者的排尿困难。

【临床应用】不作为高血压治疗的首选药,适用于高血压伴前列腺增生患者,也用于难治性高血压的治疗,与利尿药及 β 受体阻断药合用可提高疗效。

【不良反应】主要为直立性低血压,特别是首次用药更明显,称"首剂现象",即患者首次用药后 90 分钟内出现直立性低血压,表现为心悸、昏厥、意识消失,约 50% 的患者会发生。首次剂量减半,并在临睡前服用,可避免首剂现象的发生。在服用哌唑嗪前一天停止使用利尿药,可减轻首剂现象的发生。另有眩晕疲乏、鼻塞、口干、尿痛及胃肠道不良反应。直立性低血压者禁用。心力衰竭者慎用。

特 拉 唑 嗪

特拉唑嗪(terazosin)又称高特灵、降压宁,可选择性阻断突触后膜 $α_1$ 受体,降压作用与哌唑嗪相似,但作用持续时间长。长时间应用有降血脂作用,可降低血清总胆固醇、低密度脂蛋白胆固醇、极低密度脂蛋白胆固醇及提高高密度脂蛋白胆固醇的浓度。研究表明,特拉唑嗪能改善前列腺肥大患者的尿流动力学和临床症状,临床可用于高血压和前列腺肥大的治疗。不良反应与哌唑嗪相似,但"首剂现象"较少。

多 沙 唑 嗪

多沙唑嗪(doxazosin)有降压和调血脂作用,其降压效应与哌唑嗪相似,生物利用度为65%,血浆半衰期为10~12小时,临床可用于高血压的治疗。

第三节　其他抗高血压药

一、中枢性抗高血压药

该类药物包括可乐定、甲基多巴(methyldopa)、利美尼定(rilmenidine)和莫索尼定等。其中,可乐定为第一代中枢性抗高血压药,是咪唑类衍生物,化学名为二氯苯胺咪唑啉。

可 乐 定

【体内过程】可乐定(clonidine)又称可乐宁,口服吸收良好,生物利用度约75%,口服0.5小时后起效,2~4小时作用达高峰,持续6~8小时,$t_{1/2}$约为9小时。易透过血脑屏障,血浆蛋白结合率为20%,约50%在肝内代谢,其余以原药形式经肾排出。

【药理作用】可乐定具有中等偏强的降压作用。静脉注射后可见血压短暂升高,随后血压持续下降,口服只有降压作用而无升压效应。对正常血压亦有降低作用。可乐定对肾血管有扩张作用,但对肾血流量无明显影响。

可乐定的降压作用机制较为复杂。可能的机制是:①选择性激动延髓背侧孤束核(nucleus tractus solitarius,NTS)次一级神经元突触后膜的 α_2 受体和延髓腹外侧核吻侧端(rostal ventrolateral medulla,RVLM)的咪唑啉 I_1 受体,使外周交感神经张力降低;②激动外周交感神经突触前膜的 α_2 受体及其相邻的 I_1 咪唑啉受体,通过负反馈调节,减少外周交感神经末梢 NA 释放(图 21-4)。

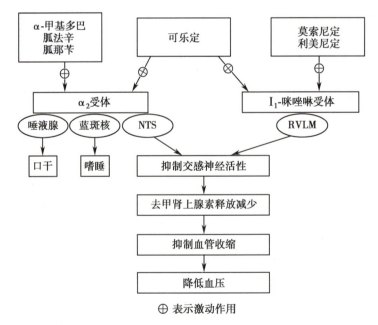

图 21-4　中枢性降压药作用机制示意图

可乐定还能抑制胃肠道的分泌和运动;有一定的镇静、镇痛作用,与其促进内源性阿片肽的释放有关,而且该作用可被阿片受体阻断药纳洛酮拮抗。

【临床应用】常用于其他降压药无效的中、重度高血压,对兼有溃疡病的高血压及肾性高血压较为适宜。较少单独使用,与利尿药合用有协同作用。口服也可用于预防偏头痛或作为吗啡类镇痛药成瘾者的戒毒药。

【不良反应】常见口干、嗜睡、便秘、阳痿、抑郁、水肿、体重增加和心动过缓等。长期应用可导致钠水潴留,合用利尿药可避免。长期服用可乐定后,突然停药可引起短时的交感神经功能亢进的停药综合征,表现为血压骤升、心悸、兴奋、震颤、腹痛、出汗等,可能是久用可乐定后突触前膜 α_2 受体的敏感性降低,负反馈作用减弱,NA 释放过多,导致血压升高。再用可乐定或用酚妥拉明可取消上述反应,因此需要逐渐减量后再停药。

莫索尼定

莫索尼定(moxonidine)为第二代中枢性抗高血压药,主要通过激动延髓腹外侧核吻侧端 I_1 咪唑啉受体而发挥降压作用。降压作用略低于可乐定。优点为对 I_1 咪唑啉受体的选择性比可乐定高,口服吸收好,作用持久,因其对中枢和外周 α_2 受体作用较弱,不良反应较可乐定少,其降压作用不被 α_2 受体阻滞药所阻断,无停药反跳现象。主要不良反应有口干、嗜睡等。

二、去甲肾上腺素能神经末梢阻滞药

主要作用于去甲肾上腺素能神经末梢部位,通过影响儿茶酚胺的储存及释放而产生降压作用。以往常用的药物有利血平、胍乙啶。

利血平

利血平(reserpine)的降压作用缓慢、温和、持久,在降低血压的同时伴有心率减慢。利血平与中枢和外周肾上腺素能神经元中的囊泡长时间紧密结合,与囊泡儿茶酚胺转运蛋白 $VMAT_2$ 相互作用并抑制其功能,因此神经末梢失去了摄取和储存 NE 和多巴胺的能力,从而使囊泡内递质的合成与贮存逐渐减少以至耗竭而产生降压作用。临床主要用于轻度、中度的高血压,与噻嗪类利尿药合用可提高疗效。利血平不良反应较多,可引起副交感神经功能亢进如鼻塞、胃酸过多、胃肠道运动增加、腹泻等。利血平易进入脑部,可耗竭中枢的单胺类贮存,引起镇静、中枢抑制和帕金森病的症状,长期用药可引起抑郁症。现很少单独应用,仅作为一些传统抗高血压药复方制剂的成分,或作为研究交感神经活动的工具药。

胍乙啶

胍乙啶(guanethidine)能阻止交感神经末梢突触前膜 NE 的释放,并耗竭其贮存,产生快速、强大且持久的降压作用。但由于该药不良反应较多,如心脑血流灌注不足、直立性低血压及性功能障碍等,故不单独应用,一般与其他抗高血压药合用治疗重度高血压或难治性高血压。

利血平和胍乙啶都可导致递质无法正常释放,且不良反应多,现已少用。

三、神经节阻滞药

代表药物有咪噻吩(trimethaphan,阿方那特)及美卡拉明(mecamylamine)。该类药物通过阻断交感神经节而降血压,作用快而强。但因副交感神经节同时被阻断,所以不良反应多而严重,且易发生直立性低血压和耐受性,目前已基本不用,仅用于伴有主动脉夹层动脉瘤的高血压,偶尔也用于高血压危象、高血压脑病等危急情况以及外科手术中的控制性降压,以减少术中出血。

四、血管扩张药

（一）直接扩张血管药

肼 屈 嗪

肼屈嗪（hydralazine），又称肼苯达嗪。

【体内过程】口服吸收快且完全，约 1~4 小时达血药峰浓度，生物利用度低、为 30%~50%。87% 与血浆蛋白结合，主要在肝内被乙酰化代谢而失效，生成无活性的乙酰化代谢物，其代谢速度取决于患者的乙酰化速率的快慢。乙酰化速度因受遗传基因的影响而有所不同，可表现为慢代谢型和快代谢型 2 种。$t_{1/2}$ 为 2~4 小时，以原药（12%~14%）及代谢物形式经肾排出。

【药理作用】肼屈嗪可直接使小动脉平滑肌松弛，对静脉平滑肌几乎没有影响，因降低外周阻力而降压。介导此作用的分子机制尚不清楚，但最终可能涉及细胞内 Ca^{2+} 浓度的降低。虽然肼屈嗪会影响细胞信号传导途径的各种变化，但解释其扩张动脉能力的精确分子靶标仍不确定。可能的机制包括抑制血管平滑肌细胞肌浆网三磷酸肌醇诱导的 Ca^{2+} 从细胞内存储位点的释放，膜超级化，开放 ATP 敏感性的 K^+ 通道等。

降压作用快而较强，口服后 20~30 分钟显效。一次给药维持 12 小时，降压的同时伴有反射性交感神经兴奋，使心率加快、心输出量增加，从而减弱其降压作用。降压时还伴血浆肾素活性增高及代偿性钠水潴留。本品对卧位和立位血压均有降低作用，因其对静脉的作用较弱，一般不引起直立性低血压。

【临床应用】治疗中、重度高血压。经常使用会出现耐受，限制了它的临床应用，因此较少单独使用，常与其他抗高血压药如利尿药或 β 受体阻断药联合应用，确实能增强疗效，减少不良反应。

【不良反应】较多，常见头痛、面红、黏膜充血、心动过速，并可诱发心绞痛和心力衰竭，大剂量（每日 400mg 以上）长期（5 个月以上）应用可产生红斑狼疮样综合征，多见于慢乙酰化的女性患者，停药后可自行痊愈，少数严重者也可致死。每日用量在 200mg 以下则很少发生。一旦发生，应停药并用糖皮质激素治疗。

硝 普 钠

【体内过程】硝普钠（sodium nitroprusside）口服不吸收，静脉滴注后立即起效，维持 1~3 分钟，其水溶液遇光、热或长时间贮存易分解产生有毒的氰化物，需现配现用，并有黑纸包裹避光。氰化物在肝内转化成硫氰酸盐，并经肾排泄。

【药理作用】降压作用特点强、快、短。降压作用是通过释放一氧化氮而产生强大的舒张血管作用。硝普钠属硝基类扩血管药，与有机硝酸酯类药物不同的是，硝普钠不受酶的催化，自动转化生成 NO 或直接作用，激活血管平滑肌中鸟苷酸环化酶（GC），使 cGMP 水平升高。cGMP 活化 cGMP- 依赖性蛋白激酶，而此酶激活肌球蛋白轻链磷脂酶，使肌球蛋白轻链去磷酸化，抑制肌球蛋白的头部与肌动蛋白结合，从而导致血管平滑肌松弛（图 21-5）。因此其舒张血管的作用无选择性，可直接扩张小动脉、小静脉和微静脉；静脉滴注几秒血压下降，2 分钟内降压作用明显，停药后 2~10 分钟血压回升到用药前水平。

【临床应用】主要用于高血压急症（包括高血压危象、高血压脑病、恶性高血压等血压急剧升高并伴有急性血管损伤的情况）、慢性心功能不全及麻醉时控制性降压。也可用于高血压合并心力衰竭或嗜铬细胞瘤引起的血压升高。

【不良反应】静脉滴注可见恶心、呕吐、出汗、头痛、发热、不安、肌肉痉挛等。长期或过量给药可引起血中代谢物硫氰酸盐蓄积而中毒，引起急性精神病或甲状腺功能减退等。

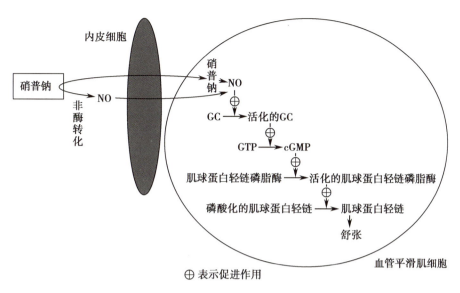

图 21-5　硝普钠作用机制示意图

(二) 钾通道开放药

钾通道开放药 (potassium channel opener) 又称钾通道激活药 (potassium channel activator)，是一类新型血管扩张药，主要有米诺地尔、吡那地尔、尼可地尔 (nicorandil)、二氮嗪 (diazoxide) 等。该类药物通过激活血管平滑肌细胞膜钾通道，使 K^+ 外流增加，细胞膜超极化而产生平滑肌舒张作用。也有报道认为，扩张血管的进一步机制与降低细胞内钙有关，因为细胞膜超极化使钙通道难以激活，阻止了钙内流 (图 21-3)。

米 诺 地 尔

【药理作用】米诺地尔 (minoxidil) 本身没有降压作用，经肝代谢为硫酸米诺地尔 -N- 氧化物才能发挥作用。作用机制为较持久地作用于动脉平滑肌，使细胞钾通道开放，引起显著的血管扩张而降低动脉血压。扩张血管作用比肼屈嗪稍强，因此代偿性钠水潴留和反射性心动过速比肼屈嗪更加常见和严重。

【临床应用】主要用于严重的原发性或肾性高血压及其他降压药无效的难治性高血压。不宜单用，与利尿药和 β 受体阻断药合用可避免药物引起的钠水潴留和反射性交感神经兴奋。

【不良反应】主要有头痛 (因脑动脉过度舒张引起)，以及面部发红 (因皮肤动脉过度舒张引起)，诱发心动过速，可见钠水潴留等。长期应用可引起多毛症等。

吡 那 地 尔

【药理作用】吡那地尔 (pinacidil) 扩张血管，使收缩压和舒张压均下降，作用较哌唑嗪强。用药后 1~3 小时血压下降到最低值，作用可维持 6 小时。降压机制可能是激活血管平滑肌细胞膜 ATP 敏感性钾通道，使 K^+ 外流增加，细胞膜超极化而产生平滑肌舒张作用。

【临床应用】主要用于轻、中度高血压。与利尿药和 β 受体阻断药合用可提高疗效。

【不良反应】主要为钠水潴留及头痛、嗜睡、乏力、心悸、心电图 T 波改变、直立性低血压、颜面潮红及多毛症等。

(三) 其他舒张血管药

吲 达 帕 胺

吲达帕胺 (indapamide) 是目前应用比较广泛的降压药物之一，具有利尿作用和钙通道阻滞作用。化学结构虽不同于噻嗪类，但利尿作用强度相似。其对血管平滑肌有较高的选择性,使外周阻力下降,产生降压效应。该药对血管平滑肌的作用大于利尿作用,但不引起直立性低血压、颜面潮红和心动过速,不引起血脂改变。口服后 2~3 小时起效,$t_{1/2}$ 为 13 小时左右。单独服用对轻、中度原发性高血压具有良好疗效,也可与 β 受体阻断药联合应用。伴有高脂血症的患者可用吲达帕胺代替噻嗪类利尿药。不良反应有头痛、恶心、失眠等。高剂量时利尿作用增强,可导致低血钾。严重肝肾衰竭患者、对本药及磺胺类药物过敏者禁用。

西氯他宁

西氯他宁(cicletanine)又称沙克太宁,能促进血管平滑肌细胞合成具有扩血管作用的前列环素,通过降低细胞内钙,释放一氧化氮途径,引起血管平滑肌松施,血压下降。此外,西氯他宁还兼有 H_1 受体阻断作用、轻度的利尿作用及抑制血管平滑肌细胞增殖的作用。本药起效迅速,可持续 6~10 小时。用于轻、中度高血压。不良反应偶见胃肠道反应、乏力、尿频等。

第四节 抗高血压药的应用原则

高血压的药物治疗的最终目标不仅仅是单纯降低血压,更重要的是改善患者的靶器官功能和形态,防止严重并发症的出现,从而提高生活质量,延长寿命。为达到这一目标,应用抗高血压药时应遵循以下原则:

1. 根据高血压程度选用药物　轻度高血压开始应选择单药治疗,选用钙通道阻滞药(CCB)、利尿药、血管紧张素转换酶抑制药(ACEI)、血管紧张素受体阻滞药(ARB)和肾上腺素受体阻断药等的一种均可。对中度高血压(即血压 ≥ 160/100mmHg)、血压高于目标血压20/10mmHg 的高危患者,或单药治疗未达标的高血压患者应进行联合降压治疗,可采用 2种药物联合治疗,通常以二氢吡啶类 CCB 或利尿药为基础,加用上述其他一线药。重度高血压可采用三药联用,即在上述各种两药联合方案中加上另一种降压药。难治性高血压患者可采用 4 种药联合的方案,即在上述三药联合基础上加用第 4 种药物。高血压急症包括高血压危象宜采用静脉滴注或肌内注射快速起效的药物,如硝普钠。

2. 根据患者特点及合并症选药　①高血压合并慢性心力衰竭患者宜用 ACEI/ARB、β 受体阻断药、醛固酮受体阻断药和利尿药等;②合并左室肥厚患者首选 ACEI 或 ARB;③伴有窦性心动过速者宜用美托洛尔等 β 受体阻断药;④伴有消化性溃疡者,宜用可乐定,不宜用利血平,伴精神抑郁者也不宜用利血平;⑤伴有糖尿病及痛风者不宜用噻嗪类利尿药,宜用 ACEI 或 ARB,必要时加用二氢吡啶类 CCB;⑥伴有支气管哮喘者不宜用 β 受体阻断药;⑦高血压危象和高血压脑病时,宜静脉给药,选用作用迅速的硝普钠等;⑧伴有稳定型和恶化劳力性心绞痛的患者以 β 受体阻断药和 CCB 作为首选;⑨伴有肾功能不全者宜用 CCB等;⑩老年高血压患者利尿剂、CCB、ACEI 或 ARB,均可作为初始或联合药物治疗,避免使用能影响认知能力的药物(如可乐定等),慎用引起直立性低血压的药物($α_1$ 受体阻断药、大剂量利尿药等);⑪伴有同型半胱氨酸升高的高血压即 H 型高血压,加服叶酸。

3. 平稳降压和长期治疗　高血压一旦确诊,就应积极治疗,药物宜从小剂量开始,逐步增加,达到目标血压后改用维持剂量,应避免降压过快、过剧。尽量使用中、长效药物,或多使用缓释、控释制剂,平稳降压,有效保护靶器官,从而延缓或减少心、脑、肾及血管等重要器官并发症的发生,降低患者的死亡率。高血压的治疗需要长期用药甚至终生用药,应提高患者对长期治疗重要性的认识,坚持按医嘱用药,即使血压趋向正常也不能随便停药,更换药物时也应逐步替代。

4. 联合用药　联合用药的目的是增强降压疗效,加强对靶器官的保护,减少不良反应。我国临床主要推荐应用的优化联合治疗方案是：二氢吡啶类 CCB+ACEI；二氢吡啶类 CCB+ARB；噻嗪类利尿剂 +ACEI；二氢吡啶类 CCB+ 噻嗪类利尿剂；噻嗪类利尿剂 +ARB；二氢吡啶类 CCB+β 受体阻断药。

可以考虑使用的联合治疗方案是：β 受体阻断药 + 利尿剂；β 受体阻断药 +α 受体阻断药；保钾利尿剂 + 二氢吡啶类 CCB；保钾利尿剂 + 噻嗪类利尿剂。

不常规推荐但必要时可慎用的联合治疗方案是：β 受体阻断药 +ACEI；ARB+β 受体阻断药；β 受体阻断药 + 中枢作用药。

三药联用以二氢吡啶类 CCB+ 噻嗪类利尿剂 +ACEI（或 ARB）组成的联合方案最为常用。4 种药联合的方案主要适用于难治性高血压患者，可以在上述三药联合基础上加用第 4 种药物，如 β 受体阻断药、可乐定、醛固酮受体阻断药、氨苯蝶啶或 α 受体阻断药等。

5. 个体化治疗 不同患者或同一患者在不同病程阶段所需药物和剂量不同。应坚持"最好疗效，最小不良反应"的原则，综合患者的病情、药物特点及个人长期承受能力，选择适合该患者的降压药，采用个体化治疗方案。应该主要考虑以下方面：①评估相关危险因素、合并存在的靶器官受损状况及其他临床疾患，在指导强化改善生活方式的基础上，充分考虑各类药物适应证及禁忌证，选择患者所适合的药物；②对于需要联合用药时，注意药物相互作用及加强药物不良反应的监测。

案例分析

患者，农民，60 岁，男，2 年前因运动、情绪激动后出现头痛头晕，休息后缓解，未做诊治，1 个月前因劳累出现头晕、胸闷、胸痛，持续 3~5 分钟，休息后可缓解，1 天前头痛、头晕、胸闷加重，今来医院就诊。查体：血压 168/102mmHg，两肺呼吸音清，心率 60 次 /min，律齐，其余无异常。辅助检查：总胆固醇 6.6mmol/L（正常高值 5.6mmol/L），低密度脂蛋白胆固醇 4.5mmol/L（正常高值 3.6mmol/L），餐后 2 小时血糖 12.2mmol/L（正常高值 11.0mmol/L）。颈动脉超声提示左侧颈总动脉粥样硬化斑块形成。超声心动图提示有向心性左室肥厚。其他常规筛查未见异常。

诊断：①原发性高血压 2 级，高危；②高胆固醇血症；③2 型糖尿病；④颈动脉硬化。

治疗：先给予口服美托洛尔 6.25mg，2 次 /d；氢氯噻嗪 25mg，2 次 /d；瑞舒伐他汀 5mg，每晚服用；二甲双胍 0.5g，3 次 /d，进餐时服用。3 天后，患者血压控制不达标而且心慌不适。更换降压药物，给予氨氯地平 5mg，1 次 /d；培哚普利 4mg，1 次 /d。患者血压控制达标，症状逐渐改善，遂维持治疗。

分析：β 受体阻断药联合利尿药不是老年高血压患者降压的首选方案。该患者心率 60 次 /min，存在糖脂代谢异常，而 β 受体阻断药会减慢心率，长期合用 β 受体阻断药与利尿药对糖脂代谢有一定影响，特别是大剂量使用会加重患者的糖脂代谢异常。因此，给予美托洛尔 + 氢氯噻嗪治疗后，患者血压控制不达标且产生心慌不适症状。CCB 能抗动脉粥样硬化，减缓无症状颈动脉粥样硬化的进展；合并左室肥厚患者首选 ACEI，因 ACEI 有助于改善糖代谢，对脂代谢无不良影响。因此，合用氨氯地平（CCB）及培哚普利（ACEI），患者血压控制达标，症状逐渐改善。

（张少卓）

复习思考题

1. 抗高血压药的分类及各类代表药物有哪些?

2. 目前我国临床上常用的一线抗高血压药有几大类? 每一类药物的作用特点如何?

3. 抗高血压药联合用药的适应证是什么? 我国临床主要推荐应用的优化联合治疗方案有哪些?

第二十二章

抗心律失常药

笔记栏

PPT 课件

> **学习目标**
>
> 1. 掌握　抗心律失常药的分类及代表药物的药理作用、临床应用及不良反应。
> 2. 熟悉　心律失常的发生机制,抗心律失常药的基本作用机制。
> 3. 了解　心脏的电生理学基础。

　　心律失常(arrhythmia)即心动节律和频率异常。正常心律的维持依赖于跨心肌细胞膜的多种离子形成的动作电位(冲动)的产生和顺利传导,这一过程需要心肌细胞膜上多种离子通道的参与。多种原因引起的冲动的形成或传导异常即导致心律失常。心律失常可能是偶发的、无临床症状的,也可能会危及生命,须及时纠正。心律失常的治疗方式有药物治疗和非药物治疗(起搏器、电复律、导管消融和手术等)。药物治疗在抗心律失常方面发挥着重要作用,其目的是中止正在发生的心律失常或预防心律失常的发生。抗心律失常药常作用于多个离子通道,再加上离子通道的时间和电压依赖性导致抗心律失常药可能会引起新的心律失常的发生。要正确合理应用抗心律失常药,必须掌握心脏电生理特征、心律失常发生机制和药物作用机制。

第一节　心律失常的电生理学基础

一、正常心脏电生理特性

(一)静息膜电位

　　在电化学梯度的驱动下,离子通过特定离子通道或转运子跨过细胞膜。正常情况下,心肌细胞维持 80~90mV 的静息膜电位,一般是外正内负。对于每一种离子,都有其特定的平衡电位。根据能斯特方程,Na^+ 和 K^+ 的平衡电位分别为 70mV 和 –96mV。K^+ 的平衡更接近实际的静息膜电位。由于内向整流钾通道的存在,细胞静息时钾离子可以通过细胞膜;而钠通道在静息态时是全部关闭的,所以钠离子不可以通过细胞膜。这就导致钾离子的流动对静息膜电位的影响是占主导地位的。不同部位的心肌细胞的静息膜电位是不相同的,心室肌、心房肌约为 –80~–90mV,窦房结细胞约为 –50~–60mV,浦肯野细胞约为 –90~–95mV。

(二)动作电位

　　动作电位(action potential,AP)是指一个阈上刺激作用于心肌组织可引起一个扩布性的去极化膜电位波动。带电离子通过心肌细胞膜上的电压门控离子通道所形成的跨膜电流决定了动作电位的形态和时程。不同部位心肌细胞具有不同种类和特性的离子通道,这造成了不同部位心肌 AP 的异质性(图 22-1)。根据 AP 的特征,可将心肌细胞分为快反应细胞和慢反应细胞。

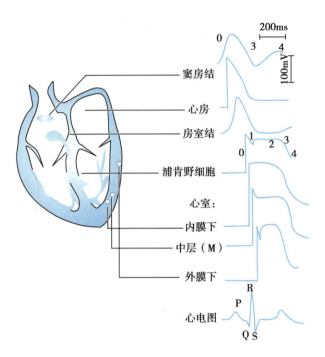

图 22-1 心脏不同部位心肌细胞的动作电位特征及与心电图的关系

快反应细胞:包括心房肌细胞、心室肌细胞和希-浦细胞。多种内向电流和外向电流参与快反应细胞的整个动作电位时程(action potential duration,APD),其动作电位 0 相去极化由钠电流介导,速度快、振幅大(图 22-2)。

慢反应细胞:包括窦房结和房室结细胞,其动作电位 0 相去极化由 L-型钙电流介导,速度慢、振幅小。慢反应细胞无 I_{K1} 钾电流控制静息膜电位,动作电位是内向电流和外向电流相互消长的结果,静息膜电位不稳定、易去极化,因此自律性高。窦房结细胞 APD 中参与的电流见图 22-3。

(三) 不应性

在心房肌细胞、心室肌细胞和希-浦细胞,如果一个新的兴奋发生在 AP 完全复极后,此时钠通道已完全从失活状态恢复,则会产生一个与前一次 AP 的上升支完全一样的内向电流,触发一次动作电位。如果新的兴奋发生在平台期(2 期),由于钠离子通道还没有恢复,不会产生动作电位,这种特性称不应性。如果新的兴奋发生在 AP 的 3 期,则可能产生一个上升支速度较慢、幅度较小的期前兴奋。AP 的

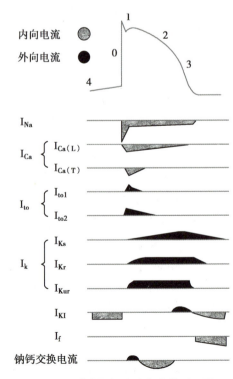

图 22-2 浦肯野细胞动作电位时程的主要参与电流

幅度取决于从失活态恢复到激活态的钠通道的数目。从动作电位发生到钠通道恢复到可以再次对兴奋产生反应的时间称有效不应期（effective refractory period，ERP）。

二、心律失常的发生机制

冲动形成异常和传导异常均可以发生心律失常。3 种主要的快速性心律失常的发生机制分别是折返形成、自律性升高及后去极化。此外，基因突变也会导致心律失常的发生。

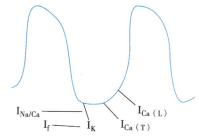

图 22-3　窦房结细胞动作电位时程中的主要参与电流

（一）折返

一次冲动下传后又可顺着另一环形通路折回，再次兴奋原已兴奋过的心肌，是引发快速性心律失常的重要机制之一，其形成过程见图 22-4。折返分为解剖性折返和功能性折返 2 类。当心内两点间存在不止一条传导通路，而且这些通路具有不同的电生理特征时容易发生解剖性折返。如预激综合征（Wolff-Parkinson-White syndrome，WPW syndrome）的发生是由于存在房室连接旁路，在心房、房室结和心室间形成折返所致。解剖性折返发生在房室结或房室之间者，表现为阵发性室上性心动过速；发生在心房内，表现为心房扑动或心房颤动。解剖性折返的发生有 3 个决定因素：①存在解剖学环路；②环路中各部位不应期不一致；③环路中有传导性下降的部位。而功能性折返在无明显解剖环路时即可发生，如急性心肌梗死后细胞间偶联（cell-cell coupling）改变所导致的折返型室性心动过速。

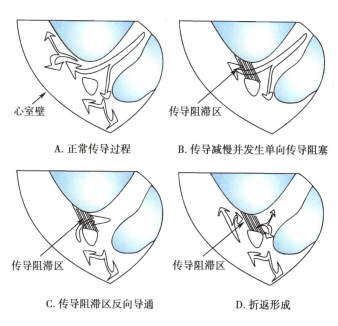

图 22-4　折返形成机制

（二）自律性升高

窦房结细胞、房室结细胞和浦肯野细胞都具有自律性。自律性源于动作电位 4 相自动去极化。浦肯野细胞 4 相自动去极化主要由起步电流（I_f，又称起搏电流）决定。窦房结、房室结细胞 4 相自动去极化是由延迟整流钾电流逐渐减小,而起步电流、T- 型钙电流和 L- 型钙电流逐渐增强所致(图 22-3)。当交感神经活性增高、低血钾、心肌细胞受到机械牵张时,动作电位 4 相斜率增加,自律性升高。非自律性心肌细胞,如心室肌细胞,在缺血缺氧条件下也会出现异常自律性,这种异常自律性向周围组织扩布也会发生心律失常。

(三) 后去极化

某些情况下,心肌细胞在一个动作电位后产生一个提前的去极化,称后去极化(after-depolarization)。后去极化的扩布即会触发异常节律,产生心律失常。后去极化有 2 种类型:

1. 早后去极化(early after-depolarization,EAD) 一种发生在完全复极之前的后去极化,常发生在 2、3 相复极中,APD 过度延长时易发生(图 22-5)。延长 APD 的因素如药物、胞外低钾等都存在诱发早后去极化的危险。早后去极化所触发的心律失常以尖端扭转型室性心动过速(torsade de pointes)常见。

2. 迟后去极化(delayed after-depolarization,DAD) 细胞内钙超载时发生在动作电位完全或接近完全复极时的一种短暂的振荡性去极化(图 22-5)。细胞内钙超载时,激活钠钙交换电流,而钠钙交换电流具有生电性(钠钙交换电流有双向性,当细胞内钙升高时,泵出 1 个 Ca^{2+},泵入 3 个 Na^+,表现为内向电流),引起膜去极化,当达到钠通道激活电位时,引起动作电位。诱发迟后去极化的因素有强心苷中毒、心肌缺血、细胞外高钙等。

(四) 基因缺陷

长 QT 间 期 综 合 征(long QT syndrome,LQTS)是以突发晕厥、惊厥甚至猝死为特征的心脏病,体表心电图表现为 QT 间期延长。LQTS 分为遗传性 LQTS 和获得性 LQTS 2 类。遗传性 LQTS 是由基因缺陷引起的心肌复极异常性疾病。目前已发现 13 个基因突变导致心肌细胞离子通道功能异常,从

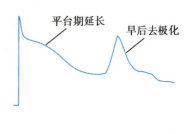

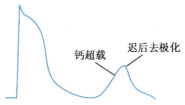

图 22-5　心肌细胞的早后去极化和迟后去极化

而引起 LQTS。它们分别是 $KCNQ1$(I_{Ks})、$KCNH2$(I_{Kr})、$SCN5A$(I_{Na})、$ANK2$(钠、钾、钙电流)、$KCNE1$(I_{Ks})、$KCNE2$(I_{Kr})、$KCNJ2$(I_{K1})、$CACNA1C$[$I_{Ca(L)}$]、$CAV3$(I_{Na})、$SCN4\beta$(I_{Na})、$AKAP9$(I_{Ks})、$SNTA1$(I_{Na})和 $KCNJ5$($I_{K,Ach}$)。获得性 LQTS 主要由某些药物的副作用或体内电解质失衡引起。延长 QT 间期的药物可能导致获得性 LQTS,其原因与药物直接或间接过度抑制 hERG 通道有关。目前,检测药物对 hERG 通道的影响已是新药的心毒性检测的重要要求。另一个基因突变引起心律失常的例子就是 $RyR2$ 基因突变导致的儿茶酚胺敏感性室性心动过速(catecholaminergic polymorphic ventricular tachycardia,CPVT)。

(五) 心律失常发生的离子通道靶点学说

心肌细胞膜上存在多种离子通道如 I_{Na}、I_{Ca}、I_{Kr}/hERG、I_{Ks}、I_{Kur}、I_{K1}、I_{to}、I_{KM3}、I_{KATP} 等,这些通道表达和功能的彼此平衡是正常心功能的基础。当某种通道的功能或表达异常时,通道间平衡被打破,将出现心律失常。一个理想的抗心律失常药应对上述靶点有调控作用,使失衡的通道恢复平衡,并使过度延长或缩短的动作电位趋近正常。

第二节 抗心律失常药的作用机制和分类

一、抗心律失常药的作用机制

抗心律失常药对患者常常有多种效应,并且其作用机制比较复杂。目前治疗心律失常的主要策略是降低心肌组织的异常自律性、减少后去极化、调节传导性或有效不应期以消除折返。

抗心律失常药的基本作用机制如下:

(一)降低自律性

抗心律失常药可通过降低动作电位 4 相斜率(β 受体阻断药)、提高动作电位的发生阈值(钠通道或钙通道阻滞药)、增加静息膜电位绝对值(腺苷和乙酰胆碱)、延长 APD(钾通道阻滞药)等方式降低自律性(图 22-6)。

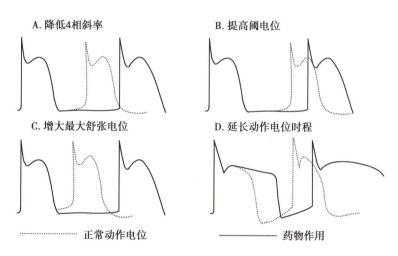

A. 降低4相斜率　　B. 提高阈电位

C. 增大最大舒张电位　　D. 延长动作电位时程

········· 正常动作电位　　──── 药物作用

图 22-6　降低自律性的 4 种方式

自律细胞 4 相斜率主要由 I_f 决定。细胞内 cAMP 水平升高可引起 I_f 增大。β 受体阻断药可降低细胞内 cAMP 水平而减小 I_f,从而降低 4 相斜率。钠通道阻滞药通过阻滞钠通道提高快反应细胞动作电位发生的阈值,钙通道阻滞药通过阻滞钙通道提高慢反应细胞动作电位发生的阈值。腺苷和乙酰胆碱分别通过 G 蛋白偶联的腺苷受体和乙酰胆碱受体,激活乙酰胆碱敏感性钾通道,促进钾离子外流,增加静息膜电位绝对值。钾通道阻滞药通过阻滞钾通道,延长 APD。

(二)减少后去极化

细胞内钙超载可导致迟后去极化,钙通道阻滞药(如维拉帕米)可减轻细胞内钙超载而减少迟后去极化的发生;钠通道阻滞药(如奎尼丁)可抑制迟后去极化的 0 相去极化而减少迟后去极化的发生;APD 过度延长可引发早后去极化,缩短 APD 的药物可减少早后去极化的发生。

(三)消除折返

1. 改变传导性　钙通道阻滞药和 β 受体阻断药可减缓房室结的传导性而消除房室结折返所致的室上性心动过速。

2. 延长 ERP 钠通道阻滞药和钾通道阻滞药可延长快反应细胞的 ERP,钙通道阻滞药(如维拉帕米)可延长慢反应细胞的 ERP。

二、抗心律失常药的分类

根据药物的主要作用靶点和抗心律失常作用的电生理效应,Vaughan Williams 分类法将众多化学结构不同的抗心律失常药归纳成四大类。

(一) I 类 钠通道阻滞药

从药物对通道产生阻滞作用到阻滞作用解除的时间用复活时间常数($\tau_{recovery}$)表示。复活时间常数可反映钠通道阻滞药的作用强度。根据复活时间常数的长短,本类药物又分为3 个亚类,即 I_a、I_b、I_c。

1. I_a 类适度阻滞钠通道,$\tau_{recovery}$1~10 秒,降低动作电位 0 相上升速率,不同程度抑制心肌细胞膜 K^+、Ca^{2+} 通道的通透性,延长复极过程,且以延长 ERP 更为显著。本类药有奎尼丁、普鲁卡因胺等。

2. I_b 类轻度阻滞钠通道,$\tau_{recovery}$<1 秒,轻度降低动作电位 0 相上升速率,降低自律性,缩短或不影响 APD。本类药有利多卡因、苯妥英钠等。

3. I_c 类明显阻滞钠通道,$\tau_{recovery}$>10 秒,显著降低动作电位 0 相上升速率和幅度,减慢传导性的作用最为明显。本类药有普罗帕酮、氟卡尼等。

(二) II 类 β受体阻断药

阻断心的 β 受体,抑制交感神经兴奋所致的起步电流、钠电流和 L- 型钙电流增加,表现为减慢 4 相舒张期去极化速率,降低自律性;降低动作电位 0 相上升速率而减慢传导性。本类药有普萘洛尔等。

(三) III 类 延长动作电位时程药

阻滞多种钾电流,延长 APD 和 ERP,对动作电位的幅度和去极化速率影响小。本类药有胺碘酮等。

(四) IV 类 钙通道阻滞药

抑制 L- 型钙电流,降低窦房结自律性,减慢房室结传导性,抑制细胞内钙超载。本类药有维拉帕米、地尔硫䓬等。

第三节 常用抗心律失常药

一、I 类 钠通道阻滞药

(一) I a 类

奎 尼 丁

奎尼丁(quinidine)为茜草科植物金鸡纳树皮所含的生物碱,是抗疟药奎宁的右旋体。两者对心都有作用,但奎尼丁对心的作用比奎宁强 5~10 倍,因而临床用于心律失常的预防和治疗。

【体内过程】口服后几乎全部被胃肠道吸收,经 1~2 小时血药浓度达高峰,生物利用度为 70%~80%。血浆蛋白结合率约 80%,组织中药物浓度较血药浓度高 10~21 倍,心肌浓度尤高。$t_{1/2}$ 为 5~7 小时。主要经过肝内细胞色素 P_{450} 氧化代谢,其羟化代谢物仍有药理活性,21% 以原药形式随尿排出。

【药理作用】奎尼丁低浓度（1μmol/L）时即可阻滞 I_{Na}、I_{Kr}，较高浓度尚具有阻滞 I_{Ks}、I_{K1}、I_{to} 及 $I_{Ca(L)}$ 作用。此外，本药还具有明显的抗胆碱作用和阻断外周血管 α 受体作用。奎尼丁阻滞激活状态的钠通道，并使通道复活减慢，因此显著抑制异位起搏活动和去极化组织传导性、兴奋性，并延长去极化组织的不应期。奎尼丁阻滞钠通道、延长 APD 的作用也使大部分心肌组织的不应期延长。奎尼丁能阻滞多种钾通道，延长心房、心室和浦肯野细胞的 APD，这种作用在心率减慢时更明显。奎尼丁还可减少 Ca^{2+} 内流，具有负性变力作用。

1. 降低自律性　可减慢 Na^+ 内流，使动作电位 4 相坡度减小，自律性降低，对心房肌和浦肯野纤维的作用较强，从而抑制心房异位起搏点，对正常窦房结则影响较弱。

2. 减慢传导速度　可抑制 0 相 Na^+ 内流，降低心房肌、心室肌和浦肯野纤维 0 相去极化的速度和幅度，减慢传导。心电图可见 PR 间期延长，QRS 波加宽，此作用可使病理状态下的单向传导阻滞变为双向传导阻滞，从而消除折返激动。

3. 延长有效不应期　奎尼丁对钾通道及钙通道有一定抑制作用。由于减慢 3 相 K^+ 外流和 2 相 Ca^{2+} 内流，因而动作电位时程和有效不应期均可延长，其中有效不应期的延长更明显。此外，在心肌局部病变时，某些浦肯野纤维末梢部位 ERP 缩短，造成邻近细胞复极不一致而形成折返。奎尼丁可使这些末梢部位 ERP 延长而趋于一致，因而减少折返的发生。

4. 其他　奎尼丁还有较明显的抗胆碱作用和 α 受体阻断作用，使外周血管舒张、血压下降而反射性兴奋交感神经。

【临床应用】奎尼丁为广谱抗心律失常药，适用于心房颤动、心房扑动、房室结内折返性心动过速和室性心动过速的转复和预防，以及预激综合征、频发室上性和室性期前收缩的治疗。对于心房颤动、心房扑动，目前虽多采用电转律法，但奎尼丁仍有应用价值，用于转律后防止复发。

【不良反应】

1. 毒性反应　用药初期，常见胃肠道反应，如恶心、呕吐、腹泻等。长时间服药，可出现"金鸡纳反应（cinchonism）"，表现为头痛、头晕、耳鸣、腹泻、恶心、视力模糊等。奎尼丁的心毒性较为严重，中毒浓度可致房室传导阻滞。临床上，奎尼丁晕厥多见于应用小剂量治疗初期。

2. 低血压　应用奎尼丁的患者 2%~8% 可出现 QT 间期延长和尖端扭转型室性心动过速。奎尼丁的 α 受体阻断作用可引起血管扩张、心肌收缩力减弱、血压下降。

3. 抗胆碱作用　增加窦性频率，加快房室传导，治疗心房扑动时能加快心室率，因此应先给予钙通道阻滞药、β 受体阻断药或地高辛以减慢房室传导、降低心室率。

【药物相互作用】奎尼丁与地高辛合用，使后者肾清除率降低而增加其血药浓度；与双香豆素、华法林合用，可竞争与血浆蛋白的结合，使后者抗凝血作用增强；肝药酶诱导药苯巴比妥能加速奎尼丁在肝中的代谢。

【禁忌证】严重心肌损害、心功能不全，以及重度房室传导阻滞、强心苷中毒、高血钾及对本药过敏的患者禁用。低血压及肝、肾功能不全者慎用。

普鲁卡因胺

普鲁卡因胺（procainamide）是普鲁卡因的衍生物，对血浆酯酶的耐受性较强，作用较久。

【体内过程】口服吸收迅速而完全，1 小时血药浓度达高峰。肌内注射后 0.5~1 小时、静脉注射后仅 4 分钟血药浓度即达峰值。生物利用度约 80%，$t_{1/2}$ 为 3~6 小时。本药在肝内代谢为仍具活性的 N-乙酰卡尼（NAPA）。NAPA 也具有抗心律失常作用，但其药理学特性与母药不同，几乎没有 I 类药物的作用，而具有明显 III 类药物（钾通道阻滞药）的作用。

【药理作用】普鲁卡因胺对心肌的直接作用与奎尼丁相似,但无明显阻断胆碱或 α 受体作用。普鲁卡因胺能抑制 0 相和 4 相 Na^+ 内流,降低自律性,减慢传导,延长大部分心组织的 APD 和 ERP。对心肌收缩力的抑制及血管扩张作用较奎尼丁弱,抗胆碱作用亦弱。

【临床应用】与奎尼丁相同,对房性、室性心律失常均有效,可用作奎尼丁的替换药。静脉注射或静脉滴注用于抢救危急病例,但对于急性心肌梗死时的持续性室性心律失常,普鲁卡因胺不作首选(首选利多卡因)。

【不良反应】口服可有胃肠道反应;静脉给药可引起低血压。大剂量有心抑制作用。过敏反应较常见,如出现皮疹、药物热、白细胞减少、肌痛等。中枢神经系统表现有幻觉、精神失常等。口服普鲁卡因胺已很少使用,因长期应用少数患者出现红斑狼疮综合征。禁忌证与奎尼丁相同。

丙 吡 胺

【体内过程】丙吡胺(disopyramide)口服吸收良好,服后 1~3 小时血药浓度达峰值,吸收率达 90%。在体内广泛分布,血浆蛋白结合率约 50%。部分经肝代谢,约 50% 以原药形式经肾排出。$t_{1/2}$ 为 6~10 小时,肾功能降低时,$t_{1/2}$ 延长。

【药理作用】丙吡胺对心肌电生理的影响与奎尼丁和普鲁卡因胺相类似,可抑制 4 相和 0 相 Na^+ 内流,降低自律性,减慢传导,均较奎尼丁弱;在抑制心肌兴奋性,延长房室有效不应期方面较奎尼丁强。此外,还有抗胆碱作用。

【临床应用】对室上性和室性期前收缩、阵发性心动过速、预激综合征伴心房颤动、心房扑动和室上性心动过速都有效。静脉注射用于利多卡因治疗无效的室性心动过速。

【不良反应】有弱抗胆碱作用,常引起口干、便秘、视力模糊、排尿困难、失眠等。因抑制钙内流而出现的心血管反应可有心肌收缩力减弱、心脏停搏、传导阻滞和室性心律失常。心力衰竭患者用药后可加重心力衰竭,如与普萘洛尔合用则更易发生。房室传导阻滞、青光眼患者禁用,肝、肾功能不全者及老年人慎用。

(二) I b 类

利 多 卡 因

利多卡因(lidocaine)为局部麻醉药,现广泛用于治疗室性心律失常,尤其是心肌梗死并发的心律失常。

【体内过程】首过消除明显,生物利用度低,只能非肠道用药。本药在血液中约 70% 与血浆蛋白结合,体内分布广泛。本药几乎全部在肝中代谢,$t_{1/2}$ 为 2 小时。

【药理作用】

1. 传导性 利多卡因对激活和失活状态的钠通道都有阻滞作用,当通道恢复至静息态时,阻滞作用迅速解除,因此利多卡因对去极化组织(如缺血区)作用强。心房肌细胞 APD 短,钠通道处于失活状态的时间短,利多卡因的阻滞作用也弱,因此对房性心律失常疗效差。

2. 动作电位和有效不应期 利多卡因抑制参与动作电位复极 2 相的少量钠内流,缩短浦肯野纤维和心室肌的 APD,使静息期延长。利多卡因对正常心肌组织的电生理特性影响小,对去极化组织的钠通道(处于失活态)阻滞作用强,因此对于缺血或强心苷中毒所致的去极化型心律失常有较强抑制作用。

3. 降低自律性 利多卡因能降低动作电位 4 相去极化速率,提高兴奋阈值,降低自律性。

【临床应用】利多卡因的心毒性低,主要用于室性心律失常,如心脏手术、心导管术、急性心肌梗死或强心苷中毒所致的室性心动过速或心室颤动。

【不良反应】肝功能不良患者静脉注射过快,可出现头昏、嗜睡或激动不安、感觉异常等,剂量过大可引起心率减慢、房室传导阻滞和低血压。Ⅱ、Ⅲ度房室传导阻滞患者禁用。心力衰竭、肝功能不全者长期滴注后可产生药物蓄积。儿童或老年人应适当减量。

苯妥英钠

苯妥英钠(phenytoin)的作用与利多卡因相似,抑制失活状态的钠通道,降低部分去极化的浦肯野纤维 4 相自发去极化速率,降低其自律性。与强心苷竞争 Na^+-K^+-ATP 酶,抑制强心苷中毒所致的迟后去极化。本药主要用于治疗室性心律失常,特别对强心苷中毒引起的室性心律失常有效,亦可用于心肌梗死、心脏手术、心导管术等所引发的室性心律失常,但疗效不如利多卡因。苯妥英钠快速静脉注射容易引起低血压,高浓度可引起心动过缓。常见中枢不良反应有头昏、眩晕、震颤、共济失调等,严重者出现呼吸抑制。低血压时慎用,窦性心动过缓及Ⅱ、Ⅲ度房室传导阻滞者禁用。孕妇用药可致胎儿畸形,禁用。

美 西 律

美西律(mexiletine)的化学结构及药理作用与利多卡因相似,但可口服,且作用时间较久。

美西律的电生理作用与利多卡因相似。本药口服吸收迅速、完全,口服后 3 小时血药浓度达峰值,作用维持 8 小时,生物利用度为 90%,$t_{1/2}$ 约 12 小时。用于急、慢性室性快速性心律失常,特别是 QT 间期延长者,对心肌梗死和洋地黄中毒引起的室性心律失常有效。也常用于小儿先天性心脏病与室性心律失常。对利多卡因治疗无效的患者,此药仍可有效。对室上性心律失常疗效较差。不良反应与剂量相关,可出现胃肠道不适,长期口服可出现神经症状,如震颤、共济失调、复视、精神失常等。房室传导阻滞、窦房结功能不全、心室内传导阻滞患者,以及有癫痫史、低血压或肝病者慎用。

(三) Ⅰc 类

普 罗 帕 酮

【体内过程】普罗帕酮(propafenone)口服吸收良好,但由于肝的首过效应,生物利用度仅 24%。服后 0.5~1 小时起效,2~3 小时血药浓度达峰值,作用较久,可达 11 小时。大部分经肝代谢消除。约 1% 原药经肾排出,$t_{1/2}$ 为 3~4 小时。有效血药浓度个体差异大。

【药理作用】普罗帕酮具有强的钠通道阻滞作用,化学结构与普萘洛尔相似,具有弱的 β 受体阻断作用。普罗帕酮能减慢心房、心室和浦肯野纤维的传导,延长 APD 和 ERP,但对复极过程的影响弱于奎尼丁。

【临床应用】适用于室上性和室性期前收缩、室上性和室性心动过速、伴发心动过速和心房颤动的预激综合征。

【不良反应】常见恶心、呕吐、味觉改变等。心血管系统不良反应为房室传导阻滞、加重充血性心力衰竭,还可引起直立性低血压,且其减慢传导作用易致折返,引发心律失常。肝肾功能不全时应减量。心电图 QRS 延长超过 21% 以上或 QT 间期明显延长者,宜减量或停药。本药一般不宜与其他抗心律失常药合用,以避免心脏抑制。

氟 卡 尼

氟卡尼(flecainide)抑制钠通道的作用强于 Ⅰa、Ⅰb 类药物,明显减慢心肌细胞 0 相最大上升速率并降低幅度,减慢传导速度。本药对 I_{Kr}、I_{Ks} 有明显抑制作用,使心房、心室的 APD 明显延长。本药口服吸收良好,生物利用度达 90%,主要在肝内代谢,成年健康人 $t_{1/2}$ 为 14 小时,肾功能不全者 $t_{1/2}$ 超过 21 小时。本药属于广谱抗快速性心律失常药,可用于室上性和室性心律失常。本药致心律失常发生率极高,包括室性心动过速或心室颤动、房室传导阻滞、诱发折返性心律失常和长 QT 间期综合征,其致心律失常作用主要与抑制 I_{Na} 及 I_{Kr} 过强有关。不良反应有头晕、乏力、恶心等。

二、Ⅱ类 β受体阻断药

β受体阻断药的研制开发较快,用于抗心律失常的主要有普萘洛尔、美托洛尔(metoprolol)、阿替洛尔、纳多洛尔(nadolol)、醋丁洛尔(acebutolol)、噻吗洛尔(timolol)、阿普洛尔(alprenolol)、艾司洛尔等。尽管这些药物的药理作用及药物代谢动力学特征不尽相同,但β受体阻断作用和直接细胞膜作用是其抗心律失常的基本机制。

普 萘 洛 尔

普萘洛尔(propranolol)又名心得安,为最具代表性的β受体阻断药,可用于高血压、心绞痛、心律失常、甲状腺功能亢进症、充血性心力衰竭、慢性青光眼、慢性偏头痛的治疗。

【体内过程】口服吸收完全,首过效应强,生物利用度为30%,口服后2小时血药浓度达峰值,但个体差异大。血浆蛋白结合率达93%。本药主要在肝内代谢,$t_{1/2}$为3~4小时,肝功能受损时明显延长。90%以上经肾排泄,尿中原药不到1%。

【药理作用】普萘洛尔能降低窦房结、心房和浦肯野纤维自律性,在运动及情绪激动时作用明显。本药能减少儿茶酚胺所致的迟后去极化发生,减慢房室结传导,延长房室结有效不应期。

1. 降低自律性 交感活动加强时,儿茶酚胺释放增多,可加快窦房结4相去极化速度和异位起搏速率。普萘洛尔能阻断窦房结β受体,防止交感活动对4相去极化和异位起搏的影响,降低自律性。本药对正常心律影响小,但对运动、情绪激动或窦房结功能异常而引起的心率加快,则使之明显减慢。

2. 减慢传导速度 在较高浓度,本药可抑制房室结和浦肯野纤维,减慢传导速度,并延长其ERP,这是降低0相Na^+内流的结果。

【临床应用】主要用于室上性心律失常,对于交感神经兴奋性过高、甲状腺功能亢进症及嗜铬细胞瘤等引起的窦性心动过速效果良好。与强心苷或地尔硫䓬合用,控制心房扑动、心房颤动及阵发性室上性心动过速时的心室率过快效果较好。心肌梗死患者应用本药,可减少心律失常的发生,缩小心肌梗死范围,降低死亡率。普萘洛尔还可用于运动或情绪变动所引发的室性心律失常,减少肥厚型心肌病所致的心律失常。

【不良反应】本药可致窦性心动过缓、房室传导阻滞,并可诱发心力衰竭和哮喘、低血压、精神压抑、记忆力减退等。长期应用对脂质代谢和糖代谢有不良影响,故高脂血症、糖尿病患者慎用。突然停药可产生反跳现象。

阿 替 洛 尔

阿替洛尔(atenolol)是长效$β_1$肾上腺素受体阻断药,心的选择性强,抑制窦房结及房室结自律性,减慢房室结传导,对希-普系统也有抑制作用。可用于室上性心律失常的治疗,减慢心房颤动和心房扑动时的心室率。对室性心律失常亦有效。口服后2~3小时达峰浓度,$t_{1/2}$为7小时。不良反应与普萘洛尔相似,由于选择性作用于$β_1$受体,可用于糖尿病和哮喘患者,但须注意剂量不宜过大。

艾 司 洛 尔

艾司洛尔(esmolol)为短效$β_1$肾上腺素受体阻断药,具有心脏选择性,抑制窦房结及房室结的自律性、传导性。主要用于室上性心律失常,减慢心房扑动、心房颤动时的心室率。本药静脉注射后数秒起效,$t_{1/2}$为9分钟。不良反应有低血压、轻度抑制心肌收缩力。

三、Ⅲ类 延长动作电位时程药

胺 碘 酮

胺碘酮(amiodarone)的化学结构与甲状腺素相似,分子中含有2个碘原子,占其分子量的 37.2%。

【体内过程】口服、静脉注射给药均可。口服给药吸收缓慢,生物利用度约 40%。静脉注射 10 分钟起效,吸收后药物迅速分布到各组织器官中。本药主要在肝内代谢,$t_{1/2}$ 长达数周,血浆蛋白结合率 95%,停药后作用可持续 4~6 周。

【药理作用】

1. 胺碘酮对心脏的多种离子通道均有抑制作用,如 I_{Na}、$I_{Ca(L)}$、I_K、I_{K1}、I_{to} 等,降低窦房结、浦肯野纤维的自律性和传导性,明显延长 APD 和 ERP,延长 QT 间期和 QRS 波。

2. 胺碘酮延长 APD 的作用不依赖心率的快慢,无逆使用依赖性(reverse use-dependence)。逆使用依赖性是指心率快时,药物延长动作电位时程的作用不明显,而当心率慢时,却使动作电位时程明显延长。此作用易诱发尖端扭转型室性心动过速。

3. 胺碘酮尚有非竞争性拮抗 α、β 肾上腺素受体作用和扩张血管平滑肌作用,能扩张冠状动脉,增加冠状动脉血流量,减少心肌耗氧量。

【临床应用】胺碘酮为广谱抗心律失常药,对心房扑动、心房颤动、室上性心动过速和室性心动过速都有效(QT 间期延长的多形性室性心动过速除外),尤其适用于器质性心脏病、心肌梗死后伴心功能不全的心律失常。

【不良反应】常见心脏反应如窦性心动过缓、房室传导阻滞及 QT 间期延长,偶见尖端扭转型室性心动过速。有房室传导阻滞及 QT 间期延长者,禁用本药。

本产品长期应用可见角膜褐色微粒沉着,不影响视力,停药后微粒可逐渐消失。少数患者有甲状腺功能亢进或减退及肝坏死。个别患者出现间质性肺炎或肺纤维化,长期应用必须定期测肺功能、进行肺部 X 线检查和监测 T_3、T_4。

索他洛尔

索他洛尔(sotalol)能阻断 β 受体,降低自律性,减慢房室结传导;能阻滞 I_K,延长心房、心室及浦肯野纤维的 APD 和 ERP。索他洛尔口服吸收快,无首过效应,生物利用度达 90%~100%。本药与血浆蛋白结合少,在心、肝、肾内的浓度高。在体内不被代谢,几乎全部以原药形式经肾排出,$t_{1/2}$ 为 12~15 小时,老年人、肾功能不全者 $t_{1/2}$ 明显延长。临床用于各种严重室性心律失常,也可治疗阵发性室上性心动过速及心房颤动。不良反应较少,少数 QT 间期延长者偶可出现尖端扭转型室性心动过速。

多非利特

多非利特(dofetilide)是 I_{Kr} 钾通道阻滞药,仅阻滞 I_{Kr} 钾通道而无其他药理作用。本药长期口服可有效维持或恢复心房颤动患者的窦性心律。本药主要以原药形式经肾排泄,肾功能不良者宜减量。主要毒性反应是尖端扭转型室性心动过速。

伊布利特

伊布利特(ibutilide)是 I_{Kr} 钾通道阻滞药,在某些情况下可诱导内向钠电流,这两种作用均可能是其延长 APD 的机制。快速输注(10 分钟内输注 1mg)可迅速将心房扑动或心房颤动转为窦性心律。本药对心房扑动的有效率高于心房颤动,且对于发病数天内的患者转复率高于发病数周甚至数月的患者。本药主要的不良反应是尖端扭转型室性心动过速,发生率约 6%,对其中 1/3 的患者需要立即实施心脏电复律。本药首过效应明显,不可以口服。代谢部位在肝,$t_{1/2}$ 平均 6 小时(2~12 小时)。

四、Ⅳ类 钙通道阻滞药

维拉帕米

【体内过程】维拉帕米(verapamil)口服吸收迅速而完全。口服后 2~3 小时血药浓度达

笔记栏

峰值。由于首过效应,生物利用度仅 10%~30%。在肝内代谢,其代谢物去甲维拉帕米仍有活性,$t_{1/2}$ 为 3~7 小时。

【药理作用】维拉帕米对激活态和失活态的 L- 型钙通道均有抑制作用,对 I_{Kr} 钾通道亦有抑制作用,表现为:①降低窦房结自律性,降低缺血时心房、心室和浦肯野纤维的异常自律性,减少或取消后去极化所引发的触发活动;②减慢房室结传导性,此作用除可终止房室结折返,尚能防止心房扑动、心房颤动引起的心室率加快;③延长窦房结、房室结的 ERP,大剂量延长浦肯野纤维的 APD 和 ERP。

【临床应用】用于各种折返性室上性心动过速,预激综合征利用房室结作为通道的房室折返性心动过速。对急性心肌梗死、心肌缺血及强心苷中毒引起的室性期前收缩有效。心房扑动与心房颤动时减慢心室率,为阵发性室上性心动过速首选药。

【不良反应】口服安全,可出现便秘、腹胀、腹泻、头痛、瘙痒等。静脉给药可引起血压降低、暂时窦性停搏。Ⅱ度房室传导阻滞、Ⅲ度房室传导阻滞、心功能不全、心源性休克患者禁用,老年人、肾功能低下者慎用。

五、其他类

腺　苷

腺苷(adenosine)为内源性嘌呤核苷酸,作用于 G 蛋白偶联的腺苷受体,激活心房、房室结、心室的乙酰胆碱敏感 K^+ 通道,缩短 APD,降低自律性。腺苷也抑制 $I_{Ca(L)}$,此作用可延长房室结 ERP,抑制交感神经兴奋所致的迟后去极化。静脉注射后迅速起效,$t_{1/2}$ 约 10 秒。本药可被体内大多数组织细胞所摄取,并被腺苷脱氨酶灭活,使用时需要静脉快速注射给药,否则在药物到达心脏前即被灭活。临床主要用于迅速终止折返性室上性心律失常。静脉注射速度过快可致短暂心脏停搏。治疗剂量时,多数患者会出现胸闷、呼吸困难。

第四节　抗心律失常药的临床应用原则

调节心脏电生理特性的药物往往治疗指数较低。另外,抗心律失常药也会导致致命性心律失常。对于某些种类的心律失常,可以选用非药物治疗措施,如心脏起搏、电除颤或射频消融,而有些类型的心律失常则不需要治疗。因此,必须应用基本的治疗原则以优化抗心律失常治疗的效果。

(一) 明确并清除致病因素

心律失常的诱因通常包括缺氧、电解质紊乱(低钾血症)、心肌缺血和某些药物。除抗心律失常药外,还有其他药物可导致心律失常。例如,尖端扭转型室性心动过速(TdP)不仅发生在延长动作电位时程的抗心律失常药治疗期间,也发生在其他影响离子通道的非心血管药治疗期间。这些药物包括抗生素、抗精神病药、抗组胺药和抗抑郁药等。

(二) 确定治疗目标

1. 有些心律失常不需要治疗　有多种方式用于检测心脏节律异常,但是仅仅检测到异常并不意味着需要治疗。无明显症状的心律失常,如期前收缩、短暂的持续性心动过速、心室率不快的心房颤动,一般不需要抗心律失常药治疗。使用氟卡尼纠正心肌梗死恢复期无症状室性异位搏动并不能降低患者的猝死概率,反而使患者死亡率增加 2~3 倍。这就要求必须在明确药物对患者明显有益时才使用。

2. 选择合适的治疗方案　有多种措施可用于心律失常的治疗,因此,治疗前制订明确的治疗目标是非常重要的。影响治疗措施选择的因素不仅包括患者的症状,还包括心脏器质性疾病的类型和程度、治疗前 QT 间期、是否存在传导系统疾病或其他心外疾病。

(三) 尽可能降低风险

1. 抗心律失常药可以导致心律失常　众所周知,抗心律失常药可能通过多种机制诱发新的心律失常。停药是这种类型的心律失常的治疗措施。因此,准确诊断和针对潜在机制的靶向治疗是非常重要的。例如,如果应用维拉帕米治疗室性心动过速不仅可能是无效的,并且可能导致致死性心力衰竭。

2. 监测血药浓度　抗心律失常药的某些不良反应是由于过高的血药浓度引起的,因此监测血药浓度以调整给药剂量可能减少某些不良反应的发生。另外,药物活性代谢物的产生以及药物对映体的清除差异性可能使情况更加复杂。

3. 个体特异性禁忌证　应该避免特定药物应用于特定患者,比如使用丙吡胺治疗有充血性心力衰竭病史的患者时非常容易发生心力衰竭。对于某些患者,药物的副作用与患者基础疾病加重之间很难区分,比如胺碘酮可能导致肺间质疾病,当使用胺碘酮治疗有进展性肺疾病的患者时,就很难检测其是否导致肺间质疾病。

(四) 心脏电生理是移动的目标

心脏电生理特性经常受到自主神经张力、心肌缺血和心肌牵张等的影响而一直发生变化。在心肌缺血时,即使正常的心脏也可能表现出静息膜电位、传导速度、细胞内 Ca^{2+} 浓度和心肌复极过程的改变,这些改变都可能导致心律失常或者影响心脏对抗心律失常药的反应。

(朱久新)

复习思考题

1. 简述抗心律失常药降低心肌细胞自律性的作用机制。
2. 简述胺碘酮的药理作用及临床应用。
3. 简述利多卡因治疗室性心律失常的作用基础。

◆◆◆ 第二十三章 ◆◆◆

调血脂药与抗动脉粥样硬化药

📝 学习目标

1. **掌握** 洛伐他汀、非诺贝特、考来烯胺的药理作用、作用机制、临床应用及主要不良反应。
2. **熟悉** 依折麦布、烟酸的作用与应用。
3. **了解** 普罗布考、糖胺聚糖、多糖类、多廿烷醇和多烯脂肪酸的作用与应用。

动脉粥样硬化(atherosclerosis,AS)是遗传与环境因素共同作用的慢性炎症过程,主要累及大动脉及中动脉,特别是冠状动脉、脑动脉和主动脉,是冠心病、脑卒中等心脑血管疾病的重要病理学基础。其主要特点是受累的动脉病变从内膜开始,首先是脂质的沉着,而后是纤维组织增生以及钙质的沉着等,最后形成泡沫细胞、脂纹及纤维斑块,进而引起管壁硬化、管腔变窄。由于在动脉内膜积聚的脂质外观呈黄色粥样,因此称动脉粥样硬化。发生粥样硬化的动脉管壁增厚变硬,弹性减弱,管腔缩小,所支配器官发生缺血性病变。

第一节　血脂异常与动脉粥样硬化

血浆中所含有的脂类统称血脂,包括甘油三酯(triglyceride,TG)、胆固醇(cholesterol,Ch)、胆固醇酯(cholesteryl ester,ChE)、游离脂肪酸(free fatty acid,FFA)和磷脂(phospholipid,PL)。

人体内胆固醇主要以游离胆固醇(free cholesterol,FC)及 ChE 的形式存在,二者之和为总胆固醇(total cholesterol,TC)。血浆中的脂类能与血浆中的载脂蛋白(apolipoprotein,Apo)结合成为脂蛋白复合物,是脂类在血液中存在、转运及代谢的形式。脂蛋白根据密度的不同可分为乳糜微粒(chylomicron,CM)、极低密度脂蛋白(very low density lipoprotein,VLDL)、中密度脂蛋白(intermediate density lipoprotein,IDL)、低密度脂蛋白(low density lipoprotein,LDL)和高密度脂蛋白(high density lipoprotein,HDL)。

1. 血脂异常的类型　血脂异常是血液脂质代谢异常的简称,按病因可以分为原发性和继发性两大类。原发性血脂异常指由于遗传因素或后天的饮食习惯、生活方式以及其他自然环境因素等引起的脂质代谢异常,根据升高的脂蛋白类型不同可分为 6 种类型(表 23-1)。继发性血脂异常多由于代谢紊乱性疾病或其他因素所致,如肾病综合征、糖尿病、甲状腺功能减退症、肝病和药物因素如应用 β 受体阻断药、噻嗪类利尿药等。血脂代谢异常主要表现为易致 AS 的脂蛋白(如 IDL、LDL、VLDL)及其载脂蛋白(如 ApoB)含量过高,或是抗动脉粥脉硬化的脂蛋白(如 HDL)及其载脂蛋白(如 ApoA)含量过低,前者称高脂血症或高脂蛋白血症。

表 23-1　原发性高脂血症的类型

类型	升高的脂蛋白	CH	TG	致 AS 的作用
I	CM	+	+++	–
IIa	LDL	++	–	高度
IIb	LDL、VLDL	++	++	高度
III	IDL	++	++	中度
IV	VLDL	+	++	中度
V	CM、VLDL	+	++	–

注:"+"代表轻度升高;"++"代表中度升高;"+++"代表重度升高;"–"代表没变化。

2. 动脉粥样硬化的危险因素　①高脂血症:流行病学调查表明,AS 与血清 TG 及 Ch 水平的升高呈正相关,与高密度脂蛋白胆固醇(HDL-C)的水平呈负相关。②高血压:高血压是 AS 发生的重要因素,由于高血压对动脉血管壁形成压力,易引起血管内膜壁的损伤,从而刺激血管平滑肌细胞的增殖及细胞间质的合成增加。③吸烟:吸烟者血中碳氧血红蛋白浓度可达 10%~20%,致使动脉壁内氧合不足及内膜下层脂肪酸合成增多。此外,吸烟可使血中 HDL 含量降低,血清 Ch 含量增高,导致易患动脉硬化。④糖尿病:糖尿病患者常伴有脂质代谢紊乱、胰岛素抵抗综合征及血清过氧化脂质异常,导致血管内皮功能障碍,与 AS 的形成密切相关。⑤其他:诸如年龄、肥胖、长期饮用烈性酒、女性绝经期后,以及有高血压、冠心病、糖尿病家族史的患者,AS 的发生率都较高。

轻度 AS 常采用饮食治疗,坚持适量体力活动,避免 AS 发生发展的危险因素,如吸烟;积极治疗相关疾病,如高血压、糖尿病等。重度患者除一般性疗法外,需联合抗 AS 的药物治疗。此外,还可以采取手术治疗、基因治疗等。

目前,治疗 AS 主要采用调血脂治疗,最常用的是他汀类药物。其他药物还包括贝特类、胆汁酸结合树脂、烟酸类以及胆固醇吸收抑制剂,此外还有糖胺聚糖和多糖类、多廿烷醇、多烯脂肪酸等。

第二节　调 血 脂 药

一、他汀类

β- 羟基 -β- 甲戊二酸单酰辅酶 A(β-hydroxy-β-methylglutaryl-CoA,HMG-CoA)还原酶作用于内源性胆固醇合成的早期,是胆固醇合成的限速酶。抑制 HMG-CoA 还原酶则减少内源性胆固醇的合成。他汀类(statins)药物是 HMG-CoA 还原酶的竞争性抑制剂,是目前治疗高血脂最有效的药物。早在 1976 年即从橘青霉中提取出美伐他汀,但因不良反应而未被应用。后来,从红曲霉中提取的洛伐他汀是第一个应用于临床的 HMG-CoA 还原酶抑制剂。继而又分离、合成了一系列他汀类药物。目前,临床常用他汀类药物包括洛伐他汀、辛伐他汀、普伐他汀、氟伐他汀、阿托伐他汀、瑞舒伐他汀等。普伐他汀和辛伐他汀是洛伐他汀的化学修饰衍生物,阿托伐他汀、氟伐他汀、瑞舒伐他汀则是化学合成物。

【体内过程】他汀类药物均能被肠道吸收,洛伐他汀和辛伐他汀是无活性的内酯环,口服后被代谢成具有活性的羟酸型。氟伐他汀和阿托伐他汀等为含氟的活性物质。口服后,

笔记栏

氟伐他汀几乎被完全吸收,其余他汀类药物的吸收率介于 40%~75%。他汀类药物的肝首过效应均较高。多数药物在肝内代谢,随胆汁经肠道排出,5%~20% 由肾排出。常用他汀类药物的药物代谢动力学特点见表 23-2。

表 23-2　常用他汀类药物的药物代谢动力学特点

药物	口服吸收/%	食物对生物利用度影响/%	t_{peak}/h	血浆蛋白结合率/%	随粪排泄/%	$t_{1/2}$/h	剂量范围/(mg/d)
洛伐他汀	30	+50	2~4	>95	85	3	10~80
辛伐他汀	60~85	0	1.2~2.4	>95	60	1.9	5~40
普伐他汀	35	−30	1~1.5	50	70	1.52	10~40
氟伐他汀	98	0	0.6	≥98	>90	1.2	20~40
阿托伐他汀	12	−13	1~2	≥98	>95	14	10~80
瑞舒伐他汀	20	−20	3~5	88	90	19	5~40

【药理作用及作用机制】

1. 调血脂作用及作用机制　他汀类药物有明显的调血脂作用。在治疗剂量下,对 LDL-C 的降低作用最强,TC 次之,降 TG 作用很弱;HDL-C 略有升高。用药 2 周出现明显疗效,4~6 周达高峰,长期应用可保持疗效。他汀类药物调血脂的作用特点见表 23-3。

表 23-3　常用他汀类药物的调血脂作用特点

药物	剂量/(mg/d)	血脂及脂蛋白变化/%			
		CH	LDL-C	HDL-C	TG
洛伐他汀	20	−17	−25	+7	−10
氟伐他汀	40	−21	−23	+2	−5
普伐他汀	20	−23	−25	+6	−11
辛伐他汀	10	−27	−34	+7	−15
阿托伐他汀	20	−34	−43	+9	−26
瑞舒伐他汀	20	−35	−40	+9	−26

注:+ 升高,− 降低。

肝是合成内源性胆固醇的主要场所。HMG-CoA 还原酶是肝细胞合成内源性胆固醇过程中的限速酶,催化具有开环羟酸结构的 HMG-CoA 转换为中间产物甲羟戊酸(mevalonic acid,MVA),进一步生成鲨烯合成胆固醇。由于他汀类药物或其代谢物与底物 HMG-CoA 的化学结构相似,且对 HMG-CoA 还原酶的亲和力比 HMG-CoA 高数千倍,所以对该酶发生竞争性抑制作用,从而使胆固醇合成受阻(图 23-1);通过负反馈调节机制,引起肝细胞表面 LDL 受体代偿性合成增加或活性增强,血浆中大量的 LDL 被摄取,经 LDL 受体途径代谢为胆汁酸而排出体外,降低血浆 LDL 水平;继而引起 VLDL 代谢加快,再加上肝合成及释放 VLDL 减少,也导致 VLDL 及 TG 相应下降。HDL 的升高可能是 VLDL 减少的间接结果。

不同他汀类药物与 HMG-CoA 还原酶的亲和力不同,所以调血脂的作用强度各有不同。但任何一种他汀类药物剂量增倍时,LDL-C 进一步降低幅度仅约 6%,称"他汀疗效 6% 效应"。

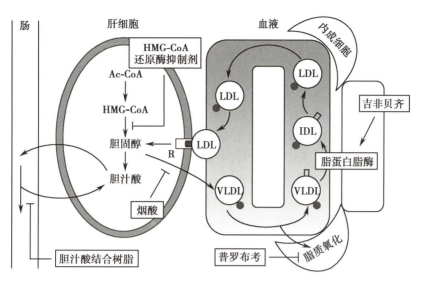

图 23-1　调血脂药物作用机制模式图

2. 非调血脂性作用　他汀类药物除了调血脂水平外,还具有其他作用,称他汀类药物的非调血脂性作用,又名多效性作用(pleiotropic effect)。主要包括:

(1)改善血管内皮功能,提高血管内皮对扩血管物质的反应性。

(2)抑制 VSMC 的增殖和迁移,促进 VSMC 凋亡。

(3)降低血浆 C 反应蛋白,减轻 AS 过程的炎症反应。

(4)抑制单核巨噬细胞的黏附和分泌功能。

(5)通过抑制血小板聚集和提高纤溶活性发挥抗血栓作用。

(6)抗氧化作用:氧化 LDL 是粥样斑块中的主要成分,不仅影响斑块的稳定性,而且在斑块破裂后,还能诱发血栓形成。而斑块内的 LDL 极易发生氧化修饰,他汀类药物通过清除氧自由基,发挥抗氧化作用。

(7)减少动脉壁巨噬细胞及泡沫细胞的形成,使 AS 斑块稳定和缩小:基质金属蛋白酶(matrix metalloproteinase,MMP)能分解基质成分,加速胶原降解,从而降低纤维帽的抗张强度,引起斑块破裂。TNF-α 由 T 淋巴细胞释放,使胶原合成的结构蛋白损伤,增加了纤维帽的脆性;其次,TNF-α 还能刺激细胞表达 MMP,使斑块易于破裂。他汀类药物能显著下调体内 MMP 的表达,降低巨噬细胞活性,并能降低斑块中 T 淋巴细胞活性,干扰 TNF-α 的转录途径,下调斑块中 TNF-α 含量,使斑块稳定。这些作用有助于抗 AS。

3. 肾保护作用　他汀类药物不仅有依赖降低胆固醇的肾保护作用(即纠正因脂代谢异常引发的慢性肾损害),同时具有抗细胞增殖、抗炎症、免疫抑制、抗骨质疏松等作用,减轻肾损害的程度,从而保护肾功能。

【临床应用】

1. 调节血脂　他汀类药物主要用于杂合子家族性和非家族性Ⅱa、Ⅱb 和Ⅲ型高脂蛋白血症,也可用于 2 型糖尿病和肾病综合征引起的高胆固醇血症。对病情较严重者可与其他调血脂药合用。对冠心病一级和二级预防有效而安全,可使冠心病发病率和死亡率明显降低。

2. 肾病综合征　他汀类药物对肾功能有一定的保护和改善作用,除与调血脂作用有关外,可能还与其抑制肾小球系膜细胞的增殖、延缓肾动脉硬化有关。

3. 预防心脑血管急性事件　他汀类药物能增加粥样斑块的稳定性或使斑块缩小,故减少缺血性脑卒中、稳定型和不稳定型心绞痛发作、致死性和非致死性心肌梗死的发生。

4. 抑制血管成形术后再狭窄、缓解器官移植后的排斥反应和治疗骨质疏松症等。

【不良反应】不良反应较少而轻，大剂量应用时患者偶可出现胃肠道反应、皮肤潮红、头痛失眠等暂时性反应。偶见无症状性转氨酶水平升高（发生率为 0.5%~3%），停药后即恢复正常。需注意，本类药物可引起肌肉不良反应，表现为肌痛、肌炎和横纹肌溶解综合征（rhabdomyolysis）。超大剂量可引起犬的白内障，人体用药应注意。用药期间应定期检测肝功能，有肌肉不适或无力者应检测肌酸激酶（creatine kinase，CK），必要时减量或停药。孕妇、儿童、哺乳期妇女及肝肾功能异常者不宜应用。有肝病史者慎用。

【药物相互作用】由于他汀类药物具有调脂作用、不良反应少、可降低总死亡率等优点，所以调脂药物的联合应用方案多为他汀类药物与其他机制不同的药物合用。与胆固醇吸收抑制药合用，可产生良好的协同作用；与胆汁酸结合树脂合用，可增强降低血清 TC 及 LDL-C 的效应；若与贝特类或烟酸联合应用，可增强降低 TG 的效应，但也能增加肌病的发生率。若同时与影响 CYP3A4 的药物，如环孢素、某些大环内酯类抗生素（如红霉素）、吡咯类抗真菌药（如伊曲康唑）等合用，也能增加肌病的危险性。与香豆素类抗凝药同时应用，有可能使凝血酶原时间延长，应注意检测凝血酶原时间，及时调整抗凝血药的剂量。

洛 伐 他 汀

洛伐他汀（lovastatin）是从红曲霉中提取的真菌代谢物，是第一个应用于临床的 HMG-CoA 还原酶抑制剂。洛伐他汀为无活性的内酯环结构，可很快水解为开环羟酸而呈现药理活性。在胃肠道的吸收率约为 30%，口服 2~4 小时血药浓度达峰值。调血脂作用稳定、可靠，有剂量依赖性，一般用药 2 周出现效应，4~6 周可达最佳治疗效果。

辛 伐 他 汀

辛伐他汀（simvastatin）为洛伐他汀的甲基衍生物，亦为无活性的内酯。调血脂作用较洛伐他汀强。临床证实，长期应用辛伐他汀能有效降低胆固醇，同时能延缓 AS 病变的进展和恶化，减少不稳定型心绞痛等的发生。

普 伐 他 汀

普伐他汀（pravastatin）为开环活性结构，口服吸收快，亲水性强。本药除稳定、安全的降脂作用外，还有非降脂作用如抗炎作用、抑制单核巨噬细胞向内皮的聚集和黏附等作用。对急性冠脉综合征患者，早期应用普伐他汀能迅速改善内皮功能，减少冠状动脉再狭窄和心血管病的发生。

氟 伐 他 汀

氟伐他汀（fluvastatin）是第一个人工合成的、氟苯吲哚环的甲羟内酯衍生物，能同时阻断 HMG-CoA 和中间产物 MVA 而发挥调血脂作用。口服吸收迅速而完全，首过消除明显。氟伐他汀是他汀类药物中与其他药互相作用最少、引起肌病概率最低的药物。

阿 托 伐 他 汀

阿托伐他汀（atorvastatin）口服吸收快，1~2 小时血药浓度达高峰，经肝代谢，产生的活性代谢物的作用占总作用的大部分。其作用与适应证同氟伐他汀，但降 TG 的作用较强。

瑞 舒 伐 他 汀

瑞舒伐他汀（rosuvastatin）口服 5 小时后血药浓度达到峰值，绝对生物利用度为 20%。本药被肝大量摄取，血浆蛋白结合率（主要是清蛋白）约为 90%。降低血总胆固醇、低密度脂蛋白胆固醇（LDL-C）作用显著，同时能降低 TG。

二、胆汁酸结合树脂

考来烯胺（cholestyramine）又名消胆胺，为碱性阴离子交换树脂，不溶于水，其氯化物呈白色或淡黄色球状颗粒或粉末,无臭或有氨臭。其进入肠道后不被吸收,与胆汁酸牢固结合,阻滞胆汁酸的肝肠循环和反复利用,减少胆固醇的吸收。氯离子能与其他阴离子交换,1.6g 考来烯胺能结合胆盐 100mg。

考来替泊(colestipol)又名降胆宁,为二乙基五胺环氧氯丙烷的聚合物,是弱碱性阴离子交换树脂,呈淡黄色,无臭无味,有亲水性,含水分约 50%,但不溶于水。

【药理作用及作用机制】该药可降低 TC 和 LDL-C,ApoB 也相应降低,但对 HDL 几乎无影响。胆汁酸作为胆固醇在体内代谢的主要去路,正常情况下,95% 可在空肠和回肠被重吸收。用药后,它在肠道中螯合胆汁酸,阻止其重吸收而中断肝肠循环,减少外源性胆固醇的吸收,促进内源性胆固醇在肝内代谢成为胆汁酸。用药后可使胆固醇的排泄量增加 10 倍之多。

胆固醇生成胆汁酸的过程由 7α- 羟化酶催化。胆汁酸能反馈性抑制此酶活性。该药阻碍了胆汁酸的重吸收,促进其排出,于是解除了胆汁酸对 7α- 羟化酶的抑制作用,加速胆固醇向胆汁酸的转化,降低血浆和肝中胆固醇的含量。外源性胆固醇吸收减少和内源性胆固醇代谢进入胆汁酸增加导致了肝细胞表面 LDL 受体增加或活性增强,从而使血浆中 TC 和 LDL-C 水平降低。该药不影响血浆 HDL-C,但可能增加 TG 水平。另外,该药物可以反馈性地增强 HMG-CoA 还原酶的活性,使胆固醇的合成增多。因此,本药与他汀类药物合用,可增强降脂作用。

【临床应用】主要用于治疗以 TC 和 LDL-C 升高为主,而且适用于 TG 水平正常不能使用他汀类药物的高胆固醇血症患者,如杂合子家族性Ⅱa型高脂血症。但对纯合子家族性高脂血症无效。对Ⅱb型高脂血症,应与降 TG 和 VLDL 的药物配合使用。

临床上主要与其他调血脂药联合应用,如与他汀类、贝特类药物合用可起协同作用;考来烯胺与普罗布考合用,既有协同降脂作用,又可减少不良反应。

【不良反应】不良反应较多,由于应用剂量较大,一些人出现胃肠道不良反应如胃肠道不适、腹胀和便秘等。血浆 TG 水平增加。长期应用,可能干扰脂溶性维生素以及一些药物的吸收,如干扰氢氯噻嗪、地高辛和华法林等吸收,应尽量避免配伍使用,必要时在给予该药物前 1 小时或 4~6 小时后用上述药物。高剂量会发生脂肪痢等。因以氯化物形式应用,长期用药可引起高氯性酸血症。

【药物相互作用】本类药物在肠腔内与他汀类药物、氢氯噻嗪、保泰松、苯巴比妥、洋地黄毒苷、甲状腺素、口服抗凝药、脂溶性维生素(维生素 A、维生素 D、维生素 E、维生素 K)、叶酸及铁剂等结合,影响这些药物的吸收,应尽量避免配伍使用,必要时可在服此药 1 小时前或 4 小时后服上述药物。

三、胆固醇吸收抑制剂

依 折 麦 布

依折麦布(ezetimibe)是第一个上市的胆固醇吸收抑制剂,通过降低胆固醇的吸收,发挥调血脂作用。

【体内过程】口服后吸收迅速,单剂量口服 10mg 依折麦布后,C_{max} 为 3.4~5.5μg/L,T_{max} 为 4~12 小时,$t_{1/2}$ 为 22 小时。吸收后大部分在小肠和肝内经葡糖醛酸化快速代谢为酚羟基葡糖醛酸化合物,代谢物和原药随胆汁及经肾排出。

【药理作用及作用机制】依折麦布作为第一个胆固醇吸收抑制剂,主要阻断胆固醇的外源性吸收途径。吸收后进入肝肠循环并被糖脂化,依折麦布及其糖脂化代谢物反复作用于胆固醇吸收部位——小肠细胞刷状缘,通过抑制表达胆固醇吸收的 NPC1L1 转运蛋白活

笔记栏

性,选择性地抑制饮食和胆汁中的胆固醇跨小肠壁转运到肝中,持久地抑制胆固醇的吸收,从而降低胆固醇和相关植物固醇的吸收,使肝内胆固醇储存减少,导致肝内 LDL 受体合成增加,LDL 代谢加快,使血浆中 LDL-C 水平降低。此外,依折麦布可降低高脂血症患者的总胆固醇水平、ApoB 和 TG 水平,并增加 HDL-C 水平,与 HMG-CoA 还原酶抑制剂合用更能有效改善血清 TC、LDL-C、ApoB、TG 和 HDL-C 水平。

【临床应用】适用于原发性(杂合子家族性或非家族性)高胆固醇血症、纯合子家族性高胆固醇血症、纯合子谷固醇血症(或植物固醇血症)。

多项研究资料表明,依折麦布作为肠道胆固醇吸收抑制剂,与他汀类药物联合应用能够更显著地降低血脂水平,提高降脂达标率。依折麦布辛伐他汀片为依折麦布与辛伐他汀的合剂,含依折麦布 10mg 及辛伐他汀 20mg,在降低血脂尤其是 LDL-C 方面具有更好的效果。

【不良反应】不良反应少。口服后少数患者出现疼痛、痉挛和无力的肌肉失调症状,血清肌酸激酶升高,氨基转移酶升高,血小板减少等不良反应。怀孕或哺乳期妇女、中至重度肝功能损害患者,以及 10 岁以下儿童,禁用此药。

四、贝特类

贝特类又名苯氧酸类,20 世纪 60 年代上市的氯贝丁酯是第一个应用于临床的贝特类药物,能明显降低 TG 和 VLDL,但不良反应较多。近年来,新开发的几种贝特类药物,包括苯扎贝特、非诺贝特、氯贝丁酯(clofibrate)、环丙贝特(ciprofibrate)、吉非贝齐,调脂作用较强。根据国际上对此类药物治疗后受益与风险的评价,认为除非患者有严重的高甘油三酯血症,又禁用他汀类药物或不能耐受他汀类药物,否则贝特类药物不应该作为一线治疗药物。

【体内过程】贝特类药物口服吸收快而且完全,与血浆蛋白结合率达 92%~96%,不易分布到外周组织,各个药物的 $t_{1/2}$ 不完全相同。吉非贝齐和苯扎贝特吸收后起效快,作用时间短,$t_{1/2}$ 为 1.5~2 小时。非诺贝特 $t_{1/2}$ 为 20 小时。环丙贝特 $t_{1/2}$ 为 17~42 小时。最后大部分在肝内与葡糖醛酸结合,随尿排出。

【药理作用】

(1)调血脂作用:贝特类药物可以引起明显的循环 VLDL 降低,因而降低 TG,适度(接近 10%)降低 LDL-C 和升高 HDL-C(约 10%)。实验证明,吉非贝齐可以增加 HDL-C 而降低冠心病和脑卒中的发生率。

(2)非调血脂作用:贝特类药物除了具有调脂作用外,还具有抗炎、降低纤维蛋白原及部分凝血因子水平、改善胰岛素敏感性、改善内皮细胞功能等作用,有益于 AS 的防治。

【作用机制】作用机制尚未完全阐明,可能与核受体——过氧化物酶体增殖物激活受体(peroxisome proliferator activated receptor,PPAR)有关。该受体家族已鉴定出 α、β/δ、γ 3 种亚型。PPARα 增高 HDL,降低 TG;PPARγ 降低 TG,改善胰岛素抵抗;PPARδ 可能增高 HDL,降低 TG,改善胰岛素抵抗。目前认为,贝特类药物是 PPARα 的配体,通过激活 PPARα 调节脂蛋白脂肪酶(lipoprotein lipase,LPL)、ApoC-Ⅲ、ApoA-Ⅰ 等基因的表达,降低 ApoC-Ⅲ 转录,增加 LPL 和 ApoA-I 的生成和活性;同时促进肝摄取脂肪酸,并抑制 TG 的合成,使含 TG 的脂蛋白减少。PPARα 活化后还能增加诱生型一氧化氮合酶(iNOS)活性,使 NO 含量升高,从而抑制巨噬细胞表达 MMP-9,与 AS 斑块稳定有关。另外,PPARα 也是一种炎症调节因子,激活后除能调节血脂外,还能降低 AS 过程中的炎症反应,抑制 VSMC 增殖和血管成形术的再狭窄。除此以外,贝特类药物具有降低某些凝血因子活性,减少纤溶酶原激活物抑制物(如 PAI-1)的产生等非调血脂作用。以上作用均有益于心血管疾病的防治。

笔记栏

【临床应用】用于以 VLDL 升高为主的高 TG 血症,对Ⅲ型高脂蛋白血症和混合型高脂蛋白血症有较好疗效,也可用于低 HDL 和 AS 疾病风险的患者(常见于 2 型糖尿病患者)。同时,也可与其他降血脂药联合应用于严重药物抵抗的血脂障碍患者。

【不良反应】一般耐受良好,常见的有胃肠道症状、瘙痒、皮疹、心律失常、低钾血症、血液中氨基转移酶水平升高或碱性磷酸酶水平升高。肌炎不常见,一旦发生则很严重(横纹肌溶解),会出现肌红蛋白尿和急性肾衰竭,特别容易出现在肾功能损害的患者,因此贝特类药物应该避免给有肾功能损害的患者使用,也应该避免给易患高甘油三酯血症的乙醇中毒患者使用,否则有引起横纹肌溶解的风险。

氯贝丁酯不良反应较多且严重,特别容易诱发胆结石,因此禁用于胆囊切除术患者。

【禁忌证】孕妇、儿童、患肝胆疾病及肾功能不全者禁用。

【药物相互作用】贝特类药物可增强口服抗凝血药的抗凝活性,因此与口服抗凝血药合用时应适当减少抗凝血药的剂量。

非 诺 贝 特

非诺贝特(fenofibrate)为第二代苯氧酸类化合物,口服吸收快,大部分被吸收,血浆蛋白结合率 99%,$t_{1/2}$ 约为 20 小时,约 60% 转化为葡糖苷酸随尿排泄,约 25% 随粪便排出。严重肾功能不全、肝功能不全、原发性胆汁性肝硬化、胆石症患者,以及儿童、孕妇禁用。除具有调血脂作用外,还可以明显改善内皮功能、减少炎症反应、增加胰岛素敏感性及减少微量清蛋白尿,有助于减少糖尿病并发症,尤其适用于 2 型糖尿病及代谢综合征的患者。同时能明显降低血浆纤维蛋白原和血尿酸水平,降低血浆黏稠度,改善血流动力学。

吉 非 贝 齐

吉非贝齐(gemfibrozil)又称吉非罗齐,口服吸收迅速而完全,起效快,作用时间短,$t_{1/2}$ 为 1.5~2 小时,66% 随尿排出,6% 随粪便排出,孕妇慎用,肝肾功能不全者禁用。既可减少 VLDL 及 TG 的合成,又激活 LPL 而加速其在血中清除,对血浆 TG 明显增高伴有 HDL-C 降低或 LDL-C 升高类型的高脂血症疗效最好。长期应用可明显降低冠心病的死亡率。

苯 扎 贝 特

苯扎贝特(benzafibrate)口服易吸收,$t_{1/2}$ 为 1.5~2 小时,48 小时后 94.6% 随尿排出,3% 随粪便排出,孕妇及肾功能不全者禁用。促进 VLDL 分解代谢,使 TG 水平降低,除调血脂外还降低空腹血糖,用于伴有血脂升高的 2 型糖尿病。并降低血浆 FFA、纤维蛋白原和糖化血红蛋白,抑制血小板聚集。长期应用可使血浆脂蛋白 a [Lp(a)]水平降低。

五、烟酸类

烟 酸

烟酸(nicotinic acid)是一种维生素,是许多重要代谢过程的必需物质。在剂量为克数量级应用时,则具有调血脂作用。

【体内过程】烟酸为水溶性维生素之一,口服吸收迅速而完全。30~60 分钟达到血药峰浓度,血浆 $t_{1/2}$ 为 60 分钟,血浆蛋白结合率低,迅速被肝、肾和脂肪组织摄取,代谢物及原药经肾排出。

【药理作用】大剂量的烟酸可以通过抑制肝 TG 的产生和 VLDL 的分泌而降低 TG、LDL-C 和 Lp(a)水平,同时升高 HDL-C 水平。

【作用机制】烟酸衍生物的作用机制还不清楚,可能为:①通过 HM74A 的 G 蛋白偶联的孤儿受体发挥脂解作用而启动其效应;②通过降低细胞 cAMP 的水平,抑制脂肪酶的活性,从而抑制脂肪组织中 TG 的分解,减少肝合成 TG 的原料,减少 VLDL 的合成和释放,也使 LDL 来源减少;③增加 LPL 的活性,促进 CM 和 VLDL 中 TG 的清除;④TG 浓度降低导致 HDL 分解代谢减少,从而使得 HDL 浓度升高,有利于胆固醇的逆行转运,阻滞 AS 病变的发展。

【临床应用】烟酸类药物为广谱降血脂药,除 I 型以外的各型高脂血症均可用,但主要作为他汀类药物和饮食的辅助药物,用于血脂障碍,特别是低 HDL-C 和高 TG 患者,也可以用于他汀类药物禁用的患者。同时与胆汁酸结合树脂或贝特类药物合用,提高疗效。

【不良反应】不良反应主要为潮红、心悸和胃肠道紊乱等。潮红与前列腺素的产生有关,若在用药前 30 分钟给予阿司匹林可使反应减轻。大剂量引起肝功能失调、糖耐量异常,可使循环中尿酸增加而诱发痛风等,停药后可恢复。

【禁忌证】痛风、肝功能异常、溃疡病、糖尿病及孕妇等禁用。

阿 昔 莫 司

阿昔莫司(acipimox)是 1980 年发现的烟酸异构体。口服吸收快而完全,$t_{1/2}$ 约为 2 小时,原药随尿排出。对本药过敏及消化道溃疡者、孕妇、哺乳期妇女、儿童禁用。除适用于 IIb、III 和 IV 型高脂血症外,也适用于高 Lp(a)血症及 2 型糖尿病伴有高脂血症患者。此外,与胆汁酸结合树脂合用,可加强其降 LDL-C 作用,作用强而持久,不良反应较少较轻。

维生素 E 烟酸酯

维生素 E 烟酸酯(vitamin E nicotinate)是由 2 种人体所必需的重要维生素——维生素 E 和烟酸缩合而成的酯类化合物,用于高脂血症及 AS 的防治,能有效降低 Lp(a)。不良反应有颈、面部感觉温热,皮肤发红,头痛等,亦可出现严重皮肤潮红、瘙痒、胃肠道不适。

第三节 抗 氧 化 药

氧自由基(oxygen free radical)在 AS 的发生和发展中发挥重要作用。已明确氧化型 LDL(oxidized low density lipoprotein,ox-LDL)影响 AS 病变发生和发展的多个过程。如:①损伤血管内皮,促进单核细胞向内皮黏附并向内皮下转移。②阻止进入内皮下的单核细胞所转化的巨噬细胞返回血流。③巨噬细胞可无限制地摄取 ox-LDL 而成为泡沫细胞。④促进内皮细胞释放血小板衍生生长因子(platelet derived growth factor,PDGF)等,导致 VSMC 增殖和迁移;巨噬细胞亦摄取 ox-LDL 成为泡沫细胞。⑤泡沫细胞的脂质积累形成脂质条纹和斑块。⑥被损伤的内皮细胞还可导致血小板聚集和血栓形成。研究表明,除 LDL 外,Lp(a)和 VLDL 也可被氧化,增强致 AS 作用,具有抗 AS 效应的 HDL 也可被氧化而转化为致 AS 的因素。因此,防止氧自由基对脂蛋白的氧化修饰已成为阻止 AS 发生和发展的重要措施。

普 罗 布 考

普罗布考(probucol)原为降血脂药,用于临床,但因其降低 HDL-C 而未受重视。近年来发现,普罗布考有较强的抗氧化作用,对 AS 有较好防治效果。

【体内过程】口服吸收差,仅为 5% 左右,且不规则,进餐时同服可增加吸收。吸收后主要分布在脂肪组织和肾上腺,消除缓慢,半衰期长,T_{max} 为 24 小时,服用 3~4 个月达稳态。血清中普罗布考 95% 分布于脂蛋白的疏水核。主要经胆道途径排泄,仅有 2% 随尿排泄。粪便中以原药为主,尿中以代谢物为主。

【药理作用及作用机制】普罗布考在降脂治疗中的地位尚未确定,可能的药理作用主要有两方面:一方面是抗氧化,另一方面是调血脂。

(1)抗氧化作用:其抗氧化作用强,被摄入后分布于 LDL 并易于进入动脉内膜,本身被氧化成普罗布考自由基,降低血浆氧自由基浓度,阻断脂质过氧化,减少脂质过氧化物(lipid peroxide,LPO)的产生及其引起的单核细胞黏附和迁移、内皮细胞损伤、清道夫受体摄取 ox-LDL 成泡沫细胞等,增加过氧化物酶体增殖物激活受体的表达和活性,清除自由基。

(2)降血脂作用:普罗布考能竞争性抑制 HMG-CoA 还原酶,使胆固醇合成减少,并可抑制 ApoB 的合成,降低血浆 TC 和 LDL-C,而 HDL-C 及 ApoA-I 同时明显下降,对血浆 TG 和 VLDL 一般无影响。普罗布考亦可增加血浆胆固醇酯转移蛋白和 ApoE 的浓度,使 HDL 颗粒中胆固醇减少,HDL 颗粒变小,提高 HDL 数量和活性,增加 HDL 的转运效率,使胆固醇逆转运清除加快。与他汀类药物或胆汁酸结合树脂联用时,可增强调血脂作用。

【临床应用】主要与其他调血脂药合用治疗高胆固醇血症。

【不良反应】一般较轻微,以胃肠道反应为主,如恶心、呕吐、腹泻、腹痛等。部分患者有头痛、头晕、血管性神经水肿、血小板减少、肌病、感觉异常等。因该药使部分患者心电图 QT 间期延长,故服药期间需注意心电图的变化。儿童、妊娠期和哺乳期妇女慎用。

维生素 E

维生素 E(vitamin E)有很强的抗氧化作用。其分子中苯环的羟基失去电子或 H^+,以清除氧自由基和过氧化物,或抑制磷脂酶 A_2 和脂氧合酶,以减少氧自由基的生成,中断过氧化物和丙二醛(malondialdehyde,MDA)的生成,而且生成的生育醌可被维生素 C 或氧化还原系统复原继续发挥作用。维生素 E 能防止脂蛋白的氧化修饰及其所引起的一系列 AS 病变过程,从而发挥抗 AS 的效应。

第四节 其 他 类

一、糖胺聚糖和多糖类

在 AS 的发病过程中,血管内皮损伤有重要意义,因此保护血管内皮免受各种因子损伤,是抗 AS 的重要措施之一。目前应用的保护动脉内皮药(agents used to protect arterial endothelium)主要为糖胺聚糖和多糖类,是由氨基己糖或其衍生物与糖醛酸构成的二糖单位多次重复组成的长链,典型代表为肝素。肝素从多方面发挥抗 AS 效应:①降低 TC、LDL、TG、VLDL,升高 HDL;②对动脉内皮有高度亲和性,可中和多种血管活性物质,保护动脉内皮;③抑制白细胞向血管内皮黏附及其向内皮下转移的抗炎症反应;④阻滞 VSMC 的增殖迁移;⑤加强酸性成纤维细胞生长因子(aFGF)的促微血管生成作用;⑥抗血栓形成等。因抗凝血作用过强,且口服无效,不便应用,因此,研究转向既有类似肝素的抗 AS 作用、又无副作用的低分子量肝素和类肝素(heparinoid)。

低分子量肝素

低分子量肝素是由肝素解聚而成,平均分子量为 4~6kDa。由于分子量低,生物利用度较高,与血浆、血小板、血管壁蛋白结合的亲和力较低,抗凝血因子 Ⅹa 活力大于抗凝血因子 Ⅱa 的活力,抗凝血作用较弱,抗血栓形成作用强。主要用于不稳定型心绞痛、急性心肌梗死及经皮腔内冠状动脉成形术(PTCA)后再狭窄等。

天然类肝素

天然类肝素是存在于生物体的类似肝素结构的一类物质,如硫酸乙酰肝素(heparan sulfate)、硫酸皮肤素(dermatan sulfate)、硫酸软骨素(chondroitin sulfate)及冠心舒等。冠心舒(脑心舒)是从猪肠黏膜提取的含硫酸乙酰肝素、硫酸皮肤素和硫酸软骨素的复合物。它们具有抗凝血因子Ⅱa作用弱、抗凝血因子Ⅹa作用强和半衰期长的特点。冠心舒有调血脂、降低心肌耗氧量、抗血小板、保护血管内皮和阻止AS斑块形成等作用,用于心及脑缺血性病症。研究证明,冠心舒具有与肝素相同强度的抑制VSMC增殖作用,而抗凝血作用仅为肝素的1/47,且口服有效,表明天然类肝素可能是有较好前景的抗AS药。海洋酸性糖酯类如藻酸双酯钠(alginic sodium diester,polysaccharide sulfate)等也具有肝素样药理特性,能调血脂、抗血栓形成、保护动脉内皮及阻止AS病变的发展等。临床用于缺血性心脑血管疾病。

二、多廿烷醇

多廿烷醇(policosanol)系从甘蔗蜡汁中提取的多种脂肪醇的混合物,通过降低胆固醇的生物合成,发挥降血脂作用。

【体内过程】口服后吸收迅速,口服1小时后,出现第1个峰值,第2个最大峰值出现在4小时后。健康受试者单剂量给药,绝大部分随粪便排泄,只有大约1%随尿排出。

【药理作用及作用机制】多廿烷醇通过激活腺苷酸激酶,从而调节HMG-CoA还原酶的活性来抑制胆固醇的合成。此外,多廿烷醇还可通过增加LDL与受体的结合和内化过程,促进LDL-C分解代谢,从而降低血浆LDL-C水平。同时,多廿烷醇还可增加HDL-C水平,降低甘油三酯和极低密度脂蛋白胆固醇(VLDL-C)水平。多廿烷醇还具有抗血小板聚集、减轻体重、提高性能力等作用。

【临床应用】适用于原发性Ⅱa和Ⅱb型高脂血症患者。

当仅靠饮食不足以控制血浆中总胆固醇及LDL-C的水平时,推荐使用多廿烷醇治疗。多廿烷醇对Ⅱ型高胆固醇血症合并肝肾功能不全、非胰岛素依赖型糖尿病、高血压、冠心病(高危)、心力衰竭等疾病的患者,以及对他汀类药物耐受者、绝经期妇女、胃肠不适者,均有很好疗效。

【不良反应】多廿烷醇非常安全且耐受性极好,在短期及长期双盲对照临床研究中,用药剂量5~20mg/d,有0.1%~0.2%的患者有皮疹等轻微不良反应。

三、多烯脂肪酸

多烯脂肪酸(polyenoic fatty acid)又名多不饱和脂肪酸(polyunsaturated fatty acid,PUFA),根据其不饱和键在脂肪酸链中开始出现的位置分为n-3(或ω-3)型及n-6(或ω-6)型多烯脂肪酸。

n-3型多烯脂肪酸

n-3型多烯脂肪酸(n-3 polyunsaturated fatty acid,n-3-PUFA)包括二十碳五烯酸(eicosapentaenoic acid,EPA)和二十二碳六烯酸(docosahexaenoic acid,DHA),主要存在于高纯度鱼油制剂中。

【药理作用】EPA和DHA主要来自海洋生物。流行病学调查发现,格陵兰岛因纽特人的心血管病发生率低,主要与食用海鱼等海生动物有关。后经证实,这些动物的油脂中富含n-3多烯脂肪酸,有调血脂及抗AS的效应。

1. 调血脂作用 EPA和DHA有明显的调血脂作用,降低TC及VLDL-TG的作用较强,升高HDL-C,可使ApoA-Ⅰ/ApoA-Ⅱ比值明显加大。

2. 非调血脂作用 EPA和DHA可取代花生四烯酸(arachidonic acid,AA),作为三烯前列腺素和五系白三烯的前体发挥下列作用:①取代AA形成TXA_3,减弱TXA_2促血小板聚集和收缩血管作用;在血管壁形成PGI_3,发挥与PGI_2相似的扩张血管和抗血小板聚集作用。所以呈现较强的抗血小板聚集、抗血栓形成和扩张血管的作用。②由于抗血小板，抑制血小板衍生生长因子（PDGF）的释放，从而抑制 VSMC 的增殖和迁移。③红细胞膜上的 EPA 和 DHA 可增加红细胞的可塑性，改善微循环。④ EPA 在白细胞内可转化为五系白三烯的 LTB_5 等，减弱四系白三烯 LTB_4 的促白细胞向血管内皮的黏附和趋化，并且 EPA 能使血 IL-1β 和 TNF 浓度降低，抑制黏附分子的活性；EPA 和 DHA 对 AS 早期白细胞 - 内皮细胞炎症反应的多种细胞因子表达呈明显抑制作用。

【临床应用】适用于高 TG 性高脂血症。对心肌梗死患者的预后有明显改善作用。亦可用于糖尿病并发高脂血症等。

【不良反应】一般应用无明显不良反应，长期或大剂量应用可使出血时间延长、免疫反应降低等。

n-6 型多烯脂肪酸

n-6 型多烯脂肪酸（n-6 polyunsaturated fatty acid,n-6-PUFA）主要有亚油酸（linoleic acid），来源于植物油如大豆油、玉米油及葵花籽油等。常用的有月见草油（evening primrose oil）和亚油酸。

月见草油约含 90% 的不饱和脂肪酸，其中含亚油酸约 70%，γ- 亚麻酸 7%~10%。制剂中亚油酸和 γ- 亚麻酸本身有较弱的调血脂作用。亚油酸与其他脂肪酸一起，以甘油酯的形式存在于动植物油脂中。进入体内后能转化成系列 n-6-PUFA，软化血管，降低血脂，促进微循环，防止胆固醇在血管壁的沉积，发挥调血脂和抗 AS 作用，常做成胶丸或与其他调血脂药和抗氧化药制成多种复方制剂应用。

四、酰基辅酶 A 胆固醇酰基转移酶抑制药

酰基辅酶 A 胆固醇酰基转移酶（acyl-coenzyme A cholesterol acyltransferase,ACAT）使细胞内胆固醇转化为胆固醇酯，促进肝细胞 VLDL 的形成和释放，使血管壁胆固醇蓄积，提高胆固醇在小肠的吸收，促进巨噬细胞和泡沫细胞的形成，因而促进 AS 病变的形成过程。

甲亚油酰胺

甲亚油酰胺（melinamide）口服后约 50% 经门静脉吸收，在体内分布广，最后大部分被分解，约 7% 随胆汁排出。

【药理作用与临床应用】抑制酰基辅酶 A 胆固醇酰基转移酶，阻滞细胞内胆固醇向胆固醇酯的转化，减少外源性胆固醇的吸收，阻滞胆固醇在肝内形成 VLDL，并且阻滞外周组织胆固醇酯的蓄积和泡沫细胞的形成，有利于胆固醇的逆向转运，使血浆及组织胆固醇水平降低。适用于 II 型高脂蛋白血症。不良反应轻微，可出现食欲减退或腹泻等。

五、PCSK9 抑制剂

前蛋白转化酶枯草溶菌素 9（proprotein convertase subtilisin/kexin type 9,PCSK9）属于前蛋白转化酶家族蛋白酶 K 亚家族，主要在人的肝、小肠和肾表达。在肝细胞中表达产生的 PCSK9 酶原（Apo-PCSK9）首先在内质网发生自催化裂解生成成熟的蛋白酶 PCSK9，并被分泌入血。血液中的 PCSK9 可以与细胞表面的 LDL 受体发生特异性结合形成复合物并转运至溶酶体，从而导致后者加速降解，使 LDL-C 水平升高。因此，PCSK9 对于维持体内胆固醇稳态发挥着关键的调节作用，而抑制 PCSK9 可以显著降低体内 LDL-C 水平。

目前，已经有多种 PCSK9 抑制剂完成或正进行 III 期临床试验，如以 AMG-145、RGEN727、SAR236553、RN316/PF-04950615 等为代表的单克隆抗体；有些还处于 I 期临床试验或临床前研究阶段，主要有反义寡核苷酸、干扰小核糖核酸、模拟抗体蛋白药、小分子抑

制剂等不同种类。

　　以 PCSK9 为代表的新的降脂靶点受到越来越多的关注。通过近 10 年的研发努力，PCSK9 抑制剂的临床研究取得了令人欣喜的进展，有望于近年上市成为新的革命性降脂药物。

（覃　丽）

复习思考题

1. 简述他汀类药物调血脂作用的机制、临床应用及不良反应。
2. 简述依折麦布降脂的作用机制。
3. 简述胆汁酸结合树脂的不良反应。
4. 简述普罗布考的药理作用及作用机制。

PPT 课件

第二十四章
抗心绞痛药

心绞痛（angina pectoris）是因冠状动脉供血不足引起的心肌急剧的、暂时的缺血与缺氧综合征，其典型临床表现为阵发性胸骨后压榨性疼痛并向左上肢放射。心绞痛持续发作得不到及时缓解则可能发展为急性心肌梗死。心绞痛的主要病理生理机制是心肌需氧与供氧的平衡失调，致心肌暂时性缺血缺氧，代谢物（乳酸、丙酮酸、组胺、类似激肽样多肽、K^+ 等）聚集心肌组织，刺激心肌自主神经传入纤维末梢引起疼痛。

根据世界卫生组织《缺血性心脏病的命名及诊断标准》，临床上心绞痛分为 3 类：①劳力性心绞痛：特点是疼痛由体力劳累、情绪激动等增加心肌需氧量的情况所诱发，休息或舌下含服硝酸甘油可缓解。包括稳定型心绞痛、初发型心绞痛、恶化型心绞痛。②自发性心绞痛：又称静息心绞痛，特点为疼痛发生与体力或脑力活动引起心肌需氧量增加无明显关系，不易被硝酸甘油缓解。多在安静状态下发生，疼痛程度较重，时间较长。包括卧位型心绞痛、变异型心绞痛、急性冠状动脉功能不全、梗死后心绞痛。③混合性心绞痛：特点是在心肌需氧量增加或无明显增加时均可发生，常为冠状动脉狭窄使冠状动脉血流贮备量减少所致。临床常将初发型、恶化型及自发性心绞痛称为不稳定型心绞痛。

心绞痛的主要病理生理基础是心肌组织供氧和需氧失衡。任何引起心肌组织对氧的需求量增加和 / 或冠状动脉狭窄、痉挛等致心肌组织供血供氧减少的因素都可成为心绞痛的诱因（图 24-1）。

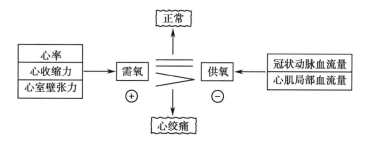

图 24-1　影响心肌耗氧量和供氧量的因素示意图

心肌的氧供取决于动静脉氧分压差及冠状动脉血流量。正常情况下，心肌细胞摄取血液氧含量的 65%~75%，已接近于极限，因此主要通过增加冠状动脉血流量来提高心肌的氧供应,而后者又取决于冠状动脉阻力、灌流压、侧支循环及舒张时间等因素。

心肌耗氧量的决定因素有心室壁张力、心率、心肌收缩力,三者均与心肌耗氧量成正比。临床上常用三项乘积(收缩压 × 心率 × 左心室射血时间)来反映心肌耗氧。

从上述心绞痛的病理生理基础可见,增加心肌组织供血、降低心肌耗氧量是治疗心绞痛的主要策略。常用的抗心绞痛药包括硝酸酯类、β 受体阻断药和钙通道阻滞药。此外,冠状动脉粥样硬化斑块的形成、血栓形成和血小板聚集是诱发不稳定型心绞痛的重要因素,故他汀类调血脂药、抗血小板药等也有助于心绞痛的防治。

第一节　硝　酸　酯　类

本类药物均有硝酸多元酯结构,分子中的—O—NO_2 是发挥作用的关键结构。常用药物包括硝酸甘油、硝酸异山梨酯、单硝酸异山梨酯、戊四硝酯(pentaerithrityl tetranitrate),其中以硝酸甘油最为常用。常用硝酸酯类药物制剂体内过程特点见表 24-1。

表 24-1　常用硝酸酯类药物制剂体内过程特点

	药物	制剂	剂量 /mg	起效时间 /min	持续时间
速效	硝酸甘油	舌下含片	0.3~0.6	2~5	10~30 分钟
	硝酸异山梨酯	舌下含片	5~10	5~20	10~60 分钟
	硝酸甘油	控释口颊片	6.5~13	30~90	6~12 小时
长效	硝酸异山梨酯	口服片	10~60	15~45	4~6 小时
	单硝酸异山梨酯	口服片	20	45~60	6~10 小时
	戊四硝酯	口服片	10~40	30~90	2~6 小时

注:硝酸甘油速效类尚有气雾剂和注射液,长效类尚有油膏和贴片。

硝　酸　甘　油

【体内过程】硝酸甘油(nitroglycerin)口服首过消除明显,生物利用度约为 8%,起效快。因其脂溶性高,舌下含服 2~5 分钟即可起效,疗效持续 10~30 分钟,可避免首过消除,生物利用度高,故临床舌下含服控制心绞痛急性发作。2% 硝酸甘油软膏涂抹到前臂等部位的皮肤,有效浓度可持续较长时间。

【药理作用及机制】硝酸甘油最基本的药理作用是松弛血管平滑肌,对静脉舒张作用较动脉强,对较大的冠状动脉也有明显的舒张作用。硝酸甘油作为前体药,在血管平滑肌细胞内经谷胱甘肽转移酶催化释放出 NO,后者与 NO 受体——可溶性鸟苷酸环化酶活性中心的铁离子结合,激活鸟苷酸环化酶,促进血管平滑肌细胞内 cGMP 的生成增多,进一步激活蛋白激酶 G 引起细胞内 Ca^{2+} 浓度降低,使血管平滑肌松弛。该松弛血管平滑肌作用不依赖于血管内皮细胞。硝酸甘油的扩血管作用还有 PGI_2 和降钙素基因相关肽的机制参与。降钙素基因相关肽能激活血管平滑肌细胞的 ATP 敏感型钾通道,从而使平滑肌细胞膜超极化,产生扩血管效应。

1. 降低心肌耗氧量　①舒张静脉使回心血量减少,心室容积缩小而降低心室壁张力,减少心肌耗氧量;②较大剂量舒张动脉降低心的射血阻力,减少心脏做功,同时射血阻力降低又可使心排血完全,左室内压下降,心室壁张力下降而降低心肌耗氧量。

2. 改善缺血区心肌供血　①增加心内膜下的血液供应:由于冠状动脉从心外膜呈直角

分支,贯穿心室壁至心内膜下,故心内膜下区域的血液灌注易受心室壁张力及室内压的影响。心绞痛急性发作时,左心室舒张末期压力增高,使心内膜下区域缺血加重。硝酸甘油扩张静脉使回心血量减少,扩张动脉降低心脏的射血阻力而使排血充分,使心室容积或心室壁张力下降,减小了对心内膜下血管的压力,有利于心内膜下区域的血液供应。②选择性扩张心外膜血管、输送血管及侧支血管:因心肌缺血区小动脉受缺氧代谢物腺苷等影响而扩张,而非缺血区血管阻力相对较高,硝酸甘油对心外膜血管、输送血管及侧支血管产生舒张后,增加的血流优先分布到缺血区,见图24-2。

3. 保护缺血的心肌细胞　硝酸甘油释放NO,促进内源性PGI_2、降钙素基因相关肽(CGRP)等物质的生成与释放,这些物质对心肌细胞具有保护作用。

此外,硝酸甘油本身以及释放出的NO还能抑制血小板聚集和黏附,具有抗血栓形成的作用,有利于冠状动脉粥样硬化所引起的心绞痛的治疗。

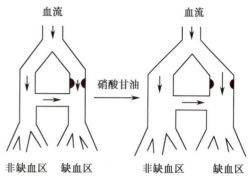

图24-2　硝酸甘油改善缺血区心肌供血示意图

【临床应用】舌下含服能迅速缓解各种类型心绞痛,舌下含服或气雾吸入可控制稳定型心绞痛急性发作;硝酸甘油贴剂可用于预防心绞痛发作;静脉滴注用于不稳定型心绞痛、急性心肌梗死、急性左心功能不全;慢性心功能不全可采用长效制剂,需与强心药合用。

【不良反应】常见由血管扩张所继发的搏动性头痛,皮肤潮红,眼内压升高和颅内压增高。因此,颅脑外伤、颅内出血者禁用,青光眼患者应慎用。大剂量可见直立性低血压,故低血容量者禁用。剂量过大使血压过度下降,可引起冠状动脉灌注压过低,且可反射性兴奋交感神经,使心率加快,心肌收缩力增强而增加心肌耗氧量,导致心绞痛加重,故反复连续应用需限制用量。超剂量可引起高铁血红蛋白症。长期应用可出现耐受性,停药1~2周恢复。其耐受机制可能与血管平滑肌细胞内膜巯基耗竭有关。故每日停药时间应当在8小时以上,并补充含巯基的药物,如卡托普利、甲硫氨酸。

硝酸酯类抗心绞痛药常用药物除硝酸甘油外,尚有硝酸异山梨酯(isosorbide dinitrate)、单硝酸异山梨酯(isosorbide mononitrate),且两者作用及应用相似。作用机制与硝酸甘油相似,但较弱,起效慢、作用维持时间长。主要口服用于心绞痛预防和心肌梗死后心力衰竭的长期治疗。

知识链接

硝酸甘油的发现

硝酸甘油具有炸药和心绞痛急救药的双重身份,于1846年由索布雷罗(Ascanio Sobrero)合成。19世纪60年代,阿尔佛雷德·贝恩哈德·诺贝尔(Alfred Bernhard Nobel)首次使硝化甘油成为可以用于工业的炸药。而医学界发现将此小剂量油性物质置于舌上可引起严重头痛。Hering于1847年经舌下含服治疗多种疾病。1857年,Brunton采用吸入亚硝酸异戊酯治疗心绞痛,可在30~60秒控制症状,但作用短暂、剂量难以掌握。1879年,Murrell以舌下含服硝酸甘油替代亚硝酸异戊酯,防治心绞痛疗效显著,而被医学界广泛接受。

案例分析

某急诊入院患者,男,70 岁,由于气温骤降未及时添加衣物,引发胸骨后剧烈压榨性疼痛,并放射至左肩持续数分钟,伴有窒息感,面色苍白,大汗淋漓,一日发生 2 次而急诊入院,继往有高血压病史 5 年,就诊时血压 135/86mmHg,空腹血糖 5.6mmol/L,心电图显示 ST 段异常抬高;吸烟 40 年,20 支 /d。

诊断:冠心病心绞痛发作。

治疗:发作时用硝酸甘油舌下含片可以缓解,可口服硝酸甘油缓释胶囊和氨氯地平预防发作。

分析:该患者因外界温度骤降引起血液循环障碍,造成心肌供血供氧不足,从而诱发心绞痛发作。用硝酸甘油可以扩张静脉,减少回心血量,扩张动脉,降低摄血阻力,从而减少心肌耗氧量;氨氯地平为长效钙通道阻滞药,也可以松弛血管平滑肌,扩张血管,和硝酸甘油协同降低心肌耗氧量,维持供氧和需氧的平衡,从而预防心绞痛发作。使用过程中要注意,二者都有降压作用,要监测血压变化,并控制其他降压药的用量。

第二节　β 受体阻断药

β 受体阻断药于 20 世纪 60 年代开始用于心绞痛的治疗,其中普萘洛尔(propranolol)、美托洛尔(metoprolol)、阿替洛尔(atenolol)是临床最为常用的药物,后两者为选择性 β_1 受体阻断药,与普萘洛尔相比较少诱发或加重哮喘。

【药理作用】β 受体阻断药降低心肌耗氧量是其缓解心绞痛和改善运动耐力最重要的机制。

1. 降低心肌耗氧量　心绞痛发作时交感神经活性增强,心肌局部和血液中儿茶酚胺的含量增高,激动 β 受体,增加心肌收缩力、加快心率和收缩血管,结果增加了心肌耗氧量。应用 β 受体阻断药后,其 β_1 受体的阻断作用可使心率减慢,心肌收缩力减弱,心肌耗氧量降低而发挥抗心绞痛作用。

2. 增加缺血区血液供应　β 受体阻断药的冠状动脉收缩作用使冠状血管阻力增高,而缺血区的血管则由于缺氧呈现代偿性扩张状态,促使血液更多地流向缺血区;减慢心率而延长心脏的舒张充盈时间,增加舒张期心肌灌注,有利于血液向缺血区流动。

3. 改善心肌代谢　心肌缺血时,肾上腺素分泌增加,使游离脂肪酸(FFA)增多。FFA 代谢消耗大量的氧而加重心肌缺氧。β 受体的阻断作用可抑制脂肪水解酶,使 FFA 水平下降,通过加强糖代谢,使心肌耗氧量降低。

4. 促进氧合血红蛋白解离　促进氧合血红蛋白解离可增加全身组织包括心脏的供氧。

β 受体阻断所致的心肌收缩力减弱,使射血时间延长,心脏排血不完全,心室容积变大,又可增加心肌耗氧,这些对心绞痛治疗的不利因素可合用硝酸酯类药物对抗(表 24-2),但合用应防止血压下降。

表 24-2　硝酸酯类药物和 β 受体阻断药合用对心肌耗氧量决定因素的影响

作用	硝酸酯类药物	β受体阻断药	硝酸酯类药物 + β受体阻断药
心率	↑（反射性）*	↓	↓
舒张期灌流时间	缩短*	延长	延长
心肌收缩力	↑（反射性）*	↓	抑制或不变
射血时间	缩短	延长*	不变
心室容积	↓	↑*	不变或缩小

*为治疗心绞痛的不利因素；↑表示升高；↓表示下降。

【临床应用】

1. 心绞痛　对稳定型和不稳定型心绞痛,可减少发作频率,对伴有高血压和快速性心律失常者效果更好。对冠状动脉痉挛所致变异型心绞痛,因本类药物阻断 β 受体后,使 α 受体作用占优势,使冠状动脉收缩而加重心肌缺血,不宜应用。

2. 心肌梗死　无内在拟交感活性的 β 受体阻断药可降低心肌梗死后患者的病死率,是心肌梗死后保护的重要药物之一,应及早给药,但因抑制心功能,应慎用。

【禁忌证】 严重心功能不全、窦性心动过缓、房室传导阻滞、低血压、支气管哮喘、慢性阻塞性肺疾病者禁用,变异型心绞痛不宜应用。长期应用对血脂也有影响,禁用于血脂异常患者。

【注意事项】 口服个体差异大,给药剂量应从小剂量开始逐步增加剂量。长期应用 β 受体阻断药由于受体向上调节,如果突然停药,可出现反跳现象,使心动过速、心绞痛加重,甚至出现室性心律失常、心肌梗死或猝死,故长期应用后应当逐渐减量停药。

第三节　钙通道阻滞药

钙通道阻滞药(calcium channel blocker,CCB)是 20 世纪 80 年代以来用于防治缺血性心脏病的另一类药物,特别是对变异型心绞痛疗效最好。常用药物有维拉帕米(verapamil)、硝苯地平(nifedipine)、地尔硫䓬(diltiazem)、普尼拉明(prenylamine)及哌克昔林(perhexiline)等。

【药理作用】 钙通道阻滞药通过阻断 Ca^{2+} 内流可舒张动脉而对静脉无明显影响,对心脏有负性变力作用和负性变时作用。硝苯地平对血管作用最强,而维拉帕米优先作用于心脏,地尔硫䓬的作用介于两者之间。

1. 降低心肌耗氧量　钙通道阻滞药通过:①引起广泛的动脉扩张,外周阻力下降,减轻心的后负荷;②使心肌收缩力减弱,心率轻度降低;③阻滞 Ca^{2+} 进入神经末梢,抑制递质释放,从而对抗交感神经活性增高所引起的心肌耗氧量增加。综合上述三方面影响,使心肌耗氧量降低。

2. 增加心肌的血液供应　通过阻滞 Ca^{2+} 流入血管平滑肌细胞、直接松弛血管平滑肌和刺激血管内皮细胞合成和释放 NO,使冠状动脉舒张,以增加心肌血液供应;亦可通过开放侧支循环,增加对缺血区的血液灌注;拮抗心肌缺血时儿茶酚胺诱导的血小板聚集,有利于保持冠状动脉血流通畅。

3. 保护缺血的心肌细胞　心肌缺血或再灌注时细胞内"钙超载"可造成心肌细胞尤其是线粒体功能严重受损。钙通道阻滞药可通过阻滞 Ca^{2+} 内流而减轻"钙超载",起到保护心肌细胞的作用。

钙通道阻滞药对冠状动脉的舒张及解痉作用较硝酸酯类药物强大而持久,而与 β 受体阻断药比较：①可用于伴有哮喘、肺阻塞性疾病、外周血管痉挛性患者；②舒张冠状动脉作用强大，特别是硝苯地平可作为冠状动脉痉挛所致的变异型心绞痛治疗的首选药之一，但该药扩血管后可引起反射性心率加快而增加心肌耗氧，可合用 β 受体阻断药对抗；③抑制心肌作用较弱，较少诱发心力衰竭。

硝酸酯类药物与 β 受体阻断药比较，无加重心力衰竭和诱发哮喘的危险；与钙通道阻滞药比较，无心脏抑制作用。但硝酸酯类药物舒张血管后血压降低所致的反射性心率加快和心肌收缩力增强可增加心肌耗氧量，心率加快可缩短心脏舒张期冠状动脉灌流时间，减少供氧而不利于心绞痛治疗，合用 β 受体阻断药可对抗之。常用钙通道阻滞药抗心绞痛应用比较见表 24-3。

表 24-3　常用钙通道阻滞药抗心绞痛应用比较

药物	抗交感作用	舒张冠状及外周血管	心率	抑制房室传导	抗心绞痛的应用
硝苯地平	+	+++	+	+	变异型心绞痛最好，伴高血压者及稳定型心绞痛
维拉帕米	+	++	±	+++	变异型心绞痛不单独应用，稳定型心绞痛有效，伴心力衰竭或房室传导阻滞者禁用
地尔硫䓬	++	+	−	++	各型心绞痛均可，作用强度介于上述两药之间

第四节　其他抗心绞痛药

卡 维 地 洛

卡维地洛（carvedilol）是去甲肾上腺素受体阻断药，可阻断 α、β1、β2 受体，使血管舒张，心耗氧量下降，并具有抗氧化作用。用于心绞痛、高血压和心功能不全的治疗。详见第十章。

尼 可 地 尔

尼可地尔（nicorandil）是 K^+ 通道激活剂，既可激活血管平滑肌细胞膜 K^+ 通道，促进 K^+ 外流，使细胞膜超级化，抑制 Ca^{2+} 内流，又能释放 NO，增加血管平滑肌细胞内 cGMP 生成。上述 2 种作用使血管平滑肌松弛，冠状动脉供血增加，减轻 Ca^{2+} 超载对心肌的损害。适用于各型心绞痛。

吗 多 明

吗多明（molsidomine）的代谢物可作为 NO 的供体，释放 NO，其抗心绞痛机制与硝酸酯类药物相似。舌下含服或气雾吸入可治疗稳定型心绞痛或心肌梗死伴高充盈压者。

丹参酮Ⅱ-A

丹参酮Ⅱ-A（tanshinone Ⅱ-A）是从丹参中分离出的脂溶性抗心肌缺血成分。丹参酮Ⅱ-A 磺酸钠为水溶性。本药具有抗心脑缺血作用，可缩小梗死范围，抑制血小板聚集，抑制血栓形成。适用于冠心病心绞痛、胸闷及心肌梗死、室性期前收缩等。

（郑燕芳）

复习思考题

1. 抗心绞痛药的作用方式是什么？分为几类及其代表药是什么？
2. 硝酸酯类药物与 β 受体阻断药合用治疗心绞痛有何优缺点？说明其理由。

第二十五章

治疗充血性心力衰竭药

PPT 课件

学习目标

1. 掌握　肾素-血管紧张素-醛固酮系统抑制药、β受体阻断药、利尿药治疗充血性心力衰竭的作用、临床应用及不良反应;强心苷的药理作用、临床应用、不良反应及中毒防治。

2. 熟悉　充血性心力衰竭的发病原因、治疗原则及药物合用的理论基础。

3. 了解　其他抗心力衰竭药的作用特点与应用。

第一节　概　　述

充血性心力衰竭(congestive heart failure,CHF)是多种原因引起心泵血功能降低,不能有效地将静脉回流的血液充分排出以满足全身组织代谢需要的一种临床综合征。"充血(congestion)"用于说明患者多伴有静脉系统淤血症状,而心力衰竭(heart failure,HF)则重在反映患者伴有心肌功能障碍(myocardial dysfunction)。因一些患者并无典型充血症状,因此CHF又常通称心功能不全(cardiac insufficiency)或心力衰竭(heart failure,HF),简称心衰。心力衰竭按发生过程可分为急性和慢性心力衰竭,以慢性居多。

CHF是多种心脏病终末阶段的表现,症状复杂。CHF的临床症状可因其发病原因不同而有差异。高血压、二尖瓣关闭不全可致左心室负荷过重,首先出现左心衰竭,左心室排出量减少,左心瘀血。左心衰竭的临床表现主要为肺循环瘀血的症状和体征,如呼吸困难、咳嗽、肺水肿等。肺动脉高压可使右心室负荷过重,导致右心衰竭。右心衰竭的临床表现主要为体循环瘀血的症状和体征,如下肢水肿、内脏瘀血肿大、腹腔积液、颈静脉怒张、严重发绀等。最终可发展为全心衰竭而出现一系列临床症状综合征。

机体的神经内分泌代偿性调节在CHF的发生、发展过程中起着重要作用,也是目前抗CHF药物的重要作用环节及干预靶点,主要包括以下几方面(图25-1)。

1. 交感神经系统激活和β$_1$受体信号转导的变化　交感神经系统激活是一种快速调节机制。在CHF早期阶段,交感神经系统激活有助于代偿性维持正常的心输出量和血压。但长期的交感神经激活将下调心脏β$_1$受体并影响β$_1$受体介导的信号转导,使心肌收缩力进一步降低;并可促进心脏重构(cardiac remodeling),诱发心律失常甚至猝死。

2. 肾素-血管紧张素-醛固酮系统(renin-angiotensin-aldosterone system,RAAS)激活　主要表现为患者血浆肾素活性升高,促进血管紧张素Ⅱ(angiotensin Ⅱ,Ang Ⅱ)的转化生成而使其含量升高,醛固酮的分泌增加。这些生理活性物质将收缩血管,导致水钠潴留,促进心脏重构。

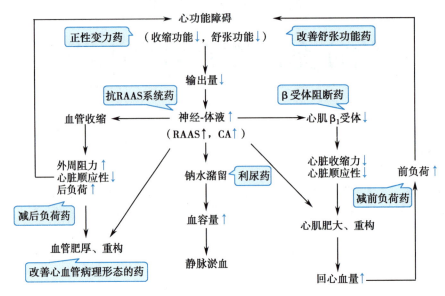

图 25-1 CHF 病理生理过程及药物治疗环节示意图

3. 其他神经内分泌变化 精氨酸升压素(arginine vasopressin, AVP)、内皮素(endothelin, ET)、肿瘤坏死因子 -α(tumor necrosis factor-α, TNF-α)、前列环素(prostacyclin, PGI$_2$)、肾上腺髓质素(adrenomedullin, ADM)等将增加,而一氧化氮(nitric oxide, NO)、降钙素基因相关肽(calcitonin gene related peptide, CGRP)等将减少。

药物治疗仍然是控制 CHF 的主要手段,治疗目标在于缓解症状,提高生活质量,防止或逆转心脏重构,延长寿命。近年来对慢性心力衰竭的治疗学观念发生了变化,从 20 世纪 40~60 年代的"心肾模式"到 70~80 年代的"循环模式",发展到 80 年代末至今的"神经内分泌模式"。β 受体阻断药目前已被医学界确认为治疗慢性心力衰竭的基本药物之一;ACEI 虽然面市才 20~30 年,但已成为治疗和预防慢性心力衰竭的基石药物;正性变力药虽已有 130 多年的应用历史,但至今还被公认为心力衰竭治疗的一线药物,尤其适用于收缩功能明显下降的心力衰竭;利尿药仍作为心力衰竭的基本治疗药物之一。

根据药物作用机制,治疗 CHF 药物主要分为以下几类。

1. 肾素 - 血管紧张素 - 醛固酮系统(RAAS)抑制药

(1)血管紧张素转换酶抑制药(ACEI):卡托普利等。

(2)血管紧张素受体阻滞药(ARB):氯沙坦等。

(3)醛固酮受体阻断药:螺内酯。

(4)血管紧张素受体脑啡肽酶抑制剂(ARNI):沙库巴曲缬沙坦钠。

2. 利尿药 呋塞米、氢氯噻嗪、螺内酯等。

3. β 受体阻断药 卡维地洛、美托洛尔等。

4. 强心苷类 地高辛等。

5. 其他治疗充血性心力衰竭药物

(1)扩血管药:硝普钠、硝酸异山梨酯等。

(2)非强心苷类正性变力药:米力农、维司力农等。

(3)钙增敏药:匹莫苯、左西孟旦等。

(4)钙通道阻滞药:氨氯地平等。

(5)窦房结起搏电流(I_f)抑制药:伊伐布雷定。

第二节 常用治疗充血性心力衰竭药

一、肾素-血管紧张素-醛固酮系统抑制药

(一)血管紧张素转换酶抑制药

血管紧张素转换酶抑制药(ACEI)是治疗 CHF 的重要基础药物之一。临床试验表明,该类药物不仅可以改善患者的症状,提高生活质量,而且可以显著降低患者病死率。常用于治疗 CHF 的本类药物主要有卡托普利(captopril)、依那普利(enalapril)、赖诺普利(lisinopril)、雷米普利(ramipril)等。

【药理作用】ACEI 主要通过作用于血管紧张素转换酶,抑制血管紧张素 I(angiotensin I,Ang I)转化为血管紧张素 II(angiotensin II,Ang II),并抑制具有扩血管作用的缓激肽的降解来发挥作用。抑制 Ang II 的生成可继而抑制醛固酮的生成,而抑制缓激肽的降解可促进具有扩血管作用的 PGI_2 和 NO 的生成。通过这些基础作用,产生如下抗 CHF 效应。

1. 改善血流动力学 降低全身血管阻力(对动脉的扩张作用强于静脉),降低心脏后负荷,增加心输出量,由此改善动脉系统缺血症状;降低左心室舒张末期容积和压力,降低室壁肌张力,改善心脏舒张功能;扩张冠状动脉,增加冠状动脉血流量,改善心肌缺血,并由此减少 CHF 时的快速性心律失常;降低肾血管阻力,增加肾血流量,因此增加尿量并改善水肿症状。

2. 防止和逆转心肌肥大和心血管重构 Ang II 作用于 AT_1 受体后,可刺激心肌细胞合成蛋白质,促进间质细胞增殖及蛋白质合成,最终导致心肌细胞肥大,心肌间质胶原沉积,心脏重构。ACEI 通过抑制 Ang II 生成,防止和逆转心肌细胞肥大和心脏重构,是其降低 CHF 病死率的重要原因。通过抑制缓激肽降解、升高缓激肽水平,促进 PGI_2 和 NO 的生成也有助于防止和逆转心肌细胞肥大和心脏重构。ACEI 也能有效阻止血管重构,提高血管顺应性。

3. 抑制交感神经活性 ACEI 可减弱 Ang II 对交感神经末梢突触前膜 AT_1 受体的作用,减少去甲肾上腺素释放,从而降低交感神经活性。抑制交感神经活性也可改善心功能,显著减少 CHF 时的快速性心律失常(参见本章相关部分)。

4. 其他作用 ACEI 尚具有抗氧化作用,因此可保护血管内皮细胞,也有利于 CHF 的治疗;ACEI 提高循环中缓激肽水平,可以增加糖尿病患者对胰岛素的敏感性,有利于并发糖尿病的 CHF 患者的治疗。

【临床应用】ACEI 对各阶段 CHF 均有益,既能消除或缓解症状、提高运动耐力、改善生活质量、防止和逆转心肌肥大、降低病死率,还可延缓尚未出现症状的早期心功能不全的进展,延缓心力衰竭的发生,因此作为一线药物广泛用于临床。

ACEI 常与利尿药、地高辛合用,如无体液潴留时亦可单独应用。为避免低血压的发生,须从小剂量开始使用。

【不良反应】参见第二十一章。

(二)血管紧张素受体阻滞药

此类药物常用的有氯沙坦(losartan)、缬沙坦(valsartan)等。本类药物对 CHF 的作用与ACEI 相似,也能显著改善症状、预防及逆转心血管的重构。但作用机制不同。本类药物可

直接阻断 Ang Ⅱ 与其受体（AT₁）的结合，进而抑制 Ang Ⅱ 在 CHF 发生、发展中的作用。本类药物对血管紧张素转换酶（ACE）途径产生的 Ang Ⅱ 及对非 ACE 途径［如糜酶（chymase）途径］产生的 Ang Ⅱ 均有拮抗作用，因此不产生 Ang Ⅱ 逃逸现象（即长期使用 ACEI 后，Ang Ⅱ 可通过增加非 ACE 途径生成，恢复到用药前水平）。此类药物不良反应较少，不易引起咳嗽、血管神经性水肿等，可能与沙坦类药物不影响缓激肽代谢有关。临床上，此类药物常作为 ACEI 不耐受者的替代药。

（三）醛固酮受体阻断药

在心肌细胞、成纤维细胞、血管平滑肌细胞中存在大量醛固酮受体。醛固酮通过与这些受体结合，可以引起水钠潴留，导致水肿，升高心室充盈压，并可诱发心律失常和猝死，促进心肌纤维化，在 CHF 的发生、发展中起着重要作用。

螺内酯是一种醛固酮受体阻断药，通过拮抗醛固酮来产生抗 CHF 的作用，并能降低患者病死率。主要用于严重的 CHF 伴腹水者。常与上述 2 类药物合用。但不良反应限制了其临床应用。目前此类药主要有螺内酯（spironolactone）和依普利酮（eplerenone）。前者是非选择性拮抗药，后者是选择性拮抗药（参见第二十章）。

（四）血管紧张素受体脑啡肽酶抑制剂

沙库巴曲缬沙坦钠（sacubitril valsartan sodium）又名诺欣妥（entresto），为 ARB 缬沙坦和脑啡肽酶抑制剂沙库巴曲（sacubitril）的共晶复合物制剂，2015 年获得美国 FDA 批准，用于射血分数降低的心力衰竭患者，可降低心血管死亡和心力衰竭住院风险，是首个在临床试验中疗效显著超越标准治疗药物依那普利的药物制剂，而且表现出更高的安全性。诺欣妥是目前上市的唯一一种血管紧张素受体脑啡肽酶抑制剂。

【药理作用】沙库巴曲缬沙坦钠可抑制脑啡肽酶并阻断 AT₁ 受体，一方面升高脑啡肽酶介导降解的利尿钠肽（natriuretic peptide，NP）等肽的水平，而血浆内 NP 的积聚，尤其是心房 NP（ANP）和脑 NP（BNP）分别通过血管舒张和利尿减少前负荷，通过增强全身和肾血管舒张和利尿的压力减少后负荷，从而使心的前负荷、后负荷和身体的钠和液体含量降低，增加心房和心室对压力的恢复机制；另一方面，AT₁ 受体的选择性阻断可抑制脑啡肽酶抑制引起的 RAAS 反馈性上调的作用，对心力衰竭患者的心血管和肾功能有较好的改善作用。

【临床应用】该药的适用人群为心功能分级为 Ⅱ～Ⅳ 级（NYHA 分级）的中度至重度心力衰竭，应用 ACEI 治疗效果不佳且症状无缓解的患者。该药通常与其他治疗心力衰竭药物联用，以取代 ACEI 或 ARB。

💻 知识链接

美国［美国心脏病学会（ACC）/ 美国心脏协会（AHA）/ 美国心力衰竭协会（HFSA）］指南：病情稳定但血压控制不佳、且对常规治疗耐受良好的轻中度心力衰竭患者，应使用 ARNI 替代 ACEI 或 ARB（Ⅰ 类推荐）。

欧洲心脏病学会年会（ESC）指南：若射血分数减低的心力衰竭患者经过 ACEI、β 受体阻断药和醛固酮受体阻断药充分治疗后仍有症状，应使用 ARNI 替代 ACEI，以进一步降低心力衰竭的住院与死亡风险（Ⅰ 级推荐）。

临床应用沙库巴曲缬沙坦钠时严禁与另一种 RAAS 抑制药同时服用，因为会增加血管紧张素抑制引起的不良反应风险。如从一种 ACEI 转换至沙库巴曲缬沙坦钠，这两种药物给药间隔应不短于 36 小时。

【不良反应】沙库巴曲缬沙坦钠最常见的副作用是低血压、高钾血症、肾功能不全(可以通过调整剂量或停药来处理)、头晕或咳嗽。

【禁忌证】对沙库巴曲缬沙坦钠中任何组分过敏的患者,以及有血管性水肿病史、使用ACEI 或阿利吉仑的糖尿病患者禁用。孕妇禁用。

二、利尿药

利尿药(diuretics)是治疗 CHF 的传统用药之一,也是目前标准辅助用药。利尿药主要用于对抗 CHF 时的水钠潴留,单用并不能降低患者病死率。

首选中效利尿药。但对肾小球滤过率小于 30ml/min 的患者以及肾功能减退的老年患者,中效利尿药的作用较弱,可采用高效利尿药。对严重 CHF 并伴腹水的患者,可选用低效利尿药螺内酯。

需要指出的是,在患者有水钠潴留、明显的肺充血和外周水肿时才需要应用利尿药;如果不存在这些情况,应用利尿药反而不利。因为利尿药可激活神经体液调节,而且中、高效利尿药引起的水电解质紊乱尤其是低钾血症,可诱发心律失常,均可导致 CHF 恶化。临床上,中、高效利尿药常和 ACEI 合用,因为 ACEI 可以抑制神经体液激活。为对抗中、高效利尿药引起的低钾血症,必要时应补充钾盐或合用低效利尿药,因为后者临床常用的为保钾利尿药。但保钾利尿药如氨苯蝶啶和阿米洛利不宜与 ACEI 合用,因为均可升高血钾。

【不良反应】参见第二十章。

三、β 受体阻断药

由于对心脏有抑制作用,很长一段时间 CHF 被列为 β 受体阻断药的禁忌证之一。但后来多个大型临床试验结果表明,在使用 ACEI 和利尿药的基础上,长期使用 β 受体阻断药能改善 CHF 患者症状,并显著降低病死率。对 β 受体阻断药的重新认识,是 CHF 治疗的重要进展之一。

常用于治疗 CHF 的本类药物有卡维地洛(carvedilol)、美托洛尔(metoprolol)、比索洛尔(bisoprolol)等。

【药理作用】β 受体阻断药主要通过拮抗过度兴奋的交感神经来发挥抗 CHF 作用,但确切机制尚未完全阐明。拮抗交感神经可产生下述抗 CHF 作用:

1. 改善心室功能和血流动力学　长期使用 β 受体阻断药后,可上调心肌 β_1 受体的数量并恢复其信号转导能力,因此改善心肌对儿茶酚胺的敏感性,改善心功能。需要注意的是,卡维地洛并无上调 β_1 受体的作用,但可降低血液循环中的儿茶酚胺。β 受体阻断药尚可通过减少肾素释放,由此抑制 RAAS,扩张血管,减少水钠潴留,减轻心脏前后负荷,从而改善血流动力学。

2. 改善心肌缺血和抗心律失常　β 受体阻断药长期使用后,可通过减慢心率来减少心肌耗氧量,并延长左心室充盈时间,显著改善心肌缺血。β 受体阻断药也具有显著的抗心律失常作用,是其降低 CHF 病死率和猝死的重要机制(参见第二十二章)。

3. 改善心脏重构　β 受体阻断药通过阻断心脏 β 受体、拮抗过量儿茶酚胺对心脏的毒性作用,防止过量儿茶酚胺所致的大量 Ca^{2+} 内流,并减轻由此导致的大量能量消耗与线粒体损伤,避免心肌细胞坏死,因此改善心脏重构。β 受体阻断药也可减少肾素释放,由此抑制 RAAS,抑制 Ang Ⅱ 及醛固酮的促心肌细胞肥大和心脏重构作用。

【临床应用】在射血分数小于 35%、心功能 Ⅱ~Ⅲ级(NYHA 分级)的患者及病情稳定者,在应用 RAAS 抑制药和利尿药基础上,均需常规应用 β 受体阻断药。

但在使用 β 受体阻断药治疗时,应注意下列情况:

1. 正确选择适应证 该类药物对基础病因为扩张型心肌病的患者疗效最好。

2. 应从小剂量开始 剂量偏大将加重病情,因此应逐渐增加至患者既能够耐受,又不加重病情的剂量。

3. 应合并使用其他抗 CHF 药物 临床经验表明,CHF 时应合并使用利尿药、ACEI 和地高辛,作为基础治疗措施。如应用 β 受体阻断药时撤除原有的治疗用药,或这些治疗强度不够,均可导致 β 受体阻断药的治疗失败。

4. 起效慢需长期使用 一般心功能改善的平均起效时间为 3 个月,心功能改善与治疗时间呈正相关。

5. 严重心动过缓、严重左室功能减退、明显房室传导阻滞、低血压及支气管哮喘者慎用或禁用。

【不良反应与禁忌证】参见第十章及第二十一章。

四、强心苷类

强心苷类(cardiac glycosides)药物主要来源于植物,如紫花洋地黄和毛花洋地黄,所以又名洋地黄类(digitalis)药物。某些动物药如蟾酥中也含有强心苷。临床应用的强心苷类药物有地高辛(digoxin)、毒毛花苷 K(strophanthin K)、洋地黄毒苷(digitoxin)等,其中以地高辛最为常用。

强心苷由糖和苷元结合而成。地高辛的化学结构如图 25-2 所示。苷元是强心苷发挥正性变力作用的基本结构。糖本身无正性变力作用,但能增强苷元的水溶性,增强苷元对心肌的亲和力并延长其作用时间。糖的种类除葡萄糖外,都是稀有糖,如洋地黄毒糖等。糖的数目也影响苷元作用,一般以三糖苷作用最强。

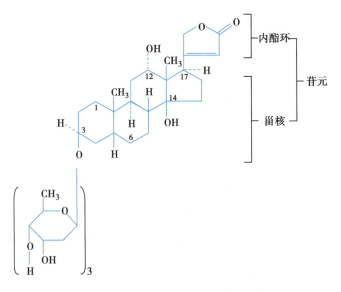

图 25-2 地高辛的化学结构

【体内过程】各种强心苷类药物有不同的药物代谢动力学特征,在起效和作用时间上有快慢、长短之分(表 25-1)。

笔记栏

表 25-1 常用强心苷的药物代谢动力学

分类	强心苷	消化道吸收率 /%	起效时间 /min	药峰时间 /h	血浆蛋白结合率 /%	肝肠循环 /%	半衰期 /h	作用持续时间 /d
长效	洋地黄毒苷	90~100	静脉注射 15~30；口服 >120	6~12	90~97	25	140	20
中效	地高辛	50~90	静脉注射 15~30；口服 60	2~5	25	5	40	6
短效	毒毛花苷 K	不良	静脉注射 5~10	0.5~2	–	–	21	1

洋地黄毒苷极性低而脂溶性高，所以口服吸收好，个体差异小，生物利用度接近 100%。洋地黄毒苷大多经肝代谢后以代谢物形式从肾排泄，也有部分形成肝肠循环，因此半衰期长达 5~7 天，作用维持时间较长，属长效强心苷。

地高辛极性略高，所以口服吸收略差。制剂工艺显著影响其吸收率。地高辛生物利用度约 60%~80%，个体差异显著。地高辛的代谢转化较少，主要被还原成二氢地高辛，该过程有赖于肠道迟缓真杆菌（*Eubacterium Lentum*）的存在，因此某些抗菌药可影响地高辛的血药浓度。地高辛主要以原药形式经肾排出，小部分随胆汁排泄。半衰期约为 36 小时，属中效强心苷。

毒毛花苷 K 结构中含多个羟基，极性高而脂溶性低，口服吸收差，因此需静脉注射给药。几无代谢，大部分以原药形式经肾排泄。显效快而作用维持时间短，半衰期约 21 小时，属短效强心苷。

【药理作用】

1. 对心脏的作用

(1) 加强心肌收缩力 [正性变力作用（positive inotropic action）]：强心苷能选择性地作用于心脏，显著增强心肌收缩力，表现为心肌收缩时张力和心肌缩短速率的提高。心肌收缩力增强，使每搏输出量增加；心肌缩短速率提高，使心动周期的收缩期缩短，舒张期相对延长，有利于静脉回流，因此也增加每搏输出量。

强心苷的正性变力作用有以下特点：

1) 增加衰竭心脏的心输出量而不增加正常心脏的心输出量：因为衰竭心的心肌收缩力减弱，心输出量降低，导致交感神经负荷张力升高，外周阻力增高。强心苷增强心肌收缩力的作用将反射性地降低交感神经张力，使外周阻力下降，加上舒张期延长，回心血量增加，终致心输出量增加。但对于正常的心，强心苷有收缩血管提高外周阻力的作用，且无更多的回心血提供来增加心输出量，因此限制心输出量的增加。

2) 增加心肌收缩力的同时不增加甚至降低衰竭心脏的心肌耗氧量：用药后因为心脏排空完全有利于降低室壁肌张力，而反射性地降低交感神经活性将减慢心率，最终导致心肌耗氧量降低超过心肌收缩力增强引起的心肌耗氧量增加。

决定心肌收缩力的因素包括收缩蛋白及其调节蛋白，物质代谢与能量供应，以及兴奋 - 收缩偶联的关键物质 Ca^{2+}。强心苷对前两方面并无直接影响，却能增加兴奋时心肌细胞内游离 Ca^{2+} 浓度，发挥其正性变力作用。强心苷对心肌细胞内游离 Ca^{2+} 浓度的影响源于对细胞膜上 Na^+-K^+-ATP 酶的抑制作用（图 25-3）。强心苷可与心肌细胞膜上 Na^+-K^+-ATP 酶结合并抑制其活性，使心肌细胞内 Na^+ 浓度增加，K^+ 浓度降低，继而影响 Na^+-Ca^{2+} 双向交换机制（表现为 Na^+ 外流增加，Ca^{2+} 内流增加，或 Na^+ 内流减少，Ca^{2+} 外流减少），并可进一步通过钙诱导的钙释放机制促使肌浆网等细胞器释放 Ca^{2+},最终显著升高细胞质内游离 Ca^{2+} 浓度。

　　中毒量强心苷严重抑制 Na^+-K^+-ATP 酶,使细胞质内 Na^+、Ca^{2+} 大量增加,也使细胞质内 K^+ 量明显减少,易引起心律失常。

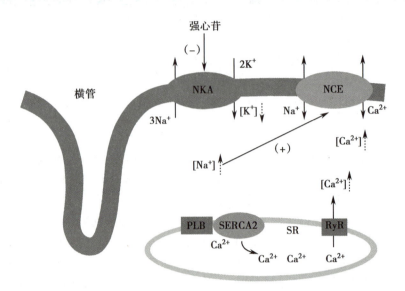

图 25-3　强心苷正性变力作用机制示意图

NKA:Na^+-K^+-ATP 酶;NCE:钠钙双向交换;SR:肌浆网
SERCA:肌浆网 Ca^{2+}-ATP 酶;RyR:雷诺丁受体;PLB:磷脂酶 B

　　(2)减慢心率[负性变时作用(negative chronotropic action)]:治疗量强心苷对正常心率影响较小,但对伴有心率加快的慢性心力衰竭(CHF)患者可显著降低心率。CHF 时,心输出量减少,代偿性通过压力感受器提高交感神经兴奋性,引起心率加快。强心苷加强心肌收缩力,增加心输出量,使减压反射减弱或消失,交感神经张力降低,从而减慢心率。另一方面,强心苷也可直接增加心肌细胞对迷走神经的敏感性。

　　(3)对心肌电生理特性的影响:强心苷对心肌电生理的影响随用药剂量、心肌部位、心肌状态等情况不同而异(表 25-2)。

表 25-2　强心苷对传导组织和心肌电生理特性的影响

电生理特性	窦房结	心房	房室结	浦肯野纤维
自律性	↓			↑
传导性		↑	↓	↓
有效不应期		↓		↓

　　强心苷对心室以上部位电生理的影响与兴奋迷走神经有关。迷走神经兴奋可促进动作电位 3 期 K^+ 外流,由此缩短心房肌有效不应期。此外,促进 3 期 K^+ 外流可加大静息膜电位,由此降低窦房结自律性,增加动作电位振幅而增强心房肌传导性,抑制 0 期 Ca^{2+} 内流而降低房室结传导性。而对心室浦肯野纤维的影响与强心苷抑制心肌细胞 Na^+-K^+-ATP 酶,使细胞内 K^+ 显著减少有关。由于浦肯野纤维细胞内缺 K^+,其最大舒张电位负值减小,因更接近阈电位而增加其自律性,因动作电位振幅缩小而降低其传导性,因动作电位时程缩短而缩短其有效不应期。

（4）对心电图的影响：治疗量强心苷最早引起 T 波变化，其幅度减小，波形压低甚至倒置，S-T 段降低呈鱼钩状；随后 P-R 间期延长，反映房室传导减慢；QT 间期缩短，提示浦肯野纤维和心室肌有效不应期和动作电位时程缩短；P-P 间期延长，反映窦性频率减慢。中毒量强心苷会引起各种心律失常，心电图也会出现相应变化。

2. 其他作用

（1）对血管的作用：强心苷能直接收缩血管，但通过直接或间接兴奋迷走神经又对抗这种缩血管作用，因此外周阻力变化不大，对血压的影响并不显著。

（2）对肾的作用：强心苷对 CHF 患者具有显著的利尿作用。其机制在于：①增加心输出量，增加肾血流量，发挥间接利尿的作用；②抑制肾小管上皮细胞 Na^+-K^+-ATP 酶，减少肾小管对 Na^+ 的重吸收，发挥直接利尿作用。

（3）对神经及内分泌系统的作用：①治疗量强心苷可降低交感神经活性，增强迷走神经活性，还能降低 CHF 患者血浆肾素活性，进而减少 Ang Ⅱ 及醛固酮含量，对心功能不全时过度激活的 RAAS 产生拮抗作用。②中毒量强心苷则显著增强中枢和外周交感神经的活性，导致快速性心律失常；可兴奋延髓极后区催吐化学感受区而引起呕吐；还引起中枢神经兴奋症状，如行为失常、精神失常、谵妄甚至惊厥。

【临床应用】

1. 慢性心力衰竭　强心苷由于增强心肌收缩性，使心输出量增加，从而改善动脉系统缺血状况；由于心排空完全，舒张期延长，使回心血量增多，静脉压下降，从而解除静脉系统淤血症状。总的来说，强心苷现多用于以收缩功能障碍为主的 CHF，以及对利尿药、ACEI、β 受体阻断药疗效欠佳者，而对舒张功能障碍为主的舒张性 CHF 疗效较差。

具体而言，对伴有心房颤动或心室率过快者疗效最好；对心瓣膜病、先天性心脏病、动脉硬化及高血压引起的 CHF 效果良好；对继发于甲状腺功能亢进症、重症贫血及维生素 B_1 缺乏等疾病的 CHF 疗效较差，因心肌能量代谢障碍；对肺源性心脏病、活动性心肌炎或风湿活动期的 CHF 疗效较差，因心肌缺氧和能量代谢障碍；对伴有机械性阻塞的心功能不全，如缩窄性心包炎、严重二尖瓣狭窄等疗效不佳或无效，因心室舒张和充盈受阻。

强心苷确能增强 CHF 患者心室功能，改善血流动力学，提高运动耐力，对于改善症状疗效确切，且作用持久无耐受现象，因此仍然是长期门诊患者常用药物。但是，强心苷安全范围小，毒性大，长期使用并不能降低患者病死率，因此其临床应用受到一定限制。

2. 室上性心律失常　强心苷可用于治疗心房颤动、心房扑动、阵发性室上性心动过速等室上性心律失常。而室性心律失常应避免使用强心苷，因可能引起心室颤动。

（1）心房颤动：强心苷是临床上治疗心房颤动的常用药物。心房颤动时有过多冲动下传到心室，引起心室频率过快，妨碍心室排血而导致循环障碍。尽管强心苷对多数患者并不能消除心房颤动，但可通过减慢房室传导，阻止过多冲动传到心室，从而减慢心室率，改善心室泵血功能。

（2）心房扑动：强心苷是临床上治疗心房扑动最常用的药物。与心房颤动相比，心房扑动时源于心房的冲动较强，更容易下传到心室。强心苷能缩短心房不应期，使扑动变为颤动，进而发挥其治疗心房颤动的作用。部分患者在转为心房颤动后停用强心苷可恢复窦性节律。

（3）阵发性室上性心动过速：临床有效但已少用。强心苷通过增强迷走神经兴奋性，降低心房自律细胞的自律性来终止室上性心动过速。

【不良反应及其防治】强心苷安全范围小，一般治疗量已接近中毒量的 60%，而且多种诱发因素可致强心苷中毒，如低血钾、低血镁、高血钙、心肌缺血缺氧、肾功能不全以及药物

笔记栏

相互作用等,因此强心苷中毒的发生率较高。中毒症状与心功能不全的症状也容易混淆,给中毒的鉴别增加了难度。

1. 中毒表现

(1)胃肠道反应:为较常见的中毒早期反应。可表现为食欲缺乏、恶心、腹泻、呕吐等。这是强心苷兴奋延髓催吐化学感受区的结果。剧烈呕吐可因失钾而诱发中毒。

(2)中枢神经系统反应:表现为眩晕、头痛、疲倦、失眠、谵妄以及视觉障碍如黄视、绿视、视物模糊等。

(3)心脏反应:这是强心苷最严重的毒性反应,几乎临床所见的各种心律失常都有可能出现。其中以室性期前收缩发生早且最多见,室性心动过速和心室颤动最为严重。

2. 中毒的防治

(1)预防:首先应纠正诱发或加重中毒的因素,如停用排钾利尿药或配合补钾使用,预防中毒的发生。还要警惕中毒先兆,当出现一定次数的室性期前收缩、窦性心动过缓(低于60 次 /min)及视觉障碍等时,应及时减量或停用强心苷。为了保证用药的安全性,应当监测血药浓度。当地高辛血药浓度超过 3ng/ml,洋地黄毒苷血药浓度超过 45ng/ml 时,可诊断为中毒。

(2)治疗:发现中毒应立即停用强心苷。对强心苷中毒所致的快速性心律失常,可视中毒轻重适量口服或静脉滴注氯化钾。对严重的快速性心律失常,还应使用苯妥英钠或利多卡因。苯妥英钠不仅有抗心律失常作用,还能与强心苷竞争 Na^+-K^+-ATP 酶,恢复该酶的活性,因而可作为首选药物。对强心苷中毒引起的缓慢性心律失常,不能补钾盐,否则可致心脏停搏,可用 M 受体阻断药阿托品静脉注射治疗。对危及生命的、严重的地高辛中毒者,应静脉注射地高辛抗体 Fab 片段。地高辛抗体 Fab 片断对强心苷有高度选择性和强大亲和力,能使强心苷自 Na^+-K^+-ATP 酶的结合中解离出来,对严重中毒有明显效果。

【药物相互作用】强心苷与其他药物合用时,可发生药动学及药效学相互作用。一方面,药动学相互作用可通过改变强心苷血药浓度从而诱发中毒或者失效。如奎尼丁能使地高辛血药浓度增加 1 倍,维拉帕米可使其血药浓度升高 70%,而苯妥英钠可降低其血药浓度。另一方面,药效学相互作用也可诱发强心苷中毒。如拟肾上腺素药可提高心肌自律性,使心肌对强心苷的敏感性增高而导致强心苷中毒,而排钾利尿药可致低血钾而诱发强心苷中毒。

第三节　其他治疗充血性心力衰竭药

一、扩血管药

CHF 时动、静脉血管收缩,心脏做功的前后负荷增加。血管扩张药(vasodilator)可扩张静脉(容量血管),可减少回心血量,降低前负荷,缓解肺部淤血症状,和 / 或扩张小动脉(阻力血管),可降低外周阻力,降低后负荷,进而改善心功能,增加心输出量,缓解组织缺血症状。本类药物可以缓解症状,但易产生耐受性,也不能防止 CHF 的进展,在临床上是一种辅助用药。常合用利尿药。血管扩张药对动、静脉的扩张作用各有侧重,临床上可依据患者血流动力学特点选用本类药物。代表药物如下:

硝 酸 酯 类

代表药如硝酸甘油(nitroglycerin)、硝酸异山梨酯(isosorbide dinitrate)。其主要作用是扩张静脉,使静脉容量增加、右心房压力降低,减轻肺淤血及呼吸困难,另外还能选择性扩张心外膜的冠状动脉血管,在缺血性心肌病时增加冠状动脉血流而提高其心室的收缩和舒张功能,解除 CHF 症状,提高患者的运动耐力。

肼 屈 嗪

肼屈嗪(hydralazine)主要扩张小动脉,降低心的后负荷,增加心输出量,也较明显增加肾血流量。因能反射性激活交感神经及 RAAS,故长期单独应用疗效难以持续。主要用于肾功能不全或对 ACEI 不能耐受的 CHF 患者。

硝 普 钠

硝普钠(sodium nitroprusside,SNP)能扩张小静脉和小动脉,降低心的前后负荷。口服无效,静脉滴注后 2~5 分钟见效,故可快速控制危急的心功能不全。适用于需迅速降低血压和肺楔压的急性肺水肿、高血压危象等危重病例。

哌 唑 嗪

哌唑嗪(prazosin)是选择性 α_1 受体阻断药,能扩张动、静脉,降低心的前后负荷,增加心输出量。易引起直立性低血压。

二、非强心苷类正性变力药

非强心苷类正性变力药包括儿茶酚胺类、磷酸二酯酶抑制药等。由于这类药物可增加 CHF 患者的病死率,故不宜作常规治疗用药,但目前尚不宜完全摒弃。

1. 儿茶酚胺类 儿茶酚胺类药物通过兴奋心的 β_1 受体而增加心肌收缩力,并通过兴奋血管平滑肌上的 β_2 和多巴胺受体而扩张血管,因此短期应用能增加心输出量,改善患者血流动力学。代表药如多巴胺(dopamine)、多巴酚丁胺(dobutamine)及异波帕胺(ibopamine)。

值得关注的是,β 受体部分激动药如扎莫特罗(xamoterol),具有双向作用:在轻度 CHF 或休息时,交感神经活性较低,发挥激动药作用;在重症或劳累激动时,交感神经活性较高,发挥阻断药作用。临床发现,其能增加中、轻度 CHF 患者休息时的心输出量及血压,对重症患者也能缓解症状。其应用价值仍在研究中。

2. 磷酸二酯酶抑制药 磷酸二酯酶 3(PDE3)是 cAMP 降解酶,抑制此酶活性将增加细胞内 cAMP 的含量。cAMP 一方面可刺激血管平滑肌肌浆网摄取 Ca^{2+},降低胞质中的游离 Ca^{2+} 浓度,扩张动、静脉,另一方面又可开放 Ca^{2+} 通道,促进外钙内流,升高心肌细胞质内 Ca^{2+} 浓度。因此,磷酸二酯酶抑制药既有正性变力作用,又兼具血管扩张作用。这类药物可改善症状,提高运动耐受力,代表药物包括氨力农(amrinone)、米力农(milrinone)及维司力农(vesnarinone)等。

三、钙增敏药及钙通道阻滞药

(一)钙增敏药

钙增敏药(calcium sensitizer)是近年研究发现的新一代治疗 CHF 的药物,可作用于收缩蛋白,增加肌钙蛋白 C(troponin C,TnC)对 Ca^{2+} 的亲和力。这一作用能在不增加细胞内 Ca^{2+} 浓度的条件下,增强心肌收缩力,因此可以避免细胞内 Ca^{2+} 浓度过高所引起的如损伤、坏死等的不良后果,也可以减少部分供 Ca^{2+} 转运造成的能量消耗。此外,钙增敏药也可以激活 ATP 敏感的钾通道,使血管扩张,改善心的供血供氧,减轻心的负荷,降低心肌耗氧量,可增加 CHF 患者的运动耐受量并改善 CHF 症状。钙增敏药具有正性变力作用和血管扩张作用,是开发正性变力药的新方向,但具有舒张延缓和提高舒张期张力的副作用,疗效有待于大规模的临床研究。大多数钙增敏药还具有对 PDE3 的抑制作用,可部分抵消钙增敏药的副作用。

钙增敏药可能通过多种机制调节肌丝对 Ca^{2+} 的反应：

(1)作用于 TnC 水平：增加 Ca^{2+} 与 TnC 的结合，以增加肌丝对 Ca^{2+} 的反应，如匹莫苯 (pimobendam)对肌丝的 Ca^{2+} 敏感性具有立体选择性作用。

(2)改变钙结合信息传递：如左西孟旦(levosimendan)的作用在于停靠在 TnC 的氨基末端接近调节钙结合的区域，而该区域被认为是 TnC 与肌钙蛋白 I(troponin I, TnI)以钙依赖方式起反应的区域。左西孟旦占领该区域与钙结合的构型稳定相关，此位点的稳定性被认为能增加细肌丝激活的水平。

(3)作用于肌动蛋白 - 肌球蛋白：如噻唑嗪酮(thiadiazinone)可直接促进肌动蛋白 - 肌球蛋白之间的反应，增加肌丝对 Ca^{2+} 的敏感性与细肌丝横桥钙依赖的激活。

(二)钙通道阻滞药

钙通道阻滞药用于 CHF 的机制为：

(1)扩张外周动脉作用较强，降低总外周阻力，减轻心的后负荷，改善 CHF 的血流动力学障碍。

(2)具有降压和扩张冠状动脉的作用，可以对抗心肌缺血。

(3)可缓解钙超载，改善心室的松弛性和僵硬度，改善舒张期功能障碍。

钙通道阻滞药的最佳适应证是继发于冠心病、高血压以及舒张功能障碍的 CHF，尤其是其他药物治疗无效的病例。但对于 CHF 伴有房室传导阻滞、低血压、左室功能低下伴后负荷低以及有严重收缩功能障碍的患者，不宜使用钙通道阻滞药。

短效钙通道阻滞药如硝苯地平(nifedipine)、地尔硫䓬(diltiazem)、维拉帕米(verapamil)等可使 CHF 症状恶化，增加 CHF 患者的病死率，可能与其负性变力作用及反射性激活神经 - 内分泌系统等有关，因此短效钙通道阻滞药不适用于 CHF 的治疗。

长效钙通道阻滞药如氨氯地平(amlodipine)、非洛地平(felodipine)作用出现较慢、维持时间较长，舒张血管作用强而负性变力作用则弱于第一代，且反射性激活神经体液方面的不利作用较弱，降低左室肥厚的作用与 ACEI 相当，可用于 CHF 的治疗。氨氯地平尚有抗动脉粥样硬化、抗 TNF-α 及 IL 等作用。长期应用可治疗左室功能障碍伴心绞痛、高血压的患者，也可降低非缺血者的病死率。

四、窦房结起搏电流(I_f)抑制药

伊伐布雷定(ivabradine, IVB)为窦房结起搏电流(I_f)特异性抑制药，能够降低窦房结发放冲动的频率而减慢心率。生理条件下，窦房结自主节律性最快，决定着整个心的节律。在静息电位，细胞处于超极化状态，窦房结起搏细胞产生缓慢的舒张期去极化，使膜电位趋于阈电位而产生动作电位。参与窦房结自动去极化的离子流包括 I_f、I_k、$I_{ca(L)}$ 及 $I_{ca(T)}$ 等，其中 I_f 是在超极化过程中被缓慢激活的内向钠、钾离子流，它决定着舒张期去极化曲线的斜率，是窦房结的主要起搏电流。伊伐布雷定通过选择性抑制窦房结细胞超极化激活的 I_f 而降低窦房结节律，减慢心率，而对心内传导、心肌收缩力或心室复极化无明显影响。欧洲心脏病学会年会(ESC)指南建议：经过目标剂量或最大耐受量的 β 受体阻断药、ACEI 或 ARB 和醛固酮受体阻断药充分治疗后仍有症状、射血分数 ≤ 35% 且窦性心律 ≥ 70 次 /min 的患者，应考虑接受伊伐布雷定治疗，以降低心力衰竭住院与心血管死亡风险(Ⅱa 类，B 级)；不能耐受 β 受体阻断药或存在该药禁忌证的有症状且射血分数 ≤ 35% 且窦性心律 ≥ 70 次 /min 的心力衰竭患者，应考虑使用伊伐布雷定(Ⅱa 类，C 级)。

案例分析

64 岁女性患者,近 1 年来出现心慌气短,2 周前因劳累头痛头晕,平卧感觉呼吸困难,伴双下肢浮肿。经检查,血压 160/110mmHg,脉搏 100 次 /min;颈静脉怒张;心肺叩诊向两侧扩大,心尖搏动在第 6 肋间锁骨中线外 2cm,心律整;X 线所见心向两侧扩大;心电图提示窦性节律,左室肥厚;超声心动图提示左室射血分数低至 30%。

诊断:高血压,慢性充血性心力衰竭急性发作。

治疗:低钠饮食;给予呋塞米 40mg,2 次 /d,口服。经治疗,患者气短症状有所改善,平卧呼吸困难状况有所缓解。医师调整处方,在以上基础上增加依那普利 20mg,2 次 /d,口服。数周后,患者各项症状得到控制,但仍有稍微运动则心慌气短的情况。医师在处方中加用地高辛 0.25mg/ 次,1 次 /d,口服。用药后,患者各项症状持续改善。

分析:呋塞米为高效利尿药,有助于改善心力衰竭时的水钠潴留,与 ACEI 依那普利合用,可进一步抑制神经体液激活,缓解心力衰竭症状。鉴于患者服用呋塞米 + 依那普利后仍然存在运动心慌气短的症状,遂加用强心苷地高辛,以增强心肌收缩性,增加心输出量,缓解心的收缩功能障碍。

●（刘培庆）

复习思考题

1. CHF 曾被认为是 β 受体阻断药的禁忌证,但现今被证实是其适应证,如何理解其机制?

2. ARNI 是指什么药物组合? 作为首个在临床试验中治疗 CHF 疗效显著超越标准治疗药物依那普利的药物制剂,从药理机制方面分析其合理性。

3. 强心苷急性中毒该如何解救?

第二十六章

作用于血液系统的药物

学习目标

1. 掌握　肝素、华法林的药理作用、临床应用和主要不良反应。
2. 熟悉　阿司匹林、氯吡格雷、组织型纤溶酶原激活物的药理作用与临床应用特点、主要不良反应。
3. 了解　其他作用于血液系统的药物的作用特点。

血液系统通过调节体内的凝血功能,使血液维持在流体状态,在体内有序流动。正常的凝血功能有赖于凝血因子、抗凝物质、纤维蛋白溶解系统和血小板功能的完整性以及它们之间的生理性调节和平衡。凝血功能障碍会诱发血栓形成或出血。血液系统的血细胞或血液成分还负责物质的运输和营养的贮备、参与炎症反应和免疫应答。若血细胞数量、功能或血液成分异常,就会诱发贫血、粒细胞减少、血液系统肿瘤或感染性疾病;大量失血致血容量降低,可导致休克。此时需根据病因选用相应的药物治疗。

作用于血液系统的药物主要有抗凝血药、纤维蛋白溶解药、抗血小板药、止血药、抗贫血药、造血生长因子和血容量扩充药。

第一节　抗　凝　血　药

血液凝固是在许多凝血因子的参与下进行的蛋白质水解活化过程,主要包括以下 3 个步骤:①凝血酶原激活物的形成:在血管或组织损伤后,经过一系列凝血因子的递变,因子 X 激活成为 X a;②凝血酶的形成:在 X a、Ca^{2+}、因子 V 和血小板磷脂的作用下,凝血酶原(因子 II)激活为凝血酶(II a);③纤维蛋白的形成:在 II a 的作用下,纤维蛋白原(因子 I)转化为纤维蛋白单体,然后聚合成纤维蛋白多聚体,最后形成难溶的纤维蛋白(图 26-1)。

抗凝血药(anticoagulants)是指通过抑制凝血因子、阻止血液凝固的药物,临床上主要用于预防血栓形成和治疗血栓栓塞性疾病。抗凝血药主要有供注射用的肝素及肝素衍生物,可口服的香豆素类。

一、肝素及肝素衍生物

该类药物主要有肝素、低分子量肝素和磺达肝癸钠。

肝　素

肝素(heparin)是一种具有强酸性、带负电荷的糖胺聚糖硫酸酯,是由 D- 葡糖醛酸和 N- 乙酰 -D- 葡糖胺残基组成的聚合物,位于肥大细胞的分泌颗粒中,在组织损伤时释放进入脉管系统。药用肝素主要从猪肠黏膜提取获得,分子量为 5~30kDa,平均分子量为 15kDa。

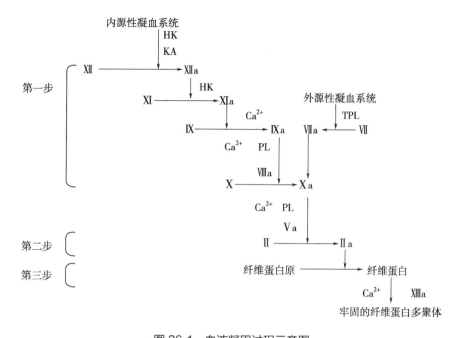

图 26-1 血液凝固过程示意图

HK:高分子激肽原;KA:激肽释放酶;TPL:组织凝血酶;PL:血小板磷脂

【体内过程】肝素不能被胃肠道黏膜吸收,临床常用皮下注射或静脉注射给药。肝素注射后大部分集中于血管内皮,不透过胎盘屏障,主要经肝中网状内皮系统代谢,也可在尿中发现少量原形肝素。其 $t_{1/2}$ 取决于给药剂量,当 1 次静脉注射 100U/kg、400U/kg 或 800U/kg 时,$t_{1/2}$ 分别为 1 小时、2.5 小时和 5 小时。肝肾功能严重障碍患者的 $t_{1/2}$ 明显延长。

【药理作用】

1. 抗凝作用 肝素在体内、外均有抗凝作用,而且抗凝作用强、起效迅速。但无内在抗凝活性,其抗凝作用主要通过与血浆中的抗凝血酶结合从而加速抗凝血酶(antithrombin,AT)抑制多种凝血因子(如Ⅱa、Ⅸa、Ⅹa、Ⅺa、Ⅻa)的活化,尤其是对凝血酶(Ⅱa)和Ⅹa因子抑制作用明显。肝素分子上所含 3-O- 硫酸氨基葡萄糖基团的戊多糖与抗凝血酶结合后引起抗凝血酶构象改变,呈指数级增强抗凝血酶抑制Ⅹa因子的活性。肝素对凝血酶(Ⅱa)活性的抑制作用与其分子量大小有关。肝素分子含 18 个以上糖单位(分子量大于 5 400Da),其长度才能足够同时与抗凝血酶和凝血酶结合,从而加速(可达 1 000 倍)抗凝血酶抑制凝血酶活化。见图 26-2。

2. 其他作用 大剂量肝素可抑制血小板聚集;肝素还能促进脂蛋白脂肪酶释放入血、水解甘油三酯,发挥降血脂作用;肝素可通过调血脂、保护动脉内皮和抗血管平滑肌细胞增殖等作用而产生抗动脉粥样硬化效应;肝素还有抗炎、降低血黏度、促纤维蛋白溶解、抗补体、抑制血管平滑肌增生等作用。

【临床应用】

1. 血栓栓塞性疾病 肝素能防止血栓形成与扩大,但对已形成的血栓无溶解作用。可用于深静脉血栓、肺栓塞、脑梗死、不稳定型心绞痛以及急性心肌梗死等的预防和治疗。还可在冠状动脉球囊扩张术或支架植入术时使用,以预防血栓形成。肝素(低分子量肝素和磺达肝癸钠)不透过胎盘屏障,可用于妊娠期的抗凝治疗,但分娩前 24 小时需要停药,以减少

笔记栏

产后出血风险。

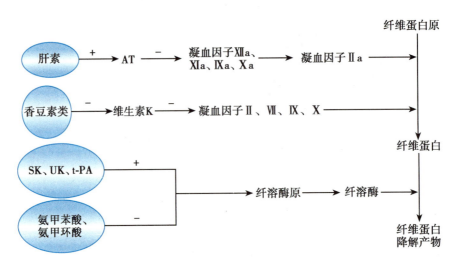

图 26-2 肝素及其他抗凝药的作用机制示意图

2. 弥散性血管内凝血 肝素可用于各种原因如脓毒血症、胎盘早剥、恶性肿瘤早期等所致弥散性血管内凝血(disseminated intravascular coagulation,DIC),早期应用能防止因纤维蛋白原及其他凝血因子耗竭而引发的继发性出血。

3. 体外抗凝 肝素体外可用于血液透析、体外循环、心血管手术、心导管检查等的抗凝。

4. 其他 用于治疗肾小球肾炎、肾病综合征、类风湿关节炎、冠心病等。

【不良反应】

1. 出血 出血是肝素的主要不良反应。发生率 1%~5%。使用时需要监测凝血时间,如活化部分凝血活酶时间(activated partial thromboplastin time,APPT)。手术、创伤、消化性溃疡、血小板功能紊乱或合用阿司匹林等会诱发出血或加重出血。轻微出血可以不用拮抗剂,但严重出血,需要缓慢注射鱼精蛋白(protamine)对抗。鱼精蛋白可与肝素牢固结合以缓解肝素的抗凝效应。1mg 鱼精蛋白能中和 100U 肝素。但鱼精蛋白也有抗凝效应,需要注意鱼精蛋白的使用剂量。

2. 肝素诱发的血小板减少症 0.5% 左右的患者在使用肝素 5~10 天后会出现血小板减少。这可能是激活的血小板可以使 α- 颗粒(α-granule)释放血小板因子 4(platelet factor 4),而血小板因子 4 可与肝素结合形成肝素 - 血小板因子 4 复合物。该复合物除可以对抗肝素的抗凝效应外,体内的抗体 IG 还可抗肝素 - 血小板因子 4 复合物诱发免疫反应,诱发血小板聚集致血小板减少。撤肝素后可诱发血栓形成。可继续使用磺达肝癸钠抗凝治疗。当血小板计数恢复正常后,也可以使用华法林等香豆素类抗凝剂。

3. 其他 可诱发肝功能异常,可致高钾血症(偶发),长期使用可导致骨质疏松。偶发过敏反应等。

【禁忌证】活动性出血、血友病、紫癜、血小板减少症、颅内出血、毛细血管通透性增加、胃肠道溃疡、亚急性心内膜炎、严重高血压患者,以及先兆流产者禁用肝素。手术期间和手术后不宜用肝素。

低分子量肝素

低分子量肝素(low molecular weight heparin,LMWH)是普通肝素经化学或酶法解聚而得的一种短链制剂,相对分子量在 3.5~7kDa。临床可用的低分子量肝素有依诺肝素(enoxaparin)、替地肝素（tedelparin）、氟希肝素（fraxiparin）、达肝素（dalteparin）、丁扎肝素（tinzaparin）等。口服不吸收。

低分子量肝素的临床应用和不良反应与普通肝素相似，但与普通肝素比较具有以下特点：①分子量较小，主要是对凝血因子Ⅹa抑制作用强，而对凝血酶的影响较小；②对血小板功能的影响小；③出血性不良反应较少；④体内消除缓慢，$t_{1/2}$较肝素长，皮下注射每日只需1~2次；⑤可用于门诊患者；⑥主要通过肾排泄，肾功能障碍患者排泄时间延长会诱发出血，当肌酐清除率低于30ml/min时禁用。

磺达肝癸钠

磺达肝癸钠（fondaparinux sodium）是一人工合成的具有抗凝作用的戊多糖。口服不吸收。其作用特点与低分子量肝素相似。仅对凝血因子Ⅹa有抑制作用，对凝血酶无影响，偶见血小板减少，撤肝素后诱发的血栓可继续使用磺达肝癸钠抗凝治疗。当肌酐清除率低于30ml/min时禁用。体重小于50kg的患者，在接受髋部骨折、髋关节置换、膝关节置换或腹部手术时，禁用磺达肝癸钠预防血栓形成。

二、香豆素类

香豆素类（coumarin）药物是人工合成的口服抗凝血药，通过对抗维生素K，抑制凝血因子Ⅱ、凝血因子Ⅶ、凝血因子Ⅸ、凝血因子Ⅹ、抗凝血蛋白C和抗凝血蛋白S等的合成产生抗凝血作用。该类药物有华法林（warfarin）、双香豆素（dicoumarol）和醋硝香豆素（acenocoumarol）等（图26-3）。其中华法林最常用。

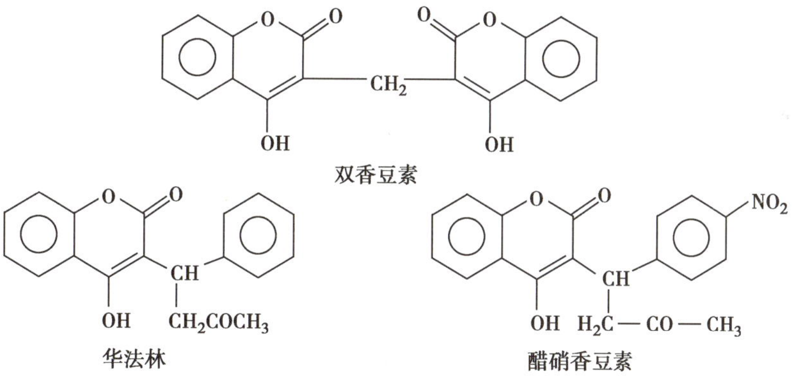

双香豆素

华法林

醋硝香豆素

图26-3　香豆素类药物化学结构示意图

【体内过程】香豆素类药物口服吸收良好。血浆蛋白结合率高，可达90%以上，可透过胎盘屏障。主要经肝内药物代谢酶代谢，其代谢物主要经肾排泄。药物$t_{1/2}$均较长，且与剂量有关。

华法林因其在胃肠道吸收快而完全，故应用广泛。临床使用的华法林是S-华法林和R-华法林的外消旋体混合物。其中，S-华法林比R-华法林的活性更强。S-华法林主要经肝内的CYP2C9代谢。CYP2C9可代谢S-华法林成无活性的7-羟基华法林。CYP2C9酶活性降低会使体内的华法林代谢减慢。

【药理作用】香豆素类药物的结构与维生素K相似，是维生素K拮抗剂，通过对抗维生素K产生抗凝作用。维生素K是肝内γ羧化酶的辅酶。肝合成的含谷氨酸残基的凝血因子Ⅱ、凝血因子Ⅶ、凝血因子Ⅸ、凝血因子Ⅹ以及内源性抗凝血蛋白C等前体物质，必须在氢醌型(还原型)维生素 K 存在下,经羧化酶作用,使末端谷氨酸残基 γ 羧化,才能转变为成熟的凝血因子。经过羧化反应,氢醌型维生素 K 转变为环氧型维生素 K(氧化型),后者可经维生素 K 环氧还原酶(vitamin K epoxide reductase,VKOR)作用还原为氢醌型,继续参与羧化反应。

香豆素类药物通过抑制肝内 VKOR,阻止维生素 K 从环氧型(氧化型)向氢醌型(还原型)的转变,阻碍维生素 K 的反复利用,阻断凝血因子 Ⅱ、凝血因子 Ⅶ、凝血因子 Ⅸ、凝血因子 Ⅹ 的 γ 羧化,阻止其活化,从而产生抗凝作用(图 26-4)。

对已经羧化的上述因子,香豆素类药物无对抗作用,待这些因子在体内相对耗竭后,才能发挥抗凝效应,所以起效缓慢,仅在体内有效,且停药后药效持续时间较长,直到维生素 K 依赖性凝血因子恢复到一定浓度后,抗凝作用才消失。

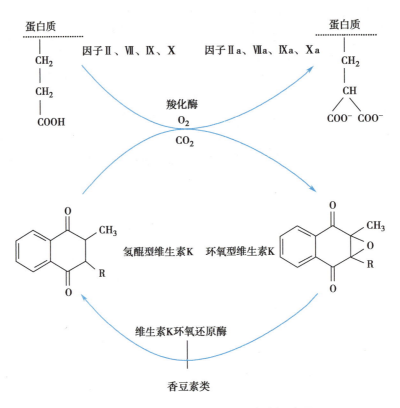

图 26-4 香豆素类药物抗凝作用机制示意图

【临床应用】主要用于防治血栓栓塞性疾病,如肺栓塞、脑栓塞、静脉血栓、心肌梗死等;也可用于心房颤动、人工心脏瓣膜置换术、关节固定术等预防血栓形成。优点是口服有效,作用维持时间较长;缺点是药效出现缓慢,剂量不易控制。临床上常先用肝素,然后再用香豆素类药物维持的序贯疗法。

【不良反应】口服过量易致自发性出血,常见皮肤黏膜、胃肠道、泌尿生殖道出血,严重者可见颅内出血。可给予大剂量维生素 K 对抗,必要时可输新鲜血浆或全血。偶有胃肠道反应、过敏等。华法林等香豆素类药物可通过胎盘屏障,致新生儿或胎儿出血、流产或宫内死亡、出生缺陷等,因此妊娠期间必须禁用华法林等香豆素类药物。华法林可诱导皮肤坏死,为罕见不良反应,用药后 3~10 天即可发生,而且坏死通常在四肢出现。但脂肪组织、阴茎和女性乳房也可能受到影响。

【药物相互作用】降低维生素 K 生成的药物如广谱抗菌药可增强本类药物的作用;肝

病患者因凝血因子生成减少,本类药物的作用增强;阿司匹林等抗血小板药可与本类药物发生协同作用;水合氯醛、甲苯磺丁脲、奎尼丁可与双香豆素类药物竞争血浆蛋白而使后者浓度升高,作用增强;肝药酶诱导药如利福平、苯巴比妥和苯妥英钠能加速其代谢,降低其抗凝作用。胺碘酮、唑类抗真菌药、西咪替丁、氟西汀、异烟肼、甲硝唑等 CYP2C9 抑制剂及基因变异致 CYP2C9 酶活性降低可增加华法林的出血风险。

其他抗凝血药的作用特点,见表 26-1。

表 26-1　其他抗凝血药的作用特点

药物	来源	药理作用	临床应用与注意事项
水蛭素 (hirudin)	水蛭唾液中的抗凝物质,可通过基因重组技术获得	特异的凝血酶抑制剂	口服无效。适应证与肝素相似。肾功能障碍患者慎用。使用时建议监测 APPT
阿加曲班 (argatroban)	一人工合成的精氨酸衍生物	可与凝血酶的活性部位可逆结合、抑制凝血酶	口服无效。主要用于治疗或预防肝素诱发的血小板减少症后的血栓形成。使用时建议监测 APPT
达比加群酯 (dabigatran etexilate)	前药,在血浆中可迅速被酯酶水解生成达比加群	竞争性抑制凝血酶	口服抗凝血药。其适应证与华法林相似。P 糖蛋白抑制剂和诱导剂会影响其血药浓度。肾功能障碍患者慎用。伊达鲁珠单抗(idarucizumab)可抗达比加群的抗凝血作用
利伐沙班 (rivaroxaban)	活性药。该类药物还有阿哌沙班(apixaban)、依度沙班(edoxaban)等	竞争性与凝血因子 Xa 结合发挥抗凝血作用	口服抗凝血药。其适应证与华法林相似。CYP3A 和 P 糖蛋白抑制剂和诱导剂会影响其血药浓度。肾功能障碍患者慎用

第二节　纤维蛋白溶解药

纤维蛋白溶解药(fibrinolytic drug)可使纤维蛋白溶解酶原(简称纤溶酶原)转化成纤维蛋白溶解酶(简称纤溶酶),从而促进纤维蛋白溶解,溶解已形成的血栓,也称溶栓药(thrombolytic drug)。供临床使用的有重组组织型纤溶酶原激活物(recombinant tissue-type plasminogen activator,rt-PA,如 alteplase,阿替普酶)及改良型重组 t-PA(如 reteplase,瑞替普酶;tenecteplase,替奈普酶);t-PA 类似物,如链激酶(streptokinase,SK)、尿激酶(urokinase)及葡激酶(staphylokinase,SAK)。

组织型纤溶酶原激活物

组织型纤溶酶原激活物(tissue-type plasminogen activator,t-PA)通过激活内源性纤溶酶原转变成纤溶酶,溶解纤维蛋白。t-PA 可通过基因重组技术获得,临床使用的 t-PA 是重组组织型纤溶酶原激活物(recombinant tissue-type plasminogen activator,rt-PA)。t-PA 主要选择性激活与纤维蛋白结合的纤溶酶原,比激活循环中游离的纤溶酶原强几百倍。生理剂量的 t-PA 不能激活纤溶酶,当体内存在纤维蛋白时,激活纤溶酶的活性才增强。t-PA 主要在肝内代谢,$t_{1/2}$ 约 5 分钟。改良型重组 t-PA 比普通重组 t-PA 半衰期长。

静脉注射 t-PA 主要用于治疗急性心肌梗死、急性缺血性脑卒中、危及生命的肺栓塞。在起病后 4.5 小时内使用。对陈旧性血栓无溶解作用。虽然相对选择性激活与纤维蛋白结合的纤溶酶原,对循环中游离的纤溶酶原影响比较小,出血并发症少,但剂量过大仍然会导致出血。改良型重组 t-PA 的适应证、毒性与普通重组 t-PA 基本相似。

其他溶栓药的作用特点见表 26-2。

表 26-2　其他溶栓药的作用特点

药物	药理作用	临床用途	不良反应
链激酶 （streptokinase，SK）	与内源性纤溶酶原结合形成复合物、促使纤溶酶原转变成纤溶酶，溶解纤维蛋白，使血栓溶解。选择差，对病理性和生理性纤维蛋白均有溶解作用	急性深静脉血栓、肺栓塞、心肌梗死等患者的溶栓治疗。发病 6 小时内有效	出血、有抗原性
尿激酶 （urokinase，UK）	直接激活纤溶酶原转换成纤溶酶；但对血栓和血浆中纤溶酶原无选择性；激活的纤溶酶易被体内纤溶抑制物对抗	用于对 SK 过敏患者的溶栓治疗	出血、无抗原性
葡激酶 （staphylokinase，SAK）	选择性与血栓中的纤溶酶原结合，激活纤溶酶原形成纤溶酶，溶解血栓	主要用于急性心肌梗死患者的溶栓治疗，疗效较 SK 佳	出血较少，但抗原性强
阿尼普酶 （anistreplase）	脱酰化后激活纤溶酶原成为纤溶酶；可选择性激活血栓中纤溶酶原；作用时间较长	主要用于急性心肌梗死的溶栓治疗	出血、有抗原性

第三节　抗血小板药

正常血液循环中的血小板并不黏附在血管内皮上，当血管受损后，内皮下胶原暴露、血管性血友病因子（vWF）合成增加，促进血小板的黏附、聚集和活化，被活化的血小板释放血栓素 A_2（TXA_2）和 ADP 等活性物质及凝血通路激活的凝血酶，进一步加速血小板的黏附和聚集，同时凝血酶将可溶性纤维蛋白原转变为难溶性纤维蛋白，促进血小板与纤维蛋白紧密结合，形成血栓（白色血栓），进一步网织红细胞和白细胞，可形成混合血栓、红色血栓。

抗血小板药是指通过抑制血小板黏附和分泌、抑制血小板活化和聚集，进而抑制血栓形成的药物。按作用机制可分为：环氧合酶抑制剂（阿司匹林）；磷酸二酯酶抑制药（双嘧达莫）；$P2Y_{12}$ 受体拮抗剂（氯吡格雷、普拉格雷、替格瑞洛及第一代噻氯匹定）；糖蛋白 Ⅱb/Ⅲa（GP Ⅱb/Ⅲa）受体抑制剂（阿昔单抗、依替巴肽、替罗非班）。

阿司匹林

阿司匹林（aspirin）可抑制血小板的环氧合酶 -1（COX-1，血小板的 COX-1 主要合成 TXA_2），使 TXA_2 的生成减少，从而抑制 TXA_2 诱导的促血小板聚集和血管收缩作用。阿司匹林抑制血小板的 COX-1 可以长达血小板的一个寿命周期（7~10 天）。因大剂量阿司匹林也抑制 PGI_2 的合成，小剂量阿司匹林对血小板的 COX-1 才具有有效抑制作用。

小剂量阿司匹林可用于冠状动脉粥样硬化性心脏病（如心绞痛、心肌梗死）、短暂性脑缺血发作、脑梗死、深静脉血栓形成等。阿司匹林常与氯吡格雷合用。

双嘧达莫

双嘧达莫（dipyridamole）又称潘生丁（persantin），通过抑制磷酸二酯酶、抑制 cAMP 的降解和激活腺苷酸环化酶，使 cAMP 生成增多，增加血小板内的 cAMP；还可增强内源性 PGI_2 活性，轻度抑制血小板环氧合酶，使 TXA_2 合成减少，从而抑制血小板聚集。可用于人工心脏瓣膜置换术、脑卒中的二级预防等，一般与华法林或阿司匹林合用。可扩张血管致血压下降，致头痛、潮红、晕厥等，还可引起胃肠道刺激、过敏反应等。治疗缺血性心脏病时，可发生"冠状动脉窃血"，引起症状恶化或诱发心绞痛。

氯吡格雷

ADP 主要通过激动血小板 P2Y$_{12}$ 受体介导血小板激活和聚集作用。氯吡格雷（clopidogrel）不可逆地阻断血小板 P2Y$_{12}$ 受体，从而抑制 ADP 介导的血小板激活和聚集作用。氯吡格雷是前药，需要经肝内 CYP2C19 代谢激活。CYP2C19 酶缺失或活性低下的患者，使用氯吡格雷无效或药效减弱。

氯吡格雷可以降低心肌梗死、脑卒中的发病率和死亡率，降低急性冠脉综合征的死亡率，预防不稳定型心绞痛的复发。与阿司匹林合用效果更优。氯吡格雷会增加出血风险，与阿司匹林或其他抗凝剂合用出血风险增加。偶发血栓性血小板减少性紫癜。质子泵抑制剂如奥美拉唑、兰索拉唑等可抑制 CYP2C19，或基因变异致 CYP2C19 酶活性降低，会使氯吡格雷的作用减弱。

普拉格雷和替格瑞洛

P2Y$_{12}$ 受体拮抗剂还有普拉格雷（prasugrel）和替格瑞洛（ticagrelor）等。普拉格雷也是前药，需在肝内激活。替格瑞洛是活性药。与氯吡格雷相比，两药抑制 ADP 诱导的血小板聚集作用更强、起效更快，但比氯吡格雷更易增加出血风险。除出血外，替格瑞洛还会诱发呼吸困难。替格瑞洛经 CYP3A4 代谢，需要尽量避免与 CYP3A 抑制剂或 CYP3A 诱导剂合用。替格瑞洛还会增加他汀类药物（辛伐他汀和洛伐他汀）的血药浓度，并影响地高辛的代谢等。

阿昔单抗

纤维蛋白原、vWF 等配体可与血小板表面的糖蛋白 II b/ III a（GP II b/ III a）受体结合介导血小板聚集。因此，抑制糖蛋白 II b/ III a 受体可以抑制血小板聚集。

阿昔单抗（abciximab）是一抑制血小板糖蛋白 II b/ III a 受体的人单克隆抗体。可用于经皮冠状动脉介入治疗的患者，与阿司匹林、肝素合用可以减少心肌梗死患者的复发和死亡。半衰期 30 分钟。但静脉滴注给药可维持 12~24 小时。主要不良反应是出血。还可导致血小板减少症。

依替巴肽

依替巴肽（eptifibatide）可以抑制纤维蛋白原在糖蛋白 II b/ III a 受体上的结合位点。半衰期 10~15 分钟。但静脉滴注给药可维持 18~24 小时。主要用于治疗经皮冠状动脉介入治疗的患者（急性 ST 段抬高型心肌梗死），也可用于不稳定型心绞痛。主要不良反应是出血。也可导致血小板减少症。

替罗非班

替罗非班（tirofiban）是一可抑制糖蛋白 II b/ III a 受体的小分子药物。可用于治疗非 ST 段抬高型急性冠脉综合征。作用时间短，但静脉滴注给药可维持 18 小时。肾功能障碍患者需要减少药量。不良反应同依替巴肽。

第四节　止　血　药

止血药是指可参与凝血因子的合成、抑制纤维蛋白溶解，或是降低毛细血管通透性，从而促进凝血过程以加速止血的药物。临床主要用于治疗凝血因子缺乏、血小板减少或纤溶功能过强等原因所致出血的治疗。主要有促凝血药和抗纤维蛋白溶解药 2 类。

一、促凝血药

促凝血药(procoagulant drug)是指在体内可参与凝血因子的合成,从而促进凝血过程的药物。主要药物是维生素 K 和凝血因子制剂。

(一) 维生素 K

维生素 K(vitamin K)是一组具有甲萘醌结构的物质(图 26-5),包括维生素 K_1、维生素 K_2、维生素 K_3 和维生素 K_4 4 种。其中,维生素 K_1 来自绿叶植物或谷物,维生素 K_2 由肠道细菌合成或由腐败鱼粉所得,维生素 K_3、维生素 K_4 为人工合成品。

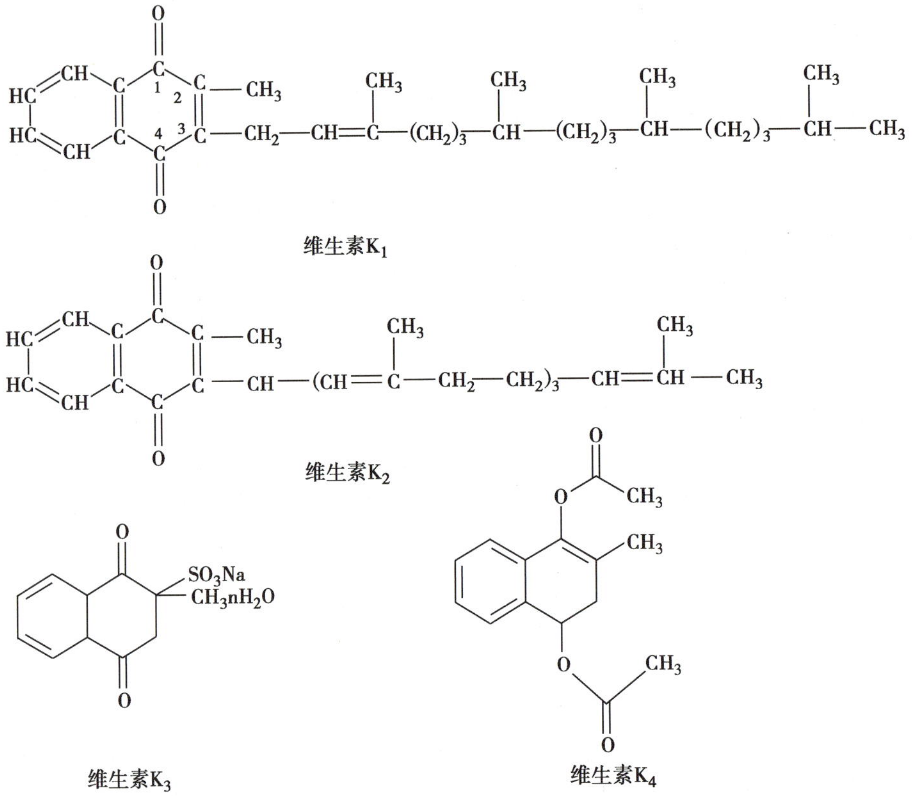

维生素K_1

维生素K_2

维生素K_3

维生素K_4

图 26-5　维生素 K 的化学结构示意图

【体内过程】口服脂溶性维生素 K_1、维生素 K_2 需胆汁协助吸收,水溶性的维生素 K_3、维生素 K_4 口服经小肠吸收后,直接进入血液循环。各种维生素 K 肌内注射均能迅速吸收。主要以氧化衍生物或葡糖醛酸类形式,随胆汁排泄,小部分随尿排泄。

【药理作用】维生素 K 是肝中 γ 羧化酶的辅酶,参与凝血因子Ⅱ、凝血因子Ⅶ、凝血因子Ⅸ、凝血因子Ⅹ、抗凝血蛋白 C 和抗凝血蛋白 S 前体的活化过程。在 γ 羧化反应中,氢醌型(还原型)的维生素 K 转变为环氧型(氧化型)维生素 K 后,又在环氧还原酶作用下还原为氢醌型,而反复利用(图 26-4)。肝首先合成凝血因子Ⅱ、凝血因子Ⅶ、凝血因子Ⅸ、凝血因子Ⅹ、抗凝血蛋白 C 和抗凝血蛋白 S 等无活性的前体蛋白分子,然后在氢醌型维素 K 存在的条件下,使这些凝血因子转变成活化的凝血因子,使血液凝固正常进行,而参与止血。维生素 K 缺乏或维生素 K 循环利用受阻,肝仅能合成无凝血活性的凝血因子Ⅱ、凝血因子Ⅶ、凝血因子Ⅸ、凝血因子Ⅹ、抗凝血蛋白 C 和抗凝血蛋白 S,进而发生凝血障碍。

维生素 K 还有解除平滑肌痉挛的作用。

【临床应用】

1. 维生素 K 缺乏引起的出血　维生素 K 吸收不良如阻塞性黄疸、胆瘘、慢性腹泻所致出血;维生素 K 合成缺乏或长期服用广谱抗菌药引起的出血,新生儿或早产儿出血;维生素 K 阻断药香豆素类药物过量或水杨酸类药物过量引起的出血。

2. 其他　维生素 K₁ 或维生素 K₃ 肌内注射有解痉止痛作用,可用于胆道蛔虫所致胆绞痛。大剂量维生素 K₁ 可用于抗凝血类灭鼠药中毒的解救。

【不良反应】维生素 K 毒性小。维生素 K₁ 有血管扩张作用,静脉注射过快,可引起潮红、出汗、呼吸困难、胸痛、血压下降、虚脱,甚至休克;维生素 K₃、维生素 K₄ 有刺激性,口服引起恶心、呕吐等胃肠道反应,宜饭后服;新生儿、早产儿、孕妇及哺乳妇女大剂量使用维生素 K₃、维生素 K₄ 可引起溶血性贫血及高铁血红蛋白症。遗传性葡萄糖 -6- 磷酸脱氢酶缺乏者也可诱发溶血性贫血。

(二) 凝血因子制剂

凝 血 酶

常用制剂为牛、兔或猪的凝血酶(thrombin)。该药必须直接接触创面才能起止血作用,局部应用后作用于病灶表面的血液,可使纤维蛋白原转化成纤维蛋白,形成稳定的凝血块。临床适用于结扎止血困难的小血管、毛细血管以及实质性脏器出血的止血。用于外伤、手术、口腔、耳鼻喉、泌尿系统、烧伤、骨科等出血的止血。

严禁进行血管内、肌内或皮下注射,以防引起局部坏死甚至形成血栓而危及生命;加温,酸、碱或重金属盐类可使活力下降而失去作用;有抗原性,如出现过敏反应症状时应停药;应新鲜配制使用。

凝血酶原复合物

凝血酶原复合物(prothrombin complex)由人新鲜血浆分离而得,为含有凝血酶原、凝血因子Ⅶ、凝血因子Ⅸ、凝血因子Ⅹ、抗凝血蛋白 C 和抗凝血蛋白 S 的混合制剂。临床主要用于预防和治疗因凝血因子Ⅱ、凝血因子Ⅸ及凝血因子Ⅹ缺乏导致的出血,如乙型血友病、严重肝病及 DIC 等;用于逆转抗凝药如香豆素类、茚满二酮等诱导的出血;对已产生凝血因子Ⅷ抑制性抗体的甲型血友病患者,使用本药也有预防和治疗出血的作用;也可用于治疗敌鼠钠中毒引起的出血。

凝血酶原复合物输注过快可引起短暂发热、寒战、头痛、荨麻疹、恶心、呕吐、嗜睡、冷漠、潮红、耳鸣,以及脉率、血压改变甚至过敏性休克,减慢输注速度可缓解。偶可导致 DIC、深静脉血栓、肺栓塞或手术后血栓形成等。

抗血友病球蛋白

抗血友病球蛋白(antihemophilic globulin)又名抗血友病因子(antihemophilic factor,AHF)或凝血因子Ⅷ(factor Ⅷ),主要成分为凝血因子Ⅷa,可加速凝血因子Ⅹa 生成,并进一步促进凝血酶原向凝血酶转化的过程。临床主要作为防治血友病 A(先天性凝血因子Ⅷ缺乏症)、获得性凝血因子Ⅷ缺乏症和血管性假血友病的补充疗法。对血友病 B(缺乏凝血因子Ⅸ)无效。大剂量输注时可出现肺水肿。

纤维蛋白原

纤维蛋白原(fibrinogen)从健康人血浆中提取纯化而得,输注后可直接提高血中纤维蛋白原浓度。用于原发性低纤维蛋白原血症,也可用于各种原因(如严重肝损害、外伤及大手术等所致出血)导致的继发性低纤维蛋白原血症。

二、抗纤维蛋白溶解药

抗纤维蛋白溶解药(antifibrinolytic drug)是指可阻止纤溶酶原的激活,使之不能发挥纤溶作用的药物,主要有氨甲苯酸、氨甲环酸(tranexamic acid)和 ε- 氨基己酸(ε-aminocaproic acid)等。

氨 甲 苯 酸

氨甲苯酸(para-aminomethylbenzoic acid,PAMBA)又名止血芳酸、对羧基苄胺。

【药理作用】 能竞争性抑制纤溶酶原激活物,使纤溶酶原不能激活成纤溶酶,从而抑制纤溶过程,增强血液的凝固能力而止血。大剂量直接抑制纤溶酶原。

【临床应用】 用于手术、内科疾病中纤维蛋白溶解亢进所致的出血,如肺、肝、胰、前列腺、甲状腺、肾上腺等手术时的异常出血,妇产科和产后出血及肺结核咯血、痰中带血、血尿、前列腺肥大出血、上消化道出血等,对慢性渗血效果较显著;但对癌症出血以及创伤大出血无止血作用。

【不良反应】 偶致头痛、头晕、嗜睡等;用量过大可促进血栓形成,故有血栓形成倾向或有血栓栓塞病史者慎用或禁用;肾功能不全者慎用。

第五节 抗贫血药及造血生长因子

一、抗贫血药

贫血是指循环血液中的红细胞数或血红蛋白量低于正常。主要有缺铁性贫血、因叶酸或维生素 B_{12} 缺乏所致的巨幼红细胞贫血和骨髓造血功能障碍导致的再生障碍性贫血。

抗贫血药是指能促进机体造血功能,补充造血所必需的物质,以改善贫血状态的药物。临床应根据贫血的类型选择不同的药物治疗。常用抗贫血药有铁剂、叶酸、维生素 B_{12} 和促红细胞生成素。

铁 剂

铁是机体不可缺少的元素,是构成血红蛋白的重要成分。一般情况下机体不缺铁,成人每日只需补充铁 1mg,食物中铁的吸收率约为 10%,食物中只要有 10~15mg 的铁,就能满足机体需要。在生育年龄妇女及生长发育时期的儿童,铁的需要量增加而铁的供应量不足时,以及胃或十二指肠疾患影响铁的吸收、长期少量失血后,才会出现铁的缺乏或缺铁性贫血,需要给予铁剂补充治疗。常用口服铁剂有硫酸亚铁(ferrous sulfate)、富马酸亚铁(ferrous fumarate)、葡萄糖酸亚铁(ferrous gluconate)、乳酸亚铁(ferrous lactate)、枸橼酸铁铵(ferric ammonium citrate),注射铁剂有右旋糖酐铁(iron dextran)、山梨醇铁(iron sorbitex)等,其中以硫酸亚铁、枸橼酸铁铵和右旋糖酐铁最常用。

【体内过程】 口服铁剂以 Fe^{2+} 形式在十二指肠及近端空肠吸收,进入血液循环后,Fe^{2+} 被氧化成 Fe^{3+},再与转铁蛋白结合成血浆铁,转运到肝、脾、骨髓等贮铁组织中,与去铁蛋白结合成铁蛋白而贮存。铁的排泄以肠道、皮肤等含铁细胞的脱落为主要途径,少量随胆汁、尿、汗及乳汁排泄。

铁剂的吸收受诸多因素影响:①口服铁剂或食物中的高价铁,需经胃酸、果糖、半胱氨酸和维生素 C 等还原成 Fe^{2+} 形式才能吸收;②酸性环境可促进铁的吸收,胃酸缺乏、应用抗酸药等情况下铁剂吸收减少;③钙剂、磷酸盐、鞣酸、浓茶等可使铁盐沉淀,四环素可与铁剂形成络合物,均可妨碍铁的吸收;④体内铁的储存情况亦可影响铁的吸收,当体内贮铁量多时,血浆铁的转运率低,铁的吸收减少,而缺铁时铁的吸收率可达 20%~60%。

【药理作用】补充作用。铁为红细胞合成血红蛋白的一种必不可少的原料。铁吸收到骨髓后,进入骨髓的幼红细胞,然后在线粒体内与原卟啉结合生成血红素,后者再与珠蛋白结合成血红蛋白,进而发育为成熟红细胞。

【临床应用】可用于各种原因引起的缺铁性贫血的治疗及预防,如慢性失血(月经过多、上消化道溃疡出血、痔疮、钩虫病出血)、营养不良、妊娠、儿童发育期等引起的缺铁性贫血。用药 1 周左右即可见网织红细胞增多,约 4~8 周可恢复至正常。由于恢复体内正常贮铁量需要较长时间,所以对重度贫血,往往需连续用药数月。

【不良反应】

1. 胃肠道刺激性 可致恶心、呕吐、腹痛、腹泻等,可通过饭后服用或小剂量递增法以减轻刺激性。

2. 便秘 铁可与肠道硫化氢生成硫化铁,减少了硫化氢对肠蠕动的刺激作用而致便秘,并排出黑便。

3. 急性中毒 小儿误服 1g 以上铁剂可引起急性中毒反应,表现为恶心、呕吐、腹痛、血性腹泻、惊厥,严重者致休克、死亡等。可用磷酸盐或碳酸盐溶液洗胃,并以特殊解毒药去铁胺(deferoxamine)注入胃内以解救。

叶　酸

叶酸(folic acid)是由蝶啶、对氨基苯甲酸和谷氨酸组成的一种水溶性 B 族维生素,存在于肝、肾、酵母、豆类及绿叶蔬菜如菠菜等内,现已能人工合成。

【体内过程】口服后主要在空肠近端快速吸收,5~20 分钟即出现于血中,1 小时后达高峰,$t_{1/2}$ 约为 0.7 小时。贫血患者吸收速度较正常人快。以 N^5- 甲基四氢叶酸的形式储存于肝中和分布到其他组织器官,在肝中储存量约为全身总量的 1/3~1/2。治疗量的叶酸约 90% 随尿排泄。

【药理作用】叶酸为细胞生长和分裂所必需的物质。叶酸在体内经二氢叶酸还原酶及维生素 B_{12} 的作用,形成四氢叶酸(THFA)。THFA 作为一碳基团($-CH_3$、$=CH_2$、$-CHO$)转移酶的辅酶,传递一碳单位,参与体内核酸和氨基酸的合成(图 26-6)。THFA 在丝氨酸转羟基酶的作用下,形成 $N^{5,10}$- 甲烯基四氢叶酸,能促使脱氧尿苷酸(dUMP)形成脱氧胸苷酸(dTMP),后者可参与细胞的 DNA 合成,促进细胞的分裂与成熟。在 DNA 合成过程中,脱氧尿苷酸转变为脱氧胸苷酸,其间所需的甲基由亚甲基四氢叶酸提供。叶酸缺乏时,DNA 合成减慢,RNA 合成影响较小,使骨髓中生成细胞体积较大而细胞核发育较幼稚的血细胞,引起巨幼红细胞贫血及消化道上皮增殖抑制,出现胃炎及舌炎等。

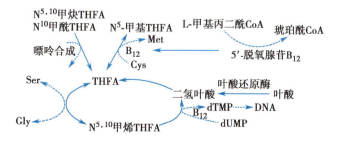

图 26-6 叶酸和维生素 B_{12} 的作用示意图

THFA：四氢叶酸；Met：甲硫氨酸；Cys：半胱氨酸；Ser：丝氨酸；Gly：甘氨酸

【临床应用】

1. 巨幼红细胞贫血 尤其适用于营养不良、婴儿期、妊娠期叶酸需求增加所致的巨幼红细胞贫血。使用叶酸对抗药如甲氨蝶呤、乙胺嘧啶及甲氧苄啶等所致的巨幼红细胞贫血,因二氢叶酸还原酶被抑制,四氢叶酸生成障碍,应用叶酸无效,需选用亚叶酸钙(calcium leucovorin,甲酰四氢叶酸钙)治疗。营养性巨幼红细胞贫血常合并缺铁,应同时补充铁,并补充蛋白质及其他 B 族维生素。注意巨幼红细胞贫血患者可能同时有维生素 B_{12} 缺乏,需要同时补充维生素 B_{12},以改善神经损害症状。

2. 恶性贫血 大剂量叶酸可纠正血常规,但不能改善神经症状,需以应用维生素 B_{12} 为主、叶酸为辅。恶性贫血及疑有维生素 B_{12} 缺乏的患者,不单独用叶酸,因会加重维生素 B_{12} 的负担和神经系统症状。

3. 与维生素 B_{12} 合用治疗高同型半胱氨酸血症。

【不良反应】 不良反应甚少。口服大剂量叶酸可影响微量元素锌的吸收。

<h3 align="center">维生素 B_{12}</h3>

维生素 B_{12}(vitamin B_{12})又称氰钴胺、钴胺素,属水溶性 B 族维生素,为含钴复合物,广泛存在于动物内脏、牛奶、蛋黄中。正常人每日需要维生素 B_{12} 1μg,主要由食物提供。肠道微生物亦能合成少量维生素 B_{12}。体内具有活性的维生素 B_{12} 是甲钴胺(mecobalamin)和脱氧腺苷钴胺(deoxyadenosyl cobalamin)。药用的维生素 B_{12} 是氰钴胺(cyanocobalamin)和羟钴胺(hydroxocobalamin)。

【体内过程】 维生素 B_{12} 口服后,须与内因子(胃黏膜壁细胞分泌的一种分子量约为50 000 的糖蛋白)结合形成复合物后,方不被肠液消化破坏,在回肠吸收而迅速入血。萎缩性胃炎、胃次切除术后,因内因子缺乏而致维生素 B_{12} 吸收障碍而引起恶性贫血。维生素 B_{12} 肌内注射后吸收迅速。

【药理作用】

1. 促进叶酸的循环利用 维生素 B_{12} 参与体内甲基转换及叶酸代谢,促进 5-甲基四氢叶酸转变为四氢叶酸。维生素 B_{12} 缺乏时,从甲基四氢叶酸上转移甲基基团的活动减少,使叶酸变成不能利用的形式,导致叶酸缺乏,影响红细胞的发育和成熟。此外,甲钴胺是甲硫氨酸合成酶的辅酶,协助四氢叶酸代谢和转移一碳单位,以使同型半胱氨酸向甲硫氨酸转换。

2. 参与核酸代谢和蛋白质的合成 维生素 B_{12} 是 dUMP 甲基化生成 dTMP 过程中的辅酶,而 dTMP 参与 DNA 的合成。维生素 B_{12} 缺乏,DNA 合成受阻。

3. 维持有鞘神经完整性 脱氧腺苷钴胺是线粒体变位酶的辅助因子,可使甲基丙二酰辅酶 A 异构化为琥珀酰辅酶 A 而进入三羧酸循环代谢。维生素 B_{12} 缺乏,则甲基丙二酰辅酶 A 堆积,合成异常的脂肪酸,与神经鞘膜的类脂结合,造成鞘膜病变,引起神经炎等病变。

【临床应用】 主要用于治疗恶性贫血。恶性贫血患者内因子缺乏,影响维生素 B_{12} 的肠道吸收,必须肌内注射给药。与叶酸合用治疗其他巨幼细胞贫血、抗叶酸药引起的贫血及脂肪泻;亦用于某些神经系统疾患如神经炎、神经萎缩等,肝病如肝硬化、肝炎等,以及血液系统疾病如白细胞减少症、再生障碍性贫血等的治疗。与叶酸合用治疗高同型半胱氨酸血症。注意,维生素 B_{12} 可致过敏反应。可口服、皮下注射或肌内注射,但不能静脉给药。

二、造血生长因子

造血生长因子(hemopoietic growth factor)是由骨髓细胞或外周细胞产生,能调控造血功能的细胞因子,可作用于多于一个细胞系的多种靶细胞膜受体,促进造血细胞的增殖、分化和成熟。目前,临床上常用的造血生长因子有促红细胞生成素、粒细胞集落刺激因子、粒

细胞 - 巨噬细胞集落刺激因子等,一般是重组 DNA 技术产品。

促红细胞生成素

促红细胞生成素(erythropoietin,EPO)是一种由肾和肝分泌的含有唾液酸的糖蛋白激素,能调节红细胞生成,促使原始红细胞增殖、分化和成熟。临床一般应用重组人促红素(recombinant human erythropoietin,rHuEPO),是由重组 DNA 技术合成生产的制剂,其理化性质、生物活性与天然内源性 EPO 相似。

【药理作用】EPO 能与红系祖细胞的表面受体结合,促使红系细胞增殖与分化,促进红系母细胞成熟,增加外周血红细胞的数目与血红蛋白含量,并能稳定红细胞膜,提高红细胞膜抗氧化功能。EPO 还能改善血小板功能,有助于止血。

【临床应用】主要用于治疗慢性肾衰竭、艾滋病、肿瘤化疗等所致贫血。也可用于围手术期(如骨科或心脏手术等)、早产儿贫血、骨髓发育不良等患者。还可用于再生障碍性贫血,对结缔组织病如类风湿关节炎、系统性红斑狼疮所致的贫血也有效。

【不良反应】主要为高血压,偶可见诱发血管意外、癫痫发作,其他如瘙痒、发热、恶心、呕吐、腹泻、头痛、心动过速、水肿、气短、关节痛、血栓、注射部位疼痛和流感样症状等均有发生,但较少见。

【注意事项】治疗期间需要监测血细胞比容,根据血细胞比容调整剂量,还需要给予适当的抗凝治疗,以避免血栓形成或其他心脑血管事件。应用本药应进行血压监测,必要时给予抗高血压药;血液透析不能控制血压升高的患者、白血病、铅中毒及感染患者禁用,过敏体质者慎用;使用 EPO 后,造血功能增强,铁需要量增加,故应适量补铁。

重组人粒细胞集落刺激因子

天然的粒细胞集落刺激因子(granulocyte colony-stimulating factor,G-CSF)是由血管内皮细胞、单核细胞和成纤维细胞合成的糖蛋白,而临床多用重组人粒细胞集落刺激因子(recombinant human granulocyte colony-stimulating factor,rhG-CSF),如非格司亭(filgrastim)是由 DNA 重组技术产生的由 175 个氨基酸组成的糖蛋白,两者生物活性相似。

【体内过程】静脉滴注,30 分钟后达血药峰浓度;皮下注射后 3 小时达血药峰浓度,$t_{1/2}$ 约为 1~5 小时。主要分布在肾、骨髓和血浆中,以氨基酸代谢途径被降解,并主要随尿排泄。

【药理作用】与中性粒细胞系细胞膜受体结合,具有:①刺激粒细胞系造血,使多能造血干细胞由静止期进入细胞周期;②促进髓系造血祖细胞的增殖、分化与成熟,调节中性粒细胞系细胞的增殖、分化与成熟;③促使中性粒细胞释放至血流;④提高中性粒细胞功能及吞噬活性等。

【临床应用】多种血液系统疾病所致中性粒细胞减少症。

1. 癌症化疗等原因导致中性粒细胞减少症　注射 rhG-CSF 有助于预防中性粒细胞减少症的发生,减轻中性粒细胞减少的程度,缩短粒细胞缺乏症的持续时间,加速粒细胞数的恢复,从而减少合并感染发热的危险性。

2. 骨髓移植　骨髓移植后注射 rhG-CSF 可促进中性粒细胞数升高。

3. 骨髓发育不良综合征引起的中性粒细胞减少症,再生障碍性贫血引起的中性粒细胞减少症,先天性、特发性中性粒细胞减少症,骨髓增生异常综合征伴中性粒细胞减少症,周期性中性粒细胞减少症。

【不良反应】不良反应较少,偶有皮疹、低热、肝损害、消化道不适等,停药后可消失。还可导致骨痛、坏死性血管炎、脾肿大等。镰状细胞性贫血患者禁用,过敏者禁用。

重组人粒细胞 - 巨噬细胞集落刺激因子

天然的粒细胞 - 巨噬细胞集落刺激因子(granulocyte-macrophage colony-stimulating growth factor,GM-CSF)主要来源于活化的 T- 淋巴细胞,重组人粒细胞 - 巨噬细胞集落刺激因子(recom-binat human granulocyte-macrophage colony-stimulating growth factor,rhGM-CSF),如沙格司亭(sargramostim)是用 DNA 重组技术从大肠埃希菌中克隆表达产生的 GM-CSF,是一种由 127 个氨基酸组成的糖蛋白。

【药理作用】与白细胞细胞膜受体结合:①刺激粒细胞、单核细胞和 T 淋巴细胞的增殖与分化;②促进早期的多能前体细胞生长和分化为集落形成单位;③促进单核细胞和粒细胞的成熟,促进巨核细胞生长;④促进红细胞的增殖和分化。

【临床应用】主要用于自体骨髓移植,也可用于预防和治疗肿瘤放疗或化疗后引起的白细胞减少症;治疗骨髓造血功能障碍及骨髓增生异常综合征;预防白细胞减少可能潜在的感染并发症;使感染引起的中性粒细胞减少的恢复加快。

【不良反应】不良反应与剂量、给药途径有关,多发生于静脉推注、快速滴注以及剂量大于 32μg/(kg·d)时。最常见的不良反应为发热、寒战、恶心、呼吸困难及腹泻等;严重不良反应为支气管痉挛、心功能不全、室上性心律失常、颅内高压、肺水肿和晕厥等。

【禁忌证】对 rhGM-CSF 有过敏史者禁用,孕妇、高血压患者及有癫痫病史者慎用。

第六节　血容量扩充药

血容量扩充药又名血浆代用品,具有提高血浆胶体渗透压、扩充血容量、改善微循环的作用,临床可用于大量失血、失血浆及大面积烧伤等所致的血容量降低、休克等急症。血容量扩充药一般具备以下特点:①有一定的胶体渗透压;②无抗原性;③排泄较慢。临床常用药物有不同分子量的右旋糖酐、羟乙基淀粉、人血白蛋白、琥珀酰明胶等,最常用的是右旋糖酐。

右 旋 糖 酐

右旋糖酐(dextran)系高分子葡萄糖聚合物,常用的有中分子右旋糖酐(dextran-70,右旋糖酐 -70)、低分子右旋糖酐(dextran-40,右旋糖酐 -40)、小分子右旋糖酐(dextran-10,右旋糖酐 -10)。

【药理作用】

1. 扩充血容量　静脉滴注后可提高血浆胶体渗透压而扩充血容量,维持血压。其作用强度及维持时间取决于总滴注量及分子量大小。右旋糖酐 -70 的扩容作用最强且持久。

2. 改善微循环　静脉滴注后,通过稀释血液及覆盖于红细胞、血小板和胶原表面,降低血液黏稠度,抑制血小板的黏附、聚集,阻止血栓形成,能改善微循环。右旋糖酐 -10 最强,右旋糖酐 -40 次之。

3. 渗透性利尿　小分子右旋糖酐在体内停留时间较短,静脉注射后立即开始从血液中通过肾排出体外,故有较强的渗透性利尿作用。

【临床应用】

1. 休克　用于失血、创伤、烧伤等各种原因引起的休克和中毒性休克。

2. 预防手术后静脉血栓形成　用于肢体再植和血管外科手术等预防术后血栓形成。

3. 血管栓塞性疾病　用于心绞痛、脑血栓形成、脑供血不足、血栓闭塞性脉管炎等。

4. 体外循环　代替部分血液,预充人工心肺机,既节省血液又可改善循环。

【不良反应】

1. 过敏反应　少数患者可出现过敏反应,表现为皮肤瘙痒、荨麻疹、恶心、呕吐、哮喘、严重者口唇发绀、血压剧降、支气管痉挛,个别患者出现过敏性休克,甚至死亡。有过敏史者慎用。

2. 偶见发热、寒战、淋巴结肿大及关节炎等。

【禁忌证】

1. 可增加血容量,故心、肝、肾功能不良者慎用;少尿或无尿者禁用。充血性心力衰竭及其他血容量过多的患者禁用。

2. 出血倾向。可引起凝血障碍,使出血时间延长,因此严重血小板减少、凝血障碍等出血患者禁用。

（杨秀芬　黄丽萍）

复习思考题

1. 请写出 3 个分属不同类别用于预防或治疗血栓栓塞性疾病的药物,并阐明其作用机制。

2. 可预防或治疗血栓栓塞性疾病的药物的常见共同不良反应是什么? 如何避免?

PPT 课件

◆◆◆ 第二十七章 ◆◆◆

作用于呼吸系统的药物

📐 **学习目标**

1. 掌握 平喘药的药理作用、作用机制、临床应用和主要不良反应。
2. 熟悉 镇咳药及祛痰药的药理作用特点与临床应用、主要不良反应。
3. 了解 支气管哮喘的病理改变与发病机制。

呼吸系统直接与外界接触,容易受到来自环境的微生物、抗原、异物或来自机体内部等因素的影响而发生多种常见疾病。咳嗽、咳痰和喘息是呼吸系统疾病的三大症状,且三者常同时出现,互为因果,故作用于呼吸系统的药物主要有平喘药、镇咳药、祛痰药 3 类。它们能消除或缓解呼吸道症状,并能有效预防并发症的发生。

本章重点介绍治疗支气管哮喘、咳嗽和咳痰的药物。

第一节 平 喘 药

平喘药是指能够预防、缓解或消除喘息症状的药物,主要适应证为支气管哮喘和喘息性支气管炎。

支气管哮喘简称哮喘,是一种慢性变态反应性炎症性疾病,主要表现为反复发作的喘息、气急、胸部紧缩感,伴咳嗽等症状,常在夜间和 / 或清晨发作、加剧,同时伴有可变的气流受限,是一种异质性疾病。该病的病理特征为:①可逆性支气管狭窄,主要由支气管平滑肌痉挛性收缩、黏膜充血性水肿及腺体分泌亢进引起;②气道重塑,主要由于支气管平滑肌增生、基膜增厚、腺体增生导致支气管重构(图 27-1);③慢性支气管炎症,主要以支气管黏膜的嗜酸性粒细胞、淋巴细胞浸润为主的炎症细胞浸润及炎症因子如肿瘤坏死因子 -α(TNF-α)、白细胞介素 -1(IL-1)、IL-6、IL-13 等产生;④气道高反应性,即支气管对收缩因素(如某些化学物质、冷空气、运动等)的敏感性增高,主要与支气管黏膜上皮细胞脱落、感觉神经末梢暴露、对外界刺激敏感性增高有关。(图 27-2)

急性哮喘发作期的治疗目标主要是尽快缓解症状、解除气流受限和改善低氧血症;慢性持续期的治疗目标在于达到哮喘症状的良好控制,维持正常活动水平,尽可能减少急性发作、肺功能不可逆损害和药物相关不良反应的风险。临床以药物治疗为主。常用平喘药可分为以下三大类:

(一) 抗炎平喘药

1. 糖皮质激素 如倍氯米松、布地奈德、曲安奈德等。
2. 白三烯受体阻断药 如扎鲁司特、孟鲁司特等。

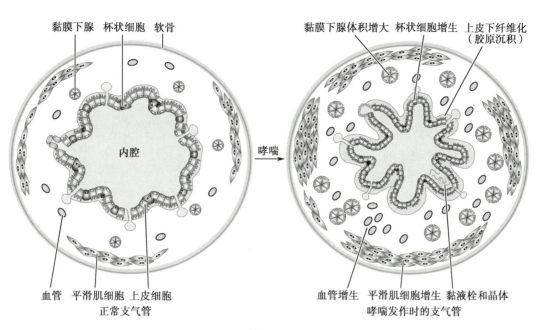

图 27-1　支气管哮喘气道重塑示意图

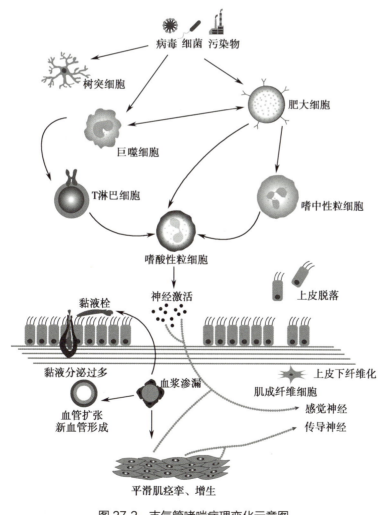

图 27-2　支气管哮喘病理变化示意图

3. 磷酸二酯酶 4 抑制药　如罗氟司特等。

(二) 支气管扩张药

1. β 肾上腺素受体激动药　如沙丁胺醇、异丙肾上腺素等。

2. 茶碱类　如氨茶碱、胆茶碱等。

3. 抗胆碱药　如异丙托溴铵、氧托溴铵等。

(三) 抗过敏平喘药

1. 炎症细胞膜稳定剂　如色甘酸钠、曲尼司特等。

2. H_1 受体阻断药　如酮替芬等。

一、抗炎平喘药

抗炎平喘药是治疗哮喘的一线药物,主要作用是抑制气道炎症反应,长期应用具有防止哮喘发作的效果,其代表药物是糖皮质激素。

(一) 糖皮质激素

糖皮质激素(glucocorticoid, GC)用于哮喘已有 60 多年历史,主要通过强大的抗炎、抗过敏作用,抑制气道的高反应性、增强支气管及血管平滑肌对儿茶酚胺的敏感性发挥作用。常用的糖皮质激素类药物有倍氯米松、布地奈德、曲安奈德、氟尼缩松。为避免因长期用药产生的全身不良反应,临床主要采用雾化吸入给药方式,可发挥强大的局部抗炎作用,而几乎没有全身不良反应。

倍 氯 米 松

【体内过程】倍氯米松(beclometasone)吸入后,约 15% 进入下呼吸道产生治疗作用,其余药物可沉积在咽部而被吞咽。吞咽后的药物大部分在肝内被代谢,生物利用度 <20%。70% 的代谢物随胆汁排泄,约 25% 随尿排出。

【药理作用及机制】

1. 抑制炎症及免疫　抑制多种细胞因子、趋化因子、黏附分子及炎症介质的产生,同时抑制多种参与哮喘发病的炎症细胞、免疫细胞及免疫球蛋白的产生,抑制炎症细胞与内皮细胞的相互作用,降低毛细血管通透性,减少渗出。

2. 抑制支气管高反应性　通过抑制炎症反应而降低哮喘患者吸入抗原、胆碱受体激动药、二氧化硫、冷空气以及运动后的支气管收缩反应,同时有利于支气管黏膜上皮损伤的修复。

3. 增强支气管及血管平滑肌对儿茶酚胺类物质的敏感性　使体内儿茶酚胺类物质的支气管扩张及血管收缩作用增强,有利于缓解支气管痉挛和黏膜水肿。

【临床应用】气雾吸入适用于支气管扩张药不能很好控制病情的慢性哮喘患者,长期应用本类药物可减少或终止哮喘发作,但不能缓解急性症状。对于哮喘持续状态,因不能吸入足够的气雾量,往往不能发挥作用,故不宜应用。

【不良反应】不良反应分为局部反应和长期反应 2 类。

1. 局部反应　长期用药时,少数患者可因药物在咽部和呼吸道存留而发生口腔真菌感染(鹅口疮)、声音嘶哑、声带萎缩变形,故吸入后应立即漱口,以减少药物残留。

2. 长期反应　在治疗剂量下,丙酸倍氯米松对下丘脑 - 垂体 - 肾上腺皮质功能无明显抑制作用,但若吸入剂量过大(一日总量超过 2 000μg 时),则可产生抑制作用。

(二) 白三烯受体阻断药

临床治疗哮喘的白三烯受体阻断药主要有半胱氨酰白三烯受体 1(CysLT_1 受体)阻断药和 5- 脂氧合酶(5-LOX)抑制药 2 类。常用的 $CysLT_1$ 受体阻断药有扎鲁司特、孟鲁司特(montelukast)和普仑司特(pranlukast);常用的 5-LOX 抑制药有齐留通等。

扎 鲁 司 特

【体内过程】扎鲁司特(zalirlukast)口服吸收良好,用药后约 3 小时血浆浓度达到峰值。血浆蛋白结合率 >99%。本药在合用红霉素、特非那定和茶碱时,血浆浓度降低;在合用阿司匹林时,血浆浓度可增高;与食物同服时,75% 的患者生物利用度降低。

【药理作用及机制】扎鲁司特对 $CysLT_1$ 受体具有高度选择性,可拮抗 LTC_4、LTD_4、LTE_4、抗原、冷空气等诱导的支气管痉挛,抑制支气管炎症,抑制抗原诱导的迟发型支气管收缩反应。

【临床应用】适用于轻、中度慢性哮喘的预防和治疗。可单独应用于轻、中度哮喘患者,或作为糖皮质激素的替换用药,尤其适用于对阿司匹林敏感或有阿司匹林哮喘的患者,但不适用于治疗急性哮喘;可用于伴有鼻息肉、过敏性鼻炎的患者。预防哮喘发作,应持续使用。严重哮喘患者可作为辅助治疗药物,可减少糖皮质激素的用量。

【不良反应】轻度头痛、咽炎、鼻炎、胃肠道反应及转氨酶增高,停药后可消失。妊娠期及哺乳期妇女慎用。

齐 留 通

齐留通(zileuton)为 5-LOX 抑制药,除可抑制半胱氨酰白三烯类外,还能抑制 LTB_4。临床应用与扎鲁司特相似。不良反应少,偶见转氨酶增高,停药后可恢复。妊娠期及哺乳期妇女慎用。

(三) 磷酸二酯酶 4 抑制药

磷酸二酯酶 4(PDE4)是炎症和免疫细胞中主要的磷酸二酯酶亚型,是 cAMP 和 cGMP 水解的关键酶及唯一途径。由于 cAMP 可导致支气管平滑肌松弛和减轻肺部炎症反应,因此抑制 PDE4 可减少炎症介质的释放,抑制免疫细胞激活,从而产生广泛的抗炎活性。

罗 氟 司 特

罗氟司特(roflumilast)是第 1 个用于临床的 PDE4 抑制药,也是第一个被欧盟(2010 年)及美国(2011 年)批准上市用于慢性阻塞性肺疾病(chronic obstructive pulmonary disease,COPD)的药物。

【体内过程】口服给药进入机体后,经细胞色素 P_{450} 氧化酶代谢为 N- 氧化物,产生约 90% 的 PDE4 抑制作用。口服生物利用度为 80%,血浆蛋白结合率约为 97%,主要在肝内代谢,经肾排出。

【药理作用及机制】选择性抑制 PDE4,阻断炎症反应信号传递,进而抑制炎症细胞的聚集及活化、扩张气道平滑肌、缓解气道重塑,而起到减轻如 COPD 和哮喘等呼吸道疾病对肺组织造成的损伤。

【临床应用】适用于糖皮质激素治疗效果差者,用于治疗严重 COPD 患者支气管炎相关咳嗽和黏液过多的症状,常与长效支气管扩张药联合应用。对于慢性喘息型支气管炎和 COPD 伴喘息者也有较好疗效;一般不用于治疗并发原发肺气肿的 COPD 患者。

【不良反应】常见腹泻、体重减轻、恶心、头痛、背痛、食欲减退,少数出现精神症状如失眠等。

二、支气管扩张药

支气管扩张药是哮喘急性发作的首选药物。主要包括 β 肾上腺素受体激动药、茶碱类、抗胆碱药。

(一) β 肾上腺素受体激动药

人气道中 β 肾上腺素受体主要是 $β_2$ 受体。用于平喘的 β 肾上腺素受体激动药主要为选择性 $β_2$ 受体激动药,也有少量非选择性 β 受体激动药,前者包括沙丁胺醇(salbutamol)、特布他林(terbutaline)、克仑特罗(clenbuterol)、福莫特罗(fomoterol)等,选择性激动呼吸道β₂受体,疗效较好,不良反应少,给药途径多而方便。后者包括肾上腺素、异丙肾上腺素,平喘作用强大,但由于选择性低,对心血管也有较强的作用,可引起严重的心脏不良反应,且多数不宜口服,效应不持久,应慎用。

沙丁胺醇

【体内过程】气雾吸入后约 5~15 分钟起效,作用维持 3~6 小时,$t_{1/2}$ 约为 3.8 小时。口服后 65%~84% 被吸收,30 分钟起效,1~3 小时可达峰浓度,$t_{1/2}$ 为 2.7~5 小时。

【药理作用】高度选择性激动支气管平滑肌 β₂ 受体,引起支气平滑肌松弛;还具有抑制肥大细胞释放炎症介质,抑制毛细血管通透性增高,促进黏液 - 纤毛系统清除功能等作用。对心的 β₁ 受体有较弱的激动作用,对 α 受体几乎无作用。本药的支气管扩张作用与异丙肾上腺素相近,且作用更持久,对心的作用较弱。

【临床应用】由于起效较快,适用于控制哮喘症状、减轻喘息性支气管炎症及伴有支气管痉挛的呼吸道疾病。由于不能有效抑制炎症基本过程,故对慢性顽固性哮喘,仅能控制症状而不能根治。

【不良反应】较常见震颤、恶心等不良反应,较少见头晕、目眩、口咽发干等。过量应用易出现低血钾、窦性心动过速。过量中毒的早期表现为胸痛,头晕,持续严重的头痛,严重高血压,持续恶心、呕吐,持续心率增快或心搏强烈,情绪烦躁不安等。长期应用有耐受性。

异丙肾上腺素

异丙肾上腺素(isoprenaline)对 β₁、β₂ 受体均有明显激动作用,可气雾吸入或注射给药,主要适用于控制哮喘急性症状。由于有明显的心脏兴奋作用,可诱发心动过速、心律失常和心绞痛等,故已较少用于治疗哮喘。

(二) 茶碱类

茶碱类(theophylline)是一类甲基黄嘌呤类衍生物,具有平喘、强心、利尿、扩张血管和中枢兴奋作用。常用茶碱类药物有氨茶碱、茶碱(theophylline)、二羟丙茶碱(diprophylline)、胆茶碱(cholinophylline)、多索茶碱(doxofylline)等。

氨 茶 碱

【药理作用及机制】氨茶碱(aminophylline)作用较广,主要包括:扩张支气管,平喘;强心利尿;扩张冠状动脉;松弛胆道平滑肌等。

1. 扩张支气管平滑肌　机制有:①抑制磷酸二酯酶(PDE),升高支气管平滑肌细胞内 cAMP 水平,进而激活 cAMP 依赖的蛋白激酶,引起支气管平滑肌松弛;②促进内源性肾上腺素释放,间接扩张支气管;③阻断腺苷受体,对抗内源性腺苷诱发的支气管收缩。

2. 免疫调节和抗炎作用　通过抑制肥大细胞、巨噬细胞、嗜酸性粒细胞等炎症细胞的功能,减少呼吸道 T 细胞,降低毛细血管通透性,从而抑制支气管炎症。

3. 增强膈肌收缩力　可减轻由于呼吸道阻塞、呼吸负荷增加而造成的呼吸肌疲劳。

【临床应用】扩支气管作用不及 β₂ 受体激动药,起效慢。静脉注射可用于 β₂ 受体激动药不能控制的急性哮喘发作;口服可防止慢性哮喘的发作;可缓解 COPD 及心源性哮喘的喘息症状;可用于改善中枢性睡眠呼吸暂停综合征的症状。

【不良反应】常见不良反应主要有兴奋、不安、失眠、消化道刺激。剂量过大可致心悸、心律失常。

(三) 抗胆碱药

呼吸道 M 受体有 M₁、M₂、M₃ 3 种亚型,其中选择性阻断 M₁、M₃ 受体后可产生支气管扩张作用。抗胆碱药作为支气管扩张药,其有效性低于 β₂ 受体激动药。在急、慢性哮喘的

笔记栏

治疗中,抗胆碱药与 β_2 受体激动药有协同增效作用,因此,当雾化 β_2 受体激动药控制哮喘效果不佳时,可考虑使用抗胆碱药。对老年患者吸入 β_2 受体激动药引起震颤时,也可考虑使用抗胆碱药。本类药物主要有异丙托溴铵、氧托溴铵(oxitropium)和噻托溴铵(tiotropium bromide)等。

异丙托溴铵

异丙托溴铵(ipratropium bromide)是阿托品的异丙基衍生物,为季铵盐,口服不吸收,采用气雾吸入给药。本药为非选择性 M 受体阻断药,但对支气管平滑肌具有较高的选择性,松弛支气管平滑肌作用较强,对呼吸道腺体和心血管系统的作用不明显。本药起效慢,对 β_2 受体激动药耐受者有效,适用于因用 β 受体激动药产生肌肉震颤、心动过速而不能耐受该类药物的患者。对老年性哮喘,尤其是伴有迷走神经功能亢进的哮喘和喘息性支气管炎疗效较好,对其他类型哮喘的疗效不如 β_2 受体激动药。本药与 β 受体激动药合用可协同增效。不良反应少见,少数患者有口干及过敏反应。前房角狭窄的青光眼、前列腺肥大引起的尿道梗阻患者,以及妊娠、哺乳妇女慎用。

三、抗过敏平喘药

抗过敏平喘药主要通过抗过敏及轻度抗炎发挥作用,平喘作用起效慢,临床主要适用于预防哮喘发作。本类药物包括炎症细胞膜稳定剂、H_1 受体阻断剂。

(一)炎症细胞膜稳定剂

本类药物主要包括色甘酸钠、奈多罗米钠(nedocromil sodium)、曲尼司特(tranilast)等。临床主要用于预防或治疗哮喘。

色 甘 酸 钠

【体内过程】色甘酸钠(disodium cromoglycate)为非脂溶性药物,极性较强,口服仅吸收 1%,粉剂定量雾化器吸入 20mg 后,5%~10% 由肺部吸收,15 分钟内血浆浓度可达 9ng/ml,$t_{1/2}$ 约 80 分钟。

【药理作用】色甘酸钠无直接扩张支气管作用,但可抑制特异性抗原及非特异性刺激引起的支气管痉挛。

【作用机制】

1. 稳定肥大细胞膜　本药可在肥大细胞膜外侧的钙通道部位与 Ca^{2+} 形成复合物,加速钙通道关闭,抑制钙内流,从而稳定肥大细胞膜,阻止抗原诱导的脱颗粒。

2. 抑制非特异性支气管痉挛　二氧化硫、冷空气、甲苯二异氰酸盐、运动等非特异性刺激可诱导感觉神经末梢释放神经多肽(P 物质、神经激肽 A 等),进而诱发支气管痉挛和黏膜充血性水肿,增高支气管反应性。本药可抑制感觉神经肽释放,降低支气管高反应性。

3. 阻断炎症细胞介导的反应　抑制巨噬细胞与嗜酸性粒细胞介导的炎症反应,长期应用可减轻气道高反应性。

【临床应用】色甘酸钠是预防哮喘发作的药物,须在接触抗原或刺激物前 7~10 天用药。对外源性(过敏性)哮喘疗效最好,也可用于预防运动性哮喘,对内源性(感染性)疗效较差。

【不良反应】少数患者出现咽喉和气管刺激症状,表现为胸部紧迫感,甚至诱发哮喘。必要时可同时吸入 β_2 受体激动药以防止此类不良反应的发生。

(二)H_1 受体阻断剂

酮 替 芬

酮替芬(ketotifen)又称噻哌酮,作用类似色甘酸钠,同时还具有强大的 H_1 受体阻断作用。可广泛用于多种以 IgE 介导的变态反应性疾病,包括支气管哮喘、喘息性支气管炎等,对外源性、内源性和混合性哮喘均有预防发作效果。外源性哮喘较内源性哮喘疗效产生快，用药后发作次数减少，症状明显减轻。儿童哮喘的疗效优于成年哮喘。不良反应多见中枢抑制作用，如困倦感、乏力感等。

第二节 镇 咳 药

咳嗽是呼吸系统受到刺激时产生的一种保护性反射，能促进呼吸道的痰液和异物排出，以保持呼吸道的清洁和通畅。轻度咳嗽有利于排痰，一般不宜应用镇咳药，以免痰液滞留造成支气管阻塞甚至窒息，但剧烈而频繁的咳嗽可影响休息和睡眠，甚至诱发一些并发症，如可能引起手术创口裂开、腹直肌撕裂、气胸、尿失禁和晕厥等。

镇咳药（antitussives）是一类能抑制咳嗽反射，减轻咳嗽频度和强度的药物。由于咳嗽是一种防御性反射，在使用镇咳药之前，应尽可能明确潜在病因，谨慎使用镇咳药。例如，对细菌性肺部感染引发的咳嗽，单纯镇咳并不恰当，应使用抗菌药控制感染。对咳嗽伴有咳痰困难的患者，应使用祛痰药进行治疗，慎用镇咳药，否则可造成积痰难以排出而引起继发性感染，进而阻塞气道引起窒息。

目前，临床常用的镇咳药根据作用部位可分为中枢性镇咳药和外周性镇咳药，前者直接抑制延髓咳嗽中枢，后者可抑制咳嗽反射弧中的任一环节而镇咳。有些药物则两者兼有。

一、中枢性镇咳药

本类药物可分为成瘾性和非成瘾性两大类。前者为吗啡类生物碱及其衍生物，作用强，有成瘾性；后者无成瘾性问题，品种多，发展快，临床应用广泛。

（一）成瘾性中枢镇咳药

本类药物中，镇咳作用最强的是吗啡。吗啡对咳嗽中枢具有强大抑制作用，临床适用于支气管癌或主动脉瘤所引起的剧烈咳嗽，以及急性左心衰竭导致的剧烈咳嗽，但由于依赖性强，一般不用。目前，临床仅使用以可待因为代表的成瘾性相对较小的药物作为中枢性镇咳药。

可 待 因

可待因（codeine）是阿片生物碱的一种，又名甲基吗啡，是目前最有效的镇咳药。

【体内过程】可待因口服吸收良好，生物利用度为 40%~70%，口服后约 20 分钟起效，约 1 小时血药浓度达到峰值。

【药理作用及机制】选择性抑制延髓的咳嗽中枢，镇咳作用迅速而强大，镇咳强度约为吗啡的 1/10。具有强效镇痛作用，镇痛强度为吗啡的 1/10。

【临床应用】适用于其他镇咳药无效的剧烈干咳，对胸膜炎干咳伴胸痛者尤为适用。不宜用于痰液黏稠、痰量多者，以免影响痰液排出。

【不良反应】治疗量时不良反应少见，偶有恶心、呕吐、便秘及眩晕，大剂量可抑制呼吸中枢，并可发生烦躁不安等兴奋症状。由于能抑制支气管腺体分泌和纤毛运动，增加痰液黏稠度，故痰多者禁用。久用易成瘾。

（二）非成瘾性中枢镇咳药

右美沙芬（dextromethorphan），镇咳作用与可待因相等或稍强，无镇痛作用，治疗量无抑制呼吸中枢作用，也无成瘾性和耐受性，不良反应少见，是目前临床应用最广的镇咳药，主要适用于干咳，常与抗组胺药合用。多用于感冒咳嗽复方制剂中。痰多者慎用，妊娠 3 个月内妇女禁用。

喷托维林(pentoxyverine),镇咳作用约为可待因的 1/3。对咳嗽中枢有直接抑制作用,并具有轻度阿托品样作用和局部麻醉作用,反复应用无成瘾性。适用于上呼吸道炎症引起的干咳、阵咳。不良反应轻,可见头晕、口干、便秘等。青光眼患者慎用。

非成瘾性中枢镇咳药还包括:①氯哌斯汀(cloperastine)又名氯哌啶,兼有 H_1 受体阻断作用,轻度缓解支气管平滑肌痉挛、支气管黏膜充血水肿;②福米诺苯(fominoben),兼有兴奋呼吸中枢作用,可用于慢性咳嗽及呼吸困难者;③普罗吗酯(promolate),兼有镇静和支气管解痉作用,镇咳作用比可待因弱。

二、外周性镇咳药

苯 佐 那 酯

苯佐那酯(benzonatate)选择性抑制肺牵张感受器,阻断迷走神经反射,抑制咳嗽冲动的传导,产生镇咳作用。镇咳作用弱于可待因。常见不良反应有轻度嗜睡、头痛、鼻塞及眩晕等。

外周性镇咳药还包括:①苯丙哌林(benproperine),主要阻断肺 - 胸膜的牵张感受器,有支气管平滑肌解痉作用;②二氧丙嗪(dioxopromethazine)又名双氧异丙嗪,兼有抗组胺、平滑肌解痉、抗炎和局麻作用,并有中枢抑制作用;③普诺地嗪(prenoxdiazine),有局麻及平滑肌解痉作用;④那可丁(noscapine),可用于阵发性咳嗽;⑤依普拉酮(eprazinone),兼有中枢性镇咳作用,并有镇静、局麻、抗组胺、抗胆碱和黏痰溶解作用。

第三节 祛 痰 药

祛痰药(expectorants)是一类能降低痰液黏稠度,或增加呼吸道黏膜纤毛运动,使痰液易于咳出的药物。祛痰药主要分为两大类:①痰液稀释药:通过增加痰液中水分含量,稀释痰液;②黏痰溶解药:通过降低痰液黏稠度,或调节黏液成分,使痰液容易排出。

一、痰液稀释药

氯 化 铵

氯化铵(ammonium chloride)属于恶心性祛痰药。口服后,因刺激胃黏膜,反射性兴奋迷走神经,促进支气管腺体分泌,部分药物可分泌至呼吸道,提高管腔内渗透压,保留水分稀释痰液。祛痰作用弱,常作为祛痰合剂的组成成分,用于急性呼吸道炎症痰液黏稠不易咳出者。剂量过大可引起恶心、呕吐及支气管痉挛;溃疡病及肝肾功能不全者慎用。

愈创甘油醚

愈创甘油醚(guaiphenesin)属于刺激性祛痰药,除具有祛痰作用外,还有抗菌防腐作用,可减轻痰液的恶臭味,主要用作祛痰合剂的组成成分,用于急性支气管炎、支气管扩张。不良反应偶见胃肠道反应及嗜睡。

二、黏痰溶解药

(一)黏痰溶解药

痰液难以排出的主要原因是痰液黏度过高。痰液黏性主要来自分泌物中的黏蛋白和DNA。由气管、支气管腺体及杯状细胞分泌的酸性黏蛋白是白色黏痰的主要成分,可由不同的化学键(二硫键、氢键等)交叉连接,构成凝胶网而增加痰液黏度。因此,破坏黏蛋白中的二硫键,即可降低痰液黏度。该类药物主要包括乙酰半胱氨酸、羧甲司坦(carbocisteine)等。此外,呼吸道感染时,大量炎症细胞破坏,释放出的 DNA 与黏蛋白结合形成网络结构,能进一步增加痰液的黏度,形成脓性痰,难以排出。因此,降解痰液中的 DNA 能溶解脓性黏痰。该类药物主要有脱氧核糖核酸酶。

乙酰半胱氨酸

乙酰半胱氨酸(acetylcysteine)为巯基化合物,结构中的巯基(—SH)可使黏性痰液中的二硫键(—S—S—)裂解,从而降低痰液黏稠度,使痰液容易咳出。用于痰液黏稠、咳痰困难和痰阻气道等。本药有特殊臭味,对呼吸道有刺激性,哮喘患者及呼吸功能不全的老年人慎用。

脱氧核糖核酸酶

脱氧核糖核酸酶(deoxyribonuclease,DNase)是从哺乳动物胰腺中提取的核酸内切酶,可使脓性痰中的 DNA 迅速水解成核苷酸的片段,使原来与 DNA 结合的黏蛋白失去保护,继而蛋白溶解,痰液黏度降低,易于咳出。本药雾化吸入,用于大量脓痰的呼吸道感染。每次雾化吸入后应立即漱口,以防咽部疼痛。长期应用可发生变态反应(皮疹、发热等)。急性化脓性蜂窝织炎、支气管胸腔瘘的活动性结核病患者禁用。

(二) 黏痰调节药

本类药物主要作用于气管、支气管的黏液产生细胞,抑制糖胺聚糖的合成,促使其分泌黏滞性低的小分子黏蛋白,从而使呼吸道分泌液的流变性恢复正常,痰液由黏变稀,易于咳出。

溴 己 新

溴己新(bromhexine)能抑制呼吸道腺体和杯状细胞合成酸性糖胺聚糖,使之分泌黏滞性较低的小分子黏蛋白,并能促进呼吸道黏膜的纤毛运动。用于支气管炎、肺气肿、硅沉着病、慢性肺部炎症、支气管扩张等有白色黏液又不易咳出者。不良反应偶见恶心、胃部不适,少数患者有转氨酶增高,溃疡病患者慎用。

本类药物还有溴己新的活性代谢物氨溴索(ambroxol)和溴凡克新(brovanexine)。氨溴索的作用强于溴己新,且毒性小;溴凡克新可使痰液中的酸性糖胺聚糖纤维断裂,使黏痰液化而易于咳出。

(李秀芳)

复习思考题

1. 请列表归纳平喘药的分类、每类代表药物的药理作用及临床应用。
2. 为什么抗组胺药如苯海拉明不用于支气管哮喘的治疗?

第二十八章

作用于消化系统的药物

笔记栏

PPT 课件

学习目标

1. 掌握 抗消化性溃疡药的分类,每类药物的药理作用、作用机制、临床应用及不良反应。
2. 熟悉 止吐药和促胃肠动力药、泻药的药理作用、临床应用及不良反应。
3. 了解 止泻药、助消化药和利胆药的临床应用。

消化系统主要由食管、胃、肠、肝、胆及胰腺组成,其基本功能为摄入、消化食物,吸收营养及排泄废物。消化性溃疡为消化系统的常见病,恶心、呕吐、腹泻、便秘、消化不良等均为消化系统疾病常见的症状。本章主要介绍抗消化性溃疡药、止吐药、泻药、止泻药、助消化药和利胆药。

第一节 抗消化性溃疡药

消化性溃疡主要指发生在胃和十二指肠的慢性溃疡,其发病机制复杂。在胃和十二指肠黏膜表面同时存在着攻击因素和防御因素。攻击因素包括胃酸、胃蛋白酶、幽门螺杆菌(Helicobacter pylori,Hp)感染、长期服用非甾体抗炎药(NSAID)等;防御因素包括黏液 - 碳酸氢盐屏障、胃黏膜屏障、胃黏膜血流和前列腺素等。当胃肠黏膜的攻击因素增强或防御因素减弱就会引起消化性溃疡。因此,目前临床治疗消化性溃疡的药物主要分为 4 类:抗酸药、抑制胃酸分泌药、黏膜保护药和抗 Hp 药。

案例分析

患者,男,43 岁。因反复上腹疼痛 5 年,加重 1 周入院。患者从 5 年前开始,饥饿时上腹不适伴轻微疼痛,进食后缓解,有时在夜间出现疼痛,常因进食不当或生气诱发,每年冬春之交易发病,其间未行正规诊治。1 周前因吃冷饮后再犯,腹痛较前重,但部位和规律同前,自服中药后无明显减轻,遂来诊。查体发现右上腹部有局限性压痛,胃镜检查显示十二指肠球部有一 0.5cm×0.3cm 大小的溃疡,Hp(+)。

诊断:十二指肠球部溃疡,Hp 感染。

治疗及效果:雷贝拉唑、克拉霉素、阿莫西林和胶体果胶铋四联用药,2 周后症状明显减轻。

分析:患者饥饿时上腹疼痛、进食后缓解、夜间痛、疼痛好发于冬春之交、右上腹局

273

限性压痛等均符合十二指肠溃疡的特点,经胃镜检查确诊十二指肠球部溃疡,且 Hp(+)。Hp 是消化性溃疡的主要致病因子。消化性溃疡的发生多与 Hp 感染有关。根治 Hp 可明显增加消化性溃疡的治愈率,降低其复发率。临床常用 1 种 H^+-K^+-ATP 酶抑制药 +2 种抗菌药 +1 种铋剂组成四联疗法抗 Hp。本病案中,雷贝拉唑为 H^+-K^+-ATP 酶抑制药,克拉霉素和阿莫西林为抗菌药,胶体果胶铋为铋剂。该治疗方案可杀灭 Hp,同时也可减轻消化性溃疡的症状、促进溃疡愈合和防治溃疡复发。

一、抗酸药

抗酸药(antacids)为弱碱性物质,口服后在胃内直接中和胃酸,升高胃内容物 pH,抑制胃蛋白酶活性。因此,可解除胃酸和胃蛋白酶对胃、十二指肠黏膜和溃疡面的消化侵蚀和刺激作用,从而缓解溃疡患者的疼痛症状。此外,有些抗酸药如氢氧化铝、三硅酸镁等还能形成胶状保护膜,覆盖于胃、十二指肠黏膜和溃疡面起保护作用。

常用抗酸药的特点见表 28-1。

表 28-1 抗酸药作用特点

药名	抗酸强度	显效时间	持续时间	收敛作用	产生 CO_2	碱血症	保护溃疡	影响排便
氢氧化镁	强	较快			−	−		轻泻
三硅酸镁	较弱	慢	持久		−	−	+	轻泻
氢氧化铝	较强	慢	持久	+	−	−	+	便秘
碳酸钙	强	较快	持久	+	+	−	−	便秘
碳酸氢钠	弱	快	短		+	+	−	−
铝碳酸镁	强	快	持久	+	−	−	+	−

因为抗酸药只能中和已经分泌的胃酸,短暂缓解疼痛,但很难治愈溃疡,所以已不作为治疗消化性溃疡的主要或单独用药。抗酸药可制成复方制剂,如胃舒平(氢氧化铝、三硅酸镁、颠茄流浸膏),以增强抗酸作用并减少不良反应。

二、抑制胃酸分泌药

胃酸主要由胃壁细胞分泌,并受迷走神经、促胃液素(gastrin)和组胺的调节。中枢神经系统受到刺激后,可促进迷走神经释放 ACh。ACh 可激活壁细胞膜上的 M 受体,同时也能激活肠嗜铬样细胞(enterochromaffin-like cell,ECL cell)膜上的 M 受体,促使其释放组胺。组胺通过旁分泌方式激活邻近壁细胞膜上的 H_2 受体。中枢神经兴奋、胃内张力变化等因素可刺激胃窦部的 G 细胞分泌促胃液素。促胃液素作用于 ECL 细胞上的促胃液素 / 缩胆囊素 2(G/CCK_2)受体,促使其释放组胺,进而激活壁细胞膜上的 H_2 受体。促胃液素也可通过直接激活壁细胞膜上的 G/CCK_2 受体而促进胃酸分泌,但作用较弱。

ACh-M 受体和 G/CCK_2 受体被激活后,使壁细胞内 Ca^{2+} 浓度升高,进而激活壁细胞顶端分泌小管膜中的 H^+-K^+-ATP 酶(H^+ 泵、质子泵),通过 H^+、K^+ 交换,将 H^+ 泵到胃腔,实现胃酸分泌。H_2 受体被激活后,活化腺苷酸环化酶,使壁细胞内 cAMP 水平增加,通过一系列生物化学反应,激活壁细胞中的 H^+ 泵,促进胃酸分泌。所以,阻断 H_2 受体、M 受体、G/CCK_2 受体及抑制 H^+-K^+-ATP 酶均能抑制胃酸分泌。

抑制胃酸分泌的药物分为 4 类：H$_2$ 受体阻断药、H$^+$-K$^+$-ATP 酶抑制药、M 受体阻断药和 G/CCK$_2$ 受体阻断药，以前 2 类药最为常用。抑制胃酸分泌药的作用机制见图 28-1。

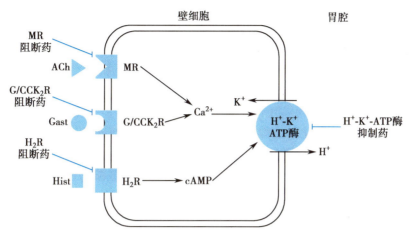

图 28-1　抑制胃酸分泌药的作用机制
ACh：乙酰胆碱；Hist：组胺；Gast：促胃液素；MR：M 受体；
H$_2$R：H$_2$ 受体；G/CCK$_2$R：促胃液素 / 缩胆囊素 2 受体；⊥：阻断

(一) H$_2$ 受体阻断药

该类药物竞争性阻断壁细胞 H$_2$ 受体，对基础胃酸及夜间胃酸分泌都有较好的抑制作用。因其抑制夜间胃酸分泌的作用明显，所以可有效促进溃疡愈合。临床用于治疗消化性溃疡、胃食管反流病，预防应激性溃疡。不良反应少。常用药物有西咪替丁（cimetidine）、雷尼替丁（ranitidine）、法莫替丁（famotidine）、尼扎替丁（nizatidine）和罗沙替丁（roxatidine）等（详见第二十九章第一节）。

(二) H$^+$-K$^+$-ATP 酶抑制药（质子泵抑制药）

H$^+$-K$^+$-ATP 酶位于壁细胞顶端分泌小管膜中，其功能是将 H$^+$ 从壁细胞内转运到胃腔，同时把 K$^+$ 从胃腔转运到壁细胞内进行 H$^+$、K$^+$ 交换，胃腔内的 H$^+$ 与 Cl$^-$ 结合，形成胃酸。质子泵抑制药能特异性地与 H$^+$-K$^+$-ATP 酶结合，使之不可逆地失去活性，从而发挥强大而持久的抑制胃酸分泌作用，并能减少胃蛋白酶分泌，对 Hp 也有抑制作用，是目前应用最广、抑酸作用最强的一类药物。临床常用药有奥美拉唑、兰索拉唑（lansoprazole）、泮托拉唑（pantoprazole）、雷贝拉唑（rabeprazole）等。

奥 美 拉 唑

奥美拉唑（omeprazole）又名洛赛克（losec），是 1987 年首次推出的第一代质子泵抑制药，治疗消化性溃疡效果明显。

【药理作用及机制】该药能抑制基础胃酸和由组胺、促胃液素及刺激迷走神经引起的胃酸分泌，作用强而持久。其机制为：具有弱碱性，口服后浓集于壁细胞分泌小管的高酸性环境中，转化为次磺酸和亚磺酰胺。亚磺酰胺与 H$^+$-K$^+$-ATP 酶的巯基不可逆地结合，形成酶 - 亚磺酰胺复合物，从而抑制 H$^+$-K$^+$-ATP 酶的功能，直至新的 H$^+$-K$^+$-ATP 酶形成。此外，实验证明该药有抗 Hp 作用。

【临床应用】治疗消化性溃疡，包括 Hp 相关溃疡、NSAID 相关溃疡；预防应激性溃疡；治疗胃食管反流病、促胃液素瘤。

【不良反应】较少，可见恶心、腹痛、便秘、胃胀气、腹泻、头痛等。长期应用可持续抑制胃酸分泌，使胃内细菌过度繁殖，也可引起高促胃液素血症。有抑制肝药酶作用，与苯妥英钠、地西泮、华法林等药合用,可使其代谢减慢,作用增强。长期服用应定期检查胃黏膜有无肿瘤样增生。

(三) M 受体阻断药

该类药物可阻断壁细胞上的 M 受体,抑制胃酸分泌;也可阻断胃黏膜 ECL 细胞、G 细胞表面 M 受体,减少组胺、促胃液素的释放,从而间接减少胃酸分泌。此外,尚有解痉作用。由于该类药物抑制胃酸分泌作用较弱,现已少用于溃疡病的治疗。可用药物有哌仑西平(pirenzepine)、替仑西平(telenzepine)等。

(四) G/CCK₂ 受体阻断药

丙谷胺(proglumide)的化学结构与促胃液素、胆囊收缩素(cholecystokinin,CCK)2 种肠激肽的终末端化学结构相似,可与促胃液素竞争壁细胞上的 G/CCK_2 受体,因而能抑制促胃液素引起的胃酸和胃蛋白酶的分泌,并对胃黏膜有保护和促进溃疡愈合作用。临床疗效比 H_2 受体阻断药差,现已少用于溃疡病的治疗。

三、黏膜保护药

胃黏膜的防御因素主要包括黏液 - 碳酸氢盐屏障、胃黏膜屏障及前列腺素。黏膜保护药指能增强胃黏膜表面屏障功能的药物。该类药物主要有前列腺素衍生物、硫糖铝和铋制剂等。

米索前列醇

米索前列醇(misoprostol)为人工合成的 PGE_1 衍生物,进入血液后与胃黏膜细胞基底侧的前列腺素受体结合。

【药理作用】抑制壁细胞分泌胃酸,对基础胃酸分泌和组胺、促胃液素、食物等刺激引起的胃酸分泌均有抑制作用;抑制胃蛋白酶分泌;促进黏液和 HCO_3^- 分泌;促进胃黏膜上皮细胞增殖重建,增强胃黏膜屏障;增加胃黏膜血流量。

【临床应用】主要用于胃溃疡、十二指肠溃疡,以及预防因长期服用 NSAID 引起的消化性溃疡。

【不良反应】主要表现为腹痛、腹泻、恶心等。可引起子宫收缩,孕妇禁用。

其他常见胃黏膜保护药见表 28-2。

表 28-2　其他黏膜保护药

药名	作用特点	临床应用	不良反应
硫糖铝 (sucralfate)	在酸性环境,聚合成带负电的保护胶冻;促 PGE_2 合成;增加胃黏液和 HCO_3^- 分泌;抗 Hp	消化性溃疡;慢性糜烂性胃炎;反流性食管炎	常见便秘;不宜与抗酸药、抑制胃酸分泌药合用
枸橼酸铋钾 (bismuth potassium citrate)	在酸性环境中形成氧化铋胶体覆盖于溃疡面形成保护膜,促进组织修复和愈合;促进黏液和 HCO_3^- 分泌;促进前列腺素合成;抑制胃蛋白酶活性;抗 Hp	消化性溃疡	可使舌、粪染成黑色,黑色粪便需与便血区别。长期服用可引起肾毒性
胶体果胶铋 (colloidal bismuth pectin)	在酸性环境中形成高黏度胶体,保护溃疡面和消化道黏膜;促进黏液分泌;促进前列腺素合成;抗 Hp	消化性溃疡;慢性胃炎	同枸橼酸铋钾
替普瑞酮 (teprenone)	促进黏液分泌	消化性溃疡	偶见腹痛、腹胀、口干、便秘等
麦滋林 (marzulene)	促 PGE_2 合成;促进黏膜细胞增殖,增加黏液合成;抗炎;抑制胃蛋白酶活性	消化性溃疡	偶见恶心、呕吐、便秘、腹胀等

四、抗幽门螺杆菌药

幽门螺杆菌(Hp)为革兰氏阴性厌氧菌,易寄居于胃、十二指肠的黏液层与黏膜细胞之间,产生多种可致黏膜损伤的酶及细胞毒素,是慢性胃炎、消化性溃疡、胃癌和胃黏膜相关淋巴样组织淋巴瘤的重要致病因子。80%~90% 的消化性溃疡与 Hp 感染有关,根治 Hp 可明显增加消化性溃疡的愈合率,降低其复发率。

抗 Hp 的常用药分为 2 类:一类为抗消化性溃疡药,如含铋制剂、H^+-K^+-ATP 酶抑制药、硫糖铝等;另一类为抗菌药,如克拉霉素、阿莫西林、甲硝唑、替硝唑、喹诺酮类抗菌药、呋喃唑酮、四环素等。Hp 在体外对多种抗菌药非常敏感,但体内单用一种药物疗效较差。目前,临床常用 1 种 H^+-K^+-ATP 酶抑制药 +2 种抗菌药 +1 种铋剂组成四联疗法抗 Hp,疗程 10~14 天。

第二节　消化功能调节药

本节介绍止吐药、促胃肠动力药、泻药、止泻药、助消化药、利胆药。

一、止吐药

呕吐是由多种因素引起的复杂的保护性反射活动。呕吐中枢和延髓催吐化学感受区(chemoreceptor trigger zone,CTZ)参与呕吐反射。呕吐中枢富含 H_1 受体、M_1 受体、5-HT_3 受体、神经激肽 1(neurokinin 1,NK_1)受体,CTZ 含有 M_1 受体、5-HT_3 受体、D_2 受体、NK_1 受体和阿片受体。CTZ 位于血脑屏障外,可以持续监测血液和脑脊液中是否含有有毒物质。此外,一些外周刺激通过反射也可导致呕吐,如前庭(富含 H_1 受体、M_1 受体)的位置感觉改变,咽部迷走神经的感觉神经末梢及胃、十二指肠等内脏的感觉神经受刺激等。因此,应针对病因选择相应的止吐药。

根据对受体的选择性不同,止吐药可分为 5 类:

1. H_1 受体阻断药　如苯海拉明、异丙嗪、美可洛嗪等,用于防治晕动病和内耳眩晕病等。

2. M 受体阻断药　如东莨菪碱、苯海索等,用于防治晕动病和胃肠刺激所致的恶心、呕吐等。

3. 多巴胺 D_2 受体阻断药　如氯丙嗪、甲氧氯普胺、多潘立酮等。通过阻断 CTZ 或胃肠道 D_2 受体发挥作用。用于化学治疗引起的恶心、呕吐,或慢性功能性消化不良引起的胃肠运动障碍。

甲氧氯普胺

甲氧氯普胺(metoclopramide)又名胃复安,具有中枢及外周的双重作用。可阻断 CTZ 中的 D_2 受体,较大剂量时也可阻断 5-HT_3 受体,从而发挥强大的止吐作用。在外周可阻断胃肠 D_2 受体,引起从食管至近段小肠平滑肌运动,加速胃的正向排空,加速肠内容物从十二指肠向回盲部推进,从而发挥胃肠促动力作用。

主要用于慢性功能性消化不良、反流性食管炎、胃轻瘫,以及肿瘤放化疗引起的恶心、呕吐。常见嗜睡、疲乏无力、头晕、烦躁不安等不良反应。大剂量时可引起锥体外系症状和男性乳房发育。

多潘立酮

多潘立酮(domperidone)又名吗丁啉,通过阻断 CTZ 中的 D_2 受体发挥止吐作用,阻断胃肠 D_2 受体产生胃肠促动力作用。可用于慢性功能性消化不良、反流性食管炎、胃轻瘫等胃肠运动障碍性疾病,也可用于偏头痛、颅脑外伤、肿瘤放化疗等引起的恶心、呕吐。不易透过血脑屏障,少见锥体外系不良反应,但可升高催乳素水平,引起溢乳、男性乳房发育。

4. 5-HT$_3$ 受体阻断药 如昂丹司琼、阿洛司琼、格拉司琼、帕洛诺司琼等,对肿瘤放化疗引起的呕吐效果好。

体内 5-HT 主要由肠嗜铬样细胞分泌,其生理作用为维持肠道的正常运动和分泌功能。肿瘤的放射治疗和化疗药物均可刺激肠嗜铬样细胞释放 5-HT,并通过 5-HT$_3$ 受体激活腹腔迷走传入纤维,从而导致恶心、呕吐等症状。5-HT$_3$ 受体阻断药可选择性阻断呕吐中枢、CTZ和迷走神经传入纤维的 5-HT$_3$ 受体,阻断呕吐反射,对肿瘤放化疗引起的呕吐效果好,其止吐作用迅速而强大,但对晕动病及多巴胺激动药阿扑吗啡引起的呕吐无效。本类药物不良反应较少,可出现便秘、腹泻、头痛等。

5. NK$_1$ 受体阻断药 如阿瑞匹坦、罗拉匹坦等,通过阻断呕吐中枢和 CTZ 中的 NK$_1$ 受体发挥止吐作用,与其他止吐药联合给药,用于预防肿瘤化疗药物引起的恶心、呕吐。

二、促胃肠动力药

促胃肠动力药是一类能增强并协调胃肠节律性运动的药物,主要用于胃肠功能低下引起的消化道症状。

常用促胃肠动力药见表 28-3。

表 28-3 常用促胃肠动力药

药物分类	代表药	作用机制
多巴胺受体阻断药	甲氧氯普胺、多潘立酮	阻断胃肠 D$_2$ 受体
5-羟色胺受体激动药	西沙比利、莫沙比利	激动胃肠 5-HT$_4$ 受体,促乙酰胆碱释放
大环内酯类抗生素	红霉素、罗红霉素	直接刺激胃肠平滑肌的胃动素受体

三、泻药

泻药是指通过刺激肠蠕动、软化粪便或润滑肠道促进排便的药物。按药物作用机制分为容积性(也称渗透性)、刺激性和润滑性泻药 3 类。

常用泻药见表 28-4。

表 28-4 常用泻药的分类及药物特点

药名	作用特点	临床应用	不良反应
容积性泻药 硫酸镁(magnesium sulfate)	口服难吸收,在肠内形成高渗压,阻止水分吸收,扩张肠道,刺激肠道蠕动而致泻;口服还可促胆汁分泌	排除肠内毒物、虫体;治疗阻塞性黄疸、慢性胆囊炎等	口服大量硫酸镁可引起反射性盆腔充血和失水,月经期、妊娠妇女及老人慎用
乳果糖(lactulose)	在小肠内不被吸收,提高肠内渗透压而导泻;未吸收部分进入结肠,被肠菌分解成乳酸,降低结肠 pH,抑制结肠对氨的吸收,降低血氨	便秘;肝性脑病	腹胀、腹痛、腹泻,因腹泻而造成的水、电解质紊乱会使肝性脑病恶化
甲基纤维素(methyl celluloses)	在肠内不被消化吸收,增加肠内容积并保持粪便湿软,有良好的通便作用	便秘	

笔记栏

	药名	作用特点	临床应用	不良反应
刺激性泻药	比沙可啶（bisacodyl,双醋苯啶）	在肠道被细菌转化为去乙酰基代谢物,抑制 Na^+-K^+-ATP 酶,阻止水和电解质吸收,使肠内容物增加;亦能增加肠黏膜 PGE_2 而致泻	便秘,X 线、内镜检查及术前清洁肠腔	腹膜炎、机械性肠梗阻和消化道出血者禁用
	蒽醌类（anthraquinones）	大黄、番泻叶和芦荟等植物含蒽醌苷类,口服后被大肠内细菌分解为蒽醌,增加结肠推进性蠕动,用药后6~8 小时排便	便秘	
润滑性泻药	液状石蜡（liquid paraffin）	口服不被肠道吸收,滑润肠壁,软化粪便	便秘,尤其适用于老年人及痔疮、肛门术后便秘者	影响脂溶性维生素的吸收
	甘油（glycerol）	50% 液体注入肛门,高渗压刺激肠壁引起排便反应,并有局部润滑作用	便秘,适用于儿童及老年人	
	多库酯钠（docusate sodium）	是阴离子表面活性剂,口服后使水和脂肪透入粪块,软化粪便,使粪便易排出	心脏病、高血压、心肌梗死、疝气伴便秘者	忌与矿物油合用,因能促进其吸收而产生不良反应

　　治疗便秘,尤其是习惯性便秘,首先应从调节饮食、养成定时排便习惯着手,多吃蔬菜、水果等常能收到良好效果。泻药应用注意事项:应根据不同情况选择不同类型泻药,如排出毒物,应选硫酸镁、硫酸钠等盐类泻药;一般便秘,较常用接触性泻药;老年人、动脉瘤、肛门手术等,润滑性泻药较好。腹痛患者诊断不明情况下不能用泻药。年老体弱、妊娠或月经期妇女不能用作用强烈的泻药。

四、止泻药

　　腹泻是多种疾病的常见症状,治疗时主要采取对因治疗。例如肠道细菌感染引起的腹泻,应首先选用抗菌药,但剧烈而持久的腹泻,可引起脱水和电解质紊乱,应在对因治疗的同时,适当给予止泻药控制症状。

　　常用止泻药见表 28-5。

表 28-5　常用止泻药及其作用特点

药名	作用特点	临床应用	不良反应
洛哌丁胺（loperamide）	作用于胃肠道 μ 阿片受体,抑制肠道蠕动,并阻止 ACh 和前列腺素释放以拮抗平滑肌收缩;止泻作用强、快、持久	非感染性腹泻	轻微,可见皮疹、口干、腹胀等
阿片制剂(阿片酊、复方樟脑酊)	见中枢性镇痛药	严重的非感染性腹泻	头痛、头晕、便秘,久用成瘾
地芬诺酯（diphenoxylate）	为哌替啶的衍生物,通过激动 μ 阿片受体,抑制胃肠推进性蠕动,发挥止泻作用	非感染性腹泻	轻,少见;大剂量长期服用可引起依赖性
鞣酸蛋白（tannalbin）	在肠中释出的鞣酸能与肠黏膜表面的蛋白质形成沉淀,附着在肠黏膜上,减轻刺激,减少炎性渗出,发挥收敛止泻作用	非感染性腹泻;急性胃肠炎	便秘

续表

药名	作用特点	临床应用	不良反应
次碳酸铋 (bismuth subcarbonate)	收敛止泻	同鞣酸蛋白	同鞣酸蛋白
药用炭 (medicinal activated charcoal)	不溶性粉末,能吸附大量气体、毒物,起保护、止泻和阻止毒物吸收作用	非感染性腹泻;胃肠胀气	恶心,长期服用致便秘;可影响小儿营养,禁止长期用于3岁以下小儿

五、助消化药

助消化药多为消化液的成分或促进消化液分泌的药物,能促进食物的消化,用于消化道分泌功能减弱及消化不良的治疗。有些药物能阻止肠道的异常过度发酵,也用于消化不良的治疗。

常用助消化药见表28-6。

表28-6　常用助消化药及其特点

药名	作用特点	临床应用	不良反应
稀盐酸 (dilute hydrochloric acid)	增加胃内酸度,增强胃蛋白酶活性	慢性胃炎、胃癌、发酵性消化不良等	与胃蛋白酶同服
胃蛋白酶 (pepsin)	消化蛋白	胃蛋白酶缺乏症、食蛋白性食物过多致消化不良、病后恢复期消化功能减退	与稀盐酸同服
胰酶 (pancreatin)	含胰蛋白酶、胰淀粉酶及胰脂肪酶。消化脂肪、蛋白质和淀粉	消化不良、食欲缺乏、胰液分泌不足等	在酸性溶液中易被破坏,制成肠衣片吞服。与碳酸氢钠同服
乳酶生 (biofermin)	分解糖类产生乳酸,使肠内酸性增高,抑制肠内腐败菌的繁殖,减少发酵和产气	消化不良、肠发酵、腹胀及小儿消化不良性腹泻	不宜与抗菌药或吸附剂同时服用
干酵母 (dried yeast)	含少量B族维生素,尚含转化酶和麦糖酶	消化不良、食欲缺乏、维生素B缺乏症的辅助用药	嚼碎服、用量过大可发生腹泻
卡尼汀 (carnitine)	调节胃肠功能,增进食欲,促进唾液、胃液、胰液、胆液和肠液分泌	胃酸缺乏症、消化不良、食欲缺乏、慢性胃炎、高脂血症	胃酸过多、胰腺炎患者禁用或慎用

六、利胆药

利胆药是指能促进胆汁分泌或促进胆囊排空的药物。胆汁酸是胆汁的主要成分,具有引起胆汁流动、调节胆固醇合成和消除、促进脂质和脂溶性维生素的吸收、反馈性抑制胆汁生成等生理功能。利胆药的作用多与影响胆汁酸的作用有关。

熊去氧胆酸

熊去氧胆酸(ursodeoxycholic acid)可抑制胆固醇吸收,降低胆汁中胆固醇饱和指数,促胆石溶解。临床用于胆固醇性胆石症(胆色素结石、混合性结石无效)、胆囊炎、胆道炎。不良反应有腹泻,胆道完全梗阻及严重肝肾功能减退者禁用。

其他常用利胆药及其作用特点、临床应用、不良反应等见表28-7。

表28-7 常用利胆药

药名	药理作用特点	临床应用	不良反应与注意事项
去氢胆酸 （dehydrocholic acid）	增加胆汁分泌,使胆汁变稀;促进脂肪消化吸收	胆囊及胆道功能失调、胆道感染、胆石症	胆道完全梗阻及严重肝肾功能减退者禁用
胆汁酸 （bile acid）	促进胆汁分泌,抑制小肠对胆固醇的吸收和胆固醇的合成	胆石症、高脂血症	常见腹泻、瘙痒等
硫酸镁 （magnesium sulfate）	口服后直接刺激十二指肠分泌缩胆囊素,反射性松弛胆总管括约肌,并收缩胆囊	胆囊炎、胆石症、阻塞性黄疸	腹泻;胃肠道有溃疡、破损之处,易造成镁离子大量吸收而引起中毒
茴三硫 （anethol trithione）	促进胆汁、胆酸、胆色素分泌,增加肝的解毒功能	胆囊炎、胆石症、急慢性肝炎	荨麻疹等过敏反应;腹胀、腹泻等胃肠道反应;长期应用引起甲状腺功能亢进症,胆管阻塞者禁用

（杨 蓉）

复习思考题

1. 治疗消化性溃疡的药物有哪几类? 每类举一代表药。
2. 抑制胃酸分泌的药物可分为哪几类? 简述其作用机制,各列举一代表药。
3. 简述硫酸镁的药理作用及临床应用。

PPT 课件

◇◇◇ 第二十九章 ◇◇◇

自体活性物质及其影响药物

📝 **学习目标**

1. 掌握　H₁ 受体阻断药与 H₂ 受体阻断药的药理作用特点与应用、主要不良反应。
2. 熟悉　组胺的药理作用特点与应用、主要不良反应。
3. 了解　5- 羟色胺类药与阻断药及其他自身活性物质的分类及特点。

　　自体活性物质（autacoids）又名局部激素（local hormones），以旁分泌方式到达邻近部位发挥作用，是具有强而广泛生物活性的内源性物质。自体活性物质主要作用于局部或附近的多种靶器官，产生特定的生理效应或病理反应，而不进入血液循环。自体活性物质包括：①小分子化学信号物质，如组胺、5- 羟色胺、前列腺素、白三烯、一氧化氮和腺苷等；②大分子化学信号物质，如血管紧张素、内皮素、激肽类、利尿钠肽、P 物质、血管活性肠肽、降钙素基因相关肽和神经肽 Y 等血管活性肽类等。

第一节　组胺与抗组胺药

一、组胺及拟似药

组　胺

　　组胺（histamine，HA）的化学结构为 β 氨基乙基咪唑，由组氨酸经特异的组氨酸脱羧酶脱羧产生。组胺合成后，与肝素或某些蛋白等结合，以无活性的结合物形式贮存于肥大细胞和嗜碱性粒细胞的颗粒内。物理、化学刺激或药物（如吗啡、烟碱等）、I 型变态反应均可引起肥大细胞脱颗粒并导致游离型组胺释放。游离型组胺可与组胺受体（如 H₁、H₂、H₃、H₄）结合，产生显著的生物效应，并参与炎症和 I 型变态反应等病理过程。

【药理作用】

　　1. 促进胃腺分泌　激动胃壁细胞 H₂ 受体，激活腺苷酸环化酶，增加细胞内 cAMP 含量，进而激活壁细胞顶端囊泡上的 H⁺-K⁺-ATP 酶，使胃酸及胃蛋白酶分泌增加。此外，也能促进唾液腺和支气管腺体的分泌，但作用较弱。

　　2. 兴奋平滑肌　激动平滑肌细胞 H₁ 受体，可引起支气管平滑肌收缩和呼吸困难，支气管哮喘患者尤为敏感；对胃肠道平滑肌有兴奋作用；对子宫平滑肌不同种属动物反应不同，人子宫不敏感。

　　3. 扩张血管　激动血管平滑肌细胞 H₁、H₂ 受体，使小动脉、小静脉扩张。激动 H₁ 受体可使毛细血管扩张，毛细血管通透性增加，引起局部水肿和全身血液浓缩。小剂量组胺皮内注射,可出现"三重反应":①毛细血管扩张出现红斑;②毛细血管通透性增加,在红斑上形成丘疹;③通过轴索反射致小动脉扩张,丘疹周围形成红晕。

4. 加快心率　组胺可直接兴奋心脏 H_2 受体,产生正性变力作用,并引起心率加快。同时,血压下降反射性兴奋交感神经,也可导致心率加快。

5. 影响血小板功能　激动血小板上的 H_1 受体可促进血小板凝集;激动血小板上的 H_2 受体可对抗血小板凝集。

此外,组胺作为一种神经递质,可通过 H_1 受体调节食欲、体温等,在神经末梢可产生疼痛和瘙痒等感觉。

【临床应用】

1. 真假胃酸缺乏症的鉴别　晨起空腹皮下注射磷酸组胺 0.25~0.5mg,若无胃酸分泌即为真性胃酸缺乏症。由于组胺不良反应较多,目前多用五肽促胃液素鉴别。

2. 麻风的辅助诊断　麻风患者由于皮肤神经受损,"三重反应"常不完全,故可作为麻风的辅助诊断。

【不良反应】　与剂量相关,常见颜面潮红、头痛、直立性低血压、支气管哮喘及胃肠功能紊乱等。支气管哮喘、消化系统溃疡患者禁用。

拟 组 胺 药

拟组胺药包括倍他司汀(betahistine)和英普咪定(impromidine)。前者是 H_1 受体激动药,可致血管扩张,但不增加毛细血管通透性;可促进脑干和迷路的血液循环,解除内耳血管痉挛,减轻膜迷路积水,尚有抗血小板聚集及抗血栓形成作用;临床用于治疗内耳眩晕病、慢性缺血性脑血管病及缓解多种原因引起的头痛;不良反应较少,偶见恶心、头晕、心悸、胃部不适等症状;溃疡患者慎用,哮喘、嗜铬细胞瘤患者禁用。英普咪定为选择性 H_2 受体激动药,能刺激胃酸分泌,用于胃功能检查,还可以增强心室收缩功能,用于心力衰竭的辅助治疗。

二、抗组胺药

抗组胺药(antihistaminics)能竞争性阻断组胺受体,拮抗组胺的作用。根据其对组胺受体选择性的不同,将抗组胺药分为 H_1、H_2 和 H_3 受体阻断药。其中,H_1 和 H_2 受体阻断药被广泛应用,而 H_3 受体激动与许多神经行为失调如阿尔茨海默病、注意力缺陷多动症、帕金森综合征等相关。目前,对 H_3 受体阻断药的应用前景被看好,药物如硫丙咪胺(thioperamide)等尚在研究中。

(一) H_1 受体阻断药

本类药物品种较多,可分为第一代(如苯海拉明、异丙嗪、氯苯那敏、赛庚啶等)和第二代(如阿伐斯汀、西替利嗪、氯雷他定等)。

【药理作用】

1. H_1 受体阻断作用　可完全对抗组胺引起的支气管、胃肠道平滑肌的收缩作用。对组胺引起的毛细血管扩张和通透性增加(局部水肿)有很强的抑制作用;对组胺引起的血管扩张和血压下降,仅有部分对抗作用,需同时应用 H_1 和 H_2 受体阻断药才能完全对抗。

2. 抑制中枢作用　多数药物可通过血脑屏障,有不同程度的中枢抑制作用,表现为镇静、嗜睡等。第一代药物(如苯海拉明、异丙嗪等)中枢抑制作用明显;第二代(如阿司咪唑等)不易透过血脑屏障,无镇静、嗜睡作用。异丙嗪、苯海拉明、美可洛嗪、布可利嗪等有较强的止吐、防晕作用,可能与中枢抗胆碱作用有关。

3. 其他作用　苯海拉明、异丙嗪等具有抗胆碱作用;第一代药物中部分具有较弱的局麻作用。

【临床应用】

1. 皮肤黏膜变态反应性疾病　多用于局部变态反应性疾病,如荨麻疹、花粉症、过敏性鼻炎等,可作为首选药物;对昆虫咬伤所致的皮肤瘙痒和水肿亦有良效;对血清病、药疹和接触性皮炎也有一定疗效。对变态反应性支气管哮喘效果差,对过敏性休克无效。

2. 防晕止吐　可用于晕车、晕船,常用苯海拉明、异丙嗪,与东莨菪碱合用有协同作用。对于放射病等引起的呕吐也有效。

【不良反应】

1. 中枢神经系统反应　多见镇静、嗜睡、乏力等中枢抑制现象,苯海拉明和异丙嗪等第一代药物较为明显。驾驶员或高空作业、机械作业及操作精密仪器者工作期间不宜使用。

2. 消化道反应　口干、厌食、恶心、便秘或腹泻等。

3. 心律失常　第二代药物(如非那西丁、阿司咪唑等)可引起心电图 QT 间期延长,甚至引起致命性的心律失常,故不宜与肝药酶抑制剂合用,也不宜与其他能延长 QT 间期的药物合用。

4. 其他　偶见粒细胞减少及溶血性贫血。美可洛嗪、布可利嗪可致动物畸胎,孕妇禁用。

常用 H_1 受体阻断药的作用及应用,见表 29-1。

表 29-1　常用 H_1 受体阻断药作用和应用特点的比较

		药物	维持时间 /h	镇静催眠	防晕止吐	临床主要用途
第一代	乙醇胺类	苯海拉明(diphenhydramine)	4~6	++	++	皮肤黏膜过敏、晕动症
	吩噻嗪类	异丙嗪(promethazine)	6~12	+++	++	皮肤黏膜过敏、晕动症
	乙二胺类	曲吡那敏(tripelennamine)	4~6	++		皮肤黏膜过敏
	烷基胺类	氯苯那敏(chlorphenamine)	4~6	+		皮肤黏膜过敏
	哌嗪类	布可利嗪(buclizine)	16~18	+	+++	防晕、止吐
		美可洛嗪(meclozine)	12~24	+	+++	防晕、止吐
	哌啶类	赛庚啶(cyproheptadine)	3	++		过敏、偏头痛(抗 5-HT)
		苯茚胺(phenindamine)	6~8	-(兴奋)	-	皮肤黏膜过敏
第二代	烷基胺类	阿伐斯汀(acrivastine)	4~6	-	-	皮肤黏膜过敏
	哌嗪类	西替利嗪(cetirizine)	12~24	±	-	皮肤黏膜过敏、慢性荨麻疹、异位性皮炎(作用强)
	哌啶类	左卡巴斯汀(levocabastine)	6	-	-	过敏性鼻炎、结膜炎

(二) H_2 受体阻断药

H_2 受体阻断药可选择性阻断 H_2 受体,不影响 H_1 受体。临床用的有西咪替丁(cimetidine,甲氰咪胍)、雷尼替丁(ranitidine,呋喃硝胺)、法莫替丁(famotidine)和尼扎替丁(nizatidine)。

【药理作用】

1. 抑制胃酸分泌　选择性阻断胃壁细胞 H_2 受体,拮抗组胺引起的胃酸分泌。

2. 心血管系统　拮抗组胺对离体心脏的正性变力作用和正性变时作用。抑制胃酸分泌的剂量对心血管系统影响很小。

3. 调节免疫　阻断 T 细胞上的 H_2 受体,减少组胺诱导抑制因子(histamine induced suppressor factor, HSF)生成,从而逆转组胺的免疫抑制作用,增强免疫功能。

【临床应用】用于治疗胃溃疡、十二指肠溃疡、胃肠道出血,胃酸分泌过多症[佐林格-

埃利森综合征(Zollinger-Ellison syndrome,ZES)]和反流性食管炎。也可用于预防应激性溃疡的发生。

【不良反应】发生率较低,以腹泻、便秘、乏力、眩晕等为主,头痛、语言不清、幻觉等中枢神经系统反应较少见;有抗雄激素作用,可引起男性患者乳腺发育和女性溢乳。西咪替丁能抑制肝药酶,联合用药可致华法林、普萘洛尔、奎尼丁、苯妥英钠等药物代谢减慢,血药浓度升高。

第二节 5-羟色胺类药与阻断药

一、5-羟色胺

5-羟色胺(5-hydroxytryptamine,5-HT)又名血清素(serotonin),作为自体活性物质,约90%合成和分布于肠嗜铬细胞,遇到刺激可发生脱颗粒反应释放至血液,被血小板摄取和贮存。在中枢,作为神经递质,5-HT参与痛觉、睡眠和体温调节。

【药理作用】

1. 血管 作用复杂,在不同部位通过不同受体亚型介导,发挥不同效应。

(1)收缩血管:5-HT激动5-HT$_{2A}$受体,引起多数血管收缩,其中肾、肺血管收缩明显;5-HT还可增强其他血管活性物质(如NA、血管紧张素Ⅱ、升压素、血栓素A$_2$等)引起的血管收缩反应。

(2)扩张血管:5-HT激动内皮细胞5-HT$_1$受体,使内皮细胞释放内皮细胞舒张因子和前列腺素,使小血管明显扩张,其中心脏血管和骨骼肌血管扩张明显。

(3)血压:可引起血压的三相反应。短暂的降低,与5-HT激动5-HT$_3$受体,引起心脏的负性变时作用有关;持续数分钟血压升高,是5-HT$_{2A}$受体介导的血管收缩反应所致;长时间的低血压,是5-HT$_1$受体介导的骨骼肌血管舒张所致。

2. 兴奋平滑肌 5-HT激动5-HT$_2$受体可引起胃肠道平滑肌收缩,激动5-HT$_4$受体兴奋肠壁内神经节也可引起胃肠道平滑肌收缩,使胃肠道张力增强,肠蠕动加快;5-HT可兴奋支气管平滑肌,对正常人影响小,哮喘患者对其反应敏感。

3. 促进血小板聚集 5-HT激动5-HT$_2$受体,引起血小板聚集。

4. 神经系统 5-HT刺激感觉神经末梢,引起瘙痒。蚊虫叮咬和某些植物的刺可引起局部5-HT释放,引起痒、痛。5-HT亦是一种中枢递质,但不能通过血脑屏障。5-HT注入动物侧脑室后,可引起镇静、嗜睡和一系列行为反应,并影响体温调节和运动功能。

二、5-羟色胺受体激动药

5-HT受体亚型众多,通过对其选择性激动可产生不同药理作用,见表29-2。

表29-2 作用于5-HT受体的药物

受体	作用	代表药物	治疗疾病
5-HT$_{1A}$	激动药	乌拉地尔	高血压
		丁螺环酮、吉哌隆、伊沙匹隆	焦虑症
5-HT$_{1D}$	激动药	麦角胺、舒马普坦	偏头痛、丛集性头痛
5-HT$_4$	激动药	伦扎必利	胃肠功能紊乱

乌 拉 地 尔

乌拉地尔(urapidil)通过激动中枢 5-HT$_{1A}$ 受体,使交感神经张力降低而发挥抗高血压作用。其在外周的降压机制是阻断 α_1 受体。乌拉地尔主要用于治疗各类高血压,安全性高,无直立性低血压、反射性心率加快、首剂效应和耐受性等不良反应。

常用的 5-HT$_1$ 受体激动药还有丁螺环酮(buspirone)、吉哌隆(gepirone)和伊沙匹隆(ipsapirone),三者均选择性激动 5-HT$_{1A}$ 受体,是有效的非苯二氮䓬类抗焦虑药。

舒 马 普 坦

舒马普坦(sumatriptan)是 5-HT 的拟似物,可选择性激动 5-HT$_{1D}$ 受体,使脑基底动脉、硬脑膜血管、软脑膜血管等收缩,有效缓解大多数偏头痛患者的头痛、恶心、呕吐、畏光或恐声等症状。常见不良反应是感觉异常,严重的可引起心肌缺血,故禁用于缺血性心脏病患者。

伦 扎 必 利

伦扎必利(renzapride)可选择性激动肠壁神经丛神经细胞上的 5-HT$_4$ 受体,促进神经末梢释放 ACh,具有增加肠道动力的作用,临床用于治疗胃食管反流等胃肠道动力失调疾病。

三、5-羟色胺受体阻断药

赛庚啶和苯噻啶

赛庚啶(cyproheptadine)和苯噻啶(pizotyline,又名新度美安)均有抗 5-HT 作用,可选择性阻断 5-HT$_2$ 受体,并且有阻断 H$_1$ 受体和较弱的抗胆碱作用。可用于荨麻疹、湿疹、接触性皮炎、皮肤瘙痒和过敏性鼻炎的治疗,而且赛庚啶作用强于苯噻啶。也可用于预防偏头痛发作,治疗儿童偏头痛,赛庚啶作用更强。不良反应相似,均可致口干、恶心、乏力、嗜睡等。由于兴奋下丘脑摄食中枢,可以增加食欲和体重。青光眼、前列腺肥大及尿闭患者禁用。驾驶员及高空作业者慎用。

酮 色 林

酮色林(ketanserin)又名凯坦色林,可选择性阻断 5-HT$_{2A}$ 受体,还具有较弱的阻断 α_1 肾上腺素受体、扩张阻力血管和毛细血管、降低血压的作用,用于治疗高血压。不良反应主要包括头晕、口干、胃肠功能紊乱和体重增加等。

昂 丹 司 琼

昂丹司琼(ondansetron)可选择性阻断 5-HT$_3$ 受体,具有强大镇吐作用,主要用于癌症患者手术和化疗伴发的严重恶心、呕吐。本类药还有格拉司琼(granisetron)、多拉司琼(dolasetron)等,均可有效治疗化疗引起的恶心、呕吐。

第三节　其他影响自体活性物质的药物

一、常用前列腺素类药

前 列 地 尔

前列地尔(alprostadil)又名 PGE$_1$,具有直接扩张血管和抑制血小板聚集的作用,可增加血流量,改善微循环。可治疗急性心肌缺血。PGE$_1$ 与抗高压药和血小板聚集抑制药有协同作用。阴茎注射 10~20µg 可诊断和治疗阳痿。不良反应包括食欲减退、腹泻、头痛、低血压、心动过速、可逆性骨质增生和注射局部红肿热痛等。妊娠和哺乳期妇女禁用。

依前列醇

依前列醇(epoprostenol)又名前列环素(cycloprostin)或 PGI_2,具有明显的舒张血管和抑制血小板聚集作用,可防止血栓形成。可用于缺血性心脏病、多器官衰竭、外周血管痉挛性疾病和肺动脉高压。高剂量时可有血压下降、心动过缓、面色潮红和胃肠道反应等不良反应。

米索前列醇

米索前列醇(misoprostol)为 PGE_1 衍生物,能抑制基础胃酸分泌和组胺、五肽促胃液素等引起的胃酸分泌。与食物同服,用于治疗十二指肠溃疡、胃溃疡,对 H_2 受体阻断药无效的消化道溃疡患者也有效。能促进吸烟者的溃疡愈合。因其不升高血清促胃液素水平,故对防止溃疡复发较其他抗溃疡药效果更佳。

卡前列素

卡前列素(carboprost)是地诺前列素($PGF_{2\alpha}$)的衍生物,兴奋子宫平滑肌的作用比 $PGF_{2\alpha}$ 强数十倍,有扩张子宫颈和刺激子宫收缩的双重作用,是一种很有发展前景的避孕药,主要用于终止妊娠和宫缩无力导致的产后顽固性出血。终止妊娠后能很快恢复月经和生育功能,对下丘脑 - 垂体 - 卵巢轴几乎无影响。

二、白三烯受体阻断药

白三烯(Leukotriene,LT)被公认为是体内重要的炎症介质,在人体的多种疾病中起作用。引起支气管收缩的过敏性慢反应物质就是各种 LT 与半胱氨酸结合的复合物(硫肽白三烯)。还有收缩冠状动脉、抑制心肌收缩力、降压等作用。白三烯受体的组织分布广泛,其受体阻断药的研究大多尚处于初始阶段。白三烯阻断药主要用于哮喘的预防和治疗,还可用于风湿性关节炎、银屑病、肠炎和鼻炎等多种炎症性疾病。

孟鲁司特

孟鲁司特(montelukast)为Ⅰ型半胱氨酰白三烯受体阻断药。Ⅰ型半胱氨酰白三烯受体分布于人体的气道(包括气道平滑肌细胞和气道巨噬细胞)和其他的前炎症细胞(包括嗜酸性粒细胞和某些骨髓干细胞)。Ⅰ型半胱氨酰白三烯受体与哮喘和过敏性鼻炎的病理生理过程相关。

【药理作用】白三烯受体阻断药对Ⅰ型半胱氨酰白三烯受体有高度的亲和性和选择性,能有效抑制白三烯 G_4、白三烯 D_4、白三烯 E_4 与Ⅰ型半胱氨酰白三烯受体的结合,预防白三烯引起的支气管收缩、气道水肿及血管通透性增加,并可减轻气道炎症,缓解哮喘、过敏性鼻炎等疾病症状。

【临床应用】单独应用于轻度、持续性哮喘的治疗和预防。对于吸入中等剂量糖皮质激素而症状控制不好的中、重度哮喘患儿是一个较好的补充。与糖皮质激素合用可提高疗效。也用于缓解和预防季节性过敏性鼻炎。

【不良反应】不良反应轻微,可出现腹痛、头痛、肢体水肿、肝转氨酶升高、高胆红素血症等,一般停药后会逐渐消失。白三烯受体阻断药可抑制 CYP1A2 活性,竞争性抑制茶碱分解,使茶碱的血药浓度升高。

三、激肽类及影响激肽释放酶 - 激肽系统的药物

(一)激肽

激肽(kinin)分为缓激肽(bradykinin)和胰激肽(kallidin)2 种,有许多类似组胺的作用。激肽受体包括 B_1 和 B_2 两种。B_1 受体在创伤修复中发挥重要作用,B_2 受体有组织依赖性,

是激肽发挥作用的主要受体。激肽一方面是对靶组织的直接作用,另一方面是通过 B_2 受体,与 G 蛋白相互作用,激活 PLA_2,释出 AA,产生 PG,间接产生作用。

1. 心血管　激肽可使心、肾、肠、骨骼肌和肝内的血管扩张,其强度是组胺的 10 倍。静脉注射激肽,使小动脉扩张,血压下降。主要通过依赖 B_2 受体效应,影响内皮一氧化氮、前列环素和内皮依赖性超极化因子而引起血管扩张。激肽还具有心保护作用。激肽预处理可以降低缺血 - 再灌注损伤。

2. 收缩平滑肌　激肽是引起哮喘的因素之一,能够引起支气管平滑肌、子宫平滑肌和大多数胃肠平滑肌收缩。

3. 疼痛和炎症　激肽是皮肤和内脏感觉神经末梢的强烈激活剂,可引起剧烈疼痛,而 PGE 能增强和延长其致痛作用。激肽还能促进白细胞游走和聚集,参与炎症反应,为炎症介质之一。

4. 其他　增加肾血流量,减少肾重吸收钠;提高胰岛素介导的葡萄糖跨膜转运和葡萄糖利用。

(二) 影响激肽释放酶 - 激肽系统的药物

1. 激肽释放酶抑制药　抑肽酶是激肽释放酶抑制药,提取自牛肺,由 58 个氨基酸组成。也能抑制胰蛋白酶、糜蛋白酶等蛋白水解酶,使激肽原不能形成激肽。用于治疗急性胰腺炎、中毒性休克等血浆激肽过高症和减轻肿瘤症状。

2. 血管紧张素转换酶抑制药　卡托普利阻断激肽酶 Ⅱ,减少缓激肽的降解,增强缓激肽的作用。

3. 激肽受体阻断药　目前已发现许多 B_2 受体阻断药通过阻断 B_2 受体治疗支气管哮喘。

───────────────────────── ●（张跃文）

复习思考题

1. 简述组胺的药理作用特点及临床应用。
2. 简述 H_1 受体阻断药的临床应用与常见不良反应。

第三十章

雌激素、孕激素和女性生殖道药物

📕 学习目标

1. 掌握 雌激素类、孕激素类药的生理、药理作用；缩宫素、麦角生物碱的药理作用；避孕药的分类，主要抑制排卵避孕药、抗着床避孕药的药理作用。

2. 熟悉 性激素的分泌和调节；雌激素类、孕激素类药的临床应用；缩宫素、麦角生物碱的临床应用。

3. 了解 雌激素类、孕激素类药的不良反应；子宫平滑肌抑制药的临床应用。

性激素（sex hormone）是性腺分泌的激素，包括雌激素、孕激素和雄激素，均属于甾体化合物，目前临床使用的是人工合成品及其衍生物。常用避孕药主要是女性用药，多为雌激素和孕激素的复合制剂。

性激素的分泌受下丘脑 - 垂体前叶的调节（图 30-1）。下丘脑分泌促性腺激素释放激素（gonadotropin releasing hormone，GnRH），促进腺垂体分泌卵泡刺激素（follicle-stimulating hormone，FSH）和黄体生成素（luteinizing hormone，LH）。FSH 是调控男女双方性腺功能的关键内分泌激素。在女性体内，可刺激卵巢滤泡的发育与成熟，使其分泌雌激素，同时上调 LH 受体数目，而 LH 则可促进卵巢黄体生成，使其分泌孕激素。在男性体内，FSH 作用于支持细胞膜上的 FSH 受体，通过 G 蛋白 - 腺苷酸环化酶 -cAMP-PKA 信号转导途径促进支持细胞合成分泌精子生成所需的物质，从而启动生精过程。LH 则促进间质细胞分泌雄激素。

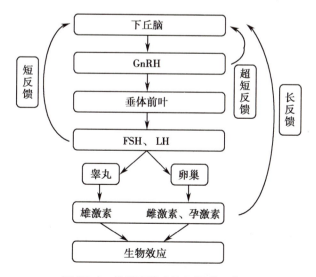

图 30-1 性激素的分泌及调节示意图

性激素对下丘脑及腺垂体的分泌功能具有正、负反馈调节作用(图 30-1),可通过 3 种途径实现:①长反馈:是性激素对下丘脑及腺垂体的反馈作用。在女性体内,在排卵前,雌激素水平较高,可直接或通过下丘脑促进垂体分泌 LH,导致排卵(正反馈调节);在月经周期的黄体期,由于血中雌激素、孕激素都高,从而减少 GnRH 的分泌,抑制排卵(负反馈调节)。在男性体内,当血中雄激素浓度达到一定水平后,可直接抑制下丘脑分泌 GnRH,间接抑制腺垂体 FSH 和 LH 的分泌(负反馈调节)。②短反馈:是指垂体分泌 FSH、LH 通过负反馈作用减少下丘脑 GnRH 的释放。③超短反馈:是指下丘脑分泌的 GnRH 反作用于下丘脑,促进 GnRH 分泌,从而实现正反馈调节。

第一节　雌激素类药与抗雌激素类药

一、雌激素类药

天然雌激素(estrogen)包括由卵巢分泌的雌二醇(estradiol)及其肝代谢物雌酮(estrone)、雌三醇(estriol)等其他激素。由于天然雌激素活性较低,因此,常用雌激素类药多为以雌二醇作为母体、人工合成的高效和长效甾体衍生物,主要有炔雌醇(ethinylestradiol)、炔雌醚(quinestrol)、戊酸雌二醇(estradiol valerate)等。此外,还合成了一些有雌激素活性的非甾体化合物,如临床应用的己烯雌酚(diethylstibestrol),其立体构型可以看成是天然雌激素断裂的多环状结构。

【体内过程】雌二醇经消化道吸收后,在肝内易被代谢,主要经 17-β- 羟甾氧化还原酶生成雌酮,再经 16-α 位羟基化形成 16-α- 羟基雌酮和雌三醇。这些代谢物部分以葡糖醛酸及硫酸结合的形式从肾排出,也有部分从胆道排泄并形成肝肠循环。故其生物利用低,需注射给药。血浆中雌激素与性激素结合球蛋白特异性结合,也可与白蛋白非特异性结合,结合率在 50% 以上,在进入细胞前与血浆蛋白分离。

人工合成的炔雌醇、炔雌醚和己烯雌酚等在肝内破坏较慢,口服效果好,作用较持久。油溶剂或与酯类结合的衍生物,肌内注射可延缓吸收,延长其作用时间。

【生理、药理作用】

1. 对未成年女性　促进女性第二性征和器官发育和成熟,使子宫发育、乳腺导管增生并使脂肪分布发生变化。

2. 对成年女性　除继续保持女性特征外,还使子宫内膜增殖变厚,并与黄体酮一起,使子宫内膜转变为分泌期,提高子宫平滑肌对缩宫素的敏感性,形成月经周期;使子宫颈管腺体分泌黏液,有利于精子的穿透和存活;促进输卵管肌层发育及收缩,使输卵管管腔上皮细胞分泌增加及纤毛生长;使阴道上皮增生,浅表层细胞发生角化。

3. 对乳腺的作用　小剂量雌激素可刺激乳腺导管和腺泡的生长发育。大剂量雌激素则通过抑制催乳素对乳腺的刺激作用,发挥减少乳汁分泌作用。

4. 对排卵的影响　小剂量雌激素,特别是在孕激素配合下,发挥促进排卵作用;大剂量雌激素通过负反馈机制减少促性腺激素释放,发挥抑制排卵作用。

5. 保护心血管系统　增加一氧化氮和前列腺素的合成,舒张血管,通过减轻心肌缺血 - 再灌注损伤、抗心律失常而发挥对心脏的保护作用。

6. 影响代谢　有轻度水钠潴留作用;对儿童能增加骨骼的钙盐沉积,促进长骨骨骺闭合;对成人则能增加骨量,改善骨质疏松;大剂量能升高血清甘油三酯、磷脂及高密度脂蛋白,降低血清胆固醇及低密度脂蛋白;可减少胆酸的分泌,降低女性结肠癌的发病率;还具有降低糖耐量作用。

7. 对神经系统的影响　促进神经细胞的生长、分化、存活与再生,促进神经胶质细胞的发育及突触的形成;此外,还可以促进乙酰胆碱、多巴胺等神经递质的合成。

8. 其他　雌激素可以增加凝血因子Ⅱ、凝血因子Ⅶ、凝血因子Ⅸ、凝血因子Ⅹ活性,因此应用雌激素含量较高的避孕药时,可使血栓发生的可能性增加;另外,雌激素可使真皮增厚,表皮细胞增殖,保持皮肤弹性且改善血供。在男性,雌激素能拮抗雄激素,幼年时雌激素缺乏会显著延缓青春期的发育,成年时雌激素会抑制前列腺增生。

【临床应用】

1. 围绝经期综合征　是指绝经期妇女因卵巢功能降低,雌激素分泌减少,垂体促性腺激素分泌增多,内分泌平衡失调而出现的一系列症状,如阵发性发热、出汗、头痛、失眠、情绪不安等。应用雌激素补充治疗可抑制垂体促性腺激素的分泌,从而减轻上述症状。雌激素还可降低绝经期妇女冠心病的发生风险率。对于绝经期妇女,可应用小剂量雌激素预防冠心病、心肌梗死等心血管疾病的发生。此外,老年性阴道炎及女性阴道干枯症,局部用药有效。

2. 功能失调性子宫出血　用于因雌激素水平波动引起的不规则出血或雌激素水平低下,子宫内膜创面修复不良引起的出血。雌激素可促进子宫内膜增生,修复出血创面而止血,也可适当配伍孕激素,以调整月经周期。

3. 卵巢功能不全与闭经　原发性或继发性卵巢功能低下可用雌激素作替代治疗,以促进外生殖器、子宫及第二性征的发育;与孕激素合用可形成人工月经。

4. 乳房胀痛及退乳　部分妇女停止授乳后可发生乳房胀痛,大剂量雌激素可反馈性抑制催乳素对乳腺的刺激作用,使乳汁分泌减少而退乳消痛。

5. 抗骨质疏松作用　雌激素对骨的作用表现为剂量依赖关系,较高剂量雌激素增加骨密度的效果更明显。但长期接受外源性雌激素治疗的妇女,心脏病、脑卒中浸润性乳腺癌的发病风险都有所增加,这也是目前限制激素疗法作为短期治疗的主要原因。因此,临床常用小剂量雌激素防治骨质疏松。

6. 绝经后晚期乳腺癌　有研究认为,乳腺癌的发病与内源性雌酮有关。当绝经期妇女的卵巢停止分泌雌二醇时,肾上腺分泌的雄烯二酮在周围组织中可转化为雌酮,而雌酮持续作用于乳腺则可能引起乳腺癌。大剂量雌激素通过负反馈作用抑制垂体前叶分泌促性腺激素,进而减少雌酮的产生。因此,雌激素可缓解绝经后晚期乳腺癌不宜手术患者的症状。但绝经期以前的患者禁用,否则可能会促进肿瘤的生长。

7. 前列腺癌　大剂量雌激素抑制垂体促性腺激素分泌,使睾丸萎缩及雄激素分泌减少,同时又能拮抗雄激素,因此对前列腺癌有一定的治疗作用。

8. 痤疮　青春期痤疮是由于雄激素分泌过多引起的毛囊炎,而雌激素可抑制雄激素的分泌,并可拮抗雄激素的作用。

9. 避孕　与孕激素合用可避孕。

【不良反应】

1. 消化道症状　常见厌食、恶心、呕吐、头昏等,早晨较多见。从小剂量开始并逐渐增加剂量或反应发生后减少剂量均可减轻反应,注射用药也可缓解症状。

2. 子宫内膜出血　长期大量应用可致子宫内膜过度增生而引起出血,有子宫出血倾向及子宫内膜炎患者慎用。

3. 子宫内膜癌　绝经后雌激素替代疗法可明显增加子宫内膜癌的发病风险,若同时服用孕激素可减少其风险性。

4. 水肿 大剂量激素可引起水、钠潴留而导致水肿。因充血性心力衰竭、肝肾疾病导致的水潴留患者禁用。

5. 中枢神经系统 雌激素可加重偏头痛和诱发抑郁症。

6. 肝毒性 本药在肝内灭活，并可引起胆汁淤积性黄疸，故肝功能不良者慎用。

【药物相互作用】

1. 肝药酶诱导剂如卡马西平、苯妥英钠、利福平、苯巴比妥等会加快雌二醇及己烯雌酚的代谢，降低雌激素活性。

2. 己烯雌酚与抗凝血药合用会导致凝血效应的降低。

3. 己烯雌酚与抗高血压药合用，可降低抗高血压的作用。

【注意事项】 雌二醇凝胶剂禁用于乳房、外阴和阴道黏膜部位；已知或可疑妊娠妇女、哺乳期妇女、生殖系统恶性肿瘤、乳腺癌、不明原因的阴道不规则出血患者禁用；肿瘤患者(前列腺癌和绝经期后乳腺癌除外)不用；有血栓栓塞性疾病史的患者，以及血栓性静脉炎患者禁用。

二、抗雌激素类药

根据作用机制的不同，本类药物分为雌激素受体拮抗药、选择性雌激素受体调节药和芳香化酶抑制药。

1. 雌激素受体拮抗药 该类药物竞争性拮抗雌激素受体，从而抑制雌激素的作用。常用的雌激素受体拮抗药有氯米芬(clomiphene，克罗米酚)。氯米芬的化学结构与己烯雌酚相似，是三苯乙烯衍生物。该药有较弱的雌激素活性和中等程度的抗雌激素作用，能促进腺垂体分泌促性腺激素，从而诱导排卵。这可能与阻断下丘脑的雌激素受体，从而消除雌二醇的负反馈性抑制有关。临床用于月经紊乱及长期服用避孕药后发生的闭经，对无排卵型及精子缺失性不育症，以及乳房纤维囊性疾病和晚期乳腺癌也有一定疗效。其不良反应有多胎及视觉异常，长期大剂量连续服用可引起卵巢肥大，故卵巢囊肿患者禁用。

2. 选择性雌激素受体调节药 由于本类药物与不同组织的雌激素受体亲和力不同，因此可作为部分激动药或部分拮抗药而发挥作用，也被称为组织特异性雌激素受体调节药。例如，雷洛昔芬(raloxifene)对乳腺和子宫内膜上的雌激素受体没有作用，但能特异性拮抗骨组织的雌激素受体而发挥作用，临床多用于骨质疏松症的治疗。

3. 芳香化酶抑制药 芳香化酶是细胞色素 P_{450} 含血红蛋白酶复合物超家族中的一个微粒体成员，是催化形成雌激素的限速酶，存在于卵巢、脑、脂肪、肌肉、骨骼等组织中。抑制芳香化酶可减少雌激素的生成。常用药物为来曲唑(letrozole)，临床多用于雌激素依赖性肿瘤的治疗。

第二节 孕激素类药与抗孕激素类药

一、孕激素类药

天然孕激素(progestogen)主要以卵巢黄体分泌的黄体酮(progesterone，孕酮)为主，妊娠 3~4 个月后黄体逐渐萎缩，随后由胎盘分泌，直至分娩。临床应用的孕激素均系人工合成品及其衍生物。常用的有 17-α 羟孕酮类如甲羟孕酮(medroxyprogesterone)、甲地孕酮(megestrol)、氯地孕酮(chlormadinone)，19- 去甲基睾酮类如炔诺酮(norethisterone)、炔诺孕酮

（norgestrel）、双炔失碳酯（anorethindrane dipropionate）等，以及 19-去甲基孕酮类如地美孕酮、普美孕酮、曲美孕酮等。

【体内过程】黄体酮口服后在胃肠道及肝内迅速破坏，须注射给药或舌下给药。血浆中的黄体酮大部分与蛋白结合，游离的仅占 3%。其代谢物主要与葡糖醛酸结合，经肾排出。人工合成的炔诺酮、甲地孕酮等也可以口服，在肝破坏较慢。油溶液肌内注射可发挥长效作用。

【生理、药理作用】

1. 生殖系统 ①在月经后期，黄体酮在雌激素作用的基础上，使子宫内膜继续增厚、充血，腺体增生并分支，由增殖期转为分泌期，有利于孕卵着床和胚胎发育。②与催产素竞争受体，降低子宫对催产素的敏感性，有利于胎儿安全生长而起到保胎作用。其机制是黄体酮选择性地结合于催产素受体，抑制后者介导的磷酸肌醇的生成与钙离子活动。③抑制子宫颈管腺体分泌黏液，从而减少精子进入子宫。④抑制输卵管的节律性收缩和纤毛的生长，加快阴道上皮细胞的脱落。⑤生理量的孕激素能降低下丘脑 GnRH 分泌神经元的脉冲生成频率，增加垂体释放 LH 的脉冲幅度。大剂量孕激素可抑制垂体前叶 LH 分泌，起负反馈作用，抑制排卵。⑥促使乳腺腺泡发育，为哺乳做准备。

2. 对神经系统的影响 通过下丘脑体温调节中枢影响散热过程，使月经周期的黄体基础体温升高；抑制中枢和催眠作用；增加呼吸中枢对 CO_2 的通气反应，降低 CO_2 分压。

3. 对代谢的影响 竞争性对抗醛固酮，使 Na^+ 和 Cl^- 的排泄增加而利尿；促进蛋白质分解，增加尿素氮排泄；增加血中低密度脂蛋白，对高密度脂蛋白无或仅有轻微影响。此外，黄体酮为肝药酶诱导剂，可促进药物代谢。

【临床应用】

1. 功能失调性子宫出血 对黄体功能不足所致子宫内膜不规则的成熟与脱落而引起的子宫出血，应用孕激素可使子宫内膜协调一致地转为分泌期，维持正常的月经。

2. 流产 对先兆流产和习惯性流产均有效。孕激素对黄体功能不足所致的先兆流产和习惯性流产有一定的安胎作用，但 19-去甲基睾酮类具有雄激素样作用，可引起女性胎儿男性化，不宜采用。黄体酮有时也可能引起生殖器畸形。

3. 痛经及子宫内膜异位症 孕激素可通过抑制排卵并减轻子宫痉挛性收缩而达到止痛作用，也可使异位的子宫内膜退化，与雌激素合用效果更好。

4. 子宫内膜腺癌、前列腺肥大和前列腺癌 大剂量孕激素可使子宫内膜癌细胞分泌耗竭而致退化，可反馈性抑制垂体前叶分泌间质细胞刺激激素，减少睾酮分泌，促进前列腺细胞萎缩、退化。

5. 避孕 单独或与雌激素联合应用避孕。

6. 闭经的诊断和治疗 用于诊断雌激素分泌和了解子宫内膜对激素的反应性。闭经妇女应用孕激素 5~7 天后，若子宫内膜对内源性雌激素有反应，则发生撤退性出血。雌激素、孕激素合用也用于诊断和治疗闭经。

【不良反应】常见突破性出血、月经不规律、阴道点状出血、宫颈分泌物形状改变以及乳房胀痛等。偶见头晕、恶心、乳房胀痛等。长期应用可引起子宫内膜萎缩，月经量减少，并易发阴道真菌感染。男性偶见乳房发育、精子生成减少导致男性不育、体重增加、血糖升高、高钙血症。罕见心悸、心动过速、心肌梗死、体液潴留、水肿，并可增加血栓栓塞性疾病风险。大剂量黄体酮可引起胎儿生殖器畸形。

二、抗孕激素类药

抗孕激素类药干扰孕酮的合成和代谢，主要包括：①孕酮受体阻断药，如米非司酮

(mifepristone);② 3β- 羟甾脱氢酶抑制剂,如曲洛司坦(trilostane)。

米非司酮与孕激素受体有较强的亲和力,不仅同时具有抗孕激素和抗皮质激素的活性,而且还具有较弱的雄激素样活性。但米非司酮几乎无孕激素样内在活性。

米非司酮口服有效,生物利用度较高,血浆蛋白结合率较高,血浆半衰期长,可有效延长下一个月经周期,故不宜持续给药。米非司酮可以对抗黄体酮对子宫内膜的作用,具有明显的抗着床作用,故可单独用作房事后避孕的有效措施。米非司酮具有抗早孕作用,可终止早期妊娠,有可能出现一些严重的不良反应如阴道出血等,但一般无须特殊处理。贫血、正在接受抗凝治疗和糖皮质激素治疗者,不宜使用米非司酮。

第三节 女性生殖道药物

一、子宫平滑肌兴奋药

子宫平滑肌兴奋药(oxytocics)指直接作用于子宫平滑肌,提高子宫平滑肌兴奋性,使子宫收缩力增强的药物。这类药物的作用可因子宫平滑肌的生理状态及药物剂量的不同而有所差异,可使子宫产生节律性收缩,用于催产和引产;也可以产生强烈的收缩,用于产后止血或产后子宫复原。临床常用的有缩宫素、麦角生物碱及前列腺素等。

垂体后叶素是从牛、猪垂体后叶中提取的粗制品,主要成分为缩宫素和升压素。它们均为含二硫键的 9 肽神经激素,主要调控的生理功能既有相同点也有不同点。缩宫素主要可兴奋子宫,并有较弱的抗利尿和加压活性;升压素主要发挥收缩血管和抗利尿作用,也有较弱的子宫兴奋作用。

缩 宫 素

缩宫素(oxytocin)又名催产素(pitocin),是垂体后叶素的主要成分之一。目前,临床应用的缩宫素是人工合成品,或是从牛、猪垂体后叶提取分离的制剂。一个国际单位(U)的制剂相当于 2μg 的缩宫素,并含微量的升压素。

【体内过程】口服在消化道内被酶破坏,故无效。肌内注射吸收良好,3~5 分钟起效,作用可持续 20~30 分钟;静脉注射作用快而短,需要时可静脉滴注给药。主要经肝代谢,经肾排泄,妊娠期血浆 $t_{1/2}$ 为 5~12 分钟。

【药理作用】

1. 收缩子宫 人体子宫平滑肌质膜存在特异性缩宫素受体,妊娠不同阶段其受体密度不同。缩宫素可选择性兴奋子宫平滑肌,使子宫收缩力增强,收缩频率加快。其兴奋程度、特点取决于药物的剂量和子宫的生理状态。小剂量(2~5U)缩宫素可加强子宫底部平滑肌的节律性收缩,使收缩力增强,收缩频率加快;同时使子宫颈平滑肌松弛。这种收缩性质与正常分娩相似,有利于胎儿娩出。大剂量(5~10U)缩宫素则引起子宫强直性收缩。

体内雌、孕激素水平影响子宫平滑肌对缩宫素的敏感性。妊娠早期孕激素水平较高,子宫对缩宫素敏感性较低,可保证胎儿安全发育;妊娠后期孕激素水平较低,而雌激素水平较高,子宫对缩宫素反应增强;临产时子宫对缩宫素最敏感,有利于胎儿娩出。

人体子宫平滑肌胞质膜存在特异性缩宫素受体(G 蛋白偶联受体)。缩宫素作用于其受体,激活磷脂酶 C(PLC),使三磷酸肌醇(IP_3)生成增多,Ca^{2+} 向子宫平滑肌细胞内大量转移,从而增加细胞内 Ca^{2+},使子宫收缩力增强,收缩频率加快。此外,动物研究发现,缩宫素能促使子宫内膜和蜕膜产生和释放前列腺素增加,这也可能与其子宫收缩效应有关。

2. 其他作用　缩宫素可与乳腺的缩宫素受体结合,引起乳腺泡周围的肌上皮细胞收缩,引起射乳反射,促进排乳。大剂量缩宫素能短暂而显著松弛血管平滑肌,引起血压下降,但易产生快速耐受性。催产剂量一般不易引起血压明显下降。

【临床应用】

1. 催产和引产　对胎位正常、头盆相称、无产道障碍的产妇,由于宫缩乏力难产时,可用小剂量缩宫素增强子宫节律性收缩,促进分娩。对过期妊娠、死胎或患有疾病(如心脏病、肺结核等)必须提前中止妊娠者,可用小剂量缩宫素(2~5U/次)引产。

2. 产后止血　产后出血时,立即皮下或肌内注射较大剂量(5~10U)缩宫素,可迅速引起子宫平滑肌强直性收缩,压迫子宫肌层内血管而止血。因作用短暂,常需加用麦角生物碱制剂维持疗效。

3. 催乳　缩宫素鼻腔喷雾或含服,可促进乳汁分泌。

【不良反应】

1. 胎儿窒息或子宫破裂　剂量过大可引起子宫持续性强直收缩,导致胎儿窒息或子宫破裂。用于催产和引产时应严格掌握剂量,避免发生子宫强制性收缩。凡明显头盆不称、产道异常、胎位不正、前置胎盘、胎儿窘迫及 3 次妊娠以上的经产妇或有剖宫产和子宫手术史者禁用。

2. 水潴留和低血钠　大量使用缩宫素时,可出现抗利尿作用;若输液过多或过快,可引起水潴留和低血钠症。

3. 过敏反应　缩宫素的生物制剂偶尔引起过敏反应。

垂体后叶素

垂体后叶素(pituitrin)是从牛、猪的垂体后叶中提取的粗制品,内含缩宫素和升压素 2 种成分。

【药理作用】垂体后叶素中含有缩宫素,低剂量可增强妊娠末期子宫的节律性收缩,大剂量引起子宫强直性收缩。垂体后叶素中的升压素可收缩血管,尤其是小动脉和毛细血管。升压素还可作用于肾远曲小管和集合管细胞升压素 II 型受体,导致远曲小管和集合管对水的重吸收,发挥抗利尿作用。

【临床应用】肺出血、食管和胃底静脉破裂出血、尿崩症等;因对子宫平滑肌的选择性不高,加之升压素有升高血压的副作用,作为妇科用药已被缩宫素所代替。

【不良反应】有面色苍白、出汗、心悸、胸闷、恶心及过敏反应等。高血压、冠心病、心力衰竭、胎位不正、产道狭窄或障碍者禁用。

麦角生物碱类

麦角(ergot)是寄生在黑麦和其他禾本科植物子房中的一种麦角菌的干燥菌核,400 年前开始作为子宫兴奋药用于临床。麦角中含多种麦角生物碱(ergot alkaloid),按化学结构主要分为 2 类:①胺生物碱类,如麦角新碱(ergonovine)、甲麦角新碱(methylergometrine),口服吸收好,对子宫兴奋作用强、快、短;②肽生物碱类,如麦角胺(ergotamine)、麦角毒(ergotoxin),口服吸收差,对血管作用显著,作用缓慢、持久。

【药理作用】

1. 兴奋子宫　麦角生物碱类可选择性兴奋子宫平滑肌,其中以麦角新碱作用最强、最快。其作用强度取决于子宫的功能状态和用药剂量,对妊娠后子宫敏感性逐渐升高,临产时和新产后最为敏感。与缩宫素比较,其子宫兴奋作用强而持久,剂量稍大即引起子宫体和子宫颈强直收缩,故不能用于催产和引产,只适用于产后子宫出血和促进子宫复原,效果良好。

2. 收缩血管　麦角胺和麦角毒可直接兴奋血管平滑肌,收缩动静脉血管,而且麦角胺作用更强。麦角胺还可通过抑制突触前膜及血小板对去甲肾上腺素、5-羟色胺的再摄取等机制产生缩血管作用,使动脉搏动幅度减少,减轻偏头痛。

3. 阻断 α 受体　麦角胺和麦角毒通过阻断血管平滑肌 α 受体,使肾上腺素的升压作用翻转,具有中枢抑制作用,使血压下降。

【临床应用】

1. 子宫出血　产后或其他原因引起的子宫出血可用麦角新碱或其衍生物,使子宫平滑肌产生强直性收缩,压迫肌纤维间的血管而止血。

2. 产后子宫复原　产后子宫复原缓慢,易引起出血和感染。应用麦角流浸膏或麦角新碱,加速子宫复原。

3. 偏头痛　麦角胺与咖啡因合用可治疗偏头痛。咖啡因也有收缩脑血管作用,并能促进麦角胺吸收,使疗效增加。但麦角胺对脑血管作用无选择性,过量易产生麦角胺中毒,并可产生药物依赖,临床目前已较少使用。

4. 人工冬眠　麦角毒的氢化物如氢麦角毒(dihydroergotoxin)又名双氢麦角碱、海得琴,具有中枢抑制、扩张血管及降低血压作用,与氯丙嗪、哌替啶组成冬眠合剂,用于人工冬眠。

【不良反应】注射麦角新碱可引起恶心、呕吐、眩晕、血压升高,故不宜常规使用。偶可引起过敏反应。大剂量或长期应用麦角胺和麦角毒可损伤血管内皮细胞,造成血栓和肢端坏疽,对肝病或有外周血管病变者更敏感。

前列腺素类

前列腺素(prostaglandin,PG)是一类广泛存在于人体多种组织的二十碳不饱和脂肪酸,主要作用于心血管系统、消化系统和生殖系统,对机体的许多功能具有调节作用。不同类型的前列腺素具有不同的功能。药用主要作用于子宫平滑肌的前列腺制剂有前列腺素 E_2(PGE$_2$)[又名地诺前列酮(dinoprostone)]、前列腺素 $F_{2\alpha}$(PGF$_{2\alpha}$)[又名地诺前列素(dinoprost)]、米索前列醇(misoprostol)、卡前列素(carboprost)等。

【药理作用】前列腺素对子宫具有收缩作用,其中 PGE$_2$、PGF$_{2\alpha}$ 在分娩中具有重要意义。

1. 对子宫的作用　前列腺素对子宫的影响与前列腺素的种类、用量及子宫所处生理状况有明显关系。前列腺素对非妊娠子宫具有松弛作用,对妊娠各期子宫均有显著兴奋作用,妊娠末期子宫对其尤为敏感。此类药物引起的子宫收缩与正常生理分娩相似,可增强子宫平滑肌的节律性收缩,并使子宫颈平滑肌松弛,有利于胎儿娩出。

2. 促黄体溶解作用　前列腺素 E、前列腺素 F 对动物的黄体具有明显的溶解作用,其机制目前尚无定论。

【临床应用】

1. 治疗性流产　用于终止各期妊娠。可采用静脉滴注、羊膜腔内给药、宫腔内给药、阴道内给药等不同给药途径。中期妊娠流产效果较好。

2. 抗早孕　停经 49 日内的早孕妇女,大剂量应用可终止早孕。因该类药具有促黄体溶解作用,能收缩子宫,不利于受孕和着床;可促使胚胎早期死亡,并促使胚胎从子宫内排出。

3. 足月或过期妊娠引产。

【不良反应】不良反应有恶心、呕吐、腹泻、腹痛、发热等。地诺前列素可收缩支气管平滑肌,有支气管哮喘患者禁用。地诺前列素可升高眼压,青光眼患者禁用。用于引产时的禁忌证及注意事项与缩宫素类似。

二、子宫平滑肌抑制药

子宫平滑肌抑制药又名抗分娩药(tocolytic drug),可抑制子宫平滑肌收缩,使其收缩力减弱,收缩节律减慢,临床上主要用于防治早产和痛经。

（一）肾上腺素受体激动药

利 托 君

【药理作用】利托君（ritodrine）为选择性 β_2 受体激动药，可特异性抑制子宫平滑肌，减慢子宫收缩频率，减弱收缩力和缩短子宫收缩时间。

【临床应用】主要用于防治早产。早产妇女使用此药后，可延缓分娩，使妊娠时间接近正常。先采用静脉滴注，取得疗效后，口服本药维持疗效。

【不良反应】静脉给药不良反应较严重，多与 β 受体激动相关，如出现心率加快、收缩压升高及舒张压下降。也可见血红蛋白浓度降低、血糖升高、血钾降低及游离脂肪酸升高等。较严重不良反应有横纹肌溶解综合征、肺水肿等。

（二）其他子宫平滑肌抑制药

硫 酸 镁

硫酸镁（magnesium sulfate）可明显抑制子宫平滑肌收缩。Mg^{2+} 直接作用于子宫平滑肌细胞，拮抗 Ca^{2+} 的子宫收缩活性，抑制早产宫缩。妊娠期间应用硫酸镁可防治早产、妊娠高血压综合征及子痫发作，对于禁用 β_2 受体激动药的产妇，可用本药治疗早产。

钙通道阻滞药

钙通道阻滞药主要通过影响 Ca^{2+} 细胞内流而抑制子宫收缩。可松弛离体子宫平滑肌，明显拮抗缩宫素引起的子宫兴奋作用。硝苯地平为常用的防治早产的钙通道阻滞药。

前列腺素合成酶抑制药

前列腺素合成酶抑制药可通过抑制环氧合酶使花生四烯酸不能转化为前列腺素，从而抑制子宫收缩，如吲哚美辛（indomethacin）已被用于早产，但由于前列腺素可维持胎儿的动脉导管开放，因此吲哚美辛可导致胎儿动脉导管过早关闭，临床应用时要慎重。本药限于妊娠 34 周之内的孕妇使用。

三、女性用避孕药

生殖过程包括精子和卵子的形成与成熟、排卵、受精、着床以及胚胎发育等许多环节。避孕药是阻碍受孕或防止妊娠的药物，包括女性用和男性用 2 种。由于女性排卵有周期性，主要以女性用药为主。女性用避孕药主要为复方甾体激素制剂和有杀精作用的外用避孕药。甾体激素避孕药由雌激素和孕激素配伍组成，可分为口服剂、注射剂及缓释剂 3 类，其中最常用的是短效口服复方甾体避孕药。

（一）主要抑制排卵的避孕药

【药理作用】该类药物均由不同类型的雌激素和孕激素组成，主要通过负反馈机制抑制下丘脑 GnRH 的释放，减少 FSH 的分泌，使卵泡的生长成熟过程受到抑制，同时孕激素又可抑制 LH 的释放，两者发生协同作用而进一步抑制排卵的发生。此外，该类药物还可干扰生殖过程的其他环节，如抑制子宫内膜的正常增殖，使其萎缩退化，不利于受精卵着床，改变受精卵在输卵管中的运行速度，阻碍受精卵适时地到达子宫；另外，还可使宫颈黏液增稠，不利于精子进入宫腔。本类药物在排卵前、排卵期及排卵后服用，均可影响孕卵着床。

【分类】

1. 短效口服避孕药　常用药有复方炔诺酮片、复方甲地孕酮片、口服避孕片 0 号、复方甲基炔诺酮、复方左旋 18- 甲基炔诺酮等。服法：从月经周期第 5 日起，每晚服药 1 片，连续服用 22 日，不能间断。一般停药后 2~4 日就可发生撤退性出血，形成人工月经周期。下次服药仍从月经来潮第 5 日起。如停药 7 日仍未来月经，则应立即开始服下一周期的药物。偶尔漏服时，应于 24 小时内补服 1 片。

2. 长效口服避孕药　是以长效雌激素类药炔雌醚与孕激素类药 18- 甲基炔诺酮或氯地孕酮配伍组成的复方片剂。服法：从月经来潮当日算起，第 5 日服 1 片，最初 2 次间隔 20 日，以后每月服 1 次，每次服 1 片。

3. 长效注射避孕药　有复方己酸孕酮注射液（避孕针 1 号）和复方甲地孕酮注射液等。用法：首次于月经周期第 5 日深部肌内注射 2 支，以后每隔 28 日或于每次月经周期第 11~12 日注射 1 次。

4. 多相片剂　为了使服用者的激素水平近似月经水平，并减少月经期间出血的发生率，可将避孕药制成多相片，如炔诺酮双相片、炔诺酮三相片。炔诺酮双相片是开始 10 日每日服 1 片含炔诺酮 0.5mg 和炔雌醇 0.035mg 的片剂，后 11 日每日服 1 片含炔诺酮 1mg 和炔雌醇 0.035mg 的片剂。这种服用方法的优点是很少发生突破性出血。炔诺酮三相片则分为开始 7 日每日服 1 片含炔诺酮 0.5mg 和炔雌醇 0.035mg 的片剂，中期 7 日每日服用 1 片含炔诺酮 0.75mg 和炔雌醇 0.035mg 的片剂，最后 7 日每日服用 1 片含炔诺酮 1mg 和炔雌醇 0.035mg 的片剂，其效果较炔诺酮双相片更佳。

5. 埋植剂　以硅胶囊管装入炔诺孕酮，形成棒状物，植入臂内侧或左肩胛部皮下。

【不良反应】

1. 类早孕反应　少数用药者服药初期可出现恶心、呕吐、头晕、乏力、困倦、食欲缺乏等类似早期妊娠反应，坚持服药数月，药物反应可自然消失或减轻。

2. 阴道不规则出血　常见于用药后最初几个周期，可加服炔雌醇。

3. 月经变化　大部分服药者月经量没有变化，但少数有月经减少的倾向，有 1%~2% 的妇女发生闭经，如连续 2 个月闭经，应予停药。服用长效口服避孕药者常会发生经量增多、经期延长等现象。出血较多时可用止血药，必要时注射丙酸睾酮。

4. 乳汁减少　见于少数哺乳期妇女。

5. 凝血功能亢进　甾体避孕药可引起血栓性静脉炎、血栓栓塞，如肺血栓、脑血栓等。

6. 轻度损害肝功能　与肝肿瘤的发生有一定关系，服药者应定期检查肝，有肝大者宜停药。

7. 体重增加　可能与雌激素引起水钠潴留、孕激素影响合成代谢相关，故使部分妇女体重增加。

8. 其他　长期应用有皮肤色素沉着、痤疮，个别有血压升高。

(二) 抗孕卵着床避孕药

该类药物可使子宫内膜发生各种功能与形态变化，使子宫腺体减少肝糖的合成，让囊胚不易存活，或改变子宫和输卵管的活动方式，阻碍受精卵的运送，阻碍孕卵着床。常用大剂量炔诺酮（5mg/ 次）、甲地孕酮（2mg/ 次）及双炔失碳酯（anorethidrane dipropionate）。该类药物的应用时间不受月经周期的限制，用法为同居当晚或房事后服用。同居 14 日以内，每晚服 1 片，必须连服 14 片；如超过 14 日，应接着服用复方炔诺酮片或复方甲地孕酮片。

（韩　冬）

复习思考题

1. 雌激素有哪些生理、药理作用？

2. 缩宫素的药理作用有哪些？临床用途如何？

3. 女性避孕药的分类及作用机制是什么？

第三十一章

雄激素和男科药物

1. 掌握 雄激素的生理及药理作用;男性避孕药的作用机制。
2. 熟悉 雄激素的临床应用。
3. 了解 雄激素的不良反应。

第一节 雄激素类药与同化激素类药

一、雄激素类药

天然雄激素(androgen)主要是睾酮(testosterone),由睾丸间质细胞分泌。肾上腺皮质、卵巢和胎盘等也能够分泌少量睾酮。临床上常用人工合成的睾酮衍生物,如甲睾酮(methyltestosterone,又称甲基睾丸素)、丙酸睾酮(testosterone propionate,又称丙酸睾丸素)和苯乙酸睾酮(testosterone phenylacetate,又称苯乙酸睾丸素)等。

【体内过程】睾酮口服后易被肝破坏,因此口服无效。一般用其油溶液肌内注射或植入皮下。其为酯类化合物,极性低,溶于油液中注射后,不易进入水性体液,因而吸收缓慢。睾酮可与血浆白蛋白或皮质醇结合蛋白结合。结合与游离形式的睾酮可以互相转化,然而只有游离的睾酮具有生物活性。游离状态的睾酮进入靶组织可直接发挥作用,或经靶细胞内 5α 还原酶的作用转化为活性更强的双氢睾酮发挥作用,而且该酶的抑制剂在临床上被用于治疗前列腺肥大。睾酮主要在肝内代谢、灭活,最终的代谢物随尿液排出。甲睾酮口服吸收迅速且完全,又不易被肝破坏,因此口服效果较好,也可舌下给药。

【生理及药理作用】

1. 生殖系统 胎儿时期由睾丸的胚胎型间质细胞分泌的睾酮诱导男性内、外生殖器发育,促使男性第一性征形成。进入青春期后,睾酮促进男性性器官及副性器官发育、成熟并保持,促进男性第二性征形成,促进精子的生成及成熟。大剂量反馈抑制垂体前叶分泌促性腺激素。对女性可使雌激素分泌减少,还有抗雌激素作用。

2. 同化作用 雄激素能明显促进蛋白质合成(同化作用),减少蛋白质分解(异化作用),造成正氮平衡,使肌肉增长,体重增加,减少尿氮排泄,同时有水、钠、钙、磷潴留现象。

3. 造血作用 雄激素能刺激造血功能,尤其是红细胞的生成。红细胞生成素原经红细胞生成酶作用生成红细胞素,是刺激造血的重要造血因子。骨髓造血功能低下时,大剂量雄激素可促进肾分泌促红细胞生成素,也可直接刺激骨髓造血功能,使红细胞生成增加。

4. 对心血管系统的影响 雄激素通过激活雄激素受体和偶联 K^+ 通道,对心血管系统有良好调节作用,包括:影响脂质代谢,降低胆固醇;调节凝血和纤溶过程;松弛血管平滑肌,降低血管张力等。

5. 对免疫系统的影响 雄激素能促进免疫球蛋白的合成使机体免疫功能和抗感染能力增强。在免疫稳定、监视和防御等方面起到重要的作用。

6. 其他作用 雄激素还可抑制高胰岛素血症、高糖和代谢综合征的发生。

【临床应用】

1. 睾丸功能不全 无睾症或类无睾症(睾丸功能不全)时,作补充治疗。

2. 功能失调性子宫出血 通过对抗雌激素作用使子宫平滑肌及其血管收缩、内膜萎缩而止血,围绝经期患者较适用。对严重出血患者,可用己烯雌酚、黄体酮和丙酸睾酮 3 种混合物注射应用,但停药后可出现撤退性出血。

3. 晚期乳腺癌 对晚期乳腺癌或乳腺癌转移者,采用雄激素治疗可使部分患者的病情得到缓解。其作用机制是:①对抗雌激素;②抑制垂体促性腺激素的分泌,减少卵巢分泌雌激素;③雄激素还有对抗催乳素对乳腺癌的刺激作用,其治疗效果与癌细胞中雌激素受体含量有关,受体浓度高者疗效较好。

4. 贫血 用丙酸睾酮或甲睾酮可使骨髓功能改善,因而可用于再生障碍性贫血及其他贫血。

5. 虚弱 小剂量雄激素可用于各种消耗性疾病、骨质疏松、生长延缓、长期卧床、损伤、放射治疗等导致的身体虚弱状况。

6. 预防良性前列腺增生 雄激素可降低前列腺内双氢睾酮水平,预防良性前列腺增生。

【不良反应】女性患者长期应用雄激素类药物,可引起男性化体征,如痤疮、多毛、声音变粗、闭经、乳腺退化、性欲改变等;男性患者可发生性欲亢进,也可出现女性化,因长期用药后睾丸萎缩,精子生成抑制。17α- 位由烷基取代的睾酮类药物干扰肝内毛细胆管的排泄功能,可引起胆汁淤积性黄疸。

【禁忌证】孕妇及前列腺癌患者禁用。因有水、钠潴留作用,对肾炎、肾病综合征、肝功能不良、高血压及心力衰竭患者也应慎用。雄激素依赖性肿瘤患者禁用。

【药物相互作用】睾酮与降糖药、环孢素、抗凝血药或甲状腺素合用,既能增加药物活性,也会增加其毒性。睾酮与神经肌肉阻滞药合用,对后者产生拮抗作用。

二、同化激素类药

雄激素有较强的同化作用,但用于女性或非性腺功能不全的男性,常可出现女性男性化或雄激素过多现象。同化激素(anabolic hormone)是同化作用为主、男性化作用较弱的睾酮衍生物,如苯丙酸诺龙、司坦唑醇等。

同化激素能促进蛋白质合成,减少蛋白质分解,使肌肉增长,体重增加,还有使钠、钾、磷和水潴留的作用,但男性化的作用很弱。主要用于蛋白质合成不足和分解增多的患者,如营养不良、严重烧伤、肿瘤恶病质、手术后恢复期、骨折不易愈合、老年性骨质疏松等。

长期使用同化激素可引起水钠潴留、血钙过高,女性患者可发生月经紊乱及轻度男性化。肾炎、心力衰竭和肝功能不良者慎用,孕妇、高血压患者及前列腺癌患者禁用。可造成儿童及青少年性早熟以及骨骼发育的提早结束,从而影响其身高。男性患者则可致高血压、音调升高、乳房发育、皮肤痤疮、性功能减退或睾丸萎缩。老年患者因前列腺增生而致排尿困难等。

前列腺癌、男性乳腺癌、高血压妇女及妊娠妇女禁用苯丙酸诺龙。司坦唑醇禁用于伴高血钙的乳腺癌、男性乳腺癌患者等；禁用于前列腺增生、前列腺癌、肾炎或其他肾病患者，以及妊娠期妇女。本类药物在体育竞赛中属违禁药。

第二节　男科药物

男科学（andrology）研究的范围主要涉及男性生殖泌尿系统的细胞学、分子生物学、生殖生理学、生物化学、药理学、免疫学、遗传学、临床科学等。本章所涉及的男科药物仅包括治疗前列腺增生及性功能障碍的药物。

一、治疗前列腺增生的药物

前列腺增生（良性前列腺肥大）是老年男性常见病之一。其发病原因尚不完全清楚，但一般认为年龄与体内性激素失调是发病的基础。目前，前列腺增生可采用药物治疗、手术治疗以及非药物治疗。常用治疗药物按照其作用环节可分为以下 7 类：①雌激素类，如溴乙酰己烷雌酚、己烯雌酚等；②抗雄激素类，如环丙孕酮、黄体酮己酸酯等；③ α 受体阻断药，如酚苄明、特拉唑嗪等；④ 5α- 还原酶抑制药，如爱普列特等，或抗真菌抗生素，如酮康唑等；⑤花粉制剂，如前列康等；⑥复方氨基酸制剂，如安尿通等；⑦中药复方制剂，如前列通片等。

二、治疗男性性功能障碍的药物

男性性功能障碍包括性欲异常、阳痿、早泄、不射精及遗精。其中，阳痿是男科学与泌尿系统常见疾病，可分为功能性（即精神性或心理性）和器质性（包括血管障碍性、神经障碍性及内分泌障碍性）2 类。目前，治疗阳痿的药物按照作用环节可分为：①中枢安定药，如小剂量苯二氮䓬类药、维生素 B 族等；②特异性磷酸二酯酶 5 抑制药，如西地那非等；③性欲中枢兴奋药，如一定剂量的乙醇、某些镇痛药等；④雄激素类药，如甲睾酮、丙酸睾酮、庚酸睾酮等；⑤中药，如淫羊藿、鹿茸精等。

西地那非

西地那非（sildenafil）又名昔多芬，是一种研发治疗心血管疾病药物时意外发现的治疗男性勃起功能障碍药，为 1998 年美国首次上市的第 1 个口服抗阳痿药。

【体内过程】口服后吸收迅速，绝对生物利用度约 40%。主要在肝内代谢生成一有活性的代谢物，其性质与西地那非近似。与细胞色素 P_{450} 同工酶 $3A_4$ 的强效抑制药以及细胞色素 P_{450} 非特异性抑制物合用时，血浆水平升高。消除半衰期约 4 小时。空腹给药 1 小时内血浆浓度（C_{max}）达最大。血浆蛋白结合率为 96%。主要以代谢物形式随粪便排泄（约为口服剂量的 80%），一小部分从肾排泄（约为口服剂量的 13%）。

【药理作用】西地那非是特异性磷酸二酯酶 5（PDE5）抑制药。在阴茎勃起及性刺激过程中，能增强阴茎海绵体内 NO 释放，而 NO 从神经末梢和内皮细胞释放出来与海绵体平滑肌上的受体结合，激活细胞内可溶性鸟苷酸环化酶，后者在 Mn^{2+} 参与下，促使鸟苷三磷酸（GTP）变为环鸟苷酸（cGMP）；cGMP 激活蛋白激酶 G（PKG）和小部分蛋白激酶 A（PKA），通过活化 Ca^{2+} 泵使细胞内游离 Ca^{2+} 水平降低，从而导致海绵体平滑肌松弛，动脉血流入，阴茎充血、坚硬、勃起。在人海绵体组织和血管平滑肌中存在 PDE5，能使 cGMP 水解为鸟苷一磷酸（GMP），阻断使阴茎勃起的 NO-cGMP 途径。西地那非为 PDE5 选择性抑制剂，能防止 cGMP 的降解，从而能加强性兴奋的阴茎勃起反应。西地那非对海绵体无直接松弛作用。

【临床应用】用于男性阴茎勃起功能障碍、肺动脉高压与高山病的防治等。

【不良反应】常见头痛、面部潮红、消化不良等，一般都会很快消失；还可见鼻塞、视觉色彩改变、尿路感染、腹泻、眩晕、皮疹等。

【注意事项】65 岁以上老年人、肝肾功能不良者应慎用。重度肾功能不全者清除率降低，应减少剂量。不适用于妇女、儿童。有心血管疾病的患者禁用。当用药过量时，应根据需要采取常规支持疗法。有心血管危险因素存在时，用药后有发生非致命性或致命性心脏事件的危险。该药不得与硝酸甘油、硝酸异山梨酯合用，也不宜与其他治疗勃起功能障碍的方法同时应用。不应同时饮酒，否则会影响西地那非的勃起功效。

三、男性避孕药

棉酚（gossypol）是棉花根、茎和种子中含有的一种酚类物质。棉酚可破坏睾丸曲细精管的生精上皮，抑制生精过程，使精子数量逐渐减少，直至没有精子。如每日服用 20mg，连服 2 个月，节育有效率可高达 99% 以上。停药后生精能力可逐渐恢复。不良反应有胃肠道刺激症状、心悸及肝功能改变等，部分服药者在服药期间可发生低血钾症状。

环丙氯地孕酮是一种强效孕激素，为抗雄激素药物，可在雄激素的靶器官竞争性对抗雄激素。大剂量环丙氯地孕酮可抑制促性腺激素的分泌，减少睾丸内雄激素结合蛋白的产生，抑制精子的生成，干扰精子的成熟过程。

孕激素和雄激素在较大剂量时可反馈性抑制腺垂体促性腺激素的分泌，从而抑制精子的发生。将两者合用，制成孕激素 - 雄激素复合制剂，有协同作用，可减少各药的剂量，从而减少其副作用。雄激素可以补充体内睾酮的不足，用于维持正常的性功能。

> ### 知识链接
>
> #### 意外的惊喜——西地那非
>
> 1989 年，研究表明，抗过敏药扎普司特舒张肺动脉血管可能与 PDE5 有关。随后，研究人员以扎普司特为前导化合物，希望研制出一款新型心血管病治疗药物，于是他们设计并合成了 1 600 个化合物，最终研发出西地那非。
>
> 但在临床研究中，西地那非对心血管的保护作用令人失望，心绞痛患者接受治疗后，没有达到预期疗效。1991 年 4 月，西地那非的临床研究正式宣告失败。
>
> 但在对西地那非的临床效果进行分析时意外发现，一些男性受试者服药后出现生殖器勃起现象，且勃起程度与服用剂量呈正相关，而高剂量组则有 90% 的人有勃起现象。1994 年，研究人员以勃起功能障碍为适应证重新启动西地那非 Ⅱ 期临床试验，并取得显著疗效。
>
> 1998 年，西地那非获得美国 FDA 的上市许可，成为专门用于治疗勃起功能障碍的新药。

（韩　冬）

复习思考题

1. 雄激素有哪些生理、药理作用？
2. 男性避孕药棉酚的作用机制是什么？

第三十二章

肾上腺皮质激素类药物

笔记栏

PPT 课件

📘 **学习目标**

1. 掌握 糖皮质激素类药物的生理效应、药理作用、作用机制、临床应用、不良反应及禁忌证。
2. 熟悉 糖皮质激素类药物的体内过程和给药方法。
3. 了解 盐皮质激素类药物、促肾上腺皮质激素及皮质激素抑制药的药理作用及临床应用。

肾上腺皮质激素（adrenocortical hormone）简称皮质激素，是肾上腺皮质分泌的各种激素的总称。按其生理作用可分为 3 类：①糖皮质激素（glucocorticoid，GC），由肾上腺皮质束状带细胞合成与分泌，包括氢化可的松［hydrocortisone，亦称皮质醇（cortisol）］、可的松（cortisone）等，其合成与分泌受腺垂体促肾上腺皮质激素［adrenocorticotropic hormone，ACTH，又名促皮质素（corticotrophin）］的调节，主要影响三大物质代谢，对水、盐代谢影响较小；②盐皮质激素（mineralocorticoid，MC），由肾上腺皮质球状带细胞合成与分泌，包括醛固酮（aldosterone）、去氧皮质酮（desoxycorticosterone）等，主要受肾素 - 血管紧张素系统的调节，主要影响水、盐代谢；③性激素，由肾上腺皮质网状带细胞分泌。通常所指的肾上腺皮质激素，不包括性激素。肾上腺皮质激素类药物是指具有肾上腺皮质激素相似或相同生物活性的药物。临床上常用的皮质激素主要是糖皮质激素。

【构效关系】肾上腺皮质激素的基本结构为环戊烷多氢菲（甾体或甾核），故其又名甾体激素。甾体是由 3 个六元环与 1 个五元环组成，4 个环分别称 A、B、C、D 环，在 D 环的 C_{17} 上有一短侧链（图 32-1）。

肾上腺皮质激素的作用与化学结构密切相关。构效关系研究表明：① C_3 上的酮基、$C_{4\sim5}$ 的双键及 C_{20} 的羰基是保持皮质激素生物活性的必需基团。② MC 与 GC 的主要区别是：MC 的 C_{17} 上无羟基，在 C_{11} 上无氧（如去氧皮质酮）或虽有氧，但与 C_{18} 相连（如醛固酮），因而其主要影响水、盐代谢，对糖代谢影响较小，故称盐皮质激素；GC 在 C_{17} 上有羟基，在 C_{11} 上有氧（如可的松）或羟基（如氢化可的松），因而具有较强的影响糖代谢和抗炎等作用，而对水、盐代谢影响较小，故称糖皮质激素。③内源性 GC 主要为可的松、氢化可的松。为了提高 GC 的临床疗效，减少其不良反应，人们对可的松与氢化可的松的化学结构进行改造，发现：$C_{1\sim2}$ 改成双键、C_6 上加甲基、C_9 上引入氟、C_{16} 引入甲基或羟基等，对糖代谢影响及抗炎作用更强，而对水、盐代谢影响更弱（图 32-1，表 32-1）。临床应用的 GC 多为半合成品。

图 32-1　肾上腺皮质激素类药物的化学结构

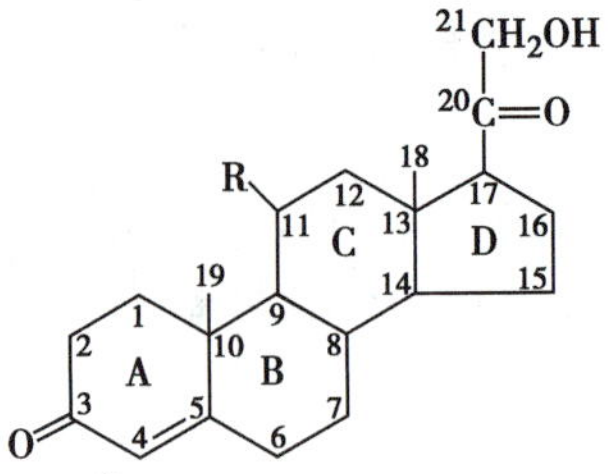

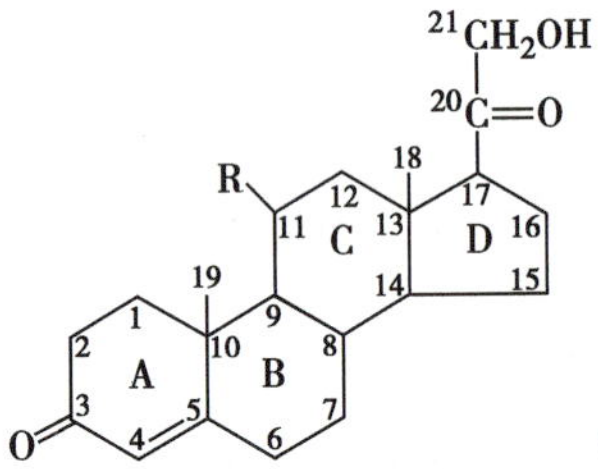

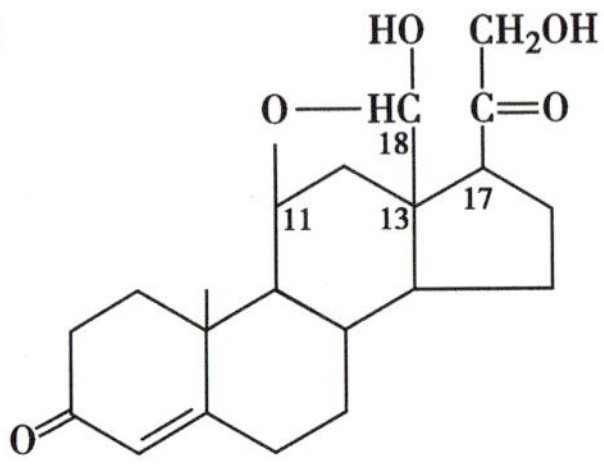

表 32-1　常用糖皮质激素类药物的比较

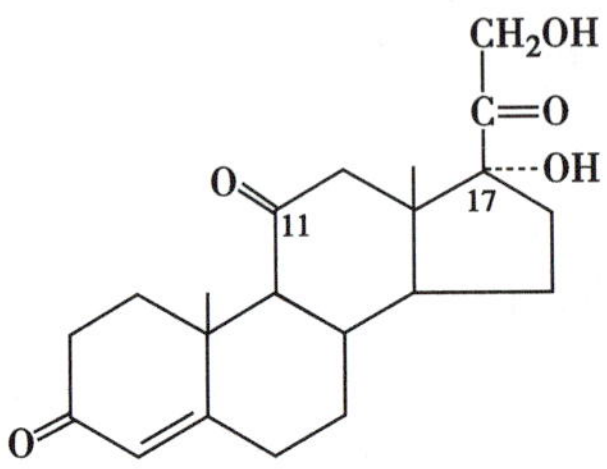

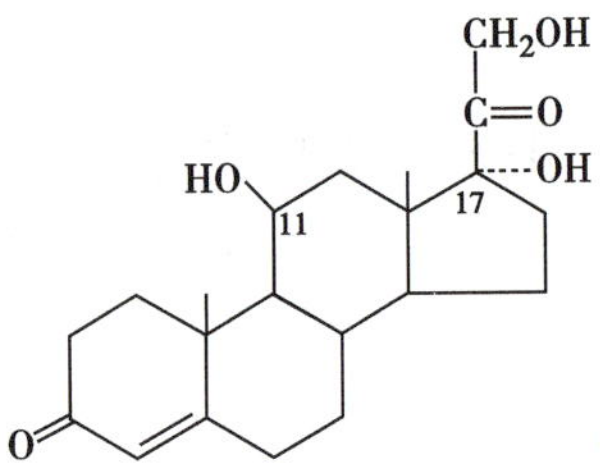

药物			$t_{1/2}$/min	维持时间 /h	抗炎作用（比值）	糖代谢作用（比值）	水盐代谢作用（比值）	口服等效剂量 /mg
全身用糖皮质激素	短效	可的松*	90	8~12	0.8	0.8	0.8	25.0
		氢化可的松	90	8~12	1.0	1.0	1.0	20.0
	中效	泼尼松*	>200	12~36	4.0	4.0	0.3	5.0
		泼尼松龙	>200	12~36	4.0	4.0	0.3	5.0
		曲安西龙	>200	12~36	5.0	5.0	0	4.0

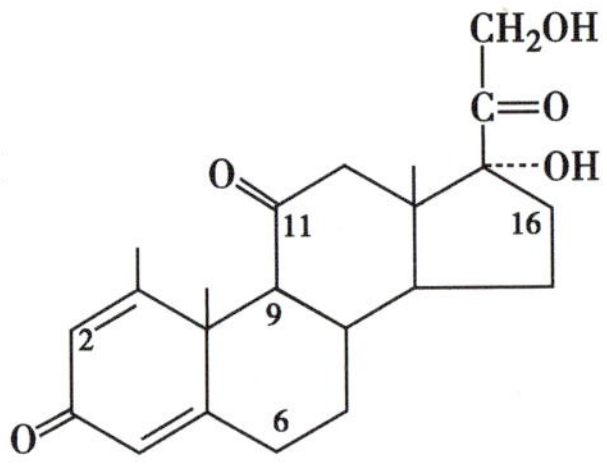

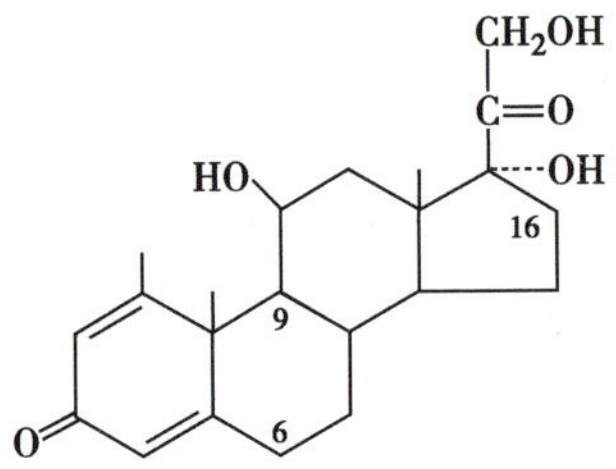

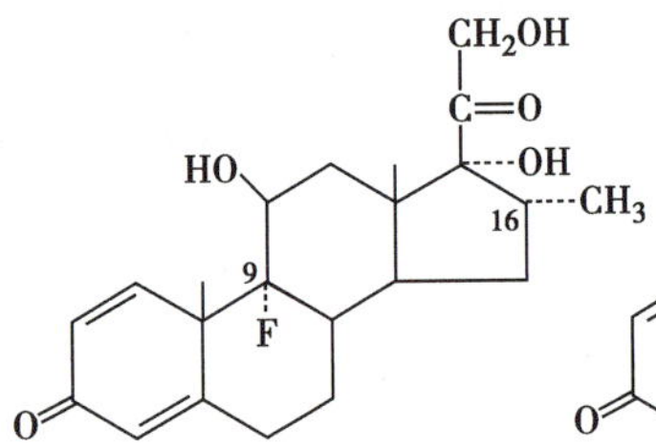

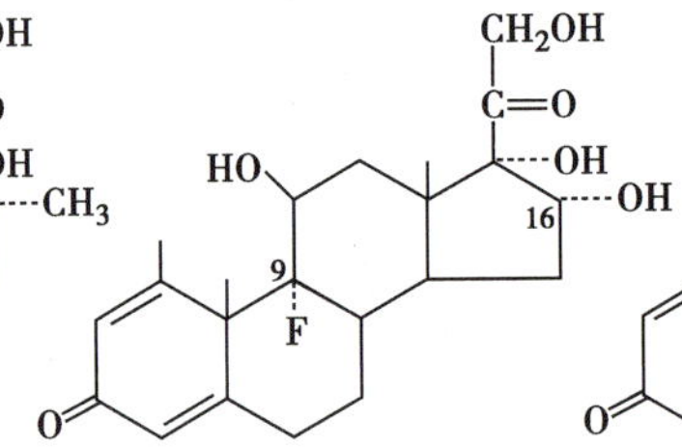

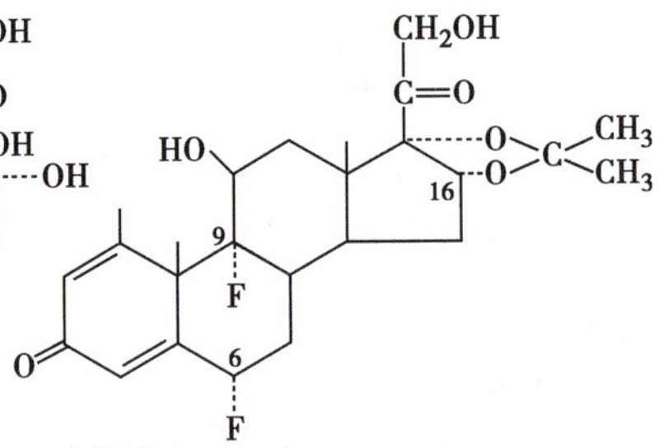

笔记栏

	药物		$t_{1/2}$/min	维持时间 /h	抗炎作用（比值）	糖代谢作用（比值）	水盐代谢作用（比值）	口服等效剂量 /mg
全身用糖皮质激素	长效	地塞米松	>300	36~72	25.0	25.0	0	0.75
		倍他米松	>300	36~72	30.0	30.0	0	0.60
外用糖皮质激素	氟氢可的松				12.0		125.0	
	氟轻松				40.0			

* 体外无效,在体内可转化为活性代谢物。

第一节　糖皮质激素类药物

【体内过程】本类药口服或注射均易吸收。氢化可的松入血后 90% 与血浆蛋白结合,其中 80% 与皮质类固醇结合球蛋白(corticosteroid binding globulin,CBG)结合,10% 与白蛋白结合,而游离型激素约占 10%。结合型激素不易进入细胞内,无生物活性。而泼尼松和地塞米松与 CBG 结合较少(约 70%),这可能是人工合成品作用较强的原因之一。CBG 在肝中合成,雌激素可促进其合成。肝病时 CBG 合成受损,肾病时血浆蛋白随尿排出增多,均可使 CBG 含量减少,游离型 GC 浓度增加,故肝、肾疾病时 GC 的作用可能增强,较易发生不良反应。

GC 主要在肝内通过 A 环上 C_{4-5} 间的双键加氢还原而失活。另外,C_3 位的酮基可转化为羟基,继而与葡糖醛酸或硫酸结合成水溶性代谢物随尿排出。可的松无生物活性,必须在肝内经 11- 羟类固醇脱氢酶(11-hydroxysteroid dehydrogenase)催化,将可的松 C_{11} 位的酮基还原为羟基,即转化为氢化可的松才能发挥作用。同样,C_{11} 位为酮基的泼尼松也必须经过同样的步骤转化为泼尼松龙(氢化泼尼松)才有活性。严重肝病不易发生这种转化,故宜直接使用氢化可的松或泼尼松龙。GC 的代谢物大部分从肾排出,排出很快,约 90% 以上在 48 小时内出现于尿中,因此测定尿中 GC 代谢物如 17- 羟皮质素、17- 酮皮质素可反映肾上腺 - 垂体系统的功能。

根据 GC 作用持续时间的长短,可将其分为短效(<12 小时)、中效(12~36 小时)和长效(>36 小时)3 类(表 32-1)。

【生理效应和药理作用】相当于正常肾上腺皮质每日分泌量的 GC 所起的作用称生理效应,主要影响物质代谢。而超生理剂量时,除使物质代谢增强外,还可产生抗炎、免疫抑制等作用,称药理作用。

1. 对物质代谢的影响

(1)糖代谢:GC 能促进糖原异生,减慢葡萄糖分解为二氧化碳的氧化过程,有利于中间代谢物如丙酮酸、乳酸等在外周组织再合成葡萄糖,增加血糖的来源,同时减少机体细胞摄取葡萄糖,从而使肝、肌糖原增加,血糖升高,因而得名糖皮质激素。以上作用有加重或诱发糖尿病的倾向。

(2)蛋白质代谢:GC 能促进多种组织如胸腺、肌肉、皮肤、骨、淋巴组织中的蛋白质分解,抑制其合成,使血中游离氨基酸含量与尿氮排泄量增加,造成负氮平衡。长期大量使用 GC 可致儿童生长减慢、肌肉萎缩无力、皮肤变薄、骨质疏松、淋巴组织萎缩与伤口愈合不良等。

(3)脂肪代谢:GC 能促进脂肪分解,抑制其合成。长期大量使用 GC 能够促进 cAMP 依赖性酯酶的合成,从而激活酯酶,分解脂肪,导致血浆胆固醇水平增高。四肢皮下的酯酶激活后,促使四肢皮下脂肪分解,使脂肪重新分布在面、颈、上胸、背、腹及臀部,形成向心性肥胖,表现为"满月脸""水牛背"。

(4)水和电解质代谢:GC 对水和电解质影响较少,尤其是人工合成品。但长期大量使用 GC 也能使肾小管对 Na^+ 重吸收增加,K^+、H^+ 分泌增加,造成钠潴留、碱中毒、细胞外液增多,进而导致高血压与水肿等。GC 能抑制 Ca^{2+} 在肠道吸收和在肾小管重吸收,使尿钙排出增加,血钙降低,长期用药可致骨质脱钙,造成骨质疏松。

2. 允许作用　GC 对某些组织细胞虽无直接作用,但其存在可为其他激素发挥作用创造条件,称允许作用(permissive action)。例如,GC 可增强儿茶酚胺的收缩血管作用和胰高血糖素的升高血糖作用。

3. 抗炎作用　GC 对各种原因(物理、化学、生物、免疫等)引起的机体炎症反应以及炎症的不同阶段均有强大抑制作用。表现为:GC 能使炎症早期的充血、渗出、水肿减轻,白细胞浸润和吞噬反应减弱,各种炎症因子释放减少,从而改善红、肿、热、痛等症状;也能减轻炎症后期的纤维母细胞增生和延缓肉芽组织生成,防止组织粘连及瘢痕形成,从而减轻炎症后遗症。需注意,炎症反应是机体的一种防御反应,炎症后期的反应也是组织修复的重要过程,故 GC 在抑制炎症、减轻症状的同时,也降低了机体的防御和修复功能,若使用不当可致感染扩散和创口愈合延缓。而炎症反应过强,可造成许多组织的损害和功能紊乱,甚至危及生命,此时应用 GC 有重要价值。

GC 抗炎作用的基本机制是基因效应(又名基因组效应)。GC 易通过细胞膜与细胞质中的糖皮质激素受体(glucocorticoid receptor,GR)结合而发挥作用。GR 大约由 800 个氨基酸构成,未活化的 GR 在细胞质内与热激蛋白 90(heat shock protein 90,HSP90)等抑制性蛋白结合组成复合体。抑制性蛋白能掩盖 GR 上和细胞核内靶基因结合的那一部分结构,阻止未被活化的 GR 向核内移行对 DNA 产生作用。这种复合体与进入细胞质的 GC 结合后,构型发生变化,HSP90 及其他结合蛋白立即被解离,随后糖皮质激素 - 受体复合物(GC-GR)迅速进入细胞核,暴露出来的 DNA 结合部位与靶基因启动子(promoter)的正性糖皮质激素应答元件(glucocorticoid response element,+GRE)或负性糖皮质激素应答元件(negative glucocorticoid response element,nGRE)相结合,相应地引起基因转录增加或减少,继而通过 mRNA 诱导一些蛋白质合成而抑制另一些蛋白质合成,进而对炎症细胞和分子产生影响而发挥抗炎作用(图 32-2)。具体表现为:①对炎症抑制蛋白和某些靶酶的影响:GC 通过增加炎症抑制脂皮质蛋白 1(lipocortin 1)的合成而减少炎症介质前列腺素(PG)和白三烯(LT)的生成;GC 通过抑制一氧化氮合酶(nitric oxide synthase,NOS)和环氧合酶 -2(cyclooxygenase-2,COX-2)等的表达,从而抑制一氧化氮(NO)、PG 等相关介质的产生;GC 能诱导血管紧张素转换酶(angiotensin converting enzyme,ACE)的生成,以促进可引起血管舒张和致痛作用的缓激肽降解而产生抗炎作用。②对细胞因子(cytokine)及黏附分子(adhesion molecule)的影响:GC 通过抑制致炎的细胞因子如白细胞介素 -1(interleukin-1,IL-1)、IL-2、IL-3、IL-4、IL-5、IL-6、IL-8、IL-11、IL-12、IL-13、肿瘤坏死因子(tumor necrosis factor,TNF)、γ 干扰素(IFN-γ)及粒细胞 - 巨噬细胞集落刺激因子(GM-CSF)等和黏附分子如 E 选择素(E-selectin)及细胞间黏附分子 -1(intercellular adhesion molecule 1,ICAM-1)等的基因转录,使其产生减少,而发挥抗炎作用;另一方面,GC 对抗炎的细胞因子如 IL-10、IL-1 受体阻断药(IL-1 receptor antagonist,IL-Ira)等的基因转录有正性调节作用,从而增加 IL-10 及 IL-Ira 的生成,减轻炎症反应。③对炎细胞凋亡的影响:GC 诱导的细胞凋亡首先是由糖皮质激素受体介导基因转录变化,最终激活胱天蛋白酶(caspase)和特异性核酸内切酶而导致细胞凋亡。

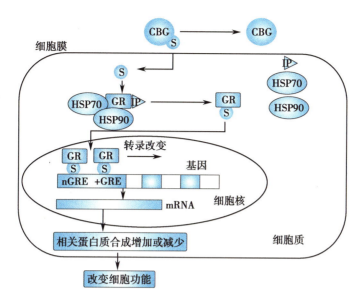

图 32-2　肾上腺皮质激素作用机制示意图

CBG:皮质类固醇结合球蛋白;S:糖皮质激素;GR:糖皮质激素受体

HSP70:热激蛋白 70 ;HSP90:热激蛋白 90 ;IP:免疫亲和素

+GRE:正性糖皮质激素应答元件;nGRE:负性糖皮质激素应答元件

GC 的作用机制除基因效应外,可能还存在快速非基因效应,其主要特点为起效迅速,可在数分钟内发生,对转录和蛋白质合成抑制药不敏感。快速非基因效应的机制涉及:①通过细胞膜上的类固醇受体介导;②直接影响细胞能量代谢;③细胞质受体的受体外成分介导的信号通路。

4. 免疫抑制和抗过敏作用　治疗剂量的 GC 选择性作用于 T 细胞亚群,抑制细胞免疫,故可抑制皮肤迟发性过敏反应和异体器官移植的排斥反应,并能减轻一些自身免疫病的症状。大剂量 GC 抑制体液免疫,阻止 B 淋巴细胞转化为浆细胞,减少抗体生成。GC 对免疫过程的许多环节均有抑制作用,能减少免疫过程中过敏介质的产生,抑制因过敏反应而产生的病理变化,如过敏性充血、水肿、皮疹、平滑肌痉挛及细胞损害等,因而能减轻许多过敏性疾病的症状。

目前认为,GC 抑制免疫的机制包括:①诱导淋巴细胞 DNA 降解;②减少淋巴细胞对葡萄糖、氨基酸以及核苷等物质的跨膜转运,抑制淋巴细胞中 DNA、RNA 和蛋白质的生物合成,抑制淋巴细胞中 RNA 聚合酶的活性和减少 ATP 的生成量;③诱导淋巴细胞凋亡;④抑制核因子 -κB(nuclear transcription factor-κB,NF-κB)活性。

5. 抗内毒素作用　GC 能对抗细菌内毒素对机体的刺激反应,提高机体对内毒素的耐受力,减轻细胞损伤,缓解细菌内毒素引起的毒血症症状。但 GC 不能中和、破坏细菌内毒素。

6. 抗休克作用　一般认为,超大剂量 GC 具有抗休克作用。其原因除抗炎、免疫抑制及抗内毒素综合作用外,可能还与下列因素有关:①加强心肌收缩力,使心输出量增多;②使痉挛血管扩张,改善微循环;③稳定溶酶体膜,减少心肌抑制因子(myocardial depressant factor, MDF)的形成,从而防止 MDF 所致的心肌收缩无力与内脏血管收缩。

7. 其他作用

(1)退热作用:对严重的中毒性感染患者,如伤寒、脑膜炎、败血症和晚期癌症等引起的发热,GC 常有迅速良好的退热作用。机制可能与其抑制体温调节中枢对致热原的反应、稳定溶酶体膜、减少内源性致热原的释放有关。

（2）对血液和造血系统的影响：①GC 能刺激骨髓的造血功能，使红细胞和血红蛋白含量增加；②大剂量 GC 使血小板增多，纤维蛋白原浓度增加，凝血酶原时间缩短；③GC 能刺激骨髓释放入血的中性粒细胞增多，但其游走、吞噬、消化及糖酵解功能降低，因而减弱炎症区的浸润与吞噬活动；④GC 还能使血液中淋巴细胞、嗜酸性粒细胞和嗜碱性粒细胞数目减少。

（3）中枢作用：GC 可通过减少 γ- 氨基丁酸的浓度而提高中枢神经系统的兴奋性，出现欣快、失眠、激动，偶可诱发精神失常。大剂量给予儿童偶致惊厥或癫痫样发作。故精神病及癫痫患者慎用。

（4）消化系统：GC 能使胃酸和胃蛋白酶分泌增多，同时使胃黏膜自我保护与修复能力减弱。长期大剂量应用可诱发或加重胃和十二指肠溃疡。

（5）骨骼：降低成骨细胞活性，增加破骨细胞活性，长期大量应用还可致骨质脱钙，出现骨质疏松。

（6）心血管系统：GC 增强血管对其他活性物质的反应性。在 GC 分泌过多的皮质醇增多症（又称库欣综合征）和一小部分应用合成 GC 的患者中，可出现高血压。

【临床应用】

1. 替代疗法　适用于急慢性肾上腺皮质功能不全、脑垂体前叶功能减退症，以及肾上腺次全切除术后用 GC 的补充治疗。

2. 严重感染或炎症

（1）严重急性感染：应用 GC 原则上应限于严重急性感染并伴有明显中毒或休克症状者，如中毒性菌痢、暴发型流行性脑膜炎、中毒性肺炎、重症伤寒、急性血行播散性肺结核、猩红热及败血症等。目的在于消除炎症和过敏反应，提高机体对有害刺激的耐受性，迅速缓解症状，防止脑、心等重要器官的损害，有助于患者度过危险期。但 GC 没有抗菌作用，同时还降低机体的防御功能，因此，在治疗严重感染性疾病时必须与足量有效抗菌药合用，以免感染病灶扩散而导致严重后果。

病毒性感染一般不用 GC，因 GC 无抗病毒作用，且用后降低机体的防御功能而使感染扩散。但对严重传染性肝炎、流行性腮腺炎、流行性乙型脑炎、麻疹、严重急性呼吸综合征等所致严重病变和症状已对机体构成严重威胁时，可用 GC 迅速控制症状，防止或减轻并发症。

（2）防止或减少某些炎症后遗症：对机体重要器官或要害部位的炎症，如结核性脑膜炎、脑炎、胸膜炎、心包炎、风湿性心瓣膜炎、损伤性关节炎、睾丸炎、虹膜炎、视网膜炎和视神经炎等，早期应用 GC 可减少炎性渗出，减少愈合过程中纤维组织过度增生，避免组织粘连或瘢痕形成，从而防止或减少后遗症的发生。

3. 自身免疫病及过敏性疾病

（1）自身免疫病：对多发性皮肌炎，GC 为首选药；对原发性或某些继发性肾小球疾病，目前治疗上仍以 GC 为主；对严重风湿热、风湿性心肌炎、系统性红斑狼疮、溃疡性结肠炎、自身免疫性溶血性贫血及肾病综合征等，应用 GC 治疗可缓解症状，停药后易复发。一般采用综合疗法，不宜单用，以免引起不良反应。

（2）过敏性疾病：对血清病、过敏性皮炎、过敏性鼻炎、剥脱性皮炎、顽固性荨麻疹、湿疹、严重输血反应、血管神经性水肿等，可应用此类药物做辅助治疗，因其可通过免疫抑制作用和抗炎作用，迅速缓解症状。支气管哮喘的防治可选用 GC 的吸入制剂，因其局部用药不仅减少吸收，使全身不良反应减少，而且能有效地控制哮喘症状。

(3)异体器官移植术后:对异体器官移植术后所产生的免疫排斥反应也可使用 GC。若与其他免疫抑制药合用,效果更好。

4. 休克 GC 适用于各种休克,有助于患者度过危险期。对感染中毒性休克,须及早、短时间内突击使用较大剂量 GC,显效后即可停用,必须与足量有效抗菌药合用;对过敏性休克,GC 是次选药,必要时与首选药肾上腺素合用;对心源性休克,须结合病因治疗;对低血容量性休克,应首先补液、电解质或输血,如果疗效不明显可合用超大剂量 GC。

5. 血液病 GC 可用于治疗急性淋巴细胞白血病、再生障碍性贫血、粒细胞减少症、血小板减少性紫癜等。停药后易复发。

6. 局部应用 治疗某些皮肤病如接触性皮炎、湿疹、肛门瘙痒、银屑病等,宜选用氢化可的松、泼尼松龙或氟轻松等局部用药。也可局部用于眼前部的炎症如结膜炎、角膜炎、虹膜炎,能迅速奏效,而对于眼后部炎症如脉络膜炎、视网膜炎则需全身或球后给药。当肌肉韧带或关节劳损时,可将醋酸氢化可的松或泼尼松混悬液加入 1% 普鲁卡因注射液,肌内注射,也可注入韧带压痛点或关节腔内用以消炎止痛。

【不良反应】

1. 长期大量应用所引起的不良反应

(1)医源性肾上腺皮质功能亢进:又名类肾上腺皮质功能亢进综合征(库欣综合征),这是过量 GC 引起机体物质代谢紊乱的后果。表现为肌无力与肌萎缩(多见于四肢的大肌群,也可见于骨盆与肩胛骨肌群)、皮肤变薄、满月脸、水牛背、痤疮、多毛、浮肿、低血钾、高血压、动脉硬化、糖尿病等。低盐、低糖、高蛋白饮食及适量补钾可减轻这些症状,必要时可加用抗糖尿病药和抗高血压药治疗。

(2)诱发或加重感染:由于 GC 能降低机体防御能力,且无抗菌抗病毒作用,故长期应用可诱发感染或使体内潜在病灶扩散,如病毒、真菌、结核病灶等。由于 GC 能掩盖这些疾病的症状,易漏诊,必须提高警惕,及早诊断,采取防治措施,必要时与有效抗菌药合用。

(3)诱发或加重溃疡:由于 GC 增加胃酸与胃蛋白酶的分泌,减少胃黏液产生,阻碍组织修复以及减弱 PG 保护胃壁的功能,故可诱发或加重胃、十二指肠溃疡,甚至出血或穿孔。长期大量应用时可考虑加用抗酸药,不宜与能引起胃出血的药物(如阿司匹林、吲哚美辛、保泰松等)合用。

(4)骨质疏松、伤口愈合延缓、抑制生长发育:由于 GC 抑制骨基质蛋白质合成,增加钙、磷排泄,抑制肠内钙的吸收以及增加骨细胞对甲状旁腺的敏感性,长期应用可造成骨质疏松,儿童、老年人和绝经期妇女更易发生,严重者可致自发性骨折、骨缺血性坏死。骨缺血性坏死可能与骨内血管形成脂肪栓子有关,也可能是骨质疏松造成骨质塌陷的结果。为防治骨质疏松,宜补充维生素 D 与钙盐。此外,由于抑制蛋白质的合成,GC 可延缓创伤患者的伤口愈合。对于儿童,因抑制生长激素分泌和造成负氮平衡,应用 GC 可抑制生长发育。

(5)心血管系统并发症:长期应用 GC,由于水钠潴留和血脂升高可引起高血压和动脉粥样硬化,还可导致脑卒中、高血压性心脏病等。

(6)其他:GC 可致欣快、食欲增加、激动、失眠,偶致精神失常或诱发癫痫发作;可引起糖代谢紊乱,出现糖耐量受损或糖尿病(类固醇性糖尿病)。此外,GC 还引起青光眼及白内障等眼部并发症,用药期间应定期进行眼科检查。

GC 长期大量应用所引起的不良反应见图 32-3。

2. 停药反应

(1)医源性肾上腺皮质功能不全:长期应用 GC,由于体内 GC 超过正常水平,通过负反馈抑制下丘脑 - 垂体 - 肾上腺皮质系统,使垂体 ACTH 分泌减少,引起内源性肾上腺皮质激素分泌功能减退和肾上腺皮质萎缩。此时一旦突然停药,外源性 GC 减少,而内源性肾上腺皮质激素又不能立即分泌补足,可出现肾上腺皮质功能不全。表现为恶心、呕吐、食欲不振、肌无力、低血糖、低血压甚至休克等,尤其机体处于应激状态时(如感染、外伤、出血、手术等)更易出现。对于长期使用 GC 的患者,应注意下述问题:不可骤然停药,应缓慢减量;尽量减低每日维持剂量或采用隔日给药法;在停药数月或更长时间内如遇应激情况,应及时给予足量 GC。

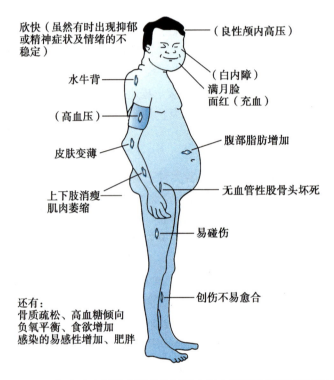

图 32-3　肾上腺皮质激素类药物长期大量应用所引起的不良反应

（2）反跳现象:长期用药因减量太快或突然停药所致原有疾病复发或加重的现象,称"反跳现象"。常需加大剂量再行治疗,待症状缓解后再缓慢减量、停药。

（3）糖皮质激素抵抗:大剂量糖皮质激素治疗时疗效差或无效,称糖皮质激素抵抗。此时对患者盲目加大剂量和延长疗程不但无效,而且会引起严重后果。

【禁忌证】曾患或现患精神病和癫痫、消化性溃疡、新近胃肠吻合术后、创伤和骨折后、骨质疏松、肾上腺皮质功能亢进、严重高血压、糖尿病、孕妇、药物不易控制的感染、角膜溃疡、青光眼、白内障等,均可列为禁忌。当适应证与禁忌证同时存在时,应权衡利弊,慎重决定。一般而言,病情危重的适应证,虽有禁忌证存在,仍不得不用,以帮助患者度过危险期,达到目的后应尽早停药。

【用法及疗程】

1. 大剂量突击疗法　适用于危重患者的抢救,一般不超过 3~5 天,可突然停药。

2. 一般剂量长程疗法　适用于反复发作、累及多种器官的慢性疾病,如结缔组织病、肾病综合征、顽固性支气管哮喘、中心性视网膜炎、各种恶性淋巴瘤、淋巴细胞白血病等。产生疗效后不能突然停药,应逐渐减量至最小维持剂量。

肾上腺皮质分泌氢化可的松具有昼夜节律性,即每日上午 8 时分泌可达高峰,而后逐渐降低,昼夜间血浆氢化可的松的水平可相差 4 倍之多。推测,循环血液中氢化可的松对垂体 - 肾上腺皮质系统的生理性负反馈作用在上午 8 时最强,若清晨一次给药,此刻正与生理性负反馈作用时间一致,对肾上腺皮质功能的抑制较小。同时,隔日给药 1 次,则通过负反馈抑制肾上腺皮质功能后在 2 日内能有恢复时间。基于此,维持剂量的用法有 2 种——每日清晨给药法和隔日清晨给药法。其中,隔日清晨给药法常采用中效制剂如泼尼松或泼尼松龙。

3. 小剂量替代或补充疗法　适用于急慢性肾上腺皮质功能不全、腺垂体功能减退症及肾上腺次全切除术后,须长期应用。

第二节　盐皮质激素类药物

盐皮质激素主要有醛固酮(aldosterone)和去氧皮质酮(desoxycorticosterone)。盐皮质激素对维持机体正常的水和电解质代谢起着重要作用,能促进肾远曲小管 Na^+、Cl^- 的重吸收和 K^+、H^+ 的分泌,具有明显的潴钠排钾作用。其机制可能与类固醇的基因效应有关。它们通过与肾远曲小管上皮细胞内特殊受体(醛固酮结合蛋白)结合,调节某些基因的转录和相应蛋白质的合成,产生潴钠排钾作用。主要用于慢性肾上腺皮质功能减退症,纠正失水、失钠和钾潴留等,以维持水与电解质的平衡。盐皮质激素过量应用可致高钠血症、低钾血症、高血压、肌无力。

第三节　促肾上腺皮质激素与皮质激素抑制药

一、促肾上腺皮质激素

促肾上腺皮质激素(corticotropin,adrenocorticotropic hormone,ACTH)是一种含有 39 个氨基酸的多肽。ACTH 的主要作用是促进肾上腺皮质分泌 GC 和盐皮质激素。天然 ACTH 的合成和分泌是在下丘脑促肾上腺皮质素释放因子[CRF,又称促肾上腺皮质素释放素(CRH)]的作用下,在腺垂体嗜碱性细胞内进行的。GC 可对下丘脑及腺垂体起负反馈抑制作用,使 CRF 及 ACTH 分泌减少。ACTH 本身还能负反馈抑制 ACTH 的分泌减少。应激状态时,下丘脑产生的抗利尿激素[ADH,又称精氨酸升压素(AVP)]能促进 ACTH 分泌。此外,免疫系统所产生的免疫递质也能刺激下丘脑 - 腺垂体 - 肾上腺皮质轴,增加 ACTH 及 GC 的分泌。在正常生理情况下,下丘脑、腺垂体和肾上腺皮质三者功能状态处于动态平衡(图 32-4)。ACTH 缺乏将引起肾上腺皮质萎缩和分泌功能减退。

一般 ACTH 给药 2 小时后,肾上腺皮质才开始分泌氢化可的松,据此临床上主要将 ACTH 用于检测腺垂体 - 肾上腺皮质功能状态,以防止发生肾上腺皮质功能不全。应用由动物制备的 ACTH 可发生过敏反应。

二、皮质激素抑制药

皮质激素抑制药按其作用方式包括 2 类药物,一类是盐皮质激素类抑制药,如醛固酮受体阻断药螺内酯等(见第二十章第一节利尿药);另一类是糖皮质激素抑制药物。本节只介绍糖皮质激素抑制药物。

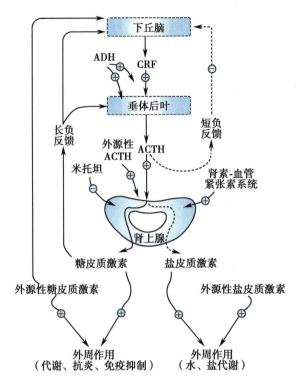

图 32-4 下丘脑 - 腺垂体 - 肾上腺皮质的调节示意图

CRF：促肾上腺皮质素释放因子；ADH：抗利尿激素；ACTH：促肾上腺皮质激素

　　肾上腺皮质激素的生物合成是以胆固醇为原料，经多种酶的催化过程而逐步完成的，反应的第一步是胆固醇转化为孕烯醇酮，是限速步骤，并受 ACTH 的调节（图 32-5）。生物合成途径中的一些反应能被药物抑制。

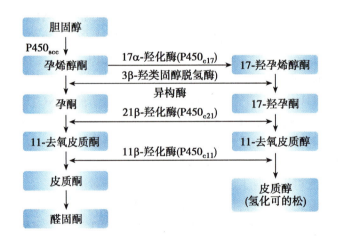

图 32-5 肾上腺皮质激素的生物合成

米 托 坦

　　米托坦（mitotane）又名双氯苯二氯乙烷，为杀虫剂滴滴涕（DDT）类化合物。它作用于肾上腺皮质细胞，对肾上腺皮质的正常细胞或瘤细胞均有损伤作用；尤其是选择性作用于肾上腺皮质束状带及网状带细胞，使其萎缩、坏死，但不影响球状带，故醛固酮分泌不受影响。

主要用于不可切除的肾上腺皮质癌、切除后复发癌,以及肾上腺皮质癌术后辅助治疗。可有厌食、腹泻、恶心、皮疹、眩晕、头痛、乏力、中枢抑制及运动失调等不良反应。

美 替 拉 酮

美替拉酮(metyrapone)又名甲吡酮,能抑制 $P450_c11$ 和 $P450_{scc}$,干扰皮质醇和皮质酮的生物合成,使体内氢化可的松的水平降低。由于体内氢化可的松合成减少,可反馈性促进 ACTH 分泌,从而导致 11- 去氧皮质醇和 11- 去氧皮质酮代偿性增加,尿中 17- 羟类固醇的排泄也相应增加。临床上可用于治疗肾上腺皮质肿瘤或癌所致的氢化可的松过多症,还可用于垂体释放 ACTH 功能试验。不良反应有眩晕、消化道反应等。

氨 鲁 米 特

氨鲁米特(aminoglutethimide)又名氨基苯哌啶酮,能抑制 $P450_{scc}$,使 GC 及盐皮质激素合成减少。本药是肝药酶诱导药,可加快自身和其他药物的代谢。临床上可用于治疗肾上腺皮质癌及肾上腺皮质增生所致的 GC 增多,也可与 GC 合用治疗乳腺癌。不良反应有厌食、恶心、呕吐、嗜睡及皮疹等。

酮 康 唑

酮康唑(ketoconazole)为抗真菌药,可阻断真菌类固醇的合成。哺乳类动物组织对其敏感性远较真菌低,故高剂量时才出现对人体类固醇合成的抑制作用。目前,酮康唑主要用于治疗类肾上腺皮质功能亢进综合征(库欣综合征)和前列腺癌。大剂量应用可出现胃肠道不良反应和肝功能损害。

案例分析

患者,男,48 岁。因发热,咳嗽 6 天,昏迷入院。入院查体:体温 40.1℃,心率 130 次 /min,血压 60/20mmHg,神志不清,中性粒细胞计数 35×10^9/L,X 线胸片示双下肺野大片高密度阴影。

诊断:细菌性肺炎并发感染性休克。

治疗及效果:予地塞米松 30mg/d,左氧氟沙星 0.4g/d,头孢曲松 4.0g/d,分别静脉滴注,其他支持疗法维持患者循环与呼吸,维持机体水电解质平衡。此治疗方案实施 3 天后,该患者体温 36.8℃,心率 68 次 /min,血压 95/60mmHg,神志转清醒,此时停用地塞米松,继续应用左氧氟沙星、头孢曲松分别静脉滴注 7 天后,患者中性粒细胞计数 7×10^9/L,X 线胸片复查显示双下肺野大片高密度阴影消散。此时停用左氧氟沙星和头孢曲松。

分析:该患者临床诊断为细菌性肺炎并发感染性休克,属于严重急性感染性疾病;病因为细菌性感染,一定要迅速救治。治疗的总目标为控制感染及炎症反应,改善微循环,恢复组织的正常灌注。治疗上,最初病情紧急,需立即应用糖皮质激素进行辅助对症治疗,利用其抗炎、抗毒、抗休克作用,迅速缓解症状,有助于患者度过危险期。但整个治疗过程中必须合用有效而足量的抗菌药如左氧氟沙星、头孢曲松进行对因治疗,消除病因,以免感染病灶扩散。症状好转后,先及时停用糖皮质激素,直至感染完全控制后,再停用抗菌药左氧氟沙星和头孢曲松。

(杨德森)

复习思考题

1. 严重急性中毒性感染用糖皮质激素做辅助治疗时必须合用什么药物？停药时的停药顺序怎样？

2. 简述糖皮质激素的抗休克机制。

3. 简述糖皮质激素抗炎作用的机制。

第三十三章

甲状腺激素与抗甲状腺药

学习目标

1. 掌握　抗甲状腺药的种类,硫脲类、碘和碘化物的药理作用、作用机制、临床应用及不良反应。

2. 熟悉　甲状腺激素的生理、药理作用及临床应用。β受体阻断药、放射性碘的药理作用、临床应用和不良反应。

3. 了解　甲状腺激素的合成、分泌及调节过程。

第一节　甲状腺激素

甲状腺激素(thyroid hormone)由甲状腺滤泡上皮细胞合成和分泌,是维持机体正常代谢和生长发育所必需的激素。甲状腺激素为碘化酪氨酸的衍化物,包括甲状腺素(thyroxin, T_4)和三碘甲腺原氨酸(triiodothyronine, T_3)。甲状腺中储存着大量甲状腺激素供机体需要,而下丘脑 - 垂体 - 甲状腺轴对血中甲状腺激素进行着精细调节,使外周游离甲状腺激素在有限范围内波动。正常人每日释放 T_4 与 T_3 的量分别为 75μg 和 25μg,分泌过少或过多都可引起疾病。

甲状腺功能亢进症(hyperthyroidism),简称甲亢,是由于甲状腺激素分泌过多引起的以代谢紊乱为主要特征的一种综合征,以高代谢、产热过多、消瘦、弥漫性甲状腺肿、突眼为典型病变。可以采用抗甲状腺药暂时或长期消除甲状腺功能亢进症的症状,也可用手术切除甲状腺。甲状腺激素合成、分泌过少,可引起呆小病或黏液性水肿等甲状腺功能减退症的表现,采用甲状腺激素类药物治疗。

一、甲状腺激素的合成、贮存、分泌与调节

1. 甲状腺激素的合成　甲状腺激素的合成原料为碘和酪氨酸,前者来源于食物,后者主要来自甲状腺球蛋白。甲状腺激素的合成包括碘的摄取、活化、碘化和偶联过程。①碘的摄取:甲状腺上皮细胞通过碘泵主动摄取血液循环中的碘化物,生理情况下碘化物浓度是血浆中的 25~50 倍,而甲状腺功能亢进时可高达 250 倍,因而摄碘率是检测甲状腺功能的重要指标;②碘的活化和酪氨酸碘化:碘化物(I^-)在过氧化物酶的作用下氧化成活性碘或氧化碘的中间产物(I^+);③碘化:活性碘与甲状腺球蛋白(thyroglobulin, TG)分子中的酪氨酸残基结合,生成一碘酪氨酸(monoiodotyrosine, MIT)和二碘酪氨酸(diiodotyrosine, DIT);④偶联:在过氧化物酶催化下,一分子 MIT 和一分子 DIT 偶联生成 T_3,二分子 DIT 偶联成 T_4。

正常时 T_4 含量多,而缺碘时 T_3 所占比例增加,以有效利用碘,使甲状腺激素活性保持平衡。

2. 贮存　合成的 T_3、T_4 与 TG 结合,贮存在腺泡腔内的胶质中。

3. 释放　在溶酶体的蛋白水解酶作用下,TG 分解并释放 T_3、T_4 进入血液(图 33-1)。其中,T_4 占分泌总量 90% 以上。通过外周组织脱碘酶的作用,约 36% 的 T_4 转化成 T_3。T_3 的生物活性比 T_4 高 5 倍左右。

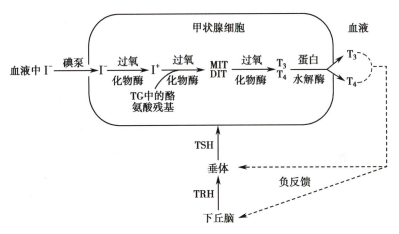

图 33-1　甲状腺激素的合成、分泌、调节和抗甲状腺药作用环节示意图

4. 调节　甲状腺激素的合成和释放受下丘脑 - 垂体 - 甲状腺轴的调节。下丘脑分泌促甲状腺激素释放激素(thyrotropin-releasing hormone,TRH),促进腺垂体分泌促甲状腺激素(thyroid-stimulating hormone,TSH),而 TSH 可促进甲状腺细胞增生以及 T_3、T_4 的合成与释放。当血中游离的 T_3、T_4 浓度过高时,对 TRH 和 TSH 的释放产生负反馈调节作用,使体内 TRH、TSH 和甲状腺激素维持动态平衡。若长期缺碘可导致甲状腺激素合成减少,负反馈使 TSH 分泌过多,引发甲状腺组织增生肥大。

二、作为药物的甲状腺激素

【体内过程】

1. 吸收　口服易吸收,T_3 和 T_4 的生物利用度分别为 90%~95% 及 50%~75%。T_3 是甲状腺激素的活性型,外周组织中 T_4 通过脱碘可转化为 T_3。

2. 分布　T_3、T_4 入血后大部分与血浆蛋白发生可逆性结合,与血浆蛋白结合率高达 99% 以上。但 T_3 与蛋白质的亲和力低于 T_4,其游离量为 T_4 的 10 倍,进入组织快而多。因此,T_3 起效快、作用强,维持时间短;T_4 起效慢、作用弱,维持时间长。甲状腺激素可通过胎盘,也可进入乳汁,故妊娠和哺乳期慎用。甲状腺功能亢进时,甲状腺激素消除加快、半衰期缩短;甲状腺功能不足时,甲状腺激素消除减慢、半衰期延长。

3. 消除　T_3、T_4 进入组织后主要在肝、肾线粒体内经脱碘酶脱碘而灭活,在肝内与葡糖醛酸或硫酸结合后经肾排泄。

【生理、药理作用】

1. 维持正常生长发育　甲状腺激素可促进蛋白质合成以及骨骼的生长发育,对神经系统的发育尤为重要。儿童甲状腺功能不足时,躯体与智力发育均受到影响,可致呆小病(克汀病),表现为身材矮小、肢体粗短、智力低下;成人甲状腺功能不全时,则可引起黏液性水肿,表现为中枢神经兴奋性降低、记忆力减退等。妊娠期甲状腺激素不足,导致胎肺发育不全,引发新生儿呼吸窘迫综合征。

2. 促进代谢　甲状腺激素可促进蛋白质、糖、脂肪的正常代谢,促进物质氧化,增加耗氧,提高基础代谢率,使产热增多。故甲状腺功能亢进症患者有怕热、多汗等症状。目前认为,甲状腺激素的产热效应与 Na^+-K^+-ATP 酶活性有关。甲状腺激素增多时该酶活性增高,ATP 利用增多,使 ADP 浓度上升,ADP 刺激线粒体呼吸增强,导致耗氧和产热增加。

3. 提高机体交感 - 肾上腺系统的敏感性　甲状腺激素可使肾上腺素受体上调,提高机体对儿茶酚胺的敏感性,使交感神经系统兴奋。故甲状腺功能亢进症患者可出现神经过敏、急躁、肌震颤、心率加快、心输出量增加、血压升高等。

【作用机制】甲状腺激素的作用主要由甲状腺激素受体介导。甲状腺激素受体表达于垂体、心、肝、肾、骨骼肌、肺、肠等组织。T_3 与甲状腺激素受体结合后,启动基因转录机制,促进 mRNA 合成,使相关蛋白质和酶的合成增加,进而产生生理效应。此外,甲状腺激素可与核糖体、线粒体和细胞膜上的受体结合,影响转录后的过程、能量代谢以及膜的转运过程,增加葡萄糖、氨基酸等摄入细胞内,导致多种酶和细胞的活性增强。

【临床应用】主要用于甲状腺功能低下的替代治疗。临床治疗制剂是甲状腺粉(片),含有 T_3、T_4,以 T_4 为主。

1. 呆小病　呆小病始于胎儿或新生儿,应以预防为主,妊娠期注意碘的摄入,避免应用大量抗甲状腺药。若尽早诊治,发育仍可正常。应从小剂量开始,用药剂量个体化。若治疗过晚,则智力低下不可逆转。需终身用药治疗,并随时调整剂量。

2. 黏液性水肿　一般服用甲状腺片,从小剂量开始,逐渐增大至足量。剂量不宜过大,以免诱发或加重心脏疾患。另外,垂体功能低下的患者应先给予糖皮质激素再给予甲状腺激素;黏液性水肿昏迷者先静脉注射 T_3 或 T_4,待患者苏醒后改为口服。

3. 单纯性甲状腺肿　宜根据病因选择药物。缺碘所致者应补碘。原因不明者可给予适量甲状腺激素,以补充内源性甲状腺激素不足,并可抑制 TSH 的过多分泌,缓解甲状腺腺体代偿性增生肥大。

4. 其他　① T_3 抑制试验:对摄碘率高者做鉴别诊断。服用 T_3 后摄碘率比用药前下降 50% 以上者为单纯性甲状腺肿,而摄碘率下降小于 50% 者为甲状腺功能亢进症。②甲状腺癌:甲状腺癌术后患者服用较大剂量 T_4,可以抑制残余甲状腺癌变组织增殖,减少癌变复发。

【不良反应】过量引起甲状腺功能亢进症的临床表现,轻者出现心悸、多汗、体重减轻、急躁、失眠等;重者可出现肌肉震颤、发热、呕吐、腹泻。在老年人和心脏病患者中,甚至发生心绞痛、心肌梗死和心力衰竭,应停用甲状腺激素,并用 β 受体阻断药对抗。糖尿病、冠心病、快速性心律失常患者禁用。由于甲状腺激素可通过胎盘和进入乳汁,妊娠和哺乳期应慎用。

第二节　抗甲状腺药

抗甲状腺药是一类可干扰甲状腺激素的合成与释放,消除甲状腺功能亢进症状的药物。常用的有硫脲类、碘和碘化物、放射性碘和 β 受体阻断药 4 类药物。

一、硫脲类

硫脲类药物是最常用的抗甲状腺药,主要分为 2 类:①硫氧嘧啶类,包括甲硫氧嘧啶(methylthiouracil,MTU)、丙硫氧嘧啶(propylthiouracil,PTU);②咪唑类,包括甲巯咪唑

(thiamazole,他巴唑)、卡比马唑(carbimazole,甲亢平)。

【体内过程】硫脲类药物口服后吸收迅速,2 小时血药浓度达峰值。生物利用度约 80%,血浆蛋白结合率约为 75%。在体内分布较广,以甲状腺组织中药物浓度高,易透过胎盘和进入乳汁。甲巯咪唑的血浆半衰期约 4.7 小时,在甲状腺组织中药物浓度可维持 16~24 小时,其疗效与甲状腺内药物浓度有关,而后者的浓度与每日给药量呈正相关;卡比马唑在体内转化成甲巯咪唑发挥作用,药物起效慢。硫脲类药物主要在肝内代谢,约 60% 被肝代谢,其余与葡糖醛酸结合后由肾排出。

【药理作用】

1. 抑制甲状腺激素的生物合成 硫脲类的主要作用是抑制甲状腺过氧化物酶的活性,阻止酪氨酸的碘化及偶联过程,从而抑制甲状腺激素的生物合成。但不能抑制甲状腺激素从腺泡的释放过程,对已合成的甲状腺激素也无效。故须待已合成的甲状腺激素消耗到一定程度才能生效。一般用药 2~3 周甲状腺功能亢进症的症状开始减轻,1~3 个月基础代谢率才恢复正常,甲状腺功能亢进症的症状缓解或消失。

2. 抑制外周组织的 T_4 转化为 T_3 丙硫氧嘧啶还可抑制外周组织的 T_4 转化为 T_3,迅速降低血清中生物活性较强的 T_3 水平,有助于迅速控制甲状腺功能亢进症的症状。故可作为重症甲状腺功能亢进症、甲状腺危象的首选药。

3. 抑制免疫球蛋白的生成 硫脲类药物还有免疫抑制作用,可轻度抑制免疫球蛋白的合成,使血中甲状腺刺激性免疫球蛋白降低。因此,对甲状腺功能亢进症患者除能控制高代谢症状外,亦有一定的病因治疗作用。因为甲状腺功能亢进症的发病与自体免疫机制异常有关。

【临床应用】

1. 甲状腺功能亢进症的内科治疗 适用于轻症和不宜手术或 ^{131}I 治疗者,如儿童、青少年、术后复发、中重度患者,以及年老体弱或兼有心、肝、肾、出血性疾患的患者。开始治疗给予大剂量以对甲状腺激素合成产生最大抑制作用。经 1~3 个月,症状明显减轻或 T_3、T_4 恢复正常水平,基础代谢率接近正常时,药量即可递减,直至维持剂量,疗程 1~2 年。内科治疗可使约 40%~70% 患者获得痊愈。疗程过短则易复发。丙硫氧嘧啶虽然作用较强而快,但更易引起粒细胞的减少,因此临床主要用于急症、重症。

2. 甲状腺功能亢进症术前准备 在术前应先服用硫脲类药物,使甲状腺功能恢复或接近正常,以减少甲状腺次全切除术患者麻醉和术后的合并症,防止术后发生甲状腺危象。但该类药物应用后,可使血清甲状腺激素水平显著下降,反馈性增加 TSH 分泌而引起腺体代偿性增生,腺体肿大、充血、变脆,给手术带来一定困难,故应在术前 2 周加服复方碘溶液,使腺体缩小变硬,以利手术进行。

3. 甲状腺危象的辅助治疗 对于甲状腺功能亢进症患者,在情绪过度激动、感染、创伤、手术、失血等诱因影响下,若甲状腺激素突然大量释放入血,可发生高热、虚脱、心力衰竭、肺水肿、电解质紊乱等,严重时可致死亡,称甲状腺危象。此时除主要应用大剂量碘剂和采取其他综合措施外,大剂量硫脲类药物如丙硫氧嘧啶可作为辅助治疗,以阻断甲状腺激素的合成。剂量约为一般治疗量的 2 倍,用药不超过 1 周。

【不良反应】

1. 过敏反应 最常见,表现为瘙痒、药疹等过敏反应。应密切观察,多数情况下不需停药,可自行消失。

2. 粒细胞缺乏 为最严重的不良反应。甲巯氧嘧啶较为多见。常发生在治疗后的 2~3 个月内,故应定期检查血常规。若用药后发生咽痛或发热,立即停药则可恢复。要注意与甲状腺功能亢进症本身引起的白细胞总数偏低相区别。

3. 甲状腺肿　长期用药后血清甲状腺激素水平显著下降,负反馈作用减弱,TSH 分泌增多,而引起甲状腺腺体代偿性增生、肿大。

4. 甲状腺功能减退　长期过量用药还可发生甲状腺功能减退,应定期复查,适时调整用药剂量。

5. 消化道反应　有恶心、呕吐、腹泻等。偶可出现黄疸及肝炎。应定期检查肝功能。

另外,应注意防止硫脲类药物对胎儿和乳儿产生的不良影响,妊娠期、哺乳期禁用。

二、碘和碘化物

碘(iodine)和碘化物(iodide)主要包括复方碘溶液(compound iodine solution)、碘化钾(potassium iodide)和碘化钠(sodium iodide)。它们均以碘化物形式从胃肠道吸收,以无机碘离子形式存在于血中,大多数被甲状腺摄取,也见于胆汁、唾液、汗液、泪液及乳汁中。

【药理作用】

1. 促进甲状腺激素的合成　小剂量碘是甲状腺激素合成的原料,参与甲状腺激素的合成。碘摄入不足时,甲状腺激素合成减少,TSH 分泌增多,刺激甲状腺组织增生、肥大,可引起单纯性甲状腺肿(地方性甲状腺肿),严重可致甲状腺功能减退。故缺碘地区食盐中应加入适量的碘,以预防单纯性甲状腺肿。

2. 抗甲状腺作用　大剂量碘对正常人和甲状腺功能亢进症患者均能产生抗甲状腺作用。机制包括:①主要抑制甲状腺蛋白水解酶,使 T_3、T_4 不能和甲状腺球蛋白解离,抑制甲状腺激素的释放;②抑制垂体分泌 TSH,使甲状腺缩小、变硬;③抑制过氧化物酶,影响酪氨酸碘化和碘化酪氨酸的偶联,使甲状腺激素的合成减少。大剂量碘抗甲状腺作用快而强,用药 1~2 天后起效,10~15 天达最大效应。然而此时若继续用药,反使甲状腺细胞摄碘能力受到抑制、胞内碘离子浓度下降,失去抑制激素合成的效应,导致甲状腺功能亢进症的症状复发。故碘化物不能单独用于甲状腺功能亢进症的内科治疗。

【临床应用】

1. 防治单纯性甲状腺肿　小剂量碘剂用于防治缺碘引起的单纯性甲状腺肿或呆小病。通常采用食盐加碘的补碘方式。早期轻度肿大患者,可采用含碘药物如碘化钾、复方碘溶液等,也可与甲状腺片合用。对晚期患者疗效差,可考虑手术治疗。

2. 大剂量碘剂用于以下疾病　①甲状腺功能亢进症术前准备:在硫脲类药物控制症状的基础上,通常在术前 2 周给予复方碘溶液,以纠正硫脲类药物引起的甲状腺腺体增生、充血,使腺体缩小变硬,以利于手术进行。②甲状腺危象的治疗:大剂量碘剂可抑制甲状腺激素的释放。可将碘化物加到 10% 葡萄糖注射液中静脉滴注,也可口服复方碘溶液,可迅速改善症状。若病情紧急,可同时服用丙硫氧嘧啶、普萘洛尔等药物。甲状腺危象消除后,要立即停用碘剂。

【不良反应】

1. 过敏反应　用药后立即或几小时后可发生,表现为皮疹、药物热、血管神经性水肿等,严重者可出现上呼吸道黏膜充血及严重喉头水肿而引起窒息。一般停药后即可消退,必要时给予抗过敏药治疗。

2. 慢性碘中毒　表现为口腔及咽喉烧灼感、唾液分泌增多、眼刺激等症状,停药即可消退。慢性碘中毒也可影响小儿智力的发育,引起大脑缺氧,可损害中枢神经。

3. 诱发甲状腺功能紊乱　长期大量服用可诱发甲状腺功能亢进症,也可诱发甲状腺功能减退症和甲状腺肿。碘还可进入乳汁并通过胎盘,引起新生儿甲状腺肿或甲状腺功能异常,严重者可压迫气管而致死,故妊娠期、哺乳期妇女应慎用。

三、放射性碘

临床常用的放射性碘(radioiodine)是 ^{131}I,其半衰期为 8 天。用药 1 个月 90% 以上的放射性可消除,2 个月约 99% 被消除。

【药理作用】甲状腺具有极强的摄碘能力。^{131}I 可被甲状腺摄取、浓集,参与甲状腺激素的合成,并贮存于滤泡的胶质中。^{131}I 释放出 β 和 γ2 种射线。β 射线占 99%,在甲状腺内的射程仅约 2mm,辐射损伤只限于甲状腺内,很少波及周围其他组织,故 ^{131}I 的作用类似手术切除部分甲状腺。γ 射线约占 1%,但射程远,在体外可测得,故用于甲状腺摄碘功能的测定。

【临床应用】

1. 甲状腺功能亢进症　^{131}I 适用于不宜手术、手术后复发及其他抗甲状腺药治疗无效或过敏者。^{131}I 可使腺泡上皮破坏、萎缩、分泌减少,还可降低腺泡内淋巴细胞,使抗体产生减少。^{131}I 作用缓慢,一般用药后 1 个月开始见效,3~4 个月后甲状腺功能可恢复正常。

2. 甲状腺功能检查　小剂量口服 ^{131}I 后分别于 1 小时、3 小时及 24 小时测定甲状腺放射性,计算摄碘率,用于甲状腺功能状态及甲状腺瘤的检查。甲状腺功能亢进时,摄碘率高,摄碘高峰时间前移。反之,摄碘率低,摄碘高峰时间后延。

【不良反应】剂量过大易致甲状腺功能减退,故应严格掌握剂量和在密切观察下用药,一旦发生甲状腺功能低下,应立即停药,并补充甲状腺激素。另外,^{131}I 对儿童有致癌作用并可随乳汁排出,故 20 岁以下、妊娠期和哺乳期的妇女不宜应用。

四、β 受体阻断药

甲状腺功能亢进时,机体交感 - 肾上腺系统兴奋性增强,心对儿茶酚胺的敏感性增加。β 受体阻断药可通过阻断 β 受体,拮抗儿茶酚胺的作用,改善甲状腺功能亢进时出现的心率加快、心肌收缩力增强、血压升高、多汗、肌震颤等交感神经活动增强导致的各种症状。此外,还可抑制外周 T_4 脱碘成为 T_3,也有助于控制甲状腺功能亢进症。β 受体阻断药常与硫脲类药物合用,作用迅速,为甲状腺功能亢进症有价值的辅助治疗药。常用药物为普萘洛尔(propranolol)等。

此类药物临床主要用于甲状腺功能亢进症及甲状腺危象的辅助治疗和甲状腺术前准备。β 受体阻断药常与硫脲类药物合用控制甲状腺功能亢进症和甲状腺危象的症状,疗效迅速且显著。

案例分析

患者,女,35 岁,半年前开始出现劳累后心悸、乏力、消瘦、怕热、易怒,颈部增粗,并有进食后吞咽困难。入院查体:体温 37.2℃,心率 115 次 /min,血压 130/75mmHg,双侧甲状腺Ⅲ度肿大,听诊可闻及甲状腺血管杂音。辅助检查:血清游离甲状腺素(FT4)99.2pmol/L,血清游离三碘甲腺原氨酸(FT3)21.8mol/L,促甲状腺激素(TSH)<0.01mU/L(降低),促甲状腺激素受体抗体(TRAb)阳性。心电图示窦性心动过速。超声示甲状腺弥漫性肿大,血流丰富。甲状腺摄碘率 2 小时 51.2%,6 小时 77.3%,24 小时 63%。

诊断:甲状腺功能亢进症。

治疗:行甲状腺次全切除术。术前用药:硫脲类抗甲状腺药控制甲状腺功能亢进症的症状,联用 β 受体阻断药普萘洛尔降低心率;术前 2 周应服用大剂量碘剂。

　　分析:患者患有高代谢的甲状腺功能亢进症,需及时给予抗甲状腺药治疗。患者甲状腺Ⅲ度肿大,伴颈部压迫症状,具有行甲状腺次全切除术的指征。药物治疗:首先采用硫脲类抗甲状腺药控制甲状腺功能亢进症的症状,联用 β 受体阻断药普萘洛尔降低心率,改善症状。待患者基础代谢率降低,甲状腺功能恢复正常或接近正常时行甲状腺次全切除术。服用大剂量碘剂可使甲状腺腺体缩小、变硬,血管增生减轻,有利于手术,减少出血和手术并发症。

（姚继红）

复习思考题

1. 常用的硫脲类药物有哪些? 简述此类药物的作用机制及临床应用。
2. 甲状腺危象可用何种药物治疗? 为什么?
3. 常用的碘和碘化物制剂有哪些? 简述其主要药理作用和临床应用。

PPT 课件

第三十四章

胰岛素与口服降糖药

✎ **学习目标**

1. **掌握** 胰岛素、磺酰脲类药物、双胍类药物的药理作用、作用机制和临床应用。
2. **熟悉** 胰岛素与各类口服降糖药的不良反应。
3. **了解** 口服降糖药的分类、药理作用和临床应用。

糖尿病是由遗传因素、环境因素等多种致病因子引起的胰岛素分泌缺陷或其生物效应受损,或两者兼有,导致以慢性血葡萄糖(血糖)水平升高为特征的代谢紊乱综合征,临床表现为多尿、多饮、多食和体重减轻。糖尿病的危害不仅在于营养物质代谢紊乱,更严重的是引发并发症,特别是眼、肾、心、血管、神经的慢性损害和功能障碍。

糖尿病主要分为四大类型:① 1 型糖尿病(胰岛素依赖型):患者有胰岛 β 细胞破坏,胰岛素绝对缺乏,有酮症酸中毒倾向,多见于青少年。② 2 型糖尿病(非胰岛素依赖型):患者存在胰岛素抵抗(胰岛素的生物学效应下降),或伴有胰岛素分泌缺陷,多见于成年人。超过90% 的糖尿病患者属于 2 型糖尿病。③妊娠糖尿病:指妊娠期初次发现的任何程度的糖耐量异常。④其他特殊类型糖尿病:包括 β 细胞功能遗传性缺陷、胰岛素效应遗传性缺陷、胰腺外分泌疾病、内分泌疾病、药物和化学品所致糖尿病、感染所致糖尿病、不常见的免疫介导糖尿病,以及其他与糖尿病相关的遗传综合征。

糖尿病需综合治疗,提倡在饮食控制、适当体育锻炼的基础上根据病情选用药物治疗。目前,降血糖药可分为胰岛素、口服降糖药及胰高血糖素样肽 -1(glucagon-like peptide 1,GLP-1)受体激动药,其中口服降糖药包括磺酰脲类、双胍类、α- 葡萄糖苷酶抑制药、胰岛素增敏药、非磺酰脲类促泌剂、二肽基肽酶 4(dipeptidyl peptidase-4,DPP-4)抑制剂。

第一节 胰 岛 素

胰岛素(insulin)是由胰腺胰岛 β 细胞分泌的一种多肽类激素,是由 2 条多肽链组成的一种酸性蛋白质,其中 A 链含 21 个氨基酸残基,B 链含 30 个氨基酸残基,A 链、B 链通过 2个二硫键相连。药用胰岛素按照来源和化学结构的不同可分为动物胰岛素、人胰岛素、胰岛素类似物。动物胰岛素多从猪、牛胰腺提取得到;人胰岛素是通过基因工程,重组酵母 DNA表达出的高纯度合成人胰岛素,如门冬胰岛素;胰岛素类似物是由基因重组技术生产的人胰岛素类似物,如赖脯胰岛素。胰岛素制剂按作用时间不同,可分为超短效、短效、中效、长效和预混胰岛素 5 类(表 34-1),此外还有胰岛素泵。胰岛素泵即持续皮下胰岛素输注系统,可自动监测人体血糖浓度,并根据人体正常需要量自动调节胰岛素注射量。

表 34-1　常用胰岛素制剂及其特点

类别	药物	注射途径	时间 /h			给药时间	特点
			起效	高峰	维持		
超短效	赖脯胰岛素 （insulin lispro） 门冬胰岛素 （insulin aspart）	皮下	0.1~0.3	0.5~1	2~4	餐前 10 分钟	使用时间灵活,更符合进餐时人体胰岛素的分泌模式
短效	正规胰岛素 （regular insulin）	静脉	立即	0.5	2	急救	主要用于急救以及控制餐后血糖
		皮下	0.5~1	2~3	6~8	餐前 0.5 小时, 3~4 次 /d	
中效	低精蛋白锌胰岛素 （isophane insulin）	皮下	2~4	8~12	18~24	早餐或晚餐前 1 小时,1~2 次 /d	用于提供胰岛素的日基础用量,可单独使用,也可以和短效胰岛素制剂配合使用
	珠蛋白锌胰岛素 （globin zinc insulin）	皮下	2~4	6~10	12~18	早餐或晚餐前 1 小时,1~2 次 /d	
长效	精蛋白锌胰岛素 （protamine zinc insulin）	皮下	3~6	16~18	24~36	早餐或晚餐前 1 小时,1 次 /d	释放更缓慢,作用更持久,能更好地模拟人体生理基础胰岛素的分泌
预混胰岛素	含有短效和中效胰岛素的混合物	皮下				2 次 /d 或 3 次 /d	制剂中的短效成分起效迅速,中效成分缓慢持续释放,增加了患者依从性

【体内过程】胰岛素作为一种蛋白质,易被肠道消化酶破坏,口服无效,必须注射给药。皮下注射迅速吸收,特别是腹壁皮下注射吸收最快,皮下注射后 0.5~1 小时开始生效,2~4 小时作用达高峰,维持时间 5~7 小时;静脉注射 10~30 分钟起效,15~30 分钟达高峰,持续时间 0.5~1 小时。$t_{1/2}$ 约 10 分钟。胰岛素主要在肝、肾中灭活,其灭活方式:一是其分子中的二硫键先在谷胱甘肽胰岛素转氢酶催化下,在肝内被还原,使 A、B 两键分离,再在胰岛素酶的作用下水解成氨基酸而被灭活;二是被肾胰岛素酶直接水解。

【药理作用】

1. 降血糖　①使血糖来源减少:胰岛素促进葡萄糖转运进入细胞;加速葡萄糖的有氧氧化和无氧酵解;增加糖原合成和贮存。②使血糖去路增加:抑制糖原分解和糖异生。

2. 影响脂肪代谢　胰岛素抑制脂肪分解,减少游离脂肪酸和酮体的生成,减少酮症酸中毒的发生;促进脂肪合成。

3. 影响蛋白质代谢　胰岛素抑制蛋白质分解;促进氨基酸转运进入细胞,进而促进蛋白质合成。

4. 降低血钾　胰岛素激活 Na^+-K^+-ATP 酶,促进 K^+ 进入细胞,有利于纠正细胞缺钾症状,并使血钾降低。

【作用机制】胰岛素通过与其特异性受体结合而产生作用。胰岛素受体（insulin receptor, Ins R）由 2 个 α 亚基和 2 个 β 亚基组成,以二硫键相连形成 βααβ 异四聚体。α 亚基完全位于细胞膜外,不含穿膜段和细胞内段,2 个亚基以二硫键相连,含胰岛素结合位点。β 亚基含有较小的细胞外段以及跨膜段和细胞内段,细胞外段以二硫键与 α 亚基相连,细胞内段含酪氨酸蛋白激酶。胰岛素与胰岛素受体的 α 亚基结合位点结合后迅速引起 β 亚基的自身磷酸化,导致细胞内其他活性蛋白的连续磷酸化反应,进而产生降血糖等生物效应,见图 34-1。

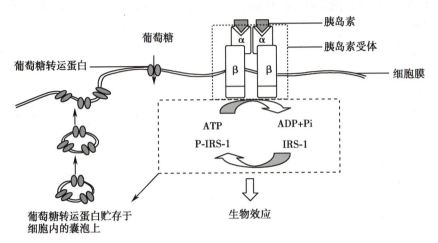

图 34-1　胰岛素作用机制示意图

【临床应用】

1. 糖尿病　胰岛素对各型糖尿病均有效,是治疗 1 型糖尿病的唯一药物。主要用于:①1 型糖尿病;②经饮食控制或口服降血糖药治疗仍未能控制的 2 型糖尿病;③糖尿病酮症酸中毒、高渗性糖尿病昏迷及乳酸性酸中毒伴高血糖;④合并重度感染、消耗性疾病、高热、肾病、视网膜病变、神经病变、心脑血管病变、创伤、手术、妊娠和分娩的各型糖尿病;⑤继发于严重胰腺疾病的糖尿病。

2. 非糖尿病应用　①胰岛素与葡萄糖、氯化钾合用,配成极化液 GIK(glucose-insulin-potassium),纠正细胞内缺钾,同时提供能量,防治心肌梗死后的心律失常,降低病死率;②胰岛素与 ATP、辅酶 A 合用,组成能量合剂,用于心、肝、肾等疾病的辅助治疗;③细胞内缺钾、高钾血症。

【不良反应】

1. 低血糖反应　低血糖反应是使用胰岛素最常见的不良反应,多为胰岛素用量过大、未按时进食或剧烈体力活动所致。早期表现为饥饿、出汗、心跳加快、焦虑、震颤等,严重者可出现惊厥、昏迷,甚至死亡。轻者可饮用糖水或摄食,严重者应立即静脉注射 50% 葡萄糖注射液进行救治。糖尿病患者出现昏迷时,必须鉴别低血糖昏迷、酮症酸中毒昏迷及非酮症高渗性糖尿病昏迷。

2. 过敏反应　较常见,一般反应轻微而短暂,如荨麻疹、血管神经性水肿,偶可引起过敏性休克。动物胰岛素与人的胰岛素结构的差异或低纯度制剂内的杂质,都会引起过敏反应,可改用人胰岛素或选用高纯度制剂,也可用 H_1 受体阻断药或糖皮质激素治疗。

3. 耐受性　机体对胰岛素敏感性降低,称胰岛素耐受。可分为:①急性耐受:多因并发感染、创伤、手术等应激状态时,血中拮抗胰岛素作用的物质增多所致;②慢性耐受:指无并发症却每日需用胰岛素 200U 以上。其形成原因复杂,可能是体内产生了抗胰岛素的抗体,也可能是靶细胞上的胰岛素受体数目减少,或是靶细胞膜上葡萄糖转运系统及某些酶系统失常所致。

4. 局部反应　注射部位出现红肿、硬结、脂肪萎缩现象,女性多于男性。应用高纯度胰岛素制剂后,局部反应已较少见。

第二节　口服降血糖药

本类药物口服有效,使用方便。目前,常用口服降血糖药包括磺酰脲类、双胍类、α-葡萄糖苷酶抑制药、胰岛素增敏药、非磺酰脲类促泌剂、二肽基肽酶4抑制剂。

一、磺酰脲类

磺酰脲类(sulfonylurea,SU)药物是品种最多、应用最早、最广泛的口服降糖药。第一代产品有甲苯磺丁脲(tolbutamide,D860)、氯磺丙脲(chlorpropamide)等,现大部分已退出市场,只有甲苯磺丁脲尚有应用;第二代产品有格列吡嗪(glipizide)、格列齐特(gliclazide)、格列本脲(glibenclamide,又名优降糖)、格列喹酮(gliquidone)等。近年研制的格列美脲(glimepiride)则因用药剂量小、具有一定的改善胰岛素抵抗作用、减少胰岛素用量而被称为第三代磺酰脲类药物。

【体内过程】吸收迅速而完全,与血浆蛋白结合率高,多数药物在肝内氧化成羟基化合物,并迅速随尿排出。甲苯磺丁脲口服后3~5小时血药浓度达高峰,$t_{1/2}$约8小时,作用时间短暂,每日需给药3次。氯磺丙脲的$t_{1/2}$约36小时,排泄缓慢,每日只需给药1次。格列本脲口服后2~6小时血药浓度达高峰,维持时间较长,每日用药1~2次。格列吡嗪服后1~2小时血药浓度达高峰,$t_{1/2}$约2~4小时,灭活及排泄快,较少发生低血糖。格列齐特吸收速度因人而异,$t_{1/2}$约为10小时。

【药理作用】

1. 降血糖　该类药物能降低正常人和胰岛功能未完全丧失的糖尿病患者的血糖。其机制是:①刺激胰岛β细胞释放胰岛素(而非增加胰岛素的合成),使血浆胰岛素增多;②抑制肝糖原分解和糖异生;③增强靶细胞对胰岛素的敏感性;④抑制胰高血糖素的分泌。

2. 影响凝血功能　格列齐特可减少血小板数目,抑制血小板的聚集和黏附;刺激纤溶酶原合成,提高纤溶酶活力;降低微血管对缩血管物质的敏感性。对预防或减轻糖尿病患者微血管并发症有一定作用。

3. 抗利尿　氯磺丙脲和格列本脲可促进抗利尿激素的分泌,并能增强抗利尿激素的作用,从而减少尿量。

【临床应用】

1. 糖尿病　用于单用饮食不能控制且胰岛功能尚存的2型糖尿病,可与胰岛素联合应用。可刺激内源性胰岛素的分泌而减少外源性胰岛素的用量,但对每日需胰岛素40U以上者疗效不佳。磺酰脲类药物的使用与糖尿病患者微血管和大血管发生病变的风险下降相关。轻度肾功能不良的患者宜选用格列喹酮。

2. 尿崩症　氯磺丙脲、格列本脲可使尿崩症患者尿量明显减少。

【不良反应】①低血糖:剂量过大,或未按时进餐,可引起低血糖。老年人和肝、肾功能不良者发生率高。第二代磺酰脲类降糖药较少发生。②胃肠道反应:常见厌食、恶心、上腹部烧灼感,亦可出现呕吐、腹痛、腹泻。③过敏反应:常见皮肤瘙痒、红斑、荨麻疹、皮疹等。④偶见嗜睡、神经痛、眩晕、共济失调;可引起粒细胞减少、血小板减少、再生障碍性贫血和溶血性贫血、肝损害等,故长期应用需定期检查血常规和肝功能。

【药物相互作用】磺酰脲类药物血浆蛋白结合率高,能与保泰松、水杨酸钠、吲哚美辛、青霉素、双香豆素等发生竞争,使游离药物浓度上升而引起低血糖反应。消耗性患者血浆蛋白水平低,黄疸患者血浆胆红素水平高,也能导致游离药物浓度升高,发生低血糖。此外,氯丙嗪、糖皮质激素、噻嗪类利尿药、口服避孕药均可降低磺酰脲类药物的降血糖作用。

二、双胍类

双胍类药物包括二甲双胍(metformin，又名甲福明)、苯乙双胍(phenformin，又名苯乙福明)，其中二甲双胍最为常用。

【体内过程】口服易吸收，在体内不与蛋白质结合。二甲双胍的 $t_{1/2}$ 约 1.5 小时，大部分以原药形式随尿排出。苯乙双胍的 $t_{1/2}$ 约 3 小时，约 1/3 以原药形式随尿排出，作用维持 4~6 小时，缓释胶囊剂可延长到 8~14 小时。

【药理作用】双胍类药物可明显降低糖尿病患者的血糖水平，但对正常人血糖无明显影响。其作用机制可能是：①促进组织对葡萄糖的摄取和利用；②减少葡萄糖在肠道的吸收；③抑制糖异生；④增加胰岛素与其受体结合；⑤抑制胰高血糖素释放等。此外，还具有心血管保护作用，如调脂、抗小血板聚集等，降低糖尿病血管并发症的危险。

【临床应用】主要用于轻、中度 2 型糖尿病，尤其适用于肥胖及单用饮食控制无效者，可为超重 2 型糖尿病治疗的一线用药；可与磺酰脲类药物或胰岛素合用，增强其降血糖作用。

【不良反应】常见胃肠道反应，如口苦、金属味、厌食、恶心、呕吐、腹泻等，饭后服药或从小剂量开始服用可减少或减轻此反应。偶有过敏反应，表现为皮肤红斑、荨麻疹等。少数患者可见酮症、乳酸血症等严重不良反应。慢性心、肝、肾疾病患者及孕妇禁用。

三、α- 葡萄糖苷酶抑制药

α- 葡萄糖苷酶抑制药(glucosidase inhibitor)主要源于动物、植物、微生物。目前，临床上广泛应用的 α- 葡萄糖苷酶抑制药主要有阿卡波糖(acarbose)、伏格列波糖(voglibose)、米格列醇(miglitol)等。

【药理作用】降低餐后血糖水平。其降血糖机制是：竞争性抑制位于小肠刷状缘的 α- 葡萄糖苷酶，使淀粉类分解为葡萄糖的速度减慢，减缓肠道内葡萄糖的吸收，从而降低餐后血糖水平。

【临床应用】

1. 2 型糖尿病　饮食和运动治疗无效且以餐后血糖高为特征的 2 型糖尿病。

2. 单用二甲双胍或磺酰脲类药物治疗效果不佳的 2 型糖尿病。

3. 单用胰岛素治疗效果不佳的 2 型糖尿病。

4. 1 型糖尿病　可配合胰岛素治疗，可减少胰岛素的用量。

【不良反应】主要为胃肠道反应。本类药物使碳水化合物在小肠内的降解和吸收发生障碍，停留时间延长，导致肠道细菌酵解，产气增多，进而出现恶心、腹胀、肠鸣等，少数患者出现腹痛、腹泻或便秘。偶见低血糖反应。

四、胰岛素增敏药

本类药物多为噻唑烷二酮的衍生物，包括罗格列酮(rosiglitazone)、吡格列酮(pioglitazone)、环格列酮(ciglitazone)、恩格列酮(englitazone)等。早期开发的罗格列酮，因有心毒性，现已禁用。

本类药物主要通过增加肌肉、脂肪等靶组织对胰岛素的敏感性而发挥降血糖作用，其机制与过氧化物酶体增殖物激活受体 γ(peroxisome proliferator activated receptor γ，PPARγ)，调节胰岛素反应性基因的转录有关。由于这类药的降糖作用通过增强胰岛素的效应实现，故在胰岛素缺乏时单用此类药物不能降血糖。主要用于使用其他降糖药疗效不佳的 2 型糖尿病，特别是有胰岛素抵抗的患者，可单独使用或与其他类降血糖药或胰岛素联合应用。不良反应主要有心血管系统风险、影响骨代谢、嗜睡、肌肉和骨骼痛、头痛、水肿、消化道症状等。长期使用应定期观察肝功能。活动性肝病、心脏病患者禁用。

五、非磺酰脲类促泌剂

常用药物有瑞格列奈、那格列奈和米格列奈,可直接改善胰岛素早相分泌缺陷,对降低餐后血糖具有独特优势。本类药物的化学结构与磺酰脲类药物不同,但作用及作用机制相似。

瑞 格 列 奈

瑞格列奈(repaglinide)为苯甲酸类衍生物,是一种促胰岛素分泌药,可通过刺激胰腺 β 细胞分泌胰岛素而发挥作用,其作用机制是通过阻断胰腺 β 细胞对 ATP 敏感的 K^+ 通道,导致 Ca^{2+} 通道开放,使 Ca^{2+} 内流,引起胰岛素脉冲式分泌。口服吸收迅速,持续时间短,为速效进餐后血糖调节剂(又名餐时血糖调节剂),服药时间可掌握在餐前 0~30 分钟内。主要适用于 2 型糖尿病患者餐后血糖的控制。有进餐服药、不进餐不服药的特点,有利于配合患者灵活的进餐方式。可单用,也可与其他口服降糖药合用。因其结构中不含硫,故对磺酰脲类药物过敏者仍可使用。不良反应较少,常见低血糖反应,症状包括焦虑、头晕、出汗、震颤、饥饿和注意力不集中等。此外,可见头痛和腹泻等。

六、二肽基肽酶 4 抑制剂

二肽基肽酶(dipeptidyl peptidase,DPP)是一类广泛存在于多种器官组织中的丝氨酸蛋白酶,其家族成员包括 DPP-1、DPP-2、DPP-3、DPP-4、DPP-8、DPP-9 和成纤维细胞活化蛋白等。其中,DPP-4 可特异性灭活胰高血糖素样肽 -1 和抑胃肽(又称葡萄糖依赖性胰岛素释放肽),而两者能以葡萄糖依赖的方式增加胰岛素的合成与释放,降低胰高血糖素的分泌而产生降低血糖的作用。DPP-4 抑制剂通过抑制 DPP-4 对胰高血糖素样肽 -1 和抑胃肽的水解,从而增加胰高血糖素样肽 -1 和抑胃肽的血浆浓度,进而以葡萄糖依赖的方式增加胰岛素释放,并降低胰高血糖素水平,发挥降低血糖的作用。由于本类药物增加胰岛素释放的作用依赖于血浆葡萄糖水平,故不易出现低血糖反应。

目前,临床应用的 DPP-4 抑制剂主要有西格列汀(sitagliptin)、沙格列汀(saxagliptin)、维格列汀(vildagliptin)、利格列汀(linagliptin)和阿格列汀(alogliptin)等。

第三节　其他降糖药

胰高血糖素样肽 -1 受体激动药为新型降糖药物,皮下注射给药。以葡萄糖浓度依赖性的方式增强胰岛素分泌、抑制胰高血糖分泌、延缓胃排空,通过中枢性的食欲抑制来减少进食量,具有减轻体重作用。与传统降糖药物相比,引起低血糖危险性大为降低,且可促进 β 细胞的修复和再生。本类药物有利拉鲁肽(liraglutide)、艾塞那肽(exenatide),适用于单用双胍类或磺酰脲类药物控制不佳的成人 2 型糖尿病,可与双胍类或磺酰脲类药物联合应用。

（葛鹏玲）

复习思考题

1. 简述胰岛素降血糖的作用机制、临床应用及不良反应。
2. 试比较磺酰脲类与双胍类降糖药的作用机制有何不同。
3. 简述各类口服降糖药的降糖作用机制。

◆◆◆ 第三十五章 ◆◆◆

调节骨代谢与形成药

📝 学习目标

1. 掌握 骨矿化剂及双膦酸盐类的药理作用特点与应用、主要不良反应。
2. 熟悉 雌激素、雌激素受体调节剂、降钙素的特点与应用。
3. 了解 骨形成促进剂的特点与应用。

参与骨代谢与形成药主要用于骨质疏松的治疗。骨质疏松症是一种以骨量低下、骨组织微结构破坏为特征的综合征,患者骨脆性增加,易发生骨折。目前,全球骨质疏松人数超过 2 亿人。该病的女性患者多于男性,常见于绝经后妇女和老年人。骨质疏松症可分为原发性骨质疏松症、继发性骨质疏松症和特发性骨质疏松症。原发性骨质疏松分为 Ⅰ 型和 Ⅱ 型。Ⅰ 型骨质疏松症(女性绝经后骨质疏松症)多发于 50~70 岁女性;Ⅱ 型骨质疏松症(老年性骨质疏松症)多发于 70 岁以上人群,男、女发病率相近。继发性骨质疏松症多由内分泌系统疾病、骨骼系统疾病、药物原因等引起。特发性骨质疏松症主要发生在青少年,病因不明。

治疗骨质疏松的药物主要有(表 35-1):①骨矿化剂:钙剂、维生素 D;②骨吸收抑制剂:双膦酸盐类、雌激素、雌激素受体调节剂、降钙素;③骨形成刺激剂:氟化物、甲状旁腺激素。

表 35-1 抗骨质疏松常用药物分类

药物分类	代表药
骨矿化剂	钙剂:葡萄糖酸钙、碳酸钙、乳酸钙、枸橼酸钙
	维生素 D:维生素 D_3、骨化三醇、阿法骨化醇
骨吸收抑制剂	双膦酸盐类:依替膦酸二钠、帕米膦酸二钠、阿仑膦酸钠
	雌激素:雌二醇
	雌激素受体调节剂:雷洛昔芬、依普黄酮
	降钙素:鲑鱼降钙素、依降钙素
骨形成刺激剂	氟化物:氟化钠
	甲状旁腺激素:特立帕肽

笔记栏

第一节 骨矿化剂

一、钙剂

钙是骨骼正常生长的物质基础。机体 99% 的钙存在于骨骼和牙齿。补充钙剂为治疗骨质疏松的基础措施。钙剂常与维生素 D 合用以增加小肠对钙的吸收。钙剂主要分为矿物钙(如葡萄糖酸钙、碳酸钙等)、有机钙(如乳酸钙、枸橼酸钙等)、天然生物钙等。

【药理作用】

1. 参与骨骼形成　钙离子是人体各项生理活动不可缺少的元素,99% 以上的钙与磷一起以羟基磷灰石形式构成骨盐,是骨骼正常生长和达到峰值骨量的物质基础。

2. 其他作用　钙离子作用广泛,除参与骨骼形成外,还具有多项作用:①参与凝血过程;②参与神经递质的合成与释放;③参与肌肉的收缩过程;④钙 - 镁拮抗作用。

【临床应用】

1. 骨质疏松症　钙离子与维生素 D 为治疗骨质疏松症的基础物质。Ⅰ 型骨质疏松症(妇女绝经后骨质疏松症)可采用非激素替代疗法或激素替代疗法。长期使用雌激素可引起子宫内膜癌发生率增加,联合使用孕激素可减少该不良反应。Ⅱ 型骨质疏松症(老年性骨质疏松症)较为公认的治疗方案为钙剂 + 维生素 D+ 骨吸收抑制剂(常用阿仑膦酸钠)的三联药物治疗。

2. 其他　钙离子可改善细胞膜的通透性,增加毛细血管的致密性,减少液体的渗出,可减轻某些过敏反应的症状;钙离子可与氟化物形成难溶性氟化钙而用于氟化物中毒的解救。由于镁离子直径与钙离子相近,镁离子可与钙离子的结合部位发生结合,因此钙离子与镁离子作用相互对抗,镁中毒时可采用钙剂解救。钙剂还可用于低钙血症的防治。

【不良反应】静脉给药可引起全身发热感、皮肤发热、血管扩张;静脉给药速度过快可引起心律失常、血压下降,甚至出现心脏停搏。

【禁忌证】高钙血症、高钙尿症、含有钙结石或肾结石、肾功能不全的低钙血症、呼吸性酸中毒衰竭、应用强心苷或停药的患者,7 日内禁用。

二、维生素 D

维生素 D 为类固醇衍生物,在体内可转化为多种活性代谢物。常见的活性形式维生素 D 有骨化三醇和阿法骨化醇。维生素 D 能促进小肠对钙、磷的吸收,提高血钙、血磷水平,并维持其正常浓度。

【药理作用】维生素 D_3 经肝、肾羟化后形成的 $1,25\text{-}(OH)_2\text{-VitD}_3$ 为最终活性物质。骨化三醇由维生素 D_3 转化而来,可恢复肠道对钙离子的正常吸收,调节骨矿化,刺激骨骼中成骨细胞活性。骨化三醇还可减轻骨质疏松患者的骨与肌肉疼痛。阿法骨化醇的作用类似于骨化三醇,可增加机体对钙的吸收,抑制骨吸收,促进胶原和骨基质蛋白合成,调节肌肉钙代谢。

【临床应用】

1. 骨质疏松症　骨质疏松症患者常伴有小肠钙转运的减少。对于有肠钙吸收不良、骨化三醇合成障碍的骨质疏松症患者尤宜使用。维生素 D 常与钙剂合用,作为一线基础药物用于预防和治疗骨质疏松症。

2. 其他　婴幼儿缺乏维生素 D 时,体内钙、磷不能在骨组织内沉积,引起骨组织生长障碍,可导致佝偻病。成年人维生素 D 缺乏可引起骨软化症或成人佝偻病。维生素 D 为治疗佝偻病、骨软化症的基础药物。

【不良反应】维生素 D 的安全域较窄,连续大量使用可引起中毒,表现为衰弱、厌食、乏力、恶心、呕吐、体重下降、心律失常等。骨化三醇可引起高钙血症,建议在服药后第 4 周、第 3 个月、第 6 个月检测血钙和血肌酐浓度,以后每 6 个月检测 1 次。

第二节　骨吸收抑制剂

一、双膦酸盐类

1960 年,Fleisch 等首次合成了双膦酸盐类药物。本类药物在骨质疏松症的治疗中越来越受到重视。双膦酸盐类药物分为 3 代(表 35-2): 第一代有依替膦酸二钠和氯膦酸二钠;第二代有替鲁膦酸和帕米膦酸二钠;第三代有阿仑膦酸钠和利塞膦酸钠等。

表 35-2　常用双膦酸盐类药物的特点

常见药物	特点
依替膦酸二钠 (第一代)	依替膦酸二钠可抑制植入骨的吸收,对非肿瘤性卵巢切除性骨质疏松、绝经后骨质疏松有明显抑制作用,同时对局部肿瘤侵入或循环中的体液因子所致的骨吸收也有明显抑制作用。小剂量[5mg/(kg·d)]时抑制骨吸收,大剂量时[20mg/(kg·d)]抑制骨形成
帕米膦酸二钠 (第二代)	与第一代相比,优点为作用更持久和抑制新骨形成的作用极低。抑制骨吸收作用比依替膦酸二钠强 100 倍,比氯膦酸二钠强 10 倍。帕米膦酸二钠可长期滞留于骨组织中,半衰期最长可达 300 天
阿仑膦酸钠 (第三代)	抗骨吸收作用较依替膦酸二钠强 1 000 倍,并且没有骨矿化抑制作用。使用本品能减缓骨质疏松进程,维持骨密度,使患者脊椎的骨量增加,患者椎骨变形、身高缩短、骨折发生率等均明显改善。阿仑膦酸钠在骨内的半衰期可达 10 年以上

【体内过程】双膦酸盐类药物的吸收易受到食物与离子的影响,如咖啡、橙汁可使阿仑膦酸钠吸收减少 60%,食物可使其生物利用度减少 40%。大多数双膦酸盐类药物能长期保存在骨组织中。氯膦酸二钠和帕米膦酸二钠的骨内 $t_{1/2}$ 分别为 120 天和 300 天,阿仑膦酸钠的排泄极为缓慢,其残留物的骨内半衰期可长达 10 年。口服双膦酸盐类药物剂量的约 66%直接由肾清除,其中 95%以上经肾排泄,还有少量经肾分泌排出。

【药理作用】双膦酸盐类药物为抗骨吸收药物。其作用机制主要为:①直接改变破骨细胞的形态学,从而抑制其功能;②与骨基质理化结合,直接干扰骨吸收;③直接抑制成骨细胞介导的细胞因子如 IL-6、TNF 的产生。双膦酸盐类药物在骨的再建表面,抑制破骨细胞对骨的吸收,对磷酸钙具有高亲和性,吸附在骨羟磷灰石结晶表面,阻止钙盐"溢出"。双膦酸盐类药物对水解反应稳定,能长期滞留在骨内,间歇使用能诱发持续骨质增长,从而逆转骨质疏松。

【临床应用】

1. 骨质疏松症　双膦酸盐类药物主要用于骨质疏松症的预防和治疗,对各种类型的骨丢失均有效,特别适用于合并有高骨代谢的骨质疏松症。阿仑膦酸钠为第一个被美国 FDA 批准用来预防和治疗绝经后骨质疏松症的双膦酸盐类药物,也能增加男性骨质疏松症患者的骨量,具有较好的安全性和耐受性。

2. 高钙血症　可用于由多发性骨髓瘤、乳腺癌、前列腺癌及肺癌等恶性肿瘤骨转移引起的骨代谢异常所致的高钙血症,并能减少骨病、骨痛和骨折的发生率。对于高钙血症并发的恶心、呕吐、多尿症、口渴及中枢神经症状也有一定缓解作用。

【不良反应】人体对双膦酸盐类药物的耐受性一般较好,口服可出现胃肠道不良反应,少数患者可发生腐蚀性食管炎;建议早晨空腹给药,用足量水送服,保持坐姿或立位,服后30 分钟内不宜进食和卧床,为避免消化道不良反应最好采用静脉方式给药。高浓度快速静脉注入时,在血液中可能与钙螯合形成复合物导致肾衰竭,缓慢注射 2~4 小时可减少该不良反应。2005 年起,美国、英国、加拿大等国的相关部门相继发布双膦酸盐类药物的安全性信息,称部分患者用药后出现颌骨坏死、严重肌肉骨骼痛、食管癌和肾衰竭等。

二、雌激素

雌激素有促进骨质致密作用。绝经后妇女由于体内雌激素减少,破骨细胞活性增加,骨丢失加速。雌激素通过抑制破骨细胞相关因子(IL-1、IL-6 等)分泌而抑制骨吸收;直接作用于成骨细胞及雌激素受体,促进骨形成;促进钙的吸收及肾小管对钙的重吸收;抑制骨细胞对甲状旁腺激素的反应性;促进降钙素的分泌而发挥抗骨质疏松作用。雌激素制剂的主要成分为雌二醇或雌三醇。对于妇女绝经后骨质疏松症,雌激素替代疗法为常用治疗方法。雌激素能有效预防绝经后的快速骨丢失,保持骨量,降低骨折发生率,缓解骨质疏松所造成的疼痛,改善患者围绝经期症状。在雌激素替代疗法中,由于雌激素有增加子宫内膜癌发生的风险,故常用雌激素合孕激素治疗有完整子宫的患者;雌激素合雄激素用于不需要保护子宫内膜的患者;雌激素合孕激素和雄激素也适用于有完整子宫的患者;对于已切除子宫者,可单用雌激素。

三、雌激素受体调节剂

雌激素受体调节剂主要有雷洛昔芬(raloxifene)和依普黄酮(ipriflavone)。其发挥作用主要通过促进成骨细胞增殖,进而促进骨胶原合成和骨基质的矿化,增加骨量;减少破骨细胞前体细胞的增殖和分化,抑制破骨细胞活性;通过雌激素样作用增加降钙素分泌,间接产生抗骨吸收作用。雷洛昔芬对雌激素作用的组织有选择性拮抗或激动作用,对下丘脑、子宫、乳腺表现为拮抗作用,对骨骼和部分胆固醇代谢(降低总胆固醇和低密度脂蛋白)表现为激动作用。依普黄酮在体内不具有雌激素对生殖系统的影响,却具有雌激素样抗骨质疏松作用。主要用于绝经后妇女和老年性骨质疏松症,对骨质疏松引起的腰背痛有效。雌激素受体调节剂可能增加静脉血栓栓塞事件的危险性,于开始治疗前 4 个月发生血栓事件的危险性最大,有或既往有血栓、静脉血栓栓塞性疾病者禁用。绝经期超过 2 年以上的妇女可应用。

四、降钙素

降钙素是参与钙及骨质代谢的一种多肽类激素。目前,临床常用的为鲑鱼降钙素和鳗鱼降钙素。降钙素可直接抑制破骨细胞活性,阻止钙由骨的释放;抑制肾小管对钙和磷的重吸收;抑制肠道转运钙,可引起血钙降低。对于骨质疏松引起的疼痛有明显镇痛作用,是中度以上骨痛的首选药物。降钙素主要用于高转换型骨质疏松。对于已经确诊的绝经后骨质疏松症,不能(不愿)接受雌激素治疗,骨痛明显的患者也可使用本类药物。常见不良反应为面部潮红、恶心、腹泻、尿频、鼻炎、呼吸道刺激等。注射剂可偶发过敏反应。

笔记栏

第三节 骨形成刺激剂

一、氟化物

氟化物常用氟化钠等。氟可特异性作用于骨原细胞,促进骨合成代谢;作用于骨质细胞和未分化的成骨细胞,促进胰岛素样生长因子(IGF)、转化生长因子-β(TGF-β)等的合成,刺激成骨细胞的活性,刺激骨生长。另外,氟还可稳定骨盐的晶体结构,抑制骨吸收。氟化物适用于各类骨质疏松的治疗,尤其适用于骨矿密度低于骨折阈值、中轴骨骨矿密度丢失明显的患者。氟化钠治疗范围窄,其不良反应与血液中氟的水平密切相关,主要表现为胃肠道反应、外周疼痛综合征、应激性骨折等。氟化物主要经肾排出,肾功能不全者慎用,长期使用应注意慢性氟中毒。在应用氟化物治疗时,由于大量快速的新骨形成,会出现明显的钙缺乏,必须补充足量的钙和适量的维生素 D_3,以免发生低血钙、骨关节痛、应力性骨折和继发性甲状腺功能亢进症等不良反应。

二、甲状旁腺激素

甲状旁腺激素(parathyroid hormone,PTH)是由甲状旁腺分泌的多肽。PTH 可增加肾小管对钙的重吸收,刺激肾产生 $1,25\text{-}(OH)_2D_3$,促进肠对钙的吸收,阻止成骨细胞凋亡。PTH 可增加中轴骨、小梁骨的骨量,促进骨松质形成,但不增加皮质骨骨量。主要用于原发性骨质疏松,对糖皮质激素诱导的骨质疏松也有效。大剂量甲状旁腺激素可引起骨吸收,导致骨质疏松性骨折率增高。

特 立 帕 肽

特立帕肽是一种合成的 34 肽,为人甲状旁腺激素(PTH)的 1~34 氨基酸片段;该片段是内源性 PTH 具有生物活性的 N- 末端区域。

【体内过程】皮下注射 20μg,药峰时间约为 30 分钟,$t_{1/2}$ 约为 60 分钟;静脉注射 $t_{1/2}$ 约为 5 分钟。90% 的药物经肾清除。目前临床用药多以皮下注射为主。

【药理作用】PTH 受体属于 G 蛋白偶联受体超家族,分为 I 型和 II 型。PTH-I 受体主要分布于骨骼及肾,PTH-II 受体分布于脑和胰腺。PTH 的 N 端肽链可与 PTH-I 受体结合发挥促进骨细胞生长的作用;而 C 端肽链则与 PTH-II 受体结合,可发挥促进骨细胞凋亡的作用。特立帕肽是 PTH 的活性片段(PTH 1~34),与天然 PTH 相比,保存了与 PTH-I 受体结合调节成骨细胞的作用,同时也消除了 PTH 的 C 端所带来的促进骨凋亡作用。

【临床应用】用于绝经后女性骨质疏松症,以及有高度骨折风险的男性骨质疏松症(包括性腺功能减退引起的继发性骨质疏松症)的治疗。

【不良反应】常见不良反应包括头晕、背痛、恶心和下肢痉挛等,多为一过性;少见不良反应包括心律失常、耳聋等。目前认为,不良反应发生与患者年龄和给药剂量之间无明显关系。每天 1 次 20μg 皮下注射特立帕肽后,内源性 PTH 出现持续下降,可能是特立帕肽反馈性抑制了甲状旁腺释放内源性 PTH。

(张跃文)

复习思考题

1. 治疗骨质疏松的药物有哪些种类?请说出代表药物。
2. 简述双膦酸盐类药物的作用与临床应用。

第三十六章
抗病原微生物药概论

📑 学习目标

1. **掌握** 抗菌药物的常用术语、作用机制、细菌耐药机制。
2. **熟悉** 抗菌药物治疗性应用的基本原则、特殊人群抗菌药物应用的基本原则。
3. **了解** 抗菌药物预防性应用的基本原则。

对病原微生物、寄生虫或肿瘤细胞所致疾病的药物治疗统称化学治疗（chemotherapy），简称化疗。用于化学治疗的药物称化疗药物（chemotherapeutical drug），包括抗病原微生物药、抗寄生虫药和抗肿瘤药。抗病原微生物药是对病原微生物具有抑制或杀灭作用，用于防治感染性疾病的药物，包括抗菌药、抗真菌药和抗病毒药等。

应用化疗药物治疗疾病时，应注意药物、病原体和机体三者之间的关系（图 36-1）。病原体所致疾病的发生、发展与转归是机体和病原体相互斗争的结果。化疗药物通过抑制或杀灭病原体而对机体产生防治作用；病原体可能对化疗药物产生耐药性而使化疗失败；化疗药物在机体内抑制或杀灭病原体的同时，也可能会对人体产生不良影响。理想的化疗药物应具有良好的药动学特性、对病原体选择性高、对人体无毒或低毒、病原体对其不易产生耐药性、使用方便和价格低廉等优点。

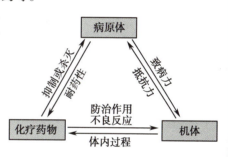

图 36-1 化疗药物与病原体、机体之间的关系示意图

第一节 抗菌药物常用术语

抗菌药（antibacterial drug）：是指能抑制或杀灭细菌，用于防治细菌感染性疾病的药物，包括抗生素和人工合成抗菌药。

抗生素（antibiotics）：是某些微生物（细菌、真菌和放线菌等）的代谢物，能抑制或杀灭其他微生物，按照来源分为天然抗生素和人工半合成抗生素。

抗菌谱（antimicrobial spectrum）：指抗菌药物抑制或杀灭病原菌的范围。根据抗菌谱可将抗菌药分为广谱抗菌药和窄谱抗菌药。广谱抗菌药是指对革兰氏阳性菌和革兰氏阴性菌等多种病原菌具有抑制或杀灭作用的药物，有些药物对衣原体、支原体、立克次体、螺旋体及原虫等也有作用，如四环素类、氯霉素等；窄谱抗菌药指仅作用于单一菌种或单一菌属的药物，如异烟肼、青霉素等。抗菌谱是临床选用抗菌药的基础。

抑菌药（bacteriostatic drug）和杀菌药（bactericidal drug）：抑菌药是指治疗浓度时仅能抑制病原菌的生长繁殖而无杀菌作用的药物，如磺胺类、四环素类等。杀菌药是指不仅能抑制病原菌生长繁殖而且能杀灭病原菌的药物，如青霉素类、头孢菌素类、氨基糖苷类等。

抗菌活性（antibacterial activity）：是指抗菌药物抑制或杀灭病原菌的能力。体外抗菌活性常用最低杀菌浓度（minimum bactericidal concentration，MBC）和最低抑菌浓度（minimum inhibitory concentration，MIC）表示。MBC 是指能够杀灭培养基内细菌（即杀死 99.9% 供试微生物）的最低药物浓度。MIC 是指在细菌体外培养 18~24 小时后能抑制其在培养基内继续生长的最低药物浓度。有些药物的 MIC 和 MBC 很接近，如氨基糖苷类；有些药物的 MBC 比 MIC 大，如青霉素类和头孢菌素类。

化疗指数（chemotherapeutic index，CI）：是评价化疗药物安全性的指标，常以化疗药物的半数动物致死量（LD_{50}）和治疗感染动物的半数有效量（ED_{50}）的比值来表示，即 $CI=LD_{50}/ED_{50}$。化疗指数愈大，表明药物毒性越小，临床应用价值越高。但应注意，化疗指数大的抗菌药物并非绝对安全，如青霉素 G 化疗指数大，但小剂量可能引起过敏性休克。

抗生素后效应（post-antibiotic effect，PAE）：是指停用抗生素后细菌生长仍然受到持续抑制的效应，通常以时间（小时）表示。抗生素后效应几乎是所有抗生素的共性。PAE 较长的抗生素如氟喹诺酮类和氨基糖苷类，适当延长给药间隔时间，不会影响疗效。

首次接触效应（first expose effect）：是指抗菌药物在初次接触细菌时具有强大的抗菌效应，但再次接触或连续接触时，抗菌效应并无明显增强或需要间隔相当时间（数小时）后，才会再次出现这种明显的抗菌效应。氨基糖苷类抗生素具有明显的首次接触效应。

第二节 抗菌药物作用机制

病原微生物维持自身生长繁殖的基础是自身结构的完整性和正常的代谢功能。抗菌药物主要通过干扰病原微生物的生化代谢过程，破坏其结构的完整性或影响其功能而产生抑菌或杀菌作用（图 36-2）。抗菌药物的作用机制主要包括以下 4 个方面。

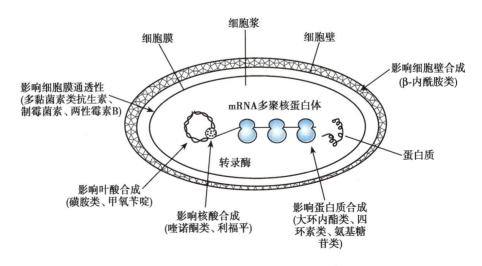

图 36-2 细菌结构与抗菌药物作用部位示意图

一、抑制细菌细胞壁合成

细菌细胞壁是保持细菌形态和维持菌体内环境稳定的重要屏障。细胞壁的主要成分为肽聚糖(peptidoglycan),又名黏肽。β- 内酰胺类、万古霉素类、杆菌肽、磷霉素、环丝氨酸等通过抑制细菌细胞壁的合成而发挥抗菌作用(详见第三十八章和第四十章)。哺乳动物细胞无细胞壁结构,故此类药物对人体细胞几乎无毒性。

二、增加细菌细胞膜的通透性

细菌的细胞膜位于细胞壁内侧,主要由类脂质和蛋白质分子构成。真菌的细胞膜含有麦角固醇,具有渗透屏障、合成黏肽和脂多糖以及运输物质的功能。多黏菌素类和氨基糖苷类抗生素能增加细菌细胞膜的通透性,使菌体内的蛋白质、氨基酸、核苷酸等重要物质外漏,导致细菌死亡(详见第四十章)。制霉菌素、两性霉素 B 等多烯类抗生素,以及咪唑类抗真菌药(如咪康唑、酮康唑等)通过增加真菌细胞膜的通透性而杀灭真菌(详见第四十二章)。

三、抑制细菌蛋白质合成

细菌蛋白质的合成是在胞质内通过核糖体循环完成的,其过程包括起始、肽链延伸及合成终止三阶段。细菌核糖体为 70S,由 30S 和 50S 亚基组成。氨基糖苷类、四环素类、大环内酯类、林可霉素类及氯霉素等抗生素可作用于细菌核糖体 30S 或 50S 亚基,通过阻止细菌蛋白质合成的某个阶段,而抑制细菌蛋白质合成(详见第三十九章至第四十一章)。人体细胞的核糖体为 80S,由 40S 和 60S 亚基组成,因此抗菌药物在临床常用剂量时能选择性抑制细菌蛋白质合成而不影响人体细胞的功能。

四、影响细菌叶酸和核酸代谢

细菌不能直接利用环境中的叶酸,必须自身合成四氢叶酸供自身生长繁殖所需。细菌以蝶啶和对氨苯甲酸为原料,在二氢蝶酸合酶的作用下合成二氢蝶酸,后者与谷氨酸结合形成二氢叶酸,再经二氢叶酸还原酶的作用形成四氢叶酸。四氢叶酸作为一碳基团转移酶的辅酶参与嘌呤、嘧啶核苷酸的合成。磺胺类和甲氧苄啶可分别抑制二氢蝶酸合酶和二氢叶酸还原酶,干扰细菌叶酸代谢,抑制细菌生长繁殖;喹诺酮类药物通过抑制细菌 DNA 复制而产生杀菌作用(详见第三十七章)。利福平通过抑制细菌 mRNA 合成而杀灭细菌(详见第四十三章)。

第三节　细菌耐药性

一、细菌耐药性的种类

细菌耐药性是指细菌对抗菌药物不敏感的现象,又名抗药性。根据其产生原因可分为天然耐药和获得性耐药。天然耐药又名固有耐药,是由细菌染色体基因所决定的,可代代相传,不会改变,与抗菌药物的使用无关,如链球菌对氨基糖苷类抗生素天然耐药、肠道革兰氏阴性杆菌对青霉素 G 天然耐药。获得性耐药是指细菌与抗菌药物接触后,细菌对药物的敏感性降低或消失,大多由质粒介导,亦可由染色体介导,如金黄色葡萄球菌产生 β- 内酰胺酶后对 β- 内酰胺类抗生素耐药。获得性耐药可因不再接触抗菌药物而消失,也可由质粒将耐药基因转移给染色体而代代相传,成为天然耐药。

细菌对某种抗菌药物耐药后,对于结构近似或作用性质相同的抗菌药物也可显示耐药性,称交叉耐药。细菌对常用抗菌药物主要分类中的 3 类或 3 类以上耐药,称多重耐药。细菌对常用抗菌药物几乎全部耐药,革兰氏阴性杆菌仅对黏菌素和替加环素敏感,革兰氏阳性球菌仅对糖肽类和利奈唑胺敏感,称广泛耐药。细菌对所有分类的常用抗菌药物全部耐药,革兰氏阴性杆菌对包括黏菌素和替加环素在内的全部抗菌药物耐药,革兰氏阳性球菌对包括糖肽类和利奈唑胺在内的全部抗菌药物耐药,称泛耐药。

二、细菌耐药性产生的机制

1. 产生灭活酶 细菌产生灭活酶使抗菌药物失活是耐药性产生的最主要机制之一。灭活酶能使抗菌药物在作用于细菌之前即被灭活破坏,从而失去抗菌活性。如对青霉素类和头孢菌素类耐药菌株产生的 β- 内酰胺酶,对氨基糖苷类耐药菌株产生的氨基糖苷类钝化酶,对氯霉素耐药菌株产生的氯霉素乙酰转移酶,金黄色葡萄球菌产生灭活红霉素的甲基化酶等。

2. 抗菌药物作用靶位改变 细菌通过改变与抗菌药物结合的靶位使抗菌药不能与其结合而形成耐药性。这种耐药方式的产生可以通过自发性基因突变或获得外源基因,改变细胞内膜上与抗菌药物结合部位靶蛋白结构,降低与抗菌药物的亲和力,使抗菌药物不能与之结合,导致抗菌失败。如肺炎链球菌通过该机制对青霉素产生高度耐药。

3. 降低外膜的通透性 细菌接触抗菌药物后,可以通过改变通道蛋白的性质和数量来降低细菌外膜的通透性而阻止抗菌药物进入靶位,从而产生获得性耐药。如革兰氏阴性菌细胞膜发生变化,膜孔蛋白数量减少或孔径缩小,使抗菌药物难以进入菌体内而失去抗菌活性。

4. 加强主动外排系统 某些细菌能通过主动外排系统将进入菌体内的药物泵出菌体外,这是细菌固有耐药和产生获得性多重耐药的主要原因。由于该主动外排系统的存在及其对抗菌药物的选择性,使大肠埃希菌、铜绿假单胞菌、金黄色葡萄球菌、表皮葡萄球菌、空肠弯曲菌对喹诺酮类、大环内酯类、四环素类、氯霉素及 β- 内酰胺类产生多重耐药。

5. 生物被膜的形成 细菌生物被膜是指细菌黏附于接触表面,分泌多糖基质、纤维蛋白、脂质蛋白等,将其自身包绕其中而形成的大量细菌聚集膜状物。生物被膜具有屏障作用,可阻止或延缓抗菌药物渗入,且被膜中细菌分泌的一些灭活酶可使某些抗菌药物灭活。生物被膜还可阻碍细菌对营养物质的摄取,使细菌生长代谢缓慢,因而对绝大多数抗菌药物不敏感。

第四节 抗菌药物的合理应用

抗菌药物的应用涉及临床各科,正确合理应用抗菌药物是提高疗效、降低不良反应发生率以及减少或减缓细菌耐药性发生的关键。抗菌药物临床应用是否正确、合理,基于以下两方面:①有无应用抗菌药物的指征;②选用的品种及给药方案是否正确、合理。目前,我国抗菌药物临床合理应用的主要依据是《抗菌药物临床应用指导原则(2015 年版)》。

一、抗菌药物治疗性应用的基本原则

(一)诊断为细菌性感染者,方可使用抗菌药物

根据患者的临床表现、实验室检查或影像学结果,诊断为细菌、真菌、支原体、衣原体、螺

旋体、立克次体等病原微生物感染及部分原虫感染方可应用抗菌药物。缺乏感染证据、诊断不能成立者或病毒性感染者,均无应用抗菌药物指征。

(二)尽早查明感染病原,根据病原菌的种类及药物敏感试验结果选择抗菌药物

抗菌药物品种的选用,原则上应根据病原菌种类及病原菌对抗菌药物敏感性,即细菌药物敏感试验(以下简称药敏试验)的结果而定。因此,有条件的医疗机构,对临床诊断为细菌性感染的患者应在开始抗菌治疗前,及时留取相应标本(尤其血液等无菌部位标本)送病原学检测,以尽早明确病原菌和药敏试验结果,并据此调整抗菌药物治疗方案。

(三)抗菌药物的经验治疗

对于临床诊断为细菌性感染的患者,在未获知细菌培养及药敏结果前,或无法获取培养标本时,可根据患者的感染部位、基础疾病、发病情况、发病场所、既往应用抗菌药物情况及其治疗反应等推测可能的病原体,并结合当地细菌耐药性监测数据,先给予抗菌药物经验治疗。待获知病原学检测及药敏结果后,结合先前的治疗反应调整用药方案;对培养结果阴性的患者,应根据经验治疗的效果和患者情况采取进一步诊疗措施。

(四)根据抗菌药物的药效学和药动学特点选药

各种抗菌药物的药效学和药动学特点不同,因此各有不同的临床适应证。临床医师应根据抗菌药物的药效学和药动学特点、适应证及用药注意事项等正确选用抗菌药物。

(五)综合患者病情、病原菌种类及抗菌药物特点制订抗菌治疗方案

根据病原菌、感染部位、感染严重程度、患者的生理病理状况及抗菌药物特点制订治疗方案,包括选择抗菌药物品种及确定剂量、给药次数、给药途径和疗程等。在制订治疗方案时应遵循以下原则:

1. 品种选择 根据病原菌种类及药敏试验结果尽可能选择针对性强、窄谱、安全、价格适当的抗菌药物。若需要进行经验治疗,应根据可能的病原菌及当地耐药状况选药。

2. 给药剂量 按各种抗菌药物的治疗剂量范围给药。治疗重症感染(如血流感染、感染性心内膜炎等)和抗菌药物不易达到的部位的感染(如中枢神经系统感染等),抗菌药物剂量宜较大;治疗单纯性下尿路感染时,可应用较小剂量。

3. 给药途径 轻症感染可接受口服给药者,应选用口服吸收完全的抗菌药物,不必采用静脉或肌内注射给药。仅在下列情况下可先予以注射给药:①不能口服或不能耐受口服给药的患者(如吞咽困难者);②患者存在明显可能影响口服药物吸收的情况(如呕吐、严重腹泻、胃肠道病变或肠道吸收障碍等);③所选药物有合适的抗菌谱,但无口服剂型;④需在感染部位迅速达到有效药物浓度的感染(如感染性心内膜炎、化脓性脑膜炎等);⑤感染严重、病情进展迅速,需紧急治疗者(如血流感染、重症肺炎等);⑥对口服治疗的依从性差的患者。肌内注射给药只适用于不能口服给药的轻、中度感染者,不适用于重症感染者。接受注射给药的患者经初始注射治疗病情好转并能口服时,应及早转为口服给药。

抗菌药物的局部应用宜尽量避免。皮肤黏膜局部应用抗菌药物后,很少被吸收,在感染部位不能达到有效浓度,反易引起过敏反应或导致耐药菌产生,因此治疗全身性感染或脏器感染时应避免局部应用抗菌药物。抗菌药物的局部应用只限于少数情况:①全身给药后在感染部位难以达到有效浓度时,可合并局部给药作为辅助治疗,如治疗中枢神经系统感染时可同时鞘内注射某些抗菌药物,包裹性厚壁脓肿脓腔内注入抗菌药物等;②某些皮肤表层及口腔、阴道等黏膜表面的感染;③眼部及耳部的感染。供全身应用的品种应避免局部应用;局部用药宜采用刺激性小、不易吸收、不易导致耐药性和过敏反应的抗菌药物;青霉素类、头孢菌素类等易引起过敏反应的药物不可局部应用;氨基糖苷类等具有耳毒性的药物不可局部滴耳。

4. 给药次数 为保证药物在体内能发挥最大疗效,应根据药动学和药效学相结合的原则确定给药次数。青霉素类、头孢菌素类和其他 β- 内酰胺类、红霉素、克林霉素等时间依赖性抗菌药,应一日多次给药。氟喹诺酮类和氨基糖苷类等浓度依赖性抗菌药可一日 1 次给药。

5. 疗程 抗菌药物疗程因感染不同而异,一般宜用至体温正常、症状消退后 72~96 小时,有局部感染灶者需用药至病灶控制或完全消散。但血流感染、感染性心内膜炎、化脓性脑膜炎、伤寒、布鲁氏菌病、骨髓炎、B 组链球菌咽炎和扁桃体炎、侵袭性真菌病、结核病等需较长疗程方能彻底治愈。

6. 抗菌药物的联合应用 单一药可有效治疗的感染,不需联合用药,仅在下列情况时方可联合用药:①病原菌尚未查明的严重感染,包括免疫缺陷者的严重感染。②单一抗菌药物不能控制的严重感染,需氧菌及厌氧菌混合感染,2 种及 2 种以上复数菌感染,以及多重耐药菌或泛耐药菌感染。③需长疗程治疗,但病原菌易对某些抗菌药物产生耐药性的感染,如某些侵袭性真菌病;或病原菌含有不同生长特点的菌群,需要应用不同抗菌机制的药物联合使用,如结核和非结核分枝杆菌。④毒性较大的抗菌药物,联合用药时剂量可适当减少,但需有临床资料证明其同样有效。如两性霉素 B 与氟胞嘧啶联合治疗隐球菌脑膜炎时,前者的剂量可适当减少,以减少其毒性反应。

抗菌药物联合应用时,宜选用具有协同或相加作用的药物联合,如青霉素类、头孢菌素类或其他 β- 内酰胺类与氨基糖苷类联合。抗菌药物联合用药通常采用 2 种药物联合,3 种及 3 种以上药物联用仅适用于个别情况,如结核病的治疗。此外,必须注意,联合用药后药物不良反应可能增多。

二、抗菌药物预防性应用的基本原则

预防性应用抗菌药物应限于可能出现的、且其后果严重的细菌感染。不适当的预防用药会引起病原菌高度耐药或继发难以控制的感染。预防性用药必须严格掌握适应证,控制用药种类、剂量和疗程等。

(一) 非手术患者抗菌药物的预防性应用

非手术患者抗菌药物预防性应用的目的在于预防特定病原菌所致的或特定人群可能发生的感染。预防用药基本原则:①用于尚无细菌感染征象但暴露于致病菌感染的高危人群。②预防用药适应证和抗菌药物选择应基于循证医学证据。③应针对最可能的某种细菌感染进行预防用药,不宜盲目地选用广谱抗菌药或多药联合预防多种细菌或多部位感染。④应限于针对某特定时间段内可能发生的感染,而非任何时间可能发生的感染。⑤应积极纠正导致感染风险增加的原发疾病或基础状况。原发疾病可以治愈或纠正者,预防用药价值较大;否则药物预防效果有限,应权衡利弊决定是否预防用药。⑥以下情况原则上不应预防使用抗菌药物:普通感冒、麻疹、水痘等病毒性疾病,昏迷、休克、中毒、心力衰竭、肿瘤、应用肾上腺皮质激素等患者,留置导尿管、留置深静脉导管以及建立人工气道(包括气管插管或气管切口)患者。

(二) 围手术期抗菌药物的预防性应用

1. 预防用药的目的 围手术期预防性应用抗菌药物的目的是预防手术部位感染,包括浅表切口感染、深部切口感染和手术所涉及的器官或腔隙感染,但不包括与手术无直接关系的、术后可能发生的其他部位感染。

2. 预防用药的原则 应根据手术切口类型、手术创伤程度、可能的污染细菌种类、手术持续时间、感染发生机会和后果严重程度、抗菌药物预防效果的循证医学证据、对细菌耐药性的影响和经济学评估等因素,综合考虑决定是否预防性应用抗菌药物。但预防应用抗菌药物并不能代替严格的消毒、灭菌技术和精细的无菌操作,也不能代替术中保温和血糖控制等其他预防措施。

(1)清洁手术(Ⅰ类切口):手术脏器为人体无菌部位,局部无炎症、无损伤,也不涉及呼吸道、消化道、泌尿生殖道等人体与外界相通的器官。手术部位无污染,通常不需预防用抗菌药物。但在下列情况时可考虑预防用药:①手术范围大、手术时间长、污染机会增加;②手术涉及重要脏器,一旦发生感染将造成严重后果者,如头颅手术、心脏手术等;③异物植入手术,如人工心瓣膜植入、永久性心脏起搏器放置、人工关节置换等;④有感染高危因素,如高龄、糖尿病、免疫功能低下(尤其是接受器官移植者)、营养不良等患者。

(2)清洁-污染手术(Ⅱ类切口):手术部位存在大量人体寄殖菌群,手术时可能污染手术部位引致感染,故此类手术通常需预防用抗菌药物。

(3)污染手术(Ⅲ类切口):已造成手术部位严重污染的手术。此类手术需预防用抗菌药物。

(4)污秽-感染手术(Ⅳ类切口):在手术前即已开始治疗性应用抗菌药物,术中、术后继续,此不属预防应用范畴。

3. 抗菌药物品种的选择　围手术期预防性应用抗菌药物的选药原则如下。

(1)根据手术切口类别、可能的污染菌种类及其对抗菌药物的敏感性、药物能否在手术部位达到有效浓度等综合考虑。

(2)选用对可能的污染菌针对性强、有充分的预防有效的循证医学证据、安全、使用方便及价格适当的品种。

(3)应尽量选择单一抗菌药物预防用药,避免不必要的联合用药。预防用药应针对手术路径中可能存在的污染菌,如心血管、头颈、胸腹壁、四肢软组织手术和骨科手术等经皮肤的手术,通常选择针对金黄色葡萄球菌的抗菌药物;结肠、直肠和盆腔手术,应选用针对肠道革兰氏阴性菌和脆弱拟杆菌等厌氧菌的抗菌药物。

(4)头孢菌素过敏者,针对革兰氏阳性菌可用万古霉素、去甲万古霉素、克林霉素;针对革兰氏阴性杆菌可用氨曲南、磷霉素或氨基糖苷类。

(5)对某些手术部位感染会引起严重后果者,如心脏人工瓣膜置换术、人工关节置换术等,若术前发现有耐甲氧西林金黄色葡萄球菌(methicillin resistant Staphylococcus aureus,MRSA)定植的可能或该机构 MRSA 感染发生率高,可选用万古霉素、去甲万古霉素预防感染,但应严格控制用药持续时间。

(6)不应随意选用广谱抗菌药物作为围手术期预防用药。鉴于国内大肠埃希菌对氟喹诺酮类药物耐药率高,应严格控制氟喹诺酮类药物作为外科围手术期预防用药。

4. 给药方案

(1)给药方法:给药途径大多为静脉输注,仅有少数为口服给药。静脉输注给药应在皮肤黏膜切开前 0.5~1 小时内或麻醉开始时,在输注完毕后开始手术,保证手术部位暴露时局部组织中抗菌药物已达到足以杀灭手术过程中污染细菌的药物浓度。万古霉素或氟喹诺酮类等需输注较长时间,故应在手术前 1~2 小时开始给药。

(2)预防用药维持时间:抗菌药物的有效覆盖时间应包括整个手术过程。手术时间较短(不超过 2 小时)的清洁手术,术前给药 1 次即可。如手术时间超过 3 小时或超过所用药物半衰期的 2 倍以上,或成人出血量超过 1 500ml,术中应追加 1 次。清洁手术的预防用药时间不超过 24 小时,心脏手术可视情况延长至 48 小时。清洁-污染手术和污染手术的预防用药时间亦为 24 小时,污染手术必要时延长至 48 小时。过度延长用药时间并不能提高预防效果,且预防用药时间超过 48 小时,耐药菌感染机会增加。

三、特殊人群抗菌药物应用的基本原则

(一) 老年患者抗菌药物的应用

老年人生理性肾功能减退,主要经肾排出的抗菌药物应用一般常用量也可能导致药物在体内蓄积中毒。因此,老年患者尤其是高龄患者接受主要自肾排出的药物时,可按轻度肾功能减退减量给药。青霉素类、头孢菌素类和其他 β- 内酰胺类的大多数品种属此类情况。

老年患者宜选用毒性低并具杀菌作用的抗菌药物,无用药禁忌者可首选青霉素类、头孢菌素类等 β- 内酰胺类药物。氨基糖苷类具有肾、耳毒性,应尽可能避免应用。万古霉素、去甲万古霉素、替考拉宁等药物应在有明确应用指征时慎用,必要时进行血药浓度监测,并据此调整剂量,实行个体化用药,以达到安全、有效的目的。

(二) 新生儿患者抗菌药物的应用

新生儿期一些重要器官功能尚未完善,对许多药物包括抗菌药物的耐受性较差,易发生严重不良反应。新生儿感染使用抗菌药物时需注意:①新生儿期肝、肾均未发育成熟,肝药酶活性较低,肾清除功能较差,应避免应用毒性大的抗菌药物,包括主要经肾排泄的氨基糖苷类、万古霉素、去甲万古霉素等,以及主要经肝代谢的氯霉素等。确有应用指征时,需进行血药浓度监测,据此调整给药方案,个体化给药。②避免应用可能发生严重不良反应的药物,如四环素类、喹诺酮类、磺胺类和呋喃类等。③新生儿期肾功能尚不完善,主要经肾排出的青霉素类、头孢菌素类等 β- 内酰胺类药物需减量应用,以防止药物蓄积导致严重中枢神经系统毒性。④新生儿的组织器官日益成熟,抗菌药物在新生儿的药动学亦随日龄增长而变化,因此使用抗菌药物时应按日龄调整给药方案。

(三) 小儿患者抗菌药物的应用

小儿患者在应用抗菌药物时应注意:①氨基糖苷类有明显耳、肾毒性,小儿患者应避免应用。临床有明确应用指征,且又无其他毒性低的抗菌药物可供选用时,方可选用此类药物,并在治疗过程中严密观察不良反应。有条件者应监测血药浓度,根据结果个体化给药。②糖肽类有一定肾、耳毒性,小儿患者仅在有明确的指征时方可选用,且在治疗过程中应严密观察不良反应,有条件者应进行血药浓度监测,个体化给药。③四环素类可导致牙齿黄染及牙釉质发育不良,8 岁以下小儿应禁用。④喹诺酮类对骨骼发育可能产生不良影响,避免用于 18 岁以下的未成年人。

(四) 妊娠期患者抗菌药物的应用

妊娠期妇女应用抗菌药物时需考虑对母体和胎儿两方面的影响。妊娠期禁用对胎儿有致畸或明显毒性的药物。避免应用对母体和胎儿均有毒性的药物,如氨基糖苷类、四环素类等,若有明确应用指征,应权衡利弊,在严密观察下慎用;应用氨基糖苷类等抗菌药物,有条件时应监测血药浓度。妊娠期感染应选用毒性低、对胎儿及母体均无明显影响、也无致畸作用的药物,如青霉素类、头孢菌素类等 β- 内酰胺类抗生素。

(五) 哺乳期患者抗菌药物的应用

少数药物乳汁中分泌量较多,如氟喹诺酮类、四环素类、大环内酯类、氯霉素、磺胺甲恶唑、甲氧苄啶、甲硝唑等。青霉素类、头孢菌素类等 β- 内酰胺类和氨基糖苷类等在乳汁中含量低。无论乳汁中药物浓度如何,均存在对乳儿潜在的影响,并可能引起不良反应,故哺乳期患者应用任何抗菌药物时均宜暂停哺乳,并避免应用对乳儿毒性较大的药物,如氨基糖苷类、喹诺酮类、四环素类、氯霉素、磺胺药等。

(王垣芳)

复习思考题

1. 简述抗菌药物的作用机制并举例。
2. 简述细菌耐药性产生的机制。
3. 简述抗菌药物治疗性应用的基本原则。

笔记栏

PPT 课件

第三十七章

人工合成抗菌药

学习目标

1. **掌握** 喹诺酮类药物的体内过程、抗菌谱、抗菌机制、临床应用及不良反应。
2. **熟悉** 磺胺类药物的抗菌谱、抗菌机制、临床应用、不良反应;甲氧苄啶与磺胺类药协同作用的机制。
3. **了解** 磺胺嘧啶银、硝基呋喃类、甲硝唑的临床应用。

人工合成抗菌药包括喹诺酮类、磺胺类和其他类。喹诺酮类药物是目前临床广泛应用的一类抗菌药物,抗菌谱广,是治疗多种细菌感染性疾病的一类重要抗菌药物。磺胺类药物是最早应用于临床的人工合成抗菌药,抗菌谱广,抗菌活性强,不良反应较多限制了其临床应用,但对流行性脑脊髓膜炎、鼠疫等感染性疾病疗效显著。

第一节 喹诺酮类抗菌药

一、概述

喹诺酮类(quinolones)药物是一类含有 4- 喹诺酮基本结构的人工合成抗菌药(图 37-1)。喹诺酮类药物共分为 5 代,第一代的代表药物萘啶酸(nalidixic acid)是 1962 年美国 Sterling-Winthrop 在合成氯喹时偶然发现的副产品,国内已不再使用。1973 年合成的第二代代表药物吡哌酸(pipemidic acid)对大多数革兰氏阴性菌有效,口服吸收好,因其血药浓度低而尿中浓度高,仅限于治疗泌尿道和肠道感染。20 世纪 70 年代末至 90 年代中期研制的第三代药物由于在喹诺酮母核 6 位碳原子上引入氟原子,故称氟喹诺酮类(fluoroquinolones),对革兰氏阴性菌的抗菌作用增强,对革兰氏阳性菌也有抗菌作用,临床常用的有诺氟沙星(norfloxacin)、环丙沙星(ciprofloxacin)、氧氟沙星(ofloxacin)、左氧氟沙星(levofloxacin)、洛美沙星(lomefloxacin)等。20 世纪 90 年代开始研制的第四代喹诺酮类药物,抗厌氧菌和革兰氏阳性菌活性增强,人体遗传毒性等不良反应降低,

图 37-1 喹诺酮类药物的基本化学结构

多数产品半衰期延长,主要有莫西沙星(moxifloxacin)、加替沙星(gatifloxacin)等。2002 年开始研制的第五代无氟喹诺酮类药物奈诺沙星(nemonoxacin)、加诺沙星(garenoxacin),对革兰氏阳性菌、革兰氏阴性菌、厌氧菌及非典型病原体均具有很强的抗菌作用。

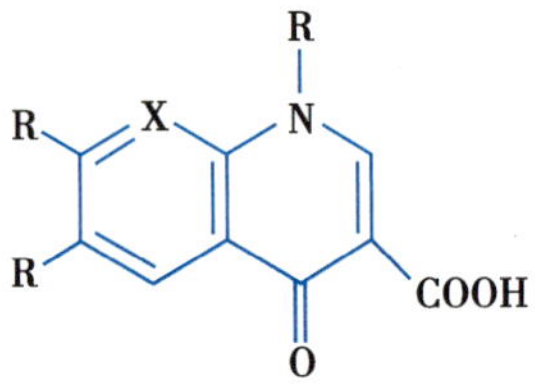

【体内过程】 大部分氟喹诺酮类药物口服吸收良好,生物利用度为80%~95%。血浆蛋白结合率较低(10%~40%),体内分布广,肺、肾、前列腺、尿液、胆汁、粪便、巨噬细胞和中性粒细胞的药物浓度均高于血药浓度。少量药物在肝内代谢或随粪便排出,多数主要以原药形式经肾排出。少数品种 $t_{1/2}$ 较短,如诺氟沙星、环丙沙星为3~5小时,左氧氟沙星、莫西沙星、加替沙星和曲伐沙星则为6~11小时,而司氟沙星的 $t_{1/2}$ 可高达18小时。

【抗菌作用】 喹诺酮类药物属杀菌药,其杀菌浓度相当于MIC的2~4倍。三代以后属于广谱杀菌药,不仅对革兰氏阴性菌有强大的抗菌活性,而且对革兰氏阳性菌、支原体、衣原体、军团菌、结核分枝杆菌的作用有所增强,对铜绿假单胞菌的抗菌活性明显提高,对厌氧菌也有良好的抗菌活性,并具有明显抗生素后效应。环丙沙星对铜绿假单胞菌的杀灭作用最强。

【抗菌机制】

1. 抑制DNA促旋酶(DNA gyrase) DNA促旋酶是喹诺酮类药物抗革兰氏阴性细菌的重要靶点。DNA促旋酶是由2个A亚基和2个B亚基组成的四聚体,有ATP存在时,A亚基先将正超螺旋后链切开缺口,B亚基结合ATP并催化其水解,使DNA的前链经缺口后移,继之在A亚基的参与下切口重新连接形成DNA负超螺旋,而DNA负超螺旋结构的引入有利于将DNA双链分开,保证染色体复制中复制叉的前进,使细菌DNA转录或复制过程得以继续(图37-2A)。一般认为,DNA促旋酶的A亚基是喹诺酮类药物的作用靶点,但是二者不能直接结合;药物需嵌入断裂DNA链,形成酶-DNA-药物三元复合物而抑制DNA促旋酶的切口和封口功能,阻止细菌DNA的复制和mRNA的转录而导致细菌死亡,呈现杀菌作用。哺乳动物细胞内具有和细菌DNA促旋酶类似的酶,称拓扑异构酶Ⅱ(topoisomerase Ⅱ),而喹诺酮类药物在治疗浓度时对人体细胞拓扑异构酶无明显影响。

2. 抑制拓扑异构酶Ⅳ(topoisomerase Ⅳ) 拓扑异构酶Ⅳ是喹诺酮类药物抗革兰氏阳性细菌的重要靶点。该酶是由2个C亚基和2个E亚基组成的四聚体,具有解除DNA结节,解开DNA环连体(图37-2B)和松弛超螺旋等作用,可协助染色体分配到子代细菌。喹诺酮类药物通过抑制拓扑异构酶Ⅳ而干扰细菌DNA复制。

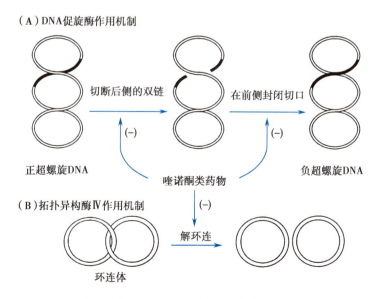

图37-2 喹诺酮类药物的作用机制示意图

笔记栏

【耐药性】随着喹诺酮类药物的大量临床应用,细菌对其耐药性逐渐增加,常见耐药菌包括铜绿假单胞菌、肠球菌和金黄色葡萄球菌等。细菌耐药性产生的机制主要是染色体突变。①细菌 DNA 促旋酶的改变,主要由于编码 DNA 促旋酶的 $gyrA$ 基因突变引起 DNA 促旋酶 A 亚基变异,使其对喹诺酮类药物的亲和力降低;②细菌细胞膜通透性下降,氟喹诺酮类药物进入菌体内依赖于一定的孔蛋白通道,此特定孔蛋白减少,使喹诺酮类药物在菌体内浓度降低;③细菌主动外排系统被激活,从而使细菌体内喹诺酮类药物含量减少。喹诺酮类药物之间存在交叉耐药性。

【临床应用】

1. 泌尿生殖系统感染　环丙沙星、氧氟沙星与 β- 内酰胺类同为单纯性淋病奈瑟球菌性尿道炎或宫颈炎的首选药,但对非特异性尿道炎或宫颈炎疗效差。环丙沙星是铜绿假单胞菌性尿道炎的首选药。

2. 呼吸系统感染　万古霉素与左氧氟沙星或莫西沙星联合应用是治疗青霉素高度耐药肺炎链球菌感染的首选药。氟喹诺酮类药物(除诺氟沙星)可替代大环内酯类用于支原体肺炎、衣原体肺炎、嗜肺军团菌引起的军团病。

3. 肠道感染与伤寒　氟喹诺酮类药物首选用于治疗志贺菌引起的急、慢性菌痢和中毒性菌痢,以及鼠伤寒沙门菌、猪霍乱沙门菌、肠炎沙门菌引起的胃肠炎(食物中毒);也可用于流行性脑脊髓膜炎、鼻咽部带菌者的根除治疗。对沙门菌引起的伤寒或副伤寒,应首选氟喹诺酮类药物或头孢曲松。对其他抗菌药物无效的儿童重症感染可选用氟喹诺酮类药物。

4. 骨、关节和软组织感染　氟喹诺酮类药物在骨组织中浓度高,可首选用于敏感菌株引起的急慢性骨髓炎、化脓性关节炎的治疗。革兰氏阴性杆菌、厌氧菌、链球菌和葡萄球菌等多种细菌感染引起的糖尿病足部感染,需要与其他药物联合应用。

【不良反应】

1. 胃肠道反应　为最常见的不良反应,包括食欲缺乏、胃部不适、恶心、呕吐、腹痛、腹泻等。

2. 中枢神经系统反应　此类药物由于氟原子的引入,脂溶性较强,可透过血脑屏障进入脑组织,易引起神经系统的不良反应,轻症表现为头晕、头痛、失眠、眩晕等,严重时出现精神异常、抽搐、惊厥等。

3. 光敏反应(光毒性)　在紫外线激发下,药物氧化生成活性氧,激活皮肤成纤维细胞中的蛋白激酶 C 和酪氨酸激酶,引起皮肤炎症。表现为光照部位皮肤出现瘙痒性红斑。严重者出现皮肤糜烂或脱落。用药后应避免日光浴或在阳光下曝晒。

4. 软骨组织损害　喹诺酮类药物的 C_3 羧基以及 C_4 羰基与软骨组织中的 Mg^{2+} 形成络合物沉积于关节软骨,造成局部 Mg^{2+} 缺乏而导致软骨病。临床研究发现,儿童用药后可出现关节痛和关节水肿。

5. 心毒性　罕见但后果严重。氟喹诺酮类药物具有直接改变心脏节律的可能性。司帕沙星、莫西沙星、加替沙星、左氧氟沙星等可引起心脏病患者 QT 间期的延长,以及尖端扭转型室性心动过速、心室颤动等。

6. 其他　如肝、肾损害。某些氟喹诺酮类药物尚可引起肌腱炎,甚至肌腱断裂。

【禁忌证】不宜常规用于儿童,不宜用于有精神病或癫痫病史者;禁用于孕妇、哺乳期妇女和对喹诺酮类药物过敏者。避免与抗酸药、含金属离子的药物同服;慎与茶碱类、NSAID 合用。不宜与Ⅰa 类及Ⅲ类抗心律失常药和延长 QT 间期的药物如西沙比利、红霉素、三环类抗抑郁药合用。

二、常用喹诺酮类药物

诺 氟 沙 星

诺氟沙星（norfloxacin）又名氟哌酸，是第三代中第一个用于临床的氟喹诺酮类药物。口服生物利用度为 35%~45%，血药浓度较低，在肾、前列腺及胆汁中的浓度明显高于血药浓度。抗菌谱广，抗菌作用强，对革兰氏阴性菌的作用强于萘啶酸和吡哌酸，与第三代头孢菌素类相似。对大肠埃希菌、痢疾志贺菌、伤寒沙门菌、沙雷菌属、产气荚膜梭菌、流感嗜血杆菌、淋病奈瑟球菌等具有较强的抗菌活性。对革兰氏阳性菌如金黄色葡萄球菌、化脓溶血性链球菌、肺炎链球菌及厌氧菌等也有较强作用，对大多数金黄色葡萄球菌的作用不如庆大霉素和头孢菌素类，对多数链球菌的作用不如青霉素。与 β- 内酰胺类抗生素联用对多数细菌呈协同作用。对衣原体、支原体、嗜肺军团菌及结核分枝杆菌等作用弱。临床主要用于敏感菌引起的肠道和泌尿生殖道的感染。

环 丙 沙 星

环丙沙星（ciprofloxacin）的抗菌谱与诺氟沙星相似，抗菌活性很强，对衣原体、支原体和嗜肺军团菌和弯曲菌属亦有效。对耐药铜绿假单胞菌、耐甲氧西林金黄色葡萄球菌、产酶淋病奈瑟球菌、产酶流感嗜血杆菌均有较好作用。对氨基糖苷类抗生素、第三代头孢菌素等耐药的一些革兰氏阴性和阳性菌，对本药仍敏感。其不良反应一般可耐受，常见胃肠道反应，也出现神经系统症状。

氧 氟 沙 星

氧氟沙星（ofloxacin）的药物代谢动力学性质显著优于诺氟沙星，口服吸收迅速而完全。体内分布广泛。抗菌谱较诺氟沙星、依诺沙星广，抗菌活性较强。对其敏感的细菌包括葡萄球菌属、溶血性链球菌、肺炎链球菌、粪链球菌、肠球菌属、淋病奈瑟球菌、大肠埃希菌、产气荚膜梭菌、克雷伯菌属、沙雷菌属、变形杆菌属、志贺菌属、肺炎克雷伯菌、铜绿假单胞菌、流感嗜血杆菌、厌氧菌和衣原体等。对结核分枝杆菌也有作用，为治疗结核病的二线药物。不良反应轻微，主要为胃肠道反应。

左 氧 氟 沙 星

左氧氟沙星（levofloxacin）为消旋氧氟沙星的左旋体，抗菌活性约为氧氟沙星的 2 倍。对表皮葡萄球菌、链球菌、肠球菌、厌氧菌、支原体、衣原体的体外抗菌活性明显高于环丙沙星。临床主要用于各种敏感菌引起的急慢性感染和难治性感染，效果良好。在第四代以外的喹诺酮类药物中，不良反应发生率相对较少且轻微。

氟 罗 沙 星

氟罗沙星（fleroxacin）为新品种氟喹诺酮类药物，口服吸收完全，血药浓度高、体内分布广、血浆蛋白结合率低、$t_{1/2}$ 为 13 小时。抗菌谱广，抗菌活性很强，对大多数革兰氏阴性和阳性菌、分枝杆菌、厌氧菌、支原体、衣原体均具有强大的抗菌活性，强于诺氟沙星、氧氟沙星及环丙沙星。临床主要用于敏感菌引起的呼吸系统、泌尿生殖系统、胃肠道和皮肤软组织感染。不良反应较多，如胃肠道反应、神经系统反应等，个别患者出现光敏反应。

司 帕 沙 星

司帕沙星（sparfloxacin）口服不受食物的影响，具有强大的组织穿透力，可迅速进入多种组织和体液。为长效制剂，$t_{1/2}$ 为 17.6 小时。其抗菌谱广，对革兰氏阳性和阴性菌、厌氧菌均有抗菌活性，尤其对肺炎链球菌、支原体、衣原体、结核分枝杆菌及非典型分枝杆菌也有很强的抗菌活性。临床主要用于治疗敏感菌引起的胃肠道、呼吸道、泌尿生殖道、皮肤软组织等的感染。主要不良反应为光敏反应，也可见神经系统反应、心毒性、胃肠道反应等。

莫西沙星

莫西沙星（moxifloxacin）的 $t_{1/2}$ 为 12 小时，口服生物利用度约 90%。对大多数革兰氏阳性菌、厌氧菌、结核分枝杆菌、衣原体和支原体具有很强的抗菌活性，强于环丙沙星、左氧氟沙星和司帕沙星。对大多数革兰氏阴性杆菌的作用与诺氟沙星相近。临床应用于敏感菌所致的慢性支气管炎急性发作、社区获得性肺炎、急性鼻窦炎，以及消化系统、泌尿生殖系统和皮肤软组织感染。不良反应发生率相对较低，常见一过性轻度呕吐和腹泻；亦见过敏性休克、横纹肌溶解、QT 间期延长和尖端扭转型心律失常、谷氨酸升高等肝损害、肾功能损伤甚至肾衰竭。

第二节　磺胺类抗菌药

一、概述

磺胺类药物（sulfonamides）的基本结构为对氨基苯磺酰胺，是最早用于治疗全身性细菌感染的人工合成抗菌药，属广谱抑菌药。随着抗生素和喹诺酮类药物的快速发展，磺胺类药物因不良反应问题突出，临床应用明显受限。但其对流行性脑脊髓膜炎、鼠疫等感染性疾病疗效显著，在抗感染治疗中仍具有一定的临床地位。

【体内过程】肠道易吸收类口服后吸收迅速且完全，吸收率通常大于 90%，约 2~4 小时血药浓度达高峰，主要用于全身感染。肠道难吸收类口服不易吸收，在肠内保持较高浓度，主要用于肠道感染或肠道术前用药。磺胺类药物吸收后体内分布广泛，肝、肾浓度较高，并可通过胎盘进入胎儿体内。血浆蛋白结合率除磺胺嘧啶为 20%~50% 外，其余多在 80%~90%。磺胺类药物中与蛋白结合率低者易通过血脑屏障，进入脑脊液。吸收后的磺胺类药物在肝内代谢，主要通过游离氨基乙酰化，而乙酰化后的磺胺类药物失去药理作用。主要以原药形式排泄的药物，用于泌尿道感染，如磺胺异噁唑等。磺胺类药物及其乙酰化产物主要经肾排出。磺胺乙酰化物在尿中的溶解度一般较低，尤其当尿液呈酸性时易在肾小管析出结晶，损伤肾。另有一小部分磺胺类药物在肝内与醛糖酸结合而失活。肠道难吸收磺胺类药物主要随粪便排出，主要用于肠道感染。

【抗菌谱】磺胺类药物为广谱抑菌药，对大多数革兰氏阳性和阴性菌均有抑制作用。对溶血性链球菌、肺炎链球菌、脑膜炎球菌、淋病奈瑟球菌、鼠疫耶尔森菌等最为敏感，对沙眼衣原体、疟原虫、弓形虫滋养体有抑制作用，但对立克次体、支原体及螺旋体无效，甚至可促进立克次体生长。此外，磺胺甲噁唑对伤寒沙门菌、磺胺米隆和磺胺嘧啶银对铜绿假单胞菌也有效。

【抗菌机制】对磺胺类药物敏感的细菌在生长繁殖过程中不能直接利用周围环境中的叶酸，只能在二氢蝶酸合酶催化下，利用对氨苯甲酸（para-aminobenzoic acid，PABA）和蝶啶为原料合成二氢蝶酸，再与谷氨酸生成二氢叶酸，再经二氢叶酸还原酶催化生成四氢叶酸，而活化型四氢叶酸是一碳单位转移酶的辅酶，参与嘌呤与嘧啶的合成。磺胺类药物的化学结构与 PABA 相似，可与 PABA 竞争二氢蝶酸合酶，抑制二氢叶酸的合成，进而抑制细菌的 DNA 和 RNA 的合成，从而发挥抑菌作用（图 37-3）。人体可直接从食物中获取叶酸，故其叶酸代谢不受磺胺类药物的干扰。磺胺类药物与 PABA 竞争二氢蝶酸合酶，使用时首剂量应加倍。脓液或坏死组织中含有大量 PABA，普鲁卡因体内水解后也可产生 PABA，它们均可降低磺胺类药物的抗菌作用。

笔记栏

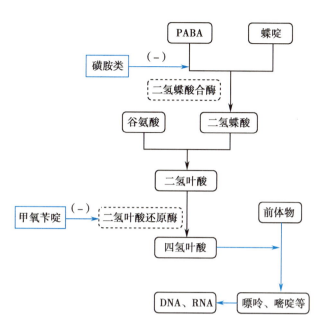

图 37-3　磺胺类及甲氧苄啶药理作用机制示意图

【耐药性】细菌对磺胺类药物产生耐药性的机制主要通过细菌产生过量的 PABA；细菌通过使二氢蝶酸合酶基因突变而降低对磺胺类药物的亲和力；细菌改变代谢途径直接利用外源性叶酸；某些细菌对磺胺类药物通透性降低等。本类药物之间有交叉耐药性，与甲氧苄啶合用可延缓耐药性的产生。

【不良反应】

1. 泌尿系统损害　某些磺胺类药物及其乙酰化物在尿中浓度较高，溶解度较低，易在泌尿系统析出结晶，引起结晶尿、血尿、管型尿、尿痛、尿闭等，甚至造成肾损害。磺胺嘧啶最易引起，磺胺甲噁唑次之。磺胺类药物在尿中的溶解度与尿液 pH 有关，pH 越低，溶解度越小，故使用时应同服碳酸氢钠碱化尿液，增加溶解度；同时适当增加饮水量，使每日尿量不少于 1 500ml，以降低尿中药物浓度。用药超过 1 周者应定期检查尿液。

2. 过敏反应　常见皮疹、药物热、血管神经性水肿，偶致剥脱性皮炎和多形性红斑。有过敏史者禁用。

3. 血液系统反应　长期用药可能抑制骨髓造血功能，导致白细胞、血小板减少，罕见再生障碍性贫血。用药期间应定期检查血常规。

4. 核黄疸　主要见于新生儿。由于磺胺类药物可从血浆蛋白结合点上取代胆红素，使游离的胆红素进入中枢神经系统而引发核黄疸。新生儿、2 岁以下的婴儿、孕妇及哺乳期妇女不宜使用。

5. 其他反应　可出现恶心、呕吐、头痛、头晕、乏力、上腹部不适和肝功能减退等。肝功能损害者避免使用。

二、常用磺胺类药物

1. 磺胺嘧啶（sulfadiazine，SD）　属中效类，口服易吸收，血浆蛋白结合率为 45%，容易透过血脑屏障，易扩散至组织和脑脊液中，是防治流行性脑脊髓膜炎的首选药物，也用于敏感菌引起的泌尿道和上呼吸道感染。但其溶解度低，易在尿中析出结晶引起泌尿系统损害，宜增加饮水量，必要时同服等量碳酸氢钠。

2. 磺胺甲噁唑（sulfamethoxazole,SMZ）　属中效类,半衰期为 10~12 小时,与甲氧苄啶组成复方磺胺甲噁唑,可产生协同作用。用于泌尿道、呼吸道感染等全身性感染。

3. 柳氮磺吡啶（sulfasalazine,SASP）　口服吸收少,肠道浓度高,本身无抗菌活性,在肠内分解成磺胺吡啶和 5- 氨基水杨酸,前者有较弱的抗菌活性,后者具有抗炎和免疫抑制作用,适用于溃疡性结肠炎、强直性脊柱炎、类风湿关节炎的治疗。

4. 磺胺嘧啶银（sulfadiazine silver,SD-Ag）　具有磺胺嘧啶的抗菌作用和银盐的收敛作用,对铜绿假单胞菌作用强,可局部应用预防细菌感染和烧创伤感染。

5. 磺胺醋酰钠（sulfacetamide sodium,SA-Na）　钠盐溶液呈中性,无刺激性,穿透力强,适用于眼部感染,如细菌性结膜炎、角膜炎及沙眼等。

6. 磺胺米隆（sulfamylone,SML）　化学结构与其他磺胺类不同,抗菌作用不受脓液和坏死组织中 PABA 的影响。抗菌谱广,对铜绿假单胞菌也有效;能渗入烧伤的焦痂中,故特别适用于烧伤创面感染。

第三节　其他合成抗菌药

甲氧苄啶

甲氧苄啶（trimethoprim,TMP）又名磺胺增效剂,是二氢叶酸还原酶抑制药,抗菌谱与磺胺类相似,但作用更强,属抑菌药,单独应用易引起细菌耐药。TMP 也可增强多种抗生素的抗菌作用,也称抗菌增效剂。TMP 的 $t_{1/2}$ 为 11 小时,与 SMZ 相似,故常与 SMZ 按 1:5 比例制成复方磺胺甲噁唑（复方新诺明）,可双重阻断细菌的叶酸代谢,故抗菌活性可增加数倍至数十倍,并扩大了抗菌谱,甚至出现杀菌作用,且可延缓耐药性的产生。主要用于敏感细菌引起的呼吸道感染、泌尿生殖道感染、胃肠道感染、软组织感染、败血症、脑膜炎等。SMZco 与 TMP 的不良反应类似,长期应用可干扰人体叶酸代谢,导致巨幼红细胞贫血、白细胞和血小板减少等。

硝基呋喃类

硝基呋喃类包括呋喃妥因、呋喃唑酮等。

呋喃妥因（nitrofurantoin）又名呋喃坦啶（furadantin）,抗菌谱广,对多种革兰氏阳性菌和阴性菌均有较强的作用,对多数大肠埃希菌、肠球菌作用强,但大多数变形杆菌、铜绿假单胞菌、肠肝菌属、克雷伯菌对其耐药。口服后吸收快而完全,吸收后约 50% 在组织内破坏,肾功能正常者 $t_{1/2}$ 为 0.3~1 小时。本药血药浓度很低,不适用于全身感染。尿中药物浓度较高,故临床主要用于敏感菌所致的泌尿道感染,而且在酸性尿中抗菌活性增强。主要不良反应为恶心、呕吐等胃肠道反应,剂量较大或肾功能减退时可引起周围神经炎。葡萄糖 -6- 磷酸脱氢酶缺陷者可发生溶血性贫血,禁用。肾衰竭者禁用。

呋喃唑酮（furazolidone）又名痢特灵,口服不易吸收,肠道内浓度高。主要用于细菌性痢疾、肠炎等消化道感染;亦可治疗胃、十二指肠溃疡,作用机制与抗幽门螺杆菌、抑制胃酸分泌和保护胃黏膜有关。不良反应同呋喃妥因。

硝基咪唑类

硝基咪唑类包括甲硝唑、替硝唑、奥硝唑等。

甲硝唑（metronidazole）又名灭滴灵,其分子中的硝基在细胞内无氧环境下被还原成氨基,进而抑制病原体 DNA 的合成,发挥抗厌氧菌作用。对脆弱拟杆菌最为敏感,对滴虫、肠内外阿米巴滋养体以及破伤风梭菌具有强大的杀灭作用,对需氧菌或兼性厌氧菌无效。临床主要用于厌氧菌引起的口腔、腹腔、女性生殖器、下呼吸道、骨和关节等部位的感染；对幽门螺杆菌感染引起的消化性溃疡及四环素耐药的难辨梭状芽孢杆菌所致的假膜性小肠结肠炎有特效；是治疗阿米巴病、阴道滴虫病和破伤风的首选药。用药期间和停药 1 周内，禁用含乙醇饮品，否则可出现双硫仑样反应。不良反应较轻，有头痛、恶心、呕吐、口干、金属味感，少数患者出现过敏反应及外周神经炎等。甲硝唑可能有潜在致突变、致畸或致癌作用，一般使用不超过 1 周，孕妇和哺乳期妇女禁用。

替硝唑（tinidazole）和奥硝唑（ornidazole）抗厌氧菌和原虫的活性较甲硝唑强，临床应用同甲硝唑，不良反应相对较少。

案例分析

患者，男，47 岁，以腹腔镜阑尾切除术后腹痛伴寒战发热 5 天入院。5 天前因"急性化脓性阑尾炎"行腹腔镜阑尾切除术，术中未留置腹腔引流管，术后右下腹持续性疼痛不适，间断寒战发热，呈弛张热，最高体温 39.5℃，无恶心呕吐，无胸闷气短，无咳嗽咳痰，大小便正常。术后曾给予头孢唑林钠 5g/d，连续治疗 5 天，效果不佳。B 超检查：右下腹肠间隙可见范围 65mm×22mm 的液性暗区，暗区内可见细小光点，提示右下腹肠间隙脓肿形成。血常规提示白细胞计数 20.0×10^9/L，中性粒细胞百分比 90%。降钙素原检测：6.87ng/ml（结果提示脓毒症）。

诊断：腹腔复杂感染；阑尾切除术后肠间隙脓肿形成。

治疗：B 超引导下穿刺置管引流出灰白色黏稠脓液 20ml，对脓液行细菌培养及生化常规检测；静脉给予莫西沙星注射液 0.4g/d 经验性抗感染治疗。治疗 3 天后，食纳可，腹痛消失，体温恢复正常，血常规提示正常。细菌培养及药敏试验结果：大肠埃希菌感染，莫西沙星 <4（敏感 S）。遂继续莫西沙星单药治疗，1 周后痊愈出院。

分析：莫西沙星为第四代喹诺酮类药物的代表药，抗菌活性高，临床上除用于大多数革兰氏阳性菌、厌氧菌、支原体和衣原体等敏感菌感染外，对大肠埃希菌等革兰氏阴性菌感染也极为有效。本案例导引脓液后，先行经验用药改善症状，后根据脓液细菌培养及药敏实验结果，进一步核实抗菌药物选用的准确性和有效性。

（卫　昊）

复习思考题

1. 第五代无氟喹诺酮类药物的作用特点有哪些？
2. 磺胺甲𫫇唑和甲氧苄啶合用为什么能发挥协同作用？

第三十八章

β- 内酰胺类抗生素

◤ 学习目标

1. **掌握** 青霉素 G 的抗菌谱、抗菌机制、临床应用及不良反应;各代头孢菌素的抗菌作用、临床应用及不良反应。
2. **熟悉** 半合成青霉素的特点与应用,其他 β- 内酰胺类抗生素的特点及应用。
3. **了解** 细菌对 β- 内酰胺类抗生素耐药的机制和 β- 内酰胺酶抑制剂的特点。

第一节　概　　述

β- 内酰胺类抗生素(β-lactam antibiotics)是指化学结构中含有 β- 内酰胺环的一类抗生素,包括青霉素类、头孢菌素类及其他 β- 内酰胺类。青霉素类基本结构为 6- 氨基青霉烷酸(6-aminopenicillanic acid,6-APA),头孢菌素类为 7- 氨基头孢烷酸(7-aminocephalosporanic acid,7-ACA),二者化学结构中均有 1 个 β- 内酰胺环(图 38-1)。本类抗生素因抗菌活性强、疗效高、毒性低、品种多,在临床应用中颇受重视。

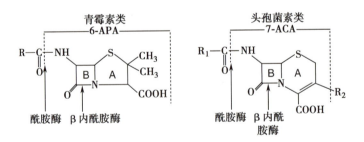

图 38-1　青霉素类与头孢菌素类抗生素化学结构比较示意图

一、抗菌作用机制

β- 内酰胺类抗生素作用于青霉素结合蛋白(penicillin-binding protein,PBP),抑制细菌细胞壁黏肽合成过程中所必需的转肽酶活性,阻止细胞壁黏肽合成,使细菌的细胞壁缺损,菌体膨胀、崩解而死亡;也可通过活化细菌自溶酶使菌体溶解而杀菌。对繁殖期细菌作用强,对已合成的细胞壁无影响。

细菌的细胞壁主要由黏肽组成。黏肽通过高度交联的网状结构形成细胞壁坚韧的机械稳定性。组成黏肽的基本单位为双糖十肽,转肽酶可脱去其中一条双糖十肽的第 5 个 D- 丙氨酸,使第 4 个丙氨酸的残基与相邻双糖十肽末端甘氨酸的氨基交叉连接而构成网状细胞壁。β- 内酰胺类抗生素因构型与 D- 丙氨酰 -D- 丙氨酸相似(图 38-2),可竞争性抑制转肽酶,使转肽酶酰基化,从而阻止黏肽的交叉联接。

二、耐药机制

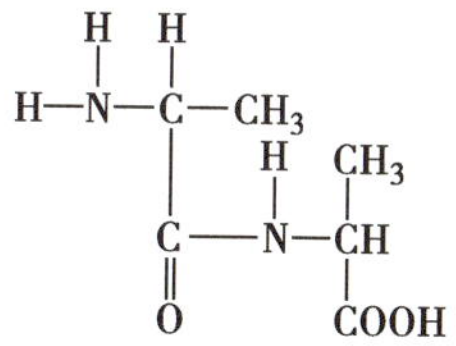

细菌对 β- 内酰胺类抗生素产生耐药的机制主要有以下几种。

1. 产生 β- 内酰胺酶　细菌产生 β- 内酰胺酶(β-lactamase)是细菌对 β- 内酰胺类抗生素最常见的耐药机制。该酶能使本类抗生素结构中的 β- 内酰胺环水解裂开而失去抗菌活性。目前已发现 200 多种 β- 内酰胺酶,如青霉素酶、头孢菌素酶、广谱酶、金属酶等。β- 内酰胺酶还可与某些耐酶抗生素迅速结合,使之停留在胞质膜外间隙中而不能到达靶位(PBP)发挥作用,又名“牵制机制”。

图 38-2　D- 丙氨酰 -D- 丙氨酸的化学结构示意图

2. 改变 PBP　细菌通过改变 PBP 结构或合成新的 PBP 或增加 PBP 数量,使 β- 内酰胺类抗生素与 PBP 亲和力下降,结合减少,而失去抗菌作用。如耐甲氧西林金黄色葡萄球菌,不仅产生 β- 内酰胺酶,还可产生新的 PBP_2a,对 β- 内酰胺类抗生素高度耐药。

3. 改变细胞外膜通透性　β- 内酰胺类抗生素必须通过细菌外膜的孔蛋白通道进入菌体内才能发挥杀菌作用。细菌接触该类抗生素后,通过基因突变,改变膜孔蛋白结构,使该类抗生素进入菌体内的量减少,达不到有效浓度而耐药。

4. 增强药物外排　细菌可通过增强胞质膜上主动外排系统的功能而加速对药物的排出,从而形成低水平的非特异性、多重耐药,如大肠埃希菌、铜绿假单胞菌、金黄色葡萄球菌、表皮葡萄球菌等。

5. 缺乏自溶酶　某些细菌(如金黄色葡萄球菌)的自溶酶减少是 β- 内酰胺类抗生素抗菌作用减弱的原因之一。有时细菌耐药性产生可由 2 种或 2 种以上机制联合所致。

第二节　青霉素类

青霉素类抗生素按来源分为天然青霉素和半合成青霉素。青霉素类的基本结构由母核 6- 氨基青霉烷酸(6-APA)和侧链(CO-R)组成(图 38-1)。母核由噻唑环和 β- 内酰胺环骈合而成,β- 内酰胺环为抗菌活性必需部分,侧链主要与抗菌谱、耐酸、耐酶等药学特点有关。

一、天然青霉素类

天然青霉素是从青霉菌培养液中提取获得,以性质较稳定、产量高、活性强、毒性低、价廉的青霉素 G 为代表。

青霉素 G

青霉素 G(penicillin G)又名青霉素(penicillin)或苄青霉素(benzylpenicillin),从青霉菌培养液中提取而得,其侧链为苄基,性质为有机酸,临床用其钠盐或钾盐。青霉素 G 干燥粉末性质稳定,室温下保存数年仍有抗菌活性;其水溶液极不稳定,易被酸、碱、醇、氧化剂、金属离子分解破坏,且不耐热,室温放置 24 小时大部分降解失效,并产生有抗原性的降解产物,故必须现用现配。

【体内过程】青霉素 G 口服易被胃酸及消化酶破坏,故不宜口服;肌内注射吸收迅速而完全,0.5 小时血中达峰浓度,广泛分布于组织、体液中,易渗入炎症组织,胸、腹腔和关节腔液中浓度约为血清浓度的 50%。可通过胎盘,难以透过血脑屏障,不易透入眼、骨组织和脓腔中,血浆蛋白结合率为 45%~65%。约 90% 主要经肾小管分泌排泄,少量经胆道排泄,消除 $t_{1/2}$ 为 0.5~1 小时。为延长青霉素 G 的作用时间,可肌内注射难溶的混悬剂普鲁卡因青霉素(procaine benzylpenicillin)或油剂苄星青霉素(benzathine benzylpenicillin),在局部缓慢溶解吸收,故血药浓度低、作用时间长,仅用于治疗轻症感染或预防感染,不适用于急性或重症感染。前者一次肌内注射 80 万 U 可维持疗效 24 小时,后者一次注射 120 万 U 可维持疗效 15 天。

【抗菌作用】青霉素 G 抗菌谱较窄,主要敏感菌有:①大多数革兰氏阳性球菌,如溶血性链球菌、肺炎链球菌、草绿色链球菌、不产青霉素酶的金黄色葡萄球菌和表皮葡萄球菌等;②革兰氏阳性杆菌,如白喉棒状杆菌、炭疽芽孢杆菌、李斯特菌、产气荚膜梭菌、破伤风芽孢梭菌、乳酸杆菌、丙酸杆菌等;③革兰氏阴性球菌,如脑膜炎球菌和敏感淋病奈瑟球菌;④少数革兰氏阴性杆菌,如流感嗜血杆菌、百日咳鲍特菌等;⑤螺旋体和放线杆菌,如梅毒螺旋体、钩端螺旋体、回归热螺旋体、牛放线杆菌等。对大多数革兰氏阴性杆菌作用弱,对肠球菌不敏感,对立克次体、真菌、病毒和原虫等无作用。金黄色葡萄球菌、肺炎链球菌、淋病奈瑟球菌、脑膜炎球菌等对青霉素易产生耐药性。

【临床应用】青霉素适用于敏感细菌所致各种感染,如脓肿、菌血症、肺炎和心内膜炎等。其中,青霉素为以下感染的首选药物:①革兰氏阳性球菌感染,如溶血性链球菌感染引起的咽炎、扁桃体炎、猩红热、丹毒、蜂窝织炎和产后发热(产褥热)等,肺炎链球菌感染引起的肺炎、中耳炎、脑膜炎和菌血症等,不产青霉素酶葡萄球菌感染;②革兰氏阳性杆菌感染,如炭疽、破伤风、白喉、气性坏疽等;③螺旋体感染,如梅毒、回归热、钩端螺旋体病;④青霉素与氨基糖苷类药物联合用于治疗草绿色链球菌心内膜炎。青霉素亦可用于治疗流行性脑脊髓膜炎、放线菌病、淋病、樊尚咽峡炎(奋森咽峡炎)、莱姆病、鼠咬热、李斯特菌感染以及除脆弱拟杆菌以外的许多厌氧菌感染。风湿性心脏病或先天性心脏病患者进行口腔、牙科、胃肠道或泌尿生殖道手术和操作前,可用青霉素预防感染性心内膜炎的发生。

【不良反应】

1. 过敏反应 较常见,表现为皮疹、白细胞减少、间质性肾炎、哮喘发作、血清病样反应等,最严重的是引起过敏性休克,导致呼吸和循环衰竭甚至死亡,因此使用青霉素时应高度重视过敏性休克的防治。防治措施如下:①详细询问过敏史,对青霉素过敏者禁用,对其他药物过敏或有过敏性疾病史者慎用;②初次使用,停用 24 小时以上、更换药品生产厂家或批号者,注射前均须做皮试,皮试阳性反应者禁用;③现用现配,避免在饥饿时注射;④注射后应观察 30 分钟,无过敏反应者方可离开;⑤用药前做好急救准备,一旦发生过敏性休克,应立即肌内或皮下注射肾上腺素 0.5~1.0mg,严重者静脉给药,可加用糖皮质激素和抗组胺药,并配合对症治疗;⑥无急救药物(如肾上腺素)和抢救设备的条件下不能使用;⑦避免滥用和局部用药。

2. 赫氏反应和治疗矛盾 用青霉素治疗梅毒、钩端螺旋体病等疾病时,可出现全身不适、寒战、发热、咽痛、肌痛、心跳加快等症状,称赫氏反应(Herxheimer reaction)。可能因大量病原体被杀灭后释放的物质所致。治疗矛盾也见于梅毒患者,因治疗后梅毒病灶消失过快,而组织修复相对较慢或病灶部位纤维组织收缩,妨碍器官功能所致。

3. 其他 青霉素鞘内注射或大剂量静脉注射可导致抽搐、肌肉阵挛、昏迷及严重精神症状(青霉素脑病),多见于婴儿、老年人和肾功能不全患者;大剂量或长期应用可引起耐青霉素金黄色葡萄球菌、革兰氏阴性杆菌或念珠菌等二重感染；肌内注射可产生局部疼痛、红肿或硬结；应用大剂量青霉素钠可导致心力衰竭。

【药物相互作用】

1. 与氨基糖苷类抗生素有协同抗菌作用，但不宜混合于同一容器内注射给药，以防相互作用导致抗菌活性降低。

2. 与氯霉素、红霉素、四环素类及磺胺类合用可产生拮抗作用。

3. 丙磺舒、阿司匹林、吲哚美辛与 β- 内酰胺类抗生素竞争肾小管的主动转运，使 β- 内酰胺类抗生素排泄减慢、作用时间延长。

4. 氨基酸营养液可增强 β- 内酰胺类抗生素的抗原性，属于配伍禁忌。

5. 头孢噻吩、林可霉素、四环素、万古霉素、琥乙红霉素、两性霉素 B、去甲肾上腺素、间羟胺、苯妥英钠、盐酸羟嗪、丙氯拉嗪、异丙嗪、维生素 B 族、维生素 C 加入青霉素静脉输液中可出现混浊，属于配伍禁忌。

二、半合成青霉素类

由于天然青霉素存在抗菌谱窄，不耐胃酸、口服无效以及不耐酶等缺点，其临床应用受到一定限制。为了克服上述缺点，对天然青霉素进行结构改造可制得具有耐酸、耐酶、广谱、抗铜绿假单胞菌或主要抗革兰氏阴性菌等特点的多种半合成青霉素，但半合成青霉素的抗菌活性不及天然青霉素 G，且与天然青霉素之间有交叉过敏性。

(一) 耐酸青霉素类

青霉素 V

青霉素 V(penicillin V) 又名苯氧甲基青霉素(phenoxymethylpenicillin)，最大特点是耐酸，口服吸收好，但食物可影响其吸收。抗菌谱与青霉素 G 相似，抗菌活性略弱于青霉素 G。用于敏感菌引起的轻度感染、恢复期的巩固治疗和预防感染复发。不良反应主要有胃肠道反应和过敏反应。同类的还有非奈西林(pheneticillin，苯氧乙基青霉素，phenoxyethylpenicillin)、丙匹西林(propicillin，苯氧丙基青霉素，phenoxypropylpenicillin)等。

(二) 耐酶青霉素类

耐酶青霉素类是通过其化学结构中的酰基侧链的空间位阻作用，保护了 β- 内酰胺环，使其不易被青霉素酶水解。甲氧西林(methicillin)是第一个耐酶青霉素，特点是不耐酸，只能静脉或肌内注射给药。具有耐酶特点、可供注射和口服的有苯唑西林(oxacillin)、氯唑西林(cloxacillin)、双氯西林(dicloxacillin)、氟氯西林(flucloxacillin)等。本类药物抗菌谱同青霉素 G，抗菌活性不及青霉素 G。主要用于耐青霉素 G 的金黄色葡萄球菌感染，其中以双氯西林和氟氯西林活性较强。主要不良反应为过敏反应和胃肠道反应。

(三) 广谱青霉素类

本类临床常用的主要有氨苄西林(ampicillin，又名氨苄青霉素)和阿莫西林(amoxicillin，又名羟氨苄青霉素)。其共同特点是耐酸、可口服；抗菌谱广，对革兰氏阳性菌和革兰氏阴性菌均有杀菌作用；不耐酶，对耐药金黄色葡萄球菌无抗菌活性。二者抗菌谱相似，对大多数革兰氏阴性杆菌如伤寒沙门菌、副伤寒沙门菌、大肠埃希菌、痢疾志贺菌、百日咳鲍特菌等有较强的杀灭作用，但对铜绿假单胞菌无作用，对球菌、革兰氏阳性杆菌、螺旋体的作用不如青霉素 G，但对粪链球菌的作用优于青霉素 G。阿莫西林抗菌活性较氨苄西林强，但二者之间有完全交叉耐药。主要用于治疗敏感菌所致的呼吸道、泌尿道、胆道、胃肠道、软组织感染，以及伤寒、副伤寒、脑膜炎、心内膜炎等，对于严重感染可与氨基糖苷类抗生素合用。不良反应有过敏反应、胃肠道反应、二重感染、血清转氨酶水平升高等。同类药物还有美坦西林

（metampicillin）、海他西林（hetacillin）、酞氨西林（talampicillin）、巴氨西林（bacampicillin）、匹氨西林（pivampicillin）等。

（四）抗铜绿假单胞菌广谱青霉素类

本类药物的代表药为羧苄西林（carbenicillin，又名羧苄青霉素）和哌拉西林（piperacillin，又名氧哌嗪青霉素）。其共同特点是抗菌谱广，尤其对铜绿假单胞菌有强大杀菌作用；不耐酸，只能注射给药；不耐酶，对产酶金黄色葡萄球菌无抗菌作用。

羧苄西林的抗菌谱与氨苄西林相似，特点是对革兰氏阴性杆菌尤其是对铜绿假单胞菌的作用强大，且不受病灶脓液影响；对耐氨苄西林的大肠埃希菌仍有作用；对革兰氏阳性菌的作用较氨苄西林稍弱，对产酶金黄色葡萄球菌无活性。常用于治疗烧伤继发的铜绿假单胞菌感染，也可用于治疗铜绿假单胞菌、大肠埃希菌、变形杆菌引起的尿路感染。与庆大霉素合用有协同抗菌作用，但应避免在同一容器中混合应用。不良反应有过敏反应、胃肠道反应、血清转氨酶水平升高，大剂量应用可引起血钠升高、神经系统毒性、出血和二重感染等。

哌拉西林对革兰氏阴性杆菌（包括铜绿假单胞菌）的抗菌活性较氨苄西林和羧苄西林强，对脆弱类杆菌和多种厌氧菌有良好作用，对革兰氏阳性菌的作用与氨苄西林相似，对产酶金黄色葡萄球菌无作用。主要用于治疗铜绿假单胞菌、大肠埃希菌、变形杆菌、流感嗜血杆菌、伤寒沙门菌等所致的呼吸道、泌尿道、胆道感染和败血症。不良反应主要有过敏反应和胃肠道反应。

本类药物供注射用的还有磺苄西林（sulbenicillin）、替卡西林（ticarcillin）、阿洛西林（azlocillin）、美洛西林（mezlocillin）、呋苄西林（furbenicillin）等。供口服用的主要有羧苄西林的酯化物，如卡茚西林（carindacillin）和卡非西林（carfecillin）。

（五）主要抗革兰氏阴性杆菌青霉素类

本类药物供注射用的有美西林（mecillinam）和替莫西林（temocillin），供口服用的有匹美西林（pivmecillinam）。通过作用于 PBP2 使细菌变为圆形、代谢受抑制而发挥抑菌作用，与作用于其他 PBP 的药物联合应用可起协同抗菌作用。

美西林对 β- 内酰胺酶的耐受性比氨苄西林强；对革兰氏阳性菌作用弱，对革兰氏阴性菌包括大肠埃希菌、克雷伯菌、肠杆菌属、枸橼酸杆菌、志贺菌、沙门菌和部分沙雷菌等有良好的抗菌作用，但对假单细胞菌、吲哚阳性变形菌、奈瑟菌属、厌氧杆菌和肠球菌等无抗菌活性。适用于大肠埃希菌、克雷伯菌、肠杆菌属等敏感菌引起的单纯性或复合性泌尿道感染。主要不良反应为过敏反应和胃肠道反应。

匹美西林的抗菌谱同美西林，特点是口服后吸收良好，且食物可促进其吸收，宜在饭后服用。在体内被酯酶迅速水解为美西林而发挥抗菌作用。临床应用与美西林相同，用于泌尿道及呼吸道感染，还可用于伤寒的治疗。

替莫西林为半合成广谱青霉素，口服不吸收。对 β- 内酰胺酶稳定，对革兰氏阴性菌有高度的抗菌活性，对某些耐第三代头孢菌素的革兰氏阴性菌敏感，对肠球菌、溶血性链球菌、淋病奈瑟球菌等活性较高，但对铜绿假单胞菌活性差。用于治疗敏感菌所致尿路、皮肤和软组织感染等。不良反应与青霉素相似。

第三节 头孢菌素类

头孢菌素类（cephalosporins）抗生素是由头孢菌素 C 水解产生的母核 7- 氨基头孢烷酸（7-ACA）连接上不同的侧链而制成的一类半合成抗生素（图 38-1）。本类药物较青霉素类抗菌谱广、杀菌力强、对 β-内酰胺酶稳定性高、过敏反应发生率低。根据抗菌谱、对 β-内酰胺酶的稳定性及肾毒性的不同可分为 5 代。

　　第一代头孢菌素：供口服用的有头孢氨苄（cefalexin）、头孢羟氨苄（cefadroxil）；供注射用的有头孢噻吩（cefalothin）、头孢唑林（cefazolin）、头孢硫脒（cefathiamidine）、头孢西酮（cefazedone）等；供口服和注射用的有头孢拉定（cefradine）。

　　第二代头孢菌素：供口服用的有头孢呋辛酯（cefuroxime axetil）、头孢克洛（cefaclor）等；供注射用的有头孢呋辛（cefuroxime）、头孢替安（cefotiam）、头孢孟多（cefamandole）、头孢尼西（cefonicid）、头孢雷特（ceforanide）等。

　　第三代头孢菌素：供口服用的有头孢克肟（cefixime）、头孢地尼（cefdinir）、头孢丙烯（cefprozi）、头孢布烯（ceftibuten）、头孢泊肟酯（cefpodoxime proxetil）、头孢他美酯（cefetamet pivoxil）等；供注射用的有头孢曲松（ceftriaxone）、头孢唑肟（ceftizoxime）、头孢哌酮（cefoperazone）、头孢他啶（ceftazidime）、头孢噻肟（cefotaxime）、头孢地嗪（cefodizime）、头孢匹胺（cefpiramide）、头孢甲肟（cefmenoxime）、头孢磺啶（cefsulodin）等。

　　第四代头孢菌素：供注射用的有头孢吡肟（cefepime）、头孢匹罗（cefpirome）、头孢利定（cefelidin）、头孢克列定（cefaclidine）、头孢噻利（cefoselis）、头孢唑兰（cefozopran）等。

　　第五代头孢菌素：供注射用的有头孢洛林（ceftaroline）和头孢吡普（ceftobiprole）等。

　　【体内过程】供口服用的头孢菌素类抗生素均耐酸，胃肠道吸收良好。头孢菌素类抗生素在体内分布广泛，在滑囊液、心包积液中浓度较高，易透过胎盘。第三代头孢菌素组织穿透力强，可分布至房水、胆汁和前列腺，并能透过血脑屏障在脑脊液中达有效浓度。多数头孢菌素类抗生素主要经肾排泄。凡能影响青霉素排泄的药物均可影响头孢菌素类抗生素的排泄。头孢哌酮、头孢曲松主要经肝胆系统排泄。大多数头孢菌素类抗生素的 $t_{1/2}$ 较短（0.5~2.0 小时），但头孢曲松的 $t_{1/2}$ 较长，可达 8 小时。

　　【抗菌作用与临床应用】头孢菌素类抗生素的抗菌作用机制同青霉素类，能与细菌细胞膜上的 PBP 结合，抑制细菌细胞壁黏肽合成而杀菌。细菌对头孢菌素类抗生素可产生耐药性，并与青霉素类之间有部分交叉耐药。

　　第一代头孢菌素：敏感的革兰氏阳性球菌有肺炎链球菌、链球菌、葡萄球菌等，但对 MRSA 不敏感；仅对少数革兰氏阴性杆菌有抗菌活性，而且对革兰氏阴性杆菌作用弱于第二、三代；对铜绿假单胞菌、耐药肠杆菌和厌氧菌等无作用；头孢硫脒对肠球菌有活性。对金黄色葡萄球菌产生的 β-内酰胺酶稳定，对革兰氏阴性菌产生的 β-内酰胺酶不稳定。

　　用于治疗对甲氧西林敏感的葡萄球菌、溶血性链球菌和肺炎链球菌等所致的呼吸道感染、尿路感染、血流感染、心内膜炎、骨与关节感染及皮肤软组织感染等，以及流感嗜血杆菌、奇异变形杆菌、大肠埃希菌敏感株所致的尿路感染和肺炎等。头孢唑林常作为外科手术预防用药。头孢拉定、头孢氨苄等口服制剂的抗菌作用较头孢唑林弱，主要用于治疗敏感菌所致的轻度或中度感染。

　　第二代头孢菌素：对革兰氏阴性菌如大肠埃希菌、克雷伯菌属、痢疾志贺菌、阴沟肠杆菌等的作用较第一代强，而对革兰氏阳性菌的作用较第一代弱，对某些肠杆菌科和铜绿假单胞菌的作用较差。对多数 β-内酰胺酶较第一代稳定，对金黄色葡萄球菌所产生的 β-内酰胺酶的稳定性弱于第一代头孢菌素。头孢呋辛在脑脊液中可达一定浓度。

　　用于治疗对甲氧西林敏感的葡萄球菌、链球菌属、肺炎链球菌等革兰氏阳性球菌引起的感染；流感嗜血杆菌、大肠埃希菌、奇异变形杆菌等敏感株所致的呼吸道、尿路、皮肤及软组织、骨关节、腹腔、盆腔及血流感染，而且用于腹腔和盆腔感染时需合用抗厌氧菌药物。注射用头孢呋辛常用作围手术期预防用药,也可用于治疗敏感菌引起的脑膜炎。口服头孢呋辛酯主要用于上述感染中的轻症病例,包括淋病奈瑟球菌所致单纯性尿道炎、宫颈炎、直肠肛门感染。头孢克洛、头孢丙烯等口服制剂也用于上述感染中的轻症病例。

第三代头孢菌素:对革兰氏阴性杆菌的作用强于第一、二代头孢菌素,对革兰氏阳性菌的作用弱于第一、二代;组织穿透力强,体内分布广泛,在组织、体腔、体液中可达有效浓度;抗菌谱广,对铜绿假单胞菌和厌氧菌有不同程度的抗菌作用;对革兰氏阴性菌产生的广谱β- 内酰胺酶高度稳定。

用于治疗敏感肠杆菌科细菌所致的严重感染,如下呼吸道、血流、中枢神经系统、骨关节及腹腔盆腔感染,以及肾盂肾炎、复杂性尿路感染、复杂性皮肤及软组织感染等。治疗腹腔、盆腔感染时需与抗厌氧菌药(如甲硝唑)合用。头孢噻肟、头孢曲松可用于 A 组溶血性链球菌、草绿色链球菌、肺炎链球菌、甲氧西林敏感葡萄球菌所致的各种感染,是公认用来作为青霉素耐药肺炎链球菌感染的有效治疗药物。头孢曲松能透过血脑屏障,常用于治疗颅内感染。头孢他啶、头孢哌酮等头孢菌素注射剂可用于铜绿假单胞菌所致的各种感染,而且头孢他啶活性较头孢哌酮强。第三代口服头孢菌素主要用于敏感菌所致轻、中度感染,也可用于经第三代头孢菌素注射剂治疗后的序贯治疗。但需注意,第三代口服头孢菌素不宜用于铜绿假单胞菌和其他革兰氏阴性非发酵杆菌感染。

第四代头孢菌素:对肠杆菌属、沙雷菌属、金黄色葡萄球菌、铜绿假单胞菌的抗菌活性强于第三代头孢菌素,对耐第三代头孢菌素的革兰氏阴性杆菌仍可敏感,对大多数厌氧菌有抗菌活性。对 β- 内酰胺酶高度稳定,对许多可使第三代头孢菌素失活的广谱 β- 内酰胺酶也很稳定。

临床适应证与第三代头孢菌素相似,可用于对第三代头孢菌素耐药的产气肠杆菌、阴沟肠杆菌、沙雷菌属等所致的感染,亦可用于中性粒细胞缺乏伴发热患者的经验治疗。

第五代头孢菌素:对革兰氏阳性菌的作用强于前四代,尤其对 MRSA 等耐药菌敏感,对革兰氏阴性菌的作用与第四代相似,对某些厌氧菌也有良好抗菌活性。对大部分 β- 内酰胺酶高度稳定,但可被大多数金属 β- 内酰胺酶和超广谱 β- 内酰胺酶水解。主要用于复杂性皮肤与软组织感染、社区获得性肺炎和医院获得性肺炎等。

各代头孢菌素的作用特点见表38-1。

表 38-1　各代头孢菌素的作用特点

分代	抗菌谱				对 β - 内酰胺酶的稳定性	肾毒性	组织穿透性
	革兰氏阳性菌	革兰氏阴性菌	铜绿假单胞菌	MRSA			
第一代	++++	+	−	−	+	++	较强
第二代	+++	++			+	+	较强
第三代	+	+++	+++/+		++	几乎无	强,可通过血脑屏障
第四代	++	++++	+++	−	+++	−	强
第五代	++++	++++	−	+	+++	−	强

【不良反应与注意事项】头孢菌素类抗生素毒性较低,不良反应较少。

1. 过敏反应　皮疹较为多见,也可出现嗜酸性粒细胞增多、药物热、血清病样反应等,偶见过敏性休克。与青霉素类抗生素有交叉过敏现象,青霉素过敏者有 5%~10% 对头孢菌素类抗生素也过敏。用药期间一旦发生过敏反应,应立即停药,如发生过敏性休克,须立即就地抢救,给予肾上腺素等相关治疗。禁用于对任何一种头孢菌素类抗生素有过敏史及有青霉素过敏性休克史的患者。

2. 肝肾毒性　多数头孢菌素类抗生素可引起暂时性肝肾功能异常,第一代头孢菌素肾毒性相对较大,应避免与其他有肾毒性的药物合用。多数头孢菌素类抗生素主要经肾排泄,中度以上肾功能不全患者应适当减少剂量。中度以上肝功能减退时,头孢哌酮和头孢曲松可能需要调整剂量。

3. 二重感染　大剂量或长期应用可引起二重感染,如念珠菌病、阴道炎、假膜性小肠结肠炎(又称伪膜性肠炎)。一旦发生,应及时停药并选择适当的药物进行治疗。

4. 凝血功能障碍　表现为出血倾向、凝血酶原时间和出血时间延长,多见于头孢哌酮、头孢孟多等,因抑制正常肠道菌群产生维生素 K、干扰体内维生素 K 合成与活化所致,因此可应用维生素 K 防治。

5. 其他　可引起恶心、呕吐等胃肠道反应;大剂量可引起头痛、头晕、感觉异常、抽搐等神经系统反应;少数患者可出现轻度中性粒细胞和血小板减少;肌内注射局部疼痛、硬结;大剂量或长期静脉给药可引起静脉炎。

【药物相互作用】第一、二代头孢菌素与氨基糖苷类、多黏菌素类、髓袢利尿药、万古霉素或杆菌肽等合用,可加重肾损害;与丙磺舒合用,可增加血药浓度,延长作用时间。头孢孟多、头孢西尼、头孢替安、头孢哌酮等可抑制乙醛脱氢酶活性,若与乙醇同用可导致体内乙醛蓄积,产生双硫仑样反应,严重者呼吸、循环衰竭甚至死亡,故用药期间和停药后 3 日内应忌酒。

第四节　其他 β- 内酰胺类抗生素

其他 β- 内酰胺类抗生素包括碳青霉烯类、头霉素类、氧头孢烯类、单环 β- 内酰胺类。这些药物的化学结构中虽有 β- 内酰胺环,但不具有青霉素类与头孢菌素类的典型结构,故又名非典型 β- 内酰胺类抗生素。

一、碳青霉烯类

碳青霉烯类(carbapenems)抗生素是抗菌谱最广、抗菌活性最强的非典型 β- 内酰胺类抗生素,且对 β- 内酰胺酶稳定、毒性低,故而成为治疗严重细菌感染最主要的抗菌药物之一。其结构与青霉素类相似,不同之处在于噻唑环上的 S 原子被 C 替代,且 C_2 与 C_3 之间存在不饱和双键以及其 6 位羟乙基侧链为反式构象。该特殊构型使得本类药物具有超广谱和极强的抗菌活性,并对 β- 内酰胺酶具有高度稳定性。

亚胺培南(imipenem)又名亚胺硫霉素,在体内易被肾脱氢肽酶水解失活,故与脱氢肽酶抑制剂西司他丁(cilastatin)组成复方制剂仅供注射用。对革兰氏阴性和阳性需氧和厌氧菌均有强大抗菌活性。用于治疗敏感细菌所致的腹腔、下呼吸道、泌尿生殖道、骨关节、皮肤软组织感染,以及败血症、心内膜炎、由敏感的需氧菌 / 厌氧菌株所引起的混合感染;特别适用于多种病原菌、需氧 / 厌氧菌引起的混合感染,以及在病原菌未确定前的早期治疗。不良反应有注射部位疼痛和硬结、过敏反应、胃肠道反应、中枢神经系统反应、嗜酸性粒细胞增多、中性粒细胞减少、肝肾功能异常等。

美罗培南(meropenem)对肾脱氢肽酶稳定,不需与脱氢肽酶抑制剂合用。帕尼培南(panipenem)与倍他米隆(betamipron)等量配伍使用,后者可以减少帕尼培南在肾组织蓄积,减轻其肾毒性。同类药物还有比阿培南(biapenem)、厄他培南(ertapenem)、帕尼培南(panipenem)、法罗培南(faropenem)等。

二、头霉素类

头霉素类(cephamycins)主要品种有头孢西丁(cefoxitin)、头孢美唑(cefmetazole)、头孢米诺(cefminox)、头孢拉宗(cefbuperazone)、头孢替坦(cefotetan)等,化学结构与头孢菌素相似,仅在 7-ACA 的 C_7 上多 1 个甲氧基,增强了其对 β-内酰胺酶的稳定性。头孢西丁在组织中分布广泛,在脑脊液中浓度高,以原药形式自肾排泄,$t_{1/2}$ 约 0.7 小时。抗菌谱广,对革兰氏阳性菌、革兰氏阴性菌和厌氧菌作用强大,对 β-内酰胺酶高度稳定,因此对耐青霉素的金黄色葡萄球菌及头孢菌素耐药菌有较强活性,而铜绿假单胞菌对其高度耐药。用于治疗敏感菌所致的呼吸道、泌尿道、腹腔和盆腔、妇科、骨和关节、软组织感染,以及败血症、心内膜炎,特别适用于需氧菌及厌氧菌混合感染。可引起胃肠道反应、过敏反应、肝肾功能异常、注射部位硬结和疼痛及静脉炎,长期大剂量应用可引起二重感染、维生素 K 和维生素 B 族缺乏。与氨基糖苷类抗生素合用可加重肾毒性。头孢美唑的抗菌作用与头孢西丁相似,对酶的稳定性更好;头孢拉宗对革兰氏阴性杆菌的抗菌活性优于头孢西丁;头孢米诺对脆弱类杆菌的作用强于头孢西丁。

三、氧头孢烯类

氧头孢烯类(oxacephems)是指化学结构中 7-ACA 上的 S 被 O 取代的一类抗生素,代表药有拉氧头孢(latamoxef)、氟氧头孢(flomoxef)等。其抗菌谱和抗菌活性与第三代头孢菌素相似,对多种 β-内酰胺酶稳定。$t_{1/2}$ 为 2.3~2.8 小时,在脑脊液和痰液中浓度高。用于敏感菌引起的各种感染,如败血症、脑膜炎,以及呼吸系统、消化系统、泌尿生殖系统、腹腔和盆腔、皮肤软组织、骨和关节感染。不良反应轻微,主要有过敏反应、胃肠道反应,偶有暂时性血清转氨酶水平升高。

四、单环 β-内酰胺类

氨曲南(aztreonam)是第一个用于临床的单环 β-内酰胺类(monobactams)抗生素。对革兰氏阴性菌作用强,对革兰氏阳性菌、厌氧菌作用弱,具有耐酶、低毒、体内分布广、与青霉素无交叉过敏等特点。用于治疗敏感需氧革兰氏阴性菌所致的各种感染,如下呼吸道、泌尿生殖道、腹腔、妇科、皮肤软组织等感染,以及败血症。不良反应有胃肠不适、皮疹、暂时性血清转氨酶水平升高等。同类药物还有卡芦莫南(carumonam)。

第五节　β-内酰胺酶抑制药及其复方制剂

β-内酰胺酶抑制药本身没有或只有较弱的抗菌活性,但可抑制 β-内酰胺酶,从而保护与其配伍的 β-内酰胺类抗生素的抗菌活性,因此须与 β-内酰胺类抗生素合用或组成复方制剂。

克 拉 维 酸

克拉维酸(clavulanic acid)又名棒酸,从链霉菌培养液中获得。其抑酶谱广、毒性低,对各种 β-内酰胺酶的抑制作用不同,对金黄色葡萄球菌、肠杆菌、淋病奈瑟球菌等质粒介导产生的酶有强大抑制作用,对肺炎杆菌、变形杆菌和脆弱拟杆菌等染色体介导产生的酶有快速抑制作用,对沙门菌属、铜绿假单胞菌等染色体介导产生的酶抑制作用差。口服吸收好,且不受食物、牛奶和氢氧化铝等影响,不易透过血脑屏障。常用的复方制剂有阿莫西林钠克拉维酸钾、替卡西林钠克拉维酸钾。

舒 巴 坦

舒巴坦(sulbactam)又名青霉烷砜,为半合成 β- 内酰胺酶抑制药,作用略强于克拉维酸,对各种 β- 内酰胺酶的抑制作用有差别,对金黄色葡萄球菌和革兰氏阳性杆菌产生的 β- 内酰胺酶有强大抑制作用。常用的复方制剂有氨苄西林钠舒巴坦钠、头孢哌酮钠舒巴坦钠、头孢噻肟钠舒巴坦钠等。

他 唑 巴 坦

他唑巴坦(tazobactam)又名三唑巴坦,为舒巴坦衍生物。抑酶作用强于克拉维酸和舒巴坦,常用的复方制剂为哌拉西林钠他唑巴坦钠。

（王垣芳）

复习思考题

1. 举例说明 β- 内酰胺类抗生素的分类。
2. 列表说明各代头孢菌素的作用特点。
3. 简述 β- 内酰胺类抗生素的抗菌作用机制。
4. 简述青霉素 G 过敏性休克的防治措施。

第三十九章

大环内酯类与林可霉素类抗生素

学习目标

1. 掌握 大环内酯类抗生素的抗菌机制、抗菌谱及临床应用和主要不良反应。
2. 熟悉 林可霉素类抗生素的抗菌机制、抗菌谱及临床应用。
3. 了解 新大环内酯类抗生素的作用特点,大环内酯类和林可霉素类抗生素的体内过程。

第一节 大环内酯类抗生素

大环内酯类抗生素(macrolides antibiotics)是一类具有 14~16 元大环内酯环结构的抗生素。红霉素是 1952 年第一个用于临床的大环内酯类药物,与之后发现的地红霉素、麦白霉素、交沙霉素、乙酰螺旋霉素、麦迪霉素、吉他霉素等同属于第一代产品,主要用于治疗 β-内酰胺类抗生素过敏或对青霉素耐药的金黄色葡萄球菌感染,但这些品种对胃酸不稳定、口服吸收较差、有一定肝损害和胃肠道反应。自 20 世纪 70 年代又先后开发了第二代大环内酯类抗生素,如阿奇霉素、罗红霉素和克拉霉素等,其有抗菌谱更广、生物利用度高、半衰期长、对酸稳定、不良反应少、抗生素后效应明显等优点,已广泛用作治疗呼吸道感染的一线药物。但第二代药物对大环内酯类 - 林可霉素类 - 链阳霉素类(macrolides-lincomycins-streptogramins,MLS)耐药菌株的活性较差,于是近年来又开发了对 MLS 耐药菌株敏感的酮内酯类,如泰利霉素、喹红霉素,属于第三代大环内酯类抗生素,主要用于耐药菌株的感染。

大环内酯类药物抗感染以外的药理作用也日益受到人们的关注。已发现的作用有非特异性抗炎、免疫调节、抗肿瘤等。目前,藤霉素、雷帕霉素等大环内酯类免疫抑制剂已经开发成功。

一、大环内酯类抗生素的共性

【体内过程】第一代药物多数不耐酸,酯化衍生物口服生物利用度有所增加,血药浓度低,组织中浓度相对较高;第二代大环内酯类不易被胃酸破坏,口服生物利用度提高,血药浓度和组织细胞内药物浓度均增加。痰、皮下组织及胆汁中的药物浓度高于血药浓度,透过血脑屏障量少,炎症时组织通透性增加。主要随胆汁排泄,部分药物存在肝肠循环被重吸收。

【抗菌作用】本类药物属于快速抑菌药,高浓度时有杀菌作用。抗菌谱较青霉素广,第一代药物主要对大多数革兰氏阳性菌、厌氧球菌、白喉棒状杆菌和包括流感嗜血杆菌及百日咳杆菌在内的部分革兰氏阴性杆菌有强大抗菌活性,对嗜肺军团菌、弯曲菌、支原体、衣原体、弓形虫、非典型分枝杆菌等有良好作用,对产生 β- 内酰胺酶的葡萄球菌和耐甲氧西林金黄色葡萄球菌(MRSA)有一定抗菌活性。第二代药物扩大了抗菌谱,增强了对革兰氏阴性菌的抗菌活性。第三代药物对上述病原体及耐药菌株均有良好的抗菌活性。

大环内酯类药物与细菌核糖体 50S 亚基不可逆性结合,抑制转肽作用和 mRNA 的位移,从而抑制细菌的蛋白质合成。其结合位点与林可霉素、克林霉素、氯霉素相同或相近,故合用时可能发生拮抗作用而降低抗菌活性,也易产生耐药性。部分大环内酯类药物也可使tRNA 在肽链延长阶段较早地从核糖体上解离,从而抑制蛋白质合成。

【耐药性】大环内酯类药物之间存在交叉耐药性。细菌对本类药物产生耐药性的机制有以下几种:

1. 靶位改变　是细菌对大环内酯类药物产生耐药的主要机制。细菌通过染色体基因突变合成甲基化酶,使核糖体 50S 亚基上的药物结合位点甲基化,导致药物不能与 50S 亚基的靶位结合。

2. 产生灭活酶　从大环内酯类抗生素诱导的细菌中分离出了多种灭活酶,包括酯酶、磷酸化酶、甲基化酶、葡萄糖酶、乙酰转移酶和核苷转移酶等,使大环内酯类抗生素水解、磷酸化、甲基化、乙酰化或核苷酸化而失活。

3. 摄入减少和外排增多　产生耐药性的细菌可以使膜成分改变或出现新的成分,导致进入菌体内的大环内酯类抗生素的量减少,但与核糖体的亲和力不改变。某些细菌可以通过基因编码产生外排泵,有针对性地泵出大环内酯类抗生素而耐药。

【临床应用】本类药物可作为青霉素 G 过敏患者的替代药物,用于溶血性链球菌、肺炎链球菌所致的呼吸道感染,敏感溶血性链球菌引起的猩红热和蜂窝织炎;治疗耐青霉素的轻、中度金黄色葡萄球菌感染;对于治疗军团菌病、弯曲杆菌所致败血症或肠炎、支原体肺炎,沙眼衣原体所致的婴儿肺炎及结肠炎、白喉带菌者,该类药物为首选药之一。阿奇霉素、克拉霉素还可用于流感嗜血杆菌、卡他莫拉菌引起的社区获得性呼吸道感染。

【不良反应】消化道反应为大环内酯类药物常见的不良反应,如恶心、呕吐、腹痛和腹泻;静脉注射可发生血栓性静脉炎;少数患者可发生肝损害,表现为转氨酶水平升高、肝肿大、胆汁淤积性黄疸等,一般于停药后数日可自行恢复,个别患者可有过敏性药疹、药物热、耳鸣、暂时性耳聋等。第二代和第三代大环内酯类药物的不良反应发生率相对较低。

【药物互相作用】红霉素、克拉霉素和泰利霉素可抑制很多药物在肝内的代谢,甚至引起药物体内蓄积而中毒。大环内酯类药物可抑制肠道中参与地高辛代谢的相关细菌,与地高辛合用时会增加地高辛的吸收。

二、常用药物

红霉素

红霉素(erythromycin)是从链霉菌培养液中提取获得的 14 元大环内酯类药物,在水溶液中稳定,在酸性溶液中易分解,故口服剂型为肠溶片。依托红霉素(erythromycin estolate),为红霉素丙酸酯的十二烷基硫酸盐,耐酸,无味;硬脂酸红霉素(erythromycin stearate),对酸较稳定;琥乙红霉素(erythromycin ethylsuccinate),无味,对胃酸稳定,在肠道以基质和酯化物形式吸收,在体内酯化物可水解为碱。乳糖酸红霉素(erythromycin lactobionate),为红霉素乳糖醛酸酯,用于静脉滴注给药。

【体内过程】红霉素的母核不耐酸,口服易被胃酸破坏,食物影响其吸收。硬脂酸红霉素、琥乙红霉素、依托红霉素耐酸,口服吸收迅速而完全,受食物影响小。广泛分布于各种组织和体液,组织及痰液中浓度较高,能扩散进入前列腺及肝细胞,可透过胎盘和进入乳汁,但难以透过血脑屏障。主要在肝内代谢,活性代谢物随胆汁排泄,进行肝肠循环,无活性代谢物随尿排泄。

【抗菌作用】红霉素对革兰氏阳性菌如金黄色葡萄球菌、表皮葡萄球菌、链球菌、白喉棒状杆菌等抗菌活性强;对部分革兰氏阴性菌如脑膜炎球菌、淋病奈瑟球菌、流感嗜血杆菌、百日咳鲍特菌、布氏杆菌、嗜肺军团菌等高度敏感;对除脆弱类杆菌和梭杆菌属以外的厌氧菌有活性;对某些螺旋体、肺炎支原体、衣原体、立克次体和螺杆菌也有作用。青霉素耐药的某些菌株对红霉素仍敏感,但抗菌效力不及青霉素。

【临床应用】作为青霉素过敏患者的替代药物或用于青霉素耐药菌株感染;治疗军团菌病、肺炎支原体肺炎、百日咳、空肠弯曲菌肠炎、沙眼衣原体结膜炎可作为首选药;也用于治疗衣原体、支原体所致泌尿生殖系统感染及厌氧菌所致口腔感染。

【不良反应】严重的不良反应少见。常见的不良反应有:

1. 胃肠道反应 是红霉素最常见的不良反应,口服或静脉滴注均可引起,表现为恶心、呕吐、腹痛、腹泻、口舌疼痛、食欲减退等。

2. 血栓性静脉炎 静脉给药可引起血栓性静脉炎,故红霉素静脉滴注时药物浓度不宜超过 1mg/ml,以减少静脉炎的发生。红霉素注射剂不宜直接用生理盐水作溶媒,应先将灭菌注射用水 6ml 加至 0.3g 乳糖酸红霉素粉针瓶中,完全溶解后,再加生理盐水或葡萄糖溶液稀释。

3. 肝毒性 可有肝功能异常、肝肿大、黄疸等,一般停药数日可恢复,多见于酯化型红霉素。用药期间应定期检查肝功能,肝病患者和严重肾功能损害者应慎用。

4. 听力损害 大剂量(≥ 4g/d)应用时,尤其肝、肾疾病患者或老年患者可能引起听力减退,停药后多可恢复。

5. 过敏反应 偶见药物热、皮疹、嗜酸性粒细胞增多等,对红霉素和其他大环内酯类药物过敏者禁用。

6. 其他 偶有心律失常、口腔或阴道念珠菌感染。

罗 红 霉 素

罗红霉素(roxithromycin)为半合成 14 元大环内酯类药物。对胃酸较稳定,口服生物利用度高,组织渗透性好,$t_{1/2}$ 为 8.4~15 小时。对革兰氏阳性菌和厌氧菌的作用与红霉素相近,对肺炎支原体和衣原体作用较强,但对流感嗜血杆菌作用弱。主要用于敏感菌所致的呼吸道、泌尿道、皮肤和软组织、耳鼻咽喉等部位感染,也可用于非淋菌性尿道炎。不良反应发生率低,偶见皮疹、皮肤瘙痒、头痛、头昏等。

克 拉 霉 素

克拉霉素(clarithromycin)又名甲红霉素,为半合成 14 元大环内酯类抗生素。对酸稳定,口服吸收快而完全,且不受进食影响,但首过效应明显,生物利用度为 55%,分布广泛,组织中浓度明显高于血中浓度。克拉霉素对革兰氏阳性菌、嗜肺军团菌、肺炎衣原体的作用在该类药物中最强,对沙眼衣原体、肺炎支原体、流感嗜血杆菌及厌氧菌的作用亦强于红霉素,对幽门螺杆菌感染有效。临床主要用于敏感菌引起的呼吸道、泌尿生殖系统及皮肤软组织等感染的治疗。主要不良反应为胃肠道反应,偶可发生皮疹、皮肤瘙痒及头痛等。

阿 奇 霉 素

阿奇霉素(azithromycin)为唯一的 15 元大环内酯类半合成抗生素,对胃酸稳定,口服吸收快,也可静脉注射给药,组织分布广,细胞内浓度高(为同期血药浓度的 10~100 倍)、$t_{1/2}$ 长达 35~48 小时,抗生素后效应明显,每日给药 1 次;大部分以原药及代谢物形式随胆汁排泄,少量由肾排泄。主要特点是抗菌谱广,对革兰氏阳性菌的作用与红霉素相当,对革兰氏阴性菌的作用明显强于红霉素,对肺炎支原体的作用是大环内酯类药物中最强的。适用于敏感菌引起的上下呼吸道感染、支原体肺炎、泌尿生殖系统感染、鼻窦炎、中耳炎及皮肤软组织感染。不良反应较红霉素轻,轻、中度肝肾功能不良者仍可应用。

泰 利 霉 素

泰利霉素(telithromycin)为酮内酯类抗生素,是由酮基取代红霉素内酯环 3 位上红霉支糖部分得到的 14 元大环内酯类药物。口服吸收好,组织细胞穿透力强,主要在肝内代谢,随胆汁和经肾排泄。抗菌谱与红霉素相似,但抗菌活性强于红霉素、阿奇霉素。酮内酯结构使其对某些细菌核糖体的亲和力高于其他大环内酯类药物,且不易成为与细菌耐药性相关的外排泵的底物,因此对许多耐大环内酯类药物的菌株如肺炎链球菌、金黄色葡萄球菌、流感嗜血杆菌等仍有较强的抗菌活性,对 MRSA 有作用。主要用于呼吸道感染,特别是 β- 内酰胺类、大多数大环内酯类抗生素耐药菌引起的感染,如社区获得性肺炎、急性加剧的慢性支气管炎、急性上颌窦炎、咽炎、扁桃体炎等。

第二节　林可霉素类抗生素

林可霉素类抗生素包括林可霉素(lincomycin,又名洁霉素)、克林霉素(clindamycin,又名氯洁霉素)。林可霉素从链球菌培养液中提取获得;克林霉素是半合成的林可霉素衍生物,其生物利用度、抗菌活性和毒性均优于林可霉素,故临床常用。

【体内过程】林可霉素口服吸收差,易受食物影响,生物利用度为 20%~35%。克林霉素口服受食物影响小,生物利用度较高,约 87%。两药体内分布广泛,在体液和全身多数组织中均能达到治疗浓度,尤其在骨组织中有更高药物浓度。可透过胎盘和进入乳汁,不易透过正常的血脑屏障,炎症时在脑组织也能达到有效浓度。主要经肝代谢,代谢物随胆汁和经肾排泄,约 10% 以原药形式经肾排泄。

【抗菌作用】两药对葡萄球菌、各型链球菌、肺炎链球菌等革兰氏阳性球菌具有强大的抗菌作用,对白喉杆菌、破伤风梭菌、产气荚膜梭菌、厌氧菌包括脆弱类杆菌、人型支原体、沙眼衣原体及多数放线菌属敏感,但对肠球菌、革兰氏阴性杆菌、MRSA、肺炎支原体不敏感。抗菌机制与大环内酯类药物相同,能与敏感细菌核蛋白体 50S 亚基不可逆结合,抑制蛋白质的合成。林可霉素和克林霉素之间呈完全交叉耐药性,与大环内酯类药物之间也存在交叉耐药,耐药机制也相同。

【临床应用】治疗金黄色葡萄球菌引起的骨髓炎的首选药;用于治疗厌氧菌引起的腹腔、口腔和妇科感染;也用于需氧革兰氏阳性球菌引起的呼吸道、关节和软组织、胆道感染,以及中耳炎、败血症、心内膜炎等;作为青霉素耐药或过敏的替代药物。

【不良反应】胃肠道反应较为常见,表现为恶心、呕吐、腹泻等;长期用药可引起二重感染和假膜性小肠结肠炎;少数患者出现皮疹、瘙痒、药物热,或一过性中性粒细胞减少和血小板减少等过敏反应;罕见过敏性休克;偶见黄疸及肝损伤。

● (孟宪丽)

复习思考题

1. 简述大环内酯类抗生素的抗菌谱、抗菌机制、临床应用。
2. 简述林可霉素类抗生素的抗菌谱和临床应用。

第四十章

氨基糖苷类与多肽类抗生素

学习目标

1. 掌握 氨基糖苷类、多肽类抗生素的抗菌作用、抗菌机制。
2. 熟悉 氨基糖苷类、多肽类抗生素的抗菌特点、临床应用和主要不良反应。
3. 了解 氨基糖苷类抗生素耐药性的产生机制。

第一节 氨基糖苷类抗生素

氨基糖苷类抗生素(aminoglycoside antibiotics)因化学结构中含有氨基醇环和氨基糖分子,并由配糖键连接成苷而得名。按其来源分为天然品和半合成品。天然氨基糖苷类抗生素是由链霉菌和小单孢菌产生,如链霉素、新霉素、卡那霉素、妥布霉素、庆大霉素、小诺霉素、西索米星等;半合成氨基糖苷类抗生素有阿米卡星、奈替米星、依替米星等。

本类药物为弱有机碱,制剂为硫酸盐。除链霉素外,其他药物水溶液性质均不稳定。不宜与β-内酰胺类抗生素在同一容器中混合,以免氨基糖苷类药物失活。因本类药物化学结构相似,故在体内过程、抗菌作用和作用机制、耐药性及不良反应等方面具有许多共性。

【体内过程】

1. 吸收 氨基糖苷类药物极性高、解离度大、口服难吸收,适用于胃肠道感染和肠道手术前消毒。肌内注射吸收迅速而完全,药峰时间约为 0.5~2 小时。为避免血药浓度过高引起不良反应,一般不主张静脉注射给药。

2. 分布 血浆蛋白结合率较低(0~25%),多在 10% 以下。穿透力很弱,主要分布于细胞外液,在内耳内、外淋巴液和肾皮质浓度高,可损害内耳螺旋器内、外毛细胞和肾小管;能透过胎盘屏障并聚集于胎儿血浆和羊水,但不能渗入细胞内,也不能透过血脑屏障,脑膜炎时也难以在脑脊液达到有效浓度。

3. 代谢与排泄 在体内不代谢,几乎全部以原药形式经肾小球滤过排出。除奈替米星外,其他药物不被肾小管重吸收,可迅速排泄至尿中,其肾清除率等于肌酐清除率,$t_{1/2}$ 为 2~3 小时。肾功能减退时排泄减慢,毒性加大,应注意调整给药方案。

【抗菌作用】氨基糖苷类抗生素抗菌谱较广,对各种需氧的革兰氏阴性杆菌包括大肠埃希菌、铜绿假单胞菌、克雷伯菌属、肠杆菌属、变形杆菌属、志贺菌属和枸橼酸杆菌属均有强大抗菌活性;对沙门菌属、沙雷菌属、嗜血杆菌属、产碱杆菌属和不动杆菌属也有一定抗菌活性;对 MRSA(耐甲氧西林金黄色葡萄球菌)和 MRSE(耐甲氧西林表皮葡萄球菌)也有较好作用;对脑膜炎球菌、淋病奈瑟球菌等革兰氏阴性球菌作用较弱;对各组链球菌作用弱,对肠球菌和厌氧菌不敏感。各种氨基糖苷类药物抗菌谱相似,链霉素、卡那霉素还对结核分枝杆菌有作用。

　　本类药物为快速杀菌药,对静止期细菌作用较强。其杀菌特点:①仅对需氧菌有杀灭作用,部分药物对结核分枝杆菌有抑制作用,对厌氧菌无作用;②杀菌速率和杀菌时程为浓度依赖性;③抗生素后效应(PAE)较长,且与浓度呈正相关;④具有初次接触效应;⑤在碱性环境中抗菌活性增强。

　　【抗菌机制】本类药物的抗菌机制主要是抑制敏感细菌蛋白质合成,还可破坏细菌胞质膜的完整性。对细菌蛋白质合成的多个环节有抑制作用:①与细菌核糖体 70S 亚基结合形成始动复合物;②与细菌核糖体 30S 亚基上的靶蛋白(P$_{10}$)结合,使 A 位歪曲,造成 mRNA 上"三联密码"翻译错误,从而合成异常或无功能蛋白质;③阻碍终止密码子与 A 位结合,使已合成的肽链不能释放;④抑制核糖体 70S 亚基解离,阻止核糖体的循环利用,最终造成细菌体内核糖体耗竭。另外,本类药物还可通过吸附作用与细菌胞质膜结合,使膜通透性增加,菌体内核苷酸、酶等重要物质外漏而死亡。

　　氨基糖苷类药物需经细胞外膜的亲水孔渗入并通过细胞内膜上氧依赖性主动跨膜转运系统进入菌体内发挥抗菌作用,厌氧菌缺乏此转运系统,故对本类药物不敏感。

　　【耐药性】细菌对氨基糖苷类抗生素产生耐药性的机制为:

　　1. 产生钝化酶　主要通过质粒介导产生修饰氨基糖苷类药物的钝化酶,如乙酰化酶、磷酸化酶和腺苷化酶,使氨基糖苷类药物分子中的氨基或羟基乙酰化、磷酸化和腺苷化,不能与细菌核糖体结合,从而失去抗菌活性。多种氨基糖苷类药物可被同一种酶钝化,也可以是一种氨基糖苷类药物被多种酶钝化,故本类药物之间存在部分或完全交叉耐药。

　　2. 膜通透性改变　细菌通过改变外膜通道蛋白结构,降低对氨基糖苷类药物的通透性,使菌体内药物浓度下降。

　　3. 靶位修饰　如结核分枝杆菌核糖体 30S 亚基靶蛋白发生结构修饰,造成对链霉素的亲和力下降而耐药。

　　【临床应用】氨基糖苷类抗生素主要用于需氧革兰氏阴性杆菌所致的全身感染,如脑膜炎,呼吸道、泌尿道、皮肤软组织、胃肠道、骨关节等部位的感染,以及烧伤、创伤所致感染。对于败血症、肺炎、脑膜炎等严重感染,需联合应用广谱青霉素、第三代头孢菌素及氟喹诺酮类等其他抗革兰氏阴性杆菌的药物。口服可用于治疗消化道感染、肠道术前准备和肝性脑病;制成外用软膏、眼膏或冲洗液可治疗局部感染。链霉素、卡那霉素还可用于治疗结核病。

　　【不良反应】氨基糖苷类药物的主要不良反应是耳毒性和肾毒性,尤其在儿童和老年人中更易引起,甚至在停药后出现不可逆的毒性反应。毒性反应的产生与用药剂量、疗程及药物种类有关。

　　1. 耳毒性　包括前庭神经和耳蜗听神经损伤。前庭神经功能损伤表现为头昏、眩晕、恶心、呕吐、眼球震颤和共济失调,其发生率依次为新霉素 > 卡那霉素 > 链霉素 > 西索米星 > 阿米卡星 ≥ 庆大霉素 ≥ 妥布霉素 > 奈替米星 > 依替米星。耳蜗听神经功能障碍表现为耳鸣、听力减退和永久性耳聋,其发生率依次为新霉素 > 卡那霉素 > 阿米卡星 > 西索米星 > 庆大霉素 > 妥布霉素 > 奈替米星 > 链霉素 > 依替米星。该毒性还会影响胎儿。耳毒性的发生是由于药物在内耳淋巴液中浓度较高,损害内耳螺旋器内、外毛细胞的能量产生与利用,导致细胞膜 Na$^+$-K$^+$-ATP 酶功能障碍所致。用药期间应随访患者是否有耳鸣、眩晕等先兆症状,监测听力,根据肾功能调整用药方案。尽量避免与其他耳毒性药物合用,如万古霉素、强效利尿药、镇吐药、顺铂、甘露醇等。具有抗眩晕作用的药物能掩盖其耳毒性,应避免与其合用。具有镇静作用的药物因可抑制患者的反应性,合用时也应慎重。小儿和老年人用药更应谨慎,以免因表述不清或生理性耳聋致使症状发现被延误,引起永久性耳聋。

2. **肾毒性**　氨基糖苷类抗生素是引起药源性肾衰竭最常见的因素。由于本类药物主要经肾排泄和在肾皮质蓄积,损害肾小管、尤其近曲小管上皮细胞,造成肾小管肿胀甚至坏死,表现为蛋白尿、管型尿、血尿等,严重者导致无尿、氮质血症及肾衰竭。其发生率依次为新霉素 > 卡那霉素 > 庆大霉素 > 妥布霉素 > 阿米卡星 > 奈替米星 > 链霉素 > 依替米星。用药期间应定期检查肾功能,若出现蛋白尿、管型尿、血尿素氮及肌酐升高、尿量少于 240ml/h 应立即停药,有条件者可监测血药浓度。避免同时应用增加肾毒性的药物,如头孢菌素类、右旋糖酐、环丝氨酸、万古霉素、多黏菌素、杆菌肽、两性霉素 B、顺铂等。老年人及肾功能减退者应禁用或慎用。

3. **神经肌肉阻滞**　表现为心肌抑制、血压下降、肢体无力和呼吸衰竭,与剂量及给药途径有关。常见于大剂量腹膜内或胸膜内给药或静脉滴注速度过快,偶见于肌内注射后。可能由于药物与突触前膜钙结合部位结合,抑制神经末梢 ACh 释放,造成神经肌肉接头处传递受阻所致。不同氨基糖苷类抗生素引起神经肌肉麻痹的严重程度依次为新霉素 > 链霉素 > 卡那霉素 > 奈替米星 > 阿米卡星 > 庆大霉素 > 妥布霉素 > 依替米星。此不良反应常被误诊为过敏性休克,一旦发生应立即静脉注射新斯的明和钙剂治疗。血钙过低、重症肌无力患者禁用或慎用。避免合用肌松药、全麻药等。

4. **过敏反应**　常见皮疹、发热、血管神经性水肿、口周麻木等。局部应用新霉素常引起接触性皮炎。链霉素可引起过敏性休克,其发生率仅次于青霉素,防治措施同青霉素。

链　霉　素

链霉素(streptomycin)是 1944 年从链霉菌培养液中分离而得并用于临床的第一个氨基糖苷类抗生素,也是第一个用于治疗结核病的药物。该药对铜绿假单胞菌和其他革兰氏阴性杆菌抗菌活性低,对兔热病(土拉菌病)和鼠疫有特效,常为首选,而且与四环素类合用已成为目前治疗鼠疫最有效的方法。与青霉素合用治疗草绿色链球菌、肠球菌引起的心内膜炎,也用于治疗结核病。最常见的不良反应为耳毒性,前庭功能损害较耳蜗听神经损伤出现早且发生率高;其次为神经肌肉阻滞,肾毒性少见。

庆　大　霉　素

庆大霉素(gentamicin)对需氧革兰氏阴性杆菌作用较强,是治疗各种需氧革兰氏阴性杆菌感染的主要药物,尤其对沙雷菌属作用最强,为氨基糖苷类抗生素中的首选药。与青霉素类或其他抗生素合用,可协同治疗严重的肺炎链球菌、铜绿假单胞菌、肠球菌、葡萄球菌或草绿色链球菌感染;还可用于皮肤、黏膜表面感染和眼、耳、鼻部感染;口服可用于肠道感染或肠道术前准备。不良反应主要有耳毒性、肾毒性和神经肌肉阻滞,偶可发生过敏反应。

卡　那　霉　素

卡那霉素(kanamycin)对多数需氧革兰氏阴性菌和结核分枝杆菌作用较强,曾广泛用于多种需氧革兰氏阴性杆菌感染,但因毒性较大,目前主要与其他抗结核药联合应用治疗耐药性结核病,也可口服用于肝性脑病或肠道手术前准备。

妥　布　霉　素

妥布霉素(tobramycin)的抗菌谱与庆大霉素相似,在革兰氏阳性菌中仅对葡萄球菌有作用;对肠杆菌属、肺炎克雷伯菌、变形杆菌属和铜绿假单胞菌的抗菌活性为庆大霉素的 2~5 倍,且对耐庆大霉素菌株仍敏感;对其他革兰氏阴性杆菌的抗菌活性不及庆大霉素。常与抗铜绿假单胞菌广谱青霉素类或头孢菌素类药物合用治疗铜绿假单胞菌所致的各种感染。不良反应较庆大霉素轻。

阿 米 卡 星

阿米卡星（amikacin）又名丁胺卡那霉素，为抗菌谱最广的氨基糖苷类抗生素，其突出优点是对肠道革兰氏阴性杆菌和铜绿假单胞菌所产生的钝化酶稳定，故对一些耐常用氨基糖苷类抗生素的菌株（包括铜绿假单胞菌）所致的感染仍有效，为治疗此类感染的首选药物。与 β- 内酰胺类抗生素合用治疗中性粒细胞减少或其他免疫缺陷者合并严重的革兰氏阴性杆菌感染，疗效较好。该药耳毒性较庆大霉素大，肾毒性较庆大霉素小。

奈 替 米 星

奈替米星（netilmicin）的显著特点是对多种钝化酶稳定，故对 MRSA 及常见氨基糖苷类耐药菌仍有较好抗菌活性。用于敏感菌所致的严重感染，是治疗各种革兰氏阴性杆菌感染的主要药物，但不用于初发的、其他口服抗菌药能有效控制的尿路感染。耳、肾毒性发生率较低。

依 替 米 星

依替米星（etimicin）是一种新的半合成氨基糖苷类药物，特点为广谱、高效、低毒。对大部分革兰氏阴性菌和革兰氏阳性菌有良好抗菌活性，尤其对大肠埃希菌、流感嗜血杆菌、肺炎克雷伯菌、奇异变形杆菌、沙雷菌属、沙门菌属及葡萄球菌属等抗菌活性较高。部分耐头孢唑林、庆大霉素和小诺霉素的金黄色葡萄球菌、大肠埃希菌和肺炎克雷伯菌的体外 MIC 仍在该药治疗剂量的血药浓度范围内。对产生青霉素酶的部分葡萄球菌和部分低水平 MRSA 有一定抗菌活性。耳毒性、肾毒性和神经肌肉阻滞的程度均较阿米卡星、奈替米星轻，发生率为目前本类药中最低的。

第二节　多　肽　类

一、万古霉素类

万古霉素类属糖肽类抗生素，包括万古霉素（vancomycin）、去甲万古霉素（norvancomycin）和替考拉宁（teicoplanin），分别从链霉菌、诺卡菌属和游动放射菌属培养液中分离获得。

【体内过程】口服难吸收，肌内注射可引起剧痛和组织坏死，故除治疗肠道感染外只宜静脉给药。可分布至各组织和体液，透过胎盘，但不易透过血脑屏障。90% 以上经肾排泄。万古霉素和去甲万古霉素的血浆 $t_{1/2}$ 约为 6 小时，替考拉宁长达 47 小时。肾功能减退者 $t_{1/2}$ 明显延长，需按肾功能损害程度调整用量。

【抗菌作用】抗菌谱窄，作用于部分革兰氏阳性菌和某些螺旋体。对多种抗生素耐药的革兰氏阳性菌，如金黄色葡萄球菌、溶血性链球菌、草绿色链球菌、肺炎链球菌及炭疽杆菌、白喉杆菌均有强大杀灭作用。

【抗菌机制】通过与细菌细胞壁前体肽聚糖结合，阻碍细胞壁合成，造成细胞壁缺损而杀菌，尤其对繁殖期细菌呈快速杀菌作用。

【耐药性】细菌通过产生某种酶修饰其细胞壁前体肽聚糖，阻止万古霉素类与靶位结合而耐药。目前已发现万古霉素耐药肠球菌（vancomycin-resistant enterococcus，VRE）和万古霉素耐药金黄色葡萄球菌（vancomycin resistant Staphylococcus aureus，VRSA）。万古霉素类与其他抗生素之间无交叉耐药性。

【临床应用】仅用于革兰氏阳性菌所致的严重感染，特别是 MRSA、MRSE 和肠球菌属感染，如败血症、心内膜炎、骨髓炎、肺炎、脓胸等。也可用于对 β- 内酰胺类抗生素过敏的患者。口服给药用于治疗假膜性小肠结肠炎和肠道感染。

【不良反应】万古霉素和去甲万古霉素不良反应较大,替考拉宁毒性较小。

1. 耳毒性 剂量过大可引起耳鸣、听力减退甚至耳聋,及早停药可恢复正常。少数患者停药后仍有耳聋危险,应避免与其他增加耳毒性的药物合用。严重肝肾功能不全者、孕妇及哺乳期妇女禁用。

2. 肾毒性 可损伤肾小管,引起蛋白尿、管型尿、血尿、氮质血症甚至肾衰竭,应避免与其他增加肾毒性的药物合用。

3. 过敏反应 偶有皮疹、药物热、瘙痒、嗜酸性粒细胞增多等。静脉滴注速度过快可引起颈部、上肢及上身出现皮肤潮红、红斑、荨麻疹、心动过速和低血压等,称"红人综合征(red man syndrome)"或"红颈综合征(red neck syndrome)",可能与组胺释放有关。

4. 其他 可逆性中性粒细胞减少;口服可引起恶心、呕吐、金属异味感和眩晕;静脉注射浓度过高可致疼痛和静脉炎。

【药物相互作用】与强效利尿药、氨基糖苷类、多黏菌素类等合用,可增加耳、肾毒性。与抗组胺药、吩噻嗪类合用时,可掩盖耳毒性症状。与肌松药合用,可加重神经肌肉阻滞作用。与碱性溶液有配伍禁忌。与重金属接触可产生沉淀。

案例分析

患儿,男,2岁,因脑积水原因待查入院。入院后行脑室镜下第三脑室造瘘术,围术期使用头孢呋辛0.5g、每日2次静脉滴注预防感染,术后5天脑脊液常规检查提示颅内感染。改用头孢曲松0.8g、每日1次静脉滴注抗感染治疗,取脑脊液送培养+药敏试验,用药3天无好转。

诊断:病原菌可能是对甲氧西林耐药的球菌,也可能是肠球菌或产酶的肠杆菌科细菌。

治疗:药师建议给予万古霉素0.17g、每12小时1次,联合氨苄西林钠舒巴坦钠400mg、每8小时1次,静脉滴注。用药2天,此时,脑脊液培养+药敏回报为生长耐甲氧西林金黄色葡萄球菌(MRSA),对万古霉素、替考拉宁敏感。药师建议停用氨苄西林钠舒巴坦钠,万古霉素按原方案使用。应用万古霉素10天,患者体温、白细胞计数、中性粒细胞百分比、脑脊液生化常规均正常,治愈出院。

分析:疗效不佳,最可能的原因是目前感染的病原菌对头孢呋辛、头孢曲松耐药。所以最有可能的病原菌是对甲氧西林耐药的球菌,即MRSA或耐甲氧西林凝固酶阴性葡萄球菌(MRCNS),亦可能是肠球菌或产酶的肠杆菌科细菌。脑脊液培养+药敏回报为MRSA。万古霉素属糖肽类抗生素,对革兰氏阳性菌具有强大的杀菌作用,适用于治疗MRSA、MRCNS及肠球菌的感染。

二、多黏菌素类

多黏菌素类(polymyxins)是从多黏杆菌培养液中获得的多肽类抗生素,含有多黏菌素A、多黏菌素B、多黏菌素C、多黏菌素D、多黏菌素E、多黏菌素M等多种成分,临床上应用多黏菌素B(polymyxin B)、多黏菌素E(polymyxin E)、多黏菌素M(polymyxin M)。

【体内过程】除多黏菌素M外,口服不吸收。肌内注射后2~3小时血药浓度达峰值。

主要分布于细胞外液,不能透过血脑屏障。体内代谢较慢,主要经肾排泄,给药后 12 小时内仅有 0.1% 随尿排泄,故连续给药会导致药物在体内蓄积。

【抗菌作用】本类药为窄谱慢效杀菌药,对繁殖期和静止期细菌均有杀灭作用。对某些革兰氏阴性杆菌有强大抗菌活性,如对大肠埃希菌、铜绿假单胞菌、肠杆菌属、克雷伯菌属呈高度敏感,对沙门菌属、志贺菌属、流感嗜血杆菌、百日咳鲍特菌等较敏感。细菌不易对本类药物耐药,一旦耐药则为交叉耐药。

【抗菌机制】本类药物作用于细菌胞质膜,其多肽上带正电荷的氨基与细胞外膜磷脂中带负电荷的磷酸根结合,使细胞膜结构破坏,通透性增大,核酸等重要物质外漏而死亡;也可进入细胞质,影响核质和核糖体的功能。

【临床应用】主要用于铜绿假单胞菌引起的败血症、泌尿道及烧伤创面感染,也可用于革兰氏阴性杆菌引起的脑膜炎、败血症等全身感染。与利福平、磺胺类药及甲氧苄啶合用治疗多重耐药的革兰氏阴性杆菌引起的医院内感染。口服用于肠道手术前准备和消化道感染。

【不良反应】本类药物全身给药时毒性较大,常用量即可引起明显不良反应,以多黏菌素 B 较多见。

1. 肾毒性　常见且突出,多发生于用药后 4~5 天,表现为蛋白尿、血尿、管型尿、氮质血症,严重者出现急性肾衰竭,及时停药后部分可恢复。不宜与其他肾毒性药物合用。肾功能减退者慎用,早产儿、新生儿和妊娠妇女禁用。

2. 神经系统毒性　与剂量有关。轻者表现为头晕、面部麻木和周围神经炎,重者出现意识障碍、共济失调、抽搐等。大剂量快速静脉滴注可引起神经肌肉阻滞,导致呼吸抑制,为非竞争性阻滞,不能用新斯的明治疗,只能进行人工呼吸,钙剂可能有效。

3. 其他　可引起皮疹、瘙痒、药物热等。偶见白细胞减少和肝毒性。对多黏菌素过敏者禁用。

三、杆菌肽类

杆菌肽类药物是从苔藓样杆菌或枯草杆菌培养液中分离获得的多肽类药物。市售产品中含有多种组分,其中主要含杆菌肽 A。杆菌肽类药物属于慢效杀菌药,对多种革兰氏阳性菌,特别是金黄色葡萄球菌、链球菌属有强大的抗菌作用,对淋病奈瑟球菌、脑膜炎球菌等革兰氏阴性球菌和某些螺旋体、放线菌属也有一定的抑制作用,但所有的革兰氏阴性杆菌、真菌和诺卡菌属均对其耐药。细菌对其产生耐药性较慢,与其他抗生素之间无交叉耐药性。

杆菌肽类药物作用机制:选择性抑制细菌细胞壁合成过程中的脱磷酸化,阻碍细胞壁合成,同时也可损伤细菌胞质膜,使内容物外漏,导致细菌死亡。

由于杆菌肽类药物有严重肾毒性,目前临床仅局部应用治疗敏感菌引起的皮肤伤口、软组织、眼、耳、鼻、喉和口腔等部位的感染。

（葛鹏玲）

复习思考题

1. 简述氨基糖苷类抗生素的抗菌谱、抗菌机制和抗菌特点。
2. 简述万古霉素类抗生素的抗菌作用、临床应用及不良反应。
3. 简述多黏菌素类抗生素的抗菌机制和临床应用。

◆◆◆ 第四十一章 ◆◆◆

四环素类与氯霉素类抗生素

📋 学习目标

1. 掌握　四环素类抗生素的共同特性。氯霉素的药理作用、临床应用及不良反应。
2. 熟悉　四环素的作用特点、临床应用及不良反应。
3. 了解　四环素类药物和氯霉素的耐药性。

四环素类(tetracyclines)与氯霉素类(chloramphenicols)抗生素的抗菌谱很广,包括革兰氏阳性菌、革兰氏阴性菌、立克次体、衣原体、支原体、螺旋体和阿米巴原虫等,属广谱抗生素(broad-spectrum antibiotics)。

第一节　四　环　素　类

四环素类抗生素来自于放线菌,均具有共同的氢化骈四苯(4 个环)基本母核,并因此得名;不同品种仅环上 5、6、7 位上的取代基团不同(图 41-1)。四环素类抗生素分为天然及半合成 2 类。天然品有四环素(tetracycline)、土霉素(oxytetracycline)、金霉素(chlortetracycline)、地美环素(demeclocycline)等,以四环素为常用。半合成品有多西环素(doxycycline)、米诺环素(minocycline)等,其中以多西环素最为常用。

一、四环素类抗生素的共同特性

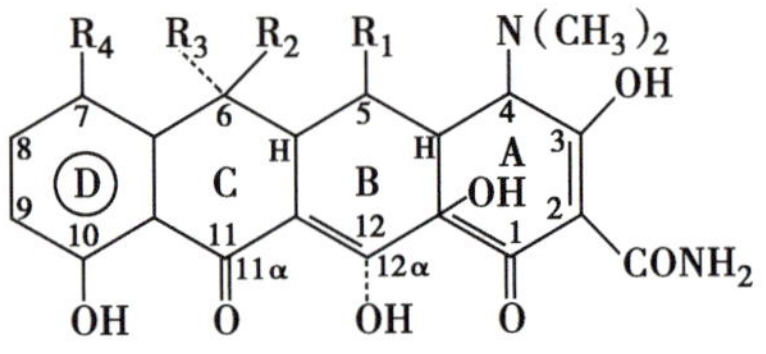

【体内过程】

1. 吸收　四环素类抗生素口服能吸收但不完全。影响口服吸收率的因素包括:①多价阳离子:四环素类抗生素为金属螯合剂,Mg^{2+}、Ca^{2+}、Al^{3+}、Fe^{2+} 可与四环素类抗生素形成难溶难吸收的络合物,含这些离子的药物和食物均可妨碍其吸收,故宜空腹服用。若服用铁剂,服药间隔应在 3 小时以上。②胃液 pH 降低,药物溶解完全,吸收较好。③合用碱性药如碳酸氢钠、H_2 受体阻断药或抗酸药可使四环素类抗生素吸收减少,合用酸性药如维生素 C 则可促进四环素类抗生素吸收。

图 41-1　四环素类抗生素的基本结构示意图

2. 分布　入血后与血浆蛋白结合率约为 65%,可广泛分布于全身各处组织和体液,易渗入到胸腔、腹腔、乳汁中。能与钙络合并沉积于新形成的牙齿和骨骼,影响其发育并产生损害作用。能透过胎盘屏障,但不易通过血脑屏障。

3. 代谢与排泄　四环素类抗生素部分在肝内代谢,可经肝浓缩排入胆汁且存在肝肠循环,胆汁中药物的浓度为血药浓度的 10~20 倍,有利于治疗胆道感染。20%~60% 的药物以原药形式经肾小球滤过排泄,尿液中药物浓度较高,有利于治疗尿路感染,而且碱化尿液可促进其从肾排泄。肾功能不全时大多数四环素类抗生素都可蓄积体内并加重肾损害。多西环素因主要经肠道排泄,可供肾功能不全时使用。四环素类抗生素的 $t_{1/2}$ 差别较大,可根据 $t_{1/2}$ 分为:短效类($t_{1/2}$ 为 6~8 小时),如四环素、土霉素;中效类($t_{1/2}$ 为 12 小时),如美他霉素;长效类($t_{1/2}$ 为 16~18 小时),如多西环素、米诺环素。

【抗菌作用】　属广谱抗生素。其抗菌谱包括常见的革兰氏阳性与革兰氏阴性需氧菌和厌氧菌、立克次体、螺旋体、支原体、衣原体及某些原虫等。大多数常用四环素类抗生素的抗菌活性近似,但多西环素、米诺环素、替加环素对耐四环素菌株仍有较强抗菌活性。

四环素类抗生素对革兰氏阳性菌的抗菌活性较革兰氏阴性菌强。在革兰氏阳性菌中,葡萄球菌敏感性最高,化脓性链球菌与肺炎链球菌次之,李斯特菌、放线菌、奴卡菌、梭状芽孢杆菌、炭疽杆菌等也均敏感,但肠球菌属对四环素类抗生素不敏感。在革兰氏阴性菌中,四环素类抗生素对大肠埃希菌、大多数弧菌属、弯曲杆菌、布鲁氏菌属和某些嗜血杆菌属有良好抗菌活性,对淋病奈瑟球菌和脑膜炎球菌有一定抗菌活性,对沙门菌属和志贺菌属的活性有限,而对变形杆菌、铜绿假单胞菌无作用。四环素类抗生素对 70% 以上的厌氧菌有抗菌活性,如脆弱拟杆菌、放线菌等,以半合成四环素类抗生素作用较好;但其作用不如克林霉素、氯霉素及甲硝唑,故临床一般不选用四环素类抗生素治疗厌氧菌感染。

四环素类抗生素的抗菌机制主要为与细菌核糖体 30S 亚基 A 位特异性结合,阻止蛋白质合成始动复合物的形成,并阻止氨基酰 -tRNA 进入 A 位,从而抑制肽链的延伸和蛋白质的合成。另外,四环素类抗生素可引起细菌细胞膜通透性的改变,使胞内核苷酸和其他重要成分外漏,从而抑制 DNA 复制。故本类药物系快速抑菌药,高浓度时亦具杀菌作用(图 41-2)。

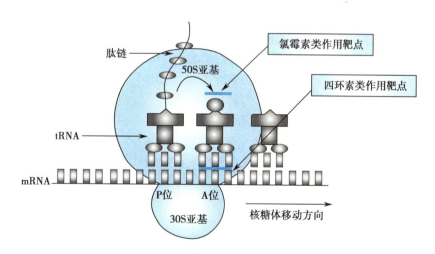

图 41-2　四环素类抗生素及氯霉素的作用靶点示意图

【耐药性】　由于四环素类抗生素长期大量使用,对四环素类抗生素耐药菌株如金黄色葡萄球菌、溶血性链球菌、大肠埃希菌、痢疾杆菌等日益增加,限制了该类药物的临床应用。四环素类抗生素之间存在交叉耐药性,但对天然四环素类抗生素耐药的细菌对半合成四环素类抗生素可能仍敏感。其耐药机制主要有以下三方面:①细菌外排泵蛋白大量表达,促使四环素类抗生素被排出细胞外;②细菌核糖体保护蛋白大量表达,保护细菌的蛋白质合成过程不受四环素类抗生素的影响;③某些细菌可产生灭活或钝化四环素类抗生素的酶。

【临床应用】四环素类抗生素对立克次体引起的斑疹伤寒和恙虫病等有特效;对衣原体感染如鹦鹉热衣原体引起的鹦鹉热,肺炎衣原体引起的肺炎,沙眼衣原体引起的性病性淋巴肉芽肿、非特异性尿道炎、输卵管炎及沙眼等也常为首选药;对支原体感染如肺炎支原体引起的肺炎,解脲支原体引起的非特异性尿道炎等,螺旋体感染如回归热等也可首选;对鼠疫杆菌引起的鼠疫,霍乱弧菌引起的霍乱,布鲁氏菌引起的布鲁氏菌病,肉芽肿鞘杆菌引起的腹股沟肉芽肿,幽门螺杆菌引起的消化性溃疡等也有疗效。但由于其他高效抗菌药的出现,以及本类药物特殊的不良反应和耐药性,细菌性感染基本上不以四环素类抗生素作为首选药。在使用本类药物时首选多西环素。

【不良反应】

1. 胃肠道反应　早期由于药物的直接刺激,后期由于对肠道菌群的影响。主要表现有腹泻、恶心和食欲下降。

2. 二重感染　正常人体的口腔、鼻咽部、消化道等处有多种微生物寄生,相互拮抗而维持相对平衡的共生状态。长期使用广谱抗生素,使敏感菌受到抑制,而一些不敏感菌如真菌或耐药菌乘机大量繁殖,造成新的感染,称二重感染,又称菌群失调症。多见于老、幼、体弱、抵抗力低的患者,以及合用肾上腺皮质激素类药、抗代谢药或抗肿瘤药的患者。常见白假丝酵母菌等真菌感染引起的鹅口疮,以及葡萄球菌引起的假膜性小肠结肠炎,应立即停药并采取相应治疗措施。

3. 对牙齿和骨骼发育的影响　四环素类抗生素能与新形成的牙齿和骨组织中的沉积钙结合而影响其发育,造成恒齿永久性棕色色素沉着,牙釉质发育不良、畸形或生长抑制。妊娠期、哺乳期妇女、8岁以下儿童不应使用四环素类抗生素。长期应用四环素类抗生素还可以影响骨髓功能。

4. 过敏反应　少见,表现有发热和皮疹。偶致过敏性休克、哮喘、紫癜。

5. 肝毒性　长期服用或大剂量静脉给予四环素类抗生素可损害肝功能或造成肝细胞变性、坏死,尤其是在妊娠期或肝功能已受损的情况下更易出现。

6. 肾毒性　合用利尿药时,四环素类抗生素可增加血尿素氮含量。除多西环素外,其他四环素类抗生素可在肾功能不全者体内蓄积达中毒水平。使用过期和降解的四环素制剂可导致肾小管酸中毒和其他肾损害,并引起血尿素氮增多。

7. 光敏反应　全身应用四环素类抗生素可以诱发光敏反应,特别是皮肤细嫩个体。

8. 前庭反应　与用药剂量有关。超量可引起前庭功能紊乱,出现头晕、恶心、呕吐等症状。

二、常用四环素类抗生素

四　环　素

四环素(tetracycline)为天然四环素类抗生素。口服后2~4小时血药浓度达峰值,组织分布较广,可渗入胸腔和腹腔,易沉积于骨髓、骨骼和牙齿,也可进入乳汁及胎儿循环。能随胆汁经肠道排泄,在胆汁中的药物浓度约为血药浓度的5~20倍,且部分在肠道重吸收,形成肝肠循环。正常口服量的四环素有55%以原药形式随尿排泄,$t_{1/2}$为6~9小时,碱化尿液可增加其尿中排出量。

四环素为广谱速效抑菌药,对革兰氏阳性菌的作用强于革兰氏阴性菌,但对革兰氏阳性菌的作用不如青霉素类和头孢菌素类,对革兰氏阴性菌的作用不如氨基糖苷类和氯霉素类。

对于结核分枝杆菌、伤寒沙门菌、副伤寒沙门菌、铜绿假单胞菌、真菌、病毒无效。一般不作为首选药物。四环素类药物的不良反应在四环素使用中常见。

多西环素

多西环素(doxycycline)又称脱氧土霉素、强力霉素,为土霉素的脱氧衍生物。口服后吸收完全而且迅速,不受食物影响,吸收率可达 90%~95%。血浆蛋白结合率高,口服后 2 小时达血药峰浓度。由于显著的肝肠循环,$t_{1/2}$ 为 12~22 小时,有效治疗浓度可维持在 24 小时以上。口服后有 90% 随粪便排泄,主要为无活性的结合物或螯合物,对肠道菌群影响极小,很少引起腹泻或二重感染。注射给药后有 20% 随尿排出,当肾功能减退时,随粪便排出量增加,故肾衰竭患者也可使用。

抗菌谱与四环素相似,但抗菌活性比四环素强,对耐四环素的金黄色葡萄球菌仍有效。具有速效、强效和长效的特点,现已取代天然四环素类抗生素作为各种适应证的首选药物或次选药物。特别适用于肾外感染伴肾功能不全患者。与其他四环素类抗生素之间存在交叉耐药性。

不良反应常见胃肠道反应,如恶心、呕吐、腹泻、上腹部不适、口腔炎及肛门炎等,易致光敏反应。其他不良反应较四环素少见。

米诺环素

米诺环素(minocycline)又称二甲胺四环素,系四环素的人工半合成产品。其脂溶性明显高于其他四环素类抗生素,口服吸收迅速而完全,吸收率可高达 95%。本品吸收不受牛奶等食物影响,但仍能与抗酸药及含 Ca^{2+}、Al^{3+}、Fe^{2+} 等阳离子的药物形成络合物而降低其口服吸收率。口服后 2~3 小时血药浓度达峰值。组织渗透性高于多西环素,在肝、胆、肺、扁桃体、泪液及痰液等中均能达有效治疗浓度,特别是对前列腺组织穿透性更好;能进入乳汁、羊水,在脑脊液的浓度高于其他四环素类抗生素。米诺环素在体内很少代谢,34% 服用量经肝肠循环随粪便排出,随尿排出量仅为 5%~10%,系四环素类抗生素中最低者,故可应用于肾、肝功能损害的患者。该药 $t_{1/2}$ 为 14~18 小时,肾衰竭时略有延长,也会增加药物随胆汁的排出。

抗菌谱与四环素相似,抗菌活性比四环素强 2~4 倍,对耐四环素菌株也有良好的药理作用,对革兰氏阳性菌的作用强于革兰氏阴性菌,尤其对葡萄球菌的作用更强。对肺炎支原体、沙眼衣原体和立克次体等也有较好抑制作用。临床主要用于治疗上述各种敏感病原体所致的感染,包括沙眼衣原体所致的性病、淋病、奴卡菌病和酒渣鼻等。因为米诺环素极易穿透皮肤,特别适用于治疗痤疮。

不良反应为前庭功能改变,引起眩晕、耳鸣、恶心、呕吐和共济失调等。给药后可很快出现,女性多于男性,老年人多于年轻人,12%~52% 的患者可因反应严重而被迫停药,停药后 24~48 小时后可以恢复。长期服用者还可出现皮肤色素沉着,需停药后几个月才能消退。其他不良反应较四环素少见。

替加环素

替加环素(tigecycline)是美国 FDA 于 2005 年批准上市的第一个新型静脉注射用甘氨酰四环素类抗生素。替加环素给药后有 22% 以原药形式随尿排泄,其平均消除半衰期范围为 27(单剂量 100mg)~42 小时(多剂量)。

抗菌作用机制与四环素类抗生素相似,但其对核糖体 A 位的亲和力比后者强。其抗菌活性比四环素强。替加环素能避免病原微生物对抗菌药的 2 种主要耐药机制——外排泵和核糖体保护,故不仅对耐四环素类菌株有良好的抗菌作用,而且对其他抗菌药耐药的菌株也有效(铜绿假单胞菌除外),如耐甲氧西林金黄色葡萄球菌(MRSA)和耐甲氧西林表皮葡萄球菌（MRSE）、耐青霉素肺炎链球菌（PRSP）、万古霉素耐药肠球菌（VRE）及超广谱β-内酰胺酶（ESBL）耐药菌株等。目前，替加环素被批准用于大肠埃希菌、粪肠球菌（仅万古霉素敏感株）、金黄色葡萄球菌、无乳链球菌、咽峡链球菌、化脓性链球菌和脆弱拟杆菌、多形拟杆菌、单形拟杆菌、普通拟杆菌、费氏柠檬酸杆菌、阴沟肠杆菌、产酸克雷伯菌、肺炎克雷菌、产气荚膜梭菌、微小消化链球菌等引起的成人腹内感染和皮肤软组织感染。替加环素为临床提供了一种新的、可在治疗初期当病因尚未明了时供选择的广谱抗生素。

常见不良反应为恶心、呕吐和腹泻，其他不良反应目前少见。

第二节　氯霉素类

氯霉素

氯霉素（chloromycetin）最初是从委内瑞拉链霉菌的培养液中分离得到的一种抗生素，因结构中含氯故命名为氯霉素。目前临床使用的是人工合成的左旋体。

【体内过程】氯霉素有多种制剂，口服制剂有氯霉素和氯霉素棕榈酸酯，注射剂为氯霉素琥珀酸酯。后两者为前体药，须经水解才能释放出有抗菌活性的氯霉素。氯霉素脂溶性高，口服吸收迅速而完全，0.5小时可达有效治疗浓度，2~3小时达血药峰浓度。氯霉素广泛分布于全身的组织和体液，脑脊液中药物可达血药浓度的45%~99%，易透过血脑屏障、血眼屏障，也可进入乳汁，无论全身或局部用药均可达到有效治疗浓度。氯霉素尚可进入细胞内，抑制胞内菌，故对伤寒杆菌等细胞内感染有效。氯霉素大部分在肝内与葡糖醛酸结合，5%~15%的原药经肾排泄，能达到有效治疗浓度。新生儿服药后，可因其体内缺乏葡糖醛酸酶转移酶，使氯霉素在体内的消除过程减慢，须警惕体内蓄积而发生毒性反应。氯霉素为肝药酶抑制药，若与某些经肝药酶代谢的药物合用，可使后者的血药浓度异常增高。若与肝药酶诱导药合用，则使氯霉素代谢加速而血药浓度降低。

【抗菌作用】属广谱抗生素，快速抑菌药。低浓度抑菌，高浓度时亦具杀菌作用。对革兰氏阴性菌的抗菌活性强于革兰氏阳性菌，对革兰氏阳性菌的作用弱于青霉素类和四环素类抗生素。伤寒杆菌、副伤寒杆菌、布鲁氏菌及百日咳杆菌对其敏感。厌氧菌、立克次体、螺旋体和支原体也对其敏感。对结核分枝杆菌、病毒、真菌及原虫无作用。

氯霉素主要与细菌核糖体50S亚基上的肽酰转移酶作用位点可逆性结合，阻止P位肽链的末端羧基与A位上氨基酰-tRNA的氨基发生反应，从而阻止肽链延伸，使蛋白质合成受阻（图41-2）。由于哺乳动物骨髓造血细胞线粒体的70S核糖体与细菌70S核糖体相似，高剂量的氯霉素也能抑制这些细胞器的蛋白质合成，产生骨髓抑制的毒性反应。而且氯霉素在50S亚基上的结合位点与大环内酯类抗生素和林可霉素的结合位点十分接近，故它们同时应用可因相互竞争相近的结合位点而产生拮抗作用或交叉耐药性。

【耐药性】各种细菌对氯霉素均可产生耐药性，其机制主要有：①由质粒介导，在乙酰转移酶作用下，氯霉素转化成乙酰化衍生物而失去活性；②由细菌胞质膜通透性降低所致，较常见于铜绿假单胞菌、大肠埃希菌、志贺菌属等；③通过基因突变获得，如伤寒杆菌的耐药性发生较慢可能与此有关。

【临床应用】由于严重的不良反应、细菌耐药性等原因，氯霉素目前几乎不再作为全身治疗药，但仍可用于：①多种细菌性脑膜炎、脑脓肿或其他药物如青霉素类疗效不佳的脑膜炎患者；②伤寒杆菌及其他沙门菌属感染，多药耐药的流感嗜血杆菌感染；③立克次体等严重感染；④局部用药治疗敏感菌引起的各种眼部感染。

【不良反应】

1. 抑制骨髓造血功能　为其主要不良反应,分为可逆性和不可逆性 2 种情况。①可逆性血细胞减少:较常见,表现为贫血、白细胞计数下降或血小板减少症,与剂量、疗程有关,及时停药可恢复;②不可逆性骨髓造血功能抑制:表现为再生障碍性贫血,虽少见,但死亡率却很高,与剂量、疗程无关。女性的发生率较男性高,多在停药数周或数月后发生。为防止上述毒性发生,应避免滥用,勤查血常规;有药源性造血系统毒性既往史或家族史者,不宜使用。

2. 灰婴综合征　新生儿、早产儿应用剂量过大,常于用药后 4 日内发生循环衰竭,出现腹胀、呕吐、呼吸急促及进行性皮肤苍白等,称灰婴综合征,死亡率高。与肝发育不全,缺乏葡糖醛酸转移酶,对氯霉素代谢能力有限,导致药物在体内蓄积有关。应及早停药,积极治疗,可于停药后 24~36 小时逐渐恢复。禁用于新生儿、早产儿、葡萄糖 -6- 磷酸脱氢酶缺陷者、妊娠后期及哺乳期妇女。

3. 其他　口服用药时出现胃肠道反应。还可引起精神病患者严重失眠、幻视、幻觉、狂躁、猜疑、抑郁等精神症状,故禁用于精神病患者。偶见皮疹、药物热、血管神经性水肿等过敏反应。长期应用可见菌群失调所致的维生素缺乏、二重感染。

●(黄丽萍)

复习思考题

1. 试述四环素类与氯霉素类抗生素的抗菌机制。
2. 试述广谱抗生素引起二重感染的原因、表现和防治措施。
3. 氯霉素对骨髓抑制的表现及可能的原因和防治措施是什么。

PPT 课件

第四十二章

抗病毒药与抗真菌药

⬛ 学习目标

1. **掌握** 常用抗病毒药和抗真菌药的分类、药理作用机制。
2. **熟悉** 常用抗病毒药和抗真菌药的代表性药物的临床应用、不良反应。
3. **了解** 其他抗病毒药和抗真菌药的特点、概况。

第一节 抗 病 毒 药

病毒是以核酸（DNA 或 RNA）为核心,以蛋白质为外壳,寄生在活细胞体内以复制方式增殖的非细胞结构。病毒分为 DNA 病毒、RNA 病毒,以及 DNA 或 RNA 逆转录病毒。人类免疫缺陷病毒（human immunodeficiency virus,HIV）又名艾滋病病毒,属于逆转录病毒。病毒能吸附并穿入宿主细胞,在细胞内脱去蛋白质外壳,释放出感染性核酸,并进行核酸的复制、转录和蛋白质合成,而合成的核酸与蛋白质装配成子代病毒颗粒,以各种形式从细胞释出,再感染新的宿主细胞。抗病毒药物的作用机制有:①阻止病毒吸附于宿主细胞;②阻止病毒进入宿主细胞内或脱壳;③抑制病毒核酸复制,影响 DNA 合成;④通过增强宿主抗病能力而抑制病毒转录、翻译、装配等过程（图 42-1）。由于病毒严格的胞内寄生特性及病毒复制时依赖于宿主细胞的许多功能,导致药物在抗病毒的同时也可能杀伤宿主的正常细胞。此外,病毒在不断复制中发生错误而形成变异,因此导致抗病毒药物的应用受到一定限制以及抗病毒药物疗效下降。

一、抗疱疹病毒药

阿 昔 洛 韦

阿昔洛韦（aciclovir,ACV）又名无环鸟苷,是核苷类抗 DNA 病毒药物。

【药理作用】阿昔洛韦是广谱高效的抗病毒药,对 Ⅰ 型和 Ⅱ 型单纯疱疹病毒（herpes simplex virus,HSV）作用强,对乙型肝炎病毒也有作用。阿昔洛韦在被感染的细胞内,在病毒腺苷激酶和细胞激酶的催化下,转化为三磷酸阿昔洛韦,对病毒 DNA 聚合酶呈强大的抑制作用,阻止病毒 DNA 的合成。阿昔洛韦对 RNA 病毒无效。

【临床应用】阿昔洛韦是治疗 HSV 感染的首选药;用于治疗 HSV 引起的皮肤和黏膜感染,如角膜炎、皮肤黏膜感染、带状疱疹病毒感染;口服或静脉注射治疗生殖器疱疹、疱疹性脑炎等;也用于乙型肝炎的治疗。

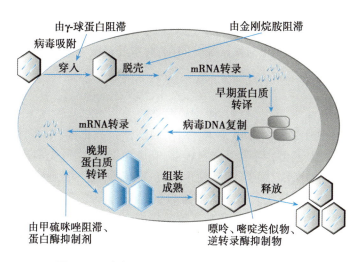

图 42-1　病毒的生物合成及抗病毒药物作用环节

【不良反应】常见胃肠道反应、头痛、皮疹；偶可出现肾功能损害、血肌酐水平升高和神经毒性；静脉注射可引起静脉炎。

伐 昔 洛 韦

伐昔洛韦（valacyclovir）为阿昔洛韦二异戊酰胺酯，口服后可迅速转化为阿昔洛韦，所达血药浓度为口服阿昔洛韦的 5 倍。其抗病毒活性、作用机制及耐药性与阿昔洛韦相同。可治疗原发性或复发性生殖器疱疹、带状疱疹及频发性生殖器疱疹。肾功能不全患者应减量，偶见恶心、腹泻和头痛。其优点在于可减少给药次数。

更 昔 洛 韦

更昔洛韦（ganciclovir）对 HSV 和水痘 - 带状疱疹病毒（VZV）的抑制作用与阿昔洛韦相似，但对巨细胞病毒（cytomegalovirus, CMV）的抑制作用较强，约为阿昔洛韦的 100 倍。由于骨髓抑制等不良反应发生率较高，只用于艾滋病、器官移植、恶性肿瘤时严重 CMV 感染性肺炎、肠炎及视网膜炎等。

曲 氟 尿 苷

曲氟尿苷（trifluridine）在细胞内磷酸化为三磷酸曲氟尿苷活化形式，可渗入病毒 DNA 分子而抑制其合成，主要抑制 HSV-1、HSV-2、牛痘病毒和某些腺病毒。局部用于治疗疱疹性角膜结膜炎和上皮性角膜炎。滴眼时可能引起浅表眼部刺激和出血。

阿 糖 腺 苷

阿糖腺苷（vidarabine）属抗 DNA 病毒药，具有体外广谱抗病毒作用，但体内抗病毒作用较差。对痘病毒、HSV（1 型、2 型）、带状疱疹病毒、EB 病毒、巨细胞病毒等均有抑制作用。临床用于治疗疱疹性脑炎、巨细胞病毒性脑炎、肺炎、疱疹性角膜炎、慢性乙型肝炎等。不良反应有神经毒性、胃肠道反应。

碘 苷

碘苷（idoxuridine）又名疱疹净，通过竞争性抑制胸苷酸合成酶，抑制 DNA 复制，对 RNA 病毒无效。局部用于治疗眼部或皮肤疱疹病毒和牛痘病毒的感染，对急性上皮型疱疹性角膜炎疗效好，对慢性溃疡性实质层疱疹性角膜炎疗效很差，对疱疹性角膜虹膜炎无效。本药不宜长期应用。

索 利 夫 定

索利夫定（sorivudine, BVAU）是新一代抗病毒核苷类，且具有高度选择性的抗 HSV 药。

笔记栏

该药属于胸嘧啶核苷的类似物,能优先被病毒编码的胸苷激酶磷酸化,对 HSV-1 和 VZV 有特异性抑制作用,用于治疗 HSV-1 和 VZV 感染的患者。不良反应有消化道反应,偶有造血系统损害或肝肾功能损害。禁止与氟尿嘧啶同用,对本药过敏者禁用。

二、抗流感病毒药

利 巴 韦 林

利巴韦林(ribavirin)又名病毒唑、三唑核苷,属广谱抗病毒药,对多种 DNA、RNA 病毒有效,如流感病毒(甲型、乙型)、呼吸道合胞病毒、麻疹病毒、甲型肝炎病毒、汉坦病毒等。用于治疗流感病毒引起的呼吸道感染、疱疹性角膜炎、疱疹性结膜炎、疱疹性口腔炎、小儿病毒性肺炎等,对甲型肝炎也有一定疗效。大剂量可引起头痛、腹泻、疲劳、胆红素水平升高;长期应用可致贫血和白细胞减少。动物实验有致畸作用,孕妇禁用。

金 刚 烷 胺

金刚烷胺(amantadine)特异性抑制甲型流感病毒,阻止病毒进入宿主细胞并抑制其复制。对乙型流感病毒无效,还具有抗帕金森病作用。可预防和早期治疗甲型流感病毒所致的呼吸道感染,不良反应有紧张、焦虑、失眠、注意力分散,老年患者有时可出现幻觉、癫痫。

扎 那 米 韦

扎那米韦(zanamivir)通过抑制流感病毒的神经氨酸酶,改变流感病毒在感染细胞内的聚集和释放。用于成年患者和 12 岁以上的青少年患者,治疗由甲型和乙型流感病毒引起的流行性感冒。对哮喘或慢性阻塞性肺疾病患者无效,甚至可能引起危险。不良反应包括头痛、恶心、呕吐、腹泻、眩晕等,发生率低,程度较轻。

奥 司 他 韦

磷酸奥司他韦是奥司他韦(oseltamivir)前体药,其代谢物奥司他韦羧化物强烈抑制病毒神经氨酸酶,进而导致病毒聚集在细胞表面,减少其在呼吸道内的扩散。奥司他韦主要用于流行性感冒,也是抗甲型 H1N1 流感病毒的有效药物之一。常见不良反应有一过性恶心、呕吐,常在第一次服用时发生。其他不良反应还有腹泻、头晕、疲劳、鼻塞、咽痛等。

三、抗肝炎病毒药

拉 米 夫 定

拉米夫定(lamivudine)除了治疗艾滋病之外,对乙型肝炎病毒(hepatitis B virus,HBV)也有良好抑制作用。可在肝细胞内磷酸化,成为拉米夫定三磷酸盐,并以环磷酸腺苷形式通过乙型肝炎病毒聚合酶嵌入到病毒 DNA 中,导致 DNA 链合成终止。临床适用于伴有丙氨酸转氨酶(alanine aminotransferase,ALT)水平升高和病毒活动复制、肝功能代偿的成年慢性乙肝患者的治疗。

干 扰 素

干扰素(interferon,IFN)是美国 FDA 批准的第一个抗肝炎病毒药物。与利巴韦林联合应用较单用效果更好。其抗病毒的作用机制是刺激机体产生一类抗病毒的糖蛋白,从而抑制病毒穿入脱壳、mRNA 合成、病毒蛋白翻译、病毒的组装和释放等多个环节。目前,临床上主要用聚乙二醇干扰素(PEG-IFN)作为乙肝和丙肝治疗的基础药物。

阿 德 福 韦

阿德福韦(adefovir dipivoxil)是一种五环腺嘌呤核苷同系物。临床应用产品为阿德福韦酯,口服后被体内酯酶水解、释放出阿德福韦而起作用。阿德福韦在细胞内被磷酸激酶转化为具有抗病毒活性的二磷酸盐而起作用。阿德福韦二磷酸盐能迅速进入宿主细胞,而且乙肝病毒对本药不易产生耐药性，与拉米夫定之间无交叉耐药性。本药联合拉米夫定，对于拉米夫定耐药的慢性乙肝患者能有效抑制 HBV-DNA，促进 ALT 复常，且耐药率更低。适用于 HBeAg 和 HBV-DNA 阳性、ALT 水平增高的慢性乙肝患者，特别是对拉米夫定耐药的患者。

恩 替 卡 韦

恩替卡韦（entecavir）为鸟嘌呤核酸同系物，用于治疗慢性乙肝。其在肝细胞转化为三磷酸恩替卡韦，在细胞内的半衰期为 15 小时，对 HBV-DNA 的聚合酶和逆转录酶有明显抑制作用，其抑制乙肝病毒的作用较拉米夫定强 30~1 000 倍。连续服用 2 年或以上可增加 HBeAg 血清转换率和清除 HBsAg。

四、抗 HIV 药

艾滋病即获得性免疫缺陷综合征（acquired immune deficiency syndrome，AIDS），是人体感染了 HIV 所导致的传染病。治疗艾滋病的药物目前仍属于发展阶段，抗 HIV 药主要通过抑制逆转录酶或 HIV 蛋白酶发挥作用，分为核苷逆转录酶抑制剂（nucleoside reverse transcriptase inhibitor，NRTI）、非核苷逆转录酶抑制剂（non-nucleoside reverse transcriptase inhibitor，NNRTI）和蛋白酶抑制剂（protease inhibitor，PI）3 类。此外，对融合抑制药和整合酶抑制药也有所研究。

（一）核苷逆转录酶抑制剂

NRTI 是最先应用的抗逆转录病毒药物，其结构与核酸类似，能与逆转录酶的天然底物——核酸发生竞争性抑制作用。NRTI 通过转化为有活性的三磷酸核苷衍生物，可竞争性抑制 HIV 逆转录酶活性，抑制病毒 DNA 合成，从而抑制病毒复制。目前已上市的该类药物有齐多夫定（zidovudine，AZT）、司他夫定（stavudine，d4T）、去羟肌苷（didanosine，Ddi）、拉米夫定（lamivudine，3TC）、扎西他宾（zalcitabine，ddC）和阿巴卡韦（abacavir，ABC）等。

齐 多 夫 定

齐多夫定（zidovudine）是胸腺嘧啶脱氧核苷类似物，具有对抗 HIV-1、HIV-2 和其他逆转录病毒的活性，也是一种乙肝病毒和 EB 病毒抑制药，是第一个上市的抗 HIV 药，也是治疗 AIDS 的首选药。可与病毒的 DNA 聚合酶结合，终止 DNA 链的增长，从而抑制病毒的复制。对人的 α-DNA 聚合酶的影响小而不抑制人体细胞增殖。临床用于 AIDS 及重症 AIDS 相关症候群，但对无症状的 HIV 感染早期无效。不良反应有骨髓抑制、消化道反应及神经毒性。肝肾功能不良者禁用。

拉 米 夫 定

拉米夫定（lamivudine）为胞嘧啶衍生物，抗病毒作用及机制与齐多夫定相同。在体内外均具有显著抗 HIV-1 活性，且与其他核苷逆转录酶抑制剂有协同作用，通常与司他夫定或齐多夫定合用治疗 HIV 感染。也能抑制 HBV 的复制，有效治疗慢性 HBV 感染，成为目前治疗 HBV 感染最有效的药物之一。不良反应主要为头痛、失眠、疲劳和胃肠道不适等。

扎 西 他 宾

扎西他宾（zalcitabine）为脱氧胞苷衍生物，与其他多种抗 HIV 药有协同抗 HIV-1 作用。有效治疗 HIV 感染，单用时疗效不如齐多夫定，常被推荐与齐多夫定和一种蛋白酶抑制剂三药合用。适用于 AIDS 和 AIDS 相关综合征，也可与齐多夫定合用治疗临床状况恶化的 HIV 感染患者。主要不良反应是剂量依赖性外周神经炎，发生率为 10%~20%，停药后可逐渐恢复。应避免与其他能引起神经炎的药物同服，如司他夫定、去羟肌苷、氨基糖苷类抗生

笔记栏

素和异烟肼。也可引起胰腺炎,发生率低于去羟肌苷。

去 羟 肌 苷

去羟肌苷(didanosine)为脱氧腺苷衍生物,可作为严重 HIV 感染的首选药物,特别适合于不能耐受齐多夫定或齐多夫定治疗无效者。与齐多夫定或米多夫定合用,再加上一种蛋白酶抑制剂或 NNRTI 效果更好。但不良反应发生率较高,儿童发生率高于成人,包括外周神经炎、胰腺炎、腹泻、肝炎、心肌炎,以及消化道和中枢神经反应。

(二) 非核苷逆转录酶抑制剂

NNRTI 直接与逆转录酶结合,非竞争性抑制逆转录酶活性。与 NRTI 不同,这类药物不需要磷酸化,也不会整合到病毒 DNA 中。由于作用机制不同,故与 NRTI 和 PI 合用可协同抑制 HIV 复制。NNRTI 可有效预防 HIV 从感染孕妇到胎儿的子宫转移发生率,也可治疗分娩后 3 天内的新生儿 HIV 感染。一般不单独用于 HIV 感染,因单独应用时 HIV 迅速产生耐药性。

目前已批准临床使用的 NNRTI 有奈韦拉平(nevirapine)、地拉韦定(delavirdine)和依非韦伦(efavirenz)。

NNRTI 口服给药,有较好的生物利用度,在体内经 CYP3A 广泛代谢形成羟化代谢物,主要随尿排泄。常见不良反应为皮疹,轻者可继续服药,出现严重且危及生命的皮疹应立即停药。另外,还出现药物热、恶心、腹泻、头痛、疲劳和嗜睡,用药期间检测肝功能。

(三) 蛋白酶抑制剂

HIV 的蛋白前体在蛋白酶催化下,加工成为成熟蛋白。而蛋白酶抑制剂(PI)可阻止前体蛋白的裂解,导致无感染病毒颗粒的复制,达到抗病毒的效果。蛋白酶抑制剂有沙奎那韦(saquinavir)、奈非那韦(nelfinavir)、安普那韦(amprenavir)、茚地那韦(indinavir)和利托那韦(ritonavir)。

沙 奎 那 韦

沙奎那韦(saquinavir)是一种特异性 HIV 蛋白酶抑制剂,通过抑制酶的蛋白质底物裂解而抑制 HIV 复制。它既可作用于 HIV-1 和 HIV-2,也可作用于慢性感染细胞以及对逆转录酶抑制药产生耐药性的 HIV 株,并与其他抗逆转录病毒药有协同作用。Ⅲ期临床试验表明,当它与其他抗逆转录病毒药合用时,可提高患者的生存率,延长 AIDS 的非进展期。HIV 对沙奎那韦的耐药性相对特异,出现交叉耐药的可能性小,适宜长期用药。沙奎那韦与其他蛋白酶抑制剂有协同作用。常见不良反应有腹部不适、腹泻、恶心等。

(四) 整合酶抑制剂

整合酶抑制剂(integrase inhibitor)是 HIV 整合酶的链转移抑制剂。HIV-1 前病毒 DNA 在整合酶催化下整合进入宿主细胞染色体 DNA 是 HIV 复制的关键和重要步骤之一。整合酶在 HIV 复制过程中起着重要和中心的作用,且人体内没有天然类似物,因此成为 HIV 抗病毒治疗的天然靶标。目前,临床常用的此类药物是拉替拉韦(raltegravir)和多替拉韦(dolutegravir)。

拉 替 拉 韦

拉替拉韦(raltegravir)是第一个被美国 FDA 批准的整合酶抑制剂。拉替拉韦可抑制 HIV 整合酶的催化活性(这是一种病毒复制所需的 HIV- 编码整合酶),防止感染早期 HIV 基因组共价插入或整合到宿主细胞基因组上。整合失败的 HIV 基因无法引导生成新的感染性病毒颗粒。本药常与其他抗逆转录病毒药联合使用,用于 HIV-1 感染。本药一般患者耐受良好,常见不良反应包括头痛、恶心、疲乏无力等,这些症状往往与合用 NRTI 有关系,也有患者发生肌酸激酶水平升高、横纹肌溶解综合征。

（五）进入抑制剂（entry inhibitor）

马拉韦罗（maraviroc）是小分子趋化因子受体 5（CCR5）抑制剂，通过结合宿主 CD4 细胞上的 CCR5 蛋白，阻断病毒外壳上的包被蛋白 gp120 与 CCR5 的结合，将病毒阻挡在细胞膜外。主要用于 CCR5 趋化性病毒感染者。

（六）融合抑制剂（infusion inhibitor）

融合抑制作用在 HIV 感染的早期阶段能够阻止 HIV 与靶细胞的融合，被认为在艾滋病防治上有更好的应用前景。该类药物的作用机制主要是通过阻断 HIV 的黏附融合而达到阻止 HIV 感染的目的。恩夫韦肽（enfuvirtide）为 HIV 融合抑制剂，是从 HIV-1 跨膜融合蛋白 gp41 内高度保守序列衍生而来的一种合成肽类物质。它可与 gp41 结合，阻止病毒与细胞膜融合所必需的构象改变，从而阻止病毒融合进入细胞。

 知识链接

中医药在新型冠状病毒肺炎防治中的作用

新型冠状病毒肺炎（简称新冠肺炎）自暴发以来迅速波及全球，对全世界人民的健康都造成了巨大影响，目前尚无特效疗法。为进一步做好新型冠状病毒肺炎医疗救治工作，我国组织专家在总结前期新冠肺炎诊疗经验和参考世界卫生组织及其他国家诊疗指南基础上于 2020 年 8 月 18 日修订发布《新型冠状病毒肺炎诊疗方案（试行第八版）》，方案中重点体现了中西医结合治疗思路。在抗病毒药物应急性临床试用过程中，相继开展了多项临床试验，虽然仍未发现经严格"随机、双盲、安慰剂对照研究"证明有效的抗病毒药物，但某些药物（如利巴韦林、干扰素、洛匹那韦、利托那韦等）经临床观察研究显示可能具有一定的治疗作用。中医药在新冠肺炎疫情防控中发挥了重要作用，推荐使用的方剂包括清肺排毒汤、寒湿疫方、宣肺败毒方等，中成药包括连花清瘟胶囊（颗粒）、金花清感颗粒、疏风解毒胶囊（颗粒）等，其中尤以清肺排毒汤和连花清瘟胶囊（颗粒）应用最为广泛，研究也更为深入。中医药是中华文明的瑰宝，希望每一位中医药专业的学生掌握扎实的中医药学理论，将来为人类健康作出更大贡献。

第二节　抗　真　菌　药

真菌感染包括浅部真菌感染和深部真菌感染 2 类。前者由各种癣菌引起，主要侵犯皮肤、毛发、指（趾）甲等，引起体癣、头癣、手足癣、花斑癣等，发病率高。后者多由白念珠菌和新型隐球菌引起，主要侵犯内脏器官和深部组织，病变严重，常可危及生命。严重的全身性疾病（如艾滋病、恶性肿瘤）及长期应用广谱抗生素、免疫抑制药、肾上腺皮质激素的患者，由于机体免疫功能低下，容易导致真菌感染。治疗真菌病的药物根据来源不同分为 2 类：①抗真菌抗生素，如两性霉素 B、制霉菌素等；②合成抗真菌药，主要有唑类抗真菌药，此外还有内烯胺类和氟胞嘧啶等。对于浅部真菌感染，主要治疗药物是制霉菌素或局部应用的咪唑类抗真菌药。对于深部真菌感染，治疗药物主要是两性霉素 B、咪康唑、氟康唑及伊曲康唑等唑类抗真菌药物。

笔记栏

一、抗真菌抗生素

两性霉素 B

两性霉素 B(amphotericin B)又名二性霉素、庐山霉素,属多烯类抗生素,从链霉菌属的需氧型放线菌培养液中提取而得。

【体内过程】口服、肌内注射均难吸收,多采用静脉滴注给药。血浆蛋白结合率约90%,不易通过血脑屏障,$t_{1/2}$ 约为 24 小时,主要在肝内代谢,经肾排泄,消除缓慢。

【药理作用】两性霉素 B 是广谱抗真菌药,对各种深部真菌如白念珠菌、新型隐球菌、荚膜组织胞浆菌及皮炎芽生菌等有强大抑制作用,高浓度有杀菌作用。两性霉素 B 可选择性与真菌细胞膜中的麦角固醇结合,在细胞膜上形成孔道,增加细胞膜通透性,导致细胞内核苷酸、氨基酸等重要物质外漏,使真菌死亡。细菌细胞膜不含麦角固醇,所以两性霉素 B 对细菌无效。

【临床应用】静脉滴注用于治疗深部真菌感染,脑膜炎时还可配合鞘内注射。口服仅用于肠道真菌感染。局部应用可治疗浅部真菌感染。

【不良反应】静脉滴注可出现高热、寒战、头痛、恶心、呕吐,静脉滴注过快出现血压下降、心律失常、眩晕、惊厥;有肾毒性,表现为蛋白尿、管型尿及尿素氮水平增高;也可出现贫血、血小板及白细胞减少、肝损害等。孕妇及肝肾功能不全者禁用。

制霉菌素

制霉菌素(nystatin)又名制霉素,对白念珠菌及隐球菌有抑制作用。局部外用治疗皮肤、黏膜浅表真菌感染。口服吸收很少,仅适用于肠道白念珠菌感染。可与广谱抗生素合用防止真菌引起的二重感染。注射给药毒性较大,故不宜用作注射。口服后可引起胃肠道反应,个别阴道给药可见白带增多。

灰黄霉素

灰黄霉素(grifulvin)为非多烯类抗生素,对各种浅表皮肤癣菌有较强的抑制作用。其作用机制是通过干扰真菌微管蛋白聚合形成微管,抑制其有丝分裂。另外,其化学结构类似鸟嘌呤,可竞争性抑制鸟嘌呤进入 DNA 分子,干扰真菌 DNA 合成。主要用于皮肤真菌感染。

二、合成抗真菌药

(一) 唑类抗真菌药

咪康唑和益康唑

咪康唑(miconazole)又名双氯苯咪唑,是咪唑类广谱抗真菌药。咪康唑对大多数真菌都有抑制作用,抗真菌机制是抑制真菌细胞膜的麦角固醇合成,增加膜通透性,导致胞内物质外漏而使真菌死亡。咪康唑口服吸收差,静脉滴注不良反应多。主要用于局部治疗五官、皮肤、阴道的念珠菌感染。因皮肤和黏膜不易吸收,无明显不良反应。

益康唑(econazole)又名氯苯咪唑,抗菌谱、抗菌活性和临床应用均与咪康唑相仿。

酮康唑

酮康唑(ketoconazole)是广谱口服抗真菌药,对深部感染真菌如念珠菌属、着色真菌属、球孢子菌属、组织胞浆菌属、孢子丝菌属等均具有药理作用,对毛发癣菌等亦具有抗菌活性。临床用于治疗表皮和深部真菌病。

克霉唑

克霉唑(clotrimazole)又名三苯甲咪唑(canesten),属于广谱抗真菌药。口服不易吸收,血药峰浓度较低,代谢物大部分随胆汁排出,1% 由肾排泄。$t_{1/2}$ 为 3.5~5.5 小时。局部用药治疗各种浅部真菌感染。

氟 康 唑

氟康唑(fluconazole)为广谱、高效、低毒的新型三唑类抗真菌药,体内抗菌活性高于酮康唑 5~20 倍。对白念珠菌、新型隐球菌、芽生菌、组织胞浆菌、球孢子菌等均有抑制作用,是治疗 AIDS 患者隐球菌性脑膜炎的首选药。氟康唑口服和静脉给药均有效,常用于:①治疗毛发癣菌引起的皮肤真菌感染;②治疗隐球菌引起的全身感染;③预防免疫抑制患者的真菌感染。常见不良反应有恶心、腹痛、腹泻、皮疹。偶见肝、肾功能损害,但在该类药物中最低。

伊 曲 康 唑

伊曲康唑(itraconazole)是三唑类广谱抗真菌药,对多种深部真菌有强大的药理作用,对浅表性真菌感染也有效。用于治疗由敏感菌引起的深部和浅部真菌感染。不良反应有胃肠道反应、头痛、头晕、瘙痒等。

(二)丙烯胺类抗真菌药

特 比 萘 芬

特比萘芬(terbinafine)是丙烯胺类广谱抗真菌药,口服易吸收,主要作用于鲨烯环氧合酶,干扰真菌细胞膜内麦角固醇的合成。对皮肤癣菌有杀菌作用,对念珠菌有抑菌作用。临床用于治疗由皮肤癣菌引起的甲癣、体癣、股癣、手癣及足癣。不良反应轻微,主要是胃肠道反应;其次为皮肤瘙痒、皮疹等;偶尔出现肝功能损害。

(三)嘧啶类抗真菌药

氟 胞 嘧 啶

氟胞嘧啶(flucytosine)又名 5- 氟胞嘧啶,是人工合成的广谱抗真菌药,主要用于治疗隐球菌感染和白念珠菌感染,对着色霉菌、烟曲菌等也有作用;与两性霉素 B 合用可产生协同作用,并可减少耐药性的产生及降低毒性。口服易吸收,体内分布广泛,$t_{1/2}$ 为 3.5 小时,90% 经肾排泄。不良反应主要有胃肠道反应、皮疹;偶有白细胞及血小板减少;可能有肝肾功能轻度损害。

💭 思政元素

艾滋病(AIDS)防治

目前,全球约 3 800 万人感染艾滋病病毒(HIV),其中约 2 540 万人接受了抗逆转录病毒疗法。2019 年,新增的艾滋病病毒感染人数约 170 万,69 万人死于艾滋病并发症。我国艾滋病疫情的发展趋势已从高危人群逐渐向一般人群扩散,同时艾滋病的传播与流行模式也发生了变化,多样化的传播与流行变化增加了艾滋病的预防和控制顺利开展的困难。尤其需要引起重视的是,近几年我国高校学生的艾滋病感染率保持在 30%~50% 的增长速率,艾滋病与象牙塔之间的距离远没有我们想象得那么远。

造成这一问题的原因是多方面的,首先是青年人性观念日趋开放。其次,对艾滋病认识不足,存在侥幸心理,防护意识差。最后,受社会大环境的影响,患者在得知感染后,不敢告诉父母朋友,也不积极治疗,错过最佳治疗窗口(发生高危性行为或被艾滋病患者侵犯后,可在 72 小时内使用阻断药进行自救)。

目前,还没有有效疫苗可以预防艾滋病;拒绝毒品、自尊自爱、遵守性道德、培养积极向上的生活方式是预防艾滋病的根本措施。

(朱久新)

复习思考题

1. 简述抗 HIV 药的分类及代表药物。
2. 简述唑类抗真菌药的分类及代表药。
3. 简述氟康唑的临床应用。

第四十三章

抗结核药与抗麻风药

PPT 课件

> 📋 **学习目标**
>
> 1. **掌握** 异烟肼、利福平、乙胺丁醇和吡嗪酰胺的药理作用、临床应用及主要不良反应。
> 2. **熟悉** 其他抗结核药,以及抗结核药的应用原则。
> 3. **了解** 常用抗麻风药。

第一节 抗 结 核 药

结核病(tuberculosis)是由结核分枝杆菌引起的一种慢性传染病,可累及全身多个器官和组织。按其发病部位可分为肺结核和肺外结核。肺结核最常见,包括原发性肺结核、继发性肺结核、血行播散性肺结核。肺外结核有骨结核、肠结核、肾结核、结核性脑膜炎、结核性胸膜炎等。

抗结核药(antituberculosis drug)可分为"一线抗结核药"和"二线抗结核药"。"一线抗结核药"包括异烟肼、利福平、乙胺丁醇、链霉素和吡嗪酰胺等,具有疗效较高、不良反应较少、患者耐受性和依从性较好等特点,是抗结核病的首选药。"二线抗结核药"包括对氨基水杨酸钠、乙硫异烟胺、丙硫异烟胺、卡那霉素、卷曲霉素、阿米卡星、环丝氨酸、紫霉素及氟喹诺酮类等,其作用较弱或毒性较大,仅在结核分枝杆菌对"一线抗结核药"耐药、不能耐受或复治时作为替代药物使用。近年来,又开发出一些疗效较好、毒副作用相对较低的新一代抗结核药,如利福喷丁、利福定和司帕沙星等。

一、常用抗结核药

异 烟 肼

异烟肼(isoniazid,INH)又名雷米封(rimifon),是异烟酸(吡啶-4-羧酸)的肼类衍生物。本药 1952 年开始用于临床,具有疗效高、毒性低、穿透力强、性质稳定、易溶于水、价廉、可口服等优点,目前仍是最有效的抗结核药之一。

【体内过程】口服吸收迅速而完全,生物利用度达 90%,1~2 小时血药浓度达高峰。可广泛分布于全身体液、组织细胞中,能透过血脑屏障,脑脊液内浓度与血药浓度接近;能够渗入关节腔、胸水、腹水、纤维化或干酪样的结核病灶中。药物经较长时间积累,可使病变组织中药物含量高于抑菌浓度。主要在肝中被 N-乙酰转移酶乙酰化成无活性的乙酰异烟肼和异烟酸,少量以原药形式由肾排泄,也可随乳汁分泌,亦可透过胎盘进入胎儿体内。异烟肼的乙酰化率受遗传基因控制,有明显的种族和个体差异,可分为快乙酰化型和慢乙酰化型。快乙酰化型用药后异烟肼血药浓度低,$t_{1/2}$ 约为 1 小时,而代谢物乙酰异烟肼浓度高;慢乙酰化型则相反,$t_{1/2}$ 约为 3 小时。中国人中快乙酰化型者占 50%,慢乙酰化型者占 26%;慢乙酰化型在白种人中则占 50%~60%。临床用药时应根据患者对异烟肼代谢快慢的差异,调整给药方案。

【抗菌作用】异烟肼对结核分枝杆菌具有高度选择性,对生长旺盛的活动期细菌有强大杀灭作用,对静止期细菌有抑制作用,最低抑菌浓度为 0.025~0.050mg/L。其穿透性强,易渗入吞噬细胞,对细胞内外的结核分枝杆菌均有作用。单用时结核分枝杆菌对异烟肼易产生耐药性,但与其他抗结核药之间无交叉耐药性,故常联合用药。目前,其抗菌机制尚未阐明,可能是通过抑制结核分枝杆菌细胞壁分枝菌酸的合成,使细菌丧失抗酸性、疏水性及增殖力而死亡。分枝菌酸是结核分枝杆菌细胞壁特有的重要成分,因此异烟肼对其他细菌无抗菌作用。异烟肼还可通过抑制磷脂的合成,使结核分枝杆菌细胞膜通透性增加而加强其杀菌作用。

【临床应用】异烟肼适用于全身各部位各类型的结核病,是安全而有效的抗结核首选药物。除早期轻症肺结核或预防性应用可单独使用外,其余均应与其他一线药联合应用以增强疗效,避免或延缓耐药性的产生。对于急性血行播散性肺结核、结核性脑膜炎,必要时应增大剂量,延长疗程,并采用静脉滴注给药。

【不良反应】除过敏反应外,不良反应发生率与剂量、疗程等有关,一般治疗剂量时不良反应少而轻。

1. 神经系统反应 常见周围神经炎,特别是营养不良及慢乙酰化型者更易发生。主要表现为四肢麻木、反射迟钝、指趾疼痛、共济失调、震颤等。其原因是异烟肼和维生素 B_6 结构相似,可竞争同一酶系或两者结合随尿排泄增加,致维生素 B_6 相对缺乏。同服维生素 B_6 可减轻上述反应。过量时可引起中枢神经系统毒性,出现眩晕、失眠及反射亢进,甚至引起昏迷、惊厥及精神失常。这可能是由于维生素 B_6 缺乏引起中枢 GABA 减少所致。偶见中毒性脑病和精神病。对嗜酒、癫痫及精神病患者应慎用。

2. 肝毒性 一般剂量可见一过性转氨酶水平升高,多无自觉症状。较大剂量或长期用药可致肝损害,严重肝损害患者约占 1.25%,可出现黄疸,重者可致死。中老年人、快乙酰化型者较为多见,与利福平、吡嗪酰胺合用时更应注意。乙醇可增加其肝毒性。用药期间应定期监测肝功能,肝功能不良者应慎用。

3. 其他 偶见药物热、皮疹等过敏反应。偶可引起口干、耳鸣、粒细胞减少、高铁血红蛋白血症、溶血性贫血、心动过速、性欲降低、男性乳房发育及甲状腺功能障碍等。异烟肼为肝药酶抑制剂,可抑制苯妥英钠、双香豆素及拟交感胺等代谢,导致这些药物血药浓度升高,效应增强,甚至出现中毒。

利 福 平

利福平(rifampicin,RFP)又名甲哌利福霉素(rifampin),是人工半合成的利福霉素衍生物。1965 年用于临床,具有高效、低毒等优点。

【体内过程】口服吸收良好,生物利用度为 90%~95%,2~4 小时血药浓度达高峰,$t_{1/2}$ 为 2~5 小时,有效血药浓度可维持 12 小时。食物可影响其吸收,故宜空腹服药。利福平穿透力强,吸收后分布广泛,能进入细胞、结核空洞、痰液中,还可透过胎盘屏障。脑膜炎时,脑脊液中药物浓度增加。主要经肝代谢,其代谢物去乙酰利福平抗菌作用为利福平的 1/10~1/8。原药及代谢物主要随胆汁排泄,可形成肝肠循环,少量经肾排泄。因药物及其代谢物均呈橘红色,可使患者的尿、粪、泪液、痰等呈橘红色。利福平为肝药酶诱导剂,可加快自身及其他药物的代谢。

【抗菌作用】本药抗菌谱较广,低浓度抑菌,高浓度杀菌。对结核分枝杆菌、麻风分枝杆菌及耐药金黄色葡萄球菌作用强大。杀灭结核分枝杆菌作用与异烟肼相当,较链霉素强,对繁殖期、静止期、细胞内外、纤维空洞及干酪样病灶中的结核分枝杆菌均有作用。对大肠杆菌、变形杆菌、流感嗜血杆菌等革兰氏阴性菌以及沙眼衣原体和某些病毒也有抑制作用。单独应用易产生耐药性,与异烟肼、乙胺丁醇等合用有协同作用,并能延缓耐药性发生。利福平特异性抑制细菌依赖 DNA 的 RNA 聚合酶,阻碍 RNA 合成,而对哺乳动物细胞的 RNA 聚合酶无影响。

【临床应用】是目前抗结核病的一线药物之一,对各种类型的肺结核,包括初治型和复发型都有良好效果。细菌对利福平可迅速产生耐药性,单独用药 2 个月耐药率达 20%,故常与其他抗结核药合用治疗各种结核病,尤其适用于重症患者。本药也可用于治疗麻风和耐药金黄色葡萄球菌及其他敏感细菌所致感染。外用治疗沙眼、急性结膜炎及病毒性角膜炎等眼部感染。

【不良反应】

1. 消化道反应　常见恶心、呕吐、食欲不振、腹痛、腹泻等胃肠道反应,一般不影响继续治疗。

2. 肝损害　长期大量应用可出现黄疸、肝肿大、肝功能异常。嗜酒、慢性肝病及老年患者使用时或与异烟肼合用时,上述不良反应发生率高。用药期间应定期监测肝功能。

3. 流感样综合征　大剂量间歇疗法时偶尔出现,表现为乏力、发热、寒战、头痛、嗜睡、肌肉酸痛等感冒样症状,应及时停药。

4. 其他　少数患者出现皮疹、药物热、血小板及白细胞减少等过敏反应,出现时需停药。动物实验证实有致畸作用,妊娠早期应禁用。

乙 胺 丁 醇

乙胺丁醇(ethambutol)是一种人工合成的乙二胺衍生物,白色晶体,能溶解于水,耐热。

【体内过程】口服吸收良好,食物不影响其吸收。2~4 小时血药浓度达高峰,广泛分布于全身组织及体液。脑脊液中药物浓度较低,但脑膜炎时可达血浆浓度的 15%~50%。$t_{1/2}$ 为 4~6 小时。约 70% 以原药形式由肾排泄,其余为肝代谢灭活及随粪便排出。肾功能不全者可致蓄积中毒,应慎用或禁用。

【抗菌作用】体内、体外对结核分枝杆菌均产生较强的杀菌作用,对异烟肼、链霉素耐药的菌株对乙胺丁醇仍敏感。单用可产生耐药性,但较缓和。本药与其他抗结核药之间无交叉耐药性。乙胺丁醇的作用机制是与菌体 Mg^{2+} 等二价离子络合,干扰 RNA 的合成。

【临床应用】不宜单用,常与异烟肼、利福平等合用治疗各型肺结核及肺外结核,特别是经链霉素和异烟肼治疗无效的患者。

【不良反应】较少见。最严重的是视神经炎,引起眼痛、弱视、分辨能力减退及红绿色盲,大多发生在服药 2~6 个月内,与剂量和疗程有关。长期用药需监测视觉变化,一旦发现应立即停药,数周或数月可自行恢复。此外,偶见过敏反应、胃肠道反应、肝损害及高尿酸血症等。

吡 嗪 酰 胺

吡嗪酰胺(pyrazinamide,PZA)为烟酰胺的衍生物。

【体内过程】口服吸收迅速,2 小时血药浓度达高峰,$t_{1/2}$ 约 6 小时。分布广泛,能渗入巨噬细胞内,在肺、肝及脑脊液中浓度较高。主要经肝代谢,由肾排泄。

【抗菌作用】抗结核作用强于对氨基水杨酸钠,但比异烟肼、利福平、链霉素弱。能进

笔记栏

入含有结核分枝杆菌的巨噬细胞并渗入菌体内,经酰胺酶脱去酰胺基转化为具有抗菌活性的吡嗪酸而发挥作用。在酸性环境中抗菌作用增强,因而能在细胞内杀灭结核分枝杆菌。

【临床应用】单用易产生耐药性,应与异烟肼、利福平或链霉素等联合用于耐药菌株感染。结核分枝杆菌与吡嗪酰胺接触后致生长延缓,故可用作间歇疗法药物之一。与其他抗结核药之间无交叉耐药性。

【不良反应】长期大量应用可引起肝肿大、黄疸及肝功能异常等肝损害。因促进肾小管对尿酸重吸收,尿酸排泄减少,可诱发痛风。偶见过敏反应。

链霉素

链霉素(streptomycin,SM)属氨基糖苷类抗生素,是第一个用于治疗结核病的有效药物。抗结核分支杆菌作用较异烟肼、利福平弱,治疗剂量在体内较难达到杀菌浓度。穿透力弱,不易渗入细胞内,对巨噬细胞、纤维空洞和干酪样坏死组织中的结核分枝杆菌作用差,但对浸润性肺结核、血行播散性肺结核等活动性肺结核疗效较好。单用易产生耐药性,临床主要与其他抗结核药合用,但因易致耳毒性、肾毒性,已渐少用。其他抗菌作用、抗菌机制及不良反应见氨基糖苷类抗生素(见第四十章)。

二、其他抗结核药

对氨基水杨酸钠

对氨基水杨酸钠(sodium aminosalicylate,PAS-Na)为二线抗结核药,口服吸收完全,分布广泛,在胸水和干酪样组织中可达高浓度,但在脑脊液中浓度低。水溶液不稳定,见光分解失效。主要经肝代谢为乙酰化代谢物,经肾排泄。对氨基水杨酸钠仅对细胞外的结核分枝杆菌有抑菌作用,作用较异烟肼、链霉素弱,单独使用无临床价值。一般认为其抗菌机制是竞争性抑制二氢叶酸合成酶,干扰结核分枝杆菌核酸、蛋白质合成,抑制细菌繁殖。结核分枝杆菌对本药可缓慢产生耐药性,与其他抗结核药之间无交叉耐药性。临床上与异烟肼、链霉素等合用,可增强疗效,减缓耐药性的产生。因其影响利福平的吸收,若合用应间隔8~12小时。不良反应以胃肠道反应最常见,餐后服用或与抗酸药合用可缓解。尚可引起皮疹、药物热等过敏反应,也可出现白细胞减少、嗜酸性粒细胞增多及淋巴细胞增多及血小板减少等血液系统方面的异常。长期用药可致肝、肾损害。

乙硫异烟胺

乙硫异烟胺(ethionamide)为异烟酸的衍生物,对结核分枝杆菌有抑菌作用,抗菌活性强于链霉素,不及异烟肼。通过抑制结核分枝杆菌细胞壁分枝菌酸的合成发挥抗菌作用,对异烟肼、链霉素耐药的菌株对乙硫异烟胺仍敏感。仅用于对一线抗结核药耐药的患者,但单用易耐药,常与其他抗结核药合用。不良反应较多且发生率高。常见恶心、呕吐、厌食、腹痛、腹泻等胃肠道反应,多难以耐受,可减量或暂停用药。还可致周围神经炎、肝损害等。孕妇和12岁以下儿童不宜使用。

利福定和利福喷丁

利福定(rifandin)与利福喷丁(rifapentine)均为合成的利福霉素衍生物。利福定的$t_{1/2}$和利福平相近,而利福喷丁(微晶)则长达30小时,为一种高效、长效的抗结核药。两药的抗菌谱、抗菌机制与利福平相同,抗菌活性分别比利福平强3倍和8倍以上,与异烟肼、乙胺丁醇等抗结核药有协同作用。临床用于治疗各种结核病和麻风,也可用于其他敏感菌感染和沙眼的治疗。两药不良反应较利福平轻。

卷曲霉素

卷曲霉素(capreomycin)为链霉素的替代品,对结核分枝杆菌具有抑制作用。单用迅速产生耐药,应与其他抗结核药合用,但与新霉素、卡那霉素之间有交叉耐药性。主要作为二线抗结核药用于复治的耐药病例。不良反应与链霉素、卡那霉素近似,有耳毒性、肾毒性,也可引起肝损害、过敏反应,以及钾、钙等代谢紊乱。

司 帕 沙 星

司帕沙星(sparfloxacin)为氟喹诺酮类合成抗菌药,对结核分枝杆菌具有较强的抗菌活性。其口服易吸收,$t_{1/2}$ 较长,组织穿透性强,分布广,能进入巨噬细胞内杀灭耐多药结核分枝杆菌。结核分枝杆菌对其产生自发突变率很低,且与其他抗结核药之间无交叉耐药性。现多与其他抗结核药联合用于耐多药结核病的治疗。不良反应相对较少。环丙沙星(ciprofloxacin)、氧氟沙星(ofloxacin)等部分第三代氟喹诺酮类药物也具有较强的抗结核分枝杆菌活性。

三、抗结核药的应用原则

1. 早期用药　早期病灶内血液供应丰富,药物易渗入病灶内发挥抗菌作用。同时,结核分枝杆菌生长代谢旺盛,对药物敏感性高,耐药概率降低。此外,病变早期机体防御功能和修复能力较强。因此,尽早用药常能获得良好疗效,还可迅速降低患者传染性。

2. 联合用药　结核分枝杆菌的耐药性是抗结核治疗中较为严重的问题之一。联合使用抗结核药可提高疗效,降低不良反应,延缓耐药性的发生。联合用药一般以异烟肼为基础,根据疾病的严重程度合用其他药物。目前,初治病例常用方案为强化期采用异烟肼、利福平、吡嗪酰胺加链霉素或乙胺丁醇4种药物联合,巩固期采用异烟肼、利福平或加乙胺丁醇2~3种药物联合。复治病例常选用至少2种或2种以上敏感药物。应注意毒性相似的药物不宜联用。

3. 适量用药　用药剂量不足,组织内药物难以达到有效浓度,且易使细菌产生耐药性而导致治疗失败。剂量过大,易造成严重不良反应使治疗难以继续。抗结核治疗的疗程比一般感染性疾病治疗的疗程长,适宜的剂量十分必要。

4. 全程规律用药　结核分枝杆菌可长期处于静止状态,需要长期规律用药,使其在浸润生长期被抑制或杀灭。治疗不规律,疗程不足易产生耐药性或复发,导致治疗失败。应按照治疗方案完成规定的治疗期,不随意更换药物和更改剂量,不漏服药物,不擅自停药和过早停药。

第二节　抗 麻 风 药

麻风(leprosy)是由分枝杆菌属麻风分枝杆菌感染引起的慢性接触性传染病,主要侵犯人体皮肤、黏膜、周围神经,中、晚期可累及眼、耳、鼻、喉、外生殖器及内脏器官。临床主要表现为麻木性皮肤损害、神经粗大,严重者甚至肢端残废。本病在世界范围流行,在我国已得到有效控制,发病率显著下降。抗麻风药(antileprotic drug)品种较少,主要有砜类、利福霉素类、氯法齐明和喹诺酮类等。目前多采用联合疗法。

氨 苯 砜

氨苯砜(dapsone)属砜类化合物,又名二氨二苯砜(diaminodiphenylsulfone, DDS)。临床上,所有砜类都是氨苯砜的衍生物,均需在体内转化为氨苯砜或乙酰氨苯砜发挥作用,如苯丙砜、醋氨苯砜等。

【体内过程】口服吸收缓慢但完全,4~8 小时血药浓度达高峰,$t_{1/2}$ 为 20~30 小时,血浆蛋白结合率为50%,有效抑菌浓度可维持10天左右。可分布于全身组织及体液中,皮肤、肌肉、肝、肾浓度较高,皮肤病变部位的药物浓度远高于正常部位。主要在肝内乙酰化代谢,代谢物可由肾排泄。部分药物随胆汁排泄并形成肝肠循环,消除减慢。

【抗菌作用】氨苯砜对麻风分枝杆菌具有较强抑制作用,大剂量时呈轻微杀菌作用。抗菌机制与磺胺类药相似,可与对氨基苯甲酸竞争二氢叶酸合成酶,干扰叶酸的合成。

【临床应用】氨苯砜是治疗各型麻风的首选药。应用氨苯砜3~6个月临床症状即可改善,黏膜病变好转,皮肤及神经损害恢复。细菌完全消失至少需要1~3年,需长期坚持服药。单独应用易产生耐药性,与其他抗麻风药联用可延缓耐药性的产生,减少复发并较快消除其传染性。宜采用周期性间隔给药方案,以免发生蓄积中毒。

【不良反应】氨苯砜毒性较大,不良反应多。较常见的为贫血,偶可引起急性溶血性贫血,葡萄糖-6-磷酸脱氢酶缺乏者较易发生。有时出现胃肠刺激症状、头痛、失眠、中毒性精神病及过敏反应。治疗早期或增量过快,患者麻风症状加剧,表现为发热、皮疹、全身不适、淋巴结肿大、神经痛、关节痛、黄疸伴肝坏死等,称麻风反应或氨苯砜综合征。一般认为是机体对菌体裂解产生的磷脂类颗粒的变态反应,是预后良好的现象。应及时减量或停药,或暂时改用其他抗麻风药治疗,必要时采用糖皮质激素或沙利度胺控制。

【注意事项】用药期间应定期检查血常规和肝肾功能。严重肝肾功能障碍、贫血、精神病,以及对磺胺类、砜类药物过敏者禁用。

氯法齐明

氯法齐明(clofazimine)又名氯苯吩嗪,对麻风分枝杆菌有抑制作用,但较氨苯砜缓慢。其作用机制为干扰核酸代谢,抑制菌体蛋白质合成。还可用于防治麻风结节性红斑反应。口服吸收率为50%~70%,能迅速分布于体内各组织中,组织药物浓度高于血药浓度。$t_{1/2}$约为70天。本药对耐氨苯砜的麻风分枝杆菌仍敏感,可用于多重耐药麻风的治疗。为麻风联合疗法的药物之一,或作为抗麻风反应治疗药物。主要不良反应为皮肤色素沉着,皮肤及角膜呈现红色或棕色,也使唾液、汗液及尿液呈现红色。可通过胎盘屏障及随乳汁分泌,使新生儿、哺乳儿皮肤染色。

巯苯咪唑

巯苯咪唑(mercaptophenylimidazole)又名麻风宁,是新型抗麻风药。抗麻风作用比砜类药物好,疗程短,毒性低,不易蓄积,用于各型麻风及对砜类药过敏者。不良反应为局限性皮肤瘙痒和诱发氨苯砜综合征。

其他抗麻风药

利福平对麻风分枝杆菌有快速杀灭作用,用药数日或数周,菌体破裂呈颗粒现象。临床应用600mg或1 200mg后,在4天内即可杀灭99.9%的活菌,但仍需坚持长期治疗。利福平是麻风联合用药的主要组分之一,单用易产生耐药性,需与其他抗麻风药联合应用。

司帕沙星、氧氟沙星、培氟沙星(pefloxacin)、克拉霉素(clarithromycin)及米诺霉素(minocycline)等具有一定的抗麻风分枝杆菌作用,可与上述抗麻风药联合应用。

●（孙文燕）

复习思考题

1. 一线抗结核药的代表药物有哪些?
2. 简述异烟肼的抗菌作用特点及作用机制。
3. 抗结核药的应用原则是什么?
4. 常用抗麻风药有哪些? 哪一类为首选药?

第四十四章

抗寄生虫药

1. 掌握 抗疟药的分类,氯喹、青蒿素、伯氨喹、乙胺嘧啶的药理作用、临床应用;甲硝唑、吡喹酮、乙胺嗪的药理作用与临床应用。
2. 熟悉 奎宁、双氢青蒿素、二氯尼特、甲苯咪唑的药理作用、临床应用。
3. 了解 其他抗寄生虫药的作用特点。

第一节 抗 疟 药

疟疾是由雌性按蚊传播疟原虫引起的传染病,主要临床特点为间歇性寒战、高热、汗出热退。间日疟、卵形疟可复发,恶性疟发病急且症状严重,可短时间内出现贫血和多器官损害。应用抗疟药是防治疟疾的重要手段。寄生于人体的疟原虫有间日疟原虫、三日疟原虫、恶性疟原虫和卵形疟原虫,分别引起间日疟、三日疟、恶性疟和卵形疟。抗疟药(antimalarial drug)作用于疟原虫生活史的不同环节,用于预防或治疗疟疾。

一、疟原虫的生活史及抗疟药的作用环节

(一)人体内的无性生殖阶段

1. 原发性红细胞外期 当受感染的雌性按蚊叮咬人体时,按蚊唾液中的子孢子侵入人体血液,在肝细胞内发育成裂殖体,然后分裂形成裂殖子释放入血液。此期一般为 10~14 天,无临床症状,为疟疾的潜伏期。乙胺嘧啶可抑制此期疟原虫的发育增殖,发挥病因性预防作用。

2. 继发性红细胞外期 间日疟原虫和卵形疟原虫的子孢子有速发型和迟发型 2 种遗传类型。按蚊叮咬人体时 2 种子孢子同时进入肝细胞后,速发型子孢子在较短时期内发育、繁殖成裂殖体;迟发型子孢子则经过长短不一的休眠期(称休眠子)之后才发育成裂殖体,成为疟疾远期复发的根源。三日疟和恶性疟没有迟发型子孢子,故无复发。伯氨喹可杀灭肝细胞中的休眠子,控制疟疾远期复发。

3. 红细胞内期 肝细胞破裂释放出的裂殖子进入血液后可侵入红细胞,经滋养体发育成裂殖体,破坏红细胞,释放裂殖子、疟色素和其他代谢物,引起人体寒战、高热等症状,即疟疾发作。释放出的裂殖子可再侵入其他正常红细胞,如此反复循环,造成疟疾症状反复发作。经过数代裂体生殖侵入红细胞内的部分裂殖子可发育成雌、雄配子体,当患者再次被按蚊叮咬时可造成疟疾的传播。氯喹、奎宁、青蒿素等药物可杀灭红细胞内期的裂殖体,控制

笔记栏

症状或预防性控制发作。伯氨喹可杀灭各型疟原虫的配子体,控制疟疾的传播。

(二)蚊体内的有性生殖阶段

雌性按蚊在刺吸疟原虫感染者的血液时,红细胞内的疟原虫随血液进入蚊体内,雌、雄配子体发育成雌、雄配子,雌、雄配子经受精作用形成合子,进一步发育形成囊合子,囊合子经孢子生殖释放出子孢子,移行于蚊子唾液腺,成为感染人的直接传染源。乙胺嘧啶能抑制雌、雄配子体在蚊体内发育,阻止疟疾传播。

疟原虫的生活史及抗疟药的作用环节见图 44-1。

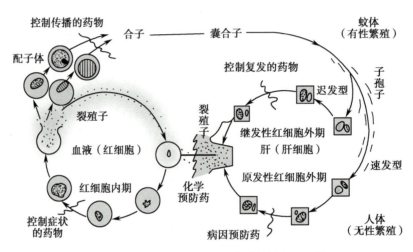

图 44-1　疟原虫的生活史及抗疟药的作用环节

知识链接

疟疾病原体的研究

疟疾是一种古老的疾病,国外古籍中称疟疾为"bad air",意大利学者称疟疾为"malaria",其中"mala"为"不良"之意,"aira"为"空气"之意。我国远在 3 000 多年前的殷商时代就认识到疟疾是由一种恶浊的气体——"瘴气"引起的。秦汉时期成书的《黄帝内经》中的《疟论》和《刺疟》全面总结了当时人们对疟疾的认识,形成了较为系统的疟疾医学理论。但直到 1880 年,法国医师 Laveran 在恶性疟患者血液中发现疟疾的病原体——疟原虫,人们对疟疾的病因才有了科学的认识。1897 年,在印度工作的英国军医 Ross 证实按蚊是疟疾的传播媒介。20 世纪中叶,科学家通过动物实验发现,疟原虫子孢子在进入宿主红细胞之前,需先在肝细胞内发育增殖。之后,又发现间日疟原虫在肝细胞内存在休眠子。至此,人体疟原虫的生活史基本被阐明。Laveran、Ross 等多位科学家因在疟原虫研究过程中作出的巨大贡献获得了诺贝尔奖。

二、抗疟药的分类

(一)主要用于控制疟疾症状的药物

代表药为氯喹、奎宁、青蒿素等,能杀灭红细胞内期裂殖体,控制症状发作和预防性控制疟疾症状。

（二）主要用于控制疟疾远期复发和传播的药物

代表药为伯氨喹，能杀灭肝细胞中的休眠子和红细胞内的雌、雄配子体，控制疟疾的远期复发并阻止传播。

（三）主要用于病因性预防的药物

代表药为乙胺嘧啶，能抑制原发性红细胞外期疟原虫的发育增殖，发挥病因性预防作用。

三、常用的抗疟药

（一）主要用于控制疟疾症状的药物

氯喹（chloroquine）是人工合成的 4- 氨基喹啉类衍生物。

【体内过程】口服吸收快速而完全，1~2 小时血药浓度达高峰。抗酸药可干扰其吸收。体内分布广泛，肝、肺、脾中浓度较高，红细胞内的浓度比血浆中高约 10~20 倍，被疟原虫侵入的红细胞内的氯喹浓度比正常红细胞内的浓度高约 25 倍。在肝内的主要代谢物去乙基氯喹仍有抗疟活性。70% 原药和 30% 代谢物随尿排出，酸化尿液可促进其排泄。$t_{1/2}$ 为 50 小时，后遗效应持续数周或数月。

【药理作用与临床应用】氯喹对疟原虫和阿米巴原虫均有杀灭作用，同时还有一定的免疫抑制作用。

1. 抗疟作用　氯喹对各型疟原虫的红细胞内期裂殖体都有较强的杀灭作用，可迅速、有效地控制疟疾的临床发作，是控制疟疾症状的首选药。通常用药后 24~48 小时内临床症状消退，48~72 小时血中疟原虫消失。药物大量分布于肝、肺等内脏组织，缓慢释放入血，且代谢和排泄缓慢，故作用持久。用于治疗对氯喹敏感的恶性疟、间日疟及三日疟，并可用于疟疾症状的抑制性预防。

氯喹的抗疟机制尚未完全明确，目前认为可能的机制有：①氯喹可插入疟原虫 DNA 双螺旋结构中，形成稳固的 DNA- 氯喹复合物，干扰 DNA 复制和 RNA 转录，从而抑制疟原虫的分裂增殖；②氯喹呈碱性，可使疟原虫体内的 pH 升高，降低蛋白酶活性，使疟原虫利用宿主血红蛋白的能力降低；③抑制血红素聚合酶的活性，阻碍疟原虫消化血红蛋白时释放出的血红素的生物转化，而血红素具有膜溶解作用，能使疟原虫细胞膜溶解破裂，导致疟原虫死亡。

2. 抗肠外阿米巴病作用　氯喹在肝中浓度是血药浓度的 200~700 倍，能杀灭肝和肺中的阿米巴滋养体，可用于甲硝唑治疗无效或禁忌使用甲硝唑的阿米巴肝炎和肝脓肿。

3. 免疫抑制作用　大剂量氯喹能抑制免疫反应，可用于治疗类风湿关节炎、系统性红斑狼疮等结缔组织病。

【不良反应】该药用于治疗疟疾时，不良反应较少，口服给药可引起头晕、头痛、耳鸣、烦躁、食欲减退、恶心、呕吐、腹痛、腹泻、皮肤瘙痒、皮疹甚至剥脱性皮炎等，多数患者停药后可自行消失。长期大剂量应用治疗结缔组织疾病时，可能会出现眼角膜弥漫性白色颗粒、视网膜病变，故应定期做眼科检查。偶致窦房结抑制，甚至发生阿 - 斯综合征。还可导致药物性精神病、白细胞减少、脱毛、神经肌肉痛等。

奎宁（quinine）是从金鸡纳树皮中提取的一种生物碱。

【药理作用与临床应用】对各种疟原虫的红细胞内期裂殖体均有杀灭作用，能控制临床症状，但疗效不及氯喹，且毒性较大，故一般不作首选药。奎宁还有解热和促进子宫收缩的作用。临床主要用于耐氯喹或耐多种药物的恶性疟,尤其是脑型疟。

【不良反应】不良反应较多且严重,用药剂量过大或用药时间过久时,易出现金鸡纳反应,表现为耳鸣、头痛、恶心、呕吐、腹痛、腹泻、视力和听力减退,甚至出现暂时性耳聋。葡萄糖 -6- 磷酸脱氢酶缺乏者对该药高度敏感,应用很小剂量也能引起急性溶血。静脉给药速度过快可致血压下降和致死性心律失常。

青 蒿 素

青蒿素(artemisinin)又名黄花蒿素,是我国科学家从菊科植物黄花蒿中提取的倍半萜内酯过氧化物,是一种高效、速效、低毒的新型抗疟药。

【药理作用与临床应用】青蒿素能快速杀灭各种疟原虫红细胞内期裂殖体,48 小时内血中疟原虫消失;对红细胞外期疟原虫无作用。易透过血脑屏障,对脑型疟抢救效果好。因代谢和排泄均快,有效血药浓度维持时间短,杀灭疟原虫不彻底,停药后复发率较高。加大剂量、延长疗程,或与伯氨喹合用,可降低复发率。适用于控制疟疾症状(包括间日疟与耐氯喹恶性疟),尤其是抢救脑型疟有良效,也可用于治疗系统性红斑狼疮或盘状红斑狼疮。

青蒿素的作用机制尚未完全阐明。主要通过影响疟原虫红细胞内期的超微结构,使其膜系结构发生变化,阻断了疟原虫的营养摄取,使疟原虫损失大量胞质,营养物质又得不到补充,进而很快死亡。其作用方式是在血红蛋白分解后产生的游离铁催化下裂解青蒿素内过氧化物桥产生自由基和 / 或其他亲电子的中介物,与疟原虫的蛋白质形成共价化合物,使疟原虫死亡。

【不良反应】少见,主要有恶心、呕吐、腹泻等胃肠症状,偶有一过性转氨酶水平升高及轻度皮疹。妊娠早期妇女慎用。

双氢青蒿素

双氢青蒿素(dihydroartemisinin)口服吸收良好,起效迅速。口服后药峰时间为 1.33 小时,药峰浓度为 0.71mg/L。血浆 $t_{1/2}$ 为 1.57 小时。体内分布广,排泄和代谢迅速。

该药对疟原虫红细胞内期有强大且快速的杀灭作用,能迅速控制临床发作。适用于各种类型疟疾的症状控制,尤其对耐氯喹恶性疟及凶险型疟疾有较好疗效。不良反应少见,偶见轻度网织红细胞一过性减少。

蒿 甲 醚

蒿甲醚(artemether)是青蒿素的脂溶性衍生物,抗疟作用是青蒿素的 10~20 倍。适用于各型疟疾,但主要用于治疗耐氯喹恶性疟和抢救凶险型恶性疟。不良反应轻微,偶见转氨酶水平轻度升高、网织红细胞一过性减少。

思政元素

青蒿素的研究与诺贝尔奖

1967 年 5 月 23 日,北京举办"全国疟疾防治药物研究大协作会议",防治疟疾的"523 项目"从此拉开了抗疟新药研究的序幕,历经 380 多次鼠疟筛选试验,于 1971 年 10 月青蒿素筛选成功。1972 年从中药青蒿中分离得到抗疟有效单体,命名为青蒿素,对鼠疟、猴疟的原虫抑制率达到 100%。1973 年经临床研究取得与实验室一致的结果,抗疟新药青蒿素从此诞生。1981 年 10 月,由世界卫生组织主办的"青蒿素"国际会议在北京召开,中国"青蒿素的化学研究"的发言引起与会代表极大的兴趣,并认为"这一新的发现更重要的意义是在于将为进一步设计合成新药指出方向"。此后,合成了疗效更高、复发率明显降低的双氢青蒿素及多种衍生物如蒿甲醚、蒿乙醚、青蒿琥酯等。1979 年,青蒿素的制造获"国家发明奖"。1986 年,青蒿素获得一类新药证书。1992 年,双氢青蒿素获得一类新药证书,并获得 1992 年度"全国十大科技成就奖"。青蒿素类药物挽救了全球特别是发展中国家数百万疟疾患者的生命。青蒿素的研究者——中国药学家屠呦呦,2011 年 9 月获得拉斯克医学奖,2015 年 10 月获得诺贝尔生理学或医学奖,成为首位获得诺贝尔科学类奖项的中国女科学家,也是中医药成果获得的最高奖项。诺贝尔生理学或医学奖评选委员会主席齐拉特说:"中国女科学家屠呦呦从中药中分离出青蒿素应用于疟疾治疗,这表明中国传统的中草药也能给科学家们带来新的启发。"她表示,经过现代技术的提纯和与现代医学相结合,中草药在疾病治疗方面所取得的成就"很了不起"。屠呦呦团队在青蒿素研究过程中表现出的锲而不舍、团队合作和不断创新的精神也非常值得广大科研工作者学习。

(二)主要用于控制疟疾远期复发和传播的药物

伯 氨 喹

伯氨喹(primaquine)是人工合成的 8- 氨基喹啉类衍生物。

【体内过程】口服吸收快而完全,1~2 小时血药浓度达高峰。主要分布于肝,其次为肺、脑、心。大部分在体内代谢为无活性代谢物,经肾排泄。因代谢及排泄较快,有效血药浓度维持时间短,故需每日给药。

【药理作用与临床应用】伯氨喹对间日疟原虫和卵形疟原虫肝细胞中的休眠子有较强的杀灭作用,是防治疟疾远期复发的主要药物。与氯喹等红细胞内期的抗疟药合用,可根治间日疟和卵形疟并减少耐药虫株的产生。本药也可杀灭各种疟原虫的配子体,阻止疟疾传播。

【不良反应】该药毒性较大,治疗量即可引起头晕、恶心、呕吐、腹痛等不良反应,停药后可消失。葡萄糖 -6- 磷酸脱氢酶缺乏者应用小剂量即可发生急性溶血性贫血和高铁血红蛋白血症。

(三)主要用于疟疾病因性预防的药物

乙 胺 嘧 啶

乙胺嘧啶(pyrimethamine)是人工合成的抗疟药。口服吸收慢而完全,4~6 小时血药浓度达高峰。主要分布于肝、肺、肾、脾,经肾缓慢排泄,少量随乳汁排出,$t_{1/2}$ 为 80~95 小时。

【药理作用与临床应用】能抑制疟原虫二氢叶酸还原酶,阻止二氢叶酸转变为四氢叶酸,从而影响疟原虫核酸的合成,抑制疟原虫增殖。主要作用于各种疟原虫原发性红细胞外期子孢子和裂殖体,对红细胞内期疟原虫的抑制作用仅限于未成熟的裂殖体,对已发育成熟的裂殖体无作用,故控制疟疾症状起效缓慢。常用于病因性预防,但其作用持久,服药 1 次可维持 1 周以上。该药对配子体无直接作用,但含药血液随配子体被按蚊吸食后,能阻止疟原虫在蚊体内的发育,起到阻断传播的作用。

【不良反应】治疗剂量不良反应少,偶可发生皮疹。长期大剂量服用可能干扰人体叶酸代谢,引起巨幼细胞性贫血或粒细胞减少,及时停药或应用甲酰四氢叶酸治疗可恢复。过量可致急性中毒,出现恶心、呕吐、发热、发绀、惊厥,甚至死亡。严重肝、肾功能不良者应慎用,孕妇禁用。

磺胺类和砜类

磺胺类和砜类通过与 PABA 竞争二氢叶酸合成酶,抑制二氢叶酸的合成,从而干扰疟原虫的叶酸代谢。单用疗效差,一般与乙胺嘧啶或甲氧苄啶等二氢叶酸还原酶抑制剂合用,双重阻断疟原虫的叶酸代谢,用于治疗耐氯喹的恶性疟。常用药有磺胺多辛(sulfadoxine)和氨苯砜。

第二节　抗阿米巴药与抗滴虫药

一、抗阿米巴药

阿米巴病(amebiasis)是因误食了溶组织阿米巴包囊污染的食物或水引起的传染病。溶组织阿米巴包囊在小肠下段脱囊形成肠腔型滋养体。肠腔型滋养体随肠内容物下行,在横结肠末端变成包囊,随粪便排出体外,成为传染源。在特定条件下(免疫功能下降、营养不良、肠壁受损或肠功能紊乱等),肠腔型滋养体侵入肠壁发育成组织型滋养体。组织型滋养体侵袭黏膜下层组织,形成烧瓶样溃疡,引起阿米巴痢疾等肠阿米巴病;组织型滋养体也可随血行播散至肝、肺、脑等组织,引起肝脓肿、脑脓肿、肺脓肿等肠外阿米巴病。常用的抗阿米巴药(antiamebic drug)主要有甲硝唑和二氯尼特。

甲　硝　唑

甲硝唑(metronidazole)又名灭滴灵,为人工合成的硝基咪唑类化合物。

【体内过程】口服或直肠给药均吸收迅速而完全,血浆蛋白结合率约10%~20%,$t_{1/2}$为8~10小时。广泛分布于全身组织和体液,包括阴道液、精液、唾液、乳汁和脑脊液等。主要在肝内代谢,代谢物和原药主要经肾随尿液排出。

【药理作用与临床应用】甲硝唑对多种寄生虫和厌氧菌都有杀灭作用。

1. 抗阿米巴　对肠内、肠外阿米巴滋养体均有强大杀灭作用,是治疗急性阿米巴痢疾和肠外阿米巴病的首选药。因在肠腔内浓度偏低,对肠内滋养体及包囊无明显作用,对无症状的包囊携带者无治疗作用。

2. 抗滴虫　甲硝唑口服后可分布于阴道分泌物、精液和尿液中,对阴道毛滴虫有直接杀灭作用,且不影响阴道正常菌群,对男女感染患者均有良效,是治疗阴道毛滴虫感染的首选药。

3. 抗贾第鞭毛虫　对贾第鞭毛虫病的治愈率达90%,是治疗贾第鞭毛虫病最有效的药物。

4. 抗厌氧菌　抑制厌氧菌DNA合成,干扰细菌生长繁殖,最终致细菌死亡。可用于治疗厌氧菌感染引起的败血症、骨髓炎、腹膜炎、盆腔炎、假膜性小肠结肠炎,也可与其他抗菌药合用防治妇科手术、胃肠外科手术时的厌氧菌感染。

【不良反应】治疗量不良反应较少,以恶心、头痛、口干、口中有金属味常见,随餐服用可减轻对胃肠道的刺激。偶有感觉异常、肢体麻木、共济失调等神经系统症状。甲硝唑抑制乙醛脱氢酶,与乙醇合用可引起双硫仑样反应,故用药期间和停药1周内禁止饮酒。肝、肾功能减退者慎用,孕妇及哺乳期妇女禁用。

二　氯　尼　特

二氯尼特(diloxanide)为二氯乙酰胺类衍生物,通常用其糠酸酯。口服吸收迅速,1小时血药浓度达高峰,体内分布广泛。该药是目前最有效的杀包囊药,单用对无症状的包囊携带者有良好疗效,可切断传染源,阻止阿米巴病的传播。对于急性阿米巴痢疾,用甲硝唑控制症状后,再用该药可肃清肠腔内的包囊,防止复发。对肠外阿米巴病无效。不良反应轻,以腹胀最为常见,偶有恶心、呕吐、荨麻疹等,停药后消失。孕妇及2岁以下儿童不宜服用。

二、抗滴虫药

抗滴虫药（antitrichomonals）用于治疗阴道毛滴虫引起的阴道炎、尿道炎和前列腺炎。主要治疗药物有甲硝唑、替硝唑、奥硝唑等硝基咪唑类药物。对于耐甲硝唑的虫株感染，可考虑局部应用乙酰胂胺（acetarsol）；该药能直接杀灭滴虫，应用时应夫妇同时治疗，以保证疗效。

第三节　抗血吸虫药和抗丝虫药

一、抗血吸虫药

血吸虫病（schistosomiasis）主要是由日本血吸虫、曼氏血吸虫和埃及血吸虫引起的一类严重危害人类健康的寄生虫病，其传染源为感染血吸虫的患者和病畜。我国仅有日本血吸虫病。常用抗血吸虫药（antischistosomal drug）为吡喹酮。

吡 喹 酮

吡喹酮（praziquantel）是吡嗪异喹啉衍生物。

【体内过程】口服吸收迅速而完全，1~3 小时血药浓度达高峰。首过消除比例大，门静脉中药物浓度为血药浓度的 10 倍。分布于多种组织，以肝、肾中含量最高。$t_{1/2}$ 为 0.8~1.5 小时。主要在肝内羟化而失活，经肾（60%~80%）和随胆汁（15%~35%）排泄。

【药理作用与临床应用】广谱抗血吸虫药和驱绦虫药，对各种血吸虫成虫具有快速而强大的杀灭作用，对幼虫作用弱；对其他吸虫如华支睾吸虫、肺吸虫、姜片吸虫等有显著杀灭作用；对各种绦虫感染（包括牛带绦虫、猪带绦虫、裂头绦虫和短膜壳绦虫）及其幼虫引起的囊虫病、棘球蚴病（包虫病）都有较好的作用。用于治疗各种血吸虫病、华支睾吸虫病、肺吸虫病、姜片吸虫病及绦虫病等。

吡喹酮的作用机制可能是通过增加虫体细胞膜对 Ca^{2+} 的通透性，使 Ca^{2+} 大量内流，导致虫痉挛，失去吸附能力，虫体从肠系膜静脉移至肝，在肝内死亡；还可损伤虫体皮质，使其易受宿主免疫攻击而死亡。

【不良反应】少且轻，可见头昏、头痛、恶心、腹痛、腹泻、乏力、四肢酸痛等，服药期间避免驾车及高空作业；因杀灭虫体导致抗原物质释放，可引起过敏反应，如发热、皮疹、嗜酸性粒细胞增多等；少数患者可出现胸闷、心悸、心律失常；偶可诱发精神失常或出现消化道出血。眼囊虫病禁用，孕妇禁用。

二、抗丝虫药

丝虫病（filariasis）是丝虫寄生于人体淋巴系统引起的病变，蚊子为传播媒介。我国仅有斑氏丝虫及马来丝虫。丝虫病早期主要表现为淋巴管炎和淋巴结炎，晚期出现淋巴管阻塞症状。乙胺嗪是目前治疗丝虫病的首选药。

乙 胺 嗪

乙胺嗪（diethylcarbamazine）又名海群生（hetrazan）。

【体内过程】口服吸收迅速而完全，1~2 小时血药浓度达高峰，$t_{1/2}$ 为 8 小时，分布于人体各组织和体液，大部分在体内氧化失活，原药及代谢物主要经肾排泄，4%~5% 随粪便排泄，碱化尿液则排泄减慢。

笔记栏

【**药理作用与临床应用**】对马来丝虫和斑氏丝虫均具有杀灭作用,而且对马来丝虫的作用优于斑氏丝虫,对微丝蚴的作用强于成虫。乙胺嗪分子中的哌嗪部分可使微丝蚴的肌细胞膜超极化,导致虫体麻痹而脱离寄生部位;也可破坏微丝蚴表膜的完整性,使抗原暴露,被宿主防御机制破坏。

【**不良反应**】不良反应轻微,常见恶心、呕吐、食欲缺乏、头痛、乏力等。微丝蚴和成虫死亡后释放出大量异体蛋白,可引起皮疹、淋巴结肿大、畏寒、发热、哮喘、关节肌肉酸痛、心率加快、胃肠功能紊乱等过敏反应;地塞米松可缓解症状。

第四节　抗肠蠕虫药

常见的肠道蠕虫有线虫、绦虫和吸虫。我国肠蠕虫病以线虫(如蛔虫、蛲虫、钩虫和鞭虫)感染最常见。抗肠蠕虫药能驱除或杀灭肠道蠕虫。常用抗肠蠕虫药的作用及特点见表44-1。

表44-1　常用抗肠蠕虫药的作用及特点

药物	蛔虫	蛲虫	钩虫	鞭虫	牛带绦虫	猪带绦虫	机制	特点
哌嗪(piperazine)	+++	++					阻断虫体神经肌肉接头传导功能	驱虫谱窄
左旋咪唑(levamisole)	+++	+	++				抑制虫体线粒体能量代谢,导致虫体麻痹	有免疫调节作用
噻嘧啶(pyrantel)	+++	+++	++	++			使虫体神经肌肉去极化,导致痉挛和麻痹	肝功能不全者禁用
甲苯咪唑(mebendazole)	+++	+++	++	+++	++	++	抑制虫体对糖的摄取利用,使其发育受阻	高效、广谱、低毒
阿苯达唑(albendazole)	+++	+++	++	+++	++	++	同甲苯咪唑	高效、广谱、低毒
恩波吡维铵(pyrvinium embonate)		+++					干扰虫体呼吸酶系统	粪便红染
吡喹酮(praziquantel)					+++	+++	增加虫体细胞膜对 Ca^{2+} 的通透性	
氯硝柳胺(niclosamide)					++	++	抑制线粒体的氧化磷酸化反应	有轻度消化道反应

（杨　蓉）

复习思考题

1. 简述各类抗疟药的分类及作用环节。
2. 简述甲硝唑的药理作用与临床应用。
3. 简述吡喹酮的药理作用及临床应用。

第四十五章

抗 肿 瘤 药

PPT 课件

📝 **学习目标**

1. 掌握 抗肿瘤药的分类,以及常用药的药理作用、临床应用和主要不良反应。
2. 熟悉 常用抗肿瘤药的作用机制。
3. 了解 细胞增殖和细胞周期的概念,以及肿瘤细胞的耐药机制。

恶性肿瘤是全球发病率最高的疾病之一,和心血管病和脑血管病排在前三位,是一组严重危害人类健康的疾病。该病发病隐晦、进展潜伏,待出现临床症状就诊时已多达晚期,治疗效果不佳,故病因预防、及早发现、及早治疗仍是降低癌症死亡率最有效的方法。目前,治疗恶性肿瘤的方法主要有 3 种:手术、放射治疗(radiation therapy,简称放疗)和化学治疗(chemotherapy,简称化疗),同时发展起来的还有肿瘤生物治疗等,但临床上常用的治疗方法是上述手段的综合。

第一节　抗肿瘤药的药理学基础

一、细胞增殖和细胞周期

(一)细胞增殖

细胞增殖(cell proliferation)是指细胞通过生长分裂的方式使细胞数量增多,同时母细胞将复制的遗传物质平均地分配到 2 个子细胞。细胞增殖是生物体的重要生命特征,是生物体生长、发育、繁殖和遗传的基础。

(二)细胞周期

细胞周期(cell cycle)或称细胞增殖周期,是指细胞从一次分裂结束到下一次分裂终了的过程或间隔时间。细胞周期分为 4 个阶段,即 G_1 期(first gap period,DNA 合成前期)、S 期(synthesis phase,DNA 合成期)、G_2 期(second gap period,DNA 合成后期)和 M 期(mitotic phase,有丝分裂期)。其中,最关键的是 S 期,因此期细胞进行 DNA 倍增和染色体复制(图 45-1)。但并不是所有细胞都处于增殖状态。在正常情况下,机体可以精确调节体内细胞的增殖和分化,而肿瘤细胞则逃离了机体的控制,能够持续不断地增殖。

(三)增殖细胞群和非增殖细胞群

根据细胞的增殖能力和状态,将细胞分为增殖细胞群和非增殖细胞群。增殖细胞群是指处于按指数分裂增殖的细胞。这部分细胞在全部肿瘤细胞群中的比例称生长比率(growth fraction,GF),是衡量肿瘤增长的重要指标。增长迅速的肿瘤,GF 较大(接近 1),

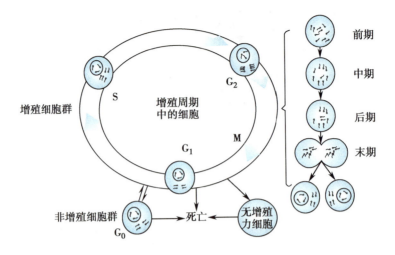

图 45-1 细胞的增殖周期示意图

对药物较敏感,疗效较好,如急性白血病、绒毛膜上皮癌等。增长缓慢的肿瘤,GF 较小(约 0.01~0.5),对药物不敏感,疗效较差,如慢性白血病和多数实体瘤。一般早期肿瘤的 GF 大,晚期肿瘤的 GF 小,而药物对早期肿瘤疗效较好,对晚期肿瘤疗效较差,因此建议肿瘤患者早发现、早治疗。

非增殖细胞群包括 G_0 期(静止期)细胞和无增殖能力细胞。静止期细胞是暂时处于未增殖状态的后备细胞,当增殖细胞自然死亡或被药物杀灭后,G_0 期细胞即开始增殖补充。G_0 期细胞虽然数量很少,但它是肿瘤复发的根源,并且对药物不敏感,是治愈肿瘤的难点。无增殖能力细胞多是一些濒于衰老的细胞。

(四) 细胞周期特异性药物

根据药物对细胞周期特定时相有无影响,将抗肿瘤药分为细胞周期特异性药物和细胞周期非特异性药物 2 类。细胞周期特异性药物是指仅对肿瘤细胞增殖周期中某一期细胞有杀灭作用的药物,而对处于其他期的细胞不敏感的药物。如羟基脲、阿糖胞苷、巯嘌呤等是主要作用于 S 期的抗代谢药,长春新碱和长春碱则可特异性杀伤处于 M 期的细胞。此类药物的抗肿瘤作用一般较弱,疗效具有时间依赖性,需应用一段时间才发挥杀伤作用。同时,药物达到一定剂量后,再增加剂量,作用不会增强。

(五) 细胞周期非特异性药物

细胞周期非特异性药物指对处于细胞增殖周期中的各期或休眠期的细胞(甚至包括 G_0 期)均具有杀灭作用的药物,如烷化剂、铂类配合物、细胞毒性抗生素。此类药物大多能与细胞中的 DNA 结合,阻断其复制,从而表现出杀伤细胞的作用。抗肿瘤药中的烷化剂及多柔比星、博来霉素等属于此类药物,其量效曲线呈渐进线型并呈给药时机依赖性。

二、抗肿瘤药的分类

临床应用的抗肿瘤药发展迅速、种类较多,分类迄今尚不完全统一,其中较为合理的是分为细胞毒类和非细胞毒类两大类。

(一) 细胞毒类抗肿瘤药

细胞毒类抗肿瘤药即传统的化疗药物,主要通过抑制肿瘤细胞的 DNA 复制及有丝分裂,干扰肿瘤细胞周期,抑制肿瘤增殖或诱导肿瘤细胞的凋亡,达到治疗肿瘤的效果。

根据化学结构和来源,细胞毒类抗肿瘤药可分为以下 5 类:

笔记栏

1. 烷化剂　烷化剂又称生物烷化剂,在体内能形成碳正离子或其他活泼的亲电性基团,与细胞生物大分子(如 DNA、RNA、酶等)中的亲核基团(如氨基、巯基、羟基、羧基、磷酸基等)以共价键结合而发生烷化,使 DNA 形成交叉联结,破坏 DNA 的结构与功能,导致细胞分裂增殖停止或死亡,抗肿瘤活性强。常见的有氮芥类(氮芥、环磷酰胺)、乙烯亚胺类(塞替派)、白消安、亚硝基脲类(卡莫司汀)等。

2. 铂类配合物　该类药物的作用机制与烷化剂相似,能与 DNA 的碱基形成交叉联结,导致 DNA 变性,破坏 DNA 结构和功能。铂类配合物属细胞周期非特异性抗肿瘤药,如顺铂、卡铂等。

3. 抗代谢药　抗代谢药是一类影响核酸生物合成的药物,其化学结构和核酸代谢必需物质相似,通过特异性干扰核酸的代谢而阻止细胞的分裂和增殖。该类药物属细胞周期特异性药物,如甲氨蝶呤、氟尿嘧啶、巯嘌呤、阿糖胞苷、羟基脲等。

4. 细胞毒性抗生素　该类药物可以嵌入 DNA,引起 DNA 链断裂,从而改变 DNA 模板性质,抑制 DNA 复制和 RNA 转录。该类药物属周期非特异性药物,但对 S 期细胞有更强的杀灭作用。如蒽环类抗生素(柔红霉素、阿霉素)、博来霉素、丝裂霉素、放线菌素 D 等。

5. 植物药　该类药物多是从植物中分离、提取的有效成分,多属于细胞周期特异性药物。如抑制细胞蛋白质合成与功能的长春碱类、紫杉醇类、三尖杉生物碱类,干扰 DNA 结构和功能的鬼臼毒素类。

(二)非细胞毒类抗肿瘤药

1. 调节激素平衡药　该类药物通过调节体内激素水平,纠正体内激素失调状态,以抑制激素依赖性肿瘤的生长。如雌激素类、雄激素类以及两者的拮抗剂,糖皮质激素类等。

2. 靶向抗肿瘤药　该类药物主要针对肿瘤发病机制中的关键靶点进行干预,以达到治疗肿瘤的目的。信号通路是将细胞外分子信号经细胞膜传入细胞内发挥效应的一系列酶促反应的通路。靶向抗肿瘤药是指利用肿瘤细胞特殊的生物学特征(如基因、酶、受体等),通过阻断信号通路中细胞增殖的关键物质使其能够进行靶向治疗,抑制肿瘤细胞增殖,促进细胞凋亡,是目前治疗效果较好、副作用较小的化疗药物。

(1)单克隆抗体:作用于细胞膜分化相关抗原的单克隆抗体(利妥昔单抗、阿仑单抗、替伊莫单抗、托西莫单抗),作用于表皮生长因子受体的单克隆抗体(曲妥珠单抗),作用于血管内皮生长因子的单克隆抗体(贝伐珠单抗)。

(2)小分子化合物:抑制酪氨酸激酶的伊马替尼、吉非替尼,抑制血管内皮生长因子和血小板衍生生长因子的索拉非尼,抑制血管内皮生长因子和酪氨酸激酶的舒尼替尼。

(3)其他:抑制肿瘤血管内皮增生的重组人血管内皮抑素,通过诱导早幼粒细胞分化成熟而治疗急性早幼粒细胞白血病的维 A 酸。

三、细胞毒类抗肿瘤药的作用机制

细胞毒类抗肿瘤药的作用机制主要有 4 个方面(图 45-2):

(一)干扰核酸生物合成

干扰核酸生物合成的药物又名抗代谢药,通过抑制 DNA 合成所必需的叶酸、嘌呤、嘧啶及嘧啶核苷途径,抑制肿瘤细胞的生存和复制所必需的代谢途径,从而抑制肿瘤细胞的分裂和增殖,进而导致肿瘤细胞死亡。本类药物主要作用于 S 期细胞,属于细胞周期特异性药物。根据本类药物所干扰的生化步骤或抑制的靶酶,可将此机制分为 5 个方面:

1. 抑制二氢叶酸还原酶　甲氨蝶呤抑制二氢叶酸还原酶,使二氢叶酸(FH_2)不能转变为四氢叶酸(FH_4),致使脱氧胸苷酸(dTMP)合成受阻,DNA 合成障碍。

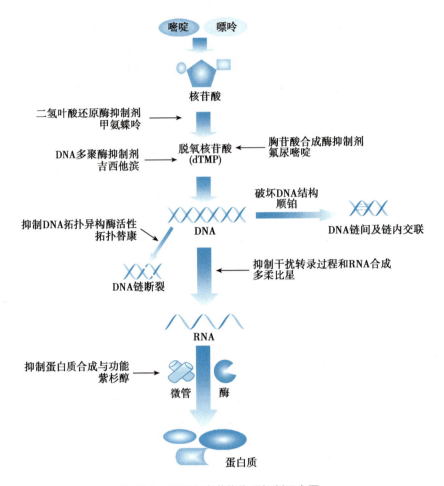

图 45-2　细胞毒类药物作用机制示意图

2. 抑制胸苷酸合成酶　氟尿嘧啶阻止脱氧尿苷酸(dUMP)甲基化转变为脱氧胸苷酸(dTMP),从而抑制 DNA 合成。

3. 抑制嘌呤核苷酸互变　巯嘌呤核苷酸抑制次黄嘌呤苷酸转变为腺苷酸和鸟苷酸,干扰嘌呤代谢,阻碍核酸合成。

4. 抑制 DNA 聚合酶　阿糖胞苷抑制 DNA 聚合酶活性,从而抑制肿瘤细胞 DNA 复制。

5. 抑制核苷酸还原酶　羟基脲抑制核苷酸还原酶,从而阻止胞苷酸转变为脱氧胞苷酸,抑制 DNA 合成。

(二) 破坏 DNA 结构和功能

1. 烷化反应　氮芥类(氮芥、环磷酰胺)、乙烯亚胺类(塞替派)、白消安、亚硝基脲类(卡莫司汀)等所含有的烷基与 DNA 的亲核基团起烷化反应,形成 DNA 交叉联结或引起脱嘌呤,使 DNA 链断裂、DNA 复制时碱基配对错码,造成 DNA 结构和功能的损害,导致肿瘤细胞死亡。

2. 金属化合反应　顺铂、卡铂等进入人体内后,先将所含有的氯解离,然后与 DNA 的碱基形成交叉联结,导致 DNA 变性,破坏 DNA 结构和功能。

3. 通过嵌入 DNA 干扰核酸合成　博来霉素、丝裂霉素等可以嵌入 DNA 碱基对之间,使 DNA 链断裂,从而改变 DNA 模板性质,抑制 DNA 复制和 RNA 转录。

4. 抑制 DNA 拓扑异构酶　喜树碱类能够抑制 DNA 拓扑异构酶 I（TOPO- I），从而抑制 DNA 复制和 RNA 转录。

（三）干扰转录过程和阻止 RNA 合成

蒽环类抗生素（柔红霉素、阿霉素）、放线菌素 D 等嵌入 DNA 碱基对之间，干扰转录过程，阻止 mRNA 合成，属于 DNA 嵌入剂。

（四）抑制蛋白质合成与功能

1. 抑制微管蛋白活性　长春碱类、紫杉醇类能够抑制微管蛋白活性，干扰纺锤体的功能，使细胞有丝分裂停止。

2. 干扰核蛋白体功能　三尖杉生物碱类能够抑制蛋白合成的起始阶段，并导致核蛋白体分解，释放出新生肽链。

3. 抑制氨基酸供应　门冬酰胺酶可以水解人血清中的门冬酰胺，使得肿瘤细胞缺乏门冬酰胺的供应，从而抑制肿瘤细胞蛋白质合成。而正常细胞可以自身合成门冬酰胺，故受此影响较小。

四、非细胞毒类抗肿瘤药的作用机制

（一）调节体内激素平衡

该类药物通过调节体内激素水平，纠正体内激素失调状态，以抑制激素依赖性肿瘤的生长。

1. 抑制激素转化　氨鲁米特能特异性结合、抑制芳香化酶，使后者不能将雄激素转化为雌激素，从而抑制乳腺癌的生长。

2. 直接作用或反馈作用　雌激素、雄激素、糖皮质激素等激素类可抑制某些肿瘤的生长。

（二）分子靶向治疗

分子靶向药物主要针对肿瘤发病机制中的关键靶点进行干预，以达到治疗肿瘤的目的。

1. 通过单克隆抗体结合肿瘤相关抗原　利妥昔单抗、替伊莫单抗、托西莫单抗、阿仑单抗可以结合肿瘤细胞膜分化相关抗原 CD20、CD52 等，曲妥珠单抗结合表皮生长因子受体，贝伐珠单抗结合血管内皮生长因子，从而抑制肿瘤细胞增殖、诱导肿瘤细胞凋亡。

2. 小分子化合物抑制细胞酪氨酸激酶活性　伊马替尼、吉非替尼、舒尼替尼等抑制肿瘤细胞酪氨酸激酶活性，从而阻断肿瘤相关信号通路，抑制肿瘤生长。

3. 其他　重组人血管内皮抑素可以通过多种通路抑制肿瘤血管生成。维 A 酸通过诱导早幼粒细胞分化成熟而治疗急性早幼粒细胞白血病。

五、肿瘤的耐药性及其机制

肿瘤细胞对抗肿瘤药产生耐药性是治疗肿瘤失败的重要原因之一。根据耐药性的产生来源，耐药性可分为天然耐药和获得性耐药。天然耐药是细胞由遗传获得的天生具有的耐药性，肿瘤细胞开始就对抗肿瘤药不敏感，如 G_0 期细胞对抗肿瘤药具有天然耐药性。获得性耐药是指细胞刚开始对药物敏感，但经过一段时间治疗后，肿瘤细胞对原来有效的药物不敏感产生了抗药性。肿瘤细胞的获得性耐药经常是多药耐药（multiple drug resistance，MDR），即肿瘤细胞接触某抗肿瘤药后，对其他多种结构不同、作用机制各异的抗肿瘤药都产生耐药性。多药耐药具有以下特点：①一般是亲脂性药物；②药物分子量在 300~900kD；③药物经被动扩散进入细胞；④药物在耐药细胞中的浓度低于其在敏感细胞中的浓度，且不足以对耐药细胞产生细胞毒作用；⑤耐药细胞膜上多存在一种 ATP 介导的外排药物的跨膜糖蛋白,即P糖蛋白。

肿瘤的耐药机制非常复杂,不同药物具有不同的耐药机制,单一药物也可能具有多种耐药机制。肿瘤多药耐药的机制主要有以下几方面:

1. 药物转运或摄取障碍　肿瘤细胞多次接触抗肿瘤药后,可诱导肿瘤细胞的细胞膜结构产生变化,使得药物不能进入到细胞内从而产生耐药性。

2. 药物活化障碍　一些抗肿瘤药需要在体内进行代谢转化后才具有活性,而肿瘤细胞由于药物活化酶的含量或活性降低导致药物活化减少,肿瘤细胞对药物的敏感性降低。如氟尿嘧啶,只有在体内转化成氟脱氧尿苷酸(FdUMP)才能发挥作用。

3. 药物靶酶结构和功能改变　抗肿瘤药作用的靶酶活性发生改变。如 DNA 拓扑异构酶Ⅱ活性发生改变,使抗肿瘤药的靶点过表达或减少而达到多药耐药。

4. 药物在细胞内的代谢途径发生变化　细胞代谢建立了替代途径。如抗代谢类药物耐药。

5. 细胞内分解药物的酶增多　药物灭活酶的含量或活性增加,加速了对药物的代谢。

6. 细胞自我修复能力增强　如烷化剂耐药。

7. DNA 链间和链内的交叉联结减少。

8. 肿瘤细胞逃避凋亡　与细胞凋亡有关的基因发生突变,如 *Bcl*-2、*p*53 等。

9. 谷胱甘肽转移酶　通过催化谷胱甘肽与药物结合,形成复合物而解毒,从而介导多药耐药。

10. 细胞外排药物的膜糖蛋白(如 P 糖蛋白)增多。

目前研究较多的是多药耐药基因及其编码的 P 糖蛋白(P-glycoprotein,P-gp)。P 糖蛋白是 ABC 转运蛋白家族成员中的 ABCB1 蛋白,也是原发性耐药的主要原因。P-gp 是由多药耐药基因 1 编码一种 ATP 介导的外排药物的跨膜糖转运蛋白,当其与药物结合后通过水解 ATP 提供能量并将进入细胞内的药物泵出,从而降低肿瘤细胞内的药物浓度。

目前,虽然一些药物如抑制 P 糖蛋白功能的维拉帕米、环孢素(cyclosporine)可以有效抑制肿瘤 MDR,提高细胞对药物的敏感性,但是这些药物抑制 P-gp 所需要的剂量本身就有较大的毒副作用,因此作为化疗辅助治疗药物并不理想。肿瘤 MDR 是一个复杂的问题,既涉及基础也涉及临床等诸多方面,比如无判定 MDR 的统一标准,逆转剂在体内难以达到体外有效逆转浓度等问题。

第二节　细胞毒类抗肿瘤药

一、干扰核酸生物合成的药物

(一) 二氢叶酸还原酶抑制剂

甲 氨 蝶 呤

甲氨蝶呤(methotrexate,MTX)是一类化学结构和叶酸相似的化合物。

【体内过程】口服易吸收,但常规以静脉给药方式用药;与血浆蛋白结合率约为50%,不易通过血脑屏障,$t_{1/2}$ 约为 2 小时;口服给药约 1~5 小时血药浓度达最高峰;排泄与给药剂量有关,如果是小剂量(2.5~15μg/kg)给药,48 小时内(40%~50%)以原药形式经肾排泄;如以大剂量(150μg/kg)给药则 90% 以原药形式排出体外;小于 10% 的药物通过胆汁排泄随粪便排出。

【药理作用】对二氢叶酸还原酶（dihydrofolate reductase，DHFR）具有强大而持久的竞争性抑制作用，可使二氢叶酸（FH_2）不能转化为四氢叶酸（FH_4），从而导致 5,10- 甲酰四氢叶酸产量不足，脱氧胸苷酸（dTMP）合成受阻，使 DNA 和 RNA 的合成中断，产生细胞毒作用。本药还能抑制嘌呤核苷酸的合成。本药抗瘤谱狭窄，主要作用于细胞周期 S 期。

【临床应用】本药用于治疗儿童急性白血病和绒毛膜上皮癌。尤其是急性淋巴细胞白血病，可与长春新碱、泼尼松、巯嘌呤合用，可使 90% 的患者得以完全缓解；部分可长期缓解；与氟尿嘧啶、放线菌素 D 合用治疗绒毛膜上皮癌，可使部分患者长期缓解；对乳腺癌、肺癌、恶性葡萄胎、头颈部肿瘤及盆腔肿瘤均有一定疗效。鞘内注射本药可用于中枢神经系统白血病的预防和缓解症状。

【不良反应】以骨髓抑制最为突出，可致白细胞和血小板减少。其他不良反应有胃肠道反应如口腔炎、胃炎、腹泻、便血。长期大剂量用药可致肝、肾损害。妊娠早期应用可致畸胎、死胎。其他不良反应如皮炎、肾毒性、脱发等。

（二）胸苷酸合成酶抑制剂

氟尿嘧啶

氟尿嘧啶是尿嘧啶 5 位上的氢被氟取代后形成的衍生物。

【体内过程】氟尿嘧啶口服吸收不完全，生物利用度低，因此需注射给药。静脉注射后迅速分布到全身各组织，在肿瘤组织中浓度较高。氟尿嘧啶易进入脑脊液，在体内转化成活性核酸代谢物而起作用。80% 在肝内代谢灭活，$t_{1/2}$ 为 10~20 分钟。代谢物一部分转化为尿素随尿排出，大部分转化为 CO_2 由肺排出。

【药理作用】氟尿嘧啶在细胞内转变为氟脱氧尿苷酸（FdUMP）而抑制脱氧胸苷酸合成酶，阻止脱氧尿苷酸（dUMP）甲基化转变为脱氧胸苷酸（dTMP），从而抑制 DNA 合成。此外，氟尿嘧啶在体内可转化为 5- 氟尿嘧啶核苷，以伪代谢物形式掺入 RNA 中，从而干扰肿瘤细胞蛋白质合成。

【临床应用】氟尿嘧啶对消化系统肿瘤（如食管癌、胃癌、肠癌、胰腺癌、肝癌）和乳腺癌疗效较好。氟尿嘧啶对宫颈癌、卵巢癌、绒毛膜上皮癌、膀胱癌、头颈部肿瘤也有效。单独或与其他药物联合，可应用于乳腺癌和胃肠道肿瘤手术的辅助治疗。采用局部涂抹可治疗皮肤癌和外阴白斑。

【不良反应】氟尿嘧啶对骨髓和消化道毒性较大，其中胃肠道反应较为明显，主要表现为食欲不振、恶心、呕吐、腹痛及腹泻等，若见出血性腹泻，应立即停药。骨髓抑制可表现为白细胞减少和血小板计数下降，用药期间应严格检查血常规；氟尿嘧啶也可引起脱发、皮肤色素沉着，偶见肝、肾损害。

（三）嘌呤核苷酸合成抑制剂

巯嘌呤

巯嘌呤（mercaptopurine，6-MP）是腺嘌呤 6 位上的—NH_2 被—SH 取代后形成的衍生物。

【体内过程】巯嘌呤口服胃肠道吸收不完全，血浆蛋白结合率约 20%。给药后广泛分布于体液内，仅有较小量可渗入脑脊液。个体差异较大，在肝内存在首过效应，在肝内经黄嘌呤氧化酶等氧化及甲基化后分解为硫尿酸等而失去活性，静脉注射后 $t_{1/2}$ 约为 90 分钟，50% 经代谢后在 24 小时迅速从肾排泄，其中 7%~39% 以原药形式随尿排出。

【药理作用】巯嘌呤在体内转化为硫代肌苷酸（TIMP），后者再阻止肌苷酸转化为腺苷酸和鸟苷酸。TIMP 可竞争性抑制次黄嘌呤核苷酸转变为腺嘌呤核苷酸和鸟嘌呤核苷酸，从而干扰代谢，阻碍核酸的合成。有明显的 S 期细胞周期特异性，对 G_1 期有延缓作用。与其他抗代谢物类药物一样，肿瘤细胞对巯嘌呤可产生耐药性，因为在耐药细胞中巯嘌呤不易转化为硫代肌苷酸或产生后迅速降解。

【临床应用】主要用于急性淋巴细胞白血病、急性非淋巴细胞白血病。单独使用时可使 25% 的儿童和 10% 的成人完全缓解；因起效慢，一般只用作维持治疗；大剂量对绒毛膜上皮癌、恶性葡萄胎有一定疗效；也可作为免疫抑制剂用于肾病综合征、红斑狼疮等自身免疫病，以及器官移植等。

【不良反应】主要毒性为骨髓抑制，可引起白细胞及血小板减少；胃肠道反应表现为食欲减退、口腔炎、恶心、呕吐、腹泻；儿童的发生率较成人低；少数患者可致胆汁淤积而出现黄疸和肝损害；偶见高尿酸血症，多见于治疗初期，严重者可引起尿酸性肾病；也可引起间质性肺炎、肺纤维化，但少见。

二、破坏 DNA 结构和功能的药物

(一) 烷化剂

烷化剂(alkylating agent)的化学活性高。烷化剂在体内可产生带正电的碳离子或其他活泼的亲电性基团，与细胞生物大分子(RNA、DNA、酶等)中的亲核基团(如氨基、羟基、巯基、羧基及磷酸基等)等共价结合，即可使细胞中的核酸、蛋白质、酶分子烷基化，从而改变其结构和功能、使细胞的分裂增殖受到抑制或引起细胞死亡。此类药物对 G_1 期、S 期、G_2 期、M 期细胞以及 G_0 期细胞均有作用。对增殖较快的正常细胞如骨髓细胞和肠道上皮细胞亦有毒性。

烷化剂主要分为 6 类：①氮芥类；②乙烯亚胺类；③烷基磺酸类；④亚硝基脲类；⑤三氮烯类；⑥其他烷化剂。

1. 氮芥类

氮　芥

氮芥(chlormethine，nitrogen mustard，HN_2)是最早用于临床并取得突出疗效的抗肿瘤药，为双氯乙胺类烷化剂的代表。

【体内过程】氮芥的水溶性极不稳定，局部刺激性强，必须静脉注射。作用迅速而短暂(数分钟)，主要分布于肺、小肠、肾、肌肉，脑内最少；90% 在 1 分钟内从血中消失，24 小时内 10%~75% 以代谢物形式排出。

【药理作用】主要抑制 DNA 合成，同时对 RNA 和蛋白质的合成也有抑制作用。其作用机制是氮芥可与鸟嘌呤第 7 位氮呈共价结合，产生 DNA 的双链内交叉联结或 DNA 的同链内不同碱基的交叉联结，阻止 DNA 复制，造成细胞损伤或死亡。对肿瘤细胞的 G_1 期和 M 期杀伤作用最强，大剂量时对各期细胞均有杀伤作用，属细胞周期非特异性作用。

【临床应用】主要用于恶性淋巴瘤(霍奇金病、非霍奇金淋巴瘤)；与长春新碱、丙卡巴肼及泼尼松合用治疗霍奇金病有较高的疗效，已很少应用于其他肿瘤；对乳腺癌、前列腺癌、绒癌、卵巢癌、精原细胞癌等也有一定疗效。

【不良反应】毒性反应大，临床已少用。严重的不良反应为骨髓抑制；胃肠道反应如恶心、呕吐及厌食。局部刺激性大，接触皮肤和黏膜可致组织发疱、糜烂和坏死，因此不能口服、皮内注射和肌内注射，只能静脉注射或腔内注射。大剂量可导致中枢神经系统毒性、低血钙、生殖系统紊乱、心损伤及睾丸萎缩等。长期使用可出现急性非淋巴细胞白血病。

环　磷　酰　胺

环磷酰胺(cyclophosphamide，CTX)是氮芥类衍生物，为氮芥与磷酸胺基结合而成的化合物。

【体内过程】环磷酰胺在体外无活性，进入体内后经肝微粒体细胞色素 P_{450} 氧化，裂环

生成中间产物醛磷酰胺,在肿瘤细胞内分解出磷酰胺氮芥而发挥作用。口服吸收良好,1 小时血药浓度达到峰值,肿瘤组织和肝内分布浓度较高,可通过血脑屏障,在肝内被氧化为 4- 羟基环磷酰胺,而大量的 4- 羟基环磷酰胺经循环系统运至靶组织,可发生结构互变,成为醛磷酰胺,并可自发裂解为磷酰胺氮芥和丙烯醛,前者对 DNA 有烷化作用,是主要的抗癌物质,后者对泌尿道有刺激作用,血浆 $t_{1/2}$ 为 4~6.5 小时。本药可随乳汁排出。

【药理作用】环磷酰胺在体内经代谢成有活性的磷酰胺氮芥后发挥烷化作用,能与 DNA 发生交叉联结,抑制 DNA 合成,干扰 DNA 和 RNA 功能。其抗瘤谱较氮芥广,抑瘤作用明显而毒性较低,化疗指数比其他烷化剂高。

【临床应用】环磷酰胺的抗瘤谱较广,是临床应用最广泛的烷化剂之一。对恶性淋巴瘤疗效显著,对多发性骨髓瘤、急性淋巴细胞白血病、乳腺癌、卵巢癌疗效也较好,对其他肿瘤如小细胞肺癌、神经母细胞瘤、视网膜母细胞瘤、尤文肉瘤、软组织肉瘤也有一定的疗效。目前,环磷酰胺多与其他抗癌药联合化疗。本药也作为免疫抑制剂治疗非肿瘤疾患。

【不良反应】较氮芥轻。胃肠道反应较轻,剂量限制的主要不良反应为骨髓抑制,白细胞减少最明显;大剂量可出现膀胱炎,是环磷酰胺较特殊的不良反应,与丙烯醛的尿中排出有关,严重时有血尿,发生率可达 40%,大量饮水和使用美司钠可使发生率降低、症状减轻。常规剂量用药时发生率较低。约 20% 患者出现脱发,偶见肝功能损害,皮肤色素沉着,月经不调,精子无活力,肺纤维化,心肌损害及抗利尿激素分泌不足等。环磷酰胺有致癌、致畸和致突变作用。

2. 乙烯亚胺类(氮丙啶类)

塞 替 派

塞替派(thiotepa)在肝内转化成三亚乙基磷酰胺(TEPA),可将含氮环质子化,打开氮丙啶环而成为活化分子,经亲核取代反应(SN),形成 DNA 交叉联接,而产生细胞毒作用。塞替派的抗瘤谱与氮芥相似,临床用于肝癌、卵巢癌、乳腺癌和恶性黑色素瘤等。

3. 烷基磺酸类

白 消 安

白消安(busulfan)具有磺酸类双功能烷化基团,能与细胞核 DNA 的鸟嘌呤起烷化作用,将甲基结合到 DNA 上,破坏 DNA 的结构与功能,起到细胞毒作用。临床治疗慢性粒细胞白血病效果显著,首次疗程治疗后缓解率可达 85%~90%,对其他骨髓增殖性疾病也有效。不良反应主要为骨髓抑制。

4. 亚硝基脲类

卡 莫 司 汀

卡莫司汀(carmustine)通过与 DNA 共价结合、抑制 DNA 聚合酶等方式,抑制 DNA、RNA 和蛋白质的合成,杀死处于所有细胞周期相的细胞;抗瘤谱较广,对霍奇金病疗效明显。因本药能通过血脑屏障,适用于治疗脑瘤和恶性肿瘤的脑转移。

5. 三氮烯类

达 卡 巴 嗪

达卡巴嗪(dacarbazine)又名氮烯咪胺,在肝内经细胞色素 P_{450} 通过 N- 去甲基反应活化,然后在靶细胞裂解代谢物,产生 CH—N=NOH,再释放出甲基正碳离子(CH),使 DNA 的鸟嘌呤烷基化。临床用于联合用药方案中,治疗霍奇金病、恶性黑色素瘤和成人肉瘤。

6. 其他烷化剂

丙 卡 巴 肼

丙卡巴肼(procarbazine)又名甲基苄肼,为甲基化剂,在体内可释放甲基正离子与 DNA

结合,抑制蛋白质和核酸合成,抑制有丝分裂;主要用于治疗霍奇金病。

(二) 破坏 DNA 的抗生素类

丝 裂 霉 素

丝裂霉素(mitomycin,MMC)又名自力霉素,是 1956 年日本微生物学家从头状链霉菌(*Streptomyces caespitosus*)培养液中提取的一种抗肿瘤抗生素。

【体内过程】本药多静脉给药,静脉注射后迅速进入细胞内,心、肺、肌肉、肾的浓度较高,很少进入中枢神经系统,不能透过血脑屏障,主要在肝中代谢,随尿排出,24 小时内排出约 35%。

【药理作用】丝裂霉素的抗癌作用机制主要是烷化作用,与 DNA 的双螺旋形成交叉联结。它含有 2 个烷化中心——氮丙啶基团和氨甲酰基团,可以和 DNA 碱基结合,从而抑制DNA 的复制,同时还可引起 DNA 单链断裂,高浓度时对 RNA 亦有抑制作用。

【临床应用】丝裂霉素对细菌有抗菌作用,对革兰氏阳性菌的作用比对革兰氏阴性菌的作用强;具有广谱抗肿瘤作用,主要用于各种实体瘤如肺癌、胃癌、乳腺癌等,与氟尿嘧啶、阿霉素联合应用可有效缓解胃腺癌和肺癌;而与环磷酰胺、塞替派合用,可增强治疗恶性淋巴瘤的疗效。

【不良反应】主要毒性为明显而持久的骨髓抑制,其次为胃肠道反应如恶心、呕吐、腹泻、胃炎、皮炎发热和不适等。本药最危险的毒性表现为溶血性尿毒综合征,当总剂量高于 $70mg/m^2$ 时,肾衰竭的发生率高达 28%。

博 来 霉 素

博来霉素(bleomycin,BLM)又名争光霉素,是含多种糖肽的复合抗生素。平阳霉素(pingyangmycin,PYM)则为单一组分,是从我国浙江平阳县土壤中的放线菌培养液中分离得到的抗肿瘤抗生素,经研究与国外的博来霉素成分相近。博来霉素口服不能吸收,需肌内注射或静脉注射。博来霉素在体内可与铁或铁离子络合,使氧分子大量转为氧自由基后嵌入 DNA,使 DNA 双链或单链断裂,阻碍 DNA 复制;为细胞周期非特异性药物,对鳞状上皮细胞癌、睾丸癌和恶性淋巴瘤有较好疗效;治疗睾丸癌时与长春碱、顺铂合用可使部分患者完全缓解。不良反应有发热、脱发等。对骨髓抑制很轻,肺毒性是本药最严重的毒性。

(三) 与 DNA 共价结合的铂类配合物

顺 铂

顺铂(cisplatin,platinol,DDP)是二价铂同 1 个氯原子和 2 个氨基结合形成的金属配合物。DDP 进入体内后,先解离出氯原子,然后与 DNA 链的碱基形成交叉联结,破坏 DNA 的结构和功能。DDP 属于细胞周期非特异性药物。DDP 的抗瘤谱广,对多种实体肿瘤有效,如肺癌、头颈部癌、乳腺癌、卵巢癌、睾丸癌、骨肉瘤等。不良反应有消化道反应、骨髓抑制、周围神经炎、耳毒性,大剂量或连续用药可致严重而持久的肾毒性。

卡 铂

卡铂(carboplatin,paraplatin,CBP)又名碳铂,为第二代铂类化合物,作用机制、适应证与顺铂相似,具有抗瘤活性较强、毒性较低的特点;主要用于小细胞肺癌、卵巢癌、头颈部癌、生殖细胞肿瘤,也可用于甲状腺癌、宫颈癌、膀胱癌及非小细胞肺癌等。主要不良反应为骨髓抑制。

(四) 拓扑异构酶抑制药

喜 树 碱

喜树碱(camptothecine,CPT)又名喜树素,是从我国特有的喜树(*Camptotheca acuminata*)

的种子或根皮中提取的一种生物碱。

【体内过程】静脉滴注后以胆囊和小肠内容物最高,停留时间也长。其次为癌细胞、小肠、肝、骨髓、胃及肺组织。本药主要以原药形式随尿排泄,48 小时可排出 17%。

【药理作用】喜树碱主要通过特异性抑制 DNA 拓扑异构酶 I,使 DNA 断裂,到最后肿瘤细胞死亡。此类药物特异性作用于 S 期,是一种细胞周期非特异性药物。与其他常用抗癌药之间无交叉耐药性。

【临床应用】主要用于胃癌、肠癌、直肠癌、肝癌、头颈部癌、膀胱癌、卵巢癌、肺癌,以及急、慢性粒细胞白血病的治疗。

【不良反应】不良反应多。主要为泌尿系统反应,多在用到 100~140mg 时出现;胃肠道反应重者可出现肠麻痹、电解质紊乱、骨髓抑制及脱发等。

鬼臼毒素类衍生物

鬼臼毒素能与微管蛋白结合,抑制微管聚合,使细胞的有丝分裂停止。其衍生物依托泊苷(etoposide,鬼臼乙叉苷,VP-16)和替尼泊苷(teniposide,鬼臼噻吩苷,VM-26)则主要抑制 DNA 拓扑异构酶 II 的活性,从而干扰 DNA 复制、转录和修复功能,属细胞周期非特异性药物。依托泊苷在同类药物中毒性最低,临床用于肺癌、睾丸肿瘤及恶性淋巴瘤有良效。替尼泊苷的抗肿瘤作用与依托泊苷相似,前者作用是后者的 5~10 倍,对儿童白血病和脑瘤有较好疗效。

三、干扰转录过程和阻止 RNA 的药物

放线菌素 D

放线菌素 D(dactinomycin,DACT)又名更生霉素,是多肽类抗生素。它能嵌入到 DNA 中相邻的鸟嘌呤和胞嘧啶(G-C)碱基之间,与 DNA 结合成复合体,阻碍 RNA 聚合酶的功能,阻止 RNA 尤其是 mRNA 合成。本药属于细胞周期非特异性药物,但对 G_1 期作用最强,可阻止 G_1 期向 S 期转变。抗瘤谱较窄,对恶性葡萄胎、绒毛膜上皮癌、霍奇金病、恶性淋巴瘤、肾母细胞瘤、骨骼肌肉瘤、神经母细胞瘤疗效较好。与放疗联用,可提高肿瘤对放射线的敏感性。不良反应主要有恶心、呕吐等消化道症状,口腔炎,血细胞减少等骨髓抑制。少数患者可见脱发、皮炎、畸胎。

柔红霉素

柔红霉素(daunorubicin,daunomycin,rubidomycin,DNR)又名柔毛霉素、红比霉素、正定霉素,是从 *Streptomyces peucetins* 培养液中提取的一种蒽环类化合物。我国河北省正定县土壤中获得的同类放线菌菌株培养液中亦可提得此物质,故又名正定霉素。

【体内过程】常规以静脉给药方式给药,给药后迅速分布到全身,心、肾、肺、肝和脾较多,但是本药不易透过血脑屏障,仍可通过胎盘屏障;血浆 $t_{1/2}$ 为 30~55 小时。本药主要在肝内代谢,其代谢物柔红霉素醇仍具有抗癌活性,代谢物与原药随胆汁及尿缓慢排出,尿液可呈红色。

【药理作用】本药能嵌入 DNA 双键碱基对之间形成稳定复合物,影响 DNA 的功能,阻止了 DNA 复制和 RNA 的转录,抑制肿瘤细胞的分裂繁殖。本药为细胞周期非特异性药物,对 S 期细胞比较敏感。还有免疫抑制和抗菌作用。

【临床应用】主要用于对常用抗肿瘤药耐药的急性粒细胞白血病和急性淋巴细胞白血病,对儿童疗效好,缓解率高但缓解期较短。

【不良反应】本药毒性较大,限制剂量的不良反应为骨髓抑制,发生率达 90%;其他不良反应有消化道反应和心毒性。

多柔比星

多柔比星(doxorubicin,adriamycin,ADM)又名阿霉素,是从链霉菌属的发酵液中提取的蒽环类抗生素,化学结构与柔红霉素相似,仅是将柔红霉素 C 上的氢用羟基取代。药用其盐酸盐。多柔比星与柔红霉素抗肿瘤的作用及作用机制都相同。多柔比星具有形成超氧自由基团的功能,并有特殊的破坏细胞膜结构和功能的作用。本药为细胞周期非特异性药物,对癌细胞增殖各期均有杀伤作用,但对 S 期的早期最为敏感,M 期次之,而对 G_1 期最不敏感,对 G_1 期、S 期和 G_2 期有延缓作用。本药的抗瘤谱广,疗效高,对各种周期的肿瘤细胞都有杀灭作用;作为临床上最常用的抗肿瘤药之一,主要用于急慢性淋巴细胞或粒细胞白血病、恶性淋巴瘤,还用于霍奇金病、神经母细胞瘤、横纹肌肉瘤、软组织肉瘤、肾母细胞瘤、乳腺癌、肺癌、胃癌、胰癌、膀胱癌、前列腺癌、卵巢癌、子宫内膜癌、宫颈癌、睾丸癌、头颈部鳞状细胞癌和肝细胞瘤。本药常与其他抗肿瘤药联合应用以提高疗效。最严重的毒性反应为心肌退行性病变和心肌间质水肿。右丙亚胺(dexrazoxane)作为化学保护剂可预防心毒性的发生。此外,此药还有骨髓抑制、消化道反应及脱发等不良反应。

四、抑制蛋白质合成与功能的药物

长春碱类

长春碱(vinblastine)及长春新碱(vincristine,oncovin,VCR)是夹竹桃科长春花中的一种生物碱,是一种有丝分裂抑制剂。长春地辛(vindesine,VDS)和长春瑞滨(vinorelbine,NVB)为长春碱的半合成衍生物。

细胞骨架和纺锤体等多种细胞结构均由微管构成。长春碱类的作用机制为,药物与微管蛋白结合,抑制微管聚合,从而使纺锤丝不能形成,细胞有丝分裂停止于中期。此类药还可干扰蛋白质合成和 RNA 聚合酶,因此不仅作用于 M 期细胞也作用于 G_1 期细胞。抑制有丝分裂的作用,长春碱比长春新碱强。长春碱主要用于急性白血病、恶性淋巴瘤及绒毛膜上皮癌。长春地辛主要用于肺癌、恶性淋巴瘤、乳腺癌、黑色素瘤、食管癌和白血病等。长春瑞滨主要用于肺癌、乳腺癌、淋巴瘤和卵巢癌等。长春碱的不良反应包括骨髓抑制、消化道反应、神经毒性、脱发及注射局部刺激等。长春新碱的毒性不明显,但其外周神经毒性作用较大。

紫杉醇

紫杉醇(paclitaxel)是从短叶紫杉或我国红豆杉树皮中提取的有效成分。本药能促进肿瘤细胞的微管聚合,并抑制微管解聚,导致纺锤体失去正常功能,从而终止细胞有丝分裂。本药的抗肿瘤机制独特,并对耐药细胞也有效。对卵巢癌、乳腺癌疗效较好,对肺癌、食管癌、大肠癌、黑色素瘤、头颈部肿瘤、淋巴瘤、脑瘤也有效。本药的不良反应主要有骨髓抑制、神经毒性、心毒性、过敏反应。

三尖杉生物碱类

三尖杉生物碱类是从三尖杉属植物的枝、叶和树皮中提取的生物碱。生物碱中的酯碱主要有 4 种:三尖杉酯碱、高三尖杉酯碱、异三尖杉酯碱和脱氧三尖杉酯碱。其中,三尖杉酯碱(harringtonine)和高三尖杉酯碱(homoharringtonine)的抗肿瘤疗效较好。三尖杉酯碱可抑制真核生物蛋白质合成的起始阶段,使核糖体分解,释放出新生的肽链,但是对 mRNA 或 tRNA 与核糖体的结合无抑制作用。此类药物为周期非特异性药物。主要用于各型白血病、真性红细胞增多症、恶性淋巴瘤、肺癌和恶性葡萄胎等。不良反应主要为骨髓抑制、脱发、消化道反应等。

门冬酰胺酶

门冬酰胺酶(asparaginase,ASP)又名左旋门冬酰胺酶(L-asparaginase,L-ASP),是细胞

合成蛋白质及生长增殖所必需的氨基酸。正常细胞能自身合成门冬酰胺,而某些肿瘤细胞不能自身合成,需从细胞外摄取。门冬酰胺酶可将血清中门冬酰胺水解为门冬氨酸和氨,使细胞缺乏门冬酰胺而导致蛋白质合成障碍,增殖受到抑制。门冬酰胺酶静脉给药后从血管扩散到血管外间隙和细胞外间隙较慢,可从淋巴液中测出,注射后以肝、肾含量最高。适用于急性淋巴细胞白血病、急性粒细胞白血病、急性单核细胞白血病等。不良反应为消化道反应及肝毒性,对骨髓无抑制作用。

第三节　非细胞毒类抗肿瘤药

一、影响激素功能的抗肿瘤药

有些肿瘤的发生与相应激素失调有关,如乳腺癌、前列腺癌、宫颈癌、卵巢肿瘤和甲状腺癌等。因此,如用激素或其拮抗剂调节体内激素平衡,即可抑制这些激素依赖肿瘤的生长,而此类药物无骨髓抑制等不良反应。但由于激素作用广泛,副作用也较多,所以选用这类药物时需特别注意它们的副作用,否则使用不当又会发生其他不良反应。这类药物可分为如下几种。

(一)雄激素类药

雄激素类药通过负反馈,抑制 FSH 分泌,减少雌激素产生,从而阻断雌激素对乳腺癌生长的促进作用。对晚期乳腺癌、绝经前后 5 年以内的患者及有骨转移者疗效较好。

(二)雌激素类药及抗雌激素药

雌激素类药己烯雌酚(diethylstilbestrol)可通过抑制下丘脑及脑垂体,减少黄体生成素[又称间质细胞刺激素(interstitial cell stimulating hormone,ICSH)]的分泌。主要用于前列腺癌,也可用于绝经期乳腺癌。

他莫昔芬

他莫昔芬(tamoxifen)是合成的抗雌激素药,能与雌二醇竞争性与雌激素受体结合,部分激动雌激素受体,强度仅为雌激素的 1/2,与受体结合后诱导改变受体的三维空间形状,阻止受体与 DNA 上的雌激素反应成分相结合,使转录等过程不能进行,从而抑制激素依赖性乳腺肿瘤细胞的生长。用于晚期播散性乳腺癌,是停经后晚期乳腺癌的首选药物;与雄激素疗效相同,但无后者的男性化副作用。本药对晚期卵巢癌、宫体癌等实体瘤也有效。

(三)肾上腺皮质激素

肾上腺皮质激素(adrenal cortical hormone)有抑制淋巴组织的作用,促使淋巴细胞破坏。除对抗急性淋巴细胞白血病和减少淋巴细胞数目外,还可缓解并发的自身免疫性贫血。对其他癌瘤无治疗作用。因抑制免疫功能,有助长癌瘤扩散的可能性,仅在癌瘤引起发热不退、毒血症状明显时,可以短期少量应用以改善症状;用药时,应合用有效抗癌药与抗菌药。

二、靶向抗肿瘤药

癌症的现代治疗手段之一是靶向治疗。靶向治疗是指在细胞分子水平上,针对已经明确的致癌位点(该位点可以是肿瘤细胞内的蛋白分子,或基因片段)设计相应的治疗药物,特异地选择致癌位点发生作用,抑制肿瘤生长或使肿瘤细胞死亡,而不会波及周围的正常组织的治疗方法。与传统的化学治疗相比,靶向治疗最显著的优势就是能够准确打击癌细胞而又不伤害正常细胞,毒副作用小,可减少患者的痛苦,现已得到广泛应用。然而,靶向抗肿瘤药虽没有传统化疗药物的细胞毒作用,但由于制作工艺和靶点的非特异性分布,仍具有过敏、皮疹和心毒性等不良反应。肿瘤的发生原因和机制复杂多变,如只针对某一两个作用靶点是很难达到治愈目的的,因此开发多靶点抗肿瘤药和联合用药非常重要。

靶向抗肿瘤药目前尚无统一的分类方法,主要有以下几类:

(一) 表皮生长因子受体 - 酪氨酸激酶(EGFR-TK)抑制剂

表皮生长因子受体(epithelial growth factor receptor,EGFR)对肿瘤的生长、发展和肿瘤干细胞的维持都起着非常重要的作用。因此,在肿瘤治疗中,EGFR 成为一个非常重要的靶点。

吉 非 替 尼

吉非替尼(gefitinib)是一种选择性 EGFR-TK 抑制剂。可口服,口服后血药峰浓度出现在给药后 3~7 小时。血浆蛋白结合率 90%,主要在肝内代谢,绝大多数随粪便排泄,4% 以原药或代谢物形式清除。$t_{1/2}$ 为 48 小时。此药可竞争性与 EGFR 结合,阻断表皮生长因子(EGF)与 EGFR 的结合,阻断由 EGFR 传导的下游信号转导通路,从而抑制肿瘤细胞增殖,诱导分化,促进肿瘤细胞凋亡,抑制肿瘤血管生成,增强放化疗疗效。吉非替尼是第一个获准上市的 EGFR-TK 抑制剂,主要适用于表皮生长因子受体基因突变的局部晚期或转移性非小细胞肺癌患者的一线治疗,还可用于既往接受过化学治疗的局部晚期或转移性非小细胞肺癌患者的治疗。最常见的不良反应是腹泻、皮肤干燥、皮疹、瘙痒以及痤疮。最严重的不良反应是间质性肺病。

其他 EGFR-TK 抑制剂见表 45-1。

表 45-1　其他 EGFR-TK 抑制剂

药物	药理作用	临床应用	不良反应
厄洛替尼 (erlotinib)	抑制 ATP 与酪氨酸激酶(TK)结合,抑制 EGFR-TK 的磷酸化	局部晚期或转移的非小细胞肺癌的二线治疗	皮疹、腹泻;个别患者可出现严重的间质性肺病,甚至死亡
拉帕替尼 (lapatinib)	抑制表皮生长因子受体 ErbB1 和 / 或 ErbB2 胞内的酪氨酸激酶结构域	联合卡培他滨治疗 ErbB2 过度表达而既往接受过其他药物治疗的晚期或转移性乳腺癌	胃肠道反应、皮肤干燥、皮疹,个别患者可出现间质性肺炎
舒尼替尼 (sunitinib)	多靶点 EGFR-TK 抑制剂,作用于肿瘤细胞、肿瘤新生血管以及血管外膜细胞的血管内皮生长因子受体(VEGFR)、血小板衍生生长因子受体(PDGFR)、Kit 和 Flt-3 等靶点。切断肿瘤细胞生长的血液和营养供应,能直接杀伤肿瘤细胞	用于其他此类药物治疗失败或不能耐受的胃肠间质瘤及不能手术的晚期肾细胞癌	疲劳、乏力及胃肠道反应
曲妥珠单抗 (trastuzumab)	靶向人表皮生长因子 2(HER2)蛋白的重组人源化的单克隆抗体,能与 HER2 蛋白胞外结合,抑制 HER2 蛋白参与的信号转导	适用于 HER2 过度表达的转移性乳腺癌、胃癌、食管胃结合部癌的治疗;作为单一药物治疗已接受过 1 个或多个化疗方案的转移性乳腺癌	最常见的是发热、恶心、呕吐、双硫仑样反应、感染、咳嗽加重、乏力、呼吸困难等
帕尼单抗 (panitumumab)	IgG$_2$ 单克隆抗体,也是首个完全人源化单克隆抗体,靶向作用于 EGFR	适用于单药治疗结直肠癌或氟尿嘧啶、伊立替康化疗后疾病进展的转移结直肠癌	皮肤毒性(红斑、瘙痒、皮疹、表皮剥脱等);腹痛、腹泻及便秘等

（二）血管内皮生长因子受体 - 酪氨酸激酶（VEGFR-TK）抑制剂

此类药物可以选择性以肿瘤血管为靶点抑制肿瘤的生成。VEGFR 家族成员包括 VEGFR-1（Fit-1）、VEGFR-2（KDR/Fik-1）、VEGFR-3（Fit-4）。

此类药物见表 45-2。

表 45-2　VEGFR-TK 抑制剂

药物	药理作用	临床应用	不良反应
索拉非尼（sorafenib）	通过拮抗血管内皮生长因子（VEGF）受体发挥抗肿瘤作用，可通过靶向位于细胞内的 RAF 家族丝氨酸 / 苏氨酸激酶，阻断 RAF/MEK/ERK 通路（MAPK 级联）	用于不能手术的晚期肾细胞癌、无法手术或远处转移的原发肝细胞癌及甲状腺癌	充血性心力衰竭、脑梗死、肝衰竭、肺梗死、肺衰竭 / 呼吸衰竭、猝死、胃肠道反应、全身反应等
贝伐珠单抗（bevacizumab）	第一个获得批准上市的抑制肿瘤血管生成的药。通过 IgG_1 抗体能与人血管内皮生长因子结合并阻断其生物活性	适用于转移性直肠癌、肾癌、宫颈癌、肺癌、腹膜癌及胶质母细胞瘤	胃肠穿孔 / 伤口开裂综合征、高血压危象、肾病综合征、出血、充血性心力衰竭等

（三）血小板衍生生长因子受体 - 酪氨酸激酶（FDGFR-TK）抑制剂

此类药物见表 45-3。

表 45-3　FDGFR-TK 抑制剂

药物	药理作用	临床应用	不良反应
伊马替尼（imatinib）	第一个分子靶向肿瘤生成机制的抗癌药，能通过对 BCR-ABL、PDGFR、c-Kit 等作用抑制	慢性粒细胞白血病急变期、加速期或 α- 干扰素治疗失败后的慢性期患者；不能手术切除或发生转移的恶性胃肠道间质肿瘤患者以及皮肤纤维瘤	最常见的有胃肠不良反应、肌肉痛性痉挛、乏力、发热、水肿等
尼洛替尼（nilotinib）	为高度选择性的酪氨酸激酶抑制剂，对 BCR-ABL、PDGFR、c-Kit 等均有抑制作用	用于治疗对伊马替尼耐药的慢性粒细胞白血病，对 90% 以上难治性白血病有效	不良反应较伊马替尼轻，常见的有皮疹、一过性胆红素水平升高和骨髓抑制
达沙替尼（dasatinib）	二代酪氨酸激酶抑制剂，与 BCR-ABL 失活和活化构象均能结合的强效 BCR-ABL 抑制剂，可抑制绝大部分 BCR-ABL 激酶突变，具有广泛的抗突变活性	治疗对伊马替尼耐药，或不耐受的慢性髓细胞性白血病（CML）慢性期、加速期和急变期成年患者	体液潴留（包括胸腔积液）、腹泻、头痛、恶心、皮疹、呼吸困难、出血、疲劳、肌肉骨骼疼痛、感染、呕吐、咳嗽、腹痛和发热

（四）抗 PD-1/PD-L1 单抗

在控制肿瘤细胞的生长、扩散和复发过程中，T 细胞介导的免疫应答具有重要作用。作为负性免疫调节因子的程序性死亡蛋白 -1（PD-1），在肿瘤细胞免疫逃逸过程中发挥着重要作用，其分子功能、表达水平与肿瘤的治疗和患者的预后密切相关。目前，临床主要应用针对 PD-1 及其配体的单克隆抗体类药物治疗恶性肿瘤，通过它们可增强 T 细胞活性的作用来达到治疗肿瘤的目的。

纳武单抗（nivolumab）是一种抗 PD-1 的单克隆抗体，通过阻断 PD-1 与其配体 PD-L1/2 的结合，从而恢复 T 细胞的抗肿瘤效应。纳武单抗的抗肿瘤机制为阻断肿瘤细胞 PD-L1/

PD-1 通路。PD-L1/PD-1 途径在调节 T 淋巴细胞活化、免疫耐受、肿瘤免疫逃逸过程中至关重要。PD-L1/PD-1 通路被阻断后,被抑制的效应 T 细胞功能重新恢复,此时机体会出现一个反跳性的免疫增强情况,有可能引起机体对自身抗原发生免疫反应而导致自体组织损伤,所以纳武单抗的不良反应大多都是免疫相关性的,包括免疫介导的肠炎、肺炎、肾炎及肾功能不全、肝炎和甲状腺功能异常。

第四节　抗肿瘤药的应用原则和毒性反应

一、抗肿瘤药的应用原则

恶性肿瘤的药物治疗效果受到肿瘤、宿主、药物等三方面的交互影响。抗肿瘤常需联合用药,合理地应用抗肿瘤药不但可以增加临床疗效,而且可以减少药物不良反应和耐药性的产生。应用抗肿瘤药时,需要注意以下几个原则:

(一) 细胞增殖动力学

1. 招募作用　即序贯应用细胞周期非特异性药和细胞周期特异性药,可招募更多 G_0 期细胞进入增殖周期,以便杀灭。具体策略:①对增长缓慢(GF 不高)的实体瘤,可先用细胞周期非特异性药杀灭增殖期和部分 G_0 期细胞,使瘤体缩小而招募 G_0 期细胞进入增殖周期,接着用细胞周期特异性药杀灭;②对增长快(GF 较高)的肿瘤(如急性白血病等),可先用细胞周期特异性药(作用于 S 期或 M 期的药物)杀灭大量处于增殖周期的肿瘤细胞,而后再用细胞周期非特异性药杀伤其他各时相的细胞,待 G_0 期细胞进入增殖周期时,再重复上述疗法。

2. 同步化作用　即先用细胞周期特异性药(如羟基脲)阻滞肿瘤细胞于某时相(如 G 期),待药物作用消失后,肿瘤细胞即同步进入下一时相,再用作用于后一时相的药物。

(二) 药物抗肿瘤机制

针对肿瘤的发病机制,联用多个作用于不同病理环节的药物,可提高抗肿瘤疗效。如联合应用甲氨蝶呤和巯嘌呤,可同时作用于一个线性代谢过程中的前后 2 个不同靶点,起到序贯抑制作用。

(三) 降低药物毒性

1. 减少毒性的重叠　大多数抗肿瘤药具有抑制骨髓等不良反应,如泼尼松和博来霉素等无明显骨髓抑制作用,若联用其他药物,可提高疗效并减少对骨髓的毒性。

2. 降低药物的毒性　如用巯乙磺酸钠可预防环磷酰胺引起的出血性膀胱炎;用四氢叶酸钙可减轻甲氨蝶呤对骨髓的毒性。

(四) 药物抗瘤谱

胃肠道肿瘤选用氟尿嘧啶、环磷酰胺、丝裂霉素、羟基脲等,鳞癌宜用博来霉素、甲氨蝶呤等。肉瘤选用环磷酰胺、顺铂、多柔比星等,骨肉瘤用多柔比星。脑瘤首选亚硝基脲类,亦可用羟基脲等。

(五) 药物剂量

抗肿瘤药杀灭肿瘤细胞的作用遵循一级动力学原则,一定剂量的药物只能杀灭一定数量的肿瘤细胞。无限制的增加药物剂量只会导致更大的不良反应,如严重的免疫功能抑制。因此,选用合适的剂量并间歇给药,可以保护患者的免疫功能,更有利于肿瘤的治疗。

（六）小剂量长期化疗

区别于传统的最大耐受剂量化疗,小剂量长期化疗即节拍式化疗,通过抑制肿瘤新生血管内皮细胞增殖和迁移而发挥抗肿瘤作用,全身不良反应轻,不易产生耐受性。

二、抗肿瘤药的毒性反应

细胞毒类抗肿瘤药对肿瘤细胞和正常细胞选择性低,药物在杀伤肿瘤细胞的同时,对正常细胞也有毒性作用。分子靶向抗肿瘤药能特异性作用于肿瘤细胞的分子靶点,而这些靶点通常在正常细胞表达很少,所以分子靶向抗肿瘤药的作用特异性强,毒性反应较轻,安全性较高。

（一）近期毒性

1. 共有的毒性反应

（1）消化道反应:恶心、呕吐是最常见的毒性反应。根据发生时间分为急性和迟发性2种类型,前者发生在化疗后24小时内,后者发生在化疗24小时后。

（2）骨髓抑制:骨髓抑制是肿瘤化疗的最大毒性之一,除激素类、博来霉素和门冬酰胺酶外,大多数抗肿瘤药具有骨髓抑制作用。

（3）脱发:多数抗肿瘤药都能引起脱发。

（4）黏膜炎:多数抗肿瘤药都能引起黏膜炎。

（5）免疫力低下。

2. 特有的毒性反应

（1）心毒性:以多柔比星最常见,可引起心肌退行性病变和心肌间质水肿。

（2）呼吸系统毒性:主要有间质性肺炎和肺纤维化,如博来霉素、丝裂霉素、甲氨蝶呤、吉非替尼等。

（3）肝毒性:门冬酰胺酶、放线菌素D、环磷酰胺等可导致肝损伤。

（4）肾和膀胱毒性:大剂量环磷酰胺可引起出血性膀胱炎,保持尿量充足可减轻肾毒性和膀胱毒性。

（5）神经毒性:长春新碱最易引起外周神经病变。顺铂、甲氨蝶呤、氟尿嘧啶偶尔引起神经毒性。

（6）过敏反应:多肽类和蛋白质类抗肿瘤药(如门冬酰胺酶、博来霉素)静脉注射易引起过敏。

（7）组织坏死和血栓性静脉炎:刺激性强的药物(如丝裂霉素、多柔比星)可引起注射部位的血栓性静脉炎,漏出血管外可致局部组织坏死。

（二）远期毒性

1. 第二原发恶性肿瘤　许多抗肿瘤药(尤其是烷化剂)有致突变和致癌性、免疫抑制作用,长期生存的部分患者可能发生与化疗相关的第二原发恶性肿瘤。

2. 不育和致畸　很多抗肿瘤药(尤其是烷化剂)可影响生殖细胞的产生和内分泌功能,导致男性患者睾丸生殖细胞减少不育,以及女性患者卵巢功能障碍、闭经、流产、畸胎。

📖 知识链接

肿瘤生物治疗

肿瘤生物治疗(cancer biotherapy)是指运用生物技术和生物制剂对从患者体内采集的免疫细胞进行体外培养和扩增后回输到患者体内的方法,来激发、增强机体自身

笔记栏

免疫功能,或通过修复功能异常的癌基因或抑癌基因,导入其他治疗用目的基因以及人为增强机体本身就有的防御功能,从而使机体的内环境得以平衡和稳定,最终达到治疗肿瘤的目的。肿瘤生物治疗是一种新兴的、具有显著疗效的肿瘤治疗模式。肿瘤生物治疗是继手术、放疗和化疗之后的第四大肿瘤治疗技术。它包括基因治疗、免疫治疗和干细胞治疗等。与传统的治疗方法不同,肿瘤生物治疗在不损伤机体免疫系统和功能的前提下,直接识别、消灭存在于人体血液、淋巴中的癌细胞,恢复和增强机体自然抗癌免疫系统和功能。目前,临床上影响肿瘤生物治疗效果的因素主要有肿瘤本身的负荷、肿瘤自身的恶性程度以及患者自身的免疫状态等。

(李凤梅)

复习思考题

1. 简述抗肿瘤药根据细胞增殖周期的分类及其代表药物。
2. 抗肿瘤药的常见不良反应有哪些?

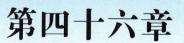

第四十六章

免疫功能调节剂

学习目标

1. 掌握　环孢素的药理作用特点与应用、主要不良反应。
2. 熟悉　免疫抑制药他克莫司、吗替麦考酚酯和免疫增强药卡介苗的药理作用特点与应用、主要不良反应。
3. 了解　影响免疫功能药物的分类。

免疫系统是机体自我保护的防御系统,由免疫器官(胸腺、脾、淋巴结、扁桃体、阑尾等)、免疫细胞(淋巴细胞、单核吞噬细胞、粒细胞、肥大细胞等)和免疫分子(免疫球蛋白、补体、细胞因子等)组成。机体的免疫功能是指机体识别和排除异物的功能,包括免疫防护(防止病原体侵袭)、免疫稳定(消除损伤、衰老细胞)和免疫监视(清除突变细胞)三大功能。因此,调节机体免疫功能是临床上常用的治疗策略。影响免疫功能的药物通过免疫抑制、免疫耐受和免疫增强 3 种方式调控机体免疫反应,防治免疫功能异常所致的疾病,在恶性肿瘤、自身免疫病、免疫缺陷病、器官移植排斥反应、慢性感染性疾病的治疗中具有重要意义。影响免疫功能的药物主要有两大类:用于抗器官移植排斥反应和自身免疫病的免疫抑制药,以及用于感染或癌症所致免疫功能低下的免疫增强药。

(一)免疫应答

免疫应答是免疫细胞对抗原识别、自身活化、增殖和分化以及产生效应的过程,是机体免疫系统识别自己、排除异己、维持机体内环境平衡和稳定的一种生理功能。按免疫反应类型,机体免疫可分为固有免疫(又名非特异性免疫)和适应性免疫(又名特异性免疫),其中适应性免疫又分为体液免疫和细胞免疫。固有免疫是机体遇到病原体之后,能迅速产生的反应;主要反应细胞有肥大细胞、中性粒细胞、单核巨噬细胞、自然杀伤细胞,以及血液中存在的具有抗菌作用的补体。适应性免疫的主要执行者分别是 T、B 淋巴细胞和抗原呈递细胞,在固有免疫之后发挥作用,并最终清除病原体,促进疾病治愈。

免疫反应可分为 3 个阶段,即抗原识别阶段、淋巴细胞增殖分化阶段和抗原清除阶段,也即:巨噬细胞和免疫活性细胞处理和识别抗原阶段;淋巴细胞被抗原激活,分化增殖并产生免疫活性物质阶段;以及活化 T 细胞或抗体与相应的靶细胞或抗原接触,产生 T 细胞介导的细胞免疫(cellular immunity)和 B 细胞介导的体液免疫(humoral immunity)的效应阶段。

(二)免疫病理反应

免疫系统对抗原的适当应答是机体执行免疫防御、自我稳定及免疫监视功能所不可缺少的。但免疫系统中任何环节的功能障碍都会导致免疫病理反应。

1. 超敏反应　是指机体接受特定抗原持续刺激或同一抗原再次刺激所致的功能紊乱

笔记栏

和 / 或组织损伤等病理性免疫反应。

2. 自身免疫病　是指机体免疫系统针对自身组织产生异常应答所引发的疾病,如系统性红斑狼疮、1 型糖尿病、类风湿关节炎等。

3. 免疫增殖病　是指由于产生免疫球蛋白的细胞异常增殖,导致免疫球蛋白异常增多所致的一些疾病,如多发性骨髓瘤、巨球蛋白血症等。

4. 免疫缺陷病　是指由于机体免疫系统结构或功能障碍,对"非己"抗原产生过弱或负应答而引起的疾病,包括先天性和获得性免疫缺陷病,主要表现为免疫功能低下,前者如免疫系统遗传基因异常,后者如人类免疫缺陷病毒(human immunodeficiency virus,HIV)引起的获得性免疫缺陷综合征。免疫功能低下者容易患实体瘤、血液肿瘤或感染性疾病。

5. 移植物排斥反应　是指受者免疫系统对同种异体、异种组织和器官移植物所产生的特异性免疫应答,导致移植物发生炎症、损伤和损毁的现象。移植物排斥反应(graft rejection)是进行器官移植的重要障碍。

影响免疫功能的药物主要通过影响免疫反应的 1 个或多个环节而发挥免疫抑制、免疫增强或诱导免疫耐受作用,从而防治免疫功能异常所致疾病(图 46-1)。

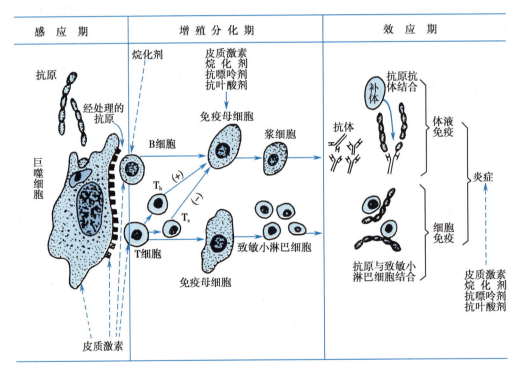

图 46-1　免疫应答基本过程和药物作用环节

第一节　免疫抑制药

免疫抑制药是一类非特异性抑制免疫细胞增殖、降低机体免疫功能的药物。临床上主要用于器官移植后的排斥反应和自身免疫病如类风湿关节炎、系统性红斑狼疮、炎性肠病和 1 型糖尿病等的治疗。其作用特点是：①缺乏特异性,对异常免疫、正常免疫、细胞免疫、体液免疫都有抑制作用；②主要作用于免疫反应的感应期,抑制淋巴细胞增殖；③对初次免疫应答的抑制作用强,对再次免疫应答的抑制作用弱,故对排斥反应的抑制作用强于对自身免疫病；④不同类型的免疫抑制药,产生最强效应的给药时间点不同,如糖皮质激素在抗原刺激前 24~48 小时给药,产生的免疫抑制作用最强；⑤多数具有非特异性抗炎作用,但抗炎强度与免疫抑制效应无相关性；⑥长期、大剂量使用免疫抑制药,使机体抵抗力降低而诱发感染、使肿瘤发生率增加、影响生殖系统功能、造成骨髓抑制等不良反应。免疫抑制药主要有 5 类：①钙调磷酸酶抑制药：环孢素、他克莫司；②抗增殖药与抗代谢药：吗替麦考酚酯、西罗莫司、硫唑嘌呤、甲氨蝶呤、巯嘌呤；③糖皮质激素类药：氢化可的松、泼尼松龙；④烷化剂：环磷酰胺；⑤抗体类：抗淋巴细胞球蛋白、单克隆抗体(莫罗单抗、巴利昔单抗、达珠单抗)。随着他克莫司、西罗莫司及吗替麦考酚酯等新药的研制成功,免疫抑制剂的发展进入了一个新的阶段,使免疫抑制剂从低选择性高毒性向高选择性低毒性发展。

(一) 钙调磷酸酶抑制药

环 孢 素

环孢素(ciclosporin)也称环孢素 A,是从雪白白僵菌(*Beauveria nivea*)的代谢物中提取分离出的一种由 11 个氨基酸残基组成的环状多肽,其中含有 1 个由 9 个碳组成的含乙烯双键的新氨基酸,中性,可溶于乙醇,不溶于水。1972 年发现其有免疫抑制作用,用于防治排斥反应获得满意疗效。1980 年化学全合成成功,是目前最受重视的免疫抑制剂之一。

【体内过程】本药可口服或静脉给药。口服吸收慢而不完全,生物利用度仅为 20%~50%。口服后 3~4 小时血浆浓度达到峰值。本药分布广泛,在血液中约 50% 被红细胞摄取,30% 与血红蛋白结合,4%~9% 存在于淋巴细胞中,仅 5% 以游离型药物存在于血浆中。本药主要在肝内代谢,原药及代谢物随胆汁、粪便排泄,有明显的肝肠循环,约 6% 随尿排出。$t_{1/2}$ 约 24 小时,停药后,在淋巴骨髓组织和脂肪组织中还停留一段时间。另外,本药的体内药动学过程个体差异较大,给药剂量应个体化,尤其是患者肝肾功能不全、有胃肠疾病和联合用药时,应通过监测血药浓度,及时调整剂量。

【药理作用】环孢素是选择性作用于 T 细胞的免疫抑制药。免疫抑制作用强而毒性小,选择性较高,特别是对 T 细胞激活的早期阶段有较强抑制作用,一般剂量对 B 淋巴细胞没有明显影响。环孢素增加转化生长因子 -β(transforming growth factor-β,TGF-β)的表达,而 TGF-β 对 IL-2 刺激 T 细胞的增殖有强大的抑制作用。环孢素可与 T 淋巴细胞胞质受体蛋白——亲环蛋白(cyclophilin)结合形成复合物,此复合物结合并抑制钙调磷酸酶(calcineurin),抑制 Ca^{2+} 介导的活化 T 细胞核因子(nuclear factor of activated T cell,NFAT)胞内结构域的去磷酸化,导致 NFAT 不能进入 T 细胞核内启动 T 细胞活化,并导致 IL-2 等淋巴因子和抗凋亡蛋白的表达减少。NFAT 在免疫系统的发育、成熟和功能中起着关键作用,在多数免疫细胞中均有表达,并作为转录因子对调节细胞因子如 IL-2、IL-3、IL-4 的产生、发展具有决定性意义。

环孢素可抑制 Th 细胞,阻断淋巴细胞在抗原或丝裂原刺激下的增殖、分化和成熟,而促进 Ts 细胞的增殖,因此可降低 Th/Ts 的比值,同时也能抑制 T 淋巴细胞和自然杀伤细胞(NK 细胞)的细胞毒性作用。该药不影响吞噬细胞的功能,不产生明显的骨髓抑制作用。

【临床应用】环孢素是抑制器官和组织移植后排斥反应以及自身免疫病的首选药物。

1. **器官移植**　临床研究表明,环孢素可降低器官移植后急性排斥反应及感染发生率,增加存活率,是多种器官移植后抗排斥反应的首选药。主要用于肾、肝、心、肺、角膜和骨髓

笔记栏

等组织器官的移植手术,以防止排斥反应,常单独应用,也有主张环孢素与小剂量糖皮质激素联合应用。

2. 自身免疫病　环孢素可用于其他药物无效的难治性自身免疫病。环孢素用于系统性红斑狼疮、类风湿关节炎、肾病综合征,能改善大疱性天疱疮及类天疱疮的皮肤损害,使自身抗体水平下降。该药也为再生障碍性贫血的一线治疗药物。环孢素为脂溶性,可局部应用治疗接触性过敏性皮炎,对银屑病亦有效。

3. 其他　环孢素还可治疗血吸虫病,对雌虫作用更明显。

【不良反应】环孢素的不良反应发生率较高,严重程度与用药剂量、用药时间、药物浓度有关,但具有可逆性。

1. 肾毒性　为主要的不良反应,发生率为70%~100%。急性和慢性肾毒性均可出现,这可能是该药抑制了肾内舒血管物质,如缓激肽、前列腺素等的合成,而增加血管收缩物质,如血栓素 A_2 的合成,使肾单位皮质血流重新分布,导致肾小管受损,但减量后可恢复。每日剂量以不超过17mg/kg 为宜,用药期间监测肾功能,可用甘露醇等预防。若血清肌酐水平超过用药前30% 时,应减量或停药。肾功能不全者慎用,不宜与两性霉素 B、氨基糖苷类抗生素等肾毒性药物合用。

2. 肝损害　多见于用药早期,表现为高胆红素血症,氨基转移酶、乳酸脱氢酶、碱性磷酸酶水平升高。减少剂量可缓解,用药期间要注意定期检查肝功能。此外,还可引起畏食、恶心、腹泻等。

3. 神经系统毒性　在器官移植或长期用药时发生,表现为震颤、惊厥、癫痫发作、神经痛、瘫痪、精神错乱、共济失调、昏迷等。减量或停用后可缓解。

4. 诱发肿瘤　有报道,器官移植患者用该药后,肿瘤的发生率高达一般人的30 倍。以淋巴瘤和皮肤癌多见。

5. 继发性感染　长期用药可引起病毒感染、真菌感染、肺孢子菌感染,病死率高,应进行有效的抗感染治疗。

此外,还可引起高血压、红细胞增多症、嗜睡、多毛症、齿龈增生等不良反应。

他 克 莫 司

他克莫司(tacrolimus,FK506)是从链霉菌属分离提取出的23 元环的大环内酯类抗生素。由于其免疫抑制作用较强、并易于检测血药浓度,逐步成为广泛应用的钙调磷酸酶抑制药。

【体内过程】本药可口服或静脉给药。口服吸收快但不完全,生物利用度为25%,胃肠道食物影响吸收。口服后1~2 小时达到峰值,$t_{1/2}$ 为 7 小时,血浆蛋白结合率为75%~99%,主要在肝内经 CYP3A 酶代谢,随粪便排泄。

【药理作用】作用机制与环孢素相似,但抑制 T 细胞活性的能力比环孢素强 10~100 倍。

1. 抑制淋巴细胞增殖　他克莫司作用于细胞 G_0 期,能抑制不同刺激所致的淋巴细胞增殖,包括伴刀豆球蛋白 A、T 细胞受体的单克隆抗体、CD3 复合体或其他细胞表面受体诱导的淋巴细胞增殖,但对 IL-2 刺激引起的淋巴细胞增殖无抑制作用。

2. 抑制 Ca^{2+} 依赖性 T 和 B 淋巴细胞的活化　他克莫司在体内与 T 淋巴细胞胞质内的 FK506 结合蛋白结合,形成 FK506-FKBP 复合物。FK506-FKBP 复合物抑制钙调蛋白磷酸酶的磷酸化酶活性,抑制 Ca^{2+} 内流,使 T 细胞核因子不能去磷酸化,并阻遏 IL-2、INF-γ 等多种基因转录,从而抑制 IL-2 等多种细胞因子的产生和 T 细胞的活化,进而抑制抗宿主反应和迟发性变态反应。

3. 抑制 T 细胞依赖的 B 细胞产生抗体。

4. 延长移植器官的生存时间 具有良好的抗排斥作用,并对实验性自身免疫病有治疗作用。

【临床应用】

1. 肝移植 他克莫司对肝有较强的亲和力,并可促进肝细胞的再生和修复,对肝移植病例疗效显著,可降低急性排斥反应的发生率和再移植率,减少糖皮质激素类药物的用量。

2. 其他器官移植 他克莫司对肾移植及骨髓移植等均取得较好的临床疗效。与环孢素相比,在减少急性排斥反应的发生率、增加移植物存活时间和延长患者生存期方面均具有明显优势。

3. 风湿免疫性疾病 2005 年,日本率先将他克莫司用于类风湿关节炎的治疗,发现他克莫司能明显抑制类风湿关节炎患者关节滑膜液淋巴细胞的活化,降低 Th1、Th2 细胞因子的分泌水平。临床上也可用于泼尼松龙、环孢素、头孢噻肟等药物治疗失败的系统性红斑狼疮。该药耐受性好,肾功能损害小,可以作为伴有高血压和肾功能异常患者的替代药物。

4. 其他 他克莫司还可用于特应性皮炎、银屑病的治疗。

【不良反应】

1. 神经毒性 静脉注射常发生神经毒性,轻者表现为头痛、震颤、失眠、畏光、感觉迟钝,重者可出现运动不能、缄默症、癫痫发作、脑病等,但多数减量或停药后可消失。

2. 肾毒性 影响肾小球滤过率,诱发急性或慢性肾毒性。

3. 其他毒性 对胰岛细胞的毒性可导致高血糖;大剂量应用可产生生殖系统毒性。尚有胃肠道反应、代谢异常、血小板增多、高血脂等。

(二) 抗增殖药与抗代谢药

吗替麦考酚酯

吗替麦考酚酯(mycophenolate mofetil,MMF)又名霉酚酸酯,是霉酚酸(mycophenolic acid,MPA)的 2- 乙基酯类衍生物,具有独特的免疫抑制作用和较高的安全性,自 1995 年美国 FDA 批准开始用于肾移植以来,已广泛用于心、肝和小肠等器官的移植。

【药理作用】吗替麦考酚酯是前药,口服后在体内迅速水解为活性代谢物霉酚酸,而发挥免疫抑制作用。霉酚酸可高效、选择性、非竞争性、可逆性地抑制机体细胞合成嘌呤核苷酸从头合成途径中的限速酶肌苷—磷酸脱氢酶(inosine monophosphate dehydrogenase,IMPDH)Ⅱ型的活性,从而抑制 T 和 B 淋巴细胞的增殖反应。

吗替麦考酚酯对淋巴细胞的作用特点:①能明显抑制淋巴细胞 DNA 合成,抑制体外 T、B 淋巴细胞对抗原刺激的反应及混合淋巴细胞反应,而鸟嘌呤核苷酸和脱氧鸟嘌呤核苷酸能逆转这一抑制效应;②能防止、逆转排斥反应中的 B 淋巴细胞介导的体液免疫反应,作用强度和剂量成正比;③能抑制 EB 病毒诱导的 B 淋巴细胞增殖,降低淋巴瘤的发病率。因此,吗替麦考酚酯无增加淋巴瘤发生的潜在危险。治疗量的吗替麦考酚酯还可以快速抑制单核巨噬细胞的增殖,减轻炎症反应,且抑制作用完全可逆。此外,吗替麦考酚酯具有抑制血管平滑肌细胞和系膜细胞增殖的作用,这对缓解肾小球疾病有治疗意义。

【临床应用】

1. 器官移植 主要用于肾移植、心移植,能显著减少排斥反应的发生。

2. 自身免疫病 对银屑病、类风湿关节炎已取得了较好的疗效;对系统性红斑狼疮血管炎、重症 IgA 肾病也取得了一定疗效。

3. 卡氏肺孢菌　吗替麦考酚酯抑制卡氏肺孢菌生长需要的 IMPDH 活性,因此可用于预防卡氏肺孢菌感染。

【不良反应】与环孢素相比,吗替麦考酚酯较少发生骨髓抑制、肝毒性、肾毒性。其常见不良反应是胃肠道反应、血液系统的损害、机会感染和诱发肿瘤。

硫 唑 嘌 呤

硫唑嘌呤(azathioprine)是常用的嘌呤类抗代谢药。作为嘌呤拮抗剂,其主要通过抑制机体 B 细胞和 T 细胞的增殖而产生抗炎作用。

【体内过程】硫唑嘌呤口服吸收良好,口服后 1~2 小时血药浓度达到峰值。$t_{1/2}$ 为 10 分钟,但其代谢物硫嘌呤的 $t_{1/2}$ 为 1 小时,其他代谢物的 $t_{1/2}$ 达 5 小时。

【药理作用】硫唑嘌呤在体内分解为硫嘌呤而起作用,通过干扰嘌呤代谢的所有环节,抑制嘌呤核苷酸合成,进而抑制细胞 DNA、RNA 及蛋白质的合成,发挥抑制 T、B 淋巴细胞及 NK 细胞增殖的作用。因此,硫唑嘌呤能同时抑制细胞免疫和体液免疫反应,而且 T 淋巴细胞对该药更为敏感,但不同 T 细胞亚群的敏感性有区别。不抑制巨噬细胞的吞噬功能。

【临床应用】硫唑嘌呤主要用于肾移植时排斥反应,多与糖皮质激素类药合用,或加用抗淋巴细胞球蛋白,疗效较好。也用于类风湿关节炎、系统性红斑狼疮、自身免疫性溶血性贫血、特发性血小板减少性紫癜、慢性活动性肝炎、溃疡性结肠炎、重症肌无力、硬皮病等自身免疫病;对慢性肾炎及肾病综合征,其疗效不及环磷酰胺。由于其不良反应较多而且严重,一般不作上述疾病治疗的首选药,通常在单用糖皮质激素类药不能控制时采用。

【不良反应】主要是骨髓抑制,表现为白细胞、血小板减少。另,易于感染水痘和疱疹病毒,可见肝损伤、脱发、消化道反应、诱发胰腺炎、肿瘤等。用药期间应注意检测血常规和肝功能。

(三) 糖皮质激素类药

糖皮质激素类药

常用的糖皮质激素类药主要有氢化可的松、泼尼松龙、地塞米松等。糖皮质激素类药具有非常强大的细胞免疫抑制作用,对体液免疫抑制作用相对较弱。糖皮质激素类药可结合细胞内受体,并转入核内,调节靶基因表达。具体表现为抑制 T 细胞产生 IL-2 和增殖,抑制 NF-κB 活化并诱导 T 细胞凋亡,降低 IL-1、IL-6 等炎症细胞因子水平,抑制细胞毒性 T 细胞活化,抑制中性粒细胞和单核细胞趋化,抑制溶酶体酶释放。主要用于器官移植后的排斥反应和自身免疫病。不良反应主要有生长发育迟缓、骨质疏松、易于感染、伤口愈合迟缓、高血糖、高血压、白内障。

常见免疫抑制药的比较见表 46-1。

表 46-1　常用免疫抑制药的比较

分类	代表性药物	药理作用	临床应用	不良反应
钙调磷酸酶抑制药	环孢素	选择性抑制 T 淋巴细胞活化	器官或组织移植后排斥反应,自身免疫病	肝肾损害
	他克莫司	类似环孢素免疫抑制作用,作用强 10~100 倍	器官移植后排斥反应,对肝移植效果优于环孢素	肾毒性、神经毒性、胃肠道毒性、心血管毒性

分类	代表性药物	药理作用	临床应用	不良反应
抗增殖药与抗代谢药	吗替麦考酚酯	抑制肌苷一磷酸脱氢酶Ⅱ型的活性,从而抑制T和B淋巴细胞的增殖反应	器官移植后排斥反应	胃肠道反应、血液系统损害、机会感染、诱发肿瘤
	西罗莫司	与免疫嗜素结合,阻止哺乳动物雷帕霉素靶蛋白(mTOR)的作用,抑制T细胞增殖	器官移植后排斥反应	淋巴囊肿、外周性水肿、腹痛、腹泻、低血钾、乳酸脱氢酶水平升高、痤疮、尿路感染
	硫唑嘌呤	抑制嘌呤核苷酸合成,发挥抑制T、B淋巴细胞与NK细胞增殖作用	肾移植排斥反应,自身免疫病	骨髓抑制
糖皮质激素类药	氢化可的松、泼尼松龙、地塞米松	与胞质类固醇受体结合后影响基因转录	器官移植后排斥反应,自身免疫病	生长发育迟缓、骨质疏松、易于感染、伤口愈合迟缓、高血糖、高血压、白内障
抗体类	抗淋巴细胞球蛋白	减少循环淋巴细胞数	抑制急性排斥反应	局部疼痛及一过性红肿、关节疼痛、寒战、发热、低血压、气短、心率增快
	莫罗单抗	抑制淋巴细胞活化	抑制急性排斥反应	发热、寒战、胃肠障碍、肌痛、震颤、呼吸困难

第二节　免疫增强药

　　免疫增强包括免疫刺激、过继免疫和免疫重建。免疫刺激疗法即应用免疫刺激药激发免疫系统,而达到增强免疫功能的目的。过继免疫治疗即用同种异体的淋巴细胞输给受者,使受者的免疫功能得到补偿。免疫重建是通过胚胎肝或骨髓干细胞移植,治疗原发性和继发性免疫缺陷病。这些具有免疫增强作用的药物称免疫增强药。免疫增强药又名免疫兴奋药,是一类能够直接补充机体免疫活性物质或增强机体免疫(特异性免疫、非特异性免疫)应答的药物。

　　免疫增强药具有以下作用特点:①增强巨噬细胞、T细胞、自然杀伤细胞活性,提高机体特异性和非特异性免疫功能,使低下的免疫功能恢复正常;②促进抗体产生、补体生成,增强体液免疫功能;③具有佐剂作用,增强与之合用的抗原的免疫原性,加速诱导免疫应答反应;④替代体内缺乏的免疫活性成分,产生免疫代替作用;⑤与传统药物的量效关系不完全相同,对机体的免疫功能产生双向调节作用,使过高或过低的免疫功能趋于正常。

　　临床主要用于免疫功能低下的疾病如免疫缺陷病、难治性感染,以及肿瘤的辅助治疗等。免疫增强药的种类繁多,常用药物有3类:①人或动物免疫产物类:干扰素、白细胞介素-2、转移因子、胸腺素;②微生物来源类:卡介苗;③化学合成类:左旋咪唑、异丙肌苷(表46-2)。

表 46-2　常用免疫增强药的比较

分类	代表性药物	药理作用	临床应用	不良反应
人或动物免疫产物类	干扰素	广谱抗病毒,调节抗体生成,增加或激活单核巨噬细胞的功能,小剂量增强细胞和体液免疫,大剂量则有抑制作用,抑制肿瘤细胞增殖	病毒感染性疾病,恶性肿瘤	发热、畏寒、出汗、头痛、肌痛、恶心、呕吐等,大剂量时白细胞减少等
微生物来源类	卡介苗	具有免疫佐剂作用,增强多种抗原免疫原性,加速诱导免疫应答反应	肿瘤,预防肺损害,防治支气管炎、感冒	注射局部可见红斑、硬结和溃疡,亦可出现寒战、高热、全身不适等
化学合成类	左旋咪唑	对抗体生成有双向调节作用,增强非特异性免疫功能,提高单核细胞和巨噬细胞的趋化与吞噬功能	免疫功能低下或缺陷者感染,肿瘤辅助治疗	消化道反应、头晕、失眠、粒细胞减少
	异丙肌苷	促进 T 细胞分化,增强淋巴因子、NK 细胞活性	病毒感染,免疫功能低下,肿瘤	恶心、血尿酸增多

卡　介　苗

卡介苗(bacillus Calmette-Guérin vaccine,BCG)又名结核活菌苗,是牛结核分枝杆菌的减毒活菌苗。

【药理作用】卡介苗为非特异性免疫增强剂,具有免疫佐剂作用,能增强抗原的免疫原性,加速诱导免疫应答反应,提高细胞和体液免疫功能。卡介苗一方面提高 T 细胞依赖的体液免疫功能及 T 细胞介导的细胞免疫应答而加强细胞免疫和体液免疫功能;另一方面可以增强巨噬细胞的吞噬活性、趋化性,增强溶菌酶的活力,增强机体的非特异性免疫功能。其免疫增强作用与细菌基因组中存在的未甲基化的 CpG 寡脱氧核苷酸(CpG oligodeoxynucleotide,CpG ODN)的强免疫刺激活性有关,而与蛋白质、多糖等无关。

【临床应用】用于多种肿瘤的免疫治疗,如黑色素瘤、膀胱癌、肺癌、乳腺癌等,尤其是膀胱内注射卡介苗治疗浅表性膀胱癌有肯定的疗效,但不良反应较多。用于急性白血病、恶性淋巴瘤根治性手术或化疗后辅助治疗,有一定疗效。卡介苗还用于肺损害、麻风、艾滋病、支气管炎、严重的口疮、感冒等的预防和治疗研究。

【不良反应】注射局部可见红斑、硬结和溃疡,亦可出现寒战、高热、全身不适等。严重免疫功能低下者,可出现播散性卡介苗感染,故多改用死卡介苗。剂量大可降低免疫功能,甚至促进肿瘤的生长。

●(覃　丽)

复习思考题

1. 简述环孢素作为免疫抑制药的药理作用、特点及应用。
2. 干扰素的作用特点和临床应用有哪些?
3. 简述免疫抑制药和免疫增强药的分类。

第四十七章

生物技术药物

47章PPT

PPT 课件

随着基因工程、细胞工程、发酵工程和蛋白质工程等现代生物技术向医药产业的广泛渗透,生物技术药物的研究及生产发展迅速,已成为一门独立学科和新兴产业。生物技术药物是利用生物体、生物组织及其成分,综合应用生物学、生物化学、微生物学、免疫学、物理化学和现代药学的机制与方法进行加工、制造而成的一类用于预防、诊断和治疗疾病的制品,包括生物制品和生化药品 2 类。生物制品是指以微生物、寄生虫、动物毒素、生物组织作为原始材料,采用生物学工艺或分离纯化技术制备,并以生物学技术和分析技术控制中间产物和成品质量而制成的生物活性制剂,包括疫苗、毒素、类毒素、免疫血清、血液制品、免疫球蛋白、抗原、变态反应原、细胞因子、激素、酶、发酵产品、单克隆抗体、DNA 重组产品、体外免疫诊断制品等。生化药品是指从动物、植物和微生物等生物体中经分离提取、生物合成、生物 - 化学合成、DNA 重组等生物技术获得的一类防病、治病的药物,主要包括氨基酸、核苷、核苷酸及其衍生物、多肽、酶、辅酶、脂质及多糖类等。所有生物制品必须凭医师处方使用,而部分生化药品为非处方药。生物制品使用时应严格掌握适应证,必要时做过敏反应试验,并严格掌握使用方法、剂量及禁忌证。

本章重点介绍目前我国临床主要应用的生物技术药物,包括细胞因子、疫苗、激素类生物制品、人血液制品、酶激活剂及酶类生物制品、抗毒素或免疫血清等。

第一节 细 胞 因 子

细胞因子(cytokine)是主要由免疫细胞合成和释放的蛋白质或小分子多肽类介质。在免疫应答过程中,细胞因子对于细胞间相互作用、细胞的生长和分化有重要调节作用。细胞因子产品是由健康人血细胞扩增、分泌、提取、纯化或由重组 DNA 技术制成的多肽类或蛋白质类制剂,在重组 DNA 技术药物发展的初期,起到了主导作用,如干扰素、白细胞介素、集落刺激因子、促红细胞生成素等。

一、干扰素

干扰素(interferon,IFN)属于一类小分子糖蛋白,主要分为 IFN-α、IFN-β、IFN-γ 3 型,

是免疫系统产生的细胞因子。现已可采用DNA重组技术生产重组人干扰素（recombinant human interferon，rhIFN），目前品种有重组人干扰素 α-1b（recombinant human interferon α-1b，rhIFN α-1b）、重组人干扰素 α-2a（recombinant human interferon α-2a，rhIFN α-2a）、重组人干扰素 α-2b（recombinant human interferon α-2b，rhIFN α-2b）、重组人干扰素 β-1a（recombinant human interferon β-1a，rhIFN β-1a）、（IFN β-1b）及重组人干扰素 γ（recombinant human interferon γ，rhIFN-γ）等。

【体内过程】IFN口服不吸收，一般采用肌内或皮下注射，起效慢。一般在注射后4~8小时内达血药浓度峰值。IFN不易透过血脑屏障。IFN-α、IFN-β分别在肾和肝内代谢，少量经肾排泄。

【药理作用】

1. 抗病毒　IFN可诱导机体对多种肝炎病毒、鼻病毒、人乳头瘤病毒、艾滋病病毒和多种RNA病毒产生抵抗力。其抗病毒机制主要有2条途径：一条是通过与细胞表面受体结合，诱导细胞产生一系列干扰素刺激基因产物如抗病毒蛋白、蛋白激酶等，抑制病毒复制和阻断病毒蛋白合成；另一条是通过诱导和活化NK细胞、巨噬细胞和T淋巴细胞，增强抗病毒能力。IFN-α、IFN-β抗病毒作用比IFN-γ强，其作用特点是：①非直接作用，而是诱导细胞产生抗病毒蛋白等效应分子抑制病毒；②抗病毒广，非特异性，对多数病毒均有一定的抑制作用；③种属特异性强，在同种细胞中活性高，对异种细胞无活性；④作用迅速，既能抑制受染细胞感染，又能限制病毒扩散。

2. 抗肿瘤　干扰素可抑制细胞生长、胸腺嘧啶转运、DNA和蛋白质合成。对肿瘤细胞的抑制作用比正常细胞高500~1 000倍。IFN-α有广谱抗肿瘤活性。

3. 调节免疫功能　干扰素具有增强免疫效应细胞作用：①增强NK细胞活性，杀死癌变细胞和病毒感染细胞；②促进抗体形成；③增强淋巴细胞表面组织相容性抗原和Fc受体表达；④激活单核巨噬细胞功能；⑤诱导白细胞介素（IL）及肿瘤坏死因子（TNF）等细胞因子产生。

【临床应用】

1. 病毒感染性疾病　慢性乙型肝炎、慢性丙型肝炎、慢性丁型肝炎、带状疱疹、复发性疱疹、急性细菌性结膜炎（红眼病）、病毒性角膜炎、慢性盆腔炎、慢性宫颈炎、寻常疣、宫颈湿疣、肛门生殖器扁平湿疣、外阴前庭炎等。

2. 抗肿瘤治疗　毛细胞白血病、艾滋病相关卡波西肉瘤、非霍奇金淋巴瘤、慢性髓细胞性白血病、多发性骨髓瘤、皮肤细胞淋巴瘤、肉瘤、表面膀胱瘤、神经胶质瘤、恶性黑色素瘤、乳腺癌、肾细胞癌、卵巢癌、大肠癌、晚期直肠癌、非小细胞肺癌、食管癌及小细胞肺癌等。

【不良反应】最常见的为流感样症状，如疲倦、发热、恶心、呕吐、厌食、肌痛、头痛、寒战、腹泻等，大多数反应轻微，停药后可得到缓解。高剂量长期使用可致骨髓抑制、心悸、低血压、心肌梗死、甲状腺功能异常、肾病综合征、精神错乱、癫痫等。

二、白细胞介素类

白细胞介素（interleukin，IL）是由多种细胞分泌的一类具有免疫调节活性的蛋白多肽，为介导白细胞间相互作用的非常重要的细胞因子家族，在免疫细胞的成熟、活化、增殖和免疫调节等一系列过程中均发挥重要作用。此外，白细胞介素还参与机体的多种生理病理反应。临床最常用的是白细胞介素-2（IL-2）。

重组人白介素-2

IL-2是体内最主要、最强的T细胞生长因子（T cell growth factor，TCGF），由活化Th

细胞产生,是 Tc 细胞(细胞毒性 T 细胞)分化增殖所需的调控因子。重组人白介素 -2 (recombinant human interleukin-2,rhIL-2)由基因重组技术人工合成,分子高度亲脂,仅微溶于水。

【药理作用】rhIL-2 可促进和维持 T 细胞的增殖与分化,并可促进 B 细胞、NK 细胞、抗体依赖性杀伤细胞和淋巴因子激活的杀伤细胞(lymphokine activated killer cell,LAK cell)等的分化增殖;激活巨噬细胞等多种免疫细胞释放 TNF、IFN 等细胞因子;具有抗病毒、抗肿瘤和增强机体免疫功能等作用。

【临床应用】

1. 抗肿瘤治疗　作为免疫调节剂,rhIL-2 主要用于癌症的治疗,如白血病、肾细胞瘤、恶性黑色素瘤等,特别是对恶性胸膜肿瘤具有选择性治疗效果;也可与顺铂联合治疗恶性浆膜腔积液。

2. 抗病毒治疗　单纯应用治疗某些病毒性疾病,如改善慢性活动性肝炎。

【不良反应】可引起流感样反应、毛细管渗漏、皮疹、寒战、发热、恶心、呕吐与腹泻等。治疗量还引起心、肺、肾等器官的不良反应。

重组人白介素 -11

重组人白介素 -11(recombinant human interleukin-11,rhIL-11)是应用基因重组技术生产的一种促血小板生长因子,可直接刺激造血干细胞和巨噬细胞增殖,诱导巨噬细胞成熟分化,增加血小板生成,提高血小板数量。用于实体瘤、非髓性白血病化疗后Ⅲ度和Ⅳ度血小板减少症的治疗,以及实体瘤、非髓性白血病患者。同时,有白细胞减少症的患者必要时可合并使用重组人粒细胞刺激因子(rhG-CSF)。rhIL-11 有严重过敏反应的风险,因此对 rhIL-11 过敏者禁用,对血液制品、大肠杆菌表达的其他生物制剂有过敏史者慎用。

三、促红细胞生成素

重组人促红素(recombinant human erythropoietin,rHuEPO)又称促红细胞生成素,为治疗肾衰性贫血的特效药,凭借其不可替代的促红细胞生成作用和临床中替代输血的疗效,成为迄今为止国际上开发最成功的基因工程药品之一。

促红细胞生成素是由肾皮质近曲小管管周细胞分泌的一种重要的红细胞生成调节激素,与红系祖细胞的表面受体结合,促进干细胞分化为原红细胞,加速幼红细胞的分裂增殖和促进网织细胞的成熟和释放,增加红细胞数和血红蛋白含量;稳定红细胞膜,提高红细胞膜抗氧化能力。长期接受血液透析的患者应用本药后,血细胞比容增加,加速止血。临床主要用于贫血的治疗,包括:因慢性肾衰竭引起的贫血,特别适用于肾功能不良(血透析患者)、促红细胞生成素产生不足而发生的贫血;多发性骨髓瘤相关的贫血,骨髓增生异常及骨癌引起的贫血;化疗药物引起的贫血;结缔组织病如红斑狼疮、类风湿关节炎所致贫血。不良反应有高血压、高血压脑病、流感样症状、凝血反应。脑血栓形成者、癫痫患者或其他中枢神经系统病变的患者应慎用。对该药物过敏者、血液透析难以控制的高血压患者、铅中毒患者、某些白血病患者及孕妇应禁用。

四、粒细胞集落刺激因子

集落刺激因子(colony stimulating factor,CSF)是控制粒细胞、单核巨噬细胞和某些造血细胞增殖和分化的一组糖蛋白,可促进白细胞等细胞集落的增长,提高人体免疫能力,主要有粒细胞集落刺激因子(G-CSF)和粒细胞 - 巨噬细胞集落刺激因子(GM-CSF),是癌症放疗、化疗和骨髓移植后的重要辅助药物。

G-CSF 为粒细胞前体选择性生长剂及分化因子,也是成熟粒细胞最终分化的诱导药,参与造血调节过程,促进正常造血细胞增殖、分化;促使粒细胞、血小板、单核细胞、嗜酸性粒细胞成熟并释放入血,明显提高粒细胞数量;抑制成熟细胞的移行,增强中性粒细胞及单核细胞与巨噬细胞的抗体依赖性细胞毒作用;刺激中性粒细胞功能,显著增强阿糖胞苷对急性髓性白血病细胞的异质性杀伤作用,临床应用于预防宿主抵抗力降低、抗癌药等对骨髓损伤引起的造血功能降低;也可诱导细胞分化消灭造血系肿瘤细胞等。GM-CSF 用于再生障碍性贫血、骨髓再生不良综合征、骨髓移植、癌症放化疗以及各种原因引起的粒细胞减少。不良反应有发热、皮疹,与剂量成正比关系。偶见胸痛、水肿、消化道反应及静脉炎。

五、肿瘤坏死因子

肿瘤坏死因子(tumor necrosis factor,TNF)有 TNF-α 和 TNF-β 2 种,通常指 TNF-α。

【药理作用】TNF 在体内主要由活化的单核巨噬细胞产生,具有杀伤和抑制肿瘤细胞,提高中性粒细胞吞噬能力等多种生物活性,可抑制肿瘤细胞 DNA 的合成并导致肿瘤组织出血性坏死。TNF 还能选择性抑制白血病细胞,且髓细胞性白血病细胞对其更为敏感。可使脂肪细胞的形成受阻,导致宿主消瘦。

【临床应用】对多种肿瘤如 MethA 纤维肉瘤、乳腺癌、结肠癌、Lewis 肺癌及黑色素瘤等有效。TNF 与放线菌素 D、阿霉素、TNF-γ 联合应用于子宫癌、卵巢癌、口腔癌及绒癌等,对肿瘤细胞的杀灭具有协同作用,对感染性休克、急性及慢性活动性肝炎病毒感染、寄生虫以及细菌性感染等具有防御及损伤的双重作用。

【不良反应】治疗量时可引起骨髓抑制、血压下降、微血管渗漏及胃肠道反应。

六、生长因子类

碱性成纤维细胞生长因子

碱性成纤维细胞生长因子(basic fibroblast growth factor,bFGF)是由 155 个氨基酸组成的单链多肽。bFGF 广泛分布于中胚层和神经外胚层来源的多种组织和器官,也存在于肿瘤组织中,具有促进细胞增殖、分化、迁移等多种生物学效应,并参与血管重塑、骨骼形成、神经发育、肿瘤代谢等生理和病理过程。bFGF 可促进血管新生,改善细胞生活微环境;促进骨、软骨组织及肌肉、皮肤等软组织的再生和修复;促进晶状体上皮细胞及角膜的再生和修复;促进吞噬细胞的吞噬作用;促进受损神经组织的修复,对神经元有营养支持作用,能延缓神经细胞的继发性死亡并诱导轴突再生。

bFGF 可用于神经系统疾病如帕金森病、神经性肌肉萎缩、吉兰 - 巴雷综合征、脑血管病后遗症、脑外伤后遗症及视神经萎缩等;促进创面愈合,可用于烧伤创面(包括浅Ⅱ度、深Ⅱ度、肉芽创面)、慢性创面(包括慢性肉芽创面、溃疡和压疮等)和新鲜创面(包括外伤、手术伤等)等。

神经生长因子

神经生长因子(nerve growth factor,NGF)具有维持正常神经元功能,发挥营养支持的作用;可修复损伤的神经元。诱导发育期神经纤维定向生长,刺激神经元胞体和树突发育,促进神经元分化,影响神经纤维支配靶区的密度。NGF 的水平与雄激素分泌有关,可调节卵巢发育,影响生殖系统的功能;通过神经内分泌轴改变淋巴器官微环境,参与免疫调节;促进单核细胞增殖,诱导中性粒细胞的趋化活性,增强其吞噬作用;促进 T 淋巴细胞增殖,刺激、调节 B 淋巴细胞的增殖和分泌免疫球蛋白。

NGF 用于神经元退行性病变如阿尔茨海默病、神经损伤修复、视神经损伤治疗,以及正己烷中毒性周围神经病的治疗。

第二节　疫　　苗

　　自从 Edward Jenner 医师于 1876 年发明第一种疫苗(vaccine)即天花疫苗至今,人类已研制出上千种疫苗,广泛应用于各种疾病的预防和控制。疫苗是用细菌、病毒、肿瘤细胞等制成的可使机体产生特异性免疫的生物制剂,通过疫苗接种使接受方获得免疫力,属主动免疫制剂。如麻疹减毒活疫苗、吸附破伤风疫苗、脑膜炎球菌多糖疫苗等。疫苗按其来源分为:

　　1. 病毒疫苗　病毒疫苗(viral vaccine)由病毒、衣原体、立克次体或其衍生物制成。

　　(1)灭活疫苗(inactivated vaccine):用甲醛处理纯化的病毒将其感染性灭活,但不损伤病毒结构蛋白而制成。该类疫苗是完整的病毒,可诱生循环抗体,获得免疫力。如乙型脑炎疫苗、狂犬疫苗等。其缺点是:①制备中可能有残留的活病毒;②预防通过消化道、呼吸道感染的病毒,效果不佳;③加强免疫或后续病毒感染时可能出现超敏反应;④细胞介导的免疫应答较差。

　　(2)减毒活疫苗(attenuated live vaccine):选用抗原性与野毒株一致而稳定无毒或显著减毒的活病毒突变株作为疫苗。采用在多种宿主中连续传代培养诱导出减毒株或筛选自然减毒株 2 种方式获得。减毒活疫苗的接种与自然感染近似,可在宿主中繁殖,仅接种 1 次即可刺激较长时间产生抗体及细胞免疫应答,还可产生局部抗体。如麻疹疫苗、脊髓灰质炎疫苗、腮腺炎疫苗、风疹疫苗等。其缺点是:①野毒株感染可干扰疫苗株的免疫效果;②在接种者体内增殖中有恢复毒力的潜在危险性;③免疫缺陷者及老年人不宜接种;④保存期及有效期有限。

　　(3)亚单位疫苗(subunit vaccine):采用化学试剂裂解病毒,除去核酸,提取囊膜或衣壳的蛋白质亚单位而制成。

　　2. 细菌疫苗　细菌疫苗(bacterial vaccine)简称菌苗,由有关细菌、螺旋体或其衍生物制成的疫苗,如卡介苗、破伤风疫苗(类毒素)等。

　　(1)活菌苗(live bacterial vaccine):又称减毒活菌苗,选用弱毒或无毒但免疫性很高的菌种培养繁殖后制成。活菌苗进入人体后,能继续生长繁殖刺激机体产生特异性抗体而不发病,对机体刺激时间长。与死菌苗相比,活菌苗具有接种量小、免疫效果较好、接种次数少及维持免疫时间较长(1~2 年)的优点。但个别活菌苗有返祖重新恢复毒力的危险,如卡介苗、鼠疫活菌苗等。

　　(2)死菌苗:一般系选用免疫性好的菌种在适宜培养基上生长、繁殖后,利用化学或其他方法,在保留其抗原性的原则下,将其杀死制成。死菌苗性质稳定,保存期长,一般 1 年左右,且安全性高;进入人体后,不能生长繁殖,对人体刺激时间短,产生免疫力不高,免疫次数多,用量大,产生免疫力慢,免疫力维持时间短。如钩端螺旋体菌苗、霍乱菌苗、百日咳菌苗、哮喘菌苗、猪丹毒灭活菌苗、猪链球菌病灭活菌苗、猪肺疫灭活菌苗等。

　　(3)类毒素(toxoid):用细菌产生的外毒素加入甲醛处理后,使之变成无毒而保持其免疫原性的制剂。其中,加适量氢氧化铝和磷酸铝即成吸附精制类毒素。体内吸收慢,可长时间刺激机体,产生更高效价抗体,增强免疫效果。常用的类毒素有白喉类毒素、破伤风类毒素等。此外,由志贺痢疾杆菌、大肠埃希菌和葡萄球菌产生的毒素经甲醛脱毒后也可制成类毒素。

3. 联合疫苗　联合疫苗(combined vaccine)由 2 种或 2 种以上疫苗抗原原液配制成的具有多种免疫原性的疫苗,如白喉、百日咳、破伤风联合疫苗,以及流行性腮腺炎、麻疹、风疹联合疫苗等。

4. 基因工程疫苗　利用基因工程技术生产的疫苗即为基因工程疫苗(genetic engineering vaccine),又名重组疫苗(recombined vaccine),主要包括亚单位疫苗(subunit vaccine)、活载体疫苗、核酸疫苗(nucleic acid vaccine)、肽疫苗(peptide vaccine)等。基因工程疫苗克服了传统疫苗的许多缺陷,有望为一些特殊疾病研制出有效的疫苗,达到预防这些疾病的目的。

(1)亚单位疫苗:亚单位疫苗又名生物合成亚单位疫苗或重组亚单位疫苗(recombinant subunit vaccine),只含有病原体的 1 种或几种抗原,而不含有病原体的其他遗传信息,如不含有感染性组分,因而无须灭活,也无致病性。亚单位疫苗又分 3 类:激素亚单位疫苗、细菌性疾病亚单位疫苗、病毒性疾病亚单位疫苗。

(2)活载体疫苗:采用基因工程的方法对细菌和病毒进行改造,既可以使非致病性微生物携带并表达某种特定病原物的抗原决定簇基因,产生免疫原性,又可以使致病性微生物修饰或去掉毒性基因以后,仍保持免疫原性,从而使之成为活载体疫苗。活载体疫苗可分为复制性活载体疫苗、非复制性活载体疫苗、基因突变疫苗及基因缺失疫苗。

(3)核酸疫苗:核酸疫苗又名基因疫苗(gene vaccine)或 DNA 疫苗(DNA vaccine)。核酸疫苗是新兴的一种疫苗,采用肌内注射或微蛋白轰击等办法将编码某种抗原蛋白的外源基因(DNA 或 RNA)直接导入动物体细胞内,通过宿主细胞表达系统表达抗原蛋白的免疫应答,达到防治疾病的目的。核酸疫苗分 5 类:抗病毒核酸疫苗、抗寄生虫核酸疫苗、抗细菌核酸疫苗、抗鱼类病原的核酸疫苗、抗肿瘤核酸疫苗。

(4)肽疫苗:肽疫苗是将类似于抗原决定簇的小肽(约 20~40 个氨基酸)连在一个蛋白载体上所形成的。如癌基因、抑癌基因突变肽疫苗和病毒相关疫苗,以及口蹄疫 VPI 肽疫苗等,还有热激蛋白肽复合体疫苗、独特型肽疫苗等。

第三节　其他生物技术药物

一、激素类生物制品

1. 重组人胰岛素　胰岛素(insulin)是胰岛素依赖型糖尿病的首选药物。人重组胰岛素是世界上第一个商品化的基因工程产品。(有关药理作用与临床应用,详见第三十四章)

2. 重组人生长抑素　生长抑素(somatostatin)具有抑制生长素、促甲状腺激素、胰岛素和胰高血糖素的分泌,抑制胃酸分泌和胃肠道运动,增加水和电解质吸收等作用。此外,生长抑素还可收缩内脏小动脉,使内脏血流量减少。临床主要用于食管静脉曲张破裂出血,严重急性胃或十二指肠溃疡出血,或并发急性糜烂性胃炎或出血性胃炎,胰、胆和肠瘘的辅助治疗,胰腺术后并发症的预防和治疗,糖尿病酮症酸中毒的辅助治疗。

3. 重组人生长激素　人生长激素(human growth hormone,hGH)主要用于治疗生长激素分泌不足所致的生长障碍,以及性腺发育不全(特纳综合征)所致的生长障碍。

4. 重组人降钙素　降钙素(calcitonin,CT)是由甲状腺滤泡旁细胞分泌的激素,是调节钙和骨代谢的 3 种激素之一。

降钙素主要通过对骨骼、肾和胃肠道的调节使血钙降低。可抑制甲状旁腺素、维生素 D 等引起的骨吸收因子的作用,抑制破骨细胞功能及其新生;直接抑制肾近曲和远曲小管对钙、磷、钠的重吸收,增加钙磷等排泄,降低血钙和血磷;抑制促胃液素、胃酸和胰岛素等的分泌。临床用于老年性骨质疏松症、佩吉特病、高钙血症、胃溃疡及十二指肠溃疡,亦可用于早期诊断的甲状腺髓样癌及高磷酸血症等。

二、人血液制品

人血液制品是指由健康的血浆或特异免疫人血浆分离、提纯或由重组 DNA 技术制成的血浆蛋白组分或血细胞组分制品,如人血白蛋白、人免疫球蛋白、红细胞浓缩物及天然或重组的人凝血因子等,用于诊断、治疗或被动免疫预防。

1. 人血白蛋白 人血白蛋白(human albumin)作为血液最重要的运载工具和血浆蛋白成分,在机体内发挥着重要的生理功能,有增加循环血容量和维持血浆渗透压的作用。人血白蛋白适用于血容量不足及低蛋白血症;因失血、创伤及烧伤等引起的低血容量休克;肝硬化或肾病引起的水肿、腹腔积液;新生儿高胆红素血症;因脑水肿及大脑损伤所致的颅内压增高。

2. 人免疫球蛋白 人免疫球蛋白(human immunoglobulin,丙种球蛋白)系由乙型肝炎疫苗免疫的健康人血浆,经低温乙醇法分离提取并经病毒灭活处理的免疫球蛋白制品。本品含广谱的抗细菌和抗病毒 IgG 抗体,可对广泛的感染性疾病提供人工被动免疫保护,以及减轻症状。把免疫球蛋白内含有的大量抗体输给受者,使之从低或无免疫状态很快达到暂时免疫保护状态,通过抗体与抗原相互作用,直接中和毒素或杀死细菌和病毒而发挥作用。临床用于预防传染性肝炎及麻疹等病毒性疾病感染;治疗先天性丙种球蛋白缺乏症;与抗生素合用,可提高对某些严重细菌性和病毒性疾病的疗效。

三、酶激活剂及酶类生物制品

1. 尿激酶、链激酶 尿激酶(urokinase,UK)、链激酶(streptokinase,SK)是目前临床应用较多的溶栓药,直接作用于内源性纤维蛋白溶解系统,能催化裂解纤溶酶原成纤溶酶,降解纤维蛋白凝块及血液循环中的纤维蛋白原、凝血因子 V 和凝血因子Ⅷ等,发挥溶栓作用。主要用于抢救急性心肌梗死等。

2. 阿替普酶 阿替普酶(alteplase)又称组织型纤溶酶原激活物(tissue-type plasminogen activator,t-PA),是一种高效特异性溶血栓药物,能选择性激活与纤维蛋白结合的纤溶酶原,不激活循环血液中的纤溶酶原。可增加急性心肌梗死时的冠状动脉复灌及开通,改善心功能,降低病死率。

3. 超氧化物歧化酶 超氧化物歧化酶(superoxide dismutase,SOD)是利用 PCR 技术从酿酒酵母中得到 Cu-Zn-SOD 结构基因,将其克隆到大肠埃希菌中,构建重组质粒,通过酵母受体菌表达产生的。SOD 具有明显的清除超氧自由基、抗过氧化损伤作用,可应用于肾移植、早产儿氧中毒、抗衰老及烧伤等方面。天然 SOD 已被作为药品应用于临床。

四、抗毒素或免疫血清

抗毒素(antitoxin)或免疫血清[immune serum,又称抗血清(antiserum)]是抗毒、抗菌、抗病毒血清的总称。凡用细菌类毒素或毒素免疫马或其他大动物所取得的免疫血清称抗毒素(抗毒血清),如破伤风抗毒素、气性坏疽抗毒素、抗狂犬病血清和肉毒抗毒素等。凡用病毒本身免疫马或其他大动物所取得的免疫血清称抗病毒血清,如抗猪瘟血清、腺病毒血清、炭疽血清与狂犬病血清等;用细菌免疫马或其他大动物所取得的血清称抗菌血清,如抗炭疽血清。免疫血清中含有大量特异性抗体,输入动物机体后,可使被注射动物立即获得抵抗某种疾病的能力,从而获得免疫力,将此种免疫方法叫"人工被动免疫法",该制品称"被动免疫制剂"。从健康人血液或产妇胎盘血液所提取的丙种球蛋白,也属于这类制剂。免疫血清所含抗体具有高度特异性,主要用于治疗或被动免疫预防相应的细菌或病毒引发的传染病。在发生疫情的地区,用抗血清做紧急预防或治疗。目前广泛使用的主要为抗毒素制品,其优点是被注动物一经注射,即获得免疫力;其缺点是免疫力维持时间短,一般在1~2周左右。需特别注意,这类制品多为动物血清,对人体来说是一种异性蛋白,故用前需做皮试。

五、治疗性抗体

目前,治疗性抗体主要用于肿瘤、自身免疫病、器官移植、感染性疾病、血栓等的治疗,以及药物和毒物中毒的解救。治疗性抗体主要通过以下机制发挥作用:①配体阻断:通过与配体结合,阻断配体与细胞表面受体相结合,产生抗体治疗作用;②受体阻断:通过与细胞表面受体结合,产生占位效应,从而阻断患者体内配体与受体的结合;③受体下调:通过与细胞表面受体结合,形成抗原抗体复合物,促进细胞表面的受体内化,从而降低细胞表面的受体密度而起到治疗作用;④靶细胞删除:通过抗体或补体介导的细胞毒作用直接清除靶细胞,或通过抗体偶联药物直接杀灭靶细胞;⑤信号诱导:通过与细胞受体复合物结合,诱导信号传递,从而改变细胞的分化和功能,达到治疗目的。

如英夫利西单抗(infliximab,remicade)是一种特异性阻断TNF-α的人鼠嵌合型单克隆抗体,属于TNF拮抗剂,静脉注射给药后,可与TNF高效特异性结合;临床适应证包括类风湿关节炎、强直性脊柱炎、银屑病关节炎和克罗恩病。同类产品有还人源化TNF-α单抗依那西普(enbrel)和阿达木单抗(adalimumab)。

治疗性抗体经历了鼠源性抗体、嵌合抗体、改性抗体和表面重塑抗体(部分人源化抗体),以及全人源化抗体等不同发展阶段。全人源化抗体因全部由人类基因编码的蛋白组成,免疫原性小(副作用小),是当前和未来抗体工程的主要发展方向。

六、基因治疗

基因治疗(gene therapy)是随着DNA重组技术而发展起来的一种治疗手段,是将外源正常基因或其他基因直接或间接导入靶细胞,以纠正或补偿基因缺陷或抑制致病基因的表达,达到防治疾病的目的。其主旨是通过基因水平的改变(包括上调低表达基因和下调高表达基因)来治疗疾病,可从DNA和mRNA 2个水平进行调节。

1990年,美国国立卫生研究院(NIH)临床中心首次采用基因治疗成功治愈了腺苷脱氨酶基因缺陷而患重度联合免疫缺损和免疫系统功能低下的病患。其后,在应用基因疗法治疗血友病、心血管疾病、糖尿病、肿瘤、艾滋病等方面进行了大量探索。近年来,针对mRNA的反义技术飞速发展,已用于临床的反义核酸药物迅速增加,如Vitravene(治疗巨细胞病毒性视网膜炎)、Macugen(治疗老年人视网膜黄斑退化症)等。我国已批准上市的病毒载体的基因治疗药物为重组人p53腺病毒注射液(今又生),用于治疗晚期鼻咽癌等。

虽然基因治疗仍面临着安全性、有效性等问题,获批准上市的数目少,但随着科学研究的发展,基因治疗仍有望为治疗遗传性疾病、癌症等提供前沿治疗方案,具有广阔的发展前景。

(吴家胜)

复习思考题

1. 细胞因子药物有哪些种类?
2. 简述目前上市疫苗的分类。
3. 试述治疗性抗体的药理作用机制。

主要参考书目

1. 杨宝峰, 陈建国. 药理学 [M]. 9 版. 北京 : 人民卫生出版社, 2018.

2. 廖端芳, 周玖瑶. 药理学 [M]. 3 版. 北京 : 人民卫生出版社, 2016.

3. 朱依谆, 殷明. 药理学 [M]. 8 版. 北京 : 人民卫生出版社, 2016.

4. 国家卫生计生委办公厅, 国家中医药管理局办公室, 解放军总后勤部卫生部药品器材局. 抗菌药物临床应用指导原则 (2015 年版)[EB/OL].(2015-07-24)[2021-03-27]. http://www. gov. cn/foot/sitel/20150827/9021440664034848. pdf.

5. Bertram G. Katzung. Basic & Clinical Pharmacology [M]. 14th ed. New York: McGraw-Hill Education, 2018.

6. David E. Golan, Armen H. Tashjian Jr., Ehrin J. Armstrong, et al. 药理学原理 : 药物治疗学的病理生理基础 [M]. 杜冠华, 主译. 2 版. 北京 : 人民卫生出版社, 2009.

7. Laurence L. Brunton, Randa Hilal-Dandan, Björn C. Knollmann. Goodman and Gilman's The Pharmacological Basis of Therapeutics [M]. 13th ed. New York: McGraw-Hill Education, 2018.

8. Alan Galbraith, Shane Bullock, Elizabeth Manias, et al. Fundamentals of Pharmacology: An Applied Approach for Nursing and Health [M]. 2nd ed. New York: Pearson Education, 2007.

9. Joseph T. DiPiro, Gary C. Yee, L. Michael Posey, et al. Pharmacotherapy: A Pathophysiologic Approach [M]. 11th ed. New York: McGraw-Hill Education, 2020.

10. Barbara G. Wells, Terry L. Schwinghammer, Joseph T. DiPiro, et al. Pharmacotherapy Handbook [M]. 10th ed. New York: McGraw-Hill Education, 2018.

附录一　中文药名索引

附录二　英文药名索引

sulindac　174

sulpiride　138

sumatriptan　286

sunitinib　412

superoxide dismutase　431

suvorexant　116

systox　62

T

T₃　315

T₄　315

tabun　62

tacrine　129

tacrolimus　420

talampicillin　354

tamoxifen　411

tamsulosin　88

tannalbin　279

tanshinone Ⅱ -A　234

tardan　137

tazobactam　359

tedelparin　251

teicoplanin　367

telenzepine　71, 276

telithromycin　363

telmisartan　191

temocillin　354

tenecteplase　253

teniposide　409

tenoxicam　172

teprenone　276

terazosin　88, 195

terbinafine　383

terbutaline　84, 268

testosterone　299

testosterone phenylacetate　299

testosterone propionate　299

tetracaine　106

tetracycline　370, 372

tetra-methylamrnonium　57

theophylline　268

thiadiazinone　246

thiamazole　318

thiopental sodium　108, 113

thioperamide　283

thioridazine　136

thiotepa　407

thrombin　257

thyroid hormone　315

thyroxin　315

ticagrelor　255

ticarcillin　354

tigecycline　373

timolol　91, 212

tinidazole　349

tinzaparin　251

tiotropium bromide　71, 269

tirofiban　255

tissue-type plasminogen activator　253, 431

TMA　57

TMP　348

TNF　428

tobramycin　366

tocapone　127

tolazoline　87

tolbutamide　325

topiramate　120

torasemide　181

t-PA　431

tramadol　158

tranexamic acid　258

tranilast　269

trastuzumab　412

trazodone　146

triamterene　183

triazolam　111

trifluoperazine　136

trifluridine　377

triiodothyronine　315

trilostane　294

trimetaphan camsilate　72

trimethaphan　197

trimethoprim　348

tripelennamine　284

tropicamide　70

tubocurarine　54, 73

tumor necrosis factor　428

复习思考题
答案要点

模拟试卷及
参考答案